한 권으로 읽는 세계사

한 권으로 읽는
세계사

오귀환·이강룡 지음

페이퍼로드
paperroad

일러두기

- 고유명사는 현지 발음에 가깝도록 표기했고 이미 굳어진 명칭은 교과서 또는 통례를 따랐습니다.
- 중국의 경우 편의를 위해 1911년 신해혁명 이전까지의 인명과 지명은 한자음대로, 이후부터의 인명과 지명은 현지 발음을 따랐습니다. 다만 양쯔강과 황허는 현대식 표현을 사용했습니다.
- 중국 역대 왕조와 국가의 명칭은 이해의 편의를 위해 관용적으로 굳어진 '위나라' '당나라' '송나라' 등으로 표기했습니다.
- 나라 이름은 당시 명칭으로 표기하되 이해를 돕기 위해 현대식 표현을 가미했습니다.
- 아라비아와 아랍의 경우 지명은 '아라비아'로, 문화 및 언어 민족 등은 '아랍'으로 표기했습니다.
- 기독교의 유일신 표기는 가톨릭에서는 '하느님'으로, 개신교에서는 '하나님'으로 하고 있으나, 역사적으로 기독교가 가톨릭부터 시작되었기에 '하느님'으로 표기하게 되었습니다. 개신교 등장 이후로도 같은 '신'을 가리키는 것이기에 '하느님'으로 통일했습니다.

머리말
맥락으로 보고 시대정신으로 다시 쓴 세계사

국내 최대 자동차 회사 사장을 지낸 선배가 말했다.

"이전에 (우리 그룹의 엘리트 육성 코스에 따라) 저명한 영국 금융 회사에 가서 근무한 적이 있어. 그런데 이상하게도 내가 속한 투자부서에 경영학과나 경제학과 출신이 하나도 없는 거야. 전부 외국인이었는데, 모두 역사니 철학이니 하는 '문·사·철' 출신이었지. '경'자 들어간 학과 나온 사람은 나뿐이었어. 세계를 무대로 투자를 하는 부서라 어느 특정 지역에 대해 투자할 때면 먼저 그 나라에 대해 열띤 토론을 펼치지. 그러자 이 '문사철'의 파워가 나타나더군. 이름조차 생소한 나라일지라도 그 나라의 역사에서부터 시작해 문화, 예술, 신화, 인물, 이웃나라와의 관계, 특이사항 등을 줄줄 꿰고 있는 거야. 이들의 최종 투자성적도 매우 뛰어났지. 놀라웠어. 내가 나중에 사장이 됐을 때 인문계 출신을 적극 뽑은 것도 그 때문이야."

역사는 힘이 있다. 역사를 아는 것은 분명 이 세상을 헤쳐 나갈 수 있는 보이지 않는 힘을 갖게 해준다. 특히 오늘날처럼 세계화가 진행된 시대에는 우리와 관련을 맺으면서 살아갈 수밖에 없는 다른 나라 역사도 알아야 한다. 세계사를 의무적으로 공부하는 학생들뿐 아니라 스스로 공부하겠다는 성인들이 부쩍 늘어난 건 다행스럽다. '학창시절에 더 공부했어야 하는 과목'을 묻는 여론조사에서 세계사가 늘 1,2위를 다투는 데는 그만한 이유가 있다.

"학생이나 일반인이 쉽게 한 권으로 읽을 만한 세계사 책을 써보라"는 출판사의 권유에 감히 응한 뒤 시중에 나와 있는 여러 세계사 책을 살펴보았다. 이전과는 비교할 수 없을 정도로 책의 종류도 다달이 늘어나고, 외양도 한층 화려해지고 있었다. 우리 사회에서 세계사 서적의 가장 기본 도서라고 할 수 있는 고교 세계사 교과서도 시각화 혁명에 동참하고 있다. 주요 역사 사실을 도표로 잘 정리해주는가 하면, 역사 이해를 돕기 위해 사진이나 회화도 풍부하게 제공한다. 학생들이 주요 정보를 암기하기 편하도록 단원별 끝부분에 깔끔하게 정리해주는 등 상당히 공을 들이고 있었다. 이런 하드웨어의 발달은 그 자체로 바람직한 측면이 있다. 그러나 소프트웨어 면에서는 깊은 아쉬움을 느낀다. 무엇보다 독자 스스로 역사의 문맥을 읽고 시대정신을 이해하는 데는 미흡하지 않나 하는 생각이 든다.

역사를 통찰하는 힘: 주체와 조건, 맥락과 시대정신

역사에 수학이나 물리학처럼 무슨 법칙이 있다고는 할 수 없다. 그러나 역사의 흐름을 이해하려면 역사의 주체와 그 주체를 둘러싸고 있는 조건이 상호 조응해서 어떻게 변화했는지, 그 맥락을 살피는 게 무엇보다 중요하다. 그래야 그 역사가 진정한 '자신의 것'이 된다. 연구자가 아닌 일반 독자의 경우에는 더욱 그러하다. 맥락과 시대정신을 제대로 파악해야 그 역사를 놓고 진지하게 토론할 수 있으며, 자기주장을 자신 있게 표출할 수 있다.

역사의 맥락이라고 해서 그리 어렵고 복잡한 이야기는 아니다.

메소포타미아와 이집트는 거대 하천 유역에서 관개농업을 바탕으로 비슷하게 고대 문명을 발달시켜 갔는데, 왜 한쪽은 작은 도시국가끼리 서로 치고받으며 흥망을 거듭한 반면, 다른 한쪽은 통일왕조에서 3,000여 년이나 비슷한 문명을 유지하며 장수할 수 있었을까? 프랑스는 서유럽 최대의 농업국가이자 유럽의 중심이면서도, 또한 로마 문명의 보다 직접적인 수혜자로서 훨씬 유리한 조건을 지녔음에도 왜 영국에 뒤처져 만년 2인자에 머문 것일까? 서구의 강요로 개항한 일본은 어떻게 불과 20여 년 만에 이웃 조선에 대해 개항을 강요할 정도로 빠르게 힘을 키웠을까? 게다가 국가 통일을 이룰 때마다 이웃나라를 침략하는 군국주의를 거듭하는 까닭은 무엇일까?

이런 의문에 대한 해답을 명쾌히 주고 싶었다. 역사의 맥락과 시대정신을 중요하게 부각하지 않으면 그것은 잘 드러나지 않는다. 이 책은 맥락을 이해함으로써 시대정신을 파악하고, 그 연장선에서 현재와 미래까지 조망할 수 있는 역사적 통찰력을 기르는 데 도움을 주려는 시도에서 시작했다. 그 시대에서 가장 중요한 현상이 무엇이며, 그 현상에 깔려 있는 시대정신이 무엇인지 파악하려 노력했다. 경제와의 상관성에도 주목했다. 중국으로 예로 들면 인구 증가가 시대 발전에 어떤 영향을 미쳤는지, 북방 유목민족과 남방 농경민족의 상호관계 속에서 중국이 어떻게 발전했는지, 농업과 철 산업 등 주요 산업의 발전이 역사에 어떤 결과로 이어졌는지, 청나라와 영국의 무역 갈등이 어떻게 현대 중국의 개막으로 이어졌는지 주목했다. 삼국지 시대에 '위나라가 이길 수 밖에 없었던 이유' '이민족의 유입으로 오히려 중국은 더 커졌다' '중국 철기 문명의 나비효과: 유럽 민족 대이동 이끌어' '아편전쟁: 중국, 반제 투쟁으로 현대 열다' 등은 이렇게 해서 쓰였다.

피해자와 패배자의 역사를 들여다 보다

또한 서구 중심, 승자 중심으로 설정한 기존의 역사 주체를 보다 넓히려는 노력도 기울였다. 역사는 유한한 자원과 무한한 욕구 사이의 협곡을 흘러가는 인류 욕망의 거대한 흐름에 대한 서술이라고도 할 수 있다. 그러나 인류는 최초로 잉여가 발생한 신석기 이래 21세기까지 욕망과 능력의 불균형을 해소하는 방법 가운데 인간능력을 더 키우는 데만 골몰한 성격이 더 짙다. 그 결과 이 세상에 더 유익하면서도 간단하고 쉬운 방법인 욕망의 축소를 위해 노력하는 데는 소홀했다. 생존의 논리로, 승패의 논리로, 흥망의 논리로 역사는 누군가를 희생시키는 피와 어둠의 강물로 흘러갔다. 이에 따라 가해자와 승리자의 욕망 반대편에서 어떤 피해자와 패배자의 역사가 이뤄졌는지 다양한 측면에서 보여주려 했다. '교황 우르바누스 2세가 열어젖힌 1,000년 전쟁' '갈가리 찢긴 아프리카를 보라' '제3세계 국가들은 왜 여전히 가난한가?' '신자유주의: 세계의 부 80퍼센트를 차지한 1퍼센트 인류' 등은 이렇게 해서 쓰였다.

역사가 과거에 갇혀 있는 게 아니라 현대와 끊으려야 끊을 수 없는 연관을 맺는다는 것을 주목하고 이 점을 부각하려고 노력했다. 현대와 관련하는 특징을 더 많이 다뤄 보려 애쓰다 보니 자연스럽게 오늘날 인류가 주목하고 고민해야 할 여러 주제도 폭넓게 다루게 됐다. '70억의 'I'스토리' '세계사 속의 한국 모델' '인류의 미래에 닥칠 7가지 도전' '동아시아에 뿌려진 국경 분쟁의 씨앗' 등은 이렇게 해서 쓰였다.

  그러면서도 인물과 흥미에 대해 완전히 눈감은 것은 아니다. 사료나 증거는 충분하지 않지만 역사적 사실처럼 전해지는 이야기는 그 나름대로 그 '역사적 의미'를 살리려 했다. 이 책에서는 객관적 타당성이 부족해 보이는 이야기일지라도 그것이 해당 사건의 맥락이나 인물의 본질을 파악하는 데 결정적인 역할을 하는 경우 배제하지 않았다. 그러나 근거가 지나치게 미흡한 에피소드는 되도록 지양했다.

인간 욕망에 주목한 세계사

  역사적 사건의 배후에 있는 자연 조건과 인간 욕망의 상호작용을 주목하고, 특정 시대의 의미를 제대로 잡아내거나 재해석하기 위해 고민한 흔적을 독자들이 발견한다면 필자들의 만용은 성공한 것이리라. 두 명이 나눠서 기술하다 보니 약간 다른 견해와 문체가 곳곳에 드러나게 된 점은 이 책의 단점이다. 어느 꼭지에서는 인물 중심으로 서술한 반면 다른 곳에서는 사건 중심으로만 서술했다. 특정 시대의 시대정신을 규정하는 부분에서는 기존의 일반적 학설과 다른 견해를 드러내기도 했으며 독자에게 다소 혼란스럽다는 인상을 줄 수도 있다. 어느 부분은 너무 압축적이거나 비약적이기에 배경지식이 없는 독자들로서는 불친절하다고 느낄 수도 있다. 그래도 큰 틀에서 보아 사실을 왜곡하는 것이 아니라면 새롭고 도전적인 시각으로 역사를 재해석하는 것도 가능하지 않겠나 하는 필자들의 만용에서 비롯됐다고 널리 이해해 주시기만 바랄 뿐이다.

짧게는 몇 백 년에서 길게는 수천 년에 이르는 시대를 원고지 20여 장 분량 한 꼭지로 담아낸다는 것은 불가능하다. 완전한 시대요약보다는 독자들이 그 시대의 상을 직접 떠올리면서 저자와 함께 그 시대를 짧게나마 함께 호흡해 보는 일이 더 중요하다 생각했다. 이 책이 세계사 전문서가 아니라 일반 독자를 세계사라는 바다 앞에 서도록 이끄는 쉬운 입문서로 쓰였다는 점을 감안하면 더욱 그렇다. 비판력과 상상력을 모두 담고자 했다는 점에서 참신하면서도 위험스러운 세계사가 돼 버렸다는 것을 고백하지 않을 수 없다. 세계사는 워낙 방대하기에 웬만한 배짱과 용기, 거듭 고백하건대 '만용'이 없다면 접근조차 하기 힘든 영역이다. 그저 겁 없는 아마추어들의 도전정신이 그래도 뭔가 독자 여러분의 통찰력이나 상상력을 자극해낸다면 어떤 질책을 받더라도 조금은 위안이 될 것 같다. 거듭 질책과 편달을 바랄 뿐이다.

2012년 1월

오귀환·이강룡 올림

차례

머리말: 맥락으로 보고 시대정신으로 다시 쓴 세계사 | 5
책의 첫머리에: '역사'를 남기려 목숨까지 바친 사람들 | 16

1부 | 문명의 새벽과 고대 문명

1장_인류 문화의 기원
- 인류의 출현: 현생인류 오기까지 숱한 '짝퉁' 인류가 존재했다 | 27
- 선사 시대의 생활: 먹을 게 남아돌자 모든 게 '시작'되었다 | 33
- 선사에서 역사로: 금속기, 도시국가, 문자가 만든 고대 문명 | 40

2장_문명의 발생
- 메소포타미아 문명: 『함무라비 법전』에 나타난 고대 문명의 실상 | 49
- 이집트 문명: 나일의 풍요가 죽음 예찬론자를 낳았다 | 55
- 인더스 문명: 카스트 제도, 인도 분열의 첫 씨앗이 되다 | 62
  - 히스토리 브리핑 인더스 문명의 수수께끼
- 중국 문명: 대제국을 다스리는 전략의 탄생, 봉건제 | 71

3장_고대 아시아 세계
- 고대 중국의 형성과 통일 제국1: 분열과 경쟁도 역사의 원동력, 제자백가 | 81
- 고대 중국의 형성과 통일 제국2: 현대 중국의 초석이 된 진시황의 한자 통일 | 88
- 고대 중국의 형성과 통일 제국3: 한나라 유교질서의 동아시아 확산 | 95
- 고대 중국의 형성과 통일 제국4: 중국 철기 문명의 나비효과, 유럽 민족 대이동 이끌어 | 101
- 서아시아의 고대: 서아시아에서 페르시아라는 이름이 사라지지 않았던 이유 | 107
- 인도 고대 세계의 발전: 통일인도 불교 제국의 흥망 | 114

4장_고대 지중해의 세계

- 그리스 문화: 능동적 개인의 힘이 100배 큰 페르시아를 물리치다 | 123
- 헬레니즘 문화: 알렉산드로스와 천재 의존형 모델의 한계 | 132
- 로마 제국의 탄생: 로마 제국의 운명을 결정지은 기원전 1세기의 내전들 | 139
- 로마의 발전: 개인은 뒤졌지만 시스템으로 세계 제국을 열다 | 148
  - 히스토리 채널 로마의 영혼을 개종시킨 노예들의 종교

2부 | 아시아 세계의 확대와 동서 교류

1장_동아시아 세계의 형성과 확대

- 위·진·남북조 시대의 변화1: 위나라가 이길 수밖에 없었던 이유 | 165
- 위·진·남북조 시대의 변화2: 이민족의 유입으로 중국은 더 커졌다 | 170
- 당·송의 흥망: 한족의 저력을 과시한 당·송의 세계 제국 | 176
- 유목 민족과 정복왕조의 성립: 몽골 제국의 유라시아 네트워크 | 182
- 일본 사회의 발전: 학자 대신 사무라이, 조정 대신 막부 떠받든 나라 | 188

2장_이슬람 세계의 형성과 확대

- 이슬람교의 성립: 동서 교역로 막히자 아랍인은 세계 종교 만들어 돌파했다 | 197
- 이슬람 제국의 발전과 확대: 이슬람 세력이 이베리아에서 민다나오까지 팽창한 이유 | 204
- 인도의 성장: 인도의 힌두 문화 성립과 이슬람화 | 210
  - 히스토리 브리핑 캄보디아, 작은 나라의 큰 역사

3부 | 유럽의 봉건 사회

1장_봉건 사회와 비잔틴 세계의 성장

- 봉건 사회 형성: 로마 멸망 이후 바바리안이 유럽에 건설한 신세계 | 225
- 기독교 세계: 비극으로 끝난 교황과 황제의 전략적 제휴 | 231
- 비잔틴 세계: 유럽을 지키려는 로마 제국의 마지막 몸부림 | 237
  - 히스토리 브리핑 로마는 몇 개인가?

2장_중세 유럽 사회의 변화

- 중세 유럽의 변화: 교황 우르바누스 2세가 열어젖힌 1,000년 전쟁 | 247
- 중세 유럽 문화: 대학, '중세'를 밝혀 '현대'를 찾아내다 | 254
- 중앙집권국가: 영주는 무너지고 왕만이 최후 승리자로 | 260

4부 | 아시아 사회의 성숙

1장_명·청대의 중국 사회
- 명의 성립: 오랑캐 극복 뒤 또 다른 오랑캐에 무너진 마지막 한족 왕조 | 271
- 명의 경제: 정화의 원정, 화교의 세계 진출 열다 | 277
- 청의 성립: 현대 중국의 국경선을 확장한 오랑캐 나라 | 284
  - **히스토리 브리핑** 중국의 소수민족 문제

2장_일본 무가 사회의 발전
- 일본의 통일: 전국 통일 뒤 대외 침략으로 치닫다 | 295
- 도쿠가와 시대의 일본: 서양과 교류하며 내실을 축적해나간 도쿠가와 막부 | 302

3장_동서아시아의 변화
- 중앙아시아의 시련: 몽골 제국 이후의 중앙아시아 | 311
  - **히스토리 채널** 티베트 불교의 팽창과 '전륜성왕'
- 인도 사회의 변화: 인도의 뿌리 깊은 분열주의, 결국 영국 식민지화로 | 326
- 서아시아 세계의 변화: 오스만 투르크, 동유럽 지배는 다문화 수용에서 가능했다 | 334

5부 | 유럽 근대 사회의 성장과 확대

1장_근대 의식의 각성
- 르네상스: 베네치아와 피렌체의 경제가 르네상스를 열다 | 345
- 종교개혁: 종교개혁의 최대 공헌자는 구텐베르크 인쇄술 | 351

2장_절대주의의 성립과 발전
- 신항로 개척: 향료 찾아 출항했다가 세계 언어지도를 완성하다 | 361
  - **히스토리 브리핑** 메르카토르 도법
- 절대왕정: 무적함대 격파하고 세계 바다의 지배권을 쥔 잉글랜드 | 369
  - **히스토리 채널** 17세기를 지배한 뉴턴

3장_산업혁명과 시민혁명
- 산업혁명: 역사상 최초로 최대 권력을 창출하게 된 과학 | 383
- 영국혁명: 내부역량을 보존한 잉글랜드, 내부역량을 소진한 프랑스 | 389
- 미국혁명: 제국의 세금 폭탄에 대한 저항에서 탄생한 민주정 | 395
- 프랑스혁명: 처음으로 민중의 리더가 된 사상가들 | 401

4장_시민 사회의 발전과 19세기의 문화

- 자유주의와 민족주의: 흑인을 2등 국민으로, 인디언을 멸종으로 내몬 남북전쟁 | 409
- 러시아의 발전: 세계 최대의 영토 대국이 된 비결 | 415
- **히스토리 브리핑** 타타르의 멍에를 벗어던진 돈스코이
- 19세기의 문화1: 자유경쟁의 세계관을 심은 맬서스 | 424
- 19세기의 문화2: 마르크스주의, 만국의 노동자들이 단결하면 새 세상이 온다 | 430

6부 | 아시아의 근대적 발전

1장_동아시아의 근대화 운동

- 아편전쟁: 중국, 반제 투쟁으로 현대 열다 | 443
- 중국혁명1: 곱하기 10억의 논리로 집권한 공산당 | 450
- 일본의 근대화: 위로부터의 급진적 개혁, 메이지 유신 | 458
- **히스토리 브리핑** 이와쿠라 사절단 vs 표트르 대제 사절단
- 일본의 제국주의: 천황 중심의 군국주의-제국주의 | 467

2장_인도와 동서아시아의 근대적 성장

- 인도의 근대화: 간디, 비폭력으로 제국주의를 타격하다 | 477
- 동아시아의 식민화와 민중 투쟁1: 베트남 혁명, 3대 제국주의와의 투쟁 | 484
- 동아시아의 식민화와 민중 투쟁2: 인도네시아, 필리핀 그리고 버마의 저항 | 493
- 오스만 제국의 해체: 오스만 제국에서 석유수출국기구(OPEC, 오펙)로, 현대 중동의 석유사 | 501

7부 | 제국주의와 세계대전

1장_제국주의와 제1차 세계대전

- 제국주의의 식민지 쟁탈전: 갈가리 찢긴 아프리카를 보라 | 513
- **히스토리 브리핑** 외국 자본에 장악된 '바나나 공화국'
- 제1차 세계대전: 제국주의의 충돌이 결국 세계대전으로 | 522
- 러시아혁명: 뿌리 깊은 모순에서 탄생한 인류 최초의 사회주의 정권 | 530

2장_두 차례 세계대전 사이의 세계

- 제1차 세계대전 이후의 세계: 윌슨의 전후 처리 원칙이 초래한 작은 평화, 큰 전쟁 | 539
- 중국혁명2: 중국의 실험과 중국 특색의 사회주의 | 545
- 아시아의 반제국주의 운동: 동아시아에 뿌려진 국경 분쟁의 씨앗 | 552

3장_전체주의와 제2차 세계대전

- 세계 경제 공황: 대공황을 타개한 건 뉴딜 정책이 아니라 제2차 세계대전 | 563
- 전체주의: 대공황을 틈타 '죽음의 권력'을 쟁취한 파시스트 | 570
- 제2차 세계대전: 에스파냐 내전에서 시작해 냉전으로 마감한 전쟁 | 577

8부 | 전후 세계의 발전

1장_냉전체제의 전개와 변화

- 국제연합의 성립: 냉전과 열전 사이에서 간신히 움켜쥔 평화 이니셔티브 | 591
- 아프리카·라틴아메리카 세계의 변화: 제3세계 국가들은 왜 여전히 가난한가 | 598

2장_테크놀로지의 발달과 자본주의의 고도 성장

- 미디어 혁명: 텔레비전과 인터넷이 바꾼 세계인의 심성 구조 | 605
- 사회주의의 몰락: 정치·경제 양면에서 자본주의에 완패한 현실 사회주의 | 612

히스토리 브리핑 축구로 본 현대사

3장_세계의 오늘과 내일

- 기독교와 이슬람의 대립: 이데올로기 대립을 대체한 종교 갈등과 문명 대립 | 625
- 신자유주의: 세계의 부 80퍼센트를 차지한 1퍼센트 인류 | 633
- 20세기의 Her+story: 여전히 멀기만 한 양성 평등 | 641
- 70억의 'I' Story: 세계에는 70억 개의 세상이 존재한다 | 649
- 우리가 나아갈 길: 세계사 속의 한국 모델 | 656
- 세계의 내일: 인류의 미래에 닥칠 7가지 도전 | 664

참고문헌 | 687

책의 첫머리에

'역사'를 남기려 목숨까지 바친 사람들

역사는 지나간 과거를 문자로 남긴 것이다. 그 역사는 수천 년을 살아남아 21세기 책과 인터넷에 부활해 우리와 만나고 있다. 역사는 그러나 과거 할 일 없는 사람들이 취미로 그저 몇 자씩 끄적인 것을 모아놓은 것이 아니다. 거기에는 과거를 교훈 삼아 현재를 제대로 살고 미래를 제대로 준비하자는 선조들의 피나는 노력이 담겨 있다. 역사는 그렇게 '땀과 눈물과 피'로 쓰였다.

태사의 직필

중국의 춘추 시대 제나라에 정변이 터졌다. 오늘날의 장관격에 해당하는 대부 지위에 있던 실력자 최저가 제나라 왕 장공을 죽인 것이다. 그리고 장공의 동생을 왕으로 내세웠다. 경공이다. 오늘날로 치면 유혈 쿠데타가 일어난 것이다. 제나라 전역도 왕을 함부로 죽이고 멋대로 새로운 왕을 세우는 무시무시한 유혈사태 앞에서 모두가 공포 분위기에 휘말렸다. 새로 왕으로 된 경공을 비롯해 그 누구도 최저라는 권력자 앞에서 부들부들 떨었다. 그런 상황에서 한 사람만은 이 공포에 굴복하지 않았다. 나라의 역사를 기록하는 관리인 태사 백(伯)이 자기 책무를 다 하기 위해 붓을 들었다. 그리고 이렇게 기록했다.

"최저가 그의 임금을 살해했다."

권력자 최저는 격분했다. 그는 곧바로 태사를 잡아 죽였다. 태사직은 대대로 세습되던 당시의 엄격한 전통에 따라 태사의 동생이 이어받았다. 최저는 형이 주살당하는 것을 목격한 동생이 감히 자신에게 다시 도전하지 않으리라고 생각했다. 동생은 그러나 다시 붓을 들자 형과 똑같이 적었다.

"최저가 그의 임금을 살해했다."

동생도 역시 형처럼 최저에게 주살 당했다. 죽은 두 태사의 아우인 셋째가 세습에 따라 다시 태사로 들어섰다. 그리고 그는 두 형이 주살당하는 것을 생생히 경험했는데도 역시 두 형과 똑 같이 기록했다.

"최저가 그의 임금을 살해했다."

셋째까지 사실의 기록을 멈추려 하지 않자 천하의 잔학무도한 권력자 최저도 어쩔 수 없이 손을 들었다. 기록의 말살을 단념하고 만 것이다. 그동안 지방에 있던 낮은 직급의 다른 역사기록관인 사관도 태사가 차례로 살해되었다는 소문을 듣자 스스로 기록판을 들고 수도 임치로 달려왔다. 그는 셋째 태사에 의해 기록이 제대로 지켜졌다는 사실을 확인하고서야 비로소 지방으로 다시 내려갔다.

『좌전』에 실린 이 이야기는 과연 역사가 무엇인지, 역사의 정확한 기술을 위해 과거 중국의 사관들은 어떤 자세를 가지고 있었는지 잘 전해준다. 오늘날 우리가 디지털 문명 속에서 누구라도 마음껏 읽거나 접할 수 있는 인류의 수많은 역사 이야기가 사실은 얼마나 위험하고 고통스럽고 힘든 과정 속에서 기록되었는지 증명해주고 있다.

고대 중국에서 역사, 바꿔 말해 역사의 기록행위는 최상급의 가치를 부여받은 채 매우 엄격하게 관리되었다. 태사를 비롯해 사관은 군왕의 행동을 기록하는 좌사와, 군왕의 말을 기록하는 우사로 분리돼 있었다. 이런 분류 메커니즘에 따라 좌사가 기록한 것이 『춘추』가 되고, 우사가 기록한 것이 『서경』이 되었다. 중국 역대 왕조에서 과거 등을 통해 고급관리를 등용할 때 필수과목이었던 사서오경의 핵심경전 두 가지가 바로 역사서이고, 그 경전을 바로 사관이 기록했을 정도로 권위를 부여받았다.

왜 중국은 역사서에 이처럼 높은 가치와 권위를 부여했던 것일까? 자신의 남성을 거세당하는 궁형의 부끄러움을 견디면서도 역사 저술의 길을 선택한 위대한 역사가 사마천은 역저 『사기』의 「태사공 자서」에서 역사가 국가라는 공동체에 던지는 의미를 이렇게 적고 있다.

"『춘추』는 문자가 수만 자로 이뤄졌으나, 그 뜻 또한 수천 가지나 됩니다. 만물이 흩어지고 모이는 것이 모두 『춘추』에 있습니다. 『춘추』에만도 임금을 시해한 것이 36건이고, 나라를 망친 것이 52건이나 되며, 제후가 망명하여 그 사직을 지키지 못한 경우는 이루 다 헤아릴 수 없습니다. 그렇게 된 이유를 살펴보면, 모두 근본을 잃었기 때문입니다. '신하가 임금을 시해하고 자식이 아버지를 죽이는 것은 하루 아침 하루 저녁의 원인으로 그렇게 되는 것이 아니라, 오랫동안 그 원인이 쌓인 것이다' 라고 했습니다. 따라서 나라를 가진 자는 반드시 『춘추』를 알아야만 합니다."

어쩔 수 없는 상황에서 흉노군에게 항복한 장군 이릉을 변호하다가 한무제의 노여움을 사 남성을 거세당하는 궁형을 받은 역사가 사마천. 그는 그 부끄러움을 견디면서도 역사 저술의 길을 선택해 위대한 역사 저술 『사기』를 남길 수 있었다.

이처럼 국가가 역사의 기록을 국가대사로 인정하고 기록관(사관)을 공무원으로 삼아 활용하는 전통은 중국을 시작으로 한국, 일본, 베트남 등에 각각 다양한 형태로 자리잡아 나갔다.

역사가의 분투 속에 살아남은 역사

서양에서도 역사는 엄중하고 치열한 노력 속에서 기록됐다. 동양과 달리 서양의 경우 주요한 역사서를 남긴 저자는 귀족 출신으로서 개인적인 책임감과 결단에서 기록작업을 수행해 나갔다는 성격이 보다 강하게 나타난다. 초기 서양 역사의 기록에 큰 기여를 한 공로로 '역사의 아버지'로 불리는 헤로도투스부터가 그렇다. 그는 기원전 490년~480년 사이에 있었던 그리스와 페르시아의 전쟁을 다룬 『역사(Historiai)』를 저술하면서 당시 해당되는 지역 거의 모두를 누비고 다녔다. 그는 페르시아 제국의 여러 곳과 이집트, 그리스의 대다수 도시국가들을 돌아다니며 자료를 모으고 관찰하고 유명한 사람들을 인터뷰했다. '이집트는 나일강의 선물'이라는 유명한 말도 이 과정에서 생겨났다. 중국의 태사와 달리 그는 그 어떤 나라의 봉록도 급여도 지원금도 없이 역사기록의 대작업을 이뤄냈다. 후세 역사가는 그를 이렇게 평가했다.

"그의 호기심은 끝이 없었고, 그는 페르시아 전쟁의 원인과 사건들에 대한 역사를 쓰는 작업에 몰두한 채 전 생애를 보냈다."

서양 역사 역시 기술에 있어서 정확성과 진실이 기본원칙으로서 존중됐다. 헤로도투스부터 자신의 대표저작 『역사』에 그리스어로 '의문' '조사'라는 뜻을 지닌 'hisroriai'라는 단어를 붙였다. 이것이 그대로 로마를 거쳐 현대에 이르게 됐다.

헤로도투스와 거의 동시대를 살았던 후배 역사가 투키디데스는 아테네와 스파르타의 전쟁을 다룬 『펠로폰네소스 전쟁사』의 거의 대부분을 망명생활 속에서 집필했다. 그 역시 오랜 고난 속에서 집필작업을 이어나갔던 것이다. 그에게는 젊었을 때 자신도 직접 참여했고 숱한 친구와 동료들이 일생을 바쳐야 했던 이 고통스럽지만 중대한 의미를 지니는 전쟁에 대해 쓰겠다는 굳은 결심이 있었다. 하지만 망명자에게 집필에 대한 보상이나 혜택이 있을 리 없었다. 어떤 국가로부터의 의무나 도움도 받지 않고 그는 밀고 나갔다. 원래 아테네의 장교였던 그는 펠로폰네소스 전쟁 기간 동안 트라키아 해변의 암피폴리스(그리스 북부 불가리아 접경지대)를 구출하는 작전에 나섰다가 작전 실패의 멍에를 뒤집어쓰고 망명길에 올라야 했다. 그 지역민들이 자신의 군대가 도착하기 전에 스파르타군에 항복해 버린 것이다. 이 때문에 그는 20여 년 동안이나 망명생활을 했다. 그는 낙심하지 않고 오히려 아테네로부터 쫓겨났다는 사실을 활용해 아테네와 대립한 여러 도시국가들을 보다 자유롭게 여행하고 취재하는 등 저술에의 집념을 이어나갔다. 그 결과 투키디데스는 헤로도투스의 한계를 극복하고 역사기술을 보다 엄밀하고 정확하게 해

나가는 길을 열었다는 점을 평가받아 후세로부터 '과학적 역사가'의 시조로 불리기에 이른다. 두 사람의 정신은 로마의 플루타르코스, 타키투스를 거쳐 서양의 역사 전통에 큰 영향을 미쳤다.

투키디데스는 헤로도투스의 한계를 극복하고 역사기술을 보다 엄밀하고 정확하게 해나가는 길을 열었다는 점을 평가받아 후세로부터 '과학적 역사가'의 시조로 불리기에 이른다.

이렇게 역사가의 분투 속에 살아남은 역사는 그 뒤 수천 년 동안 인류 문명을 존속시키고 인류의 미래를 밝히는 소금이자 등대로 기능해왔다. 동서양을 막론하고 역대 지배자들은 지배자대로, 학자는 학자대로, 혁명가는 혁명가대로 과거로부터 이어져온 지혜와 교훈을 천착해 미래의 길을 열어나가려 분투를 거듭했다. 청나라 치세의 전성기 '강건성세'(강희-옹정-건륭제의 3황제 통치기)를 낳은 것은 황실 자제들에게 철저한 역사와 유학 교육을 시킨 데 힘입은 바 매우 크고, 마르크스와 레닌이 역사적 유물론을 세우는 데는 런던과 제네바의 도서관에서 독파한 수많은 역사 서적과 치열하게 씨름한 것이 결정적인 힘이 됐다.

이제 과학기술의 눈부신 발달과 인권의 비약적 신장 등에 힘입어 21세기 인류에게 역사는 또 다른 방식으로 새로운 가능성을 보여주고 있다. 인류의 절대 다수는 세계 어느 곳의 역사든지, 어느 시대의 역사든지 누구나 쉽게 접근할 수 있게 됐다. 과거에의 접근권이 누구에게든지 보장된 것이다. 직장인이든, 학생이든, 주부든, 그 누구든 역사의 날개를 타고 과거로 마음껏 날아갈 수 있는 것이다.

역사와 미래의 거리는 실시간으로 이동할 수 있을 만큼 가까워졌다.

1부
문명의 새벽과 고대 문명

인류는 스스로 두 발로 서기 시작한 뒤 도구를 만들면서 생산력을 비약적으로 높일 수 있었다. 구석기를 시작으로 신석기-청동기-철기를 거치며 인류의 생산성은 더욱 향상됐고, 그런 잉여 위에서 인류의 문화도 더욱 발전할 수 있었다.

청동기 무렵 메소포타미아, 이집트, 인도, 중국의 큰 강 유역에서 인류의 고대 문명이 발생했다. 고대 문명은 저마다 우수한 농기구와 무기를 가능케 하는 금속기와, 집단생산과 집단방어를 가능케 하는 도시국가, 그리고 거래와 교역을 뒷받침하는 문자를 발달시켰다. 문자의 등장과 함께 인류는 역사 시대로 들어섰다.

문명은 해당 지역의 생존조건과 조응하면서 각각 독특한 성격을 지니게 됐다. 두 강 사이의 지역인 메소포타미아는 비옥한 반면 티그리스강과 유프라테스강은 장마 때면 홍수를 일으켰다. 이 때문에 강으로부터 떨어진 비옥한 땅에 물을 대는 대형 관개수로가 발달했다. 대형 공사의 필요성 때문에 곳곳에서 일찍부터 작은 도시국가들이 생겨났다. 동시에 사방이 개활지처럼 열려 있기에 전쟁과 침략이 자주 벌어졌다. 『함무라비 법전』은 이런 지역에서 사람들이 어떤 식으로 통치하고 어떤 식으로 '정의'를 실현하려 애썼는지 보여준다.

이집트는 비옥하면서도 비교적 안정적으로 범람하는 나일강 때문에 풍요와 안정을 오래 동안 누렸다. 거의 3,000년 동안 동질적인 문명이 존속할 수 있었다. 이집트인들은 현생의 풍요를 사후세계에서도 이어가려는 열망 속에서 피라미드와 미라, 그리고 엄

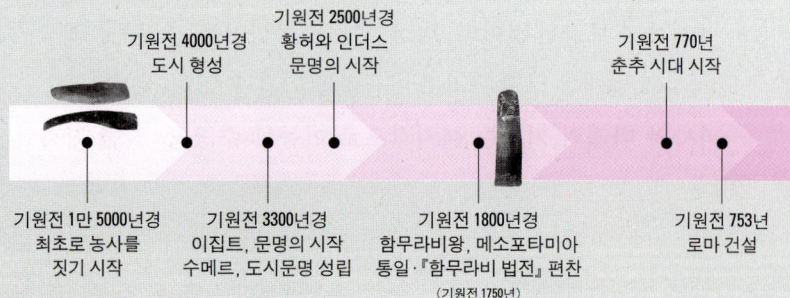

기원전 4000년경
도시 형성

기원전 2500년경
황허와 인더스
문명의 시작

기원전 770년
춘추 시대 시작

기원전 1만 5000년경
최초로 농사를
짓기 시작

기원전 3300년경
이집트, 문명의 시작
수메르, 도시문명 성립

기원전 1800년경
함무라비왕, 메소포타미아
통일·『함무라비 법전』편찬
(기원전 1750년)

기원전 753년
로마 건설

청난 부장품을 만들었다.
중국은 황허의 고대 문명에 이어 하나라, 은나라, 주나라를 거쳐 여러 나라들이 분립해 경쟁하는 춘추전국 시대로 들어갔다. 여러 나라의 경쟁 체제는 정치, 군사, 경제, 사회, 문화, 농업, 상업, 제철업 등 각 분야에서 비약적인 발전을 가져왔다. 경쟁을 선도한 제자백가 집단은 천지의 도와 국가경영의 요체를 둘러싸고 치열한 논쟁을 벌였다. 중국의 춘추전국 시대는 진나라 시황제에 의해 통일됐고, 그는 특히 나라마다 이질화가 심각하게 진행되던 한자를 안정화함으로써 중국의 통일성을 확보하는 데 기여했다.
고대 인도에서는 인더스 문명 이후 아리아족의 침입에 따라 문화와 종교 분야에서 많은 변화를 겪었다. 인도는 아리아족이 유입한 브라만교와 카스트의 영향으로 종교화 색채가 강해지면서 사회적인 분열상이 극대화돼 갔다. 카스트에 대한 반발로 불교가 일어났고, 나중에 아시아 여러 나라로 널리 퍼져나갔다.
그리스인들은 여러 섬과 산악으로 흩어져 있는 좁은 농지 때문에 폴리스를 중심으로 각각 독립적이고 자유로운 문화를 발전시켜 나갔다. 폴리스끼리의 경쟁에 따라 그리스는 높은 문명으로 지중해 지역을 선도했다. 그리스 문화는 알렉산드로스의 동방원정으로 중동 지역에 유입됐다. 알렉산드로스 이후 그리스는 지나친 경쟁과 분열로 점차 활력을 잃어갔고, 새로이 이탈리아 반도에서 일어난 로마가 신흥 세력으로 성장했다.

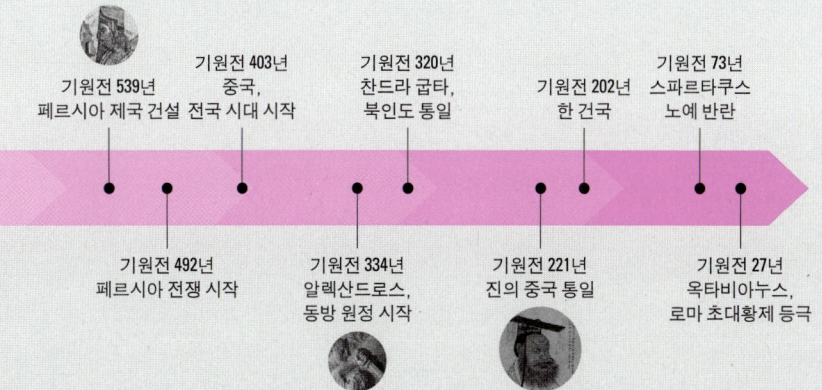

기원전 539년
페르시아 제국 건설

기원전 403년
중국, 전국 시대 시작

기원전 320년
찬드라 굽타,
북인도 통일

기원전 202년
한 건국

기원전 73년
스파르타쿠스
노예 반란

기원전 492년
페르시아 전쟁 시작

기원전 334년
알렉산드로스,
동방 원정 시작

기원전 221년
진의 중국 통일

기원전 27년
옥타비아누스,
로마 초대황제 등극

1장
인류 문화의 기원

인류의 출현: 현생인류 오기까지 숱한 '짝퉁' 인류가 존재했다
선사 시대의 생활: 먹을 게 남아돌자 모든 게 '시작'되었다
선사에서 역사로: 금속기, 도시국가, 문자가 만든 고대 문명

인류의 출현

현생인류 오기까지 숱한 '짝퉁' 인류가 존재했다

인류와 비슷한 여러 유인원 중에서 오늘날 인류의 조상이 최후의 승리자가 된 까닭은 무엇일까? 그들은 안정적인 숲속 생활을 버리고 위험천만한 열대 초원으로 걸어나옴으로써 위대한 진보의 첫발을 내디뎠다.

호미니드의 두 발 보행

침팬지는 해부학적으로는 고릴라에 가깝지만 유전자를 비교하면 현생인류와 훨씬 가깝다. 약 950만 년 전까지 고릴라와 공동 운명체였던 침팬지와 인간은 750만 년 전 쯤 각자의 길을 갔다. 침팬지나 고릴라가 아닌 인간류로 진화한 종을 '호미니드'라 부른다. 숲에 남은 종류는 원숭이가 되거나 멸종했고 숲을 나와 건조하고 뜨거운 초원으로 향한 모험심 많은 호미니드들 가운데 하나는 인류가 되었다. 이들이 초원으로 나오기 위해 선택한 방법은 두 발 보행이다. 두 발 보행은 속도나 힘에서 네 발 보행보다 별로 나을 것이 없었다. 그러나 사바나의 뜨거운 햇볕을 견디고 생존하려면 두 발 보행이 필수적이었다. 아직 완전한 직립은 아니었으나 허리를 세우면 네 발로 걸을 때에 비해 머리와 어깨에만 직사광선이 내리쬘 뿐 다른 부위에는 열이 직접 닿지 않았다. 땅과 맞닿은 부분에 지열이 발생하므로 상대적으로 서늘한 1미터 상공에서 호미니드는 자신의 몸을 공랭식 엔진처럼 바람에 노출함으로써 열을 낮추었다. 약 300만 년 전 출현한 오스트랄로피테쿠스 아파렌시스는 엄지에 중대한 역할을 부여함으로써 경쟁자를 이겼다. 다른 호미니드의 엄지는 굽어서 나뭇가지에 매달리는데에 적당한 반면 이들은 엄지가 발달해 돌멩이나 뼈를 움켜쥐는 데 유리했다. 이로써 도구 사용을 위한 중요한 신체적 조건이 마련되었다.

생물학자 크레이그 스탠포드는 대형 생물과 작은 생물종을 효율성과 경제비용 측면으로 비교 설명했다. 예를 들어 효율성은 소비된 에너지에 대해 완수한 작업량을 살핌으로써 계산할 수 있다. 경제비용이란 어떤 작업을 수행하기 위해 투여한 모든 비용을 가리킨다. 생쥐는 코끼리에 비해 경제비용이 무척 낮고 훌륭하지만 그렇다고 효율성까지 높은 건 아니다. 엄청난 에너지를 사용하더라도 더 엄청난 일을 해내면 효율성은 충분히 높아지기 때문이다. 인류는 효율성을 높이려고 두 발 보행을 선택했다. 두 발로 서면 신체에 부담을 주고 많은 에너지를 필요로 하지만 전에는 상상하지 못한 많은 일을 해낼 수 있다. 선택과 집중으로 경쟁자를 멀찌감치 따돌린 호미니드는 새로운 보육 전략도 수립했다. 일어나 걷게 되자 암컷 호미니드의 골반이 작아졌다. 그에 따라 뱃속에서 충분히 키워서 새끼를 출산하거나 한꺼번에 여럿을 출산했던 방식은 미성숙 상태로 작게 낳는 식으로 바뀌었다. 새끼가 충분히 성장할 때까지 어미가 집중적으로 보살펴야 하는데, 암컷 호미니드에게 발정기가 사라진 것은 이런 변화에 따른 것이다. 성 역할도 완전히 분리되어 수컷은 먹이를 구하는 부담이 더 커졌다.

화석 발견 초기에 '진 잔트로푸스'라 불리던 오스트랄로피테쿠스 보이세이(260만 년 전부터 50만 년 전까지 동아프리카에서 살았을 것으로 추정)는 견과류를 즐겨 먹었는데, 단단한 턱뼈 구조 때문에 '호두까기'라는 별명을 얻었다. 200만 년 전에 등장한 호모 하빌

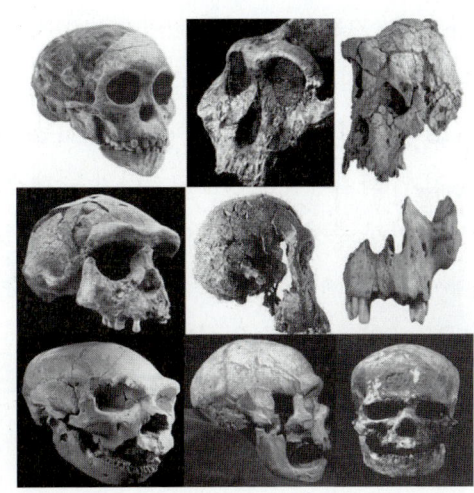

호미니드 화석.

리스의 턱은 이전 호미니드보다 더 발달했다. 강력한 턱 관절을 지닌 호모 하빌리스는 고기나 채소를 더 잘 찢고 잘게 부술 수 있었다. 에너지원도 더 풍요로워졌다. 미미한 변화를 보이던 뇌용량의 증가폭은 호모 하빌리스에 이르러 엄청나게 커진다. 100만 년 전쯤 등장한 호모 에렉투스는 '바비큐'나 '샤부샤부' 같은 요리법을 고안함으로써 에너지 효율을 높였다. 호모 에렉투스는 선배들보다 몸집을 60퍼센트 정도 키웠으면서도 내장과 치아의 크기는 작게 유지했다. 불을 능숙하게 다룰 수 있게 된 것이 이를 가능케 했다. 불에 탄 진흙을 분석하면 당시 불의 온도가 400도 정도였음을 알 수 있는데, 이는 모닥불의 온도와 동일하다. 음식물을 불로 익혀 조리해 먹음으로써 육류뿐 아니라 거친 섬유질까지 쉽게 소화할 수 있기에 내장이 작아도 충분했던 것이다. 치아는 작고 날카로운 스위스 칼처럼 바뀌었다.

카르타고의 탐험가 한노는 대원숭이류에 관한 기록을 여럿 남겼

다. 그는 기원전 5세기경 서아프리카 지방에서 '몸이 털로 덮인 거대한 야만인과 조우'했다고 한다. 1935년에 거대 유인원의 것으로 추정되는 커다란 어금니 화석이 발견됐다. '기간토피테쿠스'라 명명된 이 화석의 주인공은 고릴라의 두 배 몸집과 키(3~4미터)를 지녔을 것이라 추정된다. 구전을 통해 언뜻언뜻 역사에 그림자를 비춘 아시아 설인이나 북태평양 빅풋은 멸종하지 않고 살아남은 몇 안 되는 이 거인의 후손은 아닐까?

호모 사피엔스의 생존전략

20만 년 전쯤 현생인류인 호모 사피엔스가 출현했는데 3만 년 전부터는 다른 호미니드의 자취는 사라지고 호모 사피엔스의 화석만 발견된다. 13만 년 전부터 3만 년 전까지 네안데르탈인이 지구에 '잠시' 머물렀는데, 이들은 약 1만 3,000년 동안 유럽 대륙에서 충돌하며 '현생인류'의 타이틀을 놓고 호모 사피엔스와 결승전을 벌였다. 네안데르탈인이 현생인류와 조우한 이후 벌어진 경쟁 구도는 학자들뿐 아니라 작가들에게도 호기심을 크게 불러일으켰다. 이들 간에 성관계가 이루어졌는지, 어떤 후손을 낳았는지 여부는 중요한 논쟁거리로 남아 있는데, 설사 두 종이 결합해 후손을 낳았다고 가정하더라도 현생인류의 진화에 영향을 미칠 만큼 중대한 변화는 일어나지 않았던 것 같다.

네안데르탈인은 덩치뿐 아니라 뇌의 용량도 호모 사피엔스보다 컸다. 뇌는 몸이 쉬고 있을 때도 전체 에너지의 20퍼센트를 늘 잡아먹기 때문에 유지비가 무척 많이 드는 기관이다. 꾸준히 증가하던 호미니드의 뇌용량은 호모 사피엔스에 이르러 오히려 줄었다. 1만 3,000년 전까지 발견되던 호모 플로레시엔시스는 유전적으로는 현대인과 동일하지만 1미터 키에 뇌용량이 380큐빅센티미터에 불과한 자그마한 인류였다. 대형 포식자가 없는 환경에서 경쟁 없이 느긋한 삶을 이어오던 이들은 1만 3,000년 전부터 흔적을 감추었는데 뇌용량이 적어서 이들이 패배했다고 보기는 어려울 것이다.

호모 사피엔스가 네안데르탈인을 이긴 원동력은 어디에 있을까? 동물 사냥에 거의 모든 에너지를 쏟은 네안데르탈인에 비해 호모 사피엔스는 사냥뿐 아니라 채집을 비롯해 다양한 경로로 식량을 획득하고자 했다. 위험을 분산한 것이다. 네안데르탈인이 '찌르는 창'에서 벗어나지 못한 반면 호모 사피엔스는 이미 '던지는 창'을 사용했다. 좀 더 안전한 공격 기술을 개발했던 것이다. 그렇지만 다른 모든 요인보다 중요한 사실은 호모 사피엔스가 언어능력 구사면에서 네안데르탈인보다 훨씬 뛰어났다는 점이다. 네안데르탈인보다 훨씬 정교하게 언어를 구사한 호모 사피엔스는 자신들이 몸소 겪은 생존 정보와 전투 기술을 공동체와 후손에게 전달했다. 세대를 거듭할수록 두 종 사이의 경쟁력 차이는 벌어졌다.

현생인류가 네안데르탈인과 뚜렷이 구별되는 또 한 가지 특징은 동족이 죽었을 때 정교한 매장 의식을 치렀다는 점이다. 장례 의식을 통해 이들은 강한 유대감을 경험했을 것이며, 여기서 기원한 조상숭배 의식은 공동체 유지에 필수적인 엄격한 지배 질서를 구축하는 데 기여했을 것이다.

인간에겐 날개가 없지만 날 수 있는 능력이 있고, 지느러미가 없지만 물을 건너는 능력이 있다. 온몸을 뒤덮었던 털을 버림으로써 추위에 노출됐지만 추위를 막는 더 효율적인 방법을 찾아냈다. 인류의 진화 과정에서 급격한 발전이 이루어진 시기는 대개 기후변화를 비롯해 생존환경이 악화되었을 때였다. 모험심 많은 호미니드 중 하나가 안락한 숲을 박차고 나옴으로써 인류의 조상이 됐지만, 길고 긴 '인간되기' 토너먼트에서 우승을 차지하려면 용기만으로는 부족했다. 다른 호미니드보다 더 정교한 도구를 만들어야 하고, 다른 호미니드보다 더 효율적으로 에너지를 다루어야 하며, 다른 호미니드보다 더 원활한 의사소통 체계를 갖추어야 했다. 무엇보다 동족과 더 잘 협력한 호미니드가 매번 이겼다. 인간은 '인류'일 때 가장 인간다우며, 또 가장 강하기 때문이다.

선사 시대의 생활

먹을 게 남아돌자
모든 게 '시작'되었다

생산력이 급격히 증가할 때 인류 역사는 급격한 발전과 변화를 겪는다. 구석기 말의 인류는 빙하기가 끝난 1만 년 전부터 식물을 사육하기 시작했고, 9,000년 전에는 동물을 사육하면서 인류의 식생활에 커다란 전환을 이루었다.

교환과 분업의 탄생

구석기인들은 기후나 환경의 변화에 따라 늘 자신들을 맞춰나가야 했다. 이것은 그들에게 그 자체로 엄청난 도전이자 위협이었다. 그들은 변하는 환경 속에서 변치 않는 생존조건을 마련하고자 혹독한 시행착오를 겪어야 했다. 생존방법을 찾아냈을 때 그들은 다른 인류가 되었다. 그들은 떠돌지 않고 한곳에 정착해 사는 것이 생존에 더 유리하다는 점을 깨달았다. 씨앗을 땅에 뿌리고 수확하는 일은 고되고 번거로웠지만, 해가 갈수록 새로운 노하우를 터득했다. 팔레스타인 남부에서 이라크 북부에 이르는 '비옥한 초승달' 지역에는 당시 밀과 보리를 경작한 흔적이 남아 있다. 생산량을 예측하고 목표량을 달성하면서 갖게 된 자신감이야말로 생산력 증대를 이끈 가장 중요한 원동력이다. 먹고 살 것을 자연에서 얻으며 살아가던 인간이 자신의 힘으로 자연을 '창조'하기 시작한 것이다.

생산력 증대는 생산물의 잉여를 낳는다. 처음으로 먹을 게 남아돌았다. 신석기인은 자급자족하고 남은 농산물을 다른 부족과 교환했다. 생존에 필요한 양보다 식량을 더 많이 생산하면 나중에 먹기 위해서 창고에 따로 저장해 두어야 하고, 다른 부족이 생산한 식량과 교환하기 위해서 별도의 용기가 필요하다. 자연스레 바구니 짜는 기술과 토기 기술이 발전한다. 수분이 포함된 식재료를 담아두거나 옮기는 데는 토기가 사용됐는데, 토기는 큰 충격을 이길 수 없기 때문에 식량을 멀리 운반하려면 더 단단한 그릇이 필요했다. 진흙을 센 불로 오래 달구면 수분은 날아가고 단단한 인공 돌이 된다는 사실을 신석기인은 알게 되었다.

먼거리 운송이 가능하자 교환은 더욱 활발해졌다. 교역이 이루어지는 곳인 시장 개념이 등장한 것도 이 시기다. 품종이나 품질이 다른 생산물을 맞바꾸려면 교환 비율을 정하는 게 필요하다. 이것은 생산 과정에 들어간 시간이나 노동력을 따져보면 알 수 있다. 시장은 이것을 따져 합리적으로 가격을 형성한다. 가격을 정하려면 질적으로 각기 다른 농산물을 한 가지 척도로 측정할 수 있어야 한다. 모든 생산물에는 인간의 노동이 들어가므로 노동력이 얼마나 들어갔는지 비교하면 생산물에 가격을 매길 수 있을 것이다. 카를 마르크스가 『자본』 1권 1장 1절에서 규정한 상품의 '가치' 개념이 바로 이것이다. 예를 들어 옥수수 한 포대를 생산하는 데 들이는 노력보다 쌀 한 포대를 생산하는 데 들이는 노력이 두 배 정도 되기 때문에 시장에서는 옥수수 두 포대와 쌀 한 포대가 교환된다. 신석기인은 생산물의 가치를 조개껍데기 같이 측정 가능한 수단으로 표시했다. 훗날 메소포타미아와 이집트에서 만개하는 화폐경제의 서막이 이

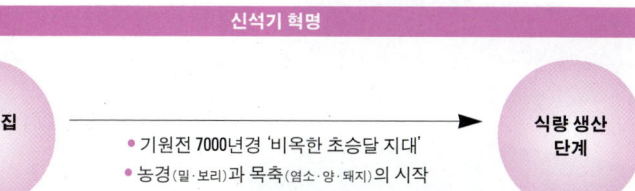

때부터 싹을 틔우기 시작한 것이다.

　잉여는 교환을 낳고 교환은 경쟁을 낳는다. 사람들은 생산물을 곳간에 쌓아두는 일보다 화폐를 모으는 것이 훨씬 효율적인 생존 수단임을 금세 깨달았다. 이때 생산자의 일부는 생산하는 일을 더 이상 하지 않고 생산물을 다른 곳에 전달하는 역할을 전문으로 맡게 되었다. 이렇게 유통업자가 출현함으로써 역사에서 처음으로 생산과 유통이 분리됐다. 유통이 전문 분야로 자리잡고 마을 사이의 교역량이 늘어나자 생산 분야는 더욱 정교해졌다. 여기서 전문 도공, 전문 직공, 전문 석공이 등장한다. 생산의 전문화란 달리 말하면 분업화를 의미한다. 아담 스미스는 『국부론』의 서두에서 분업을 자본주의의 지탱 원리라고 말했는데 그것이 시작된 시기가 신석기다.

　교역량의 절대적인 부분을 차지하는 건 여전히 식량이다. 하지만 다른 생산물에 비해 먹을거리는 시간이 지나면 쉽게 썩는다는 치명적 단점을 지닌 상품이다. 식량을 오래 보존하는 건 그날 생존하는 것에 급급했던 원시인의 본능이었을 뿐만 아니라, 시장에 출현한 진화한 인류가 풀어야 할 어려운 과제이기도 했다. 다른 식량을 제치고 곡류가 인간의 주식이 된 중요한 이유는 채소나 고기 같은 다른 식량보다 더 오래 보존할 수 있고 언제든 시장에서 다른 물건과 교환할 수 있는 장점을 지닌 상품이기 때문이다. 그렇다고 인간이

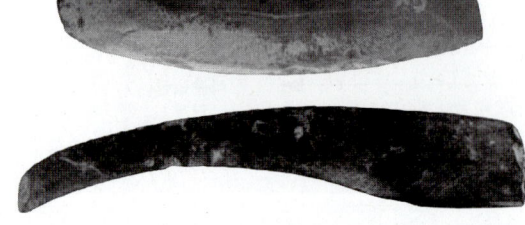
황해북도 봉산군 지탑리 유적 신석기 시대층에서 출토된 낫. 낫은 원시농업 발전에서 중요한 역할을 한다.

곡류만 생산할 수는 없는 노릇이었다.

인간에겐 고기가 필요했다. 사람들은 고기를 오래 보존할 수 있는 방법을 궁리했다. 고기를 썩히지 않고 신선한 상태로 가장 오래 보존할 수 있는 방법이 무엇일까? 신석기인은 가장 쉽고 명료한 답을 찾았다. 동물을 사냥한 다음 고기를 부위별로 나눠서 보존하는 방법이 아니라 아예 야생동물을 길들여 살아 있는 상태로 가둬두는 방법을 찾아낸 것이다. 그러다가 필요할 때 도축하거나 시장에서 필요한 물품과 교환하면 되기 때문이다. 동물을 죽이면 고기뿐 아니라 뼈, 뿔, 가죽, 힘줄, 내장을 얻을 수 있다. 동물을 기르면 젖, 알, 털을 안정적으로 얻을 수 있고, 노동력과 운송수단까지 활용 가능하며, 배설물을 땔감으로 쓸 수도 있다. 현재 이라크 북부에 해당하는 지역에 9,000년 전 양을 기른 흔적이 발견되었다. 옷감 짜는 기술이 발전한 시기는 양을 기른 시기와 일치한다. 성질이 사나운 동물보다는 온순하고 식성도 까다롭지 않은 동물인 양, 염소, 소가 목축의 대상이 된 것은 자연스러운 일이다. 말을 길들인 것은 기원전 4000년경에야 가능했다.

계급의 형성과 추상적 사유의 등장

생산 분야의 전문화, 유통 질서의 형성, 재화의 재분배 과정에서 계급이 형성되기 시작했다. 생산력의 소유 유무, 생산력의 크기에 따라 강자와 약자가 새롭게 재편됐다. 장 자크 루소가 『인간 불평등 기원론』에서 인류의 불행이 시작됐다고 지적한 시기가 바로 원시적 사유재산 개념이 형성되던 이 때다. 달리 말하면 신석기인들이 처음으로 빼앗거나 지킬 가치가 있는 부를 산출했다는 말이다. 교역과 유통에서 발생한 갈등은 때로 합리적으로 해결되지 않고 무력 행사나 약탈로 끝나곤 했다. 요르단강 서안의 예리코(Jericho)를 보자. 이 도시는 기원전 7350년 인구 2,000명이 자급자족하는 부유한 도시였다. 높이 9미터, 길이 700미터에 달하는 거대한 성벽이 도시 중앙부를 감싸고 있었는데, 이는 주민들이 생산한 잉여 농산물과 힘들여 기른 가축을 다른 부족에게 약탈당하지 않도록 안전하게 보존하기 위해서다. 시민의 생명과 재산을 보호하는 강력한 통치자를 상호 합의하에 세우는 것은 홉스, 로크, 루소 등 사회계약론자들이 내세운 정부 형성의 근본 원리다. 그렇다면 사회계약의 원류 역시 신석기에서 찾아야 한다. 성의 관리자는 생산자들이 묵인한 불평등한 재화 분배의 정점에서 강력한 지배자로 변해갔다.

 신석기인이 이전에 살았던 인류와 크게 다른 또 한 가지는 추상적 사유가 등장했다는 점이다. 추상적 사유란 눈에 보이는 서로 다른 구체적 대상에서 눈에 보이지 않는 공통적인 생각인 '개념'을 끄집어낼 줄 알았다는 걸 뜻한다. 화폐 개념을 형성하려면 추상적 사유가 필요하다. 가령 옥수수 두 포대 또는 쌀 한 포대가 똑같이 '조가비 10개'에 해당하는 가치를 지녔음을 알아야 한다. 신석기인의 추상적 사유는 모든 정신문화의 태동기와 마찬가지로 혼돈 상태에 있었던 것 같다. 예를 들어 구석기인들이 보여주었던 생생한 사물 묘사는 신석기에 이르러 사라졌다. 다만 단순화한 선과 면으로 구성

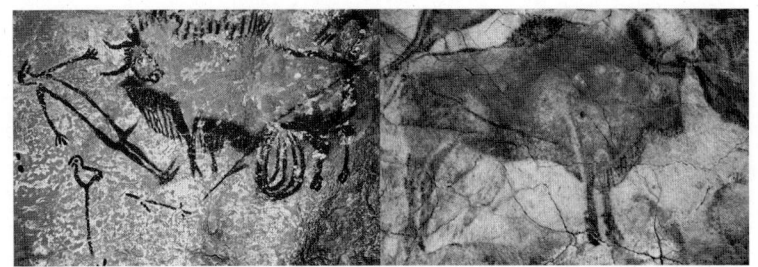

구석기 말에 그려진 라스코와 알타미라의 동굴 벽화. 구석기인들은 동굴 벽에 그들이 본 대로 생생한 사물을 묘사했다.

된 그림만 발견될 뿐이다. 단순화는 추상화의 가장 큰 속성인데 신석기인은 보이는 걸 흉내내어 그대로 표현하기보다는 단순화하여 알기 쉽게 표현하거나 보이지 않는 어떤 생각을 드러내려고 애썼던 것이다.

신석기 시대를 지나 고대 문명이 탄생한 메소포타미아와 이집트에서도 추상 개념은 완전히 성숙하지 않아 일부 지역에서는 '양 세 마리'와 '소 세 마리'를 세는 단위가 달랐다. 이런 점에서 보면 인류 역사는 인간 정신의 점진적 발전 과정, 즉 정교한 추상화에 이르는 지루한 역사인 셈이다. 스페인의 알타미라 동굴 벽화와 프랑스의 라스코 동굴 벽화는 구석기 말에 그려진 것이다. 구석기인이 동굴 벽에 그들이 본 대로 뭔가를 그리는 데 그쳤다면, 신석기인은 자신들의 생각에 따라 보이지 않는 대상까지 표현했다. 이것은 매우 위대한 정신의 진보다. '개념 있는' 인간만이 문명을 오롯이 후세에 전할 수 있기 때문이다. 내세에 대해 관념이 싹텄고, 자연스럽게 원시 종교가 태동하기 시작했다.

선사 시대란 문자 기록 이전의 시대를 가리키는데, 이것은 문자 없던 의사소통의 시절을 일부 포함한다. 23개월쯤 된 아이는 생애 처음으로 사물에 '명칭'을 부여한다. 언어의 기능이 단순한 감정 표현을 넘어서 상징을 이해하는 단계로 접어드는 것이다. 추상화에 눈을 뜬 신석기인들도 이러한 지적 도약을 경험했을 것이다. 말의 상징성을 이해한다는 것은 사회적 규칙과 보편 규범을 이해한다는 뜻이다.

신석기 어느 시점에 먹을 것이 남아돌면서 물질적 조건에서 비롯해 정신세계까지 모두 뒤흔든 변화가 시작되었다. 인간의 도구가 청동기로, 그리고 철기로 바뀌며 문명은 또 다른 변화를 겪었지만 신석기 농업혁명이 낳은 사회 구조와 기본 생활양식은 별로 변한 게 없다.

선사에서 역사로

금속기, 도시국가, 문자가 만든 고대 문명

여러 고대 문명에 빠짐없이 함께 등장한 3요소인 금속기, 도시국가, 문자는 경제, 정치, 문화가 조화를 이루어야 비로소 한 국가가 성립할 수 있음을 보여준다. 금속기는 경제적 측면, 도시국가는 정치적 측면, 문자는 문화적 측면을 보여주는 것으로 어떤 문명이든 이 3요소를 갖추어야 완전한 국가로 성장할 수 있었다.

금속기와 전차로 무장한 도시국가

기원전 4000년경에는 금속기와 석기가 함께 사용되었다. 구리를 1,000도 이상 가열하면 원하는 형태로 가공할 수 있는데, 구리 자체는 너무 무르기 때문에 주로 장신구를 만드는 데 그쳤다. 구리를 다른 금속과 결합해 강도를 높이는 기술은 훨씬 나중에 등장한다. 서아시아에서 농경에 금속 쟁기를 사용한 흔적은 기원전 3000년경에야 등장한다. 이 시기에 주석을 합금해 청동을 만드는 기술이 탄생했다. 주석은 매우 희귀한 금속이었는데 에스파냐, 아나톨리아 등지에 주석 광산이 발견되면서 청동이 널리 보급될 수 있었다. 청동이 중요한 까닭은 무기 양산을 가능케 했기 때문이다. 주물 틀에서 일정 비율로 구리와 주석을 섞으면 단단하고 날카로운 무기를 신속하게 대량으로 만들어낼 수 있었다. 금속기와 말이 결합한 전차도 등장했다. 당시 전차의 등장은 제1차 세계대전에서 탱크가 등장한 것만큼이나 위력적인 일이었다. 전차에 오른 두 사람 가운데 한 사람이 고삐를 잡고 전차를 몰아 적을 향해 돌진하는 동안 다른 한 사람은 적을 향해 화살을 날리거나 창을 던질 수 있었다. 신

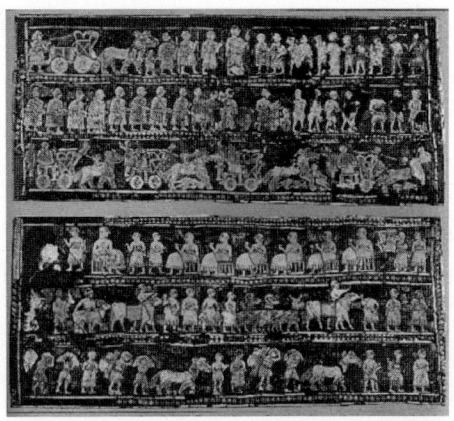

우르의 유적지에서 발견된 수메르 최대 예술 목조품 혹은 그 중 하나인 '우르의 스텐더드(Standard)'. 사제, 농민, 노예 등 온갖 계급의 사람들을 그린 큰 두루마리 그림으로 초기 수메르 왕조의 전차 군단과 투구, 갑옷으로 무장한 병사들도 보인다.

속한 이동과 적에 대한 원거리 타격이 동시에 가능했다. 금속기와 전차로 무장한 도시국가는 기술에서 열세를 보인 중소 도시를 차례차례 병합했다. 왕이 죽으면 백성들은 그가 살아 있을 때 사용한 장신구와 술잔, 그리고 검과 전차까지 함께 묻었다. 금속기와 함께 전성기를 구가한 자신들의 통치자에 대한 당연한 숭배 의식이었다.

서구에서 도시란 말은 「구약성서」에 나오는 우르에서 시작됐다. 「구약성서」에 따르면 여러 민족의 조상인 아브라함은 '갈대아 우르(Ur of the Chaldees)'에서 하란을 거쳐 가나안으로 들어간 것으로 돼 있다. 갈대아 우르는 이라크 유프라테스강 중류에 있는 도시로 요즘은 텔 무카이야르라고 불리고, 하란은 터키 남부, 가나안은 이스라엘에 해당한다. 바로 이 우르가 수메르인들의 말로 '도시'라는 뜻이다. 후세에 출토된 기원전 3000년 무렵 '우르의 스텐더드(군대 깃발)'를 보면 우르는 군인, 사제, 농민, 노예 등 다양한 사람들이 살아가는 큰 도시였다. 전쟁이 벌어지면 두 필의 말이 끄는 전차에 두 명

정도가 올라타고 출전해 적을 무찔렀다. 화려하게 장식한 전차마다 화살통을 고정시켜 놓았다. 평화시에는 노예와 농민이 농사를 지었고, 소와 양 등 여러 가축도 길렀다. 잉여 식량은 넘치고 그런 생산구조 위에 군림하는 사제와 지배자들은 매우 풍족스러워 보였다. 우르라는 도시는 오늘날 우리의 눈에도 매우 화려하고 다양하고 강력해 보인다.

서구에서 '우르처럼 만든다'는 뜻의 도시화(urbanization)란 말은 곧 문명화(civilization)의 다른 표현이다. 도시화는 서구뿐 아니라 세계 모든 문명이 발전하면서 공통으로 갖추는 특징이다. 도시국가가 된다는 것은 문명이 폭발력을 갖춘다는 말과 같다. 도시국가는 작은 촌락을 통합한 대도시다. 문명 발전 과정에서 왜 대도시가 필요했을까? 어느 정도 규모를 갖추어야 전문화와 분업화가 가능하기 때문이다. 금속기 시대에 들어서서 도시 규모는 더 커졌다. 고대 도시

국가가 갖춘 시스템은 오늘날 국민국가의 시스템과 거의 동일하다. 관료제와 직업 전문화, 그리고 행정 전문가에게 지배를 맡기는 사회계약 시스템은 신석기 시대 말기에 싹을 틔워 이때 완성되었다. 도시에 밀집하여 살아가는 구조가 지닌 가장 큰 단점은 전염병이었다. 이는 쉽게 해결되지 못했고 사람들은 그저 신이 내리는 형벌로 받아들일 수밖에 없었다.

기원전 5000년에 형성된 에리두를 비롯해 수메르의 도시국가들은 자신들이 믿는 신을 모시는 사원 중심으로 형성되었다. 수메르는 메소포타미아의 남부 지역을 가리키던 이름이다. 각 도시의 흥망성쇠는 그 도시가 믿는 신들의 흥망성쇠이기도 했다. 도시국가는 각기 '물의 신' '대기의 신' '쟁기의 신' '지혜의 신'을 위계질서에 맞게 숭배했다. 이는 당시 인간의 삶을 고스란히 반영한다. 농업이 중시되던 곳에서는 '쟁기의 신'이 추앙받았다. 고대 문명에서 '지혜의 신'이 종종 '전쟁의 신'과 같은 존재로 간주된 것도 당연한 일이다. 전쟁에서 승리하는 것이야말로 현명한 통치자가 되는 필수 요소였기 때문이다.

문자를 지배하는 자, 세계를 지배한다

문명을 건설하는 데 필수적인 것이 도시국가와 금속기라면, 문명을 유지하고 발전시키는 데 필수 조건은 문자다. 메소포타미아의 수메르인들이 처음으로 독창적인 문지(쐐기 모양)를 고안했다. 문자 형성 과정은 서양이나 동양(중국)이나 비슷하다. 예를 들어 회의(會意)는 한자를 만드는 한 방식으로 '해(日)'와 '달(月)'이 만나면 '밝음

(明)'이란 새로운 글자가 만들어진다. 메소포타미아의 쐐기문자 중에도 이런 게 있다. 쐐기문자를 번역해 보면 '위대하다(gal)'는 말과 '사람(lu)'이란 말이 합쳐져 '왕(lugal)'이 된 사례를 확인할 수 있다. 문자의 발전은 사유 능력의 발전을 가리키며, 문자를 통해 그 문자가 사용된 문명의 수준을 미루어 짐작할 수 있다. 우리는 알파벳의 원조로 흔히 페니키아인을 떠올리는데, 그보다 1,500년 전에 이미 그 기본틀이 완성되었다. 국가를 통합한 다음 국가 역량을 보존하고 전수하려면 문자가 필요한데, 이집트에 문자가 등장한 시기가 이집트 통일 직전인 기원전 3100년 무렵이다.

기원전 3000년에서 2000년 사이에 지어졌다고 하는 『길가메시 서사시』는 수메르 시대의 사고와 생활상을 보여주는 희귀한 기록으로 19세기 고고학자들이 발굴했다. 여기에는 메소포타미아의 도시국가 우룩을 다스린 왕 길가메시의 이야기가 실려 있는데, 생명, 죽음, 사랑, 투쟁 등 인간의 본질적인 문제를 두루 다루고 있다.

> "지금부터 길가메시의 행적을 알리노라. 그는 모든 것을 알았고 세상 모든 나라를 알았던 왕이다. 슬기로웠으며, 신비로운 사실을 보았고, 신들만 알던 비밀을 알아냈고, 홍수 이전에 있던 세상에 대해 알려 주었도다. 그는 긴 여행 끝에 피곤하고 힘든 일에 지쳐 돌아와 쉬는 중에 이 모든 이야기를 돌 위에 새겼도다."

문자 기록은 그것이 실제 사건의 기록이든, 문학적 표현이든 모두 중요하다. 당시 살던 사람들의 생각을 반영한 것이기 때문이다.

기원전 3000년경 이집트는 종이의 초기 형태인 파피루스(Papyrus: 종이(paper)의 어원)를 만들었다. 파피루스 역시 나일강의 신이 이집트

메소포타미아의 쐐기문자와 이집트의 파피루스.

인에게 내린 선물이다. 나일 강변에 많이 자라는 갈대의 껍질을 얇게 편 다음 격자 모양으로 겹친 후 망치로 두드리면 펄프가 되고 이를 말리면 종이가 만들어진다. 여기에 램프 그을음으로 만든 검정 잉크로 글자를 적고 식물이나 광물에서 채취한 천연 컬러 염료로 문서를 화려하게 장식했다. 제본 형태의 책(codex)이 등장하기 전까지 파피루스로 만든 두루마리(scroll) 형태 책은 2,000년 넘게 문서 보존 역할을 충실히 수행했다. 인터넷 페이지를 검색하면서 위로 올리거나 아래로 펼치는 것을 '스크롤'한다고 하는데, 이집트의 파피루스를 보는 방식에서 유래한 것이다. 무엇보다 중요한 것은 파피루스의 휴대성과 경제성이다. 나중에 중국을 통해 전해질 진짜 종이에 비해 턱없이 질이 낮긴 했지만, 진흙에 상형문자나 쐐기문자를 새겨넣고 불에 구워 보존하는 방식에 비해 파피루스는 실로 혁명적인 편의성을 제공했다.

우리가 현재 아는 고대 역사는 지금까지 발견된 문자 기록으로 재구성한 세계다. 문자 기록의 여부에 따라 역사와 선사를 구별한다. 그런 면에서 인류 문명의 역사는 고작 4,500년이다. 언어 연구자들은 기원전 4000년경에 3천만 명이 1만 여 종의 언어를 사용하며 살

앉을 것이라고 추정한다. 21세기 지구에는 3,000여 개의 언어가 존재하는데 이중 90퍼센트는 향후 100년 이내에 사라질 것이라 한다. 힘이 약한 부족, 약소국의 언어는 힘이 강한 부족의 언어에 통합되거나 괴멸했다. 언어에서 주도권을 쥔 문명은 구어뿐 아니라 문자까지 지배했다. 이는 콜럼버스 이래 세계의 언어지도를 재구축한 서구 열강이 이미 증명한 냉혹한 역사적 사실이다. 20세기 이래 세계의 패권을 쥐고 있는 미국은 도시국가(통합된 넓은 영토), 금속기(발전한 소프트웨어 기술, 우주공학), 문자(세계공용어인 미국식 영어)를 두루 갖추고 있다. 그 3요소를 두루 갖춘 중국도 21세기의 초강대국으로 부상하고 있다.

2장
문명의 발생

메소포타미아 문명: 『함무라비 법전』에 나타난 고대 문명의 실상
이집트 문명: 나일의 풍요가 죽음 예찬론자를 낳았다
인더스 문명: 카스트 제도, 인도 분열의 첫 씨앗이 되다
중국 문명: 대제국을 다스리는 전략의 탄생, 봉건제

메소포타미아 문명

『함무라비 법전』에 나타난 고대 문명의 실상

'정의란 무엇인가'는 마이클 샌델 하버드대 교수만의 관심사가 아니었다. 지금으로부터 3,700여 년 전 바빌론의 현명한 군주 하나도 이 문제에 심혈을 기울이고 있었다. 함무라비, 그는 메소포타미아를 통일하고 '바빌론의 정의'를 돌에 새겼다. 제국은 그의 소원대로 영속하지는 못했다. 하지만 그의 법전은 인터넷을 통해 인류 70억 명 누구라도 다가설 수 있는, 유구한 생명을 누리고 있다.

탁월한 통치자, 함무라비

바빌론 제1왕조의 6번째 왕 함무라비(재위기간 기원전 1792년~1750년)는 통치술과 외교력을 발휘해 여러 민족으로 이뤄진 메소포타미아 지역의 여러 도시국가를 정복해 통일을 이룩했다. 그는 온갖 난관을 극복하고 이룩한 통일왕조의 안정과 질서를 영원히 이어가기 위해선 온 나라에 '정의'부터 세워야 한다고 판단했다. 이런 정신을 담아 자신이 만든 법전, 『함무라비 법전』에 '정의의 법전'이라는 이름부터 붙였다.

그는 통일왕조를 이루는 과정에서부터 놀라운 능력을 발휘했다. 한 마디로 '창업'과 '수성' 양쪽에 모두 탁월한 능력을 갖췄다. 그러면서도 기다릴 줄 아는 지도자였다. 그는 먼저 '수성'에 집중해 힘을 응축한 다음 전광석화처럼 치고 나가 지역패권을 장악하는 더 큰

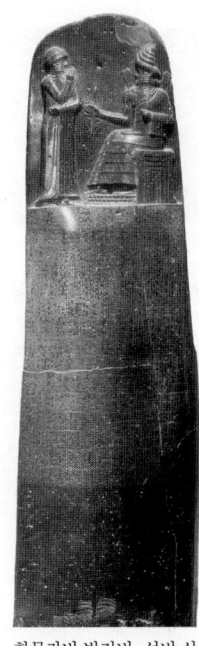

함무라비 법전비. 석비 상부의 우측은 옥좌에 걸터앉은 정의의 신 '샤마시', 좌측에는 함무라비가 서서 법전을 받는 모습이 양각으로 새겨져 있다.

'창업'에 성공했다.

오늘날 이라크의 유프라테스강과 티그리스강 사이에 있는 메소포타미아 지역은 세계 4대 문명의 발상지 가운데 하나로 비옥한 농경지를 갖추고 있었다. 하지만 평야지대라 경쟁관계에 있는 인근의 도시국가는 물론 외곽의 산악지대나 강 상류 지역의 강대한 세력이 빈번하게 침략해오곤 했다. 수십 개의 도시국가가 두 강 사이의 평야지대에 저마다 높다란 성벽으로 둘러싸인 도시국가를 건설하고 경쟁했다. 이른바 '중동판 전국 시대'와 비슷한 상황이었다.

도시국가 바빌론의 왕이었던 함무라비는 먼저 북쪽의 강력한 라이벌 도시국가 아시리아와 우호관계를 맺은 뒤 자기 지배 아래 있는 여러 도시국가의 성벽을 구축하고 보강하는 데 온 힘을 기울였다. 운하를 새로 만들거나 보수해 농업 생산을 높이고 각 도시의 인구를 늘려나갔다. 당시는 농업생산과 인구가 바로 국력이었다. 그렇게 왕은 치세의 전기와 중기 30년을 내치와 국력 신장에 집중했다.

즉위 30년 되던 해 드디어 함무라비는 남방의 숙적 라르사를 향해 진격했다. 왕을 사로잡고 그들을 원래 본거지인 산악지대로 몰아냈다. 함무라비가 라르사를 격파하자 수메르 지역의 여러 도시국가들이 다투어 그의 지배 아래 들어왔다. 그에겐 메소포타미아의 중심부를 지배하는 자를 상징하는 지위, 즉 '수메르와 악카드의 왕'이라는 이름이 붙여졌다. 승리와 함께 행운도 따라왔다. 이전에 동맹을 맺었던 북부 아시리아의 왕이 갑자기 전쟁도중 죽어버렸다. 북부지역은 대혼란에 빠졌다. 즉위 33년 함무라비는 아시리아로부터 독립하려는 마리를 비롯해 에시눈나 등 여러 도시국가를 잇달아 정복했다. 함무라비의 세력이 커져가자 강력한 군주를 잃은 뒤 정치적 혼란이 계속되던 아시리아 안에서도 동맹국이었던 바빌론의 치하에 들어가는 것이 낫다는 여론이 커졌다. 결국 아시리아마저 무혈합병할 수 있었다. 왕은 여세를 몰아 서북부의 수바르투 왕조도 무너뜨리고 전 메소포타미아의 통일을 이룩했다. 즉위 39년만의 일이다.

정의를 실현하는 최상의 도구, 법

함무라비는 바빌론 왕국에서 '정의'를 실현하는 최상의 도구로 성문헌법을 설정했다. 지름 61센티미터, 높이 2.2미터인 검은 돌에 새겨진 『함무라비 법전』의 서문에서 왕은 법전의 공포 목적을 이렇게 규정했다.

> "정의를 온 나라에 빛나게 하기 위해, 나쁜 자를 멸망시키기 위해, 강자가 약자를 억누르지 못하도록 하기 위해, 과부와 고아가 먹을 것이 부족하지 않도록 하기 위해, 평민이 악덕관리로부터 피해받지 않도록 하기 위해"

국가를 통치하는 데 폭력적 수단이 아니라 법에 의지할 것이며, 그 법의 첫 번째 목적은 정의를 온 나라에 빛나게 하기 위해서라고 명확히 밝힌 것이다. 원래 제정된 총 282조의 『함무라비 법전』 가운데는 흥미로운 내용도 제법 눈에 띈다.

> 제22조 강도질을 한 사람이 붙잡혔다면 그 사람은 죽여야 한다.
> 제195조 아들이 그의 아버지를 때렸을 때는 그 손을 자른다.
> 제196조 사람이 남의 눈을 멀게 했으면 그(가해자)의 눈을 멀게 한다
> 제198조 평민의 눈을 멀게 하거나 뼈를 부러뜨리면 은 1마나를 지불한다.
> 제199조 남의 노예의 눈을 멀게 하거나 뼈를 부러뜨리면 그(은 1마나의) 반액을 지불한다.
> 제203조 사람이 사람의 뺨을 때리면 은 1마나를 바쳐야 한다.
> 제205조 노예가 귀족의 뺨을 때리면 그의 귀를 자른다.

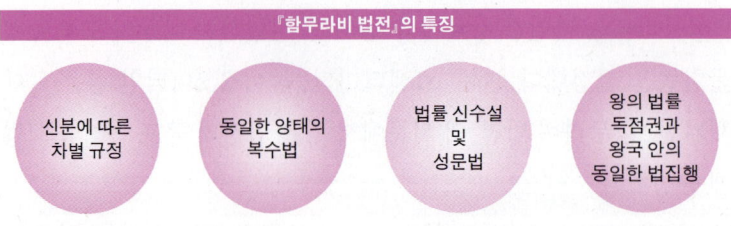

『함무라비 법전』은 대략 다음과 같은 특징을 지닌 것으로 평가된다. 먼저 '신분에 따른 차별 규정'이 가장 눈에 띄는 특징이라고 할 수 있다. 법전은 왕국 안의 계급 사회라는 현실을 그대로 받아들여 계급에 따른 차별 규정을 뒀다. 같은 죄를 범해도 범죄자의 신분에 따라 그 형벌을 다르게 했다. 당시 바빌론은 귀족(아윌룸), 평민(무시케눔), 노예(와르둠)의 세 계급으로 구성돼 있었다. 귀족이 하위 계급

에 손해를 끼친 경우에는 그 처벌이 약해지지만, 반대인 경우에는 더 가중시켰다. 오늘날의 사회통념으로는 매우 불평등하고 불합리하다고 할 수 있다. 그러나 계급 사회에서는 신분의 차이에 따라 형벌이 다른 것이 보통이다. 로마법 역시 이런 차별성을 두고 있었다.

둘째, '동일한 양태의 복수법'이다. 해를 입은 만큼 복수를 한다는 것은 '눈에는 눈, 이에는 이'라는 형식과 정신이 그대로 반영됐다는 의미다. 복수법이라고 해서 질이 많이 떨어지는 악법처럼 생각해서는 안 된다. 왜냐하면 당시의 복수법은 오히려 피해를 입었다는 이유로 기분나는 대로 무제한 복수하는 것을 막았다는 점에서 중요하다. 고대 설화나 경전, 혹은 「구약성서」를 보면 가족의 일원이 성폭행을 당했다는 이유로 가해자뿐만 아니라 그 가족 나아가 부족 전체에게 복수하는 사례가 기술돼 있다. 이런 관행에 법으로써 제동을 건 것이다.

셋째, '법률 신수설 및 성문법'이다. 법전의 서문 바로 위에 새겨진 그림 부조를 보면 함무라비왕이 정의의 신이자 태양신인 샤마시로부터 법을 구전받은 것으로 표현돼 있다.

마지막으로 '왕의 법률 독점권과 왕국 안의 동일한 법집행'을 들 수 있다. 함무라비가 법의 권위를 정의의 신한테 받은 절대적 존재이기에 곧 법률독점권을 가진다는 의미다. 실제로 왕이 직접 재판을 주관하지 못 하는 지역에서는 왕의 대리인이 기록된 성문법에 기초해 재판을 대리했다. 왕국 안에서는 모두 이 법전에 의한 재판, 법전에 의한 통치가 가능해졌다. 법전에 의한 중앙집권국가가 등장했다.

세계 최초의 성문법

『함무라비 법전』은 세계 최초의 성문법으로서 역사적인 의미를 지닌다. 법전은 여러 경우에 사형이나 사지절단과 같은 가혹한 처벌을 부과하고 있다. 동시에 무죄추정 원칙, 증거주의 등 현대 법체계에서 그대로 채택하고 있는 정신을 이미 반영하고 있으며, 상당한 법철학 수준을 보여준다.

법전을 공공장소에 돌비석 형태로 영구적으로 제작·설치한 것도 뛰어난 감각이다. 법전을 기록한 돌비석은 나중에 바빌론을 정복한 페르시아 사람들에 의해 그 수도인 수사로 옮겨졌다가 1901년 다시 발견됐다. 나중에 프랑스가 입수해 옮겨가 지금은 파리 루브르박물관에 전시돼 있다.

함무라비는 세계사의 첫 번째 성문법 창제자로서 다른 세계사 속의 대표적인 법 창제자 22명과 함께 미국 하원 의사당에 대리석 부조상으로 새겨졌다. 아직 예수가 나오기 1,700년 전, "누가 왼편 뺨을 때리면 오른편 뺨도 갖다 대라"는 광야의 소리는 들려올 수 없는 때였다. 그래도 바빌론 사람들은 불완전하나마 자신들의 정의를 세우기 위해 점토판과 석비에 쐐기문자로 자신들의 성문헌법을 새겨 넣고 있었다.

이집트 문명

나일의 풍요가
죽음 예찬론자를 낳았다

이집트는 인류가 이룩한 고대 문명 가운데 동질적인 문명을 가장 오랫동안 유지해온 문명이다. 왕조가 여러 번 바뀌긴 했지만, 이집트 문명의 기본 성격은 거의 3,000년 이상 변하지 않았다. 왜 이집트는 이런 독특한 문명의 길을 갔던 것일까? 도대체 나일강 계곡에는 유프라테스나 인더스 그리고 황허와 다른 그 어떤 비밀이 숨어 있었던 것일까?

풍요의 강, 기적의 강

빙하 시대가 끝날 무렵 지구상에서 인류의 문명을 꽃피울 만한 지역으로는 대체적으로 두 군데 정도밖에 없었다고 추정된다. 아프리카 중앙부로부터 지중해쪽으로 흘러가는 기나긴 나일강 유역과, 메소포타미아와 이란 남부를 거쳐 멀리 인더스강까지 이어지는 '초승달 지역'이었다. 실제로 인류의 고대 문명은 대부분 이 지역에서 꽃을 피웠다. 중국의 황허 문명만 예외적으로 보다 멀리 떨어진 특수한 지역에서 일어났다.

길이 6,650킬로미터로 지구에서 가장 긴 강인 나일강은 고대 문명 시기 해마다 범람하면서 강을 따라 펼쳐진 나일 계곡에 사는 사람들에게 '기적'을 안겨줬다. 르완다까지 거슬러 올라가는 머나먼 상류로부터 수단 등의 중류를 거치며 자양분 많은 토양을 하류 지

죽은 자의 부활과 영생을 기원하는 장례문서 중 하나인 '사자의 서'. 고대 이집트인들은 죽음 이후 존재할 세계에 대해 집착했다.

역에 풍부하게 날라다 줬기 때문이다. 강의 경로만큼이나 다양한 영양분이 해마다 넉넉히 쌓여간 퇴적평야는 밀과 보리의 재배에 더없이 적합했다. 나일강도 끊임없이 물을 공급해줘 웬만하면 풍년이 이어졌다. 한 학자는 이렇게 분석했다.

"이집트 사람들은 대체적으로 나일의 홍수량이 7.6~8미터 정도면 그 해에는 풍년이 들 것으로 예측했다. 범람에 의해 새로운 영양분도 넉넉히 공급되고 물도 넉넉히 댈 수 있었기 때문이다. 보다 지나치게 낮거나 지나치게 높으면 곡식 소출이 보통 때보다 약 20퍼센트 정도 줄어드는 것으로 예측했다."

이집트는 농업에 기반한 강국이었다. 풍년이 들 때가 많은 데다가 곳곳에 곡식 저장시설까지 잘 갖춰 놓았다(「구약성서」 창세기에 나오는 요셉이 '7년 풍년 뒤 7년 흉년'의 대응책으로 제시한 곡식 저장시설과, 이집트 벽화에 아주 흔하게 쥐를 박멸하는 존재로서 고양이 그림이 등장하는 것 등을 보라).

이집트는 지리적으로도 천혜의 방어조건을 갖추고 있었다. 과학적 조사 결과 나일강은 빙하 시대 말기인 기원전 3400년 무렵 기후 변화에 따라 강 중류의 왼편 지역이 사막으로 변해갔다. 사하라 사막이다. 강 오른편은 옛날부터 높은 산과 구릉으로 뒤덮여 사람들의 이동과 접근이 어려웠다. 나일강과 나일 계곡을 단단히 막으면 적이 쳐들어오기 힘들었다. 메소포타미아 문명은 강 유역의 넓은 개활지를 무대로 일어났기에 사방 어느 곳에서든 적이 쳐들어오기 쉬웠다. 이 때문에 수메르나 아시리아, 바빌론 등 고대의 도시국가들은 한결같이 최고 10미터에 이르는 높고 두꺼운 성벽을 지어 도시를 보호해야만 했다.

사후세계에 집착한 이집트

풍요로운 강의 혜택으로 물산이 넘쳐나는 데다가 외부의 침략까지도 막기 쉬운 나일강의 특수 조건은 이집트 문명만의 특색을 강화시켜줬다. 바로 지독한 보수주의의 길이었다. 이집트가 얼마나 보수적인지는 기원전 약 3000년 무렵의 초기 왕조 시대부터 기원전 30년 로마의 침입 때까지 3,000년 동안 크게 변화하지 않은 채 거의 동질적인 문명을 그대로 유지해갔다는 사실만 봐도 알 수 있다. 그들이 얼마나 변화를 싫어하고 두려워했는지는 통치규범을 표현한 이 한 마디에 잘 담겨 있다.

"만일 어떤 일이 운영되고 있으면 고치려 하

고대 이집트의 '진리, 정의, 질서의 여신' 마아트.

지 마라."

 이집트인들이 또 하나 치열하게 집착한 것이 있다. 바로 '사후세계'다. 지금도 이집트를 경이와 신비의 눈으로 바라보게 하는 피라미드를 비롯해 여러 신전과 미라, 엄청난 벽화와 상형문자, 부장품 따위는 모두 죽음 이후 존재할 세계를 향한 이집트인들의 끝없는 예찬 속에서 만들어졌다. 그들은 현세에서 누리는 생의 행복을 자연스럽게 내세로 이어가고 싶었다.

 무엇보다 이집트 자연의 순환구조를 장시간 경험하면서 이집트인들은 생명의 재탄생에 대한 믿음을 자연스럽게 정착시켜 갔다. 이집트의 농업을 뒷받침하는 태양은 하루를 주기로 정확하게 어둠 속에서 '되살아나고', 1년을 주기로 정확하게 계절의 순환 및 재탄생을 경험시켰다. 그래서 태양신을 가장 중요하게 생각했고, 다른 고대 문명과 달리 1년을 365일로 보는 태양력을 사용했다(이것을 나중에 율리우스 카이사르가 로마로 가져가 '율리우스력'으로 만들어 보급시켰다). 나일강은 나일강대로 해마다 정확하게 7월이면 예측가능한 수준만큼 범람했다. 이런 환경 속에서 자연스럽게 내세 지향의 종교가 번성했다. 위로는 파라오로부터 아래로는 신관과 귀족, 심지어 평민에 이르기까지 모두 어떻게 사후세계로 무사히 건너가고 사후세계에서 영생을 누릴 것인지 골몰했다.

 이에 반해 메소포타미아의 종교는 현세적이고 기복적인 성격이 강했다. 지금 이 땅에서 복을 구하려 했다. 그만큼 현세의 생은 위험하고 불안정했다. 실제로 티그리스강이나 유프라테스강은 상류에 홍수가 나면 며칠 뒤 하류 지역에 거칠고 무서운 범람을 가져왔다. 이에 반해 나일강은 6월 상류에 홍수가 시작되면 한 달 뒤인 7월부터 이집트 하류 지역에 큰물이 도착했다. 메소포타미아 사람들은 홍수를 '신의 징벌'이라고 했고, 이집트 사람들은 '신의 은총'이라고 했다.

피라미드와 영생 기원

이집트에서는 다른 문명권에 훨씬 앞서 신석기 시대부터 영혼의 세계를 믿었다고 인류학자들은 추정한다. 거대한 피라미드도 파라오로 불리는 왕의 신성, 영생을 상징하는 건축물이다. 왕이 죽은 뒤에도 그 죽음을 극복하고 이집트에 은혜를 베풀어달라는 기대를 담은 것이다. 죽음을 극복하고 하늘로 오르는 것을 가능하게 하기 위해 피라미드 안에 끝없이 하늘로 올라가는 계단을 설치하는 건축기법도 나왔다. 이런 개념은 나중에 '사자의 서'라든가 파라오의 관에 새겨 넣는 '장제문서' 등에도 이어진다. 신왕조 시대(기원전 1550년~1075년)에 조성된 광대한 '왕가의 무덤'에서 발견한 장제문서를 보자.

> "태양신의 아들 왕이시여, 죽은 뒤 아버지인 태양신 라에 이르기 위해 죽음의 세계를 여행할 때에 만나는 수많은 위험을 극복하시라."

이 때문에 죽은 자, 왕은 많은 호신용 부적을 몸에 붙였다. 사람들은 죽은 뒤 왕조차 피할 수 없는 과정, 즉 신의 심판이 기다리고 있다고 생각했다. 죽은 자는 이집트의 신으로 죽음세계의 지배자인 오시리스와 아누비스 앞으로 끌려가 자기 심장을 기원(문서를 다루는 관리)의 신 토트 앞에 있는 천칭의 한쪽에 올려놓게 된다. 천칭의 다른 한쪽에는 놀랍게도 질서와 진리의 여신 마아트를 상징하는 것으

고대 이집트의 주요 신들	
눈(혹은 누)	태초신. 생명의 근원을 품고 있는 원초의 바다
네이트	전쟁과 수호의 여신
네프티스	화합과 모임, 힘의 여신
누트	하늘의 여신
레(혹은 라)	창조신이자 태양신. 아침에는 케프리, 낮에는 라, 저녁에는 아툼이라 불림
무트	신들의 어머니, 하늘의 여주인, 여신들의 여왕, 지구의 어머니, 라의 눈, 스스로 태어난 자
민	다산의 신. 모든 신과 남자를 만든 신
세티스	사막과 이방의 신
아누비스	사후세계로 인도하는 신
아문	바람과 공기의 신. 후에 태양신 라(레)와 합쳐진 후 아문-라 또는 아문-레로서 태양을 상징하는 신으로 자리 잡음
아톤	태양의 빛 햇살의 신. 파라오 아크나톤의 유일신
오시리스	죽은 자들의 왕국을 다스리는 신
크눔	나일강의 신
토트	문서, 지혜, 언어, 시간의 신
세크메트	파괴의 여신
하토르	사랑과 미의 여신
호루스	대기와 불 상징

로서 단지 깃털 하나가 올려질 뿐이다. 천칭이 균형을 이루면 죽은 자는 현세에서의 고결함을 인정받아 오시리스의 환영을 받으며 사후세계에서 영생을 누릴 수 있다. 그렇지 않으면 혼은 공포의 괴물에게 먹혀 영원히 사라져버린다.

어떤 파라오는 피라미드가 여럿 발견되기도 했다. 시신은 결국 하나인데 피라미드는 5개라니? 최근의 연구결과 피라미드가 죽은 파라오의 영생 기원뿐만 아니라 나일강 범람 시기 농민들의 소득 보전을 위한 국책사업으로도 활용됐다는 이론이 제시됐다. 범람이 일어나는 7월부터 약 넉 달 동안 범람지에서 농사를 지을 수 없는 농민들에게 일자리를 제공하기 위해 동일한(그러나 시신은 보관하지 않는) 피라미드를 여럿 만들기도 했다는 논리다. 피라미드의 조성작업이 영화〈십계〉처럼 강제적인 노예노동이 아니라 자유민인 농민에게 보수까지 지불하며 국책사업으로 시행했을지도 모른다는 가설이 설득력을 얻어가고 있다.

어찌됐든 사후세계에 대한 염원 속에서 투탄카멘왕의 장대한 지하분묘에서 발견된 것과 같은 수많은 부장품들이 무수히 지하에 함께 묻혔다. 일상용품, 가구, 오락품, 식품… 그리고 죽은 자의 명령을 받아 허드렛일을 해야 할 일꾼의 상도 여럿이 함께 묻혔다. 당연히 죽은 자의 사체도 영구 보존해야 했다. 그래서 해마다 나일강이 범람할 때면 이런 미라도 같이 되살아날 것이라고 믿었다. 나일강이 땅을 다시 되살리듯이…. 이집트학자들은 대략 이집트 왕조 3,000년 동안 모두 3천만~1억 개에 이르는 미라가 만들어졌으리라고 추정한다.

2011년 5월 전 세계 고고학자와 이집트학자들을 깜짝 놀라게 하는 뉴스 하나가 나왔다. 미국 항공우주국(NASA)의 후원을 받아 미국의 연구소가 적외선 위성영상을 통해 지하에 있는 이집트 피라미드 17기를 찾아낸 것이다. 지구 위 700킬로미터 궤도를 도는 위성에 장착한 카메라가 찍은 적외선 영상으로 땅속에 묻혀 있는 피라미드 17기와 무덤 1,000여 기, 고대 거주지 3,000여 개가 드러났다. 이 방법의 추정에 따르면 지금까지 알려진 이집트 고대 유적은 땅속에 묻혀 있는 전체 유적의 0.01퍼센트에도 못 미치는 셈이다. 만일 이 적외선 위성 영상 기술이 대대적으로 활용되면 앞으로 전 세계 고고학과 역사학은 새로 써야 한다.

인더스 문명

카스트 제도, 인도 분열의 첫 씨앗이 되다

인도는 지금으로부터 4,600년 이전에 인류의 4대 고대 문명 가운데 하나인 인더스 문명을 건설한 나라다. 그러나 그 문명을 건설한 드라비다족 등 원주민들은 나중에 침략해 들어온 아리아족이 만든 인종차별주의의 계급제도 카스트에서 최하위 계급으로 전락했다. 20세기에 이르기까지 카스트 제도는 인도의 내부 분열의 씨앗으로 맹위를 떨쳤다.

계급이 지배하는 사회

인도는 독립직후 공표한 1950년 헌법(The Constitution Order)의 카스트 조항에서 이렇게 공식적으로 확인하고 있다.

"인도에는 모두 25개 주에 총 1,108개의 카스트가 존재한다."

같은 헌법은 민족(Tribes) 조항에서도 모두 22개 주에 총 744개의 민족(종족집단)이 존재한다고 공식화했다.

카스트(Caste)라는 용어는 원래 '순수, 단절, 다른 집단으로부터의 분리상태' 등을 뜻하는 라틴어 '카스투스(castus)'에서 나왔다. 나중에 인도 남부에 진출한 포르투갈인들이 인도의 계급제도를 라틴어에 뿌리를 두고 있는 자기네 포르투갈어로 '카스타(casta)'라고 표기하고, 이것을 영국인들이 받아 카스트라고 하면서 국제적으로 정착됐다.

인도는 어떤 나라인가? 지금으로부터 4,600년이나 이전 시기에 이미 인더스강 유역에 인구 2만 5,000~5만 명 정도가 사는 계획도시들을 세우고 상하수도 시설에 대중목욕탕 그리고 수세식 화장실까지 쓴 나라, '0'의 존재를 가장 처음으로 알 정도로 수학에 뛰어났던 나라, 21세기 정보통신(IT) 분야의 잠재적 강국으로 각광받는 나라…. 그런 인도에서 다른 한편으로는 어떻게 카스트처럼 불합리하고 이상한 제도가 오래도록 위력을 발휘하게 된 것일까?

기원전 2600년경에 인더스강 유역의 모헨조다로와 하라파에 벽돌과 돌로 뛰어난 상하수도 시설까지 갖추는 등 주변 문명보다 훨씬 앞선 계획도시를 세웠던 고대 문명은 수수께끼처럼 소멸했다. 왜 어떻게 그리 됐는지 아직 제대로 밝혀지지 않았다. 요즘 들어 수세식 화장실 등을 뒷받침하던 강이 마르면서 인더스 문명도 소멸했다는 설이 등장하고 있다. 고대 문명이 사라진 뒤 인도에는 기원전 1500년 무렵 중앙아시아로부터 인도-유럽어 계통의 유목민족 아리아족이 침입해 들어왔다. 오늘날 유럽 백인의 원조격인 인도-아리아계의 한 지파였던 이 세력은 먼저 인도 서북부의 펀자브 등 인더스강 유역에 정착하고, 오랜 세월에 걸쳐 동쪽을 향해 이동을 거듭해 기원전 1000년 무렵에는 인도 아대륙의 동북부인 갠지스강 유역까지 진출했다.

아리아족은 남부 러시아와 중앙아시아 일대를 무대로 유목생활을 하며 전쟁과 이동에 매우 뛰어났다. 흰 피부에 건장한 체격의 아리아족은 인도 지역에 먼저 자리잡은 채 농경생활을 하던 드라비다족이라든가 문다족을 어렵지 않게 복속시켜 나갔다. 인도의 원주민들은 전쟁 능력이 그다지 뛰어나지 않았다. 이전에 원주민들이 세웠던 모헨조다로의 유적에서는 무기류가 전혀 발견되지 않았다. 정

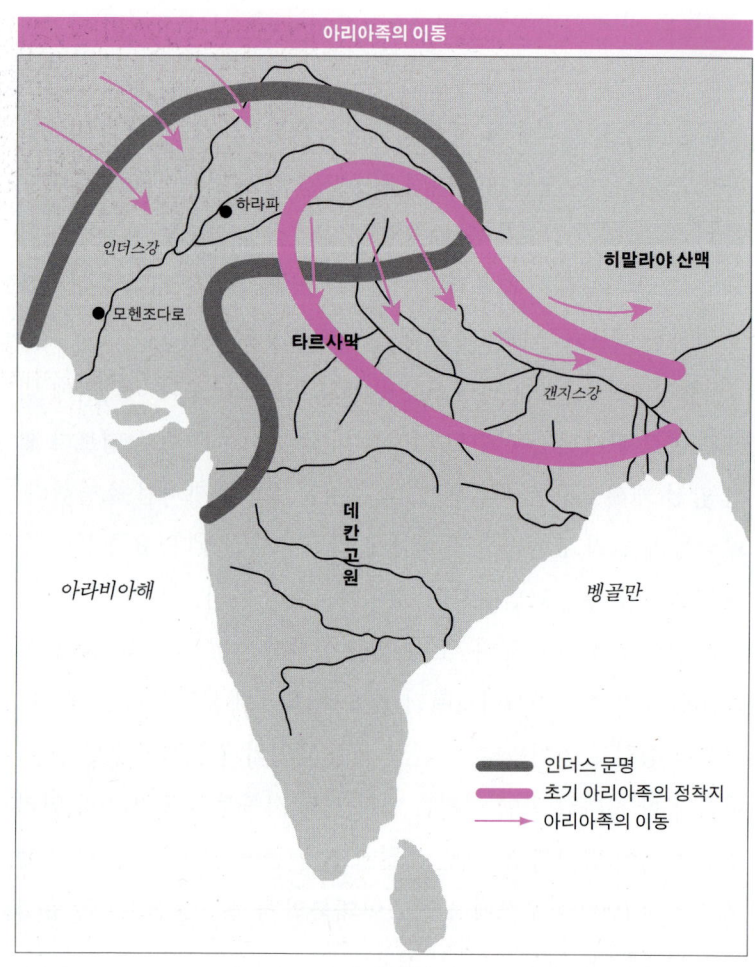

복자들과 선주민들은 체격 등 신체조건은 물론 무기 등 전투수행 능력도 큰 차이가 났다. 아리아인들은 말을 이용한 전차를 동원하는 데 반해 원주민들은 그런 무기가 아직 없었다.

정복과 함께 지배 계급의 자리에 오른 아리아족은 대단히 엄격한 계급구조를 만들어냈다. 자기 부족보다 인구가 압도적이었던 원주민들을 억누르기 위해서다. 아리아족이 도입한 카스트 제도는 인도어로는 바르나 제도(종성 제도)라고 부른다. 바르나는 원래 색깔을 뜻하는 말이다. 발생단계부터 정복자와 피정복자가 피부색에서 서로 다른 것을 계급의 기준으로 삼았다.

　카스트 제도는 백인종이던 정복자 아리아족을 브라만(사제 계급: 사제, 학자, 교사), 크샤트리아(전사 계급: 왕, 관리, 전사), 바이샤(평민 계급: 농민, 상인)로, 아리아족이 아닌 피정복 민족을 수드라(천민 계급:직공, 일꾼)로 나눴다. 원래 아리아족의 계급제도는 전사 계급, 사제 계급, 평민 계급의 3계급 시스템이었다. 다른 문명권처럼 계급을 세습했다. 처음에는 유목민족의 특성을 반영해 전사 계급이 제1계급이었다. 싸움 잘 하는 자가 최고였다. 그런데 장기간의 정복기간을 거치며 신분의 순서가 슬쩍 바뀌었다. 사제 계급인 브라만이 전사 계급인 크샤트리아가 가지고 있던 최고 계급의 지위를 '탈취'해 갔다. 한 역사학자는 여전히 부와 정치권력을 쥐고 있던 전사 계급을 상대로 사제 계급이 대역전을 이룩한 것을 "묘기와도 같은 위업"이라고 평했다. 그 비법은 여전히 비밀에 가려져 있다. 아마도 고대 사회에서 위력을 발휘한 종교와 문자를 사제 계급이 장악했기 때문이 아닐까 추정한다. 나중에 티베트 불교가 환생 개념을 도입해 칭기스 칸 가문의 핏줄에 의한 정통성을 간단히 바꿔 버린 것을 보면 불가능한 일만도 아니다. 어쨌든 지배민족 내부에 계급의 역전까지 일으킬 정도로 대변화를 겪은 결과 카스트 제도는 다른 민족끼리는 물론 같은 민족끼리도 움직일 수도, 거부할 수도 없는 견고한 성격으로 굳어져갔다. 세월이 흐르면서 아리아족의 피부도 인도 아대륙의 뜨거운 태양의 영향이라든가 혼혈에 따라 점차 검어졌고, 바르나는 이제 '색깔'이라는 의미보다 '계급' '신분'의 의미로 바뀌었다.

종교와의 결합으로 영속화된 계급

카스트 제도는 여기서 멈추지 않고 다시 아리아족의 종교인 브라만교의 윤회 및 업의 사상까지 결합시켜 계급의 영속화 단계로 넘어갔다. 그 논리는 대략 이렇다.

'인간은 영원히 삶과 죽음과 재생을 반복하는 윤회 속에 있다. 개인은 전생에서 생을 어떻게 살았느냐에 따라서 일정한 계급의 일원으로 다시 태어난다. 하위 계급의 존재도 자신이 속한 계급의 규범에 따라 모범적인 생활을 하면 죽음 뒤 재생할 때 한 단계 높은 계급에 오를 수 있는 기회가 주어진다. 반대로 높은 계급의 사람이 자기 계급의 규범에 맞게 살지 않으면 재생할 때 하나 더 낮은 계급으로 떨어진다. 만일 서로 다른 계급끼리 결혼한다면 자식은 부모보다 더 낮은 계급으로 떨어진다. 브라만과 크샤트리아가 결혼하면 그 자녀는 기껏해야 바이샤로 될 수밖에 없다.'

아리아족의 경전인 『베다』나, 힌두교의 규범을 문자로 정형화한 것으로 평가받는 『마누법전』은 이런 논리를 적나라하게 보여준다. 여기서 그치지 않았다. 카스트 제도는 직업, 즉 먹고 사는 문제까지 결합시켜 그 계급성을 더욱 강화시켰다. 카스트의 논리에 따르면, 계급에 맞춰 직업이 일률적으로 정해지고 그 직업이 대를 이어 세습된다. 이런 굴레를 쉽사리 빠져나갈 수가 없다. 우선 이 법칙을 어기면 당장 자신이 속한 계급으로부터 추방당한다. 자동적으로 지금까지 그 카스트로부터 받아온 모든 보호와 혜택을 박탈당하게 된다. 일종의 파문이다. 어제까지 카스트의 이름 아래 자신이 영위해 오던 일자리에서 자동으로 밀려나야 한다.

또한 카스트 제도는 아예 다른 계급 사람들과는 접촉하지도 못하

게 했다. 고대 사회에서 종교 의식의 하나로 간주하던 식사를 같이 하는 이른바 공찬의례도 다른 계급 사람과 하면 안 된다. 예수 시대 유대인들이 세금 징세를 담당하던 '세리'라든가 유대인의 순혈성을 지키지 못한 것으로 간주되는 사마리아인들과는 밥을 같이 먹는 것도 금기시한 것과 마찬가지다.

  기원후 4세기 굽타 왕조에 들어 브라만교가 힌두교로 변형·발전하면서 카스트 제도는 그 완고한 계급성을 극적으로 완성시켰다. 무엇보다 힌두교는 소속된 카스트에 따른 의무의 수행을 중요하게 규정해 백성들이 왕과 국가에 맹목적으로 복종하도록 강제했다. 카스트 제도의 부당성과 비인간성을 강력하게 비판했던 불교와 자이나교가 끝내 힌두교와의 경쟁에서 패배하고 인도에서 세력을 잃는 사태까지 겹치자 카스트 제도 앞에는 그 어떤 견제 세력도 존재하지 않게 됐다.

  인도에서는 헌법상 카스트 제도가 작동하지 않는 것으로 규정하고 있다. 그러나 헌법과 달리 현실에서는 지금까지도 사실상 존재하고 작동하고 있는 것으로 평가된다. 유엔아동기금(UNICEF)은 카스트에 기반한 여러 형태의 인종차별로 인도를 중심으로 한 남아시아 지역에서 약 2억 5천만 명이 고통받고 있다고 추산했다. 인도 정부가 여러모로 카스트의 폐해를 해소하려 노력하고 있지만, 인도 빈민가, 최하층 카스트 집단의 고통은 현재형으로 여전히 진행중이다. 게다가 일자리 배분까지 결정하는 전통적인 카스트의 논리는 현대 인도에서 더욱 공포스러운 위력을 발휘할 수밖에 없다. 인도 사회의 급격한 인구 증가에 따라 생존 경쟁은 어느 도시 어느 분야에서나 나날이 치열해지기 때문이다. 독실한 힌두교 신자였던 간디도 해방 인도에서 최하층 계급의 지위를 향상시키는 정책을 추진하다가 카스트를 맹신하는 극우 힌두교도의 손에 암살됐다.

> 히스토리 브리핑

인더스 문명의 수수께끼

인도의 고대 문명은 1920년대 하라파와 모헨조다로 등 인더스강 유역 폐허처럼 버려진 곳에서 발견돼 '인더스 문명'이라는 이름이 붙었다. 약 2,500여 년 전 조성한 것으로 추정되는 하라파와 모헨조다로의 유적은 발굴 결과 흙벽돌로 성곽을 쌓고 그 내부에 돌과 흙벽돌을 이용해 격자로 조성한 도시구역이 존재하는 양식으로 돼 있었다. 도로는 크고 넓게 포장돼 있고, 잘 갖추어진 상수도와 하수도에다 도시 주요 지역에 대형 공중목욕장, 집회소, 제분소, 시장 등을 갖춰 매우 잘 짜여진 계획도시라는 느낌을 주기에 충분했다. '죽은 자의 언덕'이라는 뜻을 지닌 모헨조다로의 경우 도시 규모로 볼 때 약 2만 5,000여 명이 거주했을 것으로 추정됐다. 도시는 동서 180미터, 남북 360미터의 평행사변형 모양의 성 안에 폭 9미터의 대형 도로와 작은 도로들이 잘 조성돼 있었다. 특이하게도 개인 집마다 벽돌을 쌓아 우물을 만들어 두었다. 이 도시들에서 발견된 인장들을 분석한 결과 이들은 상형문자와 비슷한 문자를 가지고 있었고, 수준 높은 청동기를 사용하고, 농경과 목축을 하면서 바닷길로 멀리 메소포타미아 지방과 교역했던 것으로 밝혀지고 있다. 그리고 이들 문명은 기원전 1,500여 년 이 지역에 아리아족이 침략해올 때까지 약 1,000년 동안 번영했던 것으로 추정됐다.

이상한 일은 이 문명을 건설한 사람이 누구인지, 나중에 그들은 어디로 갔는지, 과연 아리아족이 이 문명을 멸망시킨 것은 확실한지, 아니면 다른 이유가 있었는지 도무지 알 수 없다는 것이다. 이 때문에 인더스 문명은 고대 4대 문명 가운데 가장 수수께끼와도 같은 문명으로 평가돼 왔다.

최근 이 수수께끼의 상당 부분을 설명해주는 연구 결과들이 나와 크게 주목된다. 도시의 형태와 양식으로 볼 때 인더스 유역의 하라파, 모헨조다로와 같은 문명으로 볼 수밖에 없는 문명이 지금은 말라버린 고대의 또 다른 큰 강인 가가 하크라강 유역에서 집중적으로 발굴되고 있는 것이다. 특히 가가 하크라 하류 바다에 면한 지역인 돌라비라의 도시는 놀랄 만한 새로운 사실들을 쏟아내고 있다.

먼저 이 도시는 2,500년 전보다 거의 2,000년이나 더 거슬러 올라가 약 4,500여 년 전에 조성된 것으로 추정됐다. 그렇다면 이 문명의 존속기간이 과거와 달리 거의 3,000년으로 늘어난다. 또한 도시의 멸망과 관련해선 과거 '아리아족 침략설'과 달리 '기후변화'가 가장 큰 영향을 미친 것으로 추정됐다. 돌라비라의 경우 하라파나 모헨조다로보다 훨씬 물과 문명의 상관성에 대해 풍부한 자료와 근거를 제시해주고 있다. 먼저 이 도시는 대규모 저수지에서 추측할 수 있듯이 물관리에 엄청나게 심혈을 기울였음을 잘 보여준다. 도시 곳곳에는 천연암반 위에 벽돌을 규칙적으로 쌓아 수심 25미터의 대형 웅덩이를 만들었다. 벽돌을 대단히 정교하게 쌓아 물이 새나갈 구멍이 없도록 했다. 또한 유적 바깥 부근에선 지금은 말라버렸지만 돌로 수로를 만들었던 흔적이 발견됐다. 이 때문에 우기 때 밖에서 빗물을 수로를 통해 성 안의 대형 웅덩이에 저장해 거의 1년치 물을 확보했을 것으로 추정됐다. 현재 인근의 돌라비라 마을에 사는 사람들은 "심한 가뭄에도 여기 물은 마르지 않고, 다른 데 물이 짠 데 비해 오히려 달다"고 증언하고 있다. 이런 점을 종합할 때 기후변화로 인도 고문서에 나와 있는 인도의 3대 강 가운데 하나인 가가 하크라강이 마르면서 도시가 쇠락해 간 것으로 추정하는 것이 가장 설득력을 갖는다고 할 수 있다. 그런 점에서 인더스 문명은 기후변화나 물관리의 중요성을 일깨우는 '오래 된 시금석'일 수 있다.

인더스 문명이 메소포타미아 등 중동 지역과 장기간 교역했다는 사실도 속속 확인되고 있다. 인더스 문자를 새긴 인장은 아부다비, 바레인, 메소포타미아의 우르와 딜람 등지에서 발견됐다. 아부다비 지역에 기원전 2,300년 전 존재했던 움알라 왕조 때의 유물 가운데도 인더스 특산의 홍옥수 장식과 함께 인더스 문자가 새겨진 항아리가 발견되기도 했다. 붉은빛이 나는 반투명의 보석류인 홍옥수는 중동 지역에서는 나지 않는다. 우르에서도 '엘루하의 통역사'라고 해석되는 인장이 발견되었는데, '엘루하'는 인더스를 가리키는 말이다. 이 인장과 함께 홍옥수 목걸이도 발견됐다.

현재도 인도의 힌두교에서 물을 신성시하는 것은 아마도 인더스 문명의 전통과 관련이 있을 것으로 추정된다. 그 뒤 아리아족이 처음에 인더스 지역을 침략해 들어왔다가 점차 갠지스 강쪽으로 확대해 나간 것도 인더스보다 갠지스 강의 수량이 풍부하다는 점과 연관이 있을 것으로 보인다. 현재 힌두교에서는 인더스보다 갠지스를 더 신성시한다. 물은 문명의 생명줄이었다.

중국 문명

대제국을 다스리는 전략의 탄생, 봉건제

기원전 11세기 주나라는 자기보다 큰 은나라를 멸망시키고 거대한 제국을 통치하게 됐다. 첫 번째 반란을 진압한 뒤 고민 끝에 주나라는 봉건제를 도입했다. 대제국을 통치하는 전략이 처음으로 등장한 것이다. 서양에 봉건제가 들어서기 거의 2,000년 전의 일이다.

900년간 지속된 봉건 왕조

원래 주나라는 은나라의 서쪽 변경에 세워진 작은 나라로 기원전 1079년 '목야의 싸움'에서 은나라의 대군을 격파해 천하의 패권을 쥐었다. 큰 나라에 복속돼 있던 작은 나라가 훨씬 덩치가 큰 종주국을 흡수합병한 형세였다. 그 결과 주나라는 중국 중원을 비롯해 동쪽 바다(우리의 황해)에 이르는 거대한 영토를 갑작스럽게 국토로 편입하게 됐다. 이 거대한 영토를 어떻게 통치할 것인가? 주나라는 새로운 정치적 도전 앞에 섰다.

이런 배경 속에서 등장한 것이 주나라의 봉건제다. 주나라 통치자들은 무엇보다 제국의 '안정'과 '영속성'을 중요시했다. 이 봉건제는 실제로 이 목적에 들어맞는 매우 유용한 통치방법이라는 것을 스스로 증명해냈다. 전국 시대 들어 제후들이 스스로 왕을 칭하고 통일전쟁에 나서면서 주 왕실의 권위는 땅에 떨어졌지만, 실제로 주나라는 거의 900여 년 동안 이어졌다. 중국 역사에서 주나라 이후 이렇게 오랜 기간 장기간 왕조를 유지한 사례는 없다.

은나라를 무너뜨린 무왕의 동생으로서 나중에 무왕의 아들 성왕의 섭정까지 맡았던 주공 단 등 주나라의 창업 세력은 봉건제를 치밀하게 연구했다. 그들은 대략 3가지 원칙을 밀고 나갔다.

(1) 가장 효율적으로 통치할 수 있는 크기로 통치단위(봉토)를 나눈다.
(2) 이 통치단위를 믿을 수 있는 '우리 편'에게만 맡긴다.
(3) 제도의 영속성을 위해 통치단위는 세습시킨다.

우선 왕은 수도 부근의 직할지만 직접 통치하고 나머지 지역과 아직 복속되지 않은 지역은 모두 봉토로 나눠줬다. 봉토를 받을 수 있는 '우리 편'은 왕족이나 공신, 이전 왕조의 후손들로 골랐다. 왕족으로선 실력자 주공의 아들인 백금을 산동의 제수 지역으로 파견해 노나라, 무왕의 또 다른 동생이자 주공의 아우인 소공석을 지금의 하북성 역현으로 보내 연나라, 성왕의 아우인 당숙을 산서성 분수 지역으로 보내 진(晉)나라를 각각 세웠다. 공신 가운데는 통일대업의 최대 공신이라 할 수 있는 태공망 여상을 산동 반도의 영구로 보내 제나라를 세우게 했다. 이전 왕조의 후손 가운데서는 은나라의 왕자인 미자계를 상구에 파견해 송나라, 이전 하나라 시대의 성군으로 꼽히는 순임금의 자손들을 보내 각각 진(陳)나라와 기(杞)나라를 세우게 했다. 신생 주나라는 은나라와의 차별성을 강조하기 위해 내세운 '덕치주의'의 명분론을 나라 안에 널리 각인시킬 필요가

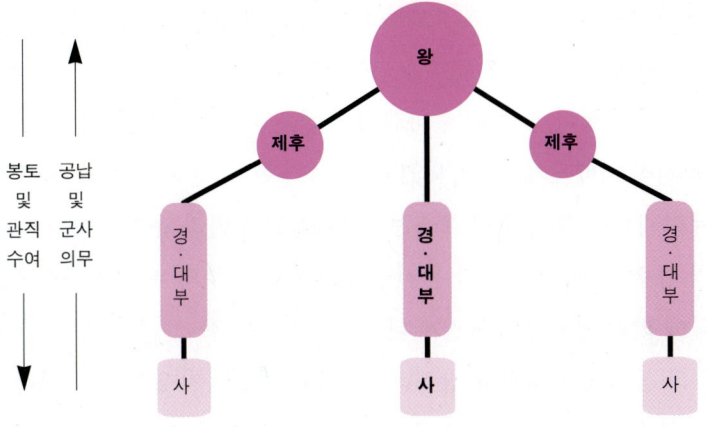

있었다. 이전에 좋은 이미지를 쌓았던 왕조의 후손을 챙긴 것은 그 때문이었다. 이와 별도로 남방의 초(楚)나라와 같이 복속해온 이민족의 국가를 그대로 인정하기도 했다.

혈연관계에 따른 일족 지배체제

봉건제에서 세습하도록 한 영토는 봉토, 그런 봉토에서 세습되는 지배자는 제후라고 불렀다. 제후는 봉토를 받는 대신 주나라 왕에 대해 공납과 군사 봉사의 의무를 져야 했다. 또한 왕과 제후는 각각 경(卿), 대부(大夫), 사(士)로 분류되는 가신을 두어 각각 지위와 봉토를 준 뒤 역시 공납과 군사 봉사의 의무를 지도록 했다.

주나라의 봉건제는 지배 계층이 같은 성씨의 일족이라는 현실, 그리고 앞으로도 그럴 것이라는 기대에 기반하고 있었다. 그렇지 않으면 어떻게 그 거대한 봉토를 남에게 줄 수 있겠는가? 실제로 주나라 왕실은 경, 대부, 사가 모두 왕족의 성씨인 희(姬) 씨였다. 나아가 주나라 초기 70여 개 제후국 가운데 50여 개가 희 씨일 정도로 일족지배의 성격이 강했다. 주나라의 봉건제는 혈연관계에 따라 조직된 정치적 지배체제, 그 자체였다. 따라서 왕과 제후의 관계는 군신관계라기보다 본가와 분가라는 '종법관계'에 따라 운영됐다. 이와 달리 유럽 중세 때 등장한 봉건주의는 왕과 영주의 관계가 '순수한 계약에 의해 맺어진 군신관계'다.

주의 봉건제는 영토 확장 및 생산 증대에도 적지 않게 기여했다. 아직 복속되지 않은 지역까지 봉토에 포함시킨다고 하자 제후들은 자발적으로 대외 팽창에 나섰다. 태공망은 제나라 황무지에 백성들이 뽕나무를 심도록 해 비단 생산에 나섰고, 해안 지역에도 속속 염전이 개발됐다. 그 결과 주나라의 강역은 동쪽으로 산동 반도 전역, 서쪽으로 황허 상류 지역, 남쪽으로 양쯔강 이남 지역, 북쪽으로 요하 지역까지 크게 늘어났다.

대제국을 통치하는 일은 그러나 매우 복잡하고 어려웠다. 중국의 역대 황제는 자신이 무너뜨린 이전 왕조의 통치술을 쉽사리 부정했다. 폐해를 너무나도 잘 알았기 때문이다. 대신 늘 새로운 통치전략을 마련하는 데 골몰했다. 왕조가 바뀔 때마다 새로운 제도가 등장했다.

주 왕실의 장기 존속을 이끈 봉건제 역시 진시황이 천하통일을 하면서 폐기됐다. 진나라 중신 이사는 이렇게 시황제에게 간했다.

"주나라의 분봉제는 이미 실패한 정치제도라는 것이 증명됐습니다. 분봉을 받은 같은 성의 자제라도 곧 서로 멀어지게 됩니다. 서로 다퉈 심한 경우 원수가 될 수도 있습니다. 주의 천자는 이들을 제지할 힘이 없었습니다. 제후를 두는 것은 옳지 못합니다."

봉건제 → 군현제 → 군국제

　시황제는 결국 황제 한 사람에게 천하의 모든 땅이 귀속되고 통치권도 귀속되는 가장 강력한 직접통치 모델을 채택했다. 군현제다. 통일된 전국을 36개의 군으로 나누고 황제가 중앙관리를 파견해 다스렸다. 군의 통치를 맡은 군수직은 세습되지 않았고, 황제의 임명권에 의해 언제든 교체될 수 있었다. 군수 밑에는 여러 개의 현을 두었다. 제도만으로 보면 세상을 황제 혼자서 마음대로 휘두를 수 있게 돼 있었다. 그러나 군현제도 성공하지 못했다. 제도를 시행한 지 얼마 지나지 않아 진시황의 죽음으로 중국이 혼란에 휘말리자 힘 한번 제대로 쓰지 못하고 폐기됐다.

　초나라의 항우를 무찌르고 통일을 이룩한 한나라의 유방은 군현제 대신에 군국제를 도입했다. 황제가 중앙에서 파견한 군수를 통해 직접 통치하는 군과, 제후가 이전 주나라의 봉건제처럼 봉토를 받는 국을 병행시키는 절충형이었다. 황제의 직접통치와, 제후의 독립통치가 뒤섞인 이런 제도는 유방의 현실을 그대로 반영하고 있었다. 한량 출신으로 세력이 약했던 유방은 초나라 귀족 출신으로 세력이 막강했던 항우에 맞서기 위해 여러 세력과 끊임없이 연합해야 했다. 그 결과 장량, 한신, 영포, 계포 등 쟁쟁한 실력자들이 사실상 유방과 함께 연합정권을 형성한 듯한 형세였다. 결국 힘과 능력을 보유한 공신들에게 땅을 나눠줘야 했다. 그 대신 이전에 주나라 때 주공이 옛 은나라 왕자에게 감시역을 붙였듯이 공신들의 제후국에 황제가 파견한 관리를 승상(상국)으로 두도록 제한적인 안전장치를 마련했다. 나중에 유방은 저 유명한 '토사구팽(兎死狗烹: 사냥이 끝나면 사냥개를 삶아먹는다)' 고사를 낳은 대대적인 공신 제거작전을 마무리 지은 다음에도 군국제는 형식적으로 그대로 유지했다. 대신 제후국을 황족인 유 씨에게만 내려주도록 했다.

한나라의 군국제 역시 영속하지 못했다. 특히 왕망의 찬탈과 후한 시대의 혼란에 따라 군국제는 형식만 남은 채 빈사의 숨을 헐떡거렸다. 유 씨 아닌 다른 성씨들이 대거 제후의 자리를 차지하게 되자 군국제는 무력화됐다. 제후들은 중앙조정으로부터 독립해 저마다 무력을 키우고 천하의 패권 다툼에 나섰다. 『삼국지』의 초반부가 바로 이런 실정을 잘 보여준다.

삼국 가운데 가장 강력했던 위나라는 한나라의 역사에서 교훈을 얻어 제후들로부터 병권을 빼앗았다. 국방상의 이유로 군대를 보유하고는 있어도 작전권은 철저히 황제에게 귀속시켰다. 황제의 칙령을 받지 않으면 아무리 가까운 황족일지라도 일체 군대를 움직일 수 없게 했다. 병력을 움직이면 그대로 반역죄로 처벌했다.

바로 이 조치가 위나라의 권력을 고스란히 사마 씨의 진나라로 넘어가게 했다. 촉나라 제갈공명의 정벌을 막아낸 사마의가 쿠데타를 일으켜 위나라의 권력을 장악할 때 위나라 황족인 조 씨들은 병권을 장악하고 있는데도 전혀 군대를 동원하지 못했다. 조 씨들은 사마 씨들이 궁궐을 기습 점령하는데도 눈 뜨고 당했다. 사마의는 조 씨들의 견제가 심해질 조짐을 보이자 병들고 실성한 것처럼 위장해 방심하게 한 뒤 위나라 제도의 허점을 찔러 조 씨 왕조를 쓰러뜨렸다(266년).

삼국 시대를 통일한 사마의의 후손들 역시 스스로 파놓은 함정에 빠져버렸다. 사마 씨들은 위나라 조 씨들의 사례를 반면교사 삼아 사마 씨 제후들이 병권을 갖고 다른 성씨의 반란에 대비했다. 이번에는 병권을 가진 사마 씨들끼리 대대적인 내전이 벌어졌다. 황족인 사마 씨의 분봉왕 8명이 16년 동안 서로 죽이고 죽는 '8왕의 난' 속에서 사마의의 아들 2명을 비롯해, 손자 4명 그리고 조카 2명이 죽었다. 진나라는 8왕의 난을 계기로 사마 씨의 분봉왕들이 저마다 끌어들인 이민족들에게 결국 낙양을 함락당해 서진 시대를 마감했다. 이후 황족 한 명이 남쪽으로 피난해 간신히 동진이라는 이름으로 허약한 왕조를 연명하는 신세가 되었다.

  진실로 창업보다 수성은 훨씬 더 어려웠다. 제국이 크면 클수록 이 진리의 위력은 훨씬 더 컸다.

3장
고대 아시아 세계

고대 중국의 형성과 통일 제국1: 분열과 경쟁도 역사의 원동력, 제자백가
고대 중국의 형성과 통일 제국2: 현대 중국의 초석이 된 진시황의 한자 통일
고대 중국의 형성과 통일 제국3: 한나라 유교질서의 동아시아 확산
고대 중국의 형성과 통일 제국4: 중국 철기 문명의 나비효과, 유럽 민족 대이동 이끌어
서아시아의 고대: 서아시아에서 페르시아라는 이름이 사라지지 않았던 이유
인도 고대 세계의 발전: 통일인도 불교 제국의 흥망

고대 중국의 형성과 통일 제국 1

분열과 경쟁도 역사의 원동력, 제자백가

전국 시대 종횡가 귀곡자는 두 제자를 두었다. 제자 소진은 당시 날로 강성해지는 서쪽 진나라의 침략을 막으려면 제, 초, 한, 위, 조, 연 여섯 나라가 연합해야 한다는 이른바 합종책을 주장해 이 계책으로 15년 동안 진나라가 동쪽으로 쳐들어오지 못하게 막았다. 혀 하나로 그는 한 시기에 6개국의 재상직을 동시에 수행하는 역사상 전무후무한 광영을 누렸다. 또 다른 제자 장의는 6개국을 하나씩 설득해 진나라와 손을 잡도록 하는 연횡책을 펼쳐 난공불락처럼 보이던 연횡책을 깨뜨렸다. 그 공로로 그는 진나라의 재상에 올랐다. 한 인물이 두 제자로 전국 7웅 모든 나라의 재상을 석권하는 일을 성취해낸 것이다.

시대정신의 추동자, 제자백가

기원전 8세기 중국에 춘추 시대가 열린 뒤 기원전 222년 진의 시황제가 천하를 통일할 때까지 중국 대륙은 대격변에 휘말렸다. 많은 나라가 멸망하고 헤아릴 수 없을 정도로 많은 사람들이 죽어갔다. 이 시기를 지배한 사람들은 외형적으로 왕을 비롯해 재상, 장군 등 권력자였다. 하지만 그 시대정신을 만들고 추동해간 사람들은 다름 아닌 사상가, 제자백가였다. 이 사상가들은 토론과 저술, 유세 등의 방식으로 지식과 사상의 대폭발을 주도했다. 유가, 도가, 음양가, 법가, 명가, 묵가, 종횡가, 잡가, 농가…. 후세에 모두 189개로 알려지게 된 '제자백가'라는 이름의 이 사상가 집단은 천지의 도와 인간의 본질 그리고 치세, 천하통일을 위한 방략을 둘러싸고 치열하게 경쟁했다. 중국 전역이 300여 년 동안 전란으로 대혼란을 겪는

유가를 창시한 공자. 유가는 인(仁)을 중시하며 덕치주의를 강조했다. 공자 사상의 중심은 인이며, 인의 가장 순수한 상태가 효(孝, 부모 공경), 제(悌, 형제간의 사랑)이다.

가운데 제자백가는 사회변화의 주역 가운데 하나로 활약했다. 그들의 사상과 저술은 후대까지 엄청난 영향을 미쳤다.

제자백가는 대략적으로 다음과 같은 의미를 지닌다고 할 수 있다. 먼저 제자백가야말로 중국 역사에서 소프트웨어의 가치를 집단적으로 가장 높게 인정받은 사례다. 중국 역사에서 비주류 개인이 바닥부터 치고 올라와 제왕장상(황제, 임금, 장군, 재상)에 오른 사례는 많다. 그러나 무력이라는 하드웨어의 수단을 동원해 새 왕조를 열거나(한나라의 유방, 명나라의 주원장) 대장군의 반열에 오르는 식이었다. 이와 달리 제자백가는 사상, 지식, 지혜 등 소프트웨어 역량을 내세워 승부했다. 나아가 개인이 아니라 집단(학파)의 공통이념을 설파하는 방식을 취했고, 이 이념을 실현시키기 위해 집단 전체가 지속적이고 조직적인 노력을 벌였다. 이런 방식은 후대의 학자들이 개인적인 노력을 통해 과거시험 등으로 국정에 참여한 것과도 확실하게 구별된다.

둘째, 제자백가는 국가 차원의 경쟁을 유도한 거대한 실험이었다. 사상가들은 각 나라의 왕을 상대로 직접 게임을 벌였다. 경쟁국가도 우수한 사상가와 인재의 확보에 전력을 다했다. 이에 따라 게임의 규모가 훨씬 커졌다. 제자백가들은 최고 결정권자 앞에서 천하통일과 치국을 주제로 프레젠테이션을 벌이고 설득했다. 점잖을 것만 같은 유가의 공자나 맹자도 천하를 무대로 유세하면서 직접 군주와 토론을 벌였다. 또한 제나라는 국가 차원에서 공개적으로 수백 명의 사상가를 유치해 고위직에 앉히면서 사상과 전략, 아이디어를 활용하려 했다. 전국 시대 제나라 수도 임치는 여러 학파의 제자백가들을 끌어 들여 '지식의 수도'로 군림했다. 오로지 전국 시대, 제가백가이기에 가능했다.

셋째, 제자백가는 당시의 사회경제 발전과 맞물려 지식의 폭발, 지식인의 확대에 크게 기여했다. 특히 전국

묵가의 창시자 묵자. 묵가는 전쟁반대를 설파하는 '비전론(非戰論)'과 차별없는 평등의 사랑인 '겸애(兼愛)' 등을 주장했다.

시대 중기 이후 철기를 대대적으로 활용해 농업 생산성이 높아지고 상공업도 발달하자 지식층도 비약적으로 확충됐다. 제자백가가 되려는 사람도 크게 늘어났다. 제자백가와 문자는 서로 상호작용을 일으키면서 중국에 지식의 폭발을 가져왔다. 이런 배경에서 소진, 장의, 한비자, 이사 등의 스타가 나올 수 있었다.

넷째, 전국 시대 중기 이후 제자백가는 각 나라의 국력 경쟁을 실질적으로 주도했다. 제자백가는 춘추 시대 이래 철학적, 인생론적 주제에 강점을 보여 왔지만, 점차 군사, 무기 개발, 외교 협상, 산업 발전, 인구 증대, 주민 통제 등 유물론적인 소재로 관심을 옮겨갔다. 천하통일의 대명제에 따라 부국강병이 각 나라와 왕의 주요 목표가 됐기 때문이다. 제자백가 집단도 이에 맞춰 군사와 경제의 중요성에 주목했다. 연횡가 장의는 한나라 왕을 이렇게 설득하고 있다.

"한나라 백성들은 단 한 해라도 농사를 그르치면 백성들은 술지게미와 쌀겨조차 배불리 먹지 못합니다. 땅은 사방 900리에 지나지

춘추전국 시대 제가백가의 대표적 인물들을 그린 〈제자백가도〉. 중국 전역이 300여 년 동안 전란으로 대혼란을 겪는 가운데 제자백가는 사회변화의 주역 가운데 하나로 활약했다. 그들의 사상과 저술은 후대까지 엄청난 영향을 미쳤다.

않으며, 두 해를 견딜 만한 식량도 쌓아놓고 있지 못합니다. 변방의 역참과 관문의 요새를 지키는 자를 빼고 나면 병력은 20만 명에 지나지 않습니다. 반면에 진나라는 무장한 군사가 100만 명이 넘고, 전차는 1,000대에 이르며, 기마는 만 필이나 됩니다. 진나라는 군대를 내서 의양을 차지하고 한나라의 높은 곳을 끊을 것이며 동쪽으로 성고와 형양을 빼앗을 것입니다."

다섯째, 제자백가는 인재 확보를 위한 '완전경쟁'을 촉발시켰다. 천하통일을 향해 각 나라가 치열하게 경쟁하자 인재의 몸값은 천정부지로 뛰었다. 부국강병과 관련해 능력을 인정받은 유세가는 여러

나라를 오가며 고위직을 역임했다. 병가인 오기는 위나라의 장군을 지내다가 나중에 초나라로 건너가 재상이 됐고, 범수는 위나라의 미미한 직책에 있다가 진나라로 건너가 재상이 됐다. 이런 류의 입신양명 사례는 빈번하게 벌어졌다.

그러나 제자백가의 도전은 늘 목숨을 잃을 수 있는 위험부담을 안고 있었다. 군주가 유세가의 실력을 잘못 알아보고 냉대하기도 하고, 거꾸로 적국으로 들어가 중용돼 장차 크나큰 위협이 될 것이라고 두려움을 품기도 했다. 이 때문에 중용하지 않으면 차라리 그 유세가를 죽여서 후환을 없애려는 경우까지 생겼다. 법가인 한비자는 진나라로 갔다가 경쟁자인 이사가 이렇게 진왕을 설득하는 바람에 목숨을 잃었다.

"결국 (한나라 출신인) 한비는 한나라를 위해 일하고 진나라를 위해 일하지 않을 것입니다. 그러나 지금 왕께서 그를 등용하지 않은 채 그대로 돌려보낸다면 스스로 뒤탈을 남기는 것입니다. 죄를 뒤집어씌워 죽이는 것만 못합니다."

제자백가의 활약 속에서 중국 사상은 역사상 최고의 전성기를 이룩했다. 천하가 분열된 상황에선 나라마다 최선의 전략과 전술을 찾아내지 않으면 패망해서 사라질 수 있었다. 이런 절박함 때문에 나라마다 뛰어난 사상가와 경세가에 대한 열광도 커져갔다. 그러나 제자백가의 전성기는 짧았다. 제자백가를 키운 '분열 속의 경쟁'이라는 조건이 진나라의 통일에 따라 근본적으로 변한 것이다. 진시황은 사상 통제를 목적으로 수백 명의 학자를 파묻어 죽이고 수많은 서책을 불살라 버리는 분서갱유까지 저질렀다.

제자백가의 사상은 그나마 한나라 초기의 권력자인 무제, 성제 등이 제자백가 사상의 복원과 유지를 위해 과거의 책을 다시 수집

정리하는 대규모 국가사업인 '집서계획'을 펼치고, 수많은 학자들이 탄압과 전란 속에서도 책을 보호하려고 숱한 노력을 기울인 결과 간신히 되살아날 수 있었다. 한나라 경제 때에 노나라 공왕이 궁궐을 넓히기 위해 공자의 옛집 벽을 헐다가 『서경』『예기』『논어』『효경』 등 진나라 이전 서적 수십 권을 발견했다는 사실은 제자백가의 사상이 어떻게 기적적으로 우리 시대에까지 전해졌는지 잘 이야기해준다.

21세기, 제자백가는 살아있다

2,500년 전 전성기를 맞았던 제자백가는 현대 세계에서 중국을 비롯한 일본, 한국, 대만 등 아시아의 전면적 부상에 따라 새롭게 주목받고 있다. 유가는 이미 20세기 후반부 이래 아시아 국가의 저력을 이론적으로, 역사적으로 뒷받침하는 핵심주제의 하나로 미국과 유럽의 경영학자들에게 각광받고 있다. 병가의 대표 사상가 손자도 세계의 경영학자, 비즈니스맨, 군사 지도자들에게 경영과 비즈니스의 스승으로 인정받은 지 오래다. 미국이 1990년 이라크를 침공하는 걸프 전쟁을 일으키며 『손자병법』을 활용했다는 것은 널리 알려진 사실이다.

앞으로 세계를 둘러싼 주요 이슈가 날로 복잡해짐에 따라 제자백가의 사상이 새롭게 주목받을 가능성은 더욱 커지고 있다. 특히 전쟁으로 지새던 춘추전국 시기 근본주의의 관점에서 전쟁 반대를 설파하는 '비전론(非戰論)'과 차별없는 평등의 사랑인 '겸애(兼愛)' 등을 주장한 묵가는 세계 평화라는 주제와 관련해 앞으로 새롭게 각광받

구분	내용	인물
유가	인륜의 파괴에서 혼란의 근원을 찾음 개인의 수양을 통한 사회 질서 유지	*공자 → 인(仁) 중시, 덕치주의 강조 *맹자 → 호연지기·의(義) 중시, 성선설 주장 *순자 → 예(禮) 중시, 성악설 주장(법가에 영향 미침)
도가	인위적인 도덕과 제도에서 혼란의 근원을 찾음. 무위자연설	*노자 → 무위자연(無爲自然), 상선약수 *장자 → 제물론(齊物論), 물아일체(物我一體)
법가	부국강병의 수단으로 신상필벌의 엄격한 법치주의를 강조	*상앙, 한비자, 이사
묵가	유가의 차별애 대신 무차별적 사랑을 주장함	*묵자 → 비전론(전쟁 반대)과 겸애설(무차별적 사랑=박애주의) 주장

제자백가의 주요 사상

을 가능성이 높다. 현재 미국 등 서구 강대국이 주도하는 유엔 평화 유지 활동 같은 것들은 묵가를 창시한 묵자의 반전평화론에 비해 그 공정성과 진정성을 크게 의심받을 수밖에 없다. 묵자는 강대국의 침략을 받은 약소국을 위해 자신을 믿는 사람들을 훈련해 이미 2,500여 년 전에 스스로의 '평화부대'를 창설하기도 했다. 약소국을 실력으로써 수호한다는 명분에서다. 실제로 강대국 초나라가 운제라는 공성기를 만들어 약소국 송나라를 치려 하자 그는 초나라 군대에 모의전투를 제안한다. 그리고 이 모의전에서 초군의 공격을 9번 막아냈으나 초군이 그래도 포기하지 않고 묵자 자신을 죽여서라도 침략을 강행하겠다고 하자 이렇게 대답한다.

"나를 죽이더라도 내 제자 금골리 등 300명이 내가 발명한 방어무기를 가지고 이미 송나라 성벽에 집결하고 초나라가 쳐들어오기를 고대하고 있소. 지금 나를 죽인다 해도 나의 방어법을 없애지는 못할 것이오."

그러자 초나라 왕도 끝내 침략을 포기하고 만다.

제자백가는 살아 있다.

고대 중국의 형성과 통일 제국 2

현대 중국의 초석이 된
진시황의 한자 통일

기원전 221년 진의 시황제는 전국을 통일한 뒤 여러 가지 통일정책을 강력하게 펴나갔다. 그러나 그의 통일은 아주 짧았다. 기원전 210년 그가 죽자 곧바로 진승·오광의 난 등으로 천하통일은 무너졌고, 죽은 지 8년만에 새 왕조의 새 황제까지 나타났다. 그래도 진의 통일은 중국에 가장 중요한 하나를 남겼다. 바로 '중국'이었다. 진시황의 통일 정책 가운데 그 무엇이 중국을 끝까지 하나로 남도록 만든 것일까?

천하를 평정한 통일 제국의 설계자

천하통일 직전 진나라는 거의 100년 전부터 '변법'이라는 불리는 법가 사상가 상앙의 개혁책을 철저하게 시행해온 결과 다른 전국 시대 6개국과는 현저하게 국력의 차이를 벌여놓고 있었다. 전국 시대 말기에 이르러 진나라의 영토는 전국의 3분의 1 정도였으나 그 경제력은 전국의 60퍼센트를 차지할 정도였다. 유일한 초강대국이었다. 결국 진시황 17년 한나라를 멸망시키는 것을 시작으로 재위 26년 제나라까지 전국 6개 나라를 모두 멸망시켜 중국을 통일하는 데 성공했다. 천하를 통일한 뒤 진시황은 다음과 같은 통일사업을 펼쳤다.

(1) 황제의 호칭 사용 및 시호의 폐지

(2) 새로운 역법의 채용

(3) 천하의 통치를 위해 군현제 실시

(4) 도량형과 화폐의 통일

(5) 차궤의 통일

(6) 도로의 정비

(7) 남북 영토의 개척

(8) 한자의 통일

(9) 분서갱유를 통한 사상의 통일

(10) 만리장성의 축조

도량형의 통일은 중요한 규격화 혁명으로서 중국의 사회경제적 기초를 닦았다는 의미를 지닌다. 화폐 역시 둥근 형태에 중앙에 네모난 구멍을 낸 진나라 반량전으로 통일했다. 전국 시대 나라마다 크기가 달랐던 마차 두 바퀴 사이의 폭(차궤)을 통일하고, 진시황의 전국 시찰(순행)을 위해 도로를 확대 정비했다. 그 결과 통일중국의 물류 혁명이 가능해지고 영토의 확장에도 가속도가 붙었다. 만리장성의 축조는 중국의 국경을 획정하는 한편 내부의 안정과 단결을 이룩하는 데 기여했다.

이런 통일정책 가운데 현재까지 중국을 하나로 유지시키는 데 결정적인 기여를 한 정책이 들어 있는 것일까? 하나하나 따져 보자.

시황제의 군현제는 당장 한나라가 들어서면서 군국제로 바뀐다. 이후의 왕조에서도 필요에 따라 여러 형태로 바꿨다. 제국의 안정을 위해 선택할 수 있는 여러 가지 방안 가운데 하나일 뿐 통일에 핵심적인 영향을 미친 요소는 아니다. 도량형의 통일이나 화폐의 통일도 사실 시황제가 아니라도 언제든 이뤄질 수 있었다. 통일을 이루면 자연스럽게 시행될 일이지, 그걸 안 했다고 통일이 깨질 리도 없다. 차궤의 통일이나 도로의 정비 역시 사회경제적으로 매우 중요한 의미를 지니긴 하지만, 통일의 달성이나 유지에 결정적인 요소는 아니다. 만리장성 역시 중국 통일의 유지에 핵심적인 관건이라고 보기 어렵다. 특히 만리장성을 넘어와 중국을 정복한 이민족 왕조인 원나라 청나라도 모두 중국의 정통성을 받아들여 중국의 연속성에 편입되지 않았는가?

한자 국유화로 중국이라는 아이덴티티의 통일

그러나 한자의 통일은 통일사업으로 시행한 여러 규격화나 통일 정책과 차원을 달리한다. 외형적으로 한자의 통일은 전국 시대 나라마다 달랐던 한자의 글자 모양을 진나라의 전서체로 통일하고 한자의 읽는 방법도 진나라식으로 통일시키는 조치로 나타난다. 결과적인 이야기지만, 이 조치로 문자 자체의 통일에 그치지 않고 진정한 문화의 통일, 나아가 중국이라는 아이덴티티의 통일이 가능하게 됐다. 여러 왕조가 무수히 일어났다가 쓰러지고, 이민족의 통일왕조도 여러 차례 등장했는데도 중국이 하나의 문화라는 동일성을 유지하는 데 이보다 더 결정적인 기여를 한 것은 없다.

통일 당시 한자는 맞서 싸우던 전국 7국 사이에 유일한 커뮤니케이션 수단이었다. 그러나 한자 자체는 나라마다 달랐다. 전국 말기에 이르면 나라별 한자 모양에 큰 변화가 진행돼 문자상으로도 통일성이 흔들리는 위기국면으로 들어서고 있었다. 읽는 방법도 나라마다 달랐다. 제자백가의 학파에 따라 읽는 방법도, 그 의미도 다를

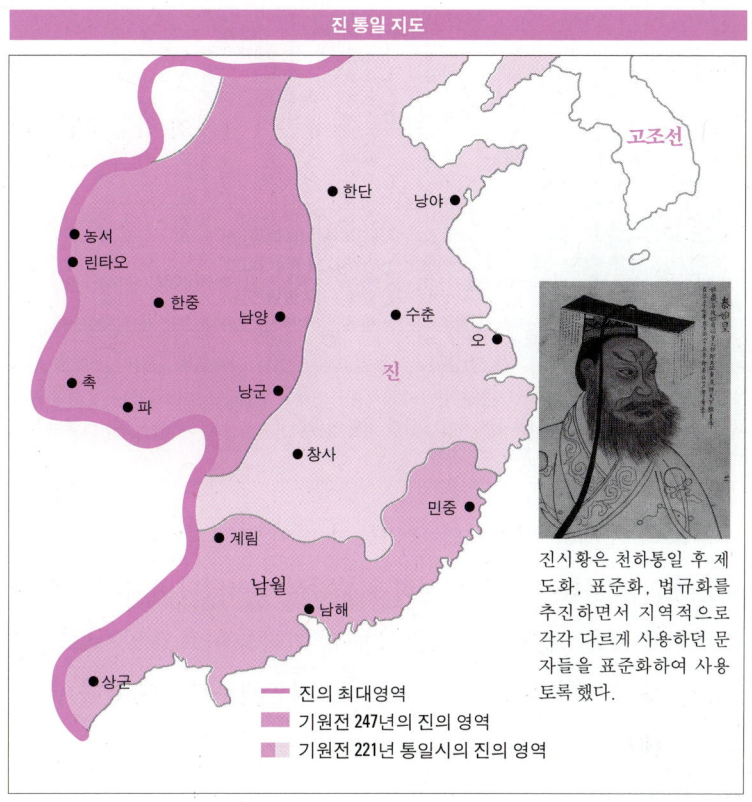

진시황은 천하통일 후 제도화, 표준화, 법규화를 추진하면서 지역적으로 각각 다르게 사용하던 문자들을 표준화하여 사용토록 했다.

정도였다. 게다가 전국 시대의 사회경제 발전에 따라 나라마다 사용하는 한자에 광범한 변화가 진행되고 있었다. 귀족과 학자뿐만 아니라 점점 더 많은 사람이 정치, 경제, 사회생활을 통해 저마다 한자를 사용하면서 수많은 속자가 기하급수적으로 생겨났다. 물론 그 속자를 읽는 방법도 제각각 달랐다. 오죽 하면 '호남십리부동음(湖南＋里不同音)'이라고 '호남성에서는 10리만 떨어져 있어도 발음하는 게 다르다'는 말까지 나왔을까.

진시황은 본능적으로 이런 언어의 위기, 문자의 위기를 알았던 듯하다. 그는 곧 한자의 '국유화'라고 할 수 있는 조치를 취했다. 먼

창힐 중문자모 및 보조자형표. 진시황은 한자의 자체를 소전체로 통일하고 1자 1음=1음절 원칙을 세웠다. 한자를 읽는 방법을 하나로 통일시키기 위해 '창힐'이라는 표준문자 규범본까지 만들어 보급시켰다. 한자의 '국유화'라고 할 수 있는 조치였다.

저 한자의 자체를 진나라의 평민들이 많이 쓰던 간편한 소전체로 통일하고 그 읽는 방법도 일정하게 통일시켜 버렸다. 1자 1음=1음절 원칙을 세운 것이다. 지금은 모두 이 원칙을 따르고 있지만 한자가 처음부터 그랬던 것은 아니다. 바로 시황제부터 시작됐다. 그는 또 각 나라에 크게 늘어나 혼란스럽게 통용되던 속자도 모조리 금지시켰다. 한자를 읽는 방법을 하나로 통일시키기 위해 승상 이사로 하여금 『창힐편』이라는 표준문자 규범본까지 만들어 보급시켰다. 진시황이 의도했든 의도하지 않았든 이런 조치가 한자의 운명을 바꿨다. 자칫 더욱 분열의 길로 갔더라면 중국 각 지방의 여러 사투리를 표기하면서도 그 뜻과 읽는 방법은 지방마다 달라질 수도 있었다. 그런 이상한 문자가 될 수도 있는 위험을 막은 셈이다.

원래 한자에는 품사의 구별도 없다. 나아가 그 음 자체에는 격이라든지 인칭이라든지 시제라든지 하는, 다른 표음문자권에 있는 문법상의 규정도 존재하지 않는다. 따라서 한문을 해독하려면 그 한자가 고전 속에서 어떤 문맥으로 나타났는가를 생각해서 추정할 수 있을 뿐이다. 만일 고전에 전례가 없는 사용법이라면 문장의 의미를 해석하기가 곤란해진다. 한 가지가 아니라 여러 가지로 해석될 수 있다. 그 대신 한자(한문)는 서로 다른 모국어를 가지고 있는 사람들끼리 소통하는 데는 아주 적합했다. 읽는 소리는 달라도 뜻은 한 가지이기 때문이다. 게다가 고전 속에 그 쓰임새나 의미에 대한 일종의 모범답안이 다 있기에 혼동은 최소화될 수 있었다.

이민족까지 지배한 한자 문화

결국 왕조가 이민족으로 바뀌었을 때에도 중국이라는 정체성을 이어가는 데 한자는 중요한 역할을 수행하게 된다. 물론 그 밑바탕에는 한자 자체가 통일돼 있어야 하고, 읽는 방법도 통일돼 있어야 한다. 바로 진시황의 한자 통일이 이 일을 해냈다. 중국 영역에 들어온 이민족은 결국 모두 한자로 정치·사법·외교·경제·교육 행위를 해야만 했다. 결과적으로 그 메카니즘을 아무도 거부하지 않고 자연스럽게 받아들였다. 중국은 정복됐어도, 왕조는 바뀌었어도 한자는 이민족을 지배하고 이민족의 황제를 지배했다. 오히려 역대 이민족 왕조의 유능한 황제들은 한자를 통한 중화 문화의 교육과 계승에 더 앞장섰다. 흉노의 한 갈래로 티베트계로 알려지고 있는 저족 출신으로, 남북조 시대 전진의 마지막 황제인 부견은 어렸을 때부터 유학의 경전을 정독하여 할아버지 부홍으로부터 "박학다식하다"는 칭찬을 들었다. 또한 청나라 전성시대를 연 강희제의 아버지로 그 역시 명군으로 평가받고 있는 순치제도 "정치(政)는 바를 정(正)이다" "백성은 믿음이 없으면 설 수가 없다"라고 하는 등 한족은 저리 가라 할 정도로 유교적 정치이념에 투철했다. 강희제 역시 태부를 붙여 왕자들에게 유학의 통치이념을 철저히 교육시켰다. 이런 식으로 한자는 이민족의 중국화·한족화를 결정지었고, 왕조의 역사적 승계성을 결정지었다.

중국의 역대 왕조는 모든 문서를 한자로 기록했다. 몽골족의 원나라나 만주족의 청나라 모두 그렇게 했다. 부분적으로 여진 문자나 몽골 문자, 만주 문자로 이중문서를 만들기도 했다. 그러나 어디까지나 모든 문서 행위, 상거래 행위, 교육 행위 등의 기본은 모두 한자라는 미디어를 통해서만 유지됐다. 그래서 한 역사학자는 이렇게 말하기도 했다.

"만일 중국의 한자 통일이 이뤄지지 않았다면 중국은 오늘날 같은 알파벳을 쓰더라도 나라마다 분리된 유럽의 양상과 비슷한 운명으로 갔을지도 모른다."

현재도 중국은 각 지방마다 사투리가 매우 심해 서로 알아듣는 것이 거의 불가능할 정도다. 이런 문제를 해결해 주는 것이 바로 한자다. 중국 국영 CC TV가 연속극을 방영하며 화면 밑에 표준어 한자로 자막을 내보는 것이 좋은 사례다.

시황제는 한자를 통일함으로써 그의 생전에 존재하지 않았던 나라 '중국'을 만들었다.

고대 중국의 형성과 통일 제국 3

한나라 유교질서의 동아시아 확산

중국의 첫 통일 제국 진은 법가를 국가 통치이념으로 삼았지만, 제국의 장기 존속에는 실패하고 만다. 진에 이어 다시 통일을 이룩한 한나라는 유가를 국가의 지배원리로 정립했다. 이 때문에 동아시아는 이후 유학적 가치관이 정치를 비롯해 사회·경제·문화 등 전 분야에 걸쳐 광범하게 뿌리내리게 됐다. 왜 많은 사상 가운데 하필 유학이 선택된 것일까?

유학 전성시대

후세의 역사가는 한나라 때 유가의 학문인 유학이 얼마나 선풍적인 인기를 끌고 있었는지 이렇게 적었다.

> "후한 중기 이후에 들면, 학문에서 대성하여 고향으로 돌아간 사람에게는 너나 없이 제자들이 무더기로 몰려들었다. 문파 하나를 이룰 지경이었다. 고향이 아니더라도 지방에 내려와 묵는 유학자가 있다는 소문만 나면 언제나 문하에 학생이 백 명씩 천 명씩 찾아왔다. 이 때문에 학문은 온 천하에 퍼져 나갔다."

애초 유가의 창시자로 간주되는 공자는 자신의 정치철학을 현실에서 펴기 위해 가난과 고난 속에서 제자들과 함께 춘추 시대 여러

나라를 떠돌아야 했다. 그가 가장 아낀 수제자 안회는 지게미도 제대로 얻어먹지 못하는 빈한 속에서 사실상 굶어 죽었다. 공자 시대 이후 수백 년만인 한나라 시기에 찾아든 이같은 '유학 전성시대'는 이전에는 상상조차 할 수 없는 놀라운 변화였다. 진나라의 부국강병과 전국통일을 이룩하는 데 결정적으로 기여한 법가가 진시황 시절 분서갱유까지 일으켜 유가와 유학을 집중적으로 탄압한 점을 감안하면 더욱 그렇다.

한나라는 무제 때 유가를 유일한 국가의 통치이념으로 승인했다. 유학자 동중서의 건의에 따라 예와 덕을 중요시하는 유교를 사실상 '국교'로 삼은 것이다. 그 뒤 누구든 관료가 되려면 '유학을 공부한 자'라든지 '유교 도덕의 실천자'가 돼야만 했다. 이런 '유교의 국교화'에 따라 유가는 사대부 계급의 유일한 공급원으로서 국가의 보호와 특전을 독점적으로 약속받았다. 그 대신 유학자들은 정치권력을 이론적으로 합리화하고 직접 현실적인 통치행위의 일부를 담당하게 된다. 당시 한나라는 통일을 결정지은 초나라와의 대전에 이어 공신들의 숙청작업, 오초 7국의 난 등 엄청난 난국을 숨가쁘게 돌파해온 직후였다. 따라서 더 이상 정치권력의 중핵이라고 할 군주권이 도전받지 않도록 강력하고도 효율적인 통치이념을 세워야 했고, 관료체제도 절실히 필요했다.

애초 한나라 초기 유가는 다른 학파에 비해 압도적 우위를 차지하지 못하고 있었다. 오히려 한나라 사람들은 진나라의 학정을 유발한 것으로 여겨지는 법가나, 전쟁에 찌든 사람들에게 무위론 및 신비주의를 내세워 정신적으로 파고들던 도가에게 훨씬 더 기울어 있었다. 문제와 경제 때 가의나 조착 등이 세운 치국대책은 황족인 유씨 제후국의 세력마저 억제할 것을 주장하는 등 법가의 내용을 그대로 베낀 것이다. 무제가 가혹한 관리를 등용해 "피바다가 십리를 이뤘다"는 식으로 표현되는 유혈통치를 주도하면서 중앙집권제에 박차를 가한 것 역시 노골적인 법가주의라고 하지 않을 수 없다. 무제에 앞서 통치했던 경제는 법가 방식에 기울어 있었는데, 태자가 유가를 따를 것을 건의하자 "앞으로 한나라 가문을 망칠 것은 태자다"라고 질책했다.

그런데도 한나라가 법가 대신 유가를 지배원리로 선택한 이유는 이렇게 설명된다. 첫째, 명분이 무엇보다 중요한 판단 근거로 작용했다. 한나라는 애초부터 가혹하게 폭정을 일삼았던 진을 멸망시키고 이를 대신한다는 기치를 내걸어 성공한 집단이다. 진나라 수도 함양을 가장 먼저 함락시킨 유방은 숨 쉴 틈 하나 없이 모든 것을 신상필벌로 규정한 진나라의 가혹한 악법 대신 '약법 3장'이라는 간단하면서도 매우 이해하기 쉬운 임시 통치원칙을 공포해 인심을 얻었다. "사람을 죽인 살인범은 사형에 처한다. 사람에게 상처를 입히면 처벌한다. 남의 물건을 빼앗는 자는 사형에 처한다." 한나라는 진나라의 악법을 없앤다는 명분 아래 사실상 법치, 나아가 법가 자체를 부정했다고 볼 수 있다. 따라서 법가와는 상반되는 다른 지배원리를 찾아야 했다.

둘째, 전체적으로 한나라의 사회안정에 따라 농업과 상공업까지 크게 발달하면서 현상유지를 선호하는 분위기가 커졌다. 전국 시대에는 국가마다 경쟁적으로 부국강병에 나서지 않으면 안 됐다. 하지만 통일된 한나라에서는 사정이 전혀 달라졌다. 인구 증가에 따라 농토도 늘어나고 관개시설 등도 발달해 갔다. 농업생산은 이전 시대에 비해 비교할 수 없이 엄청나게 늘어나고, 곳곳에 대토지와 부를 움켜쥔 대호족까지 등장하기 시작했다. 이렇게 변화된 상황에 맞는 사회안정적인 이념이 필요했다.

셋째, 유가의 윤리관을 잘만 활용하면 법가보다 훨씬 더 효율적인 통치도 가능하다고 판단하게 됐다. 법치라는 것은 언제나 강력한 힘을 배경으로 하지 않으면 실효를 거둘 수 없다. 잘하면 반드시 상을 주고, 잘못하면 반드시 벌을 받는다는 신상필벌의 법치를 제대로 작동하게 하려면 실제로 엄청난 행정력으로 뒷받침해야만 한다. 진나라는 군사국가이기에 그렇게 할 수 있었다. 이에 달리 반역을 나쁜 것으로 간주하면서 복종의 미덕을 가르치는 유가의 도덕은 이런 권력-통치력의 낭비를 획기적으로 줄일 수 있었다. 게다가 한나라 초기의 유가는 덕과 예를 확대 해석하는 방식으로 법가의 엄격한 형벌도 상황에 따라선 시행한다는 식으로 타협해갔다. 학설 전체를 교묘하게 수정해 이미 시대에 적응해 가고 있었다.

넷째, 이미 향촌 사회(지역공동체)를 중심으로 유교적 윤리규범이 상당히 침투돼 있어 유교로 국가 지배원리를 삼는 게 보다 효율적이었다. 국가의 상급 질서에 유교의 권위를 부여하면 국력신장과 국민통합에도 유리했다. 진나라의 학정과 오랜 전란에 시달린 백성들 사이에서 법가를 대신할 합리적인 가치관으로서 유가의 도덕률이 상당히 확산돼 가고 있었다.

관료사회의 패자, 유교

한나라는 유교를 국가의 통치이념으로 삼은 뒤 교육제도, 관리임용, 일상 규범 및 가치관 등 모든 통로를 통해 이를 적극적으로 확산시켜 나갔다. 먼저 무제는 수도 장안에 국립대학이자 관료양성기관인 태학을 설치하고 박사를 두어 『주역』 『서경』 『시경』 『예기』 『춘추』 등 5경을 가르치게 했다. 박사들은 저마다 10명씩 제자를 가르치며 성적이 우수한 인물을 관리로 추천했다. 그 결과 무제 때 태학의 학생수는 처음 50명으로 시작했다가 점차 늘어 전한 말에는 대략 1,000명 정도까지 늘었다. 후한 질제 때인 146년 무렵에 이르면 낙양에 유학한 학생이 3만이 넘을 정도가 됐다. 지방에도 군학이라는 대학과 다른 사립교육기관이 생겨나 흥성하게 됐다.

유학을 배운 사람을 관리로 임용하는 길도 크게 넓어졌다. 태학의 박사들이 우수한 제자를 천거하는 방식과 별도로 향거리선(鄕擧里選: 향과 리라는 지역공동체 단위에서 관리 후보를 추천하는 제도)을 활용해 관리들을 임용하는 방식도 병행했다. 지방관이 효행 등 유교적 도덕에 투철한 사람을 '효렴'으로, 학문이 뛰어난 사람을 '현량' '문학'으로, 뛰어난 재주를 가진 사람을 '수재'로 추천하는 식이었다. 동중서와 함께 무제 때 유학의 국교화에 기여한 관리 공손홍도 이런 향거리선 방식으로 등용됐다. 그는 지방장관의 추천을 받아 조정의 박사가 된 뒤 나중에 승상의 지위까지 올라갔다.

관리가 되기 위해선 유학을 공부하고 천거나 과거를 통해 관리로 임용되는 중국 사회의 전통은 이렇게 정착됐다. 이 전통은 한나라 문화의 확산에 따라 나중에 한국, 일본, 베트남 등으로 확대됐다. 나라마다 다투어 태학과 같은 고급 국가관리 양성기관을 설치했고, 과거제를 도입하는 한편 강력한 중앙집권 아래 유교적 통치질서를 정착시키려 했다.

이런 배경에는 무엇보다 유교의 국가상이 다른 어느 것보다도 체제를 유지하는 데 유리하다는 판단이 크게 작용했다. 유교적 이상 국가는 황제를 중심으로 사해를 한 집으로, 억조 백성을 자식으로 삼아야 한다고 전제한다. 천자의 지배 아래 사대부라든가 백성 등 국가의 신민이 모두 유교적 덕목을 기초로 상하의 계층질서를 지키나갈 때 국가는 이상적으로 통치될 수 있다고 보기 때문이다. 실제로 강력한 법가로 통치하던 통일 진나라에서는 5형 등 가혹한 형벌과 까다로운 법률체계로 매년 100만 명 이상이 범죄의 사슬에 걸려들었다. 하지만 한나라 초기에 들어서선 범죄자 수도 격감하고 악형도 폐지돼 갔다. 중국과 주변국가의 지배 세력은 유교적 이상국가의 모습과 통치이념 속에서 그 어떤 것보다 자신들의 통치를 합리화할 수 있는 요소를 발견했다. 유가는 그렇게 동아시아 사상계, 특히 관료 사회의 패자가 되어갔다.

고대 중국의 형성과 통일 제국 4

중국 철기 문명의 나비효과, 유럽 민족 대이동 이끌어

세계사에서도 '나비효과'는 일어났다. 기원전 1세기~기원후 1세기 중국에서 철기 문명의 발달에 따라 농업생산량이 급증한 결과 300~400년 뒤 유럽은 게르만의 민족 대이동에 휘말렸다. 중국에서 일어난 나비의 날갯짓이 새로운 유럽을 창출시킨 것이다.

오랑캐에게 헌상된 절세미녀

"오랑캐 땅에는 화초가 없으니 봄이 와도 봄 같지 않더라(胡地無花草 春來不似春)."

중국 한나라 원제 때 황실에서 가장 아름다운 후궁이었던 왕소군은 억지로 동흉노의 왕 호한야 선우(흉노의 왕)에게 시집 간 뒤 이런 시를 지었다. 1세기 중엽 동방의 대 제국 한나라는 오랑캐 왕의 비위를 맞추기 위해 엄청난 고급물품은 물론 이처럼 고귀한 신분의 미인까지 바쳐야 했다. 그만큼 흉노는 강했다. 몽골 고원 일대에서 유목을 하던 흉노족은 인류 최초의 기마민족 스키타이로부터 기마술을 배운 뒤 기원전 4세기 무렵부터 강내한 유목국가로 변신했다. 전성기에는 전체 인구가 150만 명에 이르고 그 가운데 '활시위를 당기는 군사가 30만 명'에 이르렀다. 중국과 충돌하지 않을 수 없었

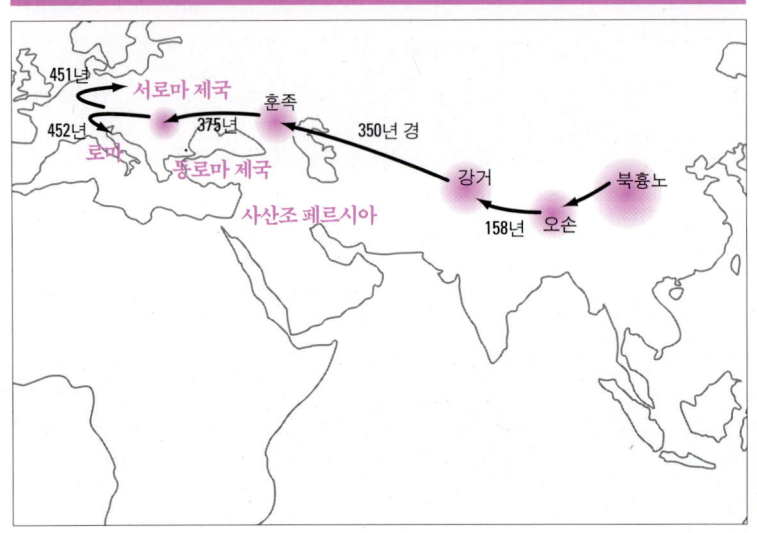

다. 진시황도 몽염을 시켜 만리장성을 수축하고 흉노를 고비사막 북쪽으로 몰아냈다. 진시황 사망 후 벌어진 중국의 혼란을 틈타 세력을 다시 크게 확대한 흉노는 기원전 200년 한나라 고조 유방이 이끄는 군대를 백등산(오늘날의 산서성 대동 남동쪽)에서 패배시켰다. 결국 중국은 매년 거액의 물품을 흉노에게 주고 평화를 '구걸'하는 굴욕적 역사를 이어갔다. 황실의 후궁이나 공주 중에서 뽑혀 흉노왕인 선우와 정략혼인을 하러 가는 '화번공주'의 행렬은 계속됐다.

"명비 처음 흉노 사내에게 시집갈 적에 흉노 수레 백량이 뒤따라도 주변엔 호희(胡姬) 뿐이네"(왕안석)

흉노족을 굴복시키려면 한나라 군대가 멀고 험한 초원과 황무지, 사막을 건너야 했다. 흉노 전쟁의 전진기지까지 군량 1석을 보내는 데는 60석 이상의 비용을 들여야 했다. 엄청난 물량작전이었고 인해전술이었다. 이 군비를 감당하기 위해선 국가의 재정이 튼실해야 했다. 마침내 한나라 7대 황제 한무제가 대 흉노 전쟁을 시작한다. 당시 한나라 재정에 대해선 이런 기록이 전해져 온다.

> "정부의 창고에는 곡식이 가득 차 있어 더 이상 채워 넣을 수 없기 때문에 바깥에 겹겹이 쌓아두었는데 결국 썩어서 못 먹게 돼 버릴 상황이었다. 또한 구리로 만든 화폐는 헤아리기 쉽도록 화폐에 구멍을 뚫어 끈으로 묶어두었는데 너무나 오랫동안 그냥 놓아뒀기 때문에 끈이 닳아 없어져 돈조차 셀 수 없을 지경이었다."

한나라 철기 문명에 패배한 흉노

한나라가 개국 70여 년 만에 처음 만리장성을 넘어 흉노를 공격하면서 상황은 바뀌었다. 위청과 곽거병의 공격으로 흉노는 처음으로 패전을 기록한 데 이어 엄청난 물량과 병력 앞에서 점차 밀려났다. 기원전 129년부터 10년 동안 위청은 모두 7차례 출격했고, 곽거병은 기련산(오늘날의 간쑤성 장예현 서남쪽)에서 흉노를 대파했다. 결국 흉노족은 분열돼 동흉노가 한나라에 투항한다. 1세기 무렵 다시 대공세가 재개되자 흉노는 다시 남흉노와 북흉노로 분열된다. 91년 끝까지 저항하던 북흉노마저 후한의 원정군에게 대패해 본거지를 잃고 서쪽 이리분지 방면으로 옮겨갔다.

한나라가 흉노 전쟁에서 이길 수 있었던 데에는 철기 발달이 결정적인 영향을 미쳤다. 철기 때문에 농업생산량이 크게 늘어나고, 우수한 무기가 속속 만들어졌기 때문이다. 전한 시대 철과 소금은 국가독점이었다. 한나라는 전국 48개소에 철관이라는 관리를 두고 철의 확보와 농기구의 개선에 심혈을 기울였다. 이때 야금법, 채광, 철기의 정련, 주조 등을 포함해 철산업은 최대의 생산업이었다. 철기는 모든 사회의 생산과 생활의 각 영역에서 널리 보급됐다. 농업과 수공업 분야에선 날이 멀다 하고 새 도구가 세상에 나타났다. 당시 철기의 제조기술은 세계 최고 수준이었다. 『염철론』「수한편(水旱篇)」에는 이렇게 기록됐다.

"농업은 천하의 대업(大業)이 됐다. 철기는 백성의 대용(大用)이 됐다."

철기는 대형 저수지와 제방의 건설에도 위력을 발휘했고, 무기의 대량 조달도 가능하게 했다. 소를 이용해 쟁기를 끄는 농법이 중국 전역으로 대대적으로 보급된 것도 전한 시기다.

게르만의 이동을 촉발시킨 동쪽의 유목전투민족

흉노족이 중국 변경에서 모습을 감춘 뒤 약 280여 년이 흘렀다. 게르만족이 북으로부터 내려와 살던 남러시아 초원지대에 갑자기 동쪽으로부터 말 잘 타고 활 잘 쏘는 유목전투민족이 쳐들어왔다. 문헌에 따르면 이들의 외형은 다음과 같은 4가지 특징으로 정리된다. "작은 키, 넓적한 얼굴, 가는 눈, 납작한 코"

특히 그들은 말을 타는 솜씨가 뛰어나고, 말 또한 훌륭하기 짝이 없었다. 맨 먼저 공격을 받은 게르만족의 한 부족인 동고트족은 금세 격파됐다. 주변 부족 사이에 이 수수께끼와도 같은 민족에 대해 공포스러운 소문이 퍼져 나갔다. 게르만족은 그들을 '훈'이라고 불렀다. 로마 후기의 군인이자 역사학자인 암미아누스 메르켈리누스는 이렇게 적었다.

게르만의 대이동을 촉발한 훈족. 중앙아시아에 거주했던 투르크계의 유목기마민족 훈족은 4세기경 우월한 기동성과 발달한 활을 무기로 삼아 유럽으로 서서히 진격했다.

"훈족은 마치 산 속에서 일어난 회오리처럼 적이 그들을 미처 발견하기도 전에 순식간에 적진을 점령했다."

동고트족의 서쪽에 있던 서고트족은 라인-도나우강을 경계로 맞서 있던 동로마 제국에 피신을 요청했다. 일단 동로마 영토 안으로 피난해도 좋다는 허락이 떨어졌다. 다른 게르만 부족도 일제히 강을 건넜다. 로마와 게르만 세계를 가르던 라인-도나우강 라인(게르마니아 리메스)은 이렇게 무력화됐다. 이제 동로마 제국 안에는 훈족을 피해 들어온 게르만의 여러 부족이 득시글거리게 됐다. 이 불안정한 상황 속에서 서고트족은 대우 문제로 로마와 충돌했다. 훗날 '아드리아노플 전투'로 이름 지어진 이 충돌에서 놀랍게도 로마군은 대패했다. 동로마 황제 발렌스까지 전사했다. 382년 서고트족은 동로마의 새 황제 테오디우스와 새 조약을 맺고 '동맹국'으로서 제국 안에 정주할 수 있도록 허락받았다. 서고트족은 아예 서로마의 수도 로마 공격까지 나섰다. 401년, 403년, 408년 서고트족은 세 차례 원정에 나서 410년 로마를 점령하는 데 성공했다. 그들은 3일 동안

한껏 약탈을 자행했다.

다른 부족도 움직이기 시작했다. 406년 반달, 스웨비, 부르군트 등의 부족이 차례로 라인강을 넘어 갈리아로 침공해 들어갔다. 게르만은 이동농업 방식이었기에 한 곳에 정착하지 않았다. 토지가 마음에 들지 않으면 조약 따위는 무시하고 몇 번이든지 이동을 되풀이했다. 서로마는 이들을 막을 힘이 없었다. 476년 서로마는 게르만 용병대장 오도아케르에게 멸망당하기 전 이미 그 역사적 수명을 다한 것이나 다름없었다.

훈족은 흉노족의 후예일까?

한나라에 밀려 서쪽으로 간 흉노(Hiungnu)와, 유럽에서 게르만 민족의 대이동을 촉발한 것으로 설명되는 훈족(Huns)은 과연 일치하는 것일까? 역사학계에서는 점차 '훈족=흉노 또는 흉노족의 후예'라는 설이 설득력을 얻고 있다. 우선 훈족에 관한 서구 문헌 내용부터 전형적인 몽고인종과 대단히 흡사하다. 훈족이 서방에 등장한 4세기와, 흉노족이 후한에게 대패해 이동해간 91년 무렵이 약 280년 정도 차이가 난다는 부분은 요즘 '흉노족의 혼혈후예'라는 설명으로 보완되고 있다.

유라시아는 역사적으로 원래 붙어 있었다. 한 지역 나비의 날갯짓이 머나먼 이웃 대륙의 끝에서 폭풍우를 일으키는 것은 이제 시간문제였다.

서아시아의 고대

서아시아에서 페르시아라는 이름이 사라지지 않았던 이유

페르시아는 서아시아에서 거의 유일하게 멸망 이후에도 그 이름이 되살아난 왕조다. 아케메네스 페르시아, 사산조 페르시아, 무엇이 서아시아 사람들을 기원전 6세기부터 기원후 600년까지 1,000여 년 이상 동안 페르시아의 이름에 이끌리도록 만들었던 것일까?

해방자 페르시아인

영국의 역사학자 아놀드 J. 토인비는 『인류와 어머니 되는 지구(Mankind and Mother Earth)』에서 페르시아에 대해서 이렇게 쓰고 있다.

> "페르시아인은 예속민의 종교를 존중하며 보호하는 일을 중시했다. 이런 개명된 정책 덕분에 페르시아 제국의 통치를 묵인하고 받아들이는 데 큰 도움이 되었다. 바빌로니아의 정복자에게 격렬하게 저항해온 시리아 민족들은 페르시아인의 통치와 화해했다. 페르시아 황제의 정치적 자유주의만이 아니고, 종교적 자유주의 때문이었다. 페니키아인, 사마리아인, 유대인의 눈에 비춰볼 때 페르시아인은 해방자였다."

다리우스 1세. 아케메네스조 페르시아 제국의 세 번째 왕으로 제국을 전성기에 올려 놓았고, 그리스의 일부와 이집트를 차지했다.

페르시아인이 해방자라고? 그리스를 침략했다가 자신들보다 훨씬 작은 그리스 폴리스 연합군에게 여러 차례 패배하고, 끝내 알렉산드로스의 마케도니아군에게 멸망당한 페르시아를 20세기 최고 역사학자 가운데 한 명으로 꼽히는 토인비는 거침없이 한 마디로 '해방자'라고 정의했다.

인류 최초의 문명 발상지인 고대 오리엔트 지역을 최초로 통일한 왕조는 아시리아다. 티그리스강 중류의 도시국가 아슈르에서 발전한 아시리아는 철제 무기, 강한 활, 기병대의 힘으로 기원전 671년 메소포타미아와 시리아, 이집트를 병합했다. '가장 잘 사는 사람으로부터 가장 못 사는 사람까지' 모두 군대로 동원해 정복전쟁에 나섰던 아시리아는 피정복민을 매우 가혹하게 다스렸다. 엄격한 군사국가였다. 포로들은 두들겨 맞거나 참수되기 일쑤였고, 그보다 훨씬 더 많은 주민들은 끌려가 노예로 팔렸다. 2010년 '아랍의 봄'이라는 이름으로 이 일대를 휩쓴 민주화 시위로 튀니지, 이집트, 리비아 등의 장기집권정권이 속속 무너지는데도 아시리아의 후예인 시리아 정권만은 5,000여 명의 시위대를 죽이면서도 퇴진하지 않았다. 이것은 우연이 아니라 아시리아의 오랜 무단통치 전통과 밀접한 관련을 맺고 있다. 어쨌든 당시 아시리아의 무단 통치에 대한 반발로 각지에서는 반란이 끊이지 않았고, 기원전 612년 메디아와 신바빌로니

아케메네스 왕조의 수도였던 페르세폴리스 왕궁 유적.

아 연합군에 의해 아시리아는 결국 멸망하고 만다.

아시리아 멸망 뒤 분열된 고대 오리엔트 지역(레반트 지역)을 다시 통일한 것이 바로 아케메네스 페르시아(기원전 550년~330년)다. 페르시아는 이전 오리엔트의 첫 통일국가였던 아시리아와 달리 상대적으로 매우 평화적이었다. 놀랍게도 페르시아는 나라를 세운 기원전 550년부터 기원전 525년까지 불과 25년 만에 중동 지역의 통일을 달성하고 있다. 동쪽으로는 인도 접경으로부터 서쪽으로는 터키, 그리고 남쪽으로는 이집트 접경에 이르는 방대한 영토를 이 짧은 기간에 석권했다. 나중에 페르시아가 운영한 '왕의 길'이 2,400킬로미터였다고 하니 직선거리로만 따지더라도 거의 1년에 100킬로미터씩 적국의 영토를 향해 진진했으리라는 계산이 나온다. 여기에는 아시리아 제국이 무너진 뒤 중동 지역에 불어 닥친 엄청난 혼란과 분열, 이민족 침략 때문에 그 어느 때보다 평화를 향한 열망이 강했

1부 | 문명의 새벽과 고대 문명 · 109

다는 점도 작용했을 수 있다. 그러나 페르시아 제국 스스로 이 지역의 민중들에게 인정받고 용납될 만한 그 무엇을 보여주고 실행하지 않았다면 불가능하다.

무엇보다 페르시아 제국의 정복전쟁 자체가 아시리아보다 훨씬 덜 잔인했다. 정복된 지역의 통치도 그렇게 압제적이지 않았다. 무엇보다 그들은 종교 관용정책을 폈다. 광대한 영토 안에 있는 각양각색의 민족에게 페르시아의 신인 아후라 마즈다를 숭배하라고 강요하지 않았다. 모든 민족의 고유 신앙이나 전통을 허용했다. 페르시아의 창건자 키루스 2세가 세운 이 방침은 이후 역대 여러 왕의 기본노선이 됐고, 다리우스 1세와 크세르크세스의 비석에도 그대로 새겨졌다. 종교뿐만 아니라 각각의 언어도 자유스럽게 사용할 수 있었다.

특히 키루스 2세는 이전 신바빌로니아 제국에 의해 바빌론에 끌려온 유대인 강제이주자들이 고향 유대로 돌아가도록 허용했다. 나아가 예루살렘 성전도 재건할 수 있도록 해주었다. 이른바 '바빌론 유수'를 풀어주는 역사적 조치를 단행한 것이다. 기원전 539년의 일이다. 이 조치는 아직 페르시아에 진심으로 복속하지 않고 있는 바빌로니아 지역에서 유대인들을 페르시아의 강력한 지원 세력으로 만드는 정치적 효과를 위해서 취해졌다고 볼 수도 있다. 근본적으로 제국의 종교 관용정책이 가장 극적으로 표출된 사례라는 것이 보다 더 정확할 것이다. 「구약성서」'이사야서'에서 키루스 2세를 "야훼에 의해 기름부음을 받은 왕"으로 칭송한 것은 이 정책과 밀접한 관련을 갖는다. 하느님에 의해 키루스 2세가 인정받고 은총받는 존귀한 존재가 됐다는 최상급의 표현이 경전에 실린 것은 페르시아의 종교 관용정책, 특히 유대교 정책에 대해 유대 사회가 어떻게 평가했는지 잘 보여준다. 실제로 후대의 페르시아왕들도 기원전 445년 바빌로니아에 거주하는 유대인 집사 느헤미야(「구약성서」 '느헤미야서'의 저자)에게 유대로 돌아가 예루살렘의 도읍을 재건할 수 있도록 휴가를 허가하는가 하면, 역대 왕이 허용한 유대인의 공공사업을 예루살렘에서 수행할 수 있도록 국고금과 건축자재의 공급까지도 허락하고 있다. 페니키아인도 페르시아의 관용정책 아래 지중해에서 그리스와 해상무역 경쟁에 매진할 수 있었다.

제국을 강성케 한 정책운용의 묘미

페르시아가 종교적 관용정책만으로 제국의 안정을 꾀했던 것은 아니다. 나름대로 고도로 발달한 관료기구를 구축해 탄력적으로 활용했다. 다리우스 1세 때는 즉위 초기 왕권의 정통성 문제와 관련해 반란이 잇따르자, 키루스 대왕 때의 자유주의적 기조를 유지하면서도 지방장관격인 총독에는 절대로 이민족을 기용하지 않는 정책을 썼다. 제국을 모두 20개의 속주(사트라페이아)로 나누고 왕족 또는 페르시아인 귀족을 총독(사트랍)으로 임명해 통치하도록 했다. 사트랍 이외에 별도로 군사령관, 징세관, 총독 비서를 임명해 서로 감독하도록 했다. 이와 별도로 '왕의 귀' '왕의 눈'이라 불리는 별동대인 감찰관을 파견해 감시시켰다. 이중 삼중의 안전장치를 가동했다.

페르시아는 세금에 대해서도 매우 탄력적이고 합리적인 정책을 펴나갔다. 키루스왕 때는 제국의 전 국토에 대해 세금면제를 실시하기까지 했다. 메디아, 리디아, 신바빌로니아의 3대국을 멸망시켜

페르시아의 창건자 키루스 2세. 다민족국가인 페르시아 대제국의 융화를 위해 종교적 관용정책과 포용정책을 표방했으며 피정복민들에게서 기꺼이 배우는 자세를 취했다.

거부를 획득해 재정이 여유로웠기 때문이다. 나중에 세월이 흘러 새로이 세금을 부과해야 할 상황이 되었을 때도 다리우스 왕은 놀라운 징세원칙을 밝혔다.

"각 속주의 형편에 따라 일정액을 징수한다."

이전의 아시리아 통일시대에는 "왕이 원하는 대로"라는 구호가 징세원칙이었다. 이 때문에 페르시아 제국의 신민들은 "키루스는 아버지, 다리우스는 상인"이라고 평가했다.

역사적으로 페르시아라는 이름은 기원전 6~8세기 오리엔트 고대 문명의 통일시기로부터 기원후 7세기 이 지역의 이슬람화에 이르기까지 1,000여 년 동안 오리엔트 사람들에게 상대적으로 가장 인기가 높았던 제국으로 각인됐다. 아케메네스 페르시아를 멸망시키고 점령했던 마케도니아의 알렉산드로스 대왕이 페르시아와의 적극적인 문명교류 및 결혼동맹을 추진했다는 사실도 이런 점을 뒷받침한다. 알렉산드로스 사후 페르시아 지역을 지배한 마케도니아의 장군 셀레우코스가 연 새 왕조도 스스로 '셀레우코스조 페르시아'라는 별칭으로 불렀다. 셀레우코스조는 페르시아의 총독제 '사트라페이아'를 그대로 답습했다. 그 뒤 226년 창건한 사산조 페르시아는 다시 페르시아의 이름을 그대로 되살렸다. 사산조 페르시아는 이란계 파르티아를 멸망시킨 뒤 651년 이슬람 세력에 무너질 때까지 페르시아의 정통 후계자로서 군림했다. 사산조 페르시아는 비록 조로아스터교를 국교로 선포했지만, 종교적 관용정책의 기조는

아케메네스 왕조 연대기	
기원전 691년	테이스페스, 아케메네스 왕조 수립
기원전 559년	키루스 2세, 주변국들을 점령하며 왕조의 초석 마련
기원전 555년	메디아 왕국 정복
기원전 539년	신바빌로니아 제국 정복
기원전 529년	스키타이 원정길에서 키루스 2세 사망. 캄비세스 2세가 즉위해 이집트 정복
기원전 521년	다리우스 1세 즉위
기원전 486년	크세르크세스 1세 즉위
기원전 330년	알렉산드로스에 의해 멸망

아케메네스 페르시아처럼 유지해 나갔다.

원래 아케메네스 페르시아의 신관 출신인 사산 가문의 알 다실은 제국을 창건한 뒤 나름대로 선정을 베풀어 후대에 높은 평가를 받았다. 나중에 이슬람 시대에 이르러서도 서아시아의 민중들 사이에는 그가 한 말이라며 이런 내용들이 전해 내려오고 있다.

"전제군주 밑에서는 국가의 번영이란 있을 수 없다."

"바른 군주는 단비보다도 이롭다."

"사나운 사자가 횡포한 군주보다 나으며, 부정한 군주도 오랜 내전보다는 낫다."

"세금은 국가를 지탱하는 것이다. 바른 정치만큼 세금을 더 내도록 하는 것은 없고, 백성을 학대하는 것만큼 덜 내도록 하는 것은 없다."

페르시아는 이런 방식으로 이방인들의 민심을 잡아나갔다. 토인비가 경탄할 만한 현명한 제국이었다.

인도 고대 세계의 발전

통일인도
불교 제국의 흥망

> "이제까지는 잔치용 육즙을 만들기 위해 매달 왕의 수라간에서 수백 수천의 짐승이 도살됐으나 이 조칙이 새겨질 때는 겨우 두 마리의 공작새, 한 마리의 사슴이 희생됐을 뿐이다. 이조차도 앞으로는 희생을 당하지 않게 될 것이다."
>
> **아소카왕의 기념비에서**

불교의 도전

고대 인도는 오랜 기간 동안 카스트 제도로 표현되는 내부적 분열에 더해 정치적 통일 제국도 이루지 못하고 있었다. 히말라야로부터 인도양에 이르는 대륙에는 하나의 제국, 하나의 문명권이라는 생각도 성숙하지 못하고 있었다. 기회는 왔다. 먼저 기원전 7세기 무렵부터 갠지스강을 따라 발달해오던 도시국가들이 점차 영토국가로 발전해갔다. 나라의 영역이 커지면서 상업도 발달해 갔다. 그 결과 내부의 역학관계에 미묘한 변화의 틈바귀가 생겼다. 우선 영토 확장에서 주도적으로 활동한 전사 계급인 크샤트리아의 세력이 커졌다. 아울러 시장이 확대되고 물산도 풍부해지면서 상업과 무역으로 가장 큰 경제적 혜택을 입은 상인 계급 바이샤의 발언권도 크게 강화됐다.

카스트의 제2계급인 크샤트리아와 제3계급인 바이샤의 부상은 자연히 제1계급인 사제 계급 브라만 중심으로 돌아가던 종교체계와 사회체계를 변화시키려는 소리없는 압력으로 이어졌다. 불교와 자이나교가 '평등'을 공통적인 화두로 내세워 세력을 확장하기 시작했다. 기원전 5세기 무렵 고타마 싯다르타(석가모니)는 브라만교의 지나친 권위주의와 엄격한 신분 차별 등을 반대하고, 그 대신 개인의 수행과 윤리적 실천을 통해 누구라도 해탈에 이를 수 있다고 가르쳤다.

"(카스트의)네 가지 종족이나 계급은 그 사람의 혈통이나 신분으로서 차별되는 것이 아니다. 우리는 모두가 똑같은 사람이다. 누구든지 번뇌가 없어지고 청정한 계행이 성취되어 생사의 무거운 짐을 벗어 버리고 완전한 지혜를 얻어 해탈의 도를 이루었다면, 그야말로 네 계급 중에서 가장 뛰어난 사람이라고 할 수 있다. 왜냐하면 진리가 이 세상에서 가장 높은 것이기 때문이다."

그동안 종교적으로 소외돼 온 크샤트리아와 바이샤 계급은 고타마 싯다르타의 설법에 열광했다. 석가모니의 포교로 그의 출신족인 사카족 귀족 청년-대다수가 크샤트리아인-500명이 한꺼번에 불교에 귀의했다. 바라나시, 라자가하 등지의 도시에서도 비슷한 사태가 벌어졌다. 그러나 아직 불교나 자이나교 모두 사회의 주도 종교로 뿌리내리지는 못했다.

불교의 도전이 계속되는 동안 고대 인도를 하나의 국가, 하나의 정치체계로 묶으려는 또 다른 시도는 100년 뒤쯤 그 성과를 거두기 시작한다. 기원전 4세기 말 등장한 마우리아 왕조의 창건자 찬드라굽타(재위기간 기원전 317년~293년)가 북인도 대부분의 지역을 자신의 세력권 안으로 끌어넣는 데 성공했다. 마우리아 왕조의 성장에는

인도 마우리아 왕조의 제3대 왕인 아소카 대왕은 인도사상 최초의 통일국가를 이뤘다. 아소카왕은 불교를 깊이 받아들여 기원전 260년경부터 불교를 제국의 공식 종교로 만들었다. 왕은 불교성지에 부처를 상징하는 사자, 황소, 코끼리 등을 기둥머리에 장식한 기념석주를 세웠다.

알렉산드로스의 인도 침략이 직간접적으로 영향을 미쳤다. 찬드라 굽타는 알렉산드로스의 침입으로 인도에 민족적 저항의 물결이 높아지는 상황을 타고 세력을 키웠다. 특히 알렉산드로스가 일찍 죽어 인도 지역에 권력의 공백이 생긴 틈을 타 곡창지대인 펀자브를 장악했다. 여세를 몰아 찬드라 굽타는 혼란기에 놓인 북인도의 강력한 국가 마가다 왕국의 수도 파탈리푸트라(꽃의 수도라는 뜻. 오늘날의 파트나)까지 점령했다. 나중엔 서북으로 진격해 페르시아 지역의 셀레우코스 왕조를 압박해 아프가니스탄 남부까지 할양받았다. 당시 마우리아 왕국이 보유한 군사력은 보병 60만 명, 기병 3만 명, 코끼리 9,000마리에 이르렀다.

마우리아 왕조 제3대 아소카 대왕(재위기간 기원전 269년~232년) 때 제국은 더욱 확대돼 인도 아대륙 거의 전역을 장악하기에 이른다. 아소카 대왕은 이런 정치적 군사적 업적을 이룬 뒤 제국 전역에 사자상 모양의 돌기둥과, 아소카 각문이라 불리는 마애석문 등 2가지 기념비를 세웠다. 북으로는 아프가니스탄으로부터 남으로는 마이소르와 마드라스 접경까지 영토가 확장됐다. 아소카 대왕이 고대 인도를 사실상 통일하면서 인도에서는 북쪽의 히말라야로부터 남쪽의 인도양까지 인도 아대륙 전체를 하나의 세계로 인식하기 시작했다. 진시황이 그렇듯이 인도에서는 아소카가 사실상 '인도'라는 나라를 만들어냈다.

고대 전제적 국가였던 마우리아 왕국은 대단히 주목할 만한 제국이었다. 먼저 기원전인데도 거대한 상비군과 잘 정비된 관료제를 갖추고 효율적으로 통치됐다. 아소카의 재상으로 있었던 비시누 굽타의 작품으로 알려진 『아르타 샤스트라』(일명 '정치론'으로 번역되기도 한다)에는 관료제를 이렇게 기술하고 있다.

"지방관리는 행정, 징세, 사법과 함께 관개시설 및 도로의 관리, 농업기술의 감독 등 다양한 직무를 수행한다."

지방공무원조차 여러 기능을 수행할 수 있는 멀티플레이어여야 했다. 특히 농업에 대해서도 충분한 자질과 능력을 지녀야 했다. 실제로 당시 셀레우코스 왕조의 대사로 마우리아 왕조에 파견됐던 메가스테네스는 이렇게 기록했다.

"제국의 토지 대부분이 관개되어 있기 때문에 1년에 2번 수확한다."

마우리아 왕조의 토지세는 농민 소출의 6분의 1을 납부하는 방식이었다. 상인은 이익의 4분의 1을 세금으로 냈다. 이 밖에 면허세, 주세, 통행세, 임야세 등을 추가로 부담했다.

아소카 대왕의 통치이념, 다르마

마우리아 왕국에서는 아소카 대왕이 인도 역사상 처음으로 불교를 제국의 통치이념으로 삼아 불교국가의 이상을 실험했다. 아소카 대왕은 뛰어난 군주이지만 영토를 확대하는 방식은 근본적으로 무력에 의지했다. 그는 재위 8년에 벌어진 칼링가 전쟁(동부 인도 칼링가를 공격해서 점령한 전쟁)으로 많은 사람들이 살해되고 포로로 잡히는 것을 직접 목격했다. 이 무렵 전쟁 피해 외에도 질병과 기근까지 겹쳐 수십만 명이 희생됐다. 왕은 자기 한 사람의 야욕에서 비롯된 전쟁으로 수많은 사람들이 고통을 겪는 것에 대해 극심한 죄책감을 느꼈다. 이 전쟁을 계기로 그는 더 이상 전쟁은 피하고 백성들에게 선정을 베풀기로 결심했다. 무력에 의한 정복을 버리고 다르마(Dharma)에 의한 공략정책으로 돌아섰다. 다르마는 불교의 법 혹은 덕, 의무를 뜻한다. 다르마는 보편적 윤리로 특히 순종, 절제, 자비, 불살생을 강조한다. 아울러 브라만이나 종교 수행자를 존경하고 노예도 올바르게 대우하라고 권유하고 있다. 아소카 대왕은 이런 윤리를 직접 설교하고 철저히 지키도록 독려하기 위해 친히 전국을 순회했다.

이와 함께 그는 진정한 정복은 힘에 의한 것이 아니라 사람의 마음을 정복하는 것이라고 믿고 군사 지도자들을 불교 사절단으로 바꿔 각 나라에 파견했다. 스리랑카, 버마, 시리아, 이집트, 마케도니아 등 아시아-아프리카-유럽의 3대륙에 아소카 대왕의 불교 사절단이 도착했다. 스리랑카에는 두 차례에 걸쳐 아들 마헨드라와 여동생 상가미트라를 파견해 포교에 완전히 성공한다. 그 결과 스리랑카는 소승불교의 중심지가 됐다.

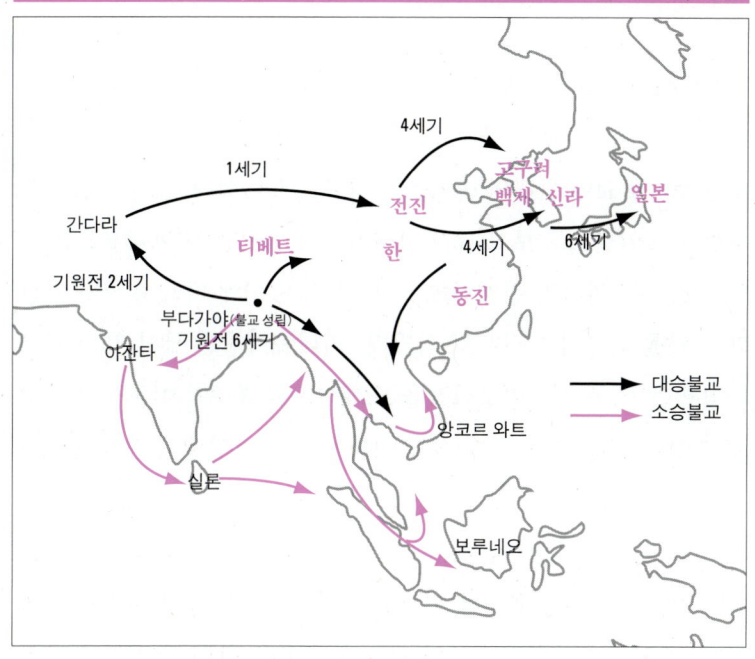

불교에 귀의한 아소카 대왕(할아버지 찬드라 굽타는 자이나교도였고, 아버지 빈두사라는 브라만교도였다)은 스스로 불경을 깊이 공부하고, '불전결집(불교의 경전을 집대성해 정리하는 작업)'이라 불리는 불교 회의를 여러 번 열어 교리를 종합 정리했다. 석가의 탄생지인 룸비니 등 불적지도 자주 순례했다. 하지만 그는 백성들에게 불교를 강요하지 않았다. 다른 종교도 보호하며 서로 관용하도록 가르쳤다. 석가모니가 내세운 불교 교리는 사실상 만민을 포용할 수 있는 종교이론에도 불구하고 그 당시 북인도에서만 교세를 떨쳤을 뿐 인도의 지배적인 종교는 되지 못하고 있었다. 아소카 대왕의 이런 노력으로 비로소 불교는 지방종파에서 세계 종교로 성장해 갔다.

불교의 세계 종교화

그로부터 350여 년 뒤 인도 쿠샨 왕조의 카니슈카왕도 불교 보호와 포교에 힘써 제2의 불교 중흥기를 열었다. 그는 개인 구제에 치우친 소승불교에 반대해 새로운 불전결집에 나섰다. 소승불교는 부처마저도 인간으로 보고 그가 고타마로서 탄생한 것은 성불하는 열반에 이르는 마지막 단계라고 보고 있었다. 이에 따라 수행자 자신의 구원을 최고의 이상으로 삼았다. 카니슈카왕은 당시 약 20개로 분열됐던 각 종파간의 상이점을 조화시키고 표준적 이론을 명확히 세우기 위해 카쉬미르에서 불교 회의를 새로 소집해 대승불교의 기초를 세웠다. 대승불교는 부처를 신의 화신으로 본다. 그리고 그 부처가 몇 번이고 태어나는데, 그것은 자신만을 위한 것이 아니라 다른 사람들로 하여금 열반에 이르도록 도움을 주기 위해서라고 정의한다. 따라서 대승불교에서의 최고의 이상은 내가 아닌 전 인류를 구하는 것이 된다. 이처럼 중생의 구제를 지향하는 대승불교의 기초를 확립한 뒤 그는 아소카처럼 불교 포교단을 중앙아시아, 중국, 티베트 등지로 보냈다. 그 결과 불교가 아시아의 대표적 종교로 성장하는 데 크게 기여한다.

4장
고대 지중해의 세계

그리스 문화: 능동적 개인의 힘이 100배 큰 페르시아를 물리치다
헬레니즘 문화: 알렉산드로스와 천재 의존형 모델의 한계
로마 제국의 탄생: 로마 제국의 운명을 결정지은 기원전 1세기의 내전들
로마의 발전: 개인은 뒤졌지만 시스템으로 세계 제국을 열다

그리스 문화

능동적 개인의 힘이 100배 큰 페르시아를 물리치다

기원전 481년 페르시아가 20만 명의 대군을 동원해 바다와 육지 양면에서 그리스를 침공해 왔다. 제3차 페르시아 전쟁이 시작된 것이다. 중동 지역을 통일해 그리스 전체보다 거의 100배나 큰 영토를 가진 페르시아가 가장 치밀하게 준비한 끝에 사상 최대의 병력을 동원해 침공해 오는 것을 과연 그리스의 작은 폴리스 국가들은 어떻게 막을 수 있을 것인가?

그리스의 운명

그리스는 애초 동쪽의 오리엔트 여러 나라와 밀접한 교류를 해오면서 오늘날의 터키 지역인 소아시아 반도의 서쪽 해안 지역에 많은 식민도시를 건설했다. 그러나 아케메네스조 페르시아가 오리엔트 지역을 통일하고 강력한 국력을 바탕으로 점차 서쪽으로 진출해오면서 두 세력은 충돌했다. 페르시아가 그리스인들의 식민도시들에 대해 지배권을 행사하려 하자 그리스 본토의 폴리스 연합 세력이 여기 맞서고 결국 페르시아 전쟁(기원전 499년~450년)이 벌어졌다. 페르시아의 첫 번째 침공은 태풍으로 실패하고, 두 번째 침공은 그리스 아티카에 상륙한 페르시아군이 마라톤에서 새로 중장보병(호플리테스)의 방진 밀집대형(팔랑크스) 전술을 도입한 그리스군에게 패배했다. 이 전투 뒤 그리스의 한 병사가 42.195킬로미터를 달려 승리 소식을 전한 뒤 숨진 것을 기리기 위해 올림픽의 마라톤 경기종목이 생겨났다.

페르시아 전쟁의 제3차 대회전의 막이 오를 당시 그리스는 150개의 크고 작은 도시국가, 폴리스로 나눠져 있었다. 가장 크다는 아테네와 스파르타도 저마다 기껏 병력 1만 명 남짓 동원할 수 있었다. 게다가 아테네는 "해군을 동원해 바다에서 적을 막아야 한다"고 주장한 반면 스파르타는 "남부의 펠로폰네소스 반도의 좁은 지협에 방어선을 구축하고 9년 전 마라톤전투처럼 육상전투로 결판을 내야 한다"고 맞섰다.

그리스 연합군은 전쟁 초기에 스파르타의 육군이 전략요충지인 테르모필레에서 무너지고 그리스의 심장부 아테네까지 내줘야 했다. 페르시아는 지중해의 해상지배권을 놓고 아테네와 경합하던 페니키아인의 카르타고와 동맹을 맺고 이탈리아 시칠리아의 그리스 식민도시 시라쿠사와 그리스 본토를 동시에 공격하는 전술을 썼다. 그리스 본토를 겨냥해선 마라톤 전투 당시보다 거의 10배나 많은 병력을 동원해 수륙 두 방면으로 밀고 들어왔다. 여기에 겁을 먹은 그리스의 여러 폴리스가 중립으로 돌아섰다.

페르시아를 좌초시킨 살라미스 해전

그리스는 이 절체절명의 시기 때부터 무서운 저력을 발휘하기 시작했다. 그 주인공은 아테네, 그 중에서도 아테네의 해군 전략을 주도한 지도자 테미스토클레스였다. 이 천재적인 전략가는 페르시아의 침략 전쟁에 대비해 노를 3단 1세트 방식으로 설치해 추진력을

살라미스 해전 당시 페르시아 함대를 격파하는 아테네군. 기원전 480년 9월 23일, 아테네 함대를 주력으로 한 그리스 연합해군이 살라미스 해협에서 우세한 페르시아 해군을 괴멸시켰다. 살라미스 해전에서의 승리로 그리스는 마침내 페르시아 전쟁을 완전한 승리로 종결지었다.

크게 강화시킨 당시의 최신식 전투함인 3단노선을 200척이나 미리 준비해 놓고 있었다. 그는 애초 아티카의 라우리움 광산에서 풍부한 은광맥을 발견했을 때 시민들에게 공평하게 나눠주자고 주장하는 반대파를 도편추방으로 내쫓고 그 돈으로 이 3단노선 200척의 건조를 강행했었다. 아테네는 3단노선의 뱃머리에 청동으로 만든 강력한 충각을 설치해 충돌 파괴력을 크게 늘려 놓았다.

테미스토클레스는 아테네까지 내주는 극한작전까지 펼치며 단 한 번의 결정적 전투를 준비했다. 먼저 도편추방제로 쫓겨난 모든 사람들을 사면해 전쟁에 참전시켰다. 연합군의 단합을 위해 형식적인 사령관직도 스파르타에 양보했다. 그는 페르시아왕 크세르크세스의 판단력을 흩뜨리기 위해 위장 귀순작전까지 동원하는 등 모든 지혜와 능력을 발휘한 끝에 마침내 페르시아군을 펠로폰네소스 반도의 좁은 해협인 살라미스로 유인하는 데 성공했다. 테미스토클레스의 지휘 아래 그리스 함대는 좁은 해협의 깊숙한 안쪽에서 적을 기다렸다. 크세르크세스는 해협 건너편 섬의 산 정상에서 총공격 명령을 내렸다. 그리스 함대는 아침 바람을 타고 급하게 밀고 들어오는 페르시아 함대를 막았다. 바람이 거세지면서 풍랑도 높아졌다. 그리스 함선들은 배의 중심을 낮게 만들어 많이 흔들리지 않았지만 갑판이 높은 페르시아 함선은 크게 요동쳤다. 페르시아 함대의 선두 그룹이 막혔는데도 바람은 계속 페르시아 함선들을 해협 안으로 급하게 밀어 넣었다. 페르시아 함선들은 서로 부딪치면서 심한 정체가 생겼다. 그러자 그리스가 반격을 시작했다. 그리스 함선들은 뱃머리의 날카롭고 강한 충각으로 적선들을 들이받았다. 페르시아 함선들은 좁은 해협에 갇힌 채 서로 부딪치는 등 일대 혼란에 빠졌다. 페르시아 함선으로 그리스가 자랑하는 중장보병대가 타고 올라 백병전에 돌입했다. 거의 일방적인 그리스군의 살육전이나 다름없었다. 살라미스 해전에서의 승리로 그리스는 마침내 페르시아 전쟁을 완전한 승리로 종결지었다.

그리스의 중장보병 '호플리테스'.

그리스 저력의 원천

좁은 땅에 여러 나라로 갈가리 갈라져 있는 그리스가 어떻게 페르

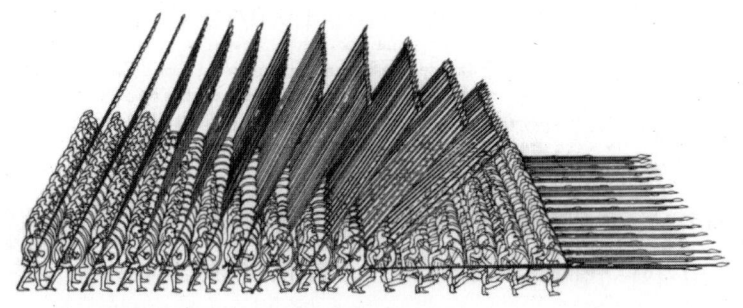
고대 그리스 시민군의 전형적인 부대 형태인 밀집대형 '팔랑크스'.

시아 같은 거대한 중동의 통일국가를 이길 수 있었을까? 그 힘은 도대체 어디서 나온 것일까? 이런 의문은 당대를 살았던 '역사의 아버지' 헤로도투스의 주요한 저술주제였다. 당시 페르시아는 인구가 그리스의 수십 배에 이르고, 영토는 거의 100여 배에 달했다. 게다가 그리스는 150개의 크고 작은 폴리스로 분열된 채 오랫동안 경합해오고 있었다.

페르시아 전쟁은 분열과 경쟁도 그 반대개념인 통일과 획일성 못지않게 역사를 전진시키는 힘이 있다는 것을 보여준다. 적어도 그리스의 경우 분열이 통일보다 늘 나쁜 것만도 아니고, 경쟁이라는 것의 생산성도 강력한 중앙집권의 획일성에 늘 뒤쳐지는 것만도 아니었다.

그리스 저력의 원천은 자유로운 시민과 폴리스였다. 어떠한 천재도, 위인도, 명장도 모두 다 폴리스의 틀 안에서만 그 힘과 능력을 발현할 수 있었다(그리스의 도편추방은 바로 이런 폴리스로부터의 격리였기에 치명적인 벌칙이 될 수 있었다). 폴리스는 본질적으로 독립국가이고 시민공동체다. 산 때문에 곳곳에 고립지대를 많이 안고 있는 반도와 수많은 섬으로 이뤄진 그리스의 지형은 자연스럽게 독립형 미니국가를 양산시켰다. 많았을 때는 폴리스가 모두 1,000개를 넘었을 것으로 추정하기도 한다. 나아가 바다에 면한 좁고 흩어진 농지가 많았기에 소규모 농업을 하는 소농민들이 주류를 이루고 있었다. 오리엔트(중동) 지역처럼 넓은 경작지가 없기에 애초부터 대지주가 등장하기 어려웠다. 넓은 평야와 강을 연결시켜 관개하는 거대한 영농시스템도 없기에 이집트나 메소포타미아 같은 농업형 전제군주의 필요성도 없었다. 왕의 권력도 이런 나라와는 비교할 수 없을 정도로 약했거나 일찌감치 사라져 갔다.

따라서 오래 전부터 귀족과 함께 자유민인 시민 개인이 폴리스의 중심 세력으로 등장했다. 시민은 스스로의 힘으로 군사장비를 갖추고, 전쟁에 나갔다. 전쟁이 계속될수록 시민의 발언권은 커졌다. 이것이 인류 최초의 민주정으로 꽃을 피운다. 스스로 무장해서 폴리스를 지키고 전쟁에 나가 폴리스의 이익을 획득해오는 시민병사는 당연히 폴리스의 '주인'으로서 충분한 참정권을 누려야 했다. 시민이 스스로 주인이라는 의식을 갖는 그리스의 폴리스는 강했다. 폴리스에 대한 충성도가 다른 전제왕조보다 훨씬 컸기 때문이다.

전공을 세우거나 폴리스의 발전에 기여한 시민은 상응하는 몫을 받았다. 기여한 만큼 토지를 받고 상급을 받는 '고대형 성과주의'가 발달했다. 이 성과주의에 자극받아 시민들은 스스로 보다 우수하고 성능이 좋은 무기체계와 전술체계를 발전시켰다. 그렇게 해서 역사상 가장 먼저 그리스에서 등장한 것이 중장보병이고, 이 중장보병을 이용해 만든 것이 밀집전투대형이다. 그리스군은 개개인이 강했고, 진형을 이루면 더 강해질 수 있었다. 중장보병과 밀집대형은 약 300년 동안 그리스와 중동 지역에서 위력을 발휘했다.

폴리스는 지형적 제약 때문에 모든 물자를 스스로 조달할 수 없었다. 올리브 기름은 넘쳐나지만 식량은 모자랐다. 필연적으로 폴리스끼리, 나아가 다른 지역의 다른 문명권 국가와도 교역을 활성화시켰다. 개방주의와 대외 진출이 그리스의 모토였다. 호메로스의 『일리아스』에 나오는 트로이도 바로 그리스 세력이 오늘날의 터키인 소아시아반도에 세운 식민도시다. 나아가 『오딧세이아』에 나오는 숱한 바다의 모험과 그 지명은 일찍부터 지중해와 흑해로 진출해간 그리스의 해양 경영을 짐작케 해준다. 실제로 그리스인은 이탈리아반도의 남쪽 끝 타란툼이라든가 나폴리만 일대, 시칠리아의 시라쿠사, 북아프리카의 퀴레네라, 흑해 연안, 소아시아 반도 일대에 식민도시를 활발하게 건설했다. 멀리 지브로올터까지도 진출했다. 자연스럽게 항해술, 천문학, 조선술, 지리학, 과학 및 공학 등도 함께 발달하면서 그리스의 개방주의와 해양진출주의를 뒷받침했다.

개인과 이성의 가능성

오리엔트의 다른 나라와 달리 개인과 인간 이성의 가능성을 인정하는 문명의 생산성은 매우 높았다. 사회 각 방면에서 합리주의와 실용주의가 활발하게 작동했기 때문이다. 페르시아 전쟁의 마지막 승리를 결정짓는 살라미스 해전을 앞두고 그 짧은 시간에, 그토록 절체절명으로 위중한 시기에 그리스의 엄청난 저력이 폭발된 데에는 이런 문명의 에너지를 충분하게 축적해 왔기 때문이다. 그렇다고 그리스의 폴리스가 공동의 가치관을 공유하는 데 신경을 적게 쓴 것도 아니다. 저마다 경쟁하면서도 다른 한편으로는 신화와 종교, 문화와 예술을 공유하는 데도 뛰어났다. 올림포스의 12신을 숭

그리스-페르시아 전쟁 진행과정	
기원전 550년	키루스왕의 이오니아 정복을 통해 그리스와 페르시아 충돌 시작
기원전 499년~493년	이오니아 반란
기원전 494년	페르시아, 반란의 중심지 밀레토스 공격 및 반란군 진압
기원전 492년	페르시아, 그리스 1차 침공
기원전 490년	마라톤 전투에서 아테네, 페르시아 격퇴
기원전 480년	페르시아, 테르모필레 전투에서 스파르타와 아테네가 주도한 그리스 연합군 격퇴. 그러나 살라미스 해전에서 연합군이 페르시아 군대를 대패시킴
기원전 479년	플라타이아이 전투에서의 승리로 페르시아의 그리스 침략 실패로 끝남
기원전 450년	그리스-페르시아 전쟁 종료

상하는 신화와 종교는 각 폴리스를 하나의 동질적 형제집단으로 묶는 기능을 효율적으로 수행했다. 모든 문학과 예술, 공연, 스포츠가 이런 가치를 위해 동원됐다. 그 결과 살라미스 해전을 앞두고 그리스 연합군은 이렇게 외치기에 이른다.

"오오, 헬라스의 아들들이여. 전진하라! 조국에 자유를!

처자에게 자유를!

옛 신과 선조들의 묘소에 자유를!"

이런 점 때문에 그리스에서는 통일국가의 필요성이 다른 지역처럼 그렇게 절박하지 않았던 것으로 보인다. 그럴 필요성이 있을지라도 다른 지역처럼 폭력적인 전쟁 방식을 띠기 힘들었다. 그리스인이 노예로 삼은 사람들은 같은 그리스어를 쓰는 헬레네스가 아니라 바바로이(야만인)였다.

그리스의 도시국가는 역사상 숱한 업적을 남겼다. 알파벳을 비롯해 서양 문명의 주요한 개념과 흐름이 이 좁은 땅의 작은 폴리스에서 쏟아져 나왔다. 수학, 물리학, 화학, 천문학, 지리학, 문학, 시,

비극, 철학, 역사, 건축, 음악, 예술, 의술, 군사학, 조선학, 상업, 민주주의….

그리스는 작지만 강했다.

헬레니즘 문화

알렉산드로스와 천재 의존형 모델의 한계

"헬레네스(그리스인이 자신들을 부르는 말)는 상전이 되게끔 태어나고, 헬레네스가 아닌 민족은 노예가 되게끔 태어납니다." 알렉산드로스의 가정교사 아리스토텔레스는 이런 명제를 알렉산드로스에게 던졌다.

그리스 중심의 동서양 융합정책

기원전 334년부터 325년까지 10년 사이에 알렉산드로스는 소아시아에서 인더스강 유역에 이르는 광대한 페르시아 제국의 모든 영토를 정복했다. 이제 광대한 페르시아 제국의 영토를 그리스인의 무력으로 정복한 지금, 그는 10년 전 스승 아리스토텔레스가 던진 명제에 정식으로 대답해야 했다.

정복자는 피정복민족 위에 지배종족으로 군림할 것인가? 아니면 헬레네스가 아닌 이웃 민족과 대등한 입장에 서서 살아가고 서로 결혼도 해야 할 것인가?

알렉산드로스의 동방 원정 이전에도 동방 오리엔트에는 그리스 사람들이 끊임없이 진출하고 있었다. 그들은 무역업자로서 시리아와 이집트를 끊임없이 오가고 있었고, 용병으로서 이집트와 바빌로

기원전 334년~325년까지 10년 사이에 마케도니아의 왕 알렉산드로스는 소아시아로부터 인더스강 유역에 이르는 광대한 페르시아 제국의 모든 영토를 정복했다. 그의 정복전쟁을 통해 그리스 문화와 오리엔트 문화가 융합한 새로운 헬레니즘 문화가 형성되었다.

니아 그리고 페르시아에서 복무하고 있었다. 소아시아의 이오니아 식민지에 살던 일부 그리스인들은 주변 정세에 따라 멀리 페르시아 동북쪽 오크수스강 건너 소그드까지 강제 이주되기도 했다. 알렉산드로스의 군대가 페르시아에 건너오기 전부터 그리스 주요 폴리스의 통화는 이미 페르시아 시장에서 유통되고 있었다.

마케도니아의 왕이자 이제는 페르시아 제국의 주인으로서 동방의 전제군주까지 겸하게 된 알렉산드로스의 대답은 이란(페르시아 사람)이나 예속민족을 위해 매우 광범한 평등정책을 실시하는 것이었다. 기원전 324년 인도 원정에서 돌아온 알렉산드로스는 마케도니아-그리스와 페르시아의 화해를 기념하는 축제를 개최했다. 그리고 휘하의 시방 귀족 출신 장군들과 신분이 높은 동방 페르시아 여인 90쌍의 합동결혼식을 올리게 했다. 그 뒤 자신도 죽은 페르시아의 왕 다리우스의 장녀인 스타티라와, 역시 페르시아의 왕이었던 아르타크세르크세스 3세의 막내딸을 동시에 아내로 맞아들이는 결혼식을 올렸다. 자신의 결혼식에 먼저 결혼한 동서방 통혼부부들을 포함해 하객 9,000여 명을 초대하고 모든 사람들에게 금 술잔 하나씩을 선사했다. 나중에는 서방 출신 하급장교나 병사들과 페르시아 여성을 1만 쌍이나 맺어주는 거대한 합동결혼식도 치렀다. 그는 이런 동서방의 통혼을 장려하기 위해 통혼자들에게 엄청난 보상도 해줬다.

알렉산드로스의 융합정책은 소수자인 서방 세력이 동방을 안정적으로 지배하기 위해 실시했다고 할 수 있다. 정복지의 옛 지배 계층을 서방의 새로운 정복 계층과 맺어줌으로써 제국의 신민들이 동질감을 가지고 스스로 복종하기를 희망했다. 페르시아의 옛 지도층을 과감히 중용하는 정책도 추진했다. 다리우스의 중신인 마자이우스의 아들을 한 지방의 총독으로 임명한 것도 그 많은 사례 중 하나다. 이 때문에 정통 마케도니아 사람들의 불만도 컸다. 페르시아 원정 첫 전투에서 알렉산드로스를 구한 맹장 클리투스는 이렇게까지 불만을 터뜨렸다.

"마케도니아인이 메디아인에게 매를 맞고, 왕을 만나는데 페르시아인에게 부탁해야 하는 꼴을 보기보다는 차라리 먼저 죽은 사람들의 팔자가 부럽습니다!"

그러나 알렉산드로스가 시도한 동서융합은 기본적으로 그리스 문명의 틀 안에서 이뤄져야 한다는 것을 전제로 하고 있었다. 문명의 핵심과 주체는 철저하게 그리스식을 따라야 한다는 것이다. 알렉산드로스가 페르시아 소년 3만 명을 뽑아 교육시키고 훈련시킬 때도 그 철학과 방식은 철저히 그리스식이었다. 이처럼 그리스의 문화와 그리스풍의 문물을 동방 지역에 대대적으로 전파하는 알렉

알렉산드로스와 헬레니즘 문화

알렉산드로스 → 헬레니즘 문화 발생

동방 원정
학자, 예술가, 상인 이주정책
그리스 문화 전파
알렉산드리아 건설
피정복민 관리 등용
그리스 남성과 페르시아 여성의 결혼 장려

산드로스의 실험인 헬레니즘은 알렉산드로스 이후 이집트 프톨레마이오스 왕조의 로마 복속 때까지 지중해 동쪽 지역에서 활발하게 꽃피웠다. 이 실험은 외형적으로는 제국 안의 평등을 지향하는 성격을 취하고 있지만, 내용적으로는 철저히 그리스 중심주의였다.

헬레니즘의 코스모폴리탄

알렉산드로스의 동방 원정 이후 페르시아를 비롯한 중동에 가장 효율적으로 전파된 것은 그리스의 언어문자와 그리스의 과학 및 학문 그리고 그리스식 도시다. 페르시아 등에 전파된 언어는 바로 아티카의 그리스어 방언이 국제어 형태를 갖춘 '코이네'였다. 코이네는 당시 국제무역을 비롯해 학문과 과학의 전달에도 활발하게 사용됐다. 이 언어는 무엇보다 해당사회와 해당세계의 언어 요구를 충족시키면서 탄력적으로 변화하는 장점을 지니고 있었다.

그리스의 과학과 학문은 특히 이집트 점령 뒤 나일강 하구에 알렉산드로스의 이름을 따 건설한 알렉산드리아를 중심도시로 헬레니즘 세계에 광범하게 전파됐다. 인류사에서 보더라도 주목할 만한 과학적 발견이 헬레니즘 시대에 많이 이룩됐다. 알렉산드리아 박물관(무제이온)의 사서였던 에라토스테네스(기원전 276년~194년)는 관찰과 측정으로 지구 주위의 길이를 거의 정확하게 계산해냈다. 사모스 출신의 천문학자 아리스타르쿠스는 우주를 운행하는 별들의 중심이 지구가 아니라 태양이라고 주장했다. 코페르니쿠스의 지동설이 있기 1,800여 년 전의 일이다. 과학자 아르키메데스는 비중에 관한 액체의 원리를 비롯해 물리와 수학의 여러 원리를 발견해내고, 나아가 여러 가지 과학이론을 토목기술이나 군사기술에까지 응용했다. 수학자 유클리데스(유클리드)는 이미 기원전 3세기에 평면기하학을 크게 발전시켜나가고 있었다. 해부학을 중심으로 의학도 크게 발달했으며, 마사라야(지금의 마르세이유)의 피테아스는 대서양을 항해해 나간 뒤 멀리 북해까지 도달했다고 전해진다. 이러한 헬레니즘의 자연학은 나중에 이슬람의 자연과학 발달을 촉진시켜 궁극적으로 르네상스까지 계승됐다. 또한 그리스 미술은 동방에 전달돼 간다라 등 인도를 거쳐 중국, 한국, 일본 등의 불상과 벽화에 깊은 영향을 끼쳤다.

 그리스식 도시도 대대적으로 동방에 건설돼 그리스 문명 전파의 중심지가 됐다. 알렉산드로스 시대에 건설된 알렉산드리아만 해도 모두 70여 개에 이른다. 그 이전 필리포스 2세 때 건설된 도시와 그의 사후 후계자들이 세운 것까지 합치면 329개에 달한다는 한 고고학적 추산까지도 나와 있다. 도시는 기본적으로 그리스 폴리스를 그대로 이식해 그리스의 도시와 외형상으로는 거의 동일했다. 그러면서도 내용상으로는 절대로 주권국가를 내세우지 않는다는 가장 중요한 차이점을 지니고 있었다. 알렉산드로스 대왕의 통치도시이기에 개별도시의 주권은 인정될 수 없었다. 알렉산드로스 이후 셀레우코스조의 여러 왕들이 가장 열렬히 도시를 세웠다. 도시는 모두 그리스식으로 건설됐다. 중앙에 아고라라 부르는 광장을 비롯해 극장, 그리고 최소한 하나의 무술훈련장을 두는 식이다. 극장과 아고라는 다목적 대중집회장으로 사용됐다. 무술훈련장은 무력을 연마한다는 원래 목적 이외에 유대인의 시나고그 같이 종교적·정신적 공동체의 역할도 수행했다.

헬레니즘 시대의 문명은 기본적으로 그리스 폴리스의 자기중심주의와 이상주의는 사라지고, 세계시민주의적 특징을 띠기 시작한 것으로 평가받는다. 철학 사상에서도 폴리스적인 그리스인의 민족의식이 희박해지고, 개인주의적 경향과 민족국가의 틀을 의식하지 않는 코스모폴리탄의 풍조를 띤다.

천재 의존형 모델의 한계

그러나 알렉산드로스 대왕의 갑작스러운 죽음 이후 벌어진 많은 부정적인 결과 때문에 헬레니즘은 급속도로 활력을 잃어갔다. 정치적으로 알렉산드로스 사후 제국은 곧 필리포스 2세와 알렉산드로스 부자가 등장하기 이전의 국제적인 무정부 상태로 후퇴해 갔다. 제국은 알렉산드로스의 부하였던 여러 장군들의 왕권 탈취를 위한 장기간의 후계전쟁에 휘말렸다. 그들은 40년간 싸움을 계속하며 동방 지역을 피폐하게 만들었다. 저마다 마케도니아의 병사와 그리스의 용병을 끌어대기 위해 페르시아 제국의 신민들이 지난 200여 년 동안 모아 놓은 금은보화를 급속도로 탕진해 버렸다. 스파르타를 비롯해 그리스의 일부 도시국가들도 새로이 도시연합을 만들어

마케도니아에 대항하고 나섰다. 그렇게 그리스의 통일부터 깨져나갔다. 결국 마케도니아는 다뉴브강에서 급습해온 켈트족에게 수도가 일시 점령되고 약탈당하는 치욕까지 겪어야 했다.

알렉산드로스가 내세운 정복민과 피정복민의 형식적 평등주의도 사실상 심각하게 와해되기 시작했다. 특히 나중에 알렉산드로스의 부하장군 프톨레마이오스가 왕조를 연 이집트에서는 민족평등 자체가 아예 처음부터 무시됐다. 톨레미 왕조와 그리스 관리인들은 마치 상전민족인 듯 군림했고, 마케도니아 출신 왕은 최하위 하급 행정직을 제외한 모든 관직을 그리스인이 장악하도록 했다. 그리고 이집트에 사는 모든 거주 그리스인들도 저마다 앞다퉈 왕조와 결탁해 이집트 사람들을 수탈했다.

알렉산드로스는 역사상 최초의 세계 제국을 열고 코스모폴리탄의 이념을 도입한 천재였다. 그러나 그의 제국은 천재 하나에만 의존하는 치명적인 약점 때문에 그의 죽음과 함께 모든 것을 날려버리고 말았다. '천재 의존형 모델'의 한계였던 셈이다.

로마 제국의 탄생

로마 제국의 운명을 결정지은 기원전 1세기의 내전들

포에니 전쟁에서 승리한 기원전 146년부터 옥타비아누스의 집권을 결정지은 악티움 해전(기원전 31년)에 이르는 100여 년은 로마 역사상 최대 혼란기이자 로마 제국의 운명이 결정된 중요한 시기다. 숨가쁜 내전의 소용돌이 속에서 결국 로마의 성격은 공화국에서 제국으로 바뀌었다.

로마의 갈등

기원전 1세기의 정치가이자 역사가인 살루스티우스는 이렇게 말했다.

"기원전 3세기에서 2세기를 거치며 코린트와 카르타고 같은 주변 강대국들을 모두 제압했기에 로마는 오히려 쇠락의 길로 접어들었다."

외부의 적에 공동으로 맞서다가 그 단일한 목표가 사라지면 사람들은 국가 내부의 문제로 관심을 돌린다. 한니발이 이끄는 카르타고 군대에게 연패를 거듭하던 로마는 스키피오 아프리카누스라는 걸출한 상수의 등장으로 역전의 발판을 마련했다. 지중해를 지배하던 카르타고를 무너뜨린 로마는 기세를 몰아 이탈리아 반도를 넘어 에스파냐, 그리스, 소아시아, 아프리카 북부에 이르는 방대한 영토를 획득했다.

로마 지배층인 귀족들의 부는 엄청나게 증가했으나 대규모 원정에 동원된 병사들은 그렇지 않았다. 전투에서 승리할수록 이들의 삶은 더욱 피폐해졌다. 농사지을 사람이 없는 국내의 농경지는 황폐해지거나 귀족의 소유로 넘어갔다. 살루스티우스가 비판했던 귀족들의 비도덕적인 '대토지 소유(Latifundia)' 현상이 두드러졌다. 한니발을 제압한 스키피오의 손자들인 티베리우스 그라쿠스와 가이우스 그라쿠스 형제가 이 문제를 해결하고자 했다.

"들짐승도 머리를 둘 굴이 있는데 나라를 위해 목숨 바쳐 싸우는 로마의 평민에게는 공기와 햇빛밖에 없다. 세계의 지배자라 불리면서도 그들에겐 한 조각 땅도 없다."(티베리우스)

호민관이 된 티베리우스는 일정 한도를 넘어 소유하고 있는 토지를 몰수하여 농민에게 재분배하는 개혁 법안을 추진하는데 귀족들의 완강한 저항에 가로막혔다. 결국 티베리우스는 개혁 반대파에 의해 암살됐다. 동생 가이우스가 형의 뜻을 이어받아 개혁을 추진하고자 하지만 이 역시 기원전 121년에 일어난 귀족 폭동에 의해 좌절되고 가이우스는 자결로 생을 마감했다. 보수적인 귀족 세력과 개혁 세력(평민을 옹호하는 귀족 포함)의 날카로운 대립은 더욱 심화되었다.

로마가 내부 갈등과 혼란에 빠져 있을 때 외부에서는 반로마 세력이 결집하고 있었다. 로마에 비해 차별을 받던 8개 도시국가들이 독자 국가를 수립한다는 목표 아래 연합해 기원전 91년에 이른바 '동맹시 전쟁'을 일으켰다. 이들은 자신들의 연합을 '이탈리아'라고 불렀다. 어제까지 같은 적에 대항해 싸우던 동지들이 오늘 갑자기 서로 창과 칼을 겨누게 된 것이다. 전반에는 동맹시들이 우세를 보였지만 전쟁은 3년 만에 로마의 승리로 끝났다. 이를 계기로 로마는 단순한 도시국가를 넘어선 새로운 국가 형태를 모색하기 시작했다. 로마 내부에서는 평민을 대변하는 가이우스 마리우스와, 권력 투쟁에서 승리한 귀족들의 대변자 루카우스 술라가 기원전 88년 집정관에 오르면서 갈등 양상은 일단락되는 듯했다. 그런데 또 다른 계급 갈등이 도사리고 있었다. 로마 안에 사는 인구의 4분의 1을 차지하던 노예들이 자유를 쟁취하기 위해 들고 일어선 것이다.

스파르타쿠스의 투쟁

기원전 73년 노예 출신 검투사 스파르타쿠스가 노예들의 영웅으로 떠올랐다. 이탈리아 중부의 카푸아 검투사 양성소를 탈출한 검투사 80여 명은 베수비오 산에 은신처를 마련하고 세력을 모으기 시작했다. 걸출한 리더십을 발휘한 스파르타쿠스는 자연스럽게 지도자가 되었고 각지에서 모인 오합지졸들을 강력한 군대로 바꾸어 놓았다. 소수 귀족의 압제를 받던 다수 노예들은 공화정에 잠재된 시한폭탄이었고 스파르타쿠스는 그 다수의 불만과 분노를 잘 알고 있었다. 반란 세력의 위력을 제대로 감지하지 못한 로마 지도부는 초기 진압 작전에서 연이어 실패했다. 전리품을 획득한 반란군 세력은 점점 막강해졌고 규모는 7만 명으로 불어났다.

기원전 71년 치열한 접전을 벌인 뒤에야 반란군은 진압되었다. 자신이 타던 말을 참수하면서 전열을 북돋운 스파르타쿠스는 맨몸으로 신압군에 맞서다가 전사했다. 당시 진압군을 이끌던 크라수스의 개선 행사는 아주 작은 규모로 진행되었다. 대대적인 개선 행사를 마련하는 건 노예들의 위력을 반증하는 것이나 다름없기 때문이

로마 공화정 말기 검투사였던 스파르타쿠스는 기원전 73년, 80여 명의 검투사 노예들과 함께 반란을 일으켰으며 7만 명으로 불어난 반란 세력은 로마 제국을 위협했다.

다. 대신 포로 6,000명에 대한 처형은 잔인하게 집행됐다. 시체를 십자가에 매달아 일정 간격을 두어 거리에 전시함으로써 반란의 대가가 어떤 것인지 공화국의 노예들로 하여금 깨닫도록 했다. 노예들의 분노를 대변한 스파르타쿠스의 투쟁은 후대 로마 역사가들에 의해 평가절하 되었으나, 민중의 입과 입으로 전해지면서 핍박당하며 살아가야 했던 이들에게 자유를 향한 의지를 끊임없이 불어넣는 신화가 되었다. 19세기 이탈리아의 통일을 위해 헌신한 가리발디는 스파르타쿠스의 투쟁을 다룬 책의 서문을 썼고, 계몽사상가 볼테르는 스파르타쿠스 반란이 '역사상 유일하게 정의로운 전쟁'이었다고 평가했다. 19세기 후반 독일 공산당은 '스파르타쿠스주의자'라는 이름을 썼고, 레닌은 이것에 대해 "독일 공산당은 가장 위대한 노예봉기 가운데 하나인 2,000여 년 전의 그 봉기에서 스파르타쿠스가 무척 걸출한 영웅 가운데 하나였기에 그 이름을 채용한 것"이라고 평가했다.

로마를 향해 진격한 카이사르

기원전 82년 술라는 로마의 종신 독재관이 되었다. 술라는 평민의 대변자인 호민관의 권한을 제한하고 귀족의 대변 창구인 원로원의 권위를 회복했다. 술라가 죽은 뒤 묘비에 이런 문구가 새겨졌다.

"같은 편에게는 술라만큼 좋은 사람이 없고, 적에게는 술라만큼 나쁜 사람이 없다."

각종 반란을 진압하면서 이름을 널리 알린 폼페이우스와 크라수스는 기원전 70년에 집정관이 되었고 술라가 약화시킨 호민관의 권한을 다시 부활했다. 이 무렵 로마의 미래를 결정짓는 데 가장 큰 역할을 할 강력한 인물 율리우스 카이사르가 등장한다.

기원전 59년 집정관에 선출된 율리우스 카이사르는 갈리아 원정을 떠났다. 카이사르는 10년도 안 걸리는 짧은 시간에 800개 도시와 300개 부족을 평정하면서 갈리아(켈트족이 거주하던 프랑스 등 서유럽 일대) 전 지역을 정복했다. '전쟁의 귀재'로 칭송받는 카이사르가 군인들과 평민들의 지지 속에서 크게 세력을 확장하자 위협을 느낀 원로원은 견제하기 위해 폼페이우스와 제휴했다. 폼페이우스는 카이사르가 예전에 되뇌던 말을 떠올렸다.

"로마에서 2인자가 되느니 차라리 작은 마을에서 1인자가 되겠다."

기원전 52년 원로원은 폼페이우스를 집정관으로 추대한 데 이어 기원전 49년 초 '비상결의'까지 발동해 폼페이우스에게 무제한의 권한을 부여하는 법안을 가결했다. 카이사르는 갈림길에 섰다. 이대로 앉아서 권력 투쟁에서 밀려나고 말 것인가? 아니면 결단을 내릴 것인가? 기원전 49년 1월 11일 새벽 자신의 군대를 이끌고 본국이 먼 발치로 보이는 루비콘강 어귀에 도달한 카이사르는 오랜 고

카이사르가 자신의 군대를 이끌고 루비콘강을 건너는 것은 로마에 대한 반역을 의미했다. 프란체스코 그라나치의 〈루비콘강을 건너는 카이사르〉.

민 끝에 나즈막이 읊조렸다.

"주사위는 던져졌다."

'루비콘'이라는 고유명사는 이후 '중대한 고비'를 가리키는 관용어가 됐다. 결정은 신중히 내렸으나 조치는 신속했다. 단숨에 강을 건넌 '로마군이 로마를 향해' 진격했다. 로마 역사상 가장 중대한 내전이 시작된 것이다.

내전 초기 예상과 달리 폼페이우스가 수세적인 태도로 일관했기 때문에 대규모 군사 충돌은 일어나지 않았다. 수중에 동원할 수 있는 군사력이 카이사르의 정예군을 압도하지 못한다고 판단한 폼페이우스는 원로원 보수파 세력과 함께 마케도니아로 이동해 세력을 키운 다음 다시 돌아와 카이사르를 제압하고자 했다. 카이사르는 폼페이우스를 치기 위해 아드리아해를 건너는 대신 폼페이우스를 지지하는 잔여 세력을 정벌하는 전략을 취했다. 당시 상황을 그는 이렇게 설명했다.

"군대 없는 장군을 무너뜨리려고 장군 없는 군대를 상대로 싸운다."

폼페이우스는 계속 지구전으로 맞섰다. 원로원 보수파 세력은 폼페이우스에게 전면전을 벌여 내전을 조기에 진압해 줄 것을 요구했다. 드디어 그리스 파르살루스 평원에서 한판 대결이 펼쳐졌다. 전투에서 패배한 뒤 겨우 목숨을 부지한 폼페이우스는 이집트로 달아났으나 카이사르의 환심을 얻으려는 이집트의 왕 프톨레마이우스 12세가 보낸 자객에 의해 암살됐다. 카이사르는 로마의 속주 폰투스가 침략당했다는 소식을 듣게 되는데 소규모 정예군을 투입해 신속하게 승리를 거둔다. 이때 카이사르가 한 유명한 말이 바로 "왔노라, 보았노라, 이겼노라(veni, vidi, vici)"다.

공화정의 몰락과 제국의 탄생

카이사르의 승리는 공화정의 몰락을 의미했다. 기원전 44년 종신 독재관 자리에 오른 카이사르는 법보다 높은 지위에 올라 자신만의 개혁, 자신만의 독재에 박차를 가하기 시작했다. 공화정이 저물어가고 있었다. 이미 이탈리아 반도를 넘어 서유럽 일대와 근동 지방까지 점령해 거대 국가로 커진 로마를 과연 지금까지처럼 공화정으로 유지할 것인가? 아니면 보다 강력한 통치자를 세워 끊이지 않는 내전과 국력소모를 막을 것인가? 로마인들은 이것을 결단해야 하는 국면으로 들어서고 있었다.

카이사르의 부상은 곧 제정을 통해 문제를 풀어가려는 세력의 전면화와 다름없었다. 이런 상황에서 카이사르가 왕이 된다는 소문과, 그가 이집트에서 만난 여왕 클레오파트라를 왕비로 맞아들여 로마에 새로운 왕국을 건설한다는 확인되지 않은 소문이 로마 전역에 퍼졌다. 그 무렵 상당수 로마인들은 왕이란 호칭에 아직 극도로

로마 제국의 성립

기원전 272년	이탈리아 반도 통일
기원전 264년~146년	포에니 전쟁 승리로 지중해 해상권 취득
기원전 2세기	로마의 동방 정벌
기원전 133년	티베리우스 그라쿠스, 호민관 선출. 농지법 제안
기원전 123년	가이우스 그라쿠스, 호민관 선출. 곡물법 제정
기원전 78년	스파르타쿠스 노예 반란
기원전 70년	폼페이우스와 크라수스, 집정관 선출
기원전 60년	제1차 삼두 정치(폼페이우스, 카이사르, 크라수스)
기원전 43년	제2차 삼두 정치(안토니우스, 옥타비아누스, 레피두스)
기원전 49년	카이사르, 로마 장악
기원전 44년	카이사르 암살
기원전 31년	악티움 해전 승리로 옥타비아누스의 정권 장악
기원전 27년	옥타비아누스, 아우구스투스(존엄한 자)라는 칭호를 받으면서 로마 황제로 등극. 로마 제국 성립

거부감을 가지고 있었다. 오랫동안 원로원과 민회의 균형과 견제를 바탕으로 공화정을 향유해 왔기 때문이다. 또한 이집트인인 클레오파트라가 로마 명문 가문 출신의 정실부인을 내몰고 최고권력자의 반려자로서 로마의 안방을 차지한다는 소문에도 매우 민감했다. 브루투스와 카시우스가 주도한 공화정 회복 세력은 이런 소문들에 자극받은 로마인들의 혐오를 등에 업고 카이사르 암살 계획을 공모했다. 카이사르 제거 작전은 카이사르가 저지른 일에 대한 분노보다는 카이사르가 저지를 일에 대한 두려움-곧 로마가 공화정을 완전히 버리고 새로운 왕정에 들어갈 것이라는-때문에 착수된 것이다. 작전은 성공을 거두었다. 카이사르는 암살자들의 칼을 맞고 폼페이우스의 동상 바로 앞에 피투성이로 쓰러졌다.

카이사르는 죽기 전에 이미 조카 옥타비아누스를 자신의 후계자로 점찍어 두었다. 카이사르가 죽었다는 소식을 들은 옥타비아누스는 로마로 돌아와 암살 주도 세력인 공화파와 맞서기 위해 안토니우스, 레피두스 등과 힘을 합쳤다. 암살을 주도한 브루투스와 카시우스 세력을 진압했지만 이제는 카이사르의 후계자 자리를 놓고 한때 동맹을 맺었던 옥타비아누스와 안토니우스가 마지막 결전을 치러야 했다. 안토니우스는 클레오파트라와 동맹을 맺고 이집트와 그리스 근동 등 동부 지중해 세력을 모았다. 옥타비아누스는 로마를 중심으로 카이사르가 오랫동안 세력을 키워온 갈리아와 에스파냐 등 서방 세력을 결집시켰다. 동서 대결 양상을 보인 기원전 31년의 악티움 해전에서 서방이 승리를 거두었고 안토니우스와 클레오파트라는 자결했다. 옥타비아누스는 외형적으로는 자신을 첫째 시민이란 뜻을 지닌 '프린켑스(princeps)'라고 불렀지만 이미 제정은 시작됐다.

　내부 갈등을 해결하기 위해 100년이 넘는 시간을 투자한 로마는 이제 '팍스 로마나(Pax Romana)'라는 향후 200년 번영시기에 들어갔다. 이 시기 동안 지중해 유역에선 단 한 차례의 해전도 벌어지지 않았다.

로마의 발전

개인은 뒤졌지만 시스템으로 세계 제국을 열다

고대 그리스가 영웅과 천재에 의해 찬란한 시대를 열었다면 로마는 잘 짜인 조직, 즉 시스템으로 오랜 세월 동안 유럽의 패권을 차지했다. 로마의 시스템이 강했을 때 로마는 융성했으며 로마의 시스템이 삐걱거리자 제국의 운도 쇠하고 말았다.

로마인의 속성

로마 제국의 황금기를 연 아우구스투스 황제(옥타비아누스)는 전역하는 병사들에게 퇴직금을 주기 위해 개인 재산을 처분하기도 했다. 2세기 말 셉티미우스 세베루스 황제는 죽기 전 이런 말을 남겼다.

"군인들을 부유하게 하라. 그밖의 일들은 무시해도 된다."

로마의 힘이 바로 로마 군대에서 나왔음을 입증하는 사례다. 로마 군대는 우수한 무기가 아니라 엄격한 기강과 충분한 훈련 덕에 강력한 힘을 발휘할 수 있었다. 조직의 개방적 성격은 로마군을 더욱 강하게 만들었다. 로마군이 많이 쓴 전술인 중장보병들의 밀집대형법은 적국인 에트루리아에서 수입한 것인데, 자신들의 실정에 맞게 고침으로써 에트루리아 군대보다 훨씬 더 능수능란하게 실전에 사용했다.

◆ 로마 제국의 전함. 로마의 힘은 군대에서 나왔다. 로마 군대는 우수한 무기가 아니라 엄격한 기강과 충분한 훈련 덕에 강력한 힘을 발휘할 수 있었다.

많은 인구, 많은 병사를 유지하려면 자국민의 증가뿐 아니라 이민족의 유입에 대해 개방적인 태도를 취하는 것이 필요하다. 로마 제국은 자신들에게 호의적인 야만인들이 관습적으로 신봉하던 신들을 배척하지 않았다. 행정, 사법, 군사 등 공식 언어로 라틴어를 채택했지만 사람들이 그리스어를 쓴다 해서 처벌하지 않았다. 로마 제국은 자신들과 맞설 의지가 없는 다른 종족에게 관용을 베풀어, 그들의 의지에 따라 로마 시민이 되는 길을 열어주었다. 현재 '로마인'이라는 점을 중시할 뿐 과거 어디 출신인지 따지지 않았다. 그러다 보니 인재 채용에 있어서도 개인의 특출한 개성이나 역량보다 로마 제국이라는 거대한 시스템 안에서 다른 구성원과 쉽게 조화를 이룰 수 있는 적응력이 더욱 높게 평가되었다.

로마의 집정관을 지낸 마르쿠스 카토는 로마인의 속성을 이렇게 파악했다.

"로마인은 각기 개성이 무척 다르다. 그러나 무리로 있을 때는 지도자 명령에 무조건 복종하며 한 몸처럼 움직인다."

로마 제국이 그러하듯 로마 군대도 당연히 여러 인종의 집합체였다. 그러나 로마 군대는 오합지졸과 거리가 멀었다. 체계적인 병사 육성 시스템과 훈련 프로그램 덕분에 농사를 짓다 징집된 사람도 몇 달에 걸친 훈련을 끝내면 능수능란한 전투병으로 바뀌었다. 군대는 트럼펫 소리의 고저음, 장단음에 따라 항상 일사분란하게 움직였다. 주둔지를 옮길 때에도 보폭과 속도를 맞추어 이동했으므로 병사들로서는 무척 힘들었겠으나 이를 지켜보는 적들에게는 위압감을 주기에 충분했다.

시스템의 힘, 시스템의 신성함

로마군은 각양각색인 출신 성분을 따지지 않고 그들에게 특기와 재능을 펼칠 기회를 주는 한편 승진 시스템을 공정하게 운영하여 병사들간의 자유 경쟁을 자연스럽게 이끌어냈다. 유대인 출신으로 처음에는 로마에 맞서 싸우다가 나중에 로마인이 된 역사가 플라비우스 요세푸스는 로마군의 엄격한 훈련방식을 보았을 때 이렇게 감탄했다.

"로마군에게 훈련은 피를 흘리지 않는 전투요, 전투는 피 흘리는 훈련이다."

카르타고의 한니발은 로마를 선뜻 공격하지 못한 이유가 로마군의 철저한 병력 재생산 시스템 때문이라고 말했다. 로마 중앙정부가 5년마다 호구조사(census)를 철저히 했으므로 군 복무를 피하는 건 원천적으로 차단됐다. 병역을 피해 도주하다 잡힌 자에게는 재산 몰수와 영구 구금이라는 중벌을 내렸다. 엄지손가락이 없는 사람은 칼을 쥐기 힘들다는 이유로 병역이 면제되었는데, 이를 악용해 스스로 엄지를 절단해 병역을 회피하는 자들이 생기자 곧 병역법이 바뀌었다. 공평무사함을 추구하는 것이 로마 정신이기 때문이다.

 로마군이 강했던 것은 특출난 장수의 역량이 아니라 군대의 힘 덕분이기는 하지만, 사실 장수들도 강했다. 그리스의 고대 영웅 아킬레우스처럼 강한 장수는 없었으나 잘 교육받은 데다가 공동체와 조직을 위해 기꺼이 목숨을 바치는 젊고 의욕적인 장수들이 넘쳤다. 군 사령관이 되려면 우선 관료가 돼야 한다. 전장에 부임한 젊고 참신한 관리들은 실전 경험이 부족한 탓에 때로 아마추어 같다는 비난을 들었지만 그런 것쯤은 문제가 되지 않았다. 젊은 지휘관들은 몸을 사리지 않고 일반 병사들처럼 적진을 향해 돌진했고 장렬히 전사했다. 그 공백은 새로운 관리들로 채워졌다. 장수에게 역량이 집중되면 카리스마 넘치는 지휘 능력을 발휘하기 쉽지만, 장수가 죽었을 때 자칫 군대가 붕괴될 수 있다. 그러나 로마군처럼 전문화된 시스템에서는 누가 지휘를 맡든 군사력을 일정 수준 이상으로 유지할 수 있었다. 늘 한결같은 전투력이 유지된다는 것은 적대국 입장에서는 무척 껄끄럽고 두려운 일이다. 오죽하면 역사가 인정하는 명장 한니발까지 이것을 걱정하고 두려워했겠는가? 로마를 지킨 힘도 거기에서 나왔다. 이것이 시스템의 힘이다.

 '황제 앞에 법이 있다'는 로마의 정신은 시스템의 위력과 신성함을 보여준다. 기원전 451년에 제정된 『12표법』은 방대하고 치밀한 『로마법대전』의 효시인데 당시 어린이들은 의무적으로 이 법조문을 달달 외워야 했다. 공화제를 실시하며 권력 분산과 조직에 따른 통치를 경험한 로마인들은 늘 '공동체'가 우선이라는 생각을 뼛속 깊이 담아두고 있었다. 율리우스 카이사르에서 옥타비아누스로 이어지는 시기에 로마의 성격은 공화정에서 제정으로 이행했으나, 로마 제국의 저변에 흐르는 정신은 본질적으로는 여전히 공화주의였다. 로마 공화정 말기의 정치가이자 사상가인 키케로는, 공화국이란 인민 공동의 이익이 구현되어야 하는 정치공동체이며 로마 역시 그러해야 한다고 규정했다. 그라쿠스 형제가 자신들의 모든 것을 걸고 인민들을 위해 토지개혁 정책을 추진했던 것도 공화주의 정신의 발로였다. 어떤 호사가는 이렇게 말했다.

"로마인은 배수 시설(drain)에서 뛰어났지만 머리(brain)가 뛰어나진 않았다."

이 말은 과장되었어도 틀리진 않다. 로마인은 심장이 온몸에 퍼진 모세혈관에 피를 공급하듯 거대하고 정교한 수로 시스템을 건설하여 물을 관리했다. 물만 관리한 것이 아니라 정치, 경제, 사회, 문화 전 영역을 조직적으로 관리했다. 로마는 정복지들에도 동일한 시스템을 적용하여 작은 로마들을 계속 만들어냈다. 예를 들어 계획도시인 로마의 건축 스타일은 다른 도시에도 똑같이 적용되었다. 도로, 시민의 토론 공간이자 상업구역인 포룸, 행정 건물, 신전, 개선문, 원형극장, 공중목욕탕 등이 로마와 거의 흡사하게 지어졌다. 로마에 살지 않아도 로마인이라는 공동체의식이 생겼다.

조직이 강할 때 로마는 강했다. 조직이 약해지자 로마도 약해졌다. 로마 군대에서 그런 조짐이 나타났다. 238년 오늘날의 그리스 북부 및 불가리아 지역에 해당하는 트라키아에 나타난 로마 군대의 모습은 제국이 쇠락하는 징조처럼 보였다.

"군인들은 행군로를 벗어나 우리 마을에 와서 아무런 대가를 지불하지 않고 숙식을 요구했다."

훈련은 나태해지고 군기는 빠졌으며, 병사들은 마을을 약탈하거나 낮에 술에 취하거나 여자를 겁탈했다. 인력풀이 제대로 돌아가지 않자 세금 수입도 줄어들었고, 이른바 '고난의 시기'인 군인 황제 시대 말기에는 무리한 세금 징수 때문에 생활을 아예 포기하는 농민들이 속출했다.

서로마가 붕괴한 까닭은 방만하고 비효율적인 시스템 운영 탓이며, 동로마(비잔틴 제국)가 1,000년을 존속한 것은 시스템을 잘 유지했기 때문이다. 키케로는 말했다.

"우리 모두 자유로워지기 위해 법률에 종속되는 것이다."

로마 시민들은 시스템에 종속되기를 기꺼이 선택함으로써 더 강하고 자유로웠다.

히스토리 채널

로마의 영혼을 개종시킨 노예들의 종교

기독교는 여러 이교도들의 신이 두루 존재하는 로마 세계에 출현해 불과 몇 세기도 지나지 않아 제국의 종교로 공인되기에 이른다. 예수와 그의 제자들은 가장 약하고 가장 고통받던 사람들을 보살폈다. 거기에 그치지 않고 모든 계급을 통합하는 보편정신을 만들어냈다.

가난한 자들의 종교

로마의 지배를 받게 된 유대인들은 기원전 66년 유대 지역에서 독립전쟁을 일으켰다. 유대인들은 반란을 진압하기 위해 파견된 로마군 2만 명을 격퇴했으나 네로 황제가 임명한 베스파시아누스 장군의 6만 병력에 대적하지는 못했다. 유대 독립전쟁에 종지부를 찍은 것은 황제가 된 베스파시아누스의 아들 티투스였다. 70년 젊은 장군 티투스는 예루살렘을 함락하고 성전을 불태웠다. 성전은 한쪽 벽만 남았는데 나중에 '통곡의 벽'이라는 이름이 붙었다.

예루살렘 성전을 불태운 사건은 기독교의 역사에서 매우 중요하다. 먼저 로마가 결사적으로 항거한 유대인의 유대교와 함께, 같은 신을 믿는 기독교라는 신흥 종교 역시 위협적인 대상으로 처음 인정했다는 점이다. 둘째, 과거 성전 중심으로 이루어지던 대형 종교 활동이 예수 이후 무수한 작은 점들인 군소 예배당 중심으로 확산됐다는 점이다. 셋째, 팔레스타인 지역을 벗어나 지중해의 각 도시로까지 포교 영역을 넓혀가는 계기가 됐다는 점이다.

기독교는 로마 제국의 위세가 꺾이기 시작한 때에 발전하기 시작했다. 당시 로마는 출산율이 떨어지고, 무역은 퇴조하며, 고트족이 위협하고, 군인 황제들의 무리한 세금 징수가 되풀이되는 상황이었다. 인구 대다수를 차지하는 하층민들은 절망적 현실 앞에 죽지 못해 살

초대 교회 시기에 활약한 사도 베드로 (오른쪽)와 바울.

아갔다. 이때에 혹독한 현실이 충분히 견뎌낼 가치가 있는 필연적 과정이며 유일신 하느님만 믿으면 구원받아 천국에 갈 수 있다고 말하는 기독교가 로마에 출현했다.

'누가복음서'에 따르면 예수는 요르단강에서 세례자 요한에게 세례를 받았다. 요한은 1세기의 유대교 파벌의 대립에 반대하며 홀로 세례를 통한 용서를 가르치고 하느님의 계시를 전파했다. 젊은 예수는 하느님이 통치하는 완전한 세상을 향한 희망을 전파했다. 예수는 일상과 친숙한 자연현상을 활용해 종교의 근본 교리를 비유적으로 알기 쉽게 설명했다. '어떤 유대인이 예리코로 향하던 중 강도를 만나 구타를 당해 길 한쪽에 쓰러져 있었다. 다른 사람들이 모두 외면할 때 어떤 사마리아인이 그를 치료해주었

다. 유대인들은 예부터 사마리아인들을 적대시했는데 이 착한 사마리아인은 쓰러져 있는 유대인을 보살피고 여관에서 편히 쉴 수 있도록 도와주기까지 했다.' 이 비유적인 일화를 통해 예수는 유대인들이 갖고 있는 편협한 고정관념을 깨뜨리고자 했으며 사람들로 하여금 진정한 이웃이란 어떤 것인지 깨닫도록 했다. 예수가 행한 일 역시 기적이나 초자연적인 현상으로 바라보지 말고 약자들의 현실적 삶을 상징적으로 표현했다고 해석한다면 우리는 예수의 사상을 조금 더 잘 이해할 수 있을지도 모른다.

초기의 기독교는 가난하고 억압받는 하층의 사람들에게 호소했다. 예수의 산상설교 내용이 이를 잘 보여준다.

"가난한 자들은 행복하다. 하느님 나라는 너희 것이다. 배불리 먹는 자들아, 너희가 굶주릴 날이 오리라."

"고통은 고귀하다. 더 나은 세상이 온다."

이 설교는 예수 이후 베드로, 바울 등 제자들의 선교와 순교에 의해 유대 사마리아, 소아시아, 그리스, 로마 등 로마 제국 전역으로 급속도로 퍼져 나갔다. 특히 기독교 설교는 이런 사람들에게 마음의 위안을 주었다. '누가복음서'에는 예수가 고향 나사렛에서 행한 설교 내용이 담겨 있다.

"억눌린 자들에게 복음을 전하라. 찢긴 마음을 감싸 주고 포로들을 해방시켜라. 감옥에 갇힌 자들에게 자유를 전하라."

기독교는 목수(예수 자신의 출신 계층), 어부(사도 베드로와 사도 안드레), 천막 제조 기술자(사도 바울) 등 신분 사회의 하층에 있는 가난한 자들의 종교로 출발했다. 계급이나 인종을 차별하지 않고 모든 약자들에게 구호의 손길을 건넸으며 보육원도 열었다. 무엇보다 종교의식에서 철저히 소외되었던 여성을 포섭했다는 점이 다른 종교와 달랐다. 부유한 여성의 집은 예배당으로 종종 활용되곤 했다. 예수가 가르침을 시작하면서 많은 제자들이 몰려들었다. 우리는 그중 12제자만 기억하는데 이들 말고도 여성을 포함해 여러 제자들이 예수와 늘 함께 했다.

「신약」의 탄생과 기독교의 국교화

기독교도를 색출해 처벌하는 일을 담당했던 사울(유대어로 '크다'는 의미)은 어느 날 영적인 체험을 한 뒤 기독교로 개종해 이름을 바울('작다'는 의미)로 바꾸고 예수 사상의 열렬한 전도자가 된다. 한순간 정반대 삶을 살기 시작한 바울 덕에 기독교 역사가 많이 바뀌었다. 열렬한 전파자 없이는 아무리 고상한 사상도 위대한 정신으로 거듭날 수 없기 때문이다. 바울은 포교 활동을 하며 부자들을 끌어들이려 노력했다. 기독교가 더 이상 가난한 자들만의 종교가 아닌 모든 계층을 아우르는 보편 종교가 되기를 갈망했기 때문이다. 예배는 평등하게 진행됐다. 가난한 사람과 부유한 사람이 같은 공간에 모여 같은 '복음'을 들었으며 예배가 끝난 뒤에는 같이 식사를 하고 서로 자유롭게 정보를 교환했다. 2세기까지 공식 경전은 「구약」뿐이었지만, 사도들의 기록을 비롯해 기독교 초기 기록의 정밀한 편집 작업이 이루어지면서 3세기에 「신약」이 탄생했다.

313년 밀라노 칙령으로 로마 제국에서 누구나 기독교를 자유롭게 믿을 수 있게 되었다. 콘스탄티누스 황제가 원래 독실한 신앙심에서 이런 결정을 내린 건 아니다. 제국을 통합하려면 기독교를 인정하는 것이 더 유리했기 때문이다. 392년 동로마 황제 테오도시우스는 기독교를 국교로 선포한다. 서로마가 붕괴한 이후에도, 동로마가 역사에서 사라진 이후에도 기독교는 여전히 생명력을 잃지 않았다. 기독교가 전 유럽에 정착하자 기독교의 순수했던 초기 정신을 회복하자는 움직임이 일어났다. 금욕적 생활을 추구하는 은둔형 공동체인 수도원이 생긴 것도 이 시점인데 게르만족의 사회 혼란이 초래되자 갑자기 그 수가 증가했다. 수도원은 제국이 무너지고 패권이 다른 쪽으로 이동하던 혼란기에 학자들에게 은신처를 제공하여 학문과 지식이 끊어지지 않도록 해주는 보호막이 돼 주었다. 베네딕트 수도회는 6세기에 출현했는데 각 수도원에서 운영하던 도서관이 그리스 로마 시대의 지적 유산을 손상없이 후세에 전달하는 역할을 수행했다. 경전이나 고전을 필사하는 것은 신성한 일로 여겨졌으며, 수도사들의 정성어린 필사 작업 덕에 귀한 자료들이 보존되고 전파될 수 있었다. 성 제롬은 팔레스틴 수도원에서 「구약」과 「신약」을 라틴어로 번역(불가타역 성서 『Vulgate』)했다.

기독교는 연못처럼 한곳에 머물지 않고 유유한 강물처럼 변화를 끝없이 받아들이며 성장했다. 두꺼비는 알을 낳을 때쯤 되면 스스로 독사의 먹잇감이 된다. 두꺼비를 삼킨 독사의 몸에는 두꺼비 독이 퍼지고 독사도 죽는다. 그러면 알에서 깬 새끼 두꺼비들이 독사의 몸을 파먹으며 성장한다. 예수는 유대교 지도부로부터 처형해 달라는 요청을 받은 로마 유대총독에게 재판을 받은 다음 십자가에 달려 죽었다. 연약한 육신을 버리고 로마 제국 안에 기독교 정신이라는 알을 낳았다. 기독교는 한 마디로 예수의 부활을 믿는 종교다. 예수의 죽음과 부활을 보고, 다른 제자의 배신과 참회를 목격한 제자들은 죽음을 두려워하지 않고 모든 영혼을 예수의 정신을 전파하는 데 쏟았다.

예수는 사람들에게 파괴와 생명 중 하나를 택하라 말했다.

"좁은 문으로 들어가거라. 멸망에 이르는 문은 크고 또 그 길이 넓어서 그리로 가는 사람이 많지만 생명에 이르는 문은 좁고 또 길이 험해서 찾는 사람이 적다."(마태복음7:13~14)

그 좁은 문으로 가는 과정이 영혼을 구원받는 길이다. 누가는 좁은 문으로 향하기 위한 작은 실천에 관해 적었다.

"날마다 우리에게 필요한 양식을 주시고 …우리에게 잘못한 이를 용서하오니 우리의 죄를 용서하시고 우리를 유혹에 빠지지 않게 하소서."(누가복음11:3~4)

후세 사람들은 예수의 이 소박한 가르침조차 쉽게 어겼다. 필요한 양식에 만족하지 않았고 자신이 당한 것보다 훨씬 잔혹하게 복수했으며 무한한 부의 축적이라는 유혹에 철저히 굴복했다. 20세기 인간은 파괴와 생명 중에 기꺼이 전자를 택했다. 파국에 가까운 비극을 경험하고 나서야 그것이 지옥이었음을 알았다. 구원으로 통하는 그 문은 더 좁아졌다.

2부
아시아 세계의 확대와
동서 교류

유라시아의 초원을 지배하던 북방의 유목민족과 중국 중원 지역의 농경민족은 역사 이래 지속적으로 대결해 왔다. 한족은 정치군사적으로 북방민족에 밀릴 때는 있어도 문화적으로는 북방민족을 중화 문화에 동화시켜왔다. 중원에 진출한 선비족, 저족, 갈족, 강족, 흉노족 등 북방의 이민족들이 스스로 한족 문화에 동화해 들어옴으로써 중국은 지속적으로 커졌다. 특히 북방민족의 대량 유입은 한족이 무더기로 장강 건너 강남 지역으로 피신해 이곳에 농경지를 대대적으로 개발하는 사태로 이어졌다. 강남은 점차 중국의 새로운 곡창이자 경제 중심지로 변모해갔다.

한족은 당나라와 송나라의 뛰어난 문명으로 한족 세계 제국의 우수성을 세계에 과시했다. 특히 당은 뛰어난 율령격식의 통치체계를 완성해 주변 국가에 중국적 통치방식을 확산시키는 데 기여했다. 북방유목민족의 저력은 몽골족이 유라시아에 걸쳐 대제국을 건설하면서 그 절정에 달했다. 몽골족은 특히 역참제를 기본으로 유라시아 대륙을 유기적으로 묶는 네트워크를 운용해 동서 문명의 교류에 결정적으로 기여했다. 왕조의 교차를 계속 경험하며 동아시아의 문명은 한족 문화와 북방 문화가 보다 다채롭게 융합돼 갈 수 있었다. 이와 함께 몽골의 유라시아 네트워크를 통해 동양의 화약, 나침반, 도자기, 양잠업 등이 서구에 본격적으로 전래됐다. 동양의 우수한 발명을 서구가 응용 발전시키면서 서구는 점차 동서양 경쟁에서 열세를 딛고 우위를 점할 수 있게 됐다.

이 무렵 일본은 초기 중국과 한국을 통해 대륙의 발달한 문명을 받아들이면서도 독자

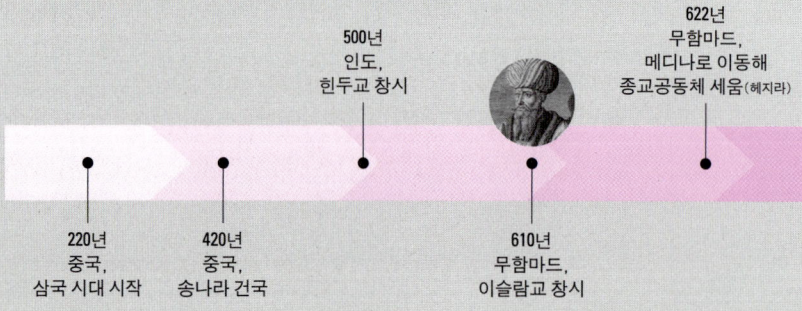

- 220년 중국, 삼국 시대 시작
- 420년 중국, 송나라 건국
- 500년 인도, 힌두교 창시
- 610년 무함마드, 이슬람교 창시
- 622년 무함마드, 메디나로 이동해 종교공동체 세움(헤지라)

적인 문화를 형성해 나갔다. 그 방향은 매우 일본적이면서도 전제적인 성격이 강한 것이 특징이었다. 대륙국가들과는 달리 학자 대신 사무라이가 득세하고, 조정 대신 막부가 통치권을 장악하는 구조로 정착해 갔다.

서아시아에서는 사산조 페르시아와 비잔틴 제국의 대립에 따라 실크로드를 통한 무역로가 불안정해지면서 새로운 교역로로 떠오른 아라비아 반도에서 새로운 세계 종교가 창시됐다. 622년 아라비아의 무함마드가 메디나에 새로운 종교공동체를 세우면서 이슬람교는 곧 아라비아 일대를 이슬람 지역으로 변모시켰다. 정복전쟁과 함께 포교에 나선 이슬람교는 중동 일대와 북아프리카 해안을 따라 멀리 서쪽으로 이베리아 반도까지 진출했다. 동쪽으로도 인도 북부와 인도네시아, 필리핀 지역까지 진출해 광대한 이슬람 벨트를 만들었다.

인도에서는 불교가 카스트의 지나친 계급주의에 대한 반발로 상인과 귀족 계층을 중심으로 한때 크게 세력을 키웠다. 그러나 이민족 왕조를 몰아내는 과정에서 형성된 민족주의 열풍을 타고 굽타 시대에 힌두교가 세력을 역전시켰다. 힌두교는 타협적인 교리로 왕들을 포섭하는 한편 민중들에게도 쉽게 메시지를 전달하는 강점 때문에 세력이 커졌다. 힌두교의 패권은 나중에 이슬람교가 들어오면서 다시 경쟁 상태에 들어갔다. 이런 심각한 종교간 대립이 나중에 인디아-파키스탄-스리랑카의 분리로 이어진다.

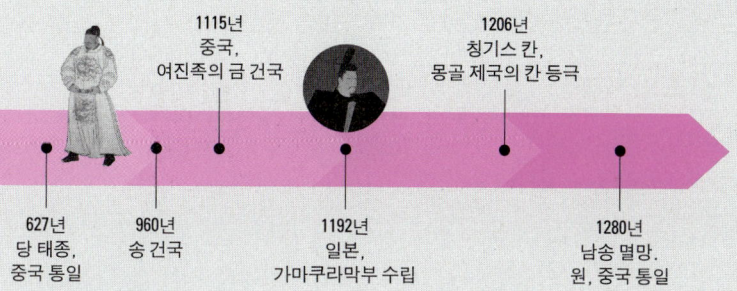

1115년
중국,
여진족의 금 건국

1206년
칭기즈 칸,
몽골 제국의 칸 등극

627년
당 태종,
중국 통일

960년
송 건국

1192년
일본,
가마쿠라막부 수립

1280년
남송 멸망.
원, 중국 통일

1장
동아시아 세계의 형성과 확대

위·진·남북조 시대의 변화1: 위나라가 이길 수밖에 없었던 이유
위·진·남북조 시대의 변화2: 이민족의 유입으로 중국은 더 커졌다
당·송의 흥망: 한족의 저력을 과시한 당·송의 세계 제국
유목 민족과 정복왕조의 성립: 몽골 제국의 유라시아 네트워크
일본 사회의 발전: 학자 대신 사무라이, 조정 대신 막부 떠받든 나라

위·진·남북조 시대의 변화 1

위나라가
이길 수밖에 없었던 이유

『삼국지』로 유명해진 중국의 삼국 시대는 한나라 질서로 상징되는 중국의 한족 중심주의가 전쟁과 인구 변동에 따라 어떻게 변화돼 갔는지 보여주는 중요한 전환기다. 삼국 시대를 둘러싼 지리경제학을 보면 그 비밀을 알 수 있다.

피와 살육, 눈물의 삼국 시대

우리나라 사람이 가장 잘 아는 중국의 역사 시기는 뭐니 뭐니 해도 삼국 시대(220년~280년)일 것이다. 바로 소설『삼국지연의』때문이다. 중국 역사 속 실존인물의 이름을 가장 많이 알게 해준 것이 보통 우리에게『삼국지』라는 이름으로 귀에 익은 책이다. 유비, 조조, 손권, 제갈량, 관우, 장비, 사마의, 조자룡, 주유, 하후돈, 동탁, 여포 등…. 이들은 1,800년 전 그 땅에 살았던 사람의 실제 이름들이다. 하지만 후한 말기 반란과 전쟁으로 날을 지새지 않았더라면 서촉 땅에 촉이 생기고, 강동 땅에 오나라가 세워져 중원 세력인 위에 맞서는『삼국시』의 그림은 실제로 성립할 수 없었다. 전란으로 중원의 인구가 격감하면서 변경지대인 촉나라와 오나라가 감히(?) 위나라에 맞서는 상전벽해가 가능했다.

2부 | 아시아 세계의 확대와 동서 교류 · 165

한나라의 정사인 『한서』 「지리지」에 따르면 한의 인구가 정점을 이뤘던 시기는 "기원 2년으로 1,223만 호 정도에 5,960만 명"으로 기록돼 있다. 대체적으로 한나라 시기는 5천만 명 정도의 인구는 유지했다고 추정한다. 그러나 후한을 멸망으로 이끌어간 단초가 되는 농민 전쟁인 '황건의 난'(혹은 황건농민 전쟁, 184년) 이후 삼국 정립(220년) 때까지 중국을 휩쓴 끊임없는 전란으로 인구는 격감한다. 특히 인구 조밀 지역에다가 높은 농업생산성으로 중국 역사의 중심무대였던 중원 지역이 더욱 큰 결정타를 맞는다. 난세 속에서 저마다 패권을 장악하려는 제후들의 전쟁으로 무수한 사람들이 살상되고, 농지는 농지대로 파괴되거나 방치됐다. 여러 사료를 종합하면 풍부한 맨파워로 중원을 장악한 조조 세력의 위, 양쯔강을 방어선으로 방대한 강남의 미개발 지역을 확보한 손권 세력의 오, 한나라의 황실 가문임을 내세워 서남쪽 파촉 지역을 기습적으로 차지한 유비 세력의 촉이 등장한 삼국 시대 초기에는 중국 전체의 인구가 약 500만~1천만 명 수준으로 격감한 것으로 추정된다. 이 가운데 일부 사료가 제시하는 인구 500만 명선은 이른바 전한 초기의 최전성기 인구 5천만 명선의 10분의 1에 지나지 않는 수치이다. 어떻게 인구가 이렇게까지 줄어들 수가 있을까 싶어 믿기 어려운 숫자이기도 하다.

이 수치에는 실제로 전란을 피해 유민화하거나 국가 행정력이 미치지 않는 지역으로 도피한 인구 등은 누락돼 있다. 따라서 실제 인구는 1천만 명선에 가까웠을 것으로 보는 것이 타당하다. 그렇다 하더라도 인구 격감을 구체적으로 증명하는 이런 사료의 수치는 매우 충격적이다. 장기간의 전쟁이 얼마나 백성의 생명과 삶을 절멸로 몰아갈 수 있는지 절절하게 보여주기 때문이다. 후세까지 메아리치는 영웅들의 무용담 아래 무수한 백성이 죽어나가는 피와 살육과

삼국 시대의 인구분포

삼국	인구수(단위: 명)	비율
위	양주(40만), 삭주 혹은 병주(70만), 유주(204만), 사예주(310만), 연주(405만), 기주(593만), 청주(370만), 예주(615만), 서주(279만)	50%
촉	익주(724만)	20%
오	형주(626만), 양주(433만), 교주(111만)	30%

눈물의 현실, 그것이 중국 통일전쟁 시기의 참 모습에 더 가까웠다.

인구 문제, 전쟁의 승패를 결정짓다

중원 지역을 중심으로 인구가 격감하는 지리경제적 상황이 벌어지자 이전과 전혀 다른 새로운 게임의 논리가 성립한다. 외형적으로 위나라는 중국 한나라 시대 14개 주 가운데 10개 주를, 오나라는 3개 주를, 촉나라는 1개 주를 장악한 것으로 나타난다(일부 주는 나라끼리 중복되기도 한다). 지리적 면적의 크기로 보면 오히려 강동을 기반으로 나중에 유비의 형주를 빼앗고 교주까지 영토를 넓힌 오나라가 세 나라 가운데 가장 컸다. 그러나 인구로 보면 상황은 전혀 딴판이다. 세 나라가 차지한 영역 분포를 전한 시대의 인구로 대응시키면 위는 전체의 78퍼센트, 오는 14퍼센트, 촉은 8퍼센트의 인구를 보유한 것으로 계산된다. 후한 시대로 대응시키면 위 60퍼센트, 오 25퍼센트, 촉 15퍼센트로 된다. 그 뒤 삼국이 정립된 이후로 대응시키면 위 50퍼센트, 오 30퍼센트, 촉 20퍼센트로 된다. 결국 이전이라면 전체 인구의 8퍼센트밖에 안 되는 지역을 차지한 세력이 나라를 세우고 감히 황제를 칭하고 나선 셈이다. 그러면서 50년~60년을 버티어낸 것이다.

무엇이 이런 변화를 가져왔던 것일까? 바로 전란이었다. 황건의 난이 일어나고 그 뒤를 이어 여러 제후들이 각축전을 벌인 곳은 대부분 양쯔강 이북 중원 지역이다. 조조가 처음 세력을 키운 연주를 비롯해, 원소가 근거지로 삼았던 기주, 나중에 조조한테 투항해 조조군의 세력을 급속도로 신장시킨 황건적 주력부대 30만 명의 출신지인 청주, 동탁의 세력 근거지였던 양주, 여포가 나중에 마지막 근거지로 삼고 싸우다가 조조한테 잡혀 죽은 서주 등이 모두 중원에 속한다. 당시까지 중국 역사의 중심부로서 대부분 황허를 따라 펼쳐진 경작지대이자 인구밀집지대에서 전란이 집중적으로 벌어진 것이다.

이에 반해 유비가 처음 세력을 내린 형주는 적벽대전 이전까지는 군웅들의 각축전에 휘말리지 않고 상대적으로 장기간 평화를 유지해온 곳이다. 유비의 삼고초려 때 등장하는 농부들의 모습과 노랫가락은 이런 형주의 평화 시기를 잘 나타낸다. 나중에 유비 세력의 마지막 보루가 된 익주 역시 이 모든 전란이 벌어질 때에도 마지막까지 평화가 유지된 천혜의 곡창지대였다. 손권 세력이 차지한 양주와 교주도 양쯔강이라는 방어적 이점 때문에 비교적 전란에서 벗어나 있었다. 오히려 부분적으로 피난민 등 인구 증가의 혜택까지 누렸다.

하지만 거기까지였다. 촉과 오의 등장을 가능하게 했던 인구 변동의 메커니즘은 삼국이 정립되면서 새로운 차원으로 변화하기 시작했다. 이제 전쟁은 그 규모나 양상이 이전과 다르게 바뀌었다. 이전까지 황건의 난을 비롯해 제후들의 무력충돌은 불규칙적이고 국지적이었다. 하지만 이때부터 세 나라 사이의 전쟁은 모든 부문에서의 전면전이자 국경을 중심으로 거대한 무장력이 맞붙는 총력전의 양상으로 발전했다.

　시간이 지날수록 인구가 적은 쪽은 병력동원 능력이나 농업생산력의 측면에서 결정적으로 불리하게 돼갔다. 이 때문에 오나라의 손권은 황제에 오른 지 2년째 되는 해인 230년 장군 위온과 제갈직에게 갑사 1만 명과 함께 바다 건너 이주와 단주를 찾아가도록 명령하고 있다. 오늘날 대만과 오키나와로 추정되는 이주와 단주까지 원정군을 보낸 이유는 단 하나다. 사람을 데려와 인구를 늘리기 위해서다. 결과는 참담했다. 오히려 원정군 가운데 열에 여덟 아홉은 전염병으로 죽었다. 단주까지는 멀어서 가지도 못하고 겨우 이주에 가서 수천 명을 데리고 온 게 고작이었다. 촉나라의 사람 부족도 더하면 더 했지 덜 하지 않았다. 제갈량이 촉나라의 승상으로서 내정을 할 때는 물론 출사표를 내고 위나라 정벌에 나섰을 때마다 크고 작은 온갖 일을 일일이 한 것은 그의 공명심 때문도 의심 때문도 아니었다. 촉의 인재 부족, 사람 부족의 다른 표현에 지나지 않는다.

　특히 삼국 시대 초기의 촉·오 동맹이 형주를 둘러싼 양국의 갈등 때문에 급기야 전면전을 거쳐 동맹 파기로 이어지면서 인구의 변수는 결정적으로 위나라에 유리하게 돌아가 버렸다. 위나라는 각각 개별적으로 쳐들어오는 촉나라와 오나라를 여유있게 방어하면서 압도적인 인구의 힘, 농업생산력의 힘을 축적해갔다. 그렇게 시간을 버는 것만으로도 최종 승리를 결정지을 수 있었다. 촉나라의 제갈량이 모두 5차례에 걸쳐 위나라의 정벌에 나선 것은 시간이 흐르면 흐를수록 위나라를 물리칠 길이, 천하통일의 길이 멀어진다는 절박성을 통감했기 때문이다.

　인구 문제야말로 『삼국지』 밑바닥을 흐르는 약소국가 비극의 거대한 뿌리였던 것이다.

위·진·남북조 시대의 변화2

이민족의 유입으로
중국은 더 커졌다

중국 역사를 만든 것은 한족만이 아니다. 오랑캐라고 부르던 이민족이 중국 역사의 당당한 주역 가운데 하나였다. 다섯 오랑캐가 중국의 북방에 들어와 16개 나라를 세웠다는 5호 16국 시대로부터 남북조 시대까지 중국은 대혼란 속에서 민족의 용광로를 가동시켜 덩치를 키웠다. 오랑캐들은 기꺼이 한족이 돼 갔다.

한족과 오랑캐간 민족 대융합

4세기 초부터 7세기 중반까지 이어지는 이 시기는 한족의 입장에서 보면 외형적으로 대단히 치욕적이고 불행한 시대라고 정리할 수밖에 없다. 먼저 316년 삼국 시대를 통일한 진(晉)나라의 수도 낙양이 흉노족의 침입으로 함락되고 서진이 멸망했다. 비록 살아남은 황족 사마예가 양쯔강 이남의 건업(현재의 난징)을 건강으로 개명하고 수도로 삼아 동진을 세워 간신히 진나라의 명맥을 유지했지만, 이미 양쯔강 이북의 북방은 흉노족을 비롯해 갈족, 선비족, 저족, 강족 등 다섯 오랑캐가 분립해 저마다 왕조를 세우고 황제라고 칭하고 나섰기 때문이다. 주나라 시대에도 수도 장안이 오랑캐 견융의 침략을 받고 한때 함락된 적은 있지만, 한족의 통일왕조 수도가 함락돼 오랑캐 나라의 수도로 바뀌고 이 시대처럼 장기간 통치받은 사례는 없다.

　중국 역사에서 한족과 이민족(오랑캐)과의 관계는 갈등과 융합의 양면성을 지니고 수천년 동안 계속돼 오고 있다. 둘 사이의 관계를 갈등으로 보는 입장의 사람들은 바로 만리장성을 그런 갈등의 물증으로 제시한다. 갈등이 얼마나 심했으면 저렇게 험한 산맥을 넘어 뜨거운 모래사막으로까지 이어지는 엄청난 장성을 세우려 했겠는가? 반대로 그런 외형적인 측면과 별도로 양자 사이의 관계를 융합으로 보려는 입장도 만만치 않다. 이런 입장의 학자들은 한족과 이민족 사이에 크게 봐서 3차례 정도 민족 대융합이 일어났다고 주장한다. 그 시기는 각각 다음과 같다.

민족 대융합

제1차 대융합	제2차 대융합	제3차 대융합
황제(黃帝) 시대	춘추 시대 500년	위진 남북조 400년

　어느 입장이 맞든지 간에 제3차 대융합기에 해당하는 5호 16국 시대와 남북조 시대에 영토나 민족 구성에서 중대한 질적 변화를 이룬 것만은 확실하다. 먼저 영토를 보면(좀 더 정확히 이야기하면 지리경제 측면에서) 중국 강남 지역의 개발로 이 지역이 중국의 새로운 경제 중심지로 확실하게 부상하기 시작했다. 전국 시대를 종지부짓고 첫 통일을 이룩한 진나라와 그 뒤를 이은 한나라도 나름대로 강남 지역의 영토 확장에 진력하기는 했다. 한나라 때인 기원 2년부터 140년까지의 인구 통계를 토대로 볼 때 강남 지역으로 약 500만~1천만이 이주했다. 그러나 삼국통일 뒤 진나라 황족끼리의 권력쟁탈전

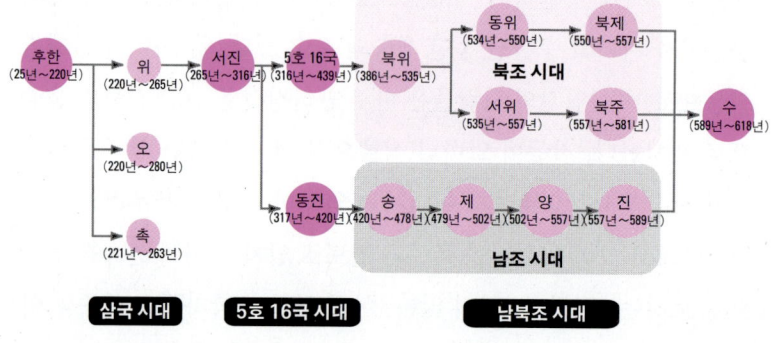

인 '8왕의 난' 등이 휩쓴 결과 서진이 멸망할 무렵 강남의 호적인구는 전체 중국의 10퍼센트에 지나지 않는 수준으로까지 떨어졌던 것으로 추정된다.

그러나 사마예의 동진이 강남의 중심도시 건업(건강)을 수도로 삼으면서 강남 지역의 개발은 급속도로 진행된다. 애초 사마예가 화북으로부터 건너올 때 그의 근거지였던 낭야를 비롯해 중원의 상당수 귀족과 부호들이 일제히 함께 따라왔다. 새로 남조의 정치·경제 중심지로 떠오른 건강만 하더라도 강남의 경제발전에 따라 나중에 동서남북 길이 각각 20킬로미터의 대도시로 성장하고 있다. 특히 이 시기 강남의 발전에 결정적인 기여를 한 것은 논 면적의 비약적 확대다. 진나라와 한나라 때의 원시적 농법 대신 벼를 이앙해서 생산량을 높이고, 북방보다 따뜻한 기후조건을 활용해 논에서 연작을 하는 새로운 농법을 본격적으로 도입했다. 당연히 생산량이 비약적으로 늘었다. 동진 조정도 세수 확대를 위해 이를 적극 독려했다. 강남은 곧 "화북과 비견되는 농업생산의 중심지"이자 중국의 새로운 경제 중심지로 떠올랐다.

오랑캐의 한족화

민족 구성에서도 북방으로부터 들어온 여러 이민족이 그대로 중화에 흡수돼 버리는 대변화가 일어났다. 바꿔 말해 오랑캐의 한족화가 엄청나게 진행된 것이다. 특히 중국의 화북 지방으로 들어온 5개 이민족의 16개 왕조의 왕이 중국화에 앞장서면서 보다 빠르고 확실하게 진행됐다. 저족이 세운 전진의 마지막 황제 부견과 선비족이 세운 북위의 효문제가 그 대표적인 군왕들이다. 부견은 흉노의 한 갈래로 티베트계로 알려지고 있는 저족 출신의 황제로서 중화주의의 열정을 가진 이상주의자였다. 고구려에 승려 순도를 보내 불교를 전파한 이도 바로 부견이다. 황제에 오른 뒤 그는 갈족 등 일부 이민족이 취한 이민족 말살 정책과는 전혀 다른 길을 갔다. 이상주의자 부견은 백성을 사랑하고 여러 민족을 단결시켜 마치 한 집안처럼 생활하는 이상국가를 만들려 했다. 그런 생각을 가지고 있었기에 저족뿐만 아니라 선비, 강, 갈, 흉노 등 다른 이민족의 지도자들도 두루 중용했다. 한족 출신도 조정의 고위직과 장군직 등 요직에 두루 중용했다. 특히 한족 출신 정치가 왕맹을 발탁하면서 이렇게 말한 것으로 기록돼 있다.

"나에게 왕맹이 있는 것은 마치 유비 곁에 제갈공명이 있는 것과 같다."

그는 그러나 승상으로 있던 왕맹이 죽자 천하통일의 욕심 때문에 그의 유언을 무시하고 동진 정복에 나섰다가 '비수의 싸움'에서 대패하고 멸망했다.

북위의 효문제는 대대적인 한족화 정책을 취한 황제로 유명하다. 선비족이 세운 북위는 본격적인 정복왕조였으나 원활한 통치를 위해 급속히 한족화했다. 북위의 6대 황제였던 효문제는 만리장성 부근의 선비족 근거지 대동으로부터 후한 도읍 낙양으로 수도를 옮기면서 대대적인 한족화를 실천했다. 그는 함께 낙양으로 이주한 선비족 대천호(대동에서 천도해온 백성) 100만 명에게 이런 포고령을 내렸다.

북위의 효문제는 대대적인 한족화 정책을 취한 황제로 유명하다. 선비족이 세운 북위는 본격적인 정복왕조였으나 원활한 통치를 위해 급속히 한족화했다.

(1) 대천호는 앞으로 죽으면 모두 낙양 북쪽 북망산에 묻힌다.
(2) 대천호는 모두 선비족 옷을 벗어 버리고 한족의 옷을 입는다.
(3) 선비족의 언어를 사용하지 말고 낙양의 언어를 배운다.
(4) 선비족의 성을 한족의 성으로 바꾼다.

그는 원래 탁발 씨였던 자신의 두 글자짜리 성도 한 글자짜리 성 원(元)으로 바꿨다. 황실의 성부터 한족식으로 바꾼 것이다. 선비족 말과 선비족 풍습도 버렸다. 이와 함께 선비족 유력 가문이 한인 귀족과 결혼하도록 적극 장려했다. 황제 스스로 모범을 보이기 위해 최·노·정·왕 씨 등 네 가문의 딸을 후비로 삼았다. 동생 다섯도 모두 한족 호족의 딸을 정처로 삼게 했다. 마치 알렉산드로스가 페르시아와의 대대적인 합동결혼을 실현했던 것을 연상시키는 일이 일어났던 것이다. 효문제의 급격한 중국화에 반발하는 선비인들이 각지에서 반란을 일으켜 534년 북위는 동서로 분열하기도 했다. 하지만 중원에 들어온 선비족 등 5개 이민족은 자발적이건 비자발적이건 점차 한족화의 거대한 물결에 휩쓸려 들어갔다.

한족은 중원을 이민족에게 점령당하는 수모를 당했지만, 끝내 정복자들을 한족화하는 데 성공해 최후의 승자가 됐다.

당·송의 흥망

한족의 저력을 과시한 당·송의 세계 제국

"당나라 수도 장안은 얼빠지도록 낙천적이고 화려하고 활기찬 국제도시다. 시내 거리에선 이국인들이 낙타를 끌며 지나가고, 협객들은 어깻바람을 내며 돌아다녔다. 도박은 장안 사람 누구라도 즐기는 오락거리였다."

한족이 세운 유일한 세계 제국, 당

618년 건국한 당나라는 중국 역사상 가장 번영을 구가한 왕조로 꼽힌다. 중국의 왕조 가운데 유일하게 '크게 번성했다'는 의미를 담아 '성당(盛唐)'이라는 표현까지 얻었다. 특정 군주가 번영을 이룩했다는 의미에서 '문경의 치(文景의 治: 한나라 초기 문제와 경제의 훌륭한 통치)'니 '강건성세(康建盛世: 청나라 강희제, 건륭제의 번영시대)'니 하는 표현을 얻은 적은 있어도 왕조 전체가 이런 칭송을 받은 적은 없다. 그 이유는 무엇 때문일까?

우선 당나라는 평화의 시대였다. 치세 300년간 몇 차례 큰 반란도 있었지만, 다른 왕조에 비해선 전란이 적어 나라 전체가 대체로 풍요로웠다. 특히 당의 실질적인 창건자인 태종의 태평성세(정관의 치)가 쇠퇴하자 부흥자인 현종의 태평성세(개원의 치)가 다시 한 번 그 뒤를 받쳐줬다. 『구당서』에서는 이렇게 칭송하고 있다.

"동쪽으로 바다에 이르고 남쪽으로 령(광동에 있는 5개의 높은 고개)에 이르기까지 모두 문을 닫지 않았고, 여행자는 양식을 가지고 다니지 않았다."

당은 한족이 세운 유일한 '세계 제국'으로 그 문명 수준 또한 매우 높다고 평가받았다. 8세기 무렵 당은 세계 모든 문명권을 통틀어 가장 발달한 왕조였다. 수도 장안은 인구 100만 명을 웃돌았고, 서역과 아시아 여러 민족의 외교사절, 유학생, 상인, 예술가, 종교인이 몰려들어 '세계의 수도'로 군림했다. 장안은 9세기의 '뉴욕'이었다.

게다가 당나라는 당시 세계에서 가장 정교한 제국 운영전략을 자랑했다. 행정·입법·사법체계인 율령격식(형법, 행정법, 정부조례 및 규칙 등)을 비롯해 합리적인 토지제도인 균전제, 효율적인 조세체계인 조(토지세)·용(노역의무)·조(집에 대한 현물세), 군사제도인 부병제 등을 수립하고, 이를 과거제로 충원한 관료를 동원해 실행했다. 당의 제국 운영은 '성당'의 토대가 되고, 곧 주변국가에까지 광범하게 전파됐다. 일본은 19차례나 견당사(당에 보내는 사절)를 파견했고, 고대 왕도 아즈카와 헤이조쿄, 교토를 완전히 장안을 본 따 건설했다.

무엇보다 당은 '열린 문화'로 성공했다. 당은 한족의 전통 문화에 남조 문화와 북방의 유목 문화를 융합시킨 뒤 다시 서역 및 유럽의 문화까지 적극 받아들였다. 이백, 두보, 백거이, 한유 등 위대한 시인이 줄지어 명시를 양산해냈고, 오도현, 이사훈, 왕유 등 화가가 등장해 남종화와 북종화라는 양대 흐름을 창시해냈다. 불교와 도교 등 이미 뿌리내린 전통 종교에 더해 조로아스터교, 마니교, 네스토리우스교 등 서역의 새 종교도 물밀듯이 들어왔다.

성당의 번영은 농업을 비롯해 경제산업 분야의 발전이 크게 뒷받침됐다. 당나라 중기에 화북 지방을 중심으로 조를 심어서 수확한 뒤 그 경작지에 겨울보리를 심어 이듬해 봄에 수확하고 다시 조를 심는 '2년 3모작'을 시행해 농업생산이 크게 늘어났다. 양쯔강 이남도 개발되기 시작해 벼와 차의 재배면적이 크게 넓어졌다. 이 시기부터 대중들도 본격적으로 차를 마시기 시작했다. 수차를 이용해 연자방아를 돌려 보리를 제분하는 방식도 도입됐다. 나아가 당은 상업과 산업을 발달시키기 위해 상품 유통에 세금조차 부과하지 않았다.

정관의 치로 유명한 당의 2대 황제 태종. 당은 한족이 세운 유일한 '세계 제국'으로 그 문명 수준 또한 매우 높았다. 8세기 무렵 당은 세계 모든 문명권을 통틀어 가장 발달한 왕조였다.

이 시기 해외무역도 크게 번성해 광주에서 출항해 남양을 거쳐 인도, 페르시아에 이르는 국제항로도 개설됐다. 세관 겸 출입국관리사무소인 시박사가 설치됐다. 해외에서의 최고 히트상품인 견직물과 도자기가 무더기로 선적돼 나가고, 남해(동남아시아, 인도를 일컫는 말)의 특산물인 향료, 상아, 코뿔소 뿔, 약품 따위가 무더기로 수입돼 들어왔다. 중국 무역선 가운데는 600~700명을 태우고 인도까지 운항하는 것도 있었다. 이런 배경에서 중국인을 가리키는 '당인'이라는 말이 동남아시아 일대에 뿌리내렸다. 2001년 상하이 APEC 정상회의에서 세계 각국 정상들이 기념촬영을 할 때 입은 중국의 전통복장 '당장(唐裝)'도 바로 당나라 패션이다. 현금 대신 '비전(飛錢)'이라는 수표를 처음으로 만들어 사용한 것도 당나라 때부터다. 중국인이 발명한 제지술도 이때 이슬람 국가에 전래됐고, 도자기 특산품 당삼채는 최고의 명품으로 이슬람 세계와 유럽의 왕족과 귀족들에게 큰 인기를 끌었다. 육로를 통한 무역도 활발해 오늘날의 신장위구르에 해당하는 안서도호부에는 와시라는 무역시장이 개설됐다. 이런 상황에서 중국에 거주하는 페르시아인, 아라비아인만 수십만 명에 이르렀다. 이백은 당에 들어와 자리잡은 서역풍을 이렇게 노래했다.

> "어디서 그대와 이별하면 좋을까
> 장안의 동문 청기문일세
> 호희(페르시아여성)는 하얀 손을 내밀어 손짓하여 부르고
> 손님을 잡아끌며 금잔으로 취게 하네"

문화 제국, 송의 문치주의

당이 망한 뒤 50여 년 만에 다시 통일을 이룩한 한족 왕조 송나라는 당나라 못지 않은 문화 제국을 건설했다. '당송 8대가'라는 표현에서 보듯 사실상 송은 당과 문화적으로는 동질왕조였다. 특히 송나라는 당의 멸망 뒤 5대 10국 시대의 군사 문화를 일소하기 위해 역사상 가장 두드러진 문치주의-문화주의를 발달시켰다. 천자가 과거의 최종과정인 전시(殿試)를 직접 주관하기 시작했다. 그 결과 다른 어떤 왕조보다도 송나라에서 충의열사가 많이 나왔다. 나중에

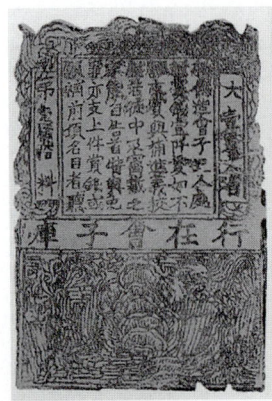

송나라 때 상업의 규모도 커지고 대상인이 활약하면서 화폐 경제가 발전하여 교자, 회자와 같은 지폐가 사용되었다. 특히 교자(왼쪽)는 세계 최초의 지폐다.

금나라에 대항한 한인 영웅이자 충의열사의 대명사 악비는 그의 등에 어머니가 써준 '정충보국(精忠報國)'이라는 글을 평생의 좌우명으로 삼았다. 반면에 극단적인 문치주의에 왕안석의 신법 등이 맞물려 어느 왕조보다도 극심한 당쟁이 벌어졌다. 그 결과 국력이 급격하게 약화됐다(이런 문제의식에서 나온 소설이 바로 『수호지』라고 할 수 있다). 이에 따라 사상 최초로 이민족에게 전 중국을 정복당해 원 제국의 치하에 들어가는 비극을 겪는다.

이와 별도로 송나라는 이민족의 침입에 따라 양쯔강 이남으로 천도한 이후 강남을 중국의 새로운 경제·문화 중심으로 성장시키는 데 크게 기여했다. 특히 강남의 저지대에 제방을 쌓아 논을 만드는 위전(圍田)이 크게 발달했다. 생장기간이 100일에 지나지 않는 동남아의 조생종 벼를 이용해 이모작(같은 작물을 한 해에 두 차례 재배하는 것)과 이기작(서로 다른 작물을 한 해 동안 돌려 심는 것)을 대대적으로 보급해 송대의 '농업혁명'을 일으켰다. 도시 지역의 인분을 논으로 날라다가 비료로 주기 시작한 것도 이때부터다.

농업생산의 획기적 증산을 바탕으로 송대의 '상업혁명'도 진전돼 교자, 회자 등 역사상 최초의 지폐도 발명됐다. 해외무역도 더욱 발전해 페르시아만까지 정기편이 생겨나고, 오스트레일리아까지 진출했다는 설도 있다. 이런 배경에서 백성들의 생활도 매우 풍족해졌다. 서민들도 예술을 즐기고 비단옷 입기를 좋아했다. 특히 정해진 시각에 성문을 여닫던 전통적인 방식도 이 무렵 사라져 갔다. 야간에도 시장을 열고 술집 오락시설이 번성하는 '밤문화'가 생겨났다. 맹원로의 『동경몽화록』은 이렇게 전하고 있다.

> "한 번에 수천 명을 수용할 수 있는 극장도 여럿 있었다. 그 부근에는 음식점, 이발소, 점집, 그림이나 악보를 파는 가게 따위가 있어서 해가 지는 것도 잊은 채 놀았다."

한족의 문화가 찬란히 꽃피면서 중국은 남송 소희 황제 때 중국 역사상 처음으로 인구 1억 명선을 돌파했다. 한족은 역사와 세계에 이 '멋진 한 방'을 보여준 뒤 결국 북방으로부터 밀려오는 강인한 기마유목민족의 도전 앞에 굴복해야 했다.

유목 민족과 정복왕조의 성립

몽골 제국의
유라시아 네트워크

중국에서 당과 송의 세계 제국이 막을 내리고 다시 북방의 이민족인 몽골족이 중국 대륙을 포함해 유라시아와 아프리카 일부까지 포함하는 대제국을 건설했다. 13세기, 거칠고 싸움이나 잘 하는 것으로 여겨지던 몽골인들은 그러나 그 어떤 문명도 따라오지 못할 놀라운 스피드와 네트워크로 동서양을 하나로 묶는 놀라운 실험을 성공시켰다.

몽골 제국의 대동맥, 역체 시스템

"대칸의 사자가 칸발릭(베이징)을 출발하면 어느 길을 택하든지 대략 40킬로미터마다 '잠'이라고 부르는 역을 만난다. '잠'은 역사(驛舍)라는 뜻이다. 어떤 역사에는 말 400마리가 언제나 준비돼 있다. 전령과 사신을 위해서다. 길도 제대로 없고 민가도 여관도 전혀 없는 외딴 시골을 지날 때에도 어디서나 역사는 있다. 정말 이 제도만큼 대규모의 것은 일찍이 보지 못했다. …이런 역참들에 모두 30만 마리 이상의 말이 늘 준비돼 있다."

13세기 말엽 베네치아인 마르코 폴로는 25년에 걸친 긴 동방여행을 마치고 『동방견문록』에 이렇게 적었다.
아시아 동쪽 끝에서 동유럽까지, 역사상 가장 큰 땅을 지배한 몽골인들은 오늘날 21세기 사람들조차 경탄시킬 만한 놀라운 커뮤니케이션 시스템을 가지고 있었다. 이 시스템은 사람을 이동시켰을 뿐 아니라 아시아·아프리카·유럽의 3대 구대륙에서 당시 생산되고 유통되던 다양한 물질적·정신적 자원을 활발하게 이동시키고 교류시켰다. 몽골 제국은 철도망과 체신망을 결합한 것과 비슷한 이 놀라운 역체(驛遞) 시스템(역참제, 역마를 바꿔타는 곳인 역참을 이용한 제도)으로 역사상 가장 역동적인 문명 교류를 성공시켰다. 역체 시스템은 바로 몽골 제국의 대동맥이었다.

몽골 제국 이전 시기에 인류는 실크로드를 통해 동서양을 연결해왔다. 그러나 실크로드는 몇 가지 제약이 있었다. 무엇보다 중국의 장안에서 동로마 제국의 콘스탄티노플이나 시리아 지역에 이르는 방식이 '풀코스 완주형'이 아니라 '릴레이 연결형'이었다. 낙타와 말을 이용해 무역을 벌이는 상인 세력인 대상은 각각 해당구간만 운송해 릴레이식으로 전 운송로를 완성해야 했다. 게다가 동서양 사이에 강력한 이슬람 세력이 등장해 사정에 따라 실크로드가 연결되거나 끊기는 등 불안정하기 짝이 없었다.

그때 몽골 제국이 나타났다. 칭기스 칸의 서방 원정을 시작으로 몽골 제국은 팽창을 거듭해 마침내 오고타이 칸국(알타이산맥 일대), 차가타이 칸국(중가리아 분지와 타림 분지 그리고 아무다리야강 동쪽 지역), 킵차크 칸국(동유럽 지역), 일 칸국(페르시아와 터키 지역)의 4대 칸국으로 유라시아 대부분을 관할하게 됐다. 몽골 제국의 깃발 아래 유교 문명, 불교 문명, 힌두 문명, 이슬람 문명, 페르시아 문명, 기독교 문명, 슬라브 문명 등 거의 모든 동서양 문명이 공존한 채 활발하게 교류되기 시작했다. 이제 국경의 제약을 뛰어넘게 됐다. 문명과 물산은 아주 단순화된 관세 아래 모두 자유이동의 날개를 달 수 있었다. 몽골 제국의 길은 실크로드의 한계를 이렇게 극복했다.

(1) 동서양 교통로의 비약적 확장: 실크로드는 몽골 제국 시대에 이르러 더 멀리 더 정교한 가지를 치기에 이른다. 동쪽으로는 북경을 거쳐 고려 일본까지, 서쪽으로는 로마를 넘어 중흑해 일대 및 중부 유럽까지 넓어졌다. 인류의 지평은 그만큼 확장됐다.

(2) 안전의 증대: 동서양 교류가 훨씬 편리하고 안전하게 변화해 갔다. 과거에는 실크로드의 도로망 전체를 효율적으로 지배하고 관리하는 단일한 제국이 없었다. 구간구간마다 과도한 관세를 물리는 제국이나 영지가 적지 않았고, 도적의 공격으로부터도 안전하지 못했다. 몽골 제국 아래 동서양은 비교적 안전하게 교류하게 됐다. 아랍 문명권의 대표적인 여행가 이븐 바투타는 『여행기(3대륙 주유기)』에서 이렇게 절찬했다.

> "여행자에게 중국이 가장 안전하고 좋은 고장이다. 한 사람이 단신으로 거금을 소지하고 9개월간이나 돌아다녀도 걱정할 것이 없다. …역참의 여인숙에는 식량을 비롯해 여행자가 필요한 모든 것이 비록 양은 적지만 늘 마련돼 있다."

(3) 풀코스 완주형의 작동: 이제 동서양을 완주하는 사람이 점점 더 늘어났다. 마르코 폴로나 이븐 바투타뿐 아니라 교황의 특사였던 카르피니 신부, 프랑스 국왕의 종교사절이던 기욤 드 뤼브룩 등도 새로운 '스타 여행가'의 반열에 이름을 올렸다.

(4) 바닷길의 병행 발전: 육로의 발전에 따라 지리상의 지식이 팽

창하자 자연히 바닷길도 활성화됐다. 몽골 제국은 유라시아 전역에 퍼진 다른 칸국과의 교역을 발전시키고 관세 수입을 늘리기 위해 남중국해와 인도양 사이의 무역을 대대적으로 장려했다. 전통적인 국제항인 광주 이외에도 항주, 명주(영파), 천주 등이 국제무역항으로 성장했다. 중화권에서 처음으로 '동양'과 '서양'이라는 관념이 확립된 것도 이 무렵이다.

내몽골에서 발견된 패자. 패자를 보여주면 역참에서 서비스를 제공받을 수 있었다.

(5) 단일화폐의 통용 시작: 제국의 팽창과 교통의 발달은 단일화폐의 필요성을 높였다. 그 결과 교초(지원통행보초)라는 지폐와 차가타이 화폐가 제국에서 널리 통용되기 시작했다. 지폐가 처음 등장한 것은 남송 시대인 1170년이지만, 이처럼 광범위한 지역에서 광범위한 규모로 통용된 것은 몽골 제국 때부터다. 지폐의 통용은 유럽보다 400년이나 앞선 것이다.

대규모 육상 네트워크를 통한 동서 교류

몽골 제국의 대동맥 역할을 한 역체 시스템은 초기 몽골 지도자 오고타이 칸에서 비롯됐다. 역참은 크게 일반 역참과 특수 역참 두 가지로 갈라졌다. 일반 역참은 육로를 이용하는 육참과 선박을 이용하는 수참이 있었다. 육참에서 가장 널리 이용된 것은 말이지만, 낙타나 소·당나귀·양 등도 이용했다. 지방에 따라선 겨울철에는 개를 이용하기도 했다. 원나라쪽 자료에 따르면 역참은 중국 서쪽 끝인 감숙성 주천에서 대도인 북경까지 모두 99개 있었으며, 중국 경내에만 1,400여 개가 있었다고 한다.

특수 역참으로 '급체포(急遞鋪: 몽골말로 찌데뾔)'라는 익스프레스 서비스도 있었다. 이것은 조정과 지방행정기관 사이에 긴급문서를 운송하는 데 이용됐다. 송나라 때 급각체(急脚遞)를 본받아 발전시킨 것이다. 급체포를 이용하면 일반 역참으로 6일 이상 걸리는 거리를 3, 4일 만에 주파했다. 마르코 폴로에 이어 원나라에 왔던 이탈리아 프란체스코파 선교사 오도리코 다 포르데노네는 저서 『동방기행』에서 이렇게 적고 있다.

"급체포를 통해 황제는 30일 여정 거리에서 일어난 사태를 하루만에 보고받았다."

실제로 급체포는 지방에서의 반란 발생 등 긴급사태 때에는 분초를 다퉈 운용됐다.

"첫 포졸이 역참에서 가장 힘세고 안장이 붙어 있는 말 가운데 한 마리를 골라 타고 전속력으로 달린다. 다음 역사에선 이 포졸의 허리춤에 달려 있는 방울이 울리는 소리를 멀리서부터 듣고 역시 최상의 컨디션에 있는 포졸과 말을 준비했다가 이어받아 달린다. 밤에는 횃불을 든 길잡이까지 앞세워 하룻밤 또는 하루낮 동안 240킬로미터에서 320킬로미터를 단숨에 달렸다."

이런 스피드와 네트워크 방식은 서양에도 엄청난 영향을 미쳤다.

| 몽골 서정 루트 |

- 1차 서정
- 2차 서정
- 3차 서정

(지도 지명: 모스크바, 키예프, 베네치아, 다마스쿠스, 부하라, 사마르칸트, 카라코룸, 예루살렘, 바그다드, 일 칸국, 탈리칸, 메카)

당시까지 동양 문명에 압도돼 있던 서양 문명은 몽골 제국의 시스템을 통해 동방 문명을 대대적으로 전수받았다. 제지술·인쇄술·나침판·화약 등 중국 4대 발명이 유럽에 전해졌다. 특히 화약의 대대적인 유럽 전파는 큰 변화를 가져왔다. 종래까지 난공불락처럼 여겨지던 중세 봉건영주들의 성을 격파해 유럽 지역에 통일국가들을 출현하게 했다. 나아가 이때 전해진 나침반 등이 결국 유럽국가들의 항해술을 비약적으로 발전시켜 서구인에 의한 지리상의 발견을 이끌게 됐음도 빼놓을 수 없다.

몽골의 스피드와 네트워크는 의도하지 않았지만 결과적으로 동서양의 운명을 역전시키는 데 기여했던 것이다.

일본 사회의 발전

학자 대신 사무라이, 조정 대신 막부 떠받든 나라

일본의 무사 개개인은 처음 가난 속에서 태어났다. 그러나 그들은 자신의 이익과 영달을 위해 가진 자의 편에 섰다. 이런 무사들의 변절(?) 위에 막부는 권력의 장막을 둘렀다. 사무라이는 결국 반민중주의로 나아갔다.

빈궁 속에서 태어난 무사 계급

"한 뼘의 움막, 비틀어진 움막 안, 맨 땅 위에 짚을 깔고서 부모는 머리맡에, 처자들은 발쪽에 둘러 웅크리고, 부뚜막에서는 연기가 오르지 않고, 시루 위에는 거미줄이 쳐 있고, 밥 짓는 일은 벌써 잊어버렸는데…. 이와 같이 도리 없는 것이 세상살이인가!"

일본의 고대 국가가 7세기와 8세기 아스카와 나라에서 귀족을 중심으로 나름대로 찬란한 문화를 꽃 피우는 동안 일본 민중들의 삶은 곤궁하기 짝이 없었다. 8세기 일본의 시인 야마노에 노오쿠라는 유명한 「빈궁문답가」에서 그렇게 탄식했다.

천황은 계속 바뀌고 수도도 옮기고 권력자도 바뀌어 갔어도 민중들의 삶은 나아지지 않았다. 일본의 무사 계급은 바로 이 민중의 빈궁 속에서 태어났다. 관리들의 횡포와 무거운 세금으로 살기 어려워진 사람들이 자위를 위해 무장하면서 시작됐던 것이다.

무사 계급이 본격적으로 성장한 것은 대략 10세기 이후 헤이안 시대 후기부터다. 초기 무사는 수렵민이나 어민, 그리고 범죄인 등이 주류를 이루었다. 고쿠시(國司)라 부르는 도지사급 지방관의 관청을 수리하는 일 따위에 노역을 나가던 사람들 가운데서 직업상의 변신이 가능한 빈한 계층부터 무사로 변신했다. 여기에는 무엇보다 10세기 말~11세기 초 일본의 정치를 쥐고 흔들던 후지와라 가문의 실정과 지방관들의 횡포가 크게 작용했다. 후지와라 가문은 일본 천황제의 기초를 닦은 다이카 개신(645년)에 공을 세워 성을 하사받은 관료귀족 세력의 대표 가문으로 다른 경쟁자들을 누르고 장기간에 걸쳐 천황의 외척 가문으로서 막강한 권력을 휘둘러 왔다. 특히 967년 외손인 레이제이 천황 시절 천황이 어릴 때는 셋쇼라는 이름의 섭정으로, 성인이 된 뒤에도 간파쿠라는 이름의 최고위 고문을 후지와라 가문에서 떠맡아 세습하는 관례까지 세웠다. 셋쇼와 간파쿠의 권력을 동시 독점해 이른바 '셋쓰칸(攝關)' 가문이 된 후지와라 가문은 주요 관직을 독점하면서 엄청난 국가토지(公領)를 갖가지 방식으로 자기네 장원과 사유지로 빼돌렸다. 나아가 도지사급의 고쿠시나 군수급의 군지(郡守) 등 지방관 자리를 자기 계파 사람으로 채우고 반대급부로 엄청난 돈을 받아냈다.

이와 함께 토지의 점유권 및 장원 소속 농민의 노역 문제를 둘러싸고 고쿠시 등 고위 지방관과 장원을 관리하는 장관 사이에 갈등이 증폭됐다. 이에 따라 10세기 중앙권력과 지방의 지주-농민연합 세력이 극심하게 대립하게 된다. 이 과정에서 먼저 장관과 영주라고 불리는 지주층 가운데 강대한 자는 스스로 무장하기 시작했다.

가마쿠라 막부를 세운 무장 미나모토 요리토모.

그들은 자기 일족의 결합을 강화하고 자기 지배 밑에 있는 자영농민이나 하인, 장민까지 무장시켰다. 공령을 책임지는 군지도 무사단의 확보전에 뛰어들었다. 이들은 처음엔 중앙권력을 의식해 무사단을 조직하는 목적으로 치안유지를 내세웠다. 이게 무사단의 시초였다.

지배층으로 부상한 사무라이

　무사들은 점차 유력자와 주종관계를 맺어 나가면서 세력과 활동영역이 커졌다. 지방무사단의 수준에 머물던 무사 계층은 천황의 후예 가문으로 실력자 그룹인 미나모토 가문이라든가 다이라 가문의 대무사단으로 편입돼 나갔다. 세이와 천황의 자손 출신인 미나모토 가문은 긴키에서 세력을 키웠고, 간무 천황의 후손인 다이라 가문은 관동 지방의 세력가로 부상했다. 헤이안 시대의 수도인 교토에서도 권력 투쟁이 점차 격렬해지면서 결국 천황, 귀족, 사찰 등 주요 정치 세력도 저마다 상대를 제압하기 위해 지방무사단을 교토로 계속 끌어들였다. 이것이 결국 무사단이 나중에 권력을 잡는 계기로 작용했다.

　사무라이라는 말은 한자로는 '시(侍)'로 쓴다. 우리나라의 궁중의 내시나 시녀처럼 왕의 측근에서 받드는 자로 시작됐다. 바로 막강 후지와라 가문이 미나모토 가문의 무사단을 자신들의 '시', 즉 '사무

고케닌은 쇼군과 주종관계에 있는 무사의 총칭이다. 처음에 고케닌은 요리토모와 일반 무사 사이의 개인적 쌍무관계에서 비롯된 사적인 경향이 강했으나 요리토모가 가마쿠라 막부를 세우면서 하나의 제도로 고정되었다.

라이'로 이용하면서 이 이름은 세상에 뿌리를 내렸다.

두 유력 무사집단에서 먼저 권력을 쥔 것은 다이라 가문이다. 다이라 가문은 1156년 천황 자리에서 물러난 전 천황인 상황파와 현 천황파 사이에 벌어진 난에서 천황파의 승리를 이끌어내고, 이어서 3년 뒤 벌어진 미나모토 가문의 쿠데타마저도 진압해 버렸다. 미나모토 가문의 힘은 크게 꺾여버렸다. 다이라노 기요모리는 모든 정무를 총괄하는 태정대신이 되고, 일족도 모두 고관이 돼 교토 조정의 전권을 장악했다. 이 무렵 다이라 가문 사람들은 "다이라 씨가 아닌 자는 사람이 아니다!"라고 큰 소리치며 다녔다. 다이라 가문은 한편으로는 사치와 향락을 일삼으면서도 반대 세력을 탄압하기 위해 밀정정치도 시작했다. 300명의 소년을 밀정으로 만들어 교토 시내를 누비고 다니며 다이라 가문에게 불만을 품은 자를 찾아내도록 했다.

몰락한 라이벌 미나모토 가문의 복수극은 쿠데타를 일으켰다가 죽은 요시토모의 아들 요리토모로부터 시작됐다. 쿠데타 당시 13세로 간신히 목숨만은 구해 유배됐던 요리토모는 쿠데타 실패 21년 뒤인 1180년 34세가 되자 장인의 도움을 받아 이즈에서 군사를 일으켰다. 요리토모는 한 차례 패배했으나, 굴하지 않고 계속 군대를 모아나갔다. 관동 지방의 크고 작은 무사단이 속속 요리토모 밑에 몰려들었다. 10월 요리토모는 후지가와의 전투에서 다이라노 고레모리의 대군을 패주시켰다. 이때 요리토모는 '가마쿠라도노(鎌倉殿)' 즉 '가마쿠라 전하'라고 불리었다. 그는 가마쿠라에 정청을 마련해 놓고 크고 작은 영주와 무사를 '고케닌(御家人)'으로 하는 지방정권을 세웠다. 11월에는 이 고케닌들을 통제하기 위해 '사무라이도코로(侍所)'도 설치했다. 고케닌이 된 영주와 무사들은 그 이후 가마쿠라 막부와 주종관계를 맺었다. 그들은 가마쿠라도노에게 봉공하고, 군역의 의무를 졌다. 그 대신 영지의 영유권을 보증받았다. 이것이 가마쿠라 막부의 시작이다.

이 전란은 단순히 미나모토 가문과 다이라 가문의 권력 투쟁만이 아니었다. 무사들의 총궐기였다. 무엇보다 미나모토 가문과 관계 없는 각지의 무사들까지 각각 자기 생각대로 봉기해 전국을 전란으로 몰아넣었다. 무사들은 공령과 장원을 거리낌 없이 침탈했다. 과거의 귀족 세력으로부터 권력과 함께 경제력까지 빼앗기 시작한 것이다.

무사 정권 시대

가마쿠라 막부는 10세기부터 점차 고대 천황제를 무력화시키면서 성장해온 영주 계급의 첫 연합국가라는 성격을 띤다. 이 국가는 중앙집권적 관료기구를 통해 군주가 전 국민을 지배했던 천황제와는 달리, 각지의 크고 작은 영주가 각각의 영민을 독자적으로 지배, 착취하는 구조였다. 이런 독립영주들이 자신들 중에서 최대 강자를 수령으로 삼고 결집해 쌓아올린 권력기구였다. 그 권력의 사명은 각 영주의 영민 지배에 대한 인민들의 반항을 분쇄하고 다른 영주의 침략으로부터 보호하는 것이었다. 막부의 전통은 가마쿠라 막부(1192년~1333년)를 시작으로 무로마치 막부(1336년~1573년)를 거쳐 도쿠가와 막부(1603년~1867년)로 이어졌다.

일본 역사에 처음 등장한 막부의 맨 밑바닥을 이루는 사람들은 대부분 가난한 민중으로부터 시작했지만, 막부의 그 어디에서도 민중을 위한 의지나 철학은 보이지 않았다. 일본 민중은 다시 이름만을 바꿀 뿐인 거대 무사 집단들의 700년 무한 전쟁에 휘말려들 운명이었다.

2장
이슬람 세계의 형성과 확대

이슬람교의 성립: 동서 교역로 막히자 아랍인은 세계 종교 만들어 돌파했다
이슬람 제국의 발전과 확대: 이슬람 세력이 이베리아에서 민다나오까지 팽창한 이유
인도의 성장: 인도의 힌두 문화 성립과 이슬람화

이슬람교의 성립

동서 교역로 막히자
아랍인은 세계 종교 만들어 돌파했다

6세기 말~7세기 초 동서양 교역에 비상이 걸렸다. 실크로드 서쪽 끝에서 동서양의 강국인 사산조 페르시아와 비잔틴 제국이 1세기의 소강상태를 깨고 다시 전쟁 상태에 돌입하면서 심각한 '막힘 현상'이 생긴 것이다. 아라비아 반도의 운명이 바뀌고 있었다. 사람들은 이 역사의 변환기에 바짝 긴장하기 시작했다.

골치 아픈 약탈자

"우리는 사라센인(아랍인)들에게서 친구로서나 적으로서나 어느 면에서도 좋은 점을 찾을 수 없었다. 그들이 지나간 자리는 모두 폐허가 되었다. 그들은 마치 솔개처럼 높은 곳에서 먹이를 본 순간 쏜살같이 날아와 먹이를 낚아채 가지고 사라진다."

셈족인 아랍인들은 오래 전부터 아라비아 반도의 남부에 발달한 농경지와 곳곳에 흩어져 있는 오아시스를 중심으로 양과 낙타를 사육하거나 밀과 대추야자를 재배해 왔다. 그들은 진이라는 정령과 수백이 넘는 우상의 신들을 섬기고 있었다. 아직 유대교나 기독교 같은 일신교로도 나아가지 못하고, 민족으로서 통일된 정체성은 더더욱 갖지 못한 상태였다. 유목과 약탈을 통해 과격한 호전성과 빠

2부 | 아시아 세계의 확대와 동서 교류 · 197

른 기동력을 갖춘 그들은 탁월한 지도자도, 효율적인 정치체제도 없이 그저 '골치 아픈 약탈자' 정도로나 취급받고 있었다.

그곳에 새로운 변화가 일어나기 시작했다. 사산조 페르시아(226년~651년)와 비잔틴 제국(395년~1543년)의 충돌에 영향받아 아라비아 반도의 운명이 바뀌기 시작했다. 무엇보다 이전의 육상 실크로드와 바다의 실크로드를 따라 운송된 중국과 인도의 실크 제품이라든가 도자기, 향신료를 홍해와 아라비아 서부의 히라즈 지방을 경유해 시리아로 보내는 통상로가 개척됐다. 아라비아가 새로운 중계무역의 거점으로 떠오른 것이다. 게다가 아라비아 반도의 중심도시 메카는 300여 개에 이르는 여러 다신교의 우상들에게 참배하려는 순례객들이 해마다 몰려와 번성했다. 메카의 거상들은 새로운 중계무역에 동참해 부를 쌓아가는 참이었다.

이런 겉모습과 달리 다른 한편으로는 불안스러운 기운이 메카라는 도시 안팎에 흐르고 있었다. 우선 도시 밑바닥에는 가난하고 어려운 사람들이 이전보다 크게 늘어났다. 프랑스의 이슬람학자 안마리 델캉부르는 그들을 이렇게 정의했다.

"중계무역지의 상업적 특권으로부터 소외된 상인이나, 소규모 대상 무역상, 빚더미 때문에 노예로 전락한 베두인 유목민, 가난한 장인들, 여러 나라에서 이곳까지 밀려오는 소수파 종교인들, 가난한 고아들이었다."

게다가 거상은 거상대로 호황 속에서도 심한 불안감을 느꼈다. 지금 자신들에게 돌아온 무역상의 혜택이 영원히 계속된다는 보장은 전혀 없었다. 언제 어디로 무역로가 바뀔지, 무슨 일이 벌어질지 도무지 알 수 없었다.

사산조 페르시아와 비잔틴 제국도 저마다 점차 중요성이 높아가

이슬람교의 성립 과정	
610년	무함마드, 이슬람교 창시 (경전 '쿠란', 유일신(알라) 숭배, 우상 숭배 거부, 평등사상)
622년	헤지라. 메카에서 박해를 받아 메디나로 이주 (이슬람력의 원년)
630년	메카 점령
632년	아라비아 반도 통일. 정통 칼리프 시대 개막

는 아라비아를 먼저 자기네 영향권 안으로 끌어들이려 각축전을 벌였다. 비잔틴은 자신들의 속국인 에티오피아와 가산 왕조를 통해 압박해 왔다. 에티오피아가 예멘에 세운 아비시니아공국은 570년 코끼리 부대를 앞세운 대군을 이끌고 메카 원정을 감행했었다. 사산조도 아라비아 동부를 직접 통치하다가 남부와 중앙아라비아까지 치밀고 들어왔다. 메카는 두 강대국 가운데 어느 한 쪽에 먹히든지, 아니면 거꾸로 두 강대국 가운데 어느 한쪽이라도 먹어치워야 할 판이었다.

무함마드의 새로운 질서

이 상황에서 메카를 비롯해 아라비아 반도에 필요한 것이 바로 아랍민족의 통일이며, 이 통일은 바로 '새로운 종교'를 세워야만 가능하다고 깨달은 사람이 있었다. 아비시니아공국이 공격해 오던 해 메카에서 태어난 무함마드라는 이 상인은 마흔 살의 나이에 '신의 계시'를 받고 아랍 사회의 다신교를 배척하고 유일신(알라)만을 인정하는 새로운 종교의 포교에 나섰다. 그는 지난 10년 동안의 노력 끝에 모두 100명 남짓한 개종자를 얻었다. 그 대신 "조상 대대로 내

메카에서 태어난 무함마드는 마흔 살의 나이에 '신의 계시'를 받고 아랍 사회의 다신교를 배척하고 유일신 알라만을 인정하는 새로운 종교의 포교에 나섰다. 622년 무함마드는 박해를 피해 메카에서 야스리브(메디나)로 이주(헤지라)해 새 종교공동체를 세운다.

려온 신앙을 저버렸다"는 비난과 함께 자기 부족으로부터 사실상 '살해 명령'까지 떨어진 상태였다.

마침 그는 '새로운 질서'를 부여해 달라는 야스리브 사람들의 주선으로 622년 메카를 탈출해 메디나로 갔다. '부족 간 갈등' '종교 간 갈등'이 이 도시를 무겁게 누르고 있었다. 무함마드는 이 도시가 '메디나의 헌장'을 채택하도록 하는 한편 최초의 종교공동체(움마·ummah)를 그곳에 세웠다. 그것은 강력한 신정일치 체제였다. 무함마드가 메카의 암살대를 피해 야스리브(나중에 '예언자의 도시'라는 뜻의 메디나로 이름이 바뀜)로 들어가 새로운 종교공동체를 세운 이 사건은 이후 이슬람 역사에 '헤지라'(이주 또는 망명이라는 뜻)로 기록됐다. 한 이슬람 역사가는 이렇게 평가했다.

"혈연관계에 바탕을 둔 부족사회를 종교 교의로 무장한 사회조직에 바탕을 두게 함으로써 혈연적 형제애를 종교적 형제애로 대체해 냈다."

그 뒤 무함마드는 이 도시의 움마에 참여하고 있던 유대인 정주자 세력을 단계적으로 추방·배제하고 이슬람교의 아랍화를 강력하게 추진했다. 다른 한편으로 다신교인 메카 세력과 여러 차례 전투를 벌여 승리하는 등 초기 이슬람 세력을 급속도로 확장했다. 헤지라 7년인 628년 메디나의 이슬람 세력에 밀려 휴전에 동의했던 메카 세력은 2년 뒤 무함마드가 휴전을 깨고 1만 명의 무장 세력으로 진군해오자 그대로 항복했다. 메카에 들어간 무함마드는 다신교의 중심이던 카바(신의 처소라는 뜻)에서 유일신 알라를 상징하는 흑석만을 남긴 채 다른 우상의 상징물들을 다 없애버리는 '정화 의식'을 벌였다. 유일신을 내세운 새 종교가 다신교에 빠진 구체제에 승리한 것이다.

메카 점령 뒤 거의 모든 아랍 부족들이 움마의 구성원이 되겠다는 협정을 체결했다. 아라비아는 곧 하나의 종교 아래 통일됐다. 기원 632년 메카 순례를 마치고 메디나로 돌아온 무함마드가 갑자기 세상을 뜨자 추종자들은 무덤에 이렇게 새겼다.

"신은 유일하고 무함마드는 신의 사도다."

유일신과 무력을 결합한 이슬람교는 무함마드의 후계자인 여러 칼리프들의 지도로 계속 대규모 정복전쟁을 이어나갔다. 사산조 페르시아를 멸망시키는 등 8세기 초까지 중앙아시아로부터 중동 지역 전역을 거쳐 북아프리카를 지나 이베리아 반도에 이르는 거대한 제국을 건설했다. 단 100명의 신앙자들이 1세기도 안 되는 사이에 세계 3개 대륙에 걸쳐 수많은 신도를 거느리는 세계 종교로 성장했다.

이슬람교가 정복전쟁만으로 포교에 성공한 것은 아니다. 이슬람의 경전 『쿠란(코란)』은 "종교에는 강요가 없나니라"(2:256)라는 공식적 입장을 가지고 있다. 물론 이교도 지역을 정복하고 거기 아랍인을 대대적으로 이민시키는 이민화–식민화는 이슬람교 전파에 크게 기여했다. 하지만 이슬람교 자체에 사람들을 끌어들일 만한 요소가 있었다. 신흥 이슬람 세력은 정복지의 비이슬람교도들이 지조(토지세)와 인두세만 내면 원래의 종교를 허용했다. 세금도 비잔틴 제국에 비해 상대적으로 매우 가벼웠다. 비잔틴 제국은 곡창지대인 이집트에 대한 조세를 계속 올려 원성이 높았다. 이슬람교는 제국 안에 거주하는 기독교도와 유대교도에 대해선 같은 신을 섬긴다는 이유로 '피보호민'으로 간주해 인두세를 내는 조건으로 그 신앙을 인정했다.

이슬람은 무엇보다 형제애를 크게 강조해 환영받았다. 이 신흥종교는 유대교와 같은 혈연적 기반을 철저히 부정하고 모든 무슬림은 '형제'로서 하나의 공동체를 형성한다고 설파했다. 이런 '평등주의'가 이슬람교를 세계 종교로 키우는 데 크게 기여했다.

이슬람의 현세완성주의

무함마드가 창시한 이슬람교가 기독교, 불교 등 다른 세계 종교와 크게 다른 점은 무엇보다 그 '현세완성주의'라고 할 수 있다. 후대의 한 이슬람 작가가 기록한 이슬람에 대한 찬사는 현세주의로 가득 차 있다.

> "우리는 가장 강성한 왕국, 막강한 힘, 엄청난 수의 백성을 거느리고 다른 국가들을 지배하고 있는 초강대국 페르시아와 비잔틴 제국에 맞섰다. 무기도 장비도 식량도 없이 맨몸으로 나가 맞서 싸웠다. 신은 우리에게 승리를 주셨다. 우리가 그들의 나라를 정복해 그들의 땅과 집에 살게 하시고, 그들의 재산을 빼앗게 허락해 주셨다."

우선 이슬람교의 창시자 무함마드가 이 현세주의-현세완성주의를 뚜렷하게 증명한다. 다른 종교와 비교해 보자. 무함마드는 유대교의 모세가 끝내 '약속의 땅' 가나안에 들어가지 못한 것과 달리 자신의 '약속된 땅'에 들어갔다. 나아가 현세에서 철저하게 박해받다가 수백 년 뒤에야 박해자 로마 제국을 개종시킨 기독교의 예수와 달리 생존시에 지상에서 승리하고 권력도 쟁취했다. 그는 한편으로 '신의 사도'로서 종교적 계시를 전달하고 가르쳤지만, 동시에 무슬림 움마의 지도자로서 법령을 공포하고, 세금을 징수하고, 전쟁을 하고, 국가도 건설했다. 그의 후계자들은 종교의 이름으로 그 국가를 세계 제국으로 확장했다. 과연 어느 길이 옳은 것일까?

"잔을 들어라. 떠나야 할 때가 왔다. 너는 삶을 향해 나는 죽음을 향해. 어느 길이 옳은지는 신만이 안다." (플라톤의 『파이돈』에 나오는 소크라테스의 말)

이슬람 제국의 발전과 확대

이슬람 세력이 이베리아에서 민다나오까지 팽창한 이유

1498년 포르투갈 사람들은 희망봉을 돌아 인도 서남해안 항구 캘리컷에 도착했을 때 '이상한' 사실을 목격하고 놀랐다. 자기들보다 먼저 이슬람 상인들이 동남아 일대 주민들을 무더기로 이슬람교도로 만들어 놓고 있었다. 그 뒤 필리핀 마닐라에 도착한 에스파냐 사람들도 비슷한 일을 목격했다. 주민들은 자발적으로 무슬림이 돼 가고 있었고, 술탄이 통치하는 나라도 한둘이 아니었다.

경제교역을 통한 이슬람의 세계화

이슬람교가 처음 등장한 7세기 초반부터 8세기에 걸쳐 약 130만 명의 아랍인이 사막과 오아시스 농경지대에서 벗어나 유럽, 아프리카, 아시아 3대륙으로 퍼져나갔다. 무함마드의 후계자인 칼리프들이 대규모 정복전쟁을 벌인 결과다. 이 거대한 인구 이동의 물결을 타고 아랍인은 정복자로 지배자로 지구 곳곳에 이슬람-아랍 공동체를 만들어 나갔다. 특히 그들은 사막에 도시를 만들고 관리하는 데 탁월한 재주를 발휘했다. 바그다드도 사막으로 바뀐 고대 도시의 폐허 부근에 8세기에 새로 조성한 도시다. 도시는 점점 내륙으로부터 바다로 이동해갔다. 내륙의 정복지를 서로 이어주고 교역을 하기 위해선 항구가 절대적으로 필요했다. 항구는 곧 이슬람 경제와 문명의 핵심기지가 됐다.

우선 이슬람교의 최대 성지 메카를 홍해와 이어주는 항구 지다(제다)가 번성하기 시작했다. 홍해는 해안선을 따라 제멋대로 뒤엉켜 있는 산호초 때문에 항해자에게는 위험하기 짝이 없는 바다로 악명을 떨쳐왔다. 정박할 때 선박이 부서지기 일쑤고, 해역에는 상어도 많아 기피해역이었다. 무함마드가 속해 있던 부족 이름 쿠라이시가 바로 '상어'라는 뜻이다. 하지만 이슬람교가 바꿔 놓았다. 매년 수많은 무슬림들이 순례를 오기 시작한 것이다. 메카와 메디나를 찾는 엄청난 순례자와 점차 커가는 두 성지의 주민들에게 먹을 것과 생필품을 제공하는 일은 보통 일이 아니었다. 곡물을 잔뜩 실은 이집트의 상선, 화려하기 짝이 없는 사치품과 향신료 등을 운반하는 동방의 상선, 그리고 수백 명까지 태울 수 있는 대양 항해선은 계속 홍해로 몰려들었다.

7세기 후반 아라비아 주력부대가 이라크로 이동하면서 유프라테스-티그리스강 합류지점에도 새로운 도시 바스라가 건설됐다. 여기서는 강을 따라 페르시아만으로 들어가 멀리 인도양까지 나아갈 수 있었다. 바스라는 곧 오만이나 예멘 그리고 인도와 거래하는 상인들로 북적였다. 천혜의 항구조건을 갖춘 페르시아만 입구의 무스카트도 개발돼 시라프와 함께 인도양 무역의 중심지로 부상했다. 로마 시대부터 이름을 떨친 무역항 알렉산드리아와 튀니스가 다시 재건돼 활황으로 돌아선 것도 바로 이때다. 이와 함께 무슬림의 이베리아 및 서아프리카 진출에 따라 아프리카의 거점인 모로코의 세우타와 마라케시 등도 번영기를 맞았다.

항구를 중심으로 무역과 해운을 크게 발달시킨 주도세력은 이슬람 상인들이다. 이슬람 제국은 사실상 상인과 베두인 기마전투부대원의 양대세력이 주도했다. 우선 무함마드부터가 상인이었다. 그의 첫 신도들도 대부분 상인이었다. 이런 배경 때문에 이슬람법은 당연히 상업을 크게 긍정하는 내용으로 채워질 수밖에 없었다.

이슬람 국가는 앞장서서 교통망을 안정적으로 관리하고 시장(바자르)도 활성화시켰다. 상업세금을 낮추고, 금과 은을 양본위제로 사실상 '세계 화폐'를 통용시켰다. 이베리아에서 민다나오에 이르는 대제국을 건설하면서 경제의 세계화, 교역의 세계화에 눈떠 간 것이다. 17세기 말 이슬람권을 여행한 프랑스의 위그노(프랑스의 신교도) 보석상인 장 샤르댕은 이렇게 기록했다.

> "이슬람 무역업자들은 훌륭한 사람들이었다. 그들은 자신의 신용을 걸고 아시아 전 지역의 정박지를 안전하게 마련해 주었다. 특히 페르시아인들은 더 뛰어났다."

이슬람 영혼의 토착화

무슬림의 활동무대도 교역로를 따라 점차 확장돼 갔다. 오늘날 의외인 곳에서 마주치는 변방의 이슬람 사회는 대부분 이 무렵 이슬람 제국의 팽창과 밀접하게 관련돼 있다. 동남아시아가 이슬람화한 시기는 대개 10세기 중엽 이후부터다. 인도가 북방의 투르크계와 아프간계 민족의 북인도 침입으로 본격적으로 이슬람화하기 전 이미 아랍인과 페르시아 상인들은 인도 해안을 따라 동남아까지 오가고 있었다. 916년 무렵 인도양을 여행한 아랍학자 알 마스우디는 말레이시아 군도 칼라바르에서는 이미 서쪽의 시라프, 오만으로부터 내항한 배들과 극동의 배들이 거래를 벌이곤 했다고 기록했다.

페르시아만에서 온 상인들은 아예 이곳 주민과 결혼해 정착하고 있었다. 나중에 인도의 델리 왕조 시대에 들어서면 육상으로 인도에 온 이슬람 세력들까지 다시 바다를 건너 말레이시아와 인도네시아로 진출했다. 이슬람 물결은 그 뒤 멀리 필리핀 남부 민다나오까지 확산됐다. 이 과정에서 아랍어도 점차 세계화돼 갔다.『쿠란』은 암송을 원칙으로 하기에『쿠란』과 함께 자연스럽게 아랍어도 현지에 파고 들

이슬람교의 창시자 무함마드는 상인이었다. 그의 첫 신도들도 대부분 상인이었다. 이런 배경 때문에 이슬람 국가는 경제의 세계화, 교역의 세계화에 쉽게 눈떴다.

어갔다. 결국 구어체 아랍어는 일반인들의 사용 언어로 남게 되고, 문어체 아랍어는 상업·문화·정부의 주된 소통 도구로 돼 갔다.

말레이 반도의 믈라카가 스스로의 필요에 의해 이슬람화의 길을 선택한 것은 이슬람 포교사에서 획기적인 의미를 지닌다. 수마트라 출신의 왕족이 라이벌 군대에 져서 말레이까지 건너와 세운 믈라카는 원래 태국의 아유타야 왕조에게 세금을 납부해오고 있었다. 15세기 초 명나라 정화 함대가 믈라카를 중계거점으로 이용하자 그들은 명의 힘을 이용해 아유타야의 지배에서 벗어났다. 얼마 뒤 명나라가 해금정책으로 돌아서 함대의 파견을 중단하자 믈라카 왕조는 위기에 빠졌다. 결국 그들은 교역항의 주도권을 놓치지 않기 위해 당시 이 지역 교역의 주도권을 잡고 있던 이슬람 상인들과 손잡았다. 국왕이 먼저 이슬람교로 개종하고 신하들도 여기 따랐다. 동남아 다른 섬들도 다투어 개종했다. 교역로를 따라 이슬람 상인이 진출하고 그 지역도 이슬람화하는 과정은 당시 세계적으로 비슷한 양

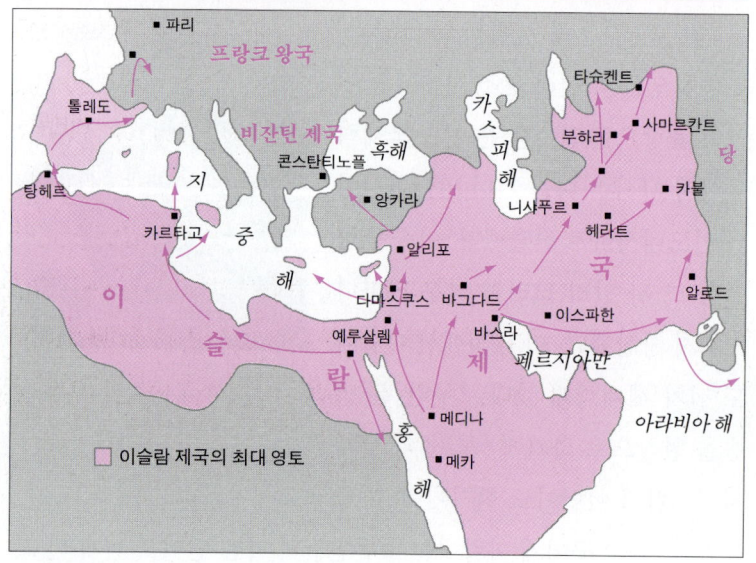

상으로 진행됐다. 11세기 이후 서아프리카의 이슬람화도 비슷한 과정을 밟았다.

인도양의 계절풍도 이슬람 인도네시아 지역의 중계무역을 크게 촉진시켰다. 당시 중국은 이슬람 무역에서 아주 중요한 수입선이었다. 무슬림들은 두채기법(푸른 색 안료로 윤곽을 그리고 그 위에 녹색 등으로 무늬를 묘사한 도자기 채색기법)을 비롯해 비취조각, 폭죽 제조술, 염색, 칠기, 제지술 등 중국의 탁월한 기술에 매료됐다. 11세기 페르시아 학자 알 탈리비는 이렇게 기록하고 있다.

"멋지게 만들어진 물건들은 대부분 중국 특산품이었다. 그 결과 아랍인들은 우아하고 신기한 그릇들을 무조건 '중국 것'이라고 불렀다."

그런데 중국으로 가려면 거치는 인도양에서는 계절풍이 여름에는 남서풍, 겨울에는 북동풍으로 바뀐다. 이슬람 상인들은 아라비아에서 중국으로 항해할 때 계절풍의 방향이 바뀌면 어쩔 수 없이 안전한 항구에서 장기간 체류해야 했다. 어느 때는 중국까지 왕복하는 데 3년이 걸리기도 했다. 그 결과 지다 아덴 수하르 시라프에서 온 상인들은 더 이상 항주나 광주까지 직접 가지 않았다. 그 대신 수마트라 자바의 항구도시에 머물며 중계무역을 주도했다. 이 지역은 그 뒤 중국인들이 대거 이주해 오면서 화교 사회가 주요한 요소로 자리잡았다. 아랍-이슬람 문명과 중화 문명이라는 두 외부 문명이 이 지역에 토착화됐다. 이슬람 문명은 원주민을 개종시키는 방식으로 이른바 '이슬람 영혼의 토착화'를 시도했고, 중화 문명은 화교를 중심으로 '중화권 핏줄과 경제의 토착화'를 시도했다.

결국 누가 승리한 것일까? 이슬람은 대중을 잡고, 중화 문명은 소수의 경제 엘리트를 장악했다.

인도의 성장

인도의 힌두 문화 성립과 이슬람화

"간다라 미술인은 그리스인의 손을 가졌으나 마음은 영원히 인도인의 것이었다."

민족의식, 민간신앙과 결합한 힌두교

4~6세기 북인도를 지배한 굽타 왕조는 불교 미술의 찬란한 한 시대로 기록되는 간다라 미술을 만들어냈다. 그리스인들이 신을 자신들의 신체 모양 그대로 형상한 것에 자극받은 간다라의 예술가들은 비로소 사람의 모양을 한 신상을 만들기 시작했다. 초기 불교도들은 부처의 얼굴이라든가 형상을 표현하는 것을 감히 꿈꾸지도 못했다. 그저 발자국, 빈 의자 등으로 그려냄으로써 부처를 향한 마음의 한 자락을 표현할 뿐이었다. 이제 그리스인들로부터 자극받은 예술가들은 자신의 부처상을 아폴론을 본 따 아주 섬세하고도 아름답게 형상화해냈다. 이 기법은 그 뒤 북동쪽으로는 중국, 한국을 거쳐 일본으로, 남동쪽으로는 버마, 태국을 거쳐 베트남으로 퍼져나갔다. '인간의 얼굴을 한 부처상'은 그렇게 아시아 각국으로 전파돼 그 뒤

이 지역의 시각예술에 혁명적 영향을 미치게 된다.

　이처럼 예술가들이, 그리고 귀족층의 크샤트리아 자제와 상인 계급이 불교를 향한 염원을 키워나가던 굽타 왕조 시기에 인도 사회의 밑바닥에선 브라만교를 계승한 힌두교가 엄청난 맹위를 떨치며 확산돼 가기 시작했다. 종교의 계급분화가 일어나고 있었다.

　굽타 시대 북부 유목민족이 잇따라 침입해 오는 것을 계기로 인도에서는 민족의식이 강력하게 대두됐다. 이 분위기를 타고 굽타 시대 국왕들은 브라만교가 힌두교로 새롭게 태어나도록 적극 지원했다. 그 결과 4~5세기 무렵 힌두교에는 주요한 변화가 나타나기 시작했다.

(1) 신앙의 중심으로서 신의 형상을 담은 신상이 등장했다.
(2) 제사 때 실제로 희생물을 바치던 브라만교와 달리 힌두교에서는 신봉하는 신의 형상을 제단에 올려놓는 식으로 바뀌어 갔다.
(3) 힌두교에 입각한 새로운 사회제도를 규정한 『마누법전』 등이 편찬돼 나왔다.

　신상이 등장하고 이것을 실제 제사에 활용하는 방식은 특히 민중들의 신앙생활에 큰 영향을 미쳤다. 힌두의 신을 보다 알기 쉽고 접하기 쉽게 생활 속으로 끌어들여 왔을 뿐만 아니라, 제사의 비용도 획기적으로 줄여주었기 때문이다. 나아가 『마누법전』의 편찬은 복잡하기 짝이 없는 힌두교와 카스트의 이중적 규제와 의무를 성실히 실행해 나갈 수 있도록 공통의 원칙을 일목요연하게 정리해 보여줬다. 한마디로 보통의 백성들이 '한층 더 믿기 쉬운 종교'로 변신해간 것이다. 힌두교가 현실세계에서 나름대로 얼마나 강한 흡인력을 지니고 있는지는 힌두교의 4가지 생활목표를 보더라도 짐작할 수 있다.

힌두교의 4가지 생활목표

- **다르마**(dharma) 종교와 사회적 의무
- **아르타**(artha) 경제적인 실리를 추구
- **카마**(kama) 쾌락을 즐김
- **모크샤**(moksa) 정신의 해탈

네 가지 가운데 일단 두 가지가 인간의 현세적인 욕구를 적극적으로 긍정한다. 부자가 되고 싶은가? 그런 사람을 위해선 부의 여신 락쉬미가 준비돼 있다. 쾌락을 즐기는 것도 다른 종교와 달리 적극적으로 권장한다. 덧붙여 종교상의 의무와 사회적인 의무를 다하면서 공덕을 쌓으면 정신의 해탈까지 얻고, 내세에는 더 좋은 카스트로 태어나는 식이 되는 것이다. 한 걸음 더 나아가 힌두교는 그 어떤 종교나 민족도 거침없이 포용하고 힌두화하는 데 적극 나섰다. 최대 라이벌이던 불교의 창시자 석가모니를 힌두의 3대 주신 가운데 하나인 비시누의 9번째 화신으로 인정하기도 한다. 마치 변신로봇처럼 힌두교 아닌 다른 종교라든가, 다른 민족이 신봉하는 신을 거리낌 없이 힌두신의 하나로 포용해 버렸다. 그렇게 석가도 비시누의 화신으로 돼갔고, 불교도 힌두교의 한 일파로 자리매김해 버렸다.

힌두교의 신 비시누의 부인이자 부의 여신인 락쉬미. 힌두교는 인간의 현세적인 욕구를 적극적으로 긍정한다.

힌두교와 카스트에 제압당한 불교

이에 반해 불교는 교리를 보다 정교하게 발전시키면 시킬수록 거꾸로 일반 백성들로부터 괴리되는 현상에 부닥쳤다. 힌두교도들이 물을 숭상하고 성수에 의한 정화 의식을 강조하는 것에 대해 불교에서는 이렇게 비판했다.

"만약 사람이 갠지즈강에서 목욕함으로써 공덕을 쌓을 수 있다면 갠지즈강에서 서식하는 물고기와 거북이가 공덕이 가장 많고 가장 신성한가?"

불교의 이런 비판은 논리적으로는 매우 타당하다. 힌두교의 윤회에 따른다면 갠지즈강 물고기의 형태로 인간이 윤회하는 것도 충분히 가능하기 때문이다. 그러나 인도 민중은 이 비판을 무시한다. 과학 문명이 아직 발달하지 않았던 고대 인도의 백성들에겐 갠지즈강의 은총이야말로 절대적이었기 때문이다.

특히 불교가 소승불교에서 대승불교로 전화돼 가면서 교리상의 위기가 점차 심각해져 갔다. 처음 불교는 브라만 계급 언어인 산스크리트 대신 지방 방언인 팔리어로 소승불교의 불전을 펴냈다. 원시 불교는 확고한 비(非)브라만주의의 입장에서 새로운 세계를 창조하려 했다. 기본적으로 불교는 윤회로부터의 이탈을 목적으로 하는 해탈주의다. 그리고 그 교의를 실천하는 주체가 인간의 인격 속에 있다고 설파했다. 따라서 인간의 계급이 출생과 함께 고정되어 있다고 주장하는 브라만주의와는 가치 기준이 근본적으로 다른 혁명적인 교의였다. 그런데 후대에 소승불교에서 대승불교로 전환함에 따라 이 혁명의 교의, 혁신의 성격이 변화했다. 우선 대승불교의 경전이 산스크리트어로 편찬되기 시작했다. 무엇보다 불타 자신도 완전한 신으로 전화돼 예배 대상으로 바뀌었다. 원래 석가모니는 자신을 불타 즉 '깨달은 자'라고 규정해 스스로도 결코 신적 존재가 아니라는 점을 명백히 했다. 그런데 신으로 바뀌었다. 이 때문에 불교가 브라만주의의 신의 관념(신관)을 채택한 것이 아닌가 하는 비판도 있다. 개인의 구제 대신 온 중생의 구제를 내세우는 등 교의면에서는 한층 높은 보편성을 성취했지만, 사회적으로는 오히려 경합하는 힌두교와 차별성을 가지지 못하게 됐다.

나아가 불교가 힌두교라는 종교뿐만 아니라 인도의 뿌리깊은 카스트 제도의 연합공세에 밀려버린 성격도 강하다. 카스트 제도가 여전히 강력하게 위력을 발휘하는 상황에서 두 가지 전선(힌두교 및 카스트와의 대결)에서 맞서 승리하기란 여간 벅찬 일이 아니다. 카스트 제도의 기준으로 보면 불교도나 자이나교도는 사회적으로는 지극히 무력한 종성(계급)이었다. 특히 브라만과 상인 계급의 주도권 쟁탈전에서 브라만이 왕들의 지원으로 토지까지 소유하는 지주로 성장하면서 브라만의 승리는 결정됐다. 브라만은 교체와 소멸을 반복하는 여러 왕조의 혈통적 정통성을 종종 조작해주는 대가로 토지를 받곤 했다. 불교의 재정적 후원자 역할을 하던 상인 집단의 쇠퇴는 불교의 퇴락에 큰 영향을 미쳤다. 결국 8세기에 들어서자 불교는 힌두교에 흡수돼 인도에서 사실상 거의 세력을 잃고 말았다.

힌두-브라만의 아성을 무너뜨린 이슬람

고대 인도를 사실상 주도한 힌두-브라만 문명에 대한 본격적인 도전은 인도 북부로부터 밀고 들어온 이슬람 세력으로 왔다. 이슬

인도의 이슬람 왕조	
712년	이슬람 세력(우마이야 왕조)의 인도 침입
998년~1030년	투르크계 이슬람 왕조인 가즈나 왕조(마흐무드왕), 인도 공략(펀자브 영유)
1163년~1202년	가즈나 왕조를 멸망시킨 고르 왕조(무함마드왕), 델리까지 진출하여 북인도 지방 평정
1206년~1520년	노예 왕조, 노예 출신인 아이바크가 델리에 세운 인도 최초의 이슬람 왕조. 이후 이슬람계의 델리 술탄 왕조(5왕조) 흥망
1526년	티무르 자손 바베르, 서북인도 점령. 델리를 수도로 이슬람 무굴 제국 건국

람 세력은 인도의 힌두 문명이 동화시킬 수 없다는 것을 입증한 최초의 존재다. 역사상 북인도에 침입했던 그리스, 스키타이, 파르티아, 흉노족 등은 이방인으로 남지 않고 모두 인도에 동화됐다. 나아가 사실상 불교도나 힌두교도에서 이슬람교로 개종한 사람은 있으나 이슬람교도 가운데 불교나 힌두교로 개종한 사람은 거의 없다고 전해진다.

이슬람 세력의 인도 진출은 771년 중동 지역을 석권한 우마이야 조 통일이슬람 제국의 인더스 하류 지역 공격으로부터 시작해 991년 가즈나 왕조의 페샤워르 점령, 10년 뒤인 1001년 라호르 점령, 또 다른 이슬람 세력인 고르 왕조의 갠지즈 진출 등으로 갈수록 거세졌다. 이슬람 세력의 지속적인 진출에 따라 인도 아대륙은 영국의 식민지 통치 이전까지 사실상 직간접적으로 이슬람 왕조의 지배를 받는 처지로 바뀌게 된다. 이제 인도 사회는 이슬람교와 힌두교가 양립하는 갈등과 경쟁, 융합과 타협, 분열과 공존이라는 복잡한 고등방정식을 둘러싸고 골머리를 앓게 된다.

이슬람의 인도 진출은 인도 역사에 엄청난 영향을 미쳤다. 무엇보다 강고한 힌두의 계급주의에 심각한 타격을 주기 시작했다. 이제까지 카스트와 종교에 의해서 핍박받아온 계층부터 기존의 힌두교-카스트 제도의 질서로부터 이탈하기 시작했다. 특히 카스트 제도에서 제4계급에도 들지 못하는 '불가촉 천민'이 거주하는 지역부터 전 집단이 이슬람교로 개종하는 사태가 벌어졌다. 이들에게 이슬람교는 사실상 새로운 해방을 의미했다. 이와 함께 인도는 이슬람과 힌두의 조화와 협동이 있을 경우 발전하지만, 대립하면 쇠퇴하는 구조가 자리잡아갔다. 양쪽 모두 한 사회를 완전히 지배하기에는 결정력이 부족했다. 비록 이슬람은 뛰어난 군사·정치적 제도를 업고 인도 지배에 나섰지만, 힌두교도의 협조가 없으면 제국의 운영이 사실상 불가능하다는 현실에 부닥쳤다. 결국 양자는 타협을 이루게 되고 이런 평화 속에서 안정과 번영을 지켜나갈 수 있었다.

하지만 인도는 영국 제국주의로부터 해방되는 순간 두 세력의 대립에 따라 힌두교도의 인디아와 이슬람교도의 파키스탄으로 분열되는 엄중한 결과를 끝내 피하지 못했다. 종교에 대한 믿음이 지나치면 수천 년 동일 문명의 영광도, 인류 유산의 소중함도 간단히 쪼개지고 무너질 수 있는 것이다.

히스토리 브리핑

캄보디아, 작은 나라의 큰 역사

오늘날 '캄보디아' 하면 사람들은 곧바로 '앙코르 와트'를 연상하곤 한다. 밀림 속에 세워진 놀랍도록 웅장하면서도 신비로운 이 유적은 12세기 전반 캄보디아 앙코르 왕조의 수르야바르만 2세 때 건설한 것으로 알려져 있다. 앙코르 와트는 '사원의 도시'라는 말로, 원래는 힌두교의 신 비시누의 화신으로 여겨진 앙코르 왕을 모시는 힌두교 신전으로 세워졌다. 건축물이 있는 남북 1.3킬로미터, 동서 1.5킬로미터의 사원 지역을 폭 200미터의 거대한 해자로 둘러쌌다. 건축물은 3층 피라미드 구조이고 가장 높은 층에는 옥수수 모양의 첨탑이 5개 있다. 가운데 있는 중앙탑은 65미터로 가장 높다. 건축물을 지탱하는 기반부의 회랑에는 인도 신화에 나오는 갖가지 신과 인물을 조각해 놓았다. 앙코르 와트는 나중에 소승불교 사원이 됐다.

그러나 이처럼 웅장한 앙코르 와트는 이 지역을 둘러싸고 있는 앙코르 톰의 일부분일 뿐이다. '큰 도시'라는 뜻의 앙코르 톰은 앙코르 왕조가 시작된 889년부터 나중에 타이계의 샴족에게 점령돼 약탈될 때까지 약 540년 동안 지속적으로 건설된 거대 유적군이다. 이 때문에 유네스코에도 '앙코르의 유적군' 전체가 '세계유산'으로 등록돼 있다.

이런 위대한 인류의 문화유산을 남긴 앙코르 왕조는 12세기 후반 자야와르만 7세 때 캄보디아 역사상 가장 큰 전성기를 이룩했다. 자야와르만은 왕족으로 태어나 베트남 남부에 세력을 떨치고 있던 참파와의 전쟁 때문에 전장에 나가 있었다. 그러다 선왕의 죽음을 틈타 다른 형제가 먼저 반란을 일으켜 왕에 오르는 바람에 왕좌에 오를 기회를 빼앗겼다. 그는 참고 기다리다가 나중에 참파족의 침공으로 수도 앙코르가 점령당하는 국난 속에서 떨쳐 일어나기 시작해 왕에 오른 입지전적인 인물이다. 50대 후반 참파에 대한 항쟁을 시작해 참파를 몰아내고 다른 국내의 정치적 라이벌까지 제압한 뒤 왕에 오를 때 나이가 61세였다. 그는 재위 30년 동안 정복전쟁을 벌여 캄보디아의 전성기를 열었다. 동쪽으로는 참파 왕족을 정복해 바닷길을 열어 중국과 조공무역을 시작하고, 서쪽으로는 메남강 상류 지역까지 차지했다. 남쪽으로는 말레이 반도 북단 지역을 점령하고, 북쪽으로는 라오스의 브앙트얀과 버마 지역에까지 진출했다. 작은 나라 캄보디아가 인도차이나 최대의 국가를 건설하는 큰 역사를

앙코르 와트.

이룩해냈다.

이런 성과를 바탕으로 자야와르만 7세는 앙코르 톰의 재건에 나서는 등 많은 문화유적을 캄보디아에 남겼다. 앙코르 톰은 먼저 사방 3킬로미터의 도시를 만들고 그 주변에는 높이 8미터에 이르는 성벽을 쌓았다. 다시 그 위에 폭 113미터의 거대한 해자를 둘렀다. 도시의 중앙에 바욘이라는 건축물에는 모두 51개의 큰 얼굴을 새긴 탑을 세웠다. 이 얼굴은 자야와르만 7세를 관음보살상으로 상징화해 조각한 것으로 알려진다. 그는 베트남의 참파 지역에 갔을 때부터 대승불교에 심취했다. 이 때문에 그는 힌두교의 영향력이 강한 캄보디아를 대승불교로 바꾸기 위해 힘썼다. 그러나 이런 노력과 달리 후세에 캄보디아는 대승불교 대신 소승불교로 기울어갔다. 자야와르만은 이와 함께 국내 각지를 연결하는 간선도로망도 대대적으로 건설하고 그 도로망을 따라 121개의 숙식 시설도 세웠다. 또한 사람들을 무료로 치료해주는 시설도 100여 개 지었다.

3부
유럽의 봉건 사회

4세기 후반부터 진행된 게르만족의 이동으로 유럽 사회의 정치, 경제, 문화 양상은 크게 달라졌다. 게르만족에 의해 서로마가 멸망하면서 로마 제국의 영향력은 점차 쇠퇴했다. 서로마가 사라진 자리에는 프랑크 왕국이 새로운 강자로 떠올랐다. 어수선하고 불안한 사회에서 농민들은 외세의 공격으로부터 생명과 재산을 지키기 위해 무력을 지닌 영주와 주종관계를 형성했다. 소영주는 대영주와 주종관계를 맺었다. 대영주와 왕의 관계도 동일했다. 이렇게 지방분권을 기반으로 한 거대한 위계질서가 형성되었으니 이것이 봉건제다. 봉건제란 정치적으로는 지방분권, 경제적으로는 장원제, 군사적으로는 기사제를 의미하는데 봉건 사회가 해체되면서 이 형태가 서서히 중앙집권, 시장경제, 상비군 체제로 전환되었음을 주목해야 한다.

로마 가톨릭은 391년 로마 제국의 국교로 공인된 이후 세력을 크게 넓혔으나 서로마의 멸망과 더불어 험난한 생존 투쟁을 치러야 했다. 우상숭배와 삼위일체 등 교리상 문제뿐 아니라 가톨릭의 정통성을 두고 동로마와 대립했던 로마 교회는 서유럽의 신흥 강자인 프랑크 왕국과 손을 잡고 가톨릭 제국의 부흥을 추구했다. 가톨릭은 이슬람 세력에 위협받는 동로마 제국을 지원한다는 명분 아래 여덟 차례에 걸친 십자군 원정을 감행했다. '이웃을 사랑하라'는 예수의 가르침을 망각한 십자군의 무자비한 학살과, 성

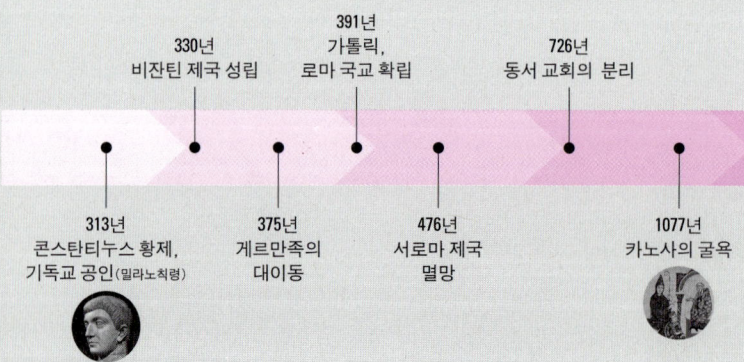

- 313년 콘스탄티누스 황제, 기독교 공인(밀라노칙령)
- 330년 비잔틴 제국 성립
- 375년 게르만족의 대이동
- 391년 가톨릭, 로마 국교 확립
- 476년 서로마 제국 멸망
- 726년 동서 교회의 분리
- 1077년 카노사의 굴욕

직 매매, 면죄부 남용 같은 과오를 저지르면서 가톨릭의 도덕성은 심각하게 훼손됐다. 가톨릭은 이후 식민주의 시대 신대륙 정복자들과 결탁해 원주민 착취와 문화 파괴 등에 참여하는 등 역사적 과오를 남겼다. 십자군 원정에서 드러난 기독교 중심주의 가치관은 현대 들어서 네오콘의 대두 및 이라크 전쟁, 미국의 이스라엘 지원 등의 형태로 이어지고 있다.

중세는 역사가들에 의해 고대와 근대 사이에 낀 '중간 시대'라는 오명을 썼다. 하지만 중세는 새로운 문명의 도래를 준비하고 근대의 터를 닦은 중요한 시대였다. 동로마 제국은 로마의 정치제도를 따랐지만 언어와 문화는 그리스를 따랐다. 고대 그리스의 훌륭한 지적 유산은 문화다양성을 존중하는 동로마의 풍습과 가톨릭 수도사들의 노고 덕에 온전히 보존될 수 있었다. 고대 문화부흥을 의미하는 르네상스는 이미 이 시기에 일어났으며, 세계 최초로 대학을 탄생시킨 시대도 중세다.

영주와 귀족들의 이권 다툼과, 가톨릭 세계의 대립과 몰락, 페스트 창궐과 장기간에 걸친 전란을 거치며 유일하게 몰락하지 않은 세력이 있으니 각 나라의 왕들이었다. 자연스럽게 유럽에는 강력한 왕권을 내세운 중앙집권국가가 출현했다.

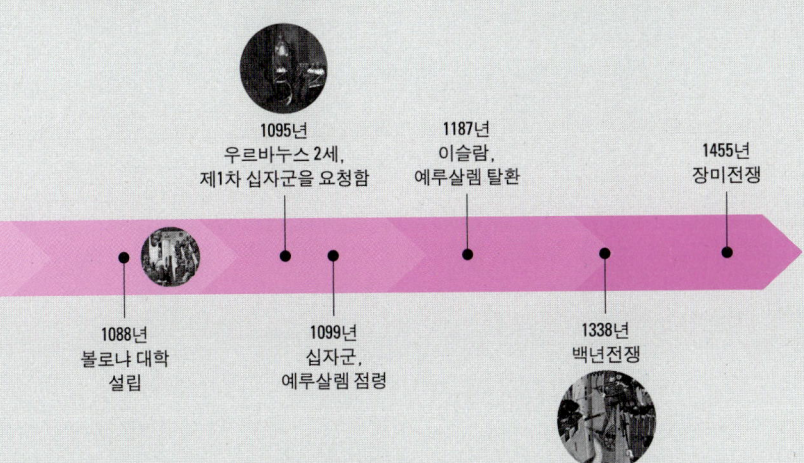

1095년
우르바누스 2세,
제1차 십자군을 요청함

1187년
이슬람,
예루살렘 탈환

1455년
장미전쟁

1088년
볼로냐 대학
설립

1099년
십자군,
예루살렘 점령

1338년
백년전쟁

1장
봉건 사회와 비잔틴 세계의 성장

봉건 사회 형성: 로마 멸망 이후 바바리안이 유럽에 건설한 신세계
기독교 세계: 비극으로 끝난 교황과 황제의 전략적 제휴
비잔틴 세계: 유럽을 지키려는 로마 제국의 마지막 몸부림

봉건 사회 형성

로마 멸망 이후 바바리안이 유럽에 건설한 신세계

정복의 시기인 로마 제국 말기, 유럽은 무력이 모든 것의 기준이 되는 시대였다. 힘없는 농민들은 가축과 농작물을 약탈당할까봐 언제나 두려움에 떨었다. 생명과 재산을 보호받고자 했던 농민들은 토지를 힘 있는 사람에게 양도하고 대가로 그 땅에서 농사를 지을 수 있는 권리와 군사적 보호를 받게 되는데 이것이 봉건제의 시작이다.

새로운 문명의 건설자, 게르만족

봉건제가 출현하게 된 것은 게르만족의 이동과 그로 인한 서로마 제국의 붕괴 때문이다. 로마 제국의 남쪽에서는 이슬람 세력이, 동쪽에서는 훈족(헝가리인)이, 북쪽에서는 스칸디나비아인들(노르만족, 바이킹)이 침입해왔다. 로마 제국 입장에서 보면 게르만족은 무식하고 거칠고 유랑하는 야만족(바바리안)일 뿐이었지만, 그렇다고 그들이 로마의 문명인보다 잔인한 미개인은 아니었다. 그들은 로마를 멸망시키고 영토를 확장하려는 야심 때문이 아니라 단지 살기 좋은 따뜻한 지역을 찾아 헤맸을 뿐이다. 게다가 빨갛고 노란 머리카락에 파란 눈을 지닌 이 야만종족은 로마의 변두리에서 이미 로마 문명을 받아들이며 로마와 동화되고 있었다. 독일의 역사가 테오도어 몸젠은 이렇게 말했다.

농노제는 중세 봉건제의 주요 특징 중 하나다. 농민이 땅의 주인인 영주에게 충성서약을 하고 있다. 경작권을 부여받은 농민은 영주에게 세금과 노동력을 바치는 대신 영주에게 생명을 보호받는다.

"게르만족이 로마에 동화된 것처럼 보이지만 사실은 로마인들이 게르만족처럼 변해버린 것이다."

게르만족이 로마 문명의 파괴자가 아니라 새로운 문명의 건설자라는 뜻이다.

스웨덴과 폴란드 사이 발트해 연안의 척박한 환경에서 발원한 게르만족은 4세기 이후 살기 좋은 곳을 찾아 남쪽으로 내려오기 시작했고 4세기 말에는 로마 제국 영역까지 넘보게 된다. 게르만족을 무력으로 진압하는 데 실패한 로마 황제는 이들이 로마 영토 안에 살 수 있도록 조치했고 자치권도 부여했다. 이에 더 많은 게르만족이 이동하게 된다.

4세기부터 꾸준히 진행된 게르만족의 이동과 침입으로 일어난 변화는 이후 단일한 통일제국 대신 여러 개의 게르만 왕국들이 건설되는 거대한 물길로 이어졌다.

소규모 게르만족이 로마 제국을 무너뜨릴 수 있었던 것은 로마 사회 내에 이미 게르만족 출신 관료들이 포진해 있었기 때문이며, 결정적으로는 당시 로마인들의 투쟁의지가 별로 없었기 때문이다. 하층민과 중간 계급에 속한 로마 제국의 백성들은 이미 군인황제들의 폭정에 지칠 대로 지쳐 있었으므로 어떤 식으로든 지배자가 바뀌는 걸 내심 원하고 있었다. 재산의 몰수에 가까운 세금징수는 백성들로 하여금 현세를 포기하고 내세만을 갈망하도록 만들었다. 결국 476년 게르만족 출신 용병대장 오도아케르가 서로마 제국 황제 로물루스 아우구스툴루스를 폐위하면서 단일 로마가 붕괴했다.

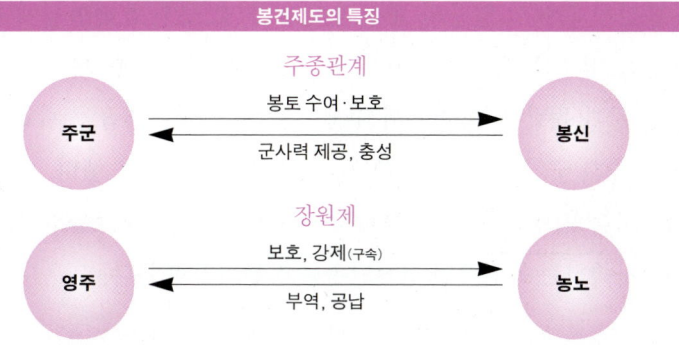

로마의 몰락과 봉건제의 형성

경제적인 관점에서 로마 제국이 무너지고 봉건제가 들어선 것은 화폐경제가 몰락하고 자연경제로 역행하는 결과를 가져왔다. 경제, 군사, 정치를 폐쇄적이며 자급적인 형태로 꾸려가는 사회에서 자유교역의 필요성은 매우 적었기 때문이다.

정치적인 관점에서의 봉건제는 영주들이 맡은 지역을 독립적으로 통치하는 지방분권을 의미한다. 봉건제는 제국의 무정부 상태, 즉 완벽한 중앙집권을 기대하기 어려운 상태에서 중앙정부가 내린 차선책이었다. 말하자면 이런 것이다. "각 지역별로 알아서 살아남으시오." 이런 점에서 봉건제의 군사적 측면이 두드러진다.

영주가 왕에게 충성서약을 하면 왕은 일정한 세금만 걷는 대신 영주의 독립자치권을 보장해주며 봉토를 하사했다. 충성서약에 대한 반대급부로, 또는 특별한 공을 세운 가신들에 대한 보상수단으로 지급된 토지를 은대지(恩貸地: 조건을 달고 하사된 토지)라고 하는데, 이것이 봉건체제의 본격적인 시작을 알리는 지표다. "영주 없는 토지는 없다." 이것이 봉건제의 대원칙이다.

봉건제 하에서 영주와 봉신의 관계를 맺으면, 호혜협정에 따라 봉신은 영주를 먹여 살리고 영주는 봉신을 보호해주어야 했다. 영주는 왕과 똑같은 협약을 체결했다. 왕과 최하층 계급을 제외한 사회의 중간 구성원들은 영주인 동시에 봉신이 되기도 했다. 이런 위계질서를 지탱하는 물질적 바탕이 봉토(封土)다. 봉토를 중심으로 자급자족하는 독립적인 경제단위를 장원이라 부른다.

작은 행복, 큰 불행의 시작

"농민은 자신이 섬길 주군에게 충성서약을 한다. 그런 다음 두 사람은 서로의 입에 키스한다. 이는 동의와 우정의 상징이다."

이런 의식은 기독교 세계에서는 낯선 방식으로 먼 옛날의 게르만적 관습에서 기원했다.

농민이 영주에게 충성서약을 하면 세금과 노동력을 영주에게 바치는 대신 안전한 삶을 보장받을 수 있었다. 이런 점에서 봉건제는 기사제를 의미한다. 외부의 침입이 있을 때 이를 소탕하는 역할을 해야 하는 직업군인인 기사는 세습귀족과 평민의 중간 정도 되는 계급이었다. 농민의 지배자인 기사는 반대로 영주와 교회의 주교들에게는 피고용인 신분이 되었다. 영주는 대개 장원의 소유자로서 농민의 노동력을 공짜로 이용했다. 대신 그들은 기사들을 고용해 침입자로부터 농민들의 생명을 보호해주었다.

잦은 외부 침략 때문에 극도로 불안정하게 생활하던 농민들의 기초적인 요구가 새로운 형식의 정치·경제체제인 봉건제를 필요로 하게 되었던 것이다. 농민들은 자유농으로서 불안하게 토지를 소유하는 것보다 농노로서 안정적으로 토지를 소작하는 게 더 유리하다고 판단했다. 불평등하게 맺어진 이런 계약은 그들에게 작은 행복, 큰 불행의 시작이었다. 자발적인 종속이야말로 봉건제의 두드러진 특징이다.

1100년 이후에 상업이 다시 부활하고 나서야 자급자족하는 봉건 경제체제가 흔들리기 시작했다. 봉건제가 붕괴 조짐을 보인 결정적인 계기 중 하나는 봉토의 세습이다. 봉건제의 성립 근거는 신뢰에 의한 일대일 계약이다. 지배자는 피지배자의 안전을 보장하고, 피지배자는 지배자에게 세금 납부와 노동 제공을 동의했다. 그런데 이러한 계약관계가 세습되면서, 또는 타인에게 양도될 수 있다는 선례가 생기면서 애초 맺었던 신의관계가 깨져버렸다. 봉건제도가 현대적 의미의 '봉건적' 제도가 된 것이다.

유럽 인구는 1300년까지 꾸준히 증가하다가 1348년을 기점으로 페스트와 대규모 전쟁 때문에 급속히 감소한다. 페스트로 인한 희생자가 특히 많았던 것은 영양실조에 허덕이던 농민들이 이 전염병에 쉽게 굴복했기 때문이다. 인구 감소는 봉건제 쇠퇴의 주요한 원인이다. 봉토를 경작할 노동자의 감소와 세금 감소는 봉건적 결제 질서를 무너뜨리는 결정타였다. 영주들의 자구책은 농업생산물 대신 화폐로 세수를 거둬들이는 것이었으며 이는 상업을 촉진하여 자신들의 존재 기반 자체를 뒤흔드는 결과를 낳았다.

봉건제의 주군과 가신은 충성서약을 통해 자발적인 복종과 지배 관계를 성립시켰다. 피지배자는 기꺼이 지배자에게 종속됐다. 그러나 당사자가 동의했다 하여 그 계약이 늘 올바른 건 아니다. 지배자의 탐욕은 끝이 없고 불평등한 계약관계를 뒤집기에는 지배자의 힘이 너무 세기 때문이다.

자신의 보호자를 구하는 것은 사회를 이루는 모든 인간의 필수조건이다. 그러나 보호자를 찾자마자 불평등한 조건을 깨닫게 되며 그것이 벗어나기 어려운 덫임을 알게 된다. '봉건적'이라는 말의 부정적 의미 안에는 지배와 피지배로 점철된 인류 역사의 피치 못할 불평등관계가 담겨 있다.

기독교 세계

비극으로 끝난
교황과 황제의 전략적 제휴

313년 콘스탄티누스 황제가 기독교를 포용한 까닭은 그렇게 하는 것이 국가 통합에 긴요했기 때문이다. 그 이후 시대의 왕과 황제들이 기독교와 협력한 것도 마찬가지 이유다. 세속 권력의 정치적 야심과 보편 종교를 지향하는 로마 교회는 상호 협조했다. 그러나 교회의 권력이 지나치게 커지자 둘 간의 제휴관계에는 금이 가기 시작했다.

동서 교회의 분열

391년 로마 제국의 국교가 된 로마 교회는 불과 두 세기도 지나지 않아 결정적 위기에 봉착했다. 테오도시우스 황제의 명으로 분할 통치되던 로마의 서쪽에는 게르만족의 영향이 커지기 시작했다. 476년 서로마 제국은 패망했다. 그러자 동방의 교회와 여러 면에서 대립하던 로마 교회는 서로마 붕괴 이후 더욱 위축되었고 결국 게르만의 힘을 빌려 동로마에 맞서기로 결정했다.

교회가 동과 서로 분열된 발단은 성상(우상)숭배 논쟁과 삼위일체 논쟁이다. 초기에 예수의 십자가 이외에는 어떤 성상도 허락하지 않았던 서로마는 교회의 존립 자체를 위협받는 상황에서 게르만의 종교 풍습인 우상숭배를 받아들였다. 예수의 상이 생겨나고 나중에는 성모 마리아의 상도 들어왔다. 동방 교회는 이를 강력히 비판했다. 삼위일체는 좀 더 심각한 문제였다. '아들을 통해 아버지로부터' 신성이 나온다고 주장하는 동방 교회와 '아버지와 아들 모두' 신성을 갖는다고 주장하는 서방 교회, 즉 로마 교회의 입장 차이('필리오케(filioque) 논쟁이라 불림)는 4세기부터 불거진 이래 십자군의 비잔틴 지역 점령과 약탈을 거쳐 결국 로마 가톨릭과 동방정교회의 영원한 결별로 이어졌다.

프랑크족의 왕 클로비스가 496년 로마 가톨릭으로 종교를 전향한 사건은 서유럽 교회에게는 무척 중요하다. 이를 계기로 동로마 교회에 맞설 수 있는 힘을 얻었기 때문이다. 교회와 국가는 로마 시대처럼 다시 손을 잡았다. 중세 사람들에게는 국가 개념이 거의 없었기 때문에 같은 지역에서 같은 신을 숭배한다는 의식이 그들을 결속시켰다. 교황은 왕에게 신성한 권위를 부여했고 백성들에게 왕의 신성함을 역설했다. 이에 대한 반대급부로 왕은 교황을 보호해주었을 뿐만 아니라 물질적 혜택도 제공했다. 교황의 명을 받은 대주교 보니파키우스는 751년 샤를마뉴(카를 대제)의 아버지이자 카롤링 왕조의 첫 통치자인 피핀의 도유식(왕권에 신성함을 부여하는 의식)을 거행했다. 피핀은 754년 로마를 공격한 롬바르드족을 격퇴한 뒤 라벤나 지역을 교회에 기증했다. 이것이 교회의 고유한 영토, '교황령'의 시초다. 800년 크리스마스에 교황은 샤를마뉴를 서로마의 전통을 계승하는 황제로 추대하고 황제관을 씌워주었다. 샤를마뉴는 교황 레오 3세에게 이렇게 편지를 보냈다.

"로마의 수장으로서 무기를 들고 이교도들의 공격으로부터 성스러운 교회를 보호하는 것이 내 임무입니다."

샤를마뉴는 그 임무를 충실히 수행
했다.

교황권과 왕권의 대립

843년 프랑크 왕국은 현대 프랑스
의 국기 모양처럼 세 국가로 분할되었
다. 이 세 나라는 나중에 독일, 프랑
스, 이탈리아가 된다. 교황 요하네스

로마 교황권의 전성기를 이끌었던 그레고리우스7세.

12세는 마자르족의 침입을 막아주고 귀족 세력의 압력으로부터 교
황권을 보호해준 동프랑크의 왕 오토 1세를 962년 신성로마 제국의
황제로 추대했다. 교황은 신성로마가 패망한 서로마의 부활이기를
기대했지만 그의 뜻대로만 되지는 않았다.

교회의 역사는 교황과 신성로마 제국 황제 사이의 갈등과 투쟁으
로 얼룩졌다. 꾸준히 세속 권력을 키우던 교회는 역설적으로 세속
권력의 통제에서 완전히 벗어나기를 원했다. 1073년 교황이 된 그
레고리우스 7세는 황제가 관여하던 성직자 임명권한을 완전히 되찾
고자 했다. '세속 권력이 성직을 임명하는 건 이치에 맞지 않는다'는
게 그 명분이었다. 성직자 임명권을 둘러싼 힘겨루기는 교황과 황제
의 밀월관계를 깨뜨려 버렸다. 위축된 황제권을 압도한 교황 권력의
승리를 보여준 상징적 사건이 '카노사의 굴욕'(1077년)이다. 밀라노
주교 선출을 놓고 그레고리우스 7세와 권력 쟁탈전을 펼친 황제 하
인리히 4세는 결국 파문(종교적 파면, 황제 권위 상실을 의미함)당한 뒤 완패
했다. 교황을 지지하는 자신의 반대 세력 틈바구니 속에서 살아남기

교황과 황제간 권력 투쟁의 정점을 보여 준 '카노사의 굴욕'. 1077년, 밀라노 주교 선출을 놓고 로마 교황 그레고리우스 7세와 권력 쟁탈전을 펼친 황제 하인리히 4세는 결국 교황에게 굴복해서 북이탈리아 카노사성에 머물던 교황을 찾아가 눈밭에서 3일 밤낮으로 용서를 빌었다.

위해 황제는 북이탈리아 카노사성에 머물던 교황을 찾아가 눈밭에서 3일 밤낮으로 용서를 빌었다. 교황은 파문 조치를 철회했다.

카노사에서 이룬 교황의 상징적 승리는 1122년 독일 남부의 작은 도시 보름스에서 실질적 승리로 확정되고 공표되었다. 하인리히 5세와 교황 갈리스토 2세 사이에 체결된 협약의 내용은 서임권(성직자 임명권)을 교황이 갖되 후보가 다수일 때는 황제가 선택권을 갖는다는 것이었다. 교황권의 독립과 교회의 승리가 온 세계에 공표되었다. 교황 인노켄티우스 3세의 재위기간(1198년~1216년)에 교황의 권력은 절정에 달했다. 교황 인노켄티우스 4세는 '교황이 하느님의 대리인'이라 당당히 선언했다. 1095년 우르바누스 2세가 촉발한 이래 1270년까지 감행한 십자군 원정은, 권력을 움켜쥔 교황의 오만함이 지나치면 어떤 결과까지 초래할 수 있는지 적나라하게 보여준다. 교황권의 권위는 떨어지고, 교회를 향한 사람들의 혐오는 널리 퍼져나갔다.

한편 그레고리우스 7세가 추진한 교회 권력의 독립화 정책은 성직 매매 금지, 성직자 결혼 금지 등 개혁 조치를 시행하는 것뿐 아니라 수도원의 활성화에도 기여했다. 10세기 초반에 창설된 클뤼니 수도원은 이 시기에 수도원 개혁 운동의 중심에 섰다. 규율과 복종을 강조하는 클뤼니 수도원을 따르는 독립 수도원의 수는 1048년에는 60여 개에 불과했지만 1300년대에 이르러 1,600여 개로 증가했다. 세속적인 욕심과 무관하게 초창기 가톨릭의 정신을 지키고자 한 수도원 운동이 없었다면 로마 교회는 교황권의 세속화와 함께 완전히 무너졌을지도 모른다.

4세기 무렵 이집트에서 시작된 수도원 운동은 동방의 바실레이오스에 의해 처음으로 조직의 형태를 갖추기 시작했다. 누르시아의 베네딕투스는 529년 몬테카시노 수도원을 창설하며 '수도 규칙'을 제정했는데 이 규칙은 후대 수도원 규칙의 모태가 되었다. 특히 베네딕투스 수도회는 극단적 금욕생활 대신 절제된 생활과 충실한 노동을 강조하여 폭넓은 공감대를 얻었다. 7세기 경 아일랜드는 주교나 교회가 아닌 수도원이 사실상 기독교 전파의 주도적 역할을 담당했다. 수도원은 고대 유산을 보존하고 후대에 전승하는 데 크게 기여했다. 8세기 무렵에는 인문 지식과 고전시대의 교양을 강조하는 수도원들이 나타나기 시작했다. 수도원의 연구 활동은 11세기에 학문별 분파인 스콜라가 등장하는 데 중요한 역할을 담당했고, 이 스콜라의 발전에 힘입어 12세기 유럽에 최초로 대학이 생겨났다.

정치집단화된 교회, 분열의 길로

1301년 서임권을 두고 프랑스 왕 필리프 4세와 교황 보니파티우스 8세가 맞붙었다. 이번에는 교황의 완패로 끝났다. 필리프 4세는 교황청을 프랑스 아비뇽으로 옮겨버렸다. 다시 로마로 이전하기까지 70년에 걸쳐 교황청이 아비뇽에 갇혀 있던 이 시기(1309년~1377년)를 '아비뇽 유수(幽囚)'라고 부른다. 카노사성에서 벌어진 것과 정반대 상황이 일어난 것이다. 그레고리우스 11세 때 교황청은 로마로 복귀했으나 이미 교회는 로마파와 아비뇽파로 완전히 분열된 상태였다. 1378년부터 1417년에 이르는 '대분열(Great Schism)' 시기 중에는 로마파 교황과 아비뇽파 교황, 그리고 피사파 교황 등 세 명이 동시에 자신이 진짜 교황이라고 주장하는 사태가 벌어지기도 했다. 교회는 본분을 완전히 망각한 채 권력의지만 불태우는 정치집단으로 전락했다. 교회의 분열과 로마 가톨릭의 권위 실추는 공교롭게도 중앙집권국가의 도래에 기여했다. 종교개혁의 불길이 일어나고 신교 세력이 등장하자 교황의 입지는 더욱 좁아졌다.

로마 가톨릭은 돌파구를 마련하기 위해 포르투갈과 에스파냐의 식민주의와 다시 손을 잡고 라틴아메리카라는 새로운 세계를 개척했다. 아메리카 대륙에 상륙한 콜럼버스 원정대가 가장 먼저 치른 의식은 십자가를 세우는 일이었다. 기독교 장려정책을 폈던 황제들이 그러했듯 원정대에게도 그것이 긴요했기 때문이다.

비잔틴 세계

유럽을 지키려는 로마 제국의 마지막 몸부림

오늘날의 그리스, 터키, 중동, 이집트 지역에 걸쳐 있던 동로마 제국은 유럽의 수호자로서 동방 세력의 수많은 침입을 막아내면서 1,000년 넘게 존속했다. 동로마가 그보다 일찍 무너졌다면 오늘날 유럽의 지형도와 문화는 무척 달라졌을 것이다.

로마 제국의 계승자

'동로마'라든지 '비잔틴 제국'이라는 표현은 모두 역사가들이 편의상 붙인 용어로, 당시 사람들은 자신의 제국을 그냥 '로마' 또는 '새로운 로마'라고 불렀을 뿐이다. 비잔틴 제국의 수도인 비잔티움(이스탄불)은 고대 그리스의 식민 도시였는데 그리스의 정복자 비자스(Byzas)의 이름을 딴 것이다. 콘스탄티누스 황제는 330년 비잔티움으로 수도를 옮기면서 도시 이름을 콘스탄티노플로 바꾸었다.

비잔티움의 형용사형인 비잔틴을 사전에서 찾아 보면 음모, 술수, 암투처럼 나쁜 뜻만 주로 나오는데, 세계인에게 이런 편견을 심은 사람은 『로마 제국 쇠망사』를 쓴 18세기 영국 역사학자 에드워드 기번이다. 기번은 동로마 제국의 역사를 '허약함으로 점철된 지루하고 단조로운 이야기'라고 깎아내렸다. 기번에게 '위대한 로마'

3부 | 유럽의 봉건 사회 · 237

는 대부분 서로마만을 지칭하기 일쑤다(또한 기번 자신이 영국 성공회에서 가톨릭으로 개종했다가 다시 성공회로 복귀하는 복잡한 종교적 배경을 가지고 있었던 점도 동방정교의 비잔틴에 대한 편견에 영향을 미친 것 같다). 그렇지만 후대 유럽인의 입장에서 보면 동로마는 고대 그리스의 찬란한 정신을 보존한 서구 문화 계승자이자, 슬라브족에게 보편 종교를 전파한 선도자이며, 7세기부터 11세기까지 강력한 이슬람 세력이 팽창하는 것을 막아준 평화 수호자이니 기번의 평가는 너무 가혹했다.

로마 제국을 단절 없이 계승했기에 비잔틴 제국의 출발 시기를 딱 정하는 건 어렵지만 330년 5월 콘스탄티누스의 천도 시기로 제국의 시작점을 설정하면 제국은 1453년 5월 오스만의 술탄 메흐메트 2세에게 정복당하기까지 장장 1,123년이나 존속했다. '서유럽을 지킨 전투'라 불리는 콘스탄티노플 방어전이 벌어진 717년은 동로마 제국 역사상 최대 위기였다. 황제 레오 3세는 유황, 석유, 석회를 배합한 신무기 폭약인 '그리스의 불(Greek fire)'을 앞세워 콘스탄티노플을 침략한 아라비아 군대를 격퇴했다. 이 전투에서 동로마가 졌다면 오늘날 유럽은 이슬람 세력이 지배하고 있을 것이다.

제국의 전성기를 이끈 유능한 황제들

콘스탄티누스는 역사상 최초의 기독교도 황제였다. 그의 재위 기간은 기독교 역사에서 중요한 전환점이었다. 313년 밀라노 관용령(밀라노 칙령)을 발표하며 기독교에 자유를 부여했고 처음으로 정식 종교로 인정했다. 콘스탄티누스는 324년 비잔티움을 '새로운 로마(Nova Roma)'로 공표하고 330년 공식적으로 로마 제국의 새로운 수도로 정했다. 콘스탄티누스 치세 이래 동로마는 명실상부한 제국의 권력과 부와 문화의 중심지가 되었다. 콘스탄티누스 황제는 기독교에 대해 관용을 펼치면서도 죽음을 앞둘 때까지 세례 받는 것을 미루었다. 제국을 경영하고 통합하려면 어느 종파에도 속하지 않는 편이 훨씬 유리했기
콘스탄티누스 황제.
때문이다. 철저히 현실적 목적을 중시한 황제였던 셈이다. 그의 실용정신이 동로마를 강하게 만들었다.

476년 서로마를 정복한 게르만 용병대장 오도아케르는 서로마의 마지막 황제 로물루스 아우구스툴루스를 폐위하고 황제 표장을 동로마 황제에게 바친 뒤 스스로 서로마 지역의 총독 자리를 맡았다. 이로써 로마 제국의 정통성은 그대로 동로마에 의해 계승되었다. 동로마가 장수할 수 있었던 원동력은 효율적 관료제에서 나왔는데 이는 개인의 능력보다 시스템의 위력을 중시하는 로마 제국의 오랜 전통을 계승한 것이다. 특출한 소수가 국정 운영을 떠안기보다 보편적 능력을 갖춘 전문가 다수가 각자 분야에서 국정을 운영했다. 역사가 스티븐 런시먼은 이렇게 평가한다.

> "비잔틴 제국의 힘과 안정은 관료제 덕이다. 그리고 관료들에게 급료를 지급한 건 무역 덕분이다."

경제적 풍요는 동로마를 더욱 오래 존속시켰다. 농업에 의존했던 서로마에 비해 동로마는 콘스탄티노플, 안티오키아, 알렉산드리아 같은 국제도시가 상업적 번영을 누리고 있었으며 세금 수입도 훨씬 다양하고 풍부했다.

『로마법대전』을 편찬하는 등 비잔틴 제국을 번영시킨 유스티니아누스 황제. 그는 로마 제국의 영광을 재건하고자 노력했다.

유스티니아누스 1세의 통치기간(527년~565년)은 비잔틴 제국의 전성기였다. 유스티니아누스는 출신 성분이 아닌 능력에 따라 인재를 선발하여 귀족 계급을 견제했다. 본인이 직접 전쟁에 참여하지는 않았으나 유능한 장수들을 기용하여 과거 로마 제국이 차지했던 영토를 회복하기 위해 힘을 썼다. 이베리아 해안 지역을 점령하고, 동고트왕국을 멸망시켰으며, 즉위 초기부터 대립하던 거대 세력 사산조 페르시아와 강화 조약을 맺음으로써 외부의 위협 요소를 제거했다. 내적으로 유스티니아누스는 『로마법대전』을 편찬하는 사업에 큰 공을 들였다. 향후 거의 모든 유럽 국가가 이 법률체계를 모델로 삼게 된다. 비잔틴 제국 법정의 돌기둥에는 '새 로마'라는 명칭이 새겨졌다. 동로마는 로마의 정치와 법을 계승했지만, 언어와 문학, 철학은 그리스를 계승했다. 헬레니즘과 동방 세계의 실용정신을 뒤섞었으며, 보편적 종교인 기독교를 통합정신의 중심에 두었다. 국가와 교회간의 갈등이 거의 없었기에 강력한 통합 제국을 오래 유지할 수 있었다.

1,000년 제국의 장수비결

비잔틴 제국은 장기존속을 바탕으로 그리스 로마의 문화를 중세

비잔틴 제국 흥망사

330년	콘스탄티누스 1세, 그리스 식민지인 비잔티움(지금의 이스탄불)에 제2의 로마 수도 건설
476년	서로마 제국 멸망
527년	유스티니아누스 황제 즉위. 『로마법대전』 편찬하고 정복사업으로 옛 로마 제국의 영토 회복
867년	동방 재정복 전쟁 개시 및 아랍 함대 격퇴
904년	아랍 함대의 테살로니키(제국의 제2도시) 약탈
1071년	제국의 영토 중 소아시아 대부분이 셀주크 투르크 세력에 점령. 셀주크 투르크의 확장에 따른 제국의 위기 도래
1095년	황제 알렉시오스 콤네노스, 제1차 십자군 전쟁으로 셀주쿠 투르크에 빼앗겼던 소아시아 서부의 상당 지역 회복
1180년	왕위계승 내분과 내전으로 제국 분열 시작
1204년	제4차 십자군, 수도 콘스탄티노플 점령
1261년	팔라이올로고스 황제, 수도를 수복하고 제국 재건
1453년	오스만 투르크의 콘스탄티노플 점령으로 비잔틴 제국 멸망

이후의 유럽에 안정적으로 전수하는 데 결정적으로 기여했다. 오늘날까지 우리가 읽는 그리스 저작 중 상당수는 비잔틴 필사자들의 노고 덕분에 전승될 수 있었다. 오랜 시간과 비용이 드는 이 고된 작업이 비잔틴 학자들, 특히 수도사들의 헌신으로 수백 년 간 이루어졌다. 그런 헌신에는 특이하게도 매우 종교적인 이유가 작용했다. 즉 비잔틴 신학자들은 무지를 죄와 같은 것으로 여겼던 것이다. 그들은 교양을 쌓아 꾸준히 명상을 함으로써 영혼을 각성시켜야 한다고 역설했다. 당시 어느 정도 기초 교양을 갖춘 비잔틴 사람들은 호메로스의 시 중에서 중요한 구절을 외우고 인용할 줄 알았다. 황제와 관료들은 여성 교육도 장려했다. 왕녀 안나 콤네나는 고전 비극을 자유자재로 인용한 인물로 유명한데, 일반 여성의 교양 수준도 다른 나라에 비하면 월등했다.

비잔틴 정신을 상징하는 예술품은 모자이크다. 모자이크는 인간의 눈으로 본 대상을 표현하기보다 인간의 시각을 넘어선 신성한 정신을 표현하는 예술이다. 모자이크는 왜 비잔틴 문화의 상징이 되었을까? 모자이크는 비잔틴 제국의 생명력을 가장 잘 표현한다. 서로 다른 개별 조각들을 절묘하게 짜맞추어 거대한 단일 작품을 만드는 모자이크의 창작원리는 비잔틴 제국을 오래 존속시킨 원동력이자 제국의 통합정신을 상징한다. 국가 통합에 도움을 주는 전통은 우직하게 고수했고, 자칫 비대해지거나 부패하기 쉬운 관료제도 효율적으로 운영하는 데 성공했다. 비잔틴은 상공업을 중시하는 실용 정신을 장려하되 제국 통합에 도움을 주지 않는 관습은 과감히 포기했다.

키예프 공국의 블라디미르 공은 988년 전통 전래 종교를 포기하고 국민을 통합할 새 종교를 도입하기로 결심하는데, 사절단을 통해 이슬람교, 로마 가톨릭, 비잔틴 종교를 두루 조사하도록 한 뒤 비잔틴의 것을 모범으로 삼기로 결정한다. 모스크바 대공국의 이반 3세는 스스로 비잔틴 계승자임를 자처하며 모스크바를 제3의 로마라 칭했다. '차르(tsar)'라는 로마식 황제(caesar) 칭호를 사용한 것도 이때부터다. 한 러시아인은 이렇게 말했다.

"두 로마는 멸망했지만, 셋째 로마가 건재하다. 그러나 넷째 로마는 나타나지 않으리라."

비잔틴 제국은 사라졌으나 유럽 문화 곳곳에 스며든 비잔틴이라는 형용사는 소멸하지 않았다. 비잔틴에 관해 조금만 알아도 이 형용사에 부여된 부정적 의미가 단순한 편견이라는 점을 알게 된다.

히스토리 브리핑

로마는 몇 개인가?

고대 로마, 로마 제국, 서로마, 동로마(비잔틴 제국) 그리고 신성로마 제국…. 로마는 여러 모습으로 역사 무대에 등장했다.

고대 로마는 늑대 젖을 먹고 자란 로물루스 형제가 건설했다고 알려진다. 기원전 509년 공화정 전통을 세웠고, 기원전 451년에는 로마 최초의 성문법인 『12표법』을 제정했다. 기원전 4세기 무렵에는 지중해 패권을 장악했고 기원전 272년에는 이탈리아 반도를 통일했다. 이 첫 로마는 카이사르의 등장으로 점차 제국의 모습을 띠기 시작했으며, 후계자 옥타비아누스가 권력 투쟁에서 반대파들을 제압한 이후 기원전 27년 로마 제국으로 공식 출범했다.

330년 콘스탄티누스 황제는 제국의 수도를 비잔티움(오늘날 이스탄불)으로 옮기고 콘스탄티노플이라 개칭했다. 제국이 아직 동과 서로 나뉘진 않았지만 동로마 제국의 기원은 이때로 보아야 한다. 395년 테오도시우스 1세가 사망한 뒤 큰 아들 아르카디우스가 동부를, 작은 아들 호노리우스가 서부 로마를 각기 승계하면서 제국은 완전히 동과 서로 나뉘었다. 서쪽 제국의 운명은 길지 않았다. 476년 게르만 용병대장 오도아케르가 마지막 황제 로물루스 아우구스툴루스를 폐위함으로써 짧았던 서로마 제국의 역사는 막을 내렸다.

590년 로마 교회는 그레고리우스 1세를 첫 교황으로 옹립했는데, 점차 세속적 권력을 키워나가던 교황청은 자신들의 반대 세력인 동로마를 견제하기 위해 야심찬 프로젝트를 기획했으니 바로 멸망한 서로마를 되살려내는 일이었다. 800년 크리스마스에 교황청은 프랑크족의 통치자 샤를마뉴를 로마 제국(서로마)의 새 황제로 임명했다. 이로써 서로마는 버젓이 존재하는 로마인 동로마 제국과 더 깊은 갈등 속으로 빠져들었다. 교황청은 여기서 멈추지 않고 새로운 로마를 하나 더 만들어냈다. 교황청은 962년에 독일의 왕 오토 1세를 신성로마 제국 황제로 추대했다. 신성로마 제국이란 로마 가톨릭을 공유하는 국가들을 묶은 가상 제국으로 초반에는 주로 프랑크족 황제들이 후반에는 주로 독일인 황제들이 통치했다. 동로마는 당연히 이를 인정하지 않았다. 교황청의 원래 의도와 달리 신성로마 제국의 황제들은 서임권을 놓고 교황청과 권력 투쟁을 벌였으며, 신성로마 제국은 주로 독일 역사 속에서 1806년까지 명맥을 이었다.

제도는 로마적이었으나 언어와 문화는 그리스적이었던 동로마 제국은 1453년 멸망했다. 모스크바 대공국의 이반 3세는 동로마의 문화적, 정신적 계승자라 자처하며 모스크바를 '제3의 로마'라 칭했다. 러시아 제국의 황제는 '차르(tsar)'라는 로마식 황제(caesar) 칭호를 사용했다. 이들만 새로운 로마를 주장한 건 아니다. 이탈리아의 민족주의자 주세페 마치니는 대중 연설에서 '제3의 로마'라는 표현을 사용하며 로마를 중심으로 이탈리아가 통일해야 한다고 역설했다. 그는 1849년 '로마 공화국'을 세우려 했다가 실패했다. 독재자 무솔리니 역시 자신이 통치하는 이탈리아야말로 로마 제국과 교황령의 정신을 계승한 '제3의 로마'라고 주장했다.

2장
중세 유럽 사회의 변화

중세 유럽의 변화: 교황 우르바누스 2세가 열어젖힌 1,000년 전쟁
중세 유럽 문화: 대학, '중세'를 밝혀 '현대'를 찾아내다
중앙집권국가: 영주는 무너지고 왕만이 최후 승리자로

중세 유럽의 변화

교황 우르바누스 2세가
열어젖힌 1,000년 전쟁

이슬람 세력에 빼앗긴 성지를 되찾는다는 명분으로 교황 우르바누스 2세가 선포한 십자군 운동은 끝나지 않을 기나긴 전쟁을 예고했다. 서유럽(로마 교회)을 중심으로 기독교 세계를 하나로 통합하고자 벌인 전쟁은 아직 그 꿈을 이루지 못한 채 여러 차원으로 진화를 거듭하면서 1,000년이 지난 지금도 세계 곳곳에서 여전히 진행중이다.

하느님의 뜻

1095년 11월 27일 로마의 주교이자 교황인 우르바누스 2세는 클레르몽에서 열린 공의회에서 설교 도중 이렇게 외친다.

"동방 교회의 형제들이 우리에게 도움을 청했습니다. 이슬람교도와 아랍인들에게 영토를 빼앗겼기 때문입니다. 주의 이름으로 명하노니 상스러운 종족들을 그 땅에서 영원히 몰아냅시다!"

도움을 청한 이는 비잔틴 제국의 왕자 알렉시우스 콤네누스다. 우르바누스 2세의 외침을 들은 청중 하나가 큰 소리로 화답한다.

"이것은 하느님의 뜻이다!"

이어 모든 군중이 하나가 되어 '하느님의 뜻이다'를 연호했다. 1,000년에 걸쳐 일어나게 될 '성스러운' 전쟁의 막이 오른 순간이다. 교황은 어떻게 열렬한 지지를 얻을 수 있었을까?

예루살렘을 정복한 셀주크 투르크가 기독교도들의 성지순례를 박해하자 비잔틴 제국의 황제는 로마 교황에게 구원을 요청했고, 교황 우르바누스 2세는 클레르몽 공의회에서 십자군 원정을 호소했다. 교황은 십자군 전쟁을 주도하면서 그 권위가 절정에 달했지만 원정이 연이어 실패하자 교황권은 급격하게 쇠퇴한다.

중세 사람들은 성지순례를 다녀오면 죄를 일부 씻어낼 수 있다고 믿었다. 구원에 한발 더 다가가기 위해 사람들은 길고 긴 고행길을 선뜻 나섰다. 순례길의 여러 성지 가운데 하이라이트는 당연히 예루살렘이었다. 그렇지만 638년 이래 예루살렘은 이슬람의 세력권 안으로 들어가 있었기 때문에 통행이 완전히 자유롭지는 않았다. 11세기 후반 셀주크 투르크가 세력을 넓히면서 팔레스타인과 시리아를 점령했다. 투르크인들이 예루살렘으로 향하는 길목에서 기독교도들에게 통행세를 무리하게 걷으면서 갈등이 일어났다. 영토를 빼앗긴 억울함에 성지순례라는 신성한 행위를 돈벌이 수단으로 삼는 태도에 대한 분노가 더해져 기독교인들의 심기는 더욱 불편해졌다. 이런 상황에서 교황은 자신의 거대한 계획을 실행하기로 결심한다.

십자군 원정의 1차 목표는 예루살렘 수복이었다. 교황은 십자군을 이렇게 독려했다.

"내 명령을 따르는 것은 주님의 명을 받드는 것이오니 나를 따르면 너희의 모든 벌과 죄를 사면해 주리라."

면벌부 또는 면죄부라는 말이 등장한 게 이때다. 이웃을 사랑하고, 모욕을 존경으로 갚으라던 예수의 가르침과 정반대로, 십자군은 성스러운 전쟁이라는 목적 아래 상스럽고 끔찍한 모든 수단을 동원했다. 십자군은 이슬람 사람들을 산 채로 태워죽이고 닥치는 대로 찔러 죽였으며 갓 태어난 그들의 아기들을 벽에 던져 죽여 버렸다. 한 십자군은 고향에 보낸 편지에 이렇게 적었다.

1차 십자군 원정은 예루살렘 수복을 목표로 하는 기독교권의 성스러운 전쟁이었다. 그러나 이후의 원정들은 종교적 열정이 아닌 세속의 이해만 난무했다.

"솔로몬 궁의 회랑과 성전에서 우리 군대는 말을 타고 달렸는데, 말의 무릎까지 사라센 사람들의 피로 젖었다."

이 무차별 살해 작전은 1097년 니케아 점령, 1098년 안티오키아 점령, 그리고 1099년 7월 15일 예루살렘 점령으로 완수되었다.

피로 물든 '성스러운 전쟁'

우르바누스 2세의 목적은 단순히 성지를 회복하는 것을 넘어 복잡하게 얽힌 세력관계를 정리하고 일거에 패권을 쥐는 것이었다. 그는 자신의 막강한 세력을 동로마 교회에 과시함으로써 서로마 중심으로 기독교를 통합하고자 했다. 나아가 적대관계에 있던 독일 황제도 곤경에 빠뜨리고 싶었다. 당시 십자군의 지휘관을 모두 프랑스의 귀족들이 차지한 것은 우연이 아니었다. 또한 당시 유럽 내부에서 무력을 과시하던 기사들의 호전성을 밖으로 돌리려는 목적도 있었다.

십자군은 1차 원정에서 예루살렘을 점령한 뒤 예루살렘 왕국(1099

년~1291년)을 세우고 이어 지중해안을 따라 북쪽으로 트리폴리 백령, 안티오키아 후령, 에데사 백령 등 십자군 국가를 세울 수 있었다. 초기 십자군의 성공은 부분적으로 이슬람 세력이 제대로 힘을 합쳐 대항할 태세를 갖추지 못한 데 힘입기도 했다. 그러나 곧 이슬람 세력이 살라딘을 중심으로 전열을 재정비해 반격하자 전세는 역전되기 시작했다. 결국 예루살렘은 십자군이 점령한 지 채 100년이 되기 전인 1187년 이슬람 세력에게 다시 넘어갔다. 십자군은 전세를 다시 역전하기 위해 2년 뒤인 1189년 독일 황제, 프랑스 왕, 잉글랜드 왕까지 가세해 3차 원정에 나섰으나 나라간 이해관계의 충돌 때문에 성공을 거두지 못했다.

1198년 교황에 즉위한 로마 주교 인노켄티우스 3세의 촉구에 따라 4차 십자군 원정이 실행됐다. 그런데 이 원정에서 기독교 역사상 가장 비극적이고도 수치스러운 사건이 벌어졌다. 비록 불편한 관계에 있긴 했지만 형제나 다름없는 동로마의 심장을 피로 정복한 것이다. 1203년 7월 5일 십자군은 갑자기 콘스탄티노플을 점령했다. 십자군을 지휘한 성직자는 1차 원정 때 내걸었던 구호를 동로마에서 다시 외쳤다.

"이 땅을 정복하여 로마에 귀속시키면 너희 모두 교황의 면죄부를 받을 것이다."

무자비한 약탈과 방화, 강간이 벌어졌다. 동방 교회의 한 저술가는 이렇게 기록했다.

"어깨에 십자가를 걸고 있던 그들을 보니 예전에 우리를 지배한 이슬람교도들이 무척 자비로웠음을 알게 되었다."

이는 기독교 세계가 로마 가톨릭과 동방정교회로 영원히 분리되는 결정타가 되었다. 십자군은 원래 같은 하나님을 믿는 동방 교회의 지원요청을 받아들여 교황 우르바누스 2세가 시작한 기독교권의 성전인데 이제 바로 그 지원을 요청한 동방정교회를 점령하고 파괴하고 약탈하는 지경까지 온 것이다. 그 뒤 십자군 운동은 독실한 신앙심을 지닌 프랑스의 군주가 주도한 7차 원정까지 이어졌지만 결국 실패로 끝났다.

가톨릭의 다른 기독교에 대한 공격은 그 뒤에도 이어졌다. 16세기에는 가톨릭 내에서 개신교에 빼앗긴 땅을 되찾자는 움직임이 들불처럼 다시 일어났다. 유럽의 인문정신을 대표하는 에라스뮈스는 당시 병사를 앞세우고 행진하는 교황 율리우스 2세(재위기간 1503년~1513년)를 보며 가톨릭의 권력화를 경고했다. 『우신예찬』도 이 시기에 쓴 작품이다. 1572년 성 바르톨로메오 축일에 개신교 위그노파 신도 1만 명이 학살당했다. '위그노 대학살'이라 불리는 사건이다. 가톨릭 세계는 1618년부터 30년간 개신교 세력과 전쟁을 벌였다.

신대륙으로 향한 십자군의 칼날

우르바누스 2세가 촉발한 십자군 운동은 대항해 시대를 맞아 새로운 대륙에 십자가를 세우는 식민주의로 모습을 바꾸어 지속되었다. 신대륙 원정대는 사실상 겉모습을 바꾼 십자군이었다. 원정대는 신대륙에 새로운 식민지를 건설할 때마다 먼저 십자가를 세우고 교회를 지었다. 절대권위인 교황은 열강들의 영토 분쟁이 일어날 때마다 중재자로서 기독교 전파에 더 적극적인 나라에 영유권을 인

십자군 원정의 전개	
638년	이슬람교의 칼리프 우마르 1세, 예루살렘 점령
1009년	이집트의 칼리프 알 하킴, 성지 순례자들의 예루살렘 출입 금지 및 성묘 교회 파괴
1096년~1099년	제1차 십자군 원정 : 니케아 점령 및 안티오키아 공략. 예루살렘 정복
1147년~1148년	제2차 십자군 원정 : 소아시아에서 패배, 에데사 탈환 실패
1189년~1192년	제3차 십자군 원정 : 예루살렘 수복 실패
1202년~1204년	제4차 십자군 원정 : 콘스탄티노플 점령, 약탈, 라틴 제국 건설
1212년	소년 십자군 : 독일과 프랑스의 소년 수천 명이 노예로 팔려감
1218년~1221년	제5차 십자군 원정 : 이집트 공략, 실패
1228년~1229년	제6차 십자군 원정 : 이집트 술탄과의 계약으로 예루살렘 통치권 이양
1248년~1249년	제7차 십자군 원정 : 이집트 재공략, 프랑스 루이 9세가 포로로 잡히면서 실패
1271년~1291년	제8차 십자군 원정 : 튀니스 상륙, 루이 9세 병사. 팔레스타인에 마지막 남은 십자군 지역인 아크레가 점령당하면서 해외십자군 근거지 소멸

정해 주었기 때문이다. 제국주의 국가들이 취하게 될 금전적 이익은 면죄부의 유혹보다 훨씬 달콤했다. 1526년 프란체스코회 선교사 12명이 멕시코에 건너간 이래 펼쳐진 이방 지역에서의 선교 활동은 무척 잔혹했다. 무엇보다 가톨릭교도가 신대륙 지역에 퍼뜨린 구대륙의 전염병 등은 신대륙 사람들에게 치명타가 됐다. 16세기에 세계 인구가 4억 명 정도였는데 이중 8천만이 아메리카에 살았다. 에스파냐의 정복자들이 들이닥친 후 이 인구는 1천만으로 줄었고 17세기에는 겨우 백만 명 정도만 남았다. 에스파냐 군대가 건너가면서 함께 가져간 천연두, 홍역, 말라리아, 인플루엔자는 원주민들에 대한 학살을 '대학살'로, 파괴를 '절멸'로 키웠다.

드물긴 하지만 선교사들 중에는 라스 카사스처럼 정의로운 이들도 있었다. 라스 카사스는 "신을 믿지 않는 게 기독교인으로 죽는 것보다 낫다"며 기독교도의 만행을 반성했다. 1562년 서인도위원회에 그가 제출한 문서 내용을 요약하면 이렇다.

> "정복이라 불리는 모든 전쟁은 정의롭지 않다. 우리는 부당하게 인디오의 왕국을 빼앗았다. 엔코미엔다(원주민 강제 노역)는 잔인한 악이다. 이를 포기하지 않으면 우리는 구원받지 못한다. 투르크인이 기독교 공동체를 약탈하는 것이 정당하지 않듯이 군주 역시 인디오를 약탈해서는 안 된다. 아메리카 인디오들은 우리를 향해 정의로운 전쟁을 일으키고 우리를 몰아낼 권리가 있다."

이런 반성의 연장선에서 20세기 이 신대륙에서는 해방신학이 발달했고, 일부 사제는 직접 '총을 든 신부'가 되어 무장 투쟁에 나서기도 했다.

미국의 이라크 침공은 부시 정권의 대외정책 수립에서 강력한 영향력을 행사한 세력집단 '네오콘(neocon: 신보수주의자)'이 주도했다. 네오콘 가운데 일부 이론가들은 실제로 이 전쟁을 "유대-기독교 문명과 이슬람 문명의 대결"이라고 규정하며 20세기판 십자군 전쟁으로 몰고 갔다. 그런데 이제 미국은 자신들의 압도적 무력으로 쉽사리 점령했던 그 이라크로부터 철수했다. 어쩌면 1,000년 전 십자군과 이리도 비슷하단 말인가?

1969년 팔레스타인해방기구 의장이 된 야세르 아라파트는 이렇게 말했다.

"우리 조상들은 100년 동안 십자군과 싸웠고 나중에는 영국, 프랑스 제국주의와 싸워야 했다."

교황 우르바누스 2세가 촉발한 '성전'은 그 성스러운 임무를 아직다 마치지 않은 듯 1,000년 넘게 모습을 바꾸어가며 계속되고 있다.

중세 유럽 문화

대학, '중세'를 밝혀 '현대'를 찾아내다

15세기 이탈리아의 '근대인'들은 중세를 훌륭한 두 시대인 고대와 근대 사이에 낀 어정쩡한 단절기로 규정했다. 그러나 중세를 이른바 문명의 암흑 시기(The Dark Age)라고 부르는 건 더욱 가혹하다. 중세는 찬란한 근대 문명의 출현을 차근차근 준비했던 시대이며, 중세 지식인들은 고대와 근대를 연결하는 문화계승자 역할을 충실히 수행했다.

고등교육의 요람, 중세

중세는 찬란한 고대 유산을 되살려 인류의 정신 수준을 높이 끌어올리고자 했다. 중세의 반대말처럼 쓰이는 '르네상스'에서 우리는 흔히 이탈리아의 피렌체를 중심으로 꽃핀 문예부흥운동을 떠올린다. 그러나 이것은 여러 르네상스 운동, 즉 여러 문예부흥 시도의 하나일 뿐이다. 9세기의 카롤링 르네상스, 12세기의 플라톤 부활 운동, 13세기의 아리스토텔레스 수용 모두 르네상스의 본래 말뜻(부활, 재생)에 충실한, 고전 문화를 향한 복고 운동이니 르네상스는 중세에도 매우 어울리는 용어인 셈이다. 그 중에서도 대학의 출현은 중세 문화가 낳은 가장 빛나는 성과다.

신의 시대인 중세가 인간의 지적 능력을 향상시키는 고등교육의 요람이 된 까닭은 무엇일까? 그것은 신성한 신과 세속적 인간을 조화시키려는 시대의 요구 때문이다. 사람들은 교회에 의무적으로 나가면서 종종 자신들이 왜 교회에 복종해야 하는지 해명하고자 했고, 때로는 하느님이 실제 존재하는지 의심도 품었다. 중세 철학자들은 무조건 신을 섬기라는 계시만을 강조하는 교부들과 달리 인간이 이해할 수 있는 합리적 방법으로 신의 존재와 교회의 당위성을 증명하고자 했다. 그 방법은 치밀하고 논리적이어야 했으며 수준높은 교양을 담고 있어야 했다. 대학, 즉 고등교육의 필요성이 처음으로 제기된 게 이 시점이다.

중세 지식인들이 치열하게 고민한 문제들 중에서 가장 중요한 것은 '계시(직관)'와 '이성(추론)'의 조화로, 이는 오늘날 학문과 종교, 문화 등 정신의 전 분야에 걸쳐 여전히 치열하게 논의되는 주제다. 중세 지식인들에게 해답의 실마리를 준 건 아리스토텔레스였다. 아리스토텔레스는 계시적인 플라톤의 이데아 사상을 현실에 적용가능할 수 있도록 재해석하여 천상과 지상을 조화롭게 통일했다. 요약하자면 플라톤이 '신적인 원리가 먼저 있고 그러한 원리에 따라 만물이 생긴다'고 주장했다면, 아리스토텔레스는 '현실에 존재하는 사물들 속에 신적인 원리가 깃들어 있다'고 말한 것이다. 신이 저 멀리 있는 게 아니라 우리들 안에 존재한다는 말이다.

아리스토텔레스가 갑자기 주목받게 된 또 다른 결정적 이유가 있다. 바로 십자군 원정이다. 당시 유럽보다 훨씬 많은 그리스 원전과 번역본을 보유했던 아랍에서는 특히나 아리스토텔레스의 실용적 학문이 큰 위상을 떨치고 있었다. 이 아랍이 십자군의 영향 범위에 편입되면서 자연스레 그 서적들이 유럽에 유입되었다. 아랍에서 유입되어 다시 조명받은 그리스 저작 중 학문의 왕좌를 차지한 것이 아리스토텔레스의 저작, 특히 논리학이다. 상징과 계시로 가득 찬

중세적 세계관이 주춤하면서 경험에 근거한 지식과 자연과학에 관한 관심이 들불처럼 일어났다. 유클레우스(유클리드)의 『기하학원론』을 토대로 산술과 기하학이 발전했고, 아랍의 발전된 수학 이론과 인도에서 넘어온 영의 개념이 도입되면서 아랍권에 비해 크게 뒤처졌던 수학은 더욱 발전했다.

대학의 탄생

12세기는 수도원 활동이 정점에 달한 시기인데 이때 대학이 설립되었다. 대성당 부속 학교와 저명한 교사들이 이끄는 사설 도시 학교들의 세력이 수도원 학교를 능가하면서 수준높은 학문적 성과를 이루기 시작했다. 이 학교와 학파를 가리켜 '스콜라'라 부른다. 스콜라의 학풍과 교육 내용은 곧이어 등장할 대학교육의 모태가 되었다. 1088년경 볼로냐 대학이 설립되었다. 12세기 전반에는 파리를 중심으로 25개에 이르는 전문학교가 생겼고, 파리 대학교는 인문학부, 신학부, 법학부, 의학부 등 네 개 학부로 구성되어 종합대학의 면모를 갖추었다. 1200년대에는 발렌시아(1208년), 살라망카(1218년), 파도바(1222년), 나폴리(1224년), 리스본(1288년)에 대학이 잇따라 설립되었다. 대학은 출신지와 신분을 가리지 않고 모든 학생에게 개방되었는데, 1257년 파리 소르본 대학은 유학 온 가난한 학생을 위해 처음으로 기숙사를 제공했다. 대학 과정은 보통 6년제로 15세에 입학하면 6년간 인문학부 수업을 의무적으로 이수해야 한다. 그런 다음 전문학과를 선택할 수 있다. 가장 권위있는 교과인 신학과 교수가 되려면 적어도 16년이 걸린다. 아리스토텔레스의 논리학뿐 아니라 그의 자연철학, 형이상학, 윤리학, 경제학, 수사학은 대학의 기초 교재로 널리 각광받았다. 옥스퍼드 대학교의 초대총장이며 1235년에 주교가 된 로버트 그로스테스트 역시 열렬한 아리스토텔레스 수용자였다. 그는 아랍의 광학 기술과 천문학을 적극 도입했으며 개방적 학문육성정책 덕에 로저 베이컨 같은 걸출한 사상가를 배출했다. 이슬람권의 학문을 적극 수용한 살레르노에서는 의학 전문대학이 등장했다.

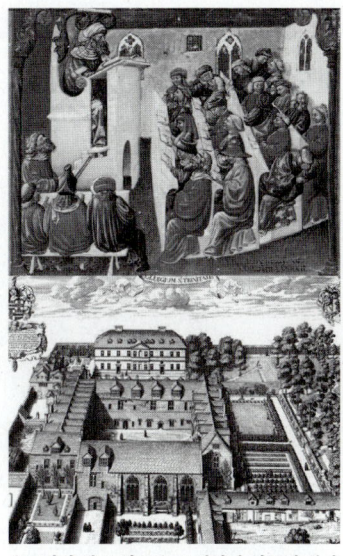

수도원의 연구 활동은 11세기에 학문별 분파인 스콜라가 등장하는 데 중요한 역할을 담당했고, 이 스콜라의 발전에 힘입어 중세 유럽에 최초로 대학이 생겨났다. 1088년, 이탈리아 북부에 세워진 볼로냐 대학(위)과 영국 옥스퍼드 대학 트리니트 칼리지 전경(1675년 모습)

여기서 놓치지 말아야 할 점은 대학이라는 최고 교육기관이 탄생하려면 아주 튼튼한 초중등교육의 기초가 마련돼 있어야 한다는 점이다. 샤를마뉴 시대의 카롤링 르네상스가 그 점을 입증한다. 751년 카롤링 가문 출신으로 프랑크의 왕이 된 피핀은 교회 조직을 쇄신하는 정책을 추진했고, 그가 닦은 기초는 아들 샤를마뉴가 물려받았다. 샤를마뉴는 여러 민족들과 전쟁을 치르며 영토를 확장했으며 비잔틴, 이슬람 세력과 더불어 서구 사회의 거대 권력으로 성장했다. 자신은 문맹에 가까운 얕은 지식 수준만 갖추고 있었으나 학문에 대한 사랑만큼은 각별했던 샤를마뉴는 그리스·라틴 문화를 특히 동경하며 고대의 지식을 학문의 모범으로 삼았다. 이 시대의 학자들은 고대 저작의 여러 사본을 열정적으로 수집하여 권위있는

중세의 대학들		
1060년	살레르노 의학교	이탈리아. 의학 중심
1088년	볼로냐 대학	이탈리아. 법학 중심
1096년	옥스퍼드 대학	영국
1109년	파리 대학	프랑스. 신학과 철학 중심
1209년	케임브리지 대학	영국

원전을 확정하고자 애썼다. 따라서 자연스럽게 도서관의 장서량과 질적 수준도 높아졌다. 올바른 기초교육 없이는 수준 높은 고등교육도 없다는 신념을 지닌 샤를마뉴는 어린이들에게 시, 속기, 성가, 산수, 문법 같은 기초교육을 적극 실시했다. 프랑크 왕국의 수도가 된 파리는 유럽 지성계의 중심으로 발전했다. 이 시기를 후세 학자들은 카롤링 르네상스라 불렀다. 이 전통은 오늘날 세계적으로도 가장 엄격하고 수준높은 것으로 치부되는 프랑스 고등학교 과정으로 이어지고 있다.

샤를마뉴의 목적은 단순히 고대로 회귀하는 것이 아니라 유럽 문화의 정신적 기반을 마련하는 일이었다. 그가 내세웠던 슬로건은 이렇다.

"오류를 바로잡고 넘치는 건 잘라 버리며 올바른 것을 수집한다."

이 시기에는 단어와 단어 간격을 띄어서 읽기 쉽게 만든 '카롤링 소문자 서체'가 고안되었는데 이는 오늘날에도 계승되고 있다. 11세기에는 자유로운 학문 풍토가 조성되어 여러 독립 학파들(스콜라)이 생겼다.

중세의 고뇌, 중세의 혼

네덜란드의 역사가 요한 하위징아가 쓴 『중세의 가을』은 이렇게 시작한다.

"세계가 지금보다 5세기 가량 더 젊었을 때, 삶에 일어난 많은 일들은 지금과 현저히 다른 모습과 윤곽을 띠고 있었다. 불행에서 행복까지의 거리도 훨씬 멀게 여겨졌고, 모든 경험은 기쁨과 고통이 어린 아이의 정신 속에서 갖는 것 같은 그런 즉각적이고도 절대적인 강도를 띠었다."

하위징아는 이 책에서 14세기에서 15세기에 이르는 중세 말의 비관적이며 우울한 풍경을 묘사한다. 그렇지만 그는 중세를 '낀 시대'로 보지도 암흑기로 보지도 않는다. 그는 이탈리아를 중심으로 펼쳐진 문예부흥운동의 원동력이 중세인들의 고뇌, 중세의 혼에서 나왔다고 본다. 중세는 고대의 지적 유산을 되살려내고 보존함으로써 문명의 단절 없이 근대를 준비했던 시대다. 중세의 교육제도는 평범한 시민을 체계적으로 교육하여 높은 교양을 갖춘 인류로 거듭나게끔 하였다. 재능을 타고난 이들이 독점하던 분야에는 체계적인 고등교육을 수료한 전문 지식인들이 포진되기 시작했다. 타고난 운명을 받아들이라는 것은 중세 교회의 가르침이었으나, 타고난 운명에 구애받지 않고 노력으로 개척하는 인간에 대해 중세는 아무 제지 없이 오히려 자아실현의 장을 묵묵히 열어주었다.

중앙집권국가

영주는 무너지고 왕만이 최후 승리자로

봉건제의 세 요소인 지방분권, 장원, 기사가 무너진 자리에 중앙집권 체제와, 상업을 중시하는 개방적 화폐경제, 신식 무기를 갖춘 상비군이 들어서기 시작했다. 13세기와 14세기 무렵에 일어난 이런 변화는 강력한 왕정의 탄생과 국민국가의 태동을 예고했다.

가속화되는 중앙집권화

봉건제의 정치적 측면을 먼저 살펴보자. 통치의 동반자이자 조언자였던 귀족이 차지했던 자리에 전문 행정조직에서 배출한 관료들이 들어서기 시작했다. 정해진 영토 안에 비슷한 인종적, 언어적, 문화적 특성을 공유하는 '국민'이라는 개념이 생겼다. 경제 측면으로는 페스트로 인해 농민 인구가 급감하자 영주가 농노에게 노동력 제공 대신 화폐를 요구하기 시작했다. 폐쇄적 장원제가 무너지면서 경제 시스템은 개방적 화폐경제로 바뀌기 시작했다. 군사적으로는 십자군 병사들을 지휘하며 장기간 원정길에 오른 기사들, 봉건 제후들은 멀리 떨어져 있는 탓에 자신들의 영지를 제대로 돌볼 수도 없고 농노들을 확실히 제압하기도 어려워졌다. 14세기 중반에 화포가 보급되면서 이전까지 갑옷으로 무장하고 말을 탄 채 성을 공략하거나 방어하던 기사전은 총과 대포로 무장한 보병들의 전투로 바뀌기 시작했다.

봉건제가 무너지면서 영주·기사 계급이 몰락하자 교황권도 약해졌고, 대혼란과 전란을 거치며 강자들이 모두 쓰러지자 각 나라의 왕이 상대적으로 유일한 거대 권력자가 돼버렸다. 십자군 원정이 끝나자 이번에는 프랑스와 영국(잉글랜드) 사이에 백년전쟁이 일어났다. 양쪽의 군주에게 얽힌 기사·영주 계급과 귀족들은 이 장기간의 전쟁 통에 죽거나 권력을 잃거나 재산을 탕진하면서 자멸했고 왕은 유일한 승리자로서 '국민국가(Nation State)'라는 전리품을 얻었다. 왕은 국민이라는 낯선 개념을 친숙하게 만들기 위해 애썼다. 작가들과 화가들은 민족 영웅들을 발굴해 작품으로 표현했다. 아서왕 신화도 12세기에 이런 목적에서 탄생한 것이다. 종이가 보급되면서 문자의 통일과 표준 언어의 도입이 용이해진 것도 국민국가 탄생의 중요 계기이며, 북유럽에서 발명된 인쇄술의 보급은 왕들의 프로젝트를 완료하는 데 크게 기여했다.

1066년 노르망디의 공작 윌리엄이 잉글랜드를 정복한 이후 2세기 동안은 국왕이 봉건제를 자신에게 유리하도록 고쳐나가는 과정이었다. 헨리 2세는 프랑스를 압도할 정도로 영토를 확장했다. 헨리 2세는 외형적 확장뿐 아니라 내적인 제도 안정에도 힘을 썼다. 사법제도를 혁신하여 영국 역사상 최초로 배심원제도에 의한 재판을 실시하여 귀족들의 권력 남용을 제어했고, 행정제도도 충실히 정비했다. 그의 뒤를 이어 왕위에 오른 아들 리처드 1세(사자왕)는 국내 정치 상황에는 무관심한 채 십자군 운동을 비롯한 해외 원정에만 몰두했다. 그는 재위기간 10년 동안 겨우 6개월만 본국에 머물렀다. 무리한 원정이 남긴 재정난이 위기로 표출된 때는 리처드 1세의

백년전쟁은 1337년부터 1453년까지 영국과 프랑스 사이에 일어난 전쟁이다. 프랑스의 승리로 끝난 백년전쟁을 기점으로 이전 시대와 이후 시대는 많은 면에서 차이를 보인다. 장원의 해체와 더불어 봉건제가 완전히 붕괴했고, 새로운 신분 계급이 출현하기 시작했다.

뒤를 이어 동생인 존이 왕위에 올랐을 무렵이었다. 더구나 프랑스의 위협에 맞서기 위해 막대한 자금이 필요했던 존 왕은 귀족들의 압력에 굴복해 '대헌장'에 서명하기에 이른다. 왕권에 맞선 귀족들의 대반란이었던 대헌장은 역설적으로 애초 목적과 달리 평민들의 권리를 보장하는 의회 정치의 초석이 되었다. 대헌장을 기점으로 잉글랜드와 프랑스는 각자 다른 통치 방식을 취하게 되었다. 중세 연구자 스트레이어는 말했다.

"대헌장은 왕이 자의적으로 정부를 만들지 못하게 했지만, 그렇다고 해서 중앙집권정부를 불가능하게 한 건 아니다."

대헌장 이후 오히려 중앙집권화에 가속이 붙었다. 관료들은 효율적인 사법·행정제도를 만들기 위해 노력했고, 1274년 즉위한 에드워드 1세는 강력한 군주 국가의 위용을 과시하여 '잉글랜드의 유스티니아누스'라는 찬사를 받았다.

프랑스에서는 다소 느리게 그리고 다른 방식으로 중앙집권화가 이루어졌으나 1300년 무렵에는 잉글랜드와 거의 비슷한 수준에 이르렀다. 필리프 2세(존엄왕)는 프랑스의 영토를 네 배나 확장했다. 완전한 중앙집권이 아니라 지방 행정관에게도 권력을 이양함으로써 중앙정부와 지방정부 사이의 세력 균형을 지향했다. 14세기가 되자 국왕은 교황의 권력에 도전하고 때로 완전히 압도할 정도로 세력이 커졌다. 70년이 넘도록 교황권은 프랑스 국왕의 꼭두각시로 전락했다. 교황의 지배 아래 있던 기사들 역시 힘없이 국왕에게 굴복했다. 1307년부터 필리프 4세(미남왕)는 기사단을 집요하게 탄압하기 시작했다. 1314년에는 십자군 원정으로 부를 축적한 성당 기사단 지도자 자크 뒤 몰레를 음해한 뒤 공개처형해버렸다. 가지치기를 할 때마다 국가라는 나무 줄기는 조금씩 굵어졌다.

백년전쟁 이전과 이후

14세기 말에는 유럽 전역에 페스트가 창궐해 인구 3분의 1을 앗아갔다. 재난의 시기에 가장 큰 고난을 겪는 건 물론 농민이었다. 1358년 프랑스에서 일어난 '자크리의 난'(자크리는 흔한 이름 중 하나로 평범한 농민들의 반란을 의미함), 1381년 영국에서 일어난 '와트 타일러의 난' 같은 농민 반란은 처절하게 생존하고자 했던 그 시절의 단면이다. 안팎으로 격동의 시기였던 이때 영국과 프랑스의 극한 대립은 끝내 전쟁으로 이어졌다. 백년전쟁은 왕위계승권을 둘러싸고 영국과 프랑스 왕조의 가문들이 대를 이어 싸운 전쟁이다. 프랑스의 승리로 끝난 백년전쟁을 기점으로 이전 시대와 이후 시대는 많은 면에서 차이를 보인다. 봉건제가 완전히 붕괴됐고, 장원은 해체됐으며, 새로운 신분 계급이 출현하기 시작했다. 가톨릭의 위상도 약화되었다. 구시대의 모든 것들이 쇠락하고 있을 때 홀로 강해진 것이 왕권이다. 예를 들어 백년전쟁 이전 프랑스의 왕은 여러 힘 있는 대영주들 가운데 하나일 뿐이었으며 국가 역시 영주들의 느슨한 동맹체에 가까웠다. 그러나 백년전쟁이 끝나자 상비군을 갖춘 강력한

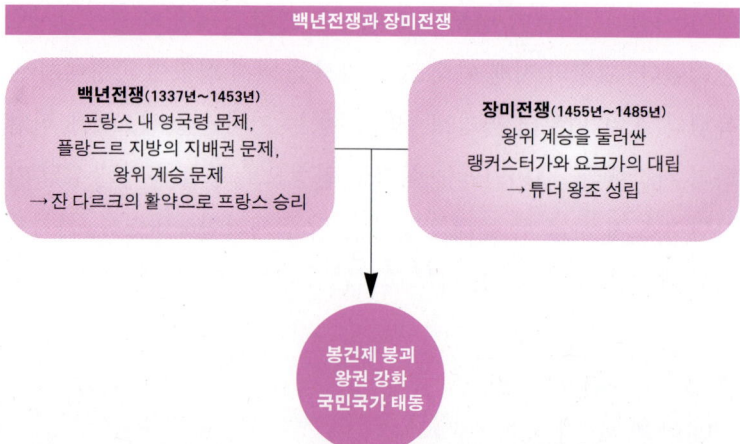

국왕이 탄생했다.

    백년전쟁의 연대(1337년~1453년)만 놓고 보면 전쟁 기간은 116년이지만 실제 전쟁을 치른 시간은 100년에 훨씬 못 미친다. 쉬지 않고 전쟁만 하기에는 양국 모두 돈이 부족했기 때문이다. 더구나 왕이 기사들과 맺은 계약에 따르면 1년에 평균 40일 정도만 기사를 고용할 수 있을 뿐이어서 나머지 기간에 병력을 가동하려면 추가 비용이 많이 들었다. 백년전쟁 결과 프랑스 지역에 점유하고 있던 영토를 거의 다 빼앗긴 영국의 상실감은 대단했는데 이 상실감은 강력한 권력에 대한 국민의 열망을 부추겼다. 그런데 이 와중에 백년전쟁에서 돌아온 기사들이 귀족의 권력 쟁탈전에 또 다시 투입되었다. 영국에서는 붉은 장미 문양을 쓰는 랭커스터 가문과 흰 장미 문양을 쓰는 요크 가문이 30년(1455년~1485년)에 걸쳐 전쟁을 치렀다. '장미전쟁'이라 불리는 귀족 가문들간의 혈투는 귀족들의 공멸로 끝났다. 이제 더 동원할 기사도 서로 이권을 놓고 또는 명분을 놓고 싸울 만큼 거대한 귀족 가문도 모두 사라질 지경에 이르렀다. 헨리

7세가 절대왕권을 구축하게 된 배경도 그러했다.

평범한 백성들은 끝도 없이 벌어지는 분쟁을 모두 끝내줄 수 있는 강력한 통치자를 열망했고 왕은 이에 부응했다. 지금이야 누구나 자연스럽게 받아들이지만 1,000년 전만 해도 국민국가란 사람들에게 무척 낯선 개념이었다. 그들에게는 제국 아니면 도시국가만 있을 뿐이었다. 제국은 자칫 방만하게 운영되기 십상이었기에, 시민들은 제국의 일원이라는 소속감이 미약했다. 한편 도시국가는 효율적으로 운영되긴 했으나 각종 이권에 따라 언제든 도시민들이 분열되거나 도시 자체의 운명이 바뀔 수 있다는 잠재적 위험성을 늘 안고 있었다. 그 둘의 장단점을 보완한 새로운 통치체제가 국민국가였다. 1300년경 유럽에 '현대적인' 국민국가의 모습이 생기기 시작했다. 그러니 21세기에 200개 이상으로 늘어난 '국민국가'라는 가상 공동체는 700세 정도 나이를 먹은 셈이다.

4부
아시아 사회의 성숙

명나라는 초기에 강력한 중농정책과 중앙집권적 관료제의 정착으로 정치와 사회를 안정시킬 수 있었다. 강남 개발도 활발하게 진행돼 장강 중류 지역과 멀리 남부의 복건, 광동도 본격적으로 개발됐다. 후기에 화폐제도의 실패로 경제가 어지러워지면서 농민과 수공업자들의 생활이 매우 궁핍해졌다. 거기에 황제들의 무능이 겹치면서 급격히 기울어가 결국 만주족에게 나라를 내주고 만다.

만주족의 청나라는 초기 강희-옹정-건륭제로 이어지는 최전성기를 맞아 국력이 튼튼해지고 대외 팽창에도 성공해 강역을 크게 넓혔다. 대만을 비롯해 티베트, 신장위구르 등이 안정적인 강역으로 확정됐다. 이와 함께 청나라 때 인구가 3억 명선을 돌파하는 등 세계에서 가장 인구가 많은 나라의 위상을 이 시대에 확실히 굳혔다. 청나라는 그러나 후기 서구의 발전상을 눈감은 채 안주하다가 결국 식민주의의 침략에 굴복해 여러 차례 불평등 조약을 맺는 등 수모를 겪게 된다.

일본은 1590년 도요토미 히데요시가 전국을 통일하고 2년 뒤인 1592년 곧바로 대륙 침략의 야욕에 불타 조선을 침략했다. 이렇게 시작된 전쟁은 명나라의 원군까지 파견돼 참여하는 국제전으로 발전했으며, 결국 도요토미의 죽음으로 일본군이 철수하면서 끝났다. 7년 동안 계속된 이 전쟁으로 조선은 크게 피폐해졌다. 전국 통일 뒤 내부의 모순

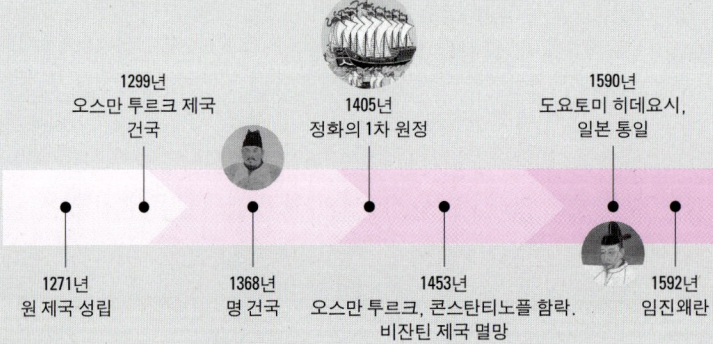

1271년
원 제국 성립

1299년
오스만 투르크 제국 건국

1368년
명 건국

1405년
정화의 1차 원정

1453년
오스만 투르크, 콘스탄티노플 함락, 비잔틴 제국 멸망

1590년
도요토미 히데요시, 일본 통일

1592년
임진왜란

을 외부로 돌리려는 일본의 침략주의적 본성은 이후로도 계속 동아시아 평화의 위협이 됐다. 이 전쟁 뒤 일본은 새로이 도쿠가와 막부의 지배 아래 들어갔다. 막부는 초기 서구와의 교역에 적극 나서고 스스로도 동남아 일대까지 무역선을 보내는 등 무역을 활성화했으나 기독교도의 확산에 위협을 느껴 기독교 탄압과 함께 쇄국으로 돌아섰다.

인도는 마지막 왕조인 무굴 제국 초기 한때 힌두교와 이슬람교의 조화 속에서 번영하기도 했다. 하지만 종교와 카스트 제도에 내재한 뿌리깊은 분열 때문에 영국의 식민주의적 침탈에 제대로 대응하지 못하고 결국 식민지의 나락으로 굴러 떨어졌다. 영국군에 편입된 인도인 군대인 세포이가 독립전쟁을 일으켜 한때 델리와 주요 도시를 해방시키는 등 세력을 떨치기도 했으나 결국 지도부의 혼선과 분열 등의 이유로 실패했다. 이밖에도 여러 차례 반영 무장 투쟁이나 전쟁이 벌어졌으나 비슷한 이유로 성공을 거두지 못했다.

서아시아에서는 오스만 투르크가 비잔틴 제국을 무너뜨리고 그 여세를 몰아 동유럽 일대에 대한 지배를 강화했다. 오스만 투르크는 특히 돋보이는 종교적 관용정책을 채택해 동유럽의 동방정교 지역을 효율적으로 통치하고 국력을 크게 키울 수 있었다. 그러나 17세기 이후 서구 열강이 침입해 오면서 점차 위기를 겪게 됐다.

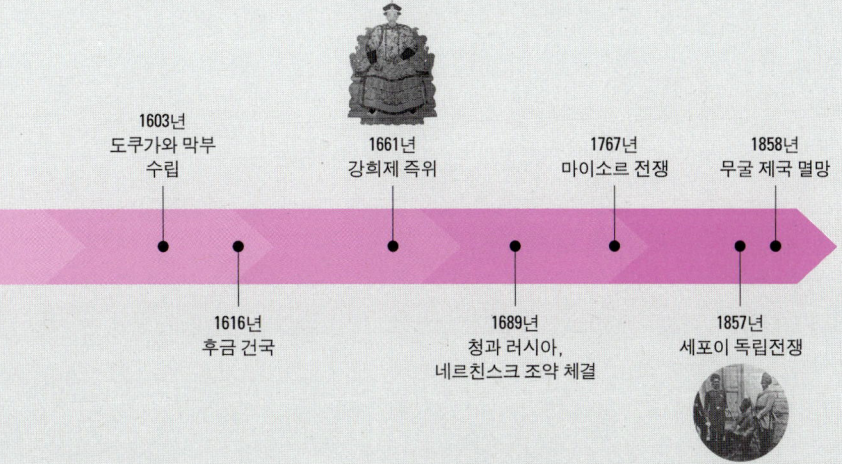

1603년
도쿠가와 막부
수립

1661년
강희제 즉위

1767년
마이소르 전쟁

1858년
무굴 제국 멸망

1616년
후금 건국

1689년
청과 러시아,
네르친스크 조약 체결

1857년
세포이 독립전쟁

1장
명·청대의 중국 사회

명의 성립: 오랑캐 극복 뒤 또 다른 오랑캐에 무너진 마지막 한족 왕조
명의 경제: 정화의 원정, 화교의 세계 진출 열다
청의 성립: 현대 중국의 국경선을 확정한 오랑캐 나라

명의 성립

오랑캐 극복 뒤 또 다른 오랑캐에 무너진 마지막 한족 왕조

"강절(江浙: 강소성, 절강성 일대. 양쯔강 하류 델타 지역)에 풍년이 들면 천하가 족하다." 중국인들은 원래 명나라 초까지 이런 속담을 썼다. 그러나 명나라 중기인 15세기 말이면 이 속담은 이렇게 바뀐다. "호광(湖廣: 호남성, 호북성 일대. 양쯔강 중류 지역)에 풍년이 들면 천하가 족하다."

명 태조 주원장의 중농정책

명나라는 중국 지리경제의 사례연구 대상으로 삼을 만한 왕조다. 지리경제의 변화가 속담 하나하나에도 반영돼 있기 때문이다. 원래 중국의 농업 중심지는 당나라 중기 때까지 화북 평야였다. 당말 5대 이후 화북 사람들이 '안녹산·사사명의 난' '황소의 난' 등 전란과, 5대 왕조의 무단통치 등을 피해 점차 양쯔강을 건너 남쪽으로 내려가면서 농업 중심지도 강남으로 바뀌어 갔다. 처음에 강남으로 간 사람들은 양쯔강 하류, 지금의 강소성과 절강성의 델타 지역 평야와 저습지를 개발해 논농사에 나섰다. 벼는 단위면적당 수확량이 화북 황토지대에 주로 심던 조나 보리에 비해 최고 4배나 됐다. 여기에 송나라 이후 이룩된 이앙법, 인분 비료 사용, 동남아산 조생종 벼의 보급 등 갖가지 농업기술의 발전까지 맞물려 양쯔강 하류 지

태조 주원장. 고아 출신으로 빈한한 환경에서 자라 탁발승, 홍건적 등 미천한 신분이었지만 황제로 즉위하여 1368년 명나라를 건설했다.

역은 "중국 인민들을 먹여 살리는 새로운 곡창"으로 부상했다. 그 뒤 중원 지역으로 여진족의 금과 몽골족의 원이 계속 몰려오자 화북 한인들의 강남 이주는 더욱 가속화됐다. 강절 지역이 포화 상태에 이르자 나중에 내려오는 사람들은 양쯔강 중류에 해당하는 호광 지역을 개척했다. 일부는 강절 지역보다 훨씬 더 남쪽인 복건·광동 지역까지 내려갔다. 강 유역은 제방을 쌓아 논을 만드는 위전을 일구기 쉬운 데다가 비옥해서 소출도 컸다.

명나라의 중농정책은 역사상 가장 미천한 신분에서 황제에까지 오른 태조 홍무제 주원장으로부터 시작됐다. 원나라 말기 오랜 전란으로 농촌이 크게 피폐해졌기에 그는 개국 뒤 농촌부흥정책을 최우선적으로 추진했다. 그 자신이 기아 속에 밀어닥친 전염병 때문에 양친 부모와 큰 형을 잃은 경험도 있었다. 우선 피난민부터 고향으로 돌아가도록 하고, 인구 조밀 지역의 농민은 토지가 남아도는 지역으로 이주시켰다. 황무지를 개간한 사람에게는 그 토지의 소유까지 인정했다. 사람들은 저마다 황무지 개발에 나섰다(조선에서도 나중에 병자호란 뒤 이처럼 황무지 개간을 장려했으며, 바로 경주 최부잣집이 그 방식으로 만석꾼이 됐다). 그 결과 홍무 25년에는 총 경지면적 5,700만 헥타르 가운데 개간농지가 절반에 이르렀다. 태조는 원말 통일쟁패 시기 라이벌 장사성에게 협력했던 강남 대지주의 토지도 모조리 몰수해 농민들에게 나눠주었다. 이와 함께 대대적인 치수관개공사도 벌였다. 양쯔강과 황허 등 큰강에는 제방을 쌓고 그 옆으로 작은 수로를 팠다. 중농정책의 목적은 명확했다. 국가의 재정적 기반을 확립하는 것이었다. 그는 이런 칙령을 내렸다.

"백성은 분수를 알아야 한다. 세금과 부역을 제대로 내는 것이 곧 분수를 지키는 것이다."

경제 호황과 은납제 돌풍

농업과 산업 분야의 변화도 명나라의 외형 성장을 뒷받침했다. 먼저 15세기 중엽부터 실질적으로 세제의 은납화가 추진되면서 상품작물의 재배가 크게 늘어났다. 애초 태조 주원장은 은의 유통을 금지시키고 원나라처럼 불환지폐인 초(鈔)를 유통시키려 했다. 그러나 원나라가 초의 통용을 거부하는 사람은 처형시킨다는 강압책을 밀어붙여 성공한 데 반해 명에서는 그런 강압책을 쓰지 못해 실패했다. 사람들은 초 대신 교환기능을 갖춘 은을 선호했다. 초의 가치는 폭락했다. 명 조정은 어쩔 수 없이 세금을 은으로 납부하는 금화은(金花銀) 제도를 추진하게 된다. 겉으론 "농민들의 부담을 경감시킨다"고 했지만, 조정의 정책이 시장에 패배했던 것이다. 조정의 '항복선언' 이후 강남을 시작으로 전국 각지에서 저마다 유행처럼 상품작물을 재배하려 했다. 상품작물을 심어야 은을 만질 수 있고, 세금도 낼 수 있었다. 쌀의 주산지로 각광받던 강남의 강절 지역도 빠르게 면화 재배지로 바뀌어갔다.

은납제의 돌풍 속에서 상품작물을 가공해 부가가치를 높이려는 '농촌형 가내수공업'과 '도시형 전문수공업'도 발달해갔다. 면화를 재배해서 면포를 만들 때까지는 복잡한 공정을 거쳐야 했다. 농촌의 가정이나 도시의 전문 점포들이 저마다 이 돈벌이에 뛰어들었다. 그 결과 17세기 초 소주에는 직공과 염색공이 각각 수천 명을 헤아렸다. 은납제의 성행은 요업에도 영향을 미쳤다. 도자기 제작은 명초까지 관영 공장이 주도했으나 16세기 이후는 민영 공장이 압도하게 됐다. 민요(民窯) 가운데는 수십 명씩 고용하는 데도 등장했다.

은 경제의 발달과 함께 생활용품도 전국적으로 활발하게 유통됐다. 생산공정에서 지역적 분업도 이뤄지고 물자수송을 위한 교통도 계속 발달해갔다. 쌀, 소금, 직물, 도자기, 칠기, 종이, 생사, 면화, 사탕, 염색용 천연재료 등이 어디든 안 가는 곳 없이 유통됐다. 명나라 말기에는 외국으로부터 옥수수, 감자, 고구마, 낙화생, 담배도 들어왔다. 그 결과 화북에서는 옥수수가, 화남에서는 감자가 구황작물로서 새롭게 자리잡아갔다.

양극화로 백성은 무너지고

그러나 명나라 사회는 안으로 곪아가고 있었다. 무엇보다 외형 성장과 달리 내부적으로는 부익부 빈익빈의 양극화가 깊어만 갔다. 농민은 물론 일찍 가내수공업에 눈뜬 수공업자들까지 점점 더 궁핍해졌다. 밑천이 허약했기 때문이다. 상당수 농민들은 면화 등 상품작물을 생산할 토대가 부실했다. 지주의 전토를 경작하는 소작농인 전호는 수확의 50~60퍼센트를 소작료와 부조(닭이나 오리 등)로 내고 있었다. 자본의 원시적 축적부터가 힘들었다. 설사 면화에 손을 댄 농민들도 곧바로 돈과 힘을 가진 상업자본의 횡포에 시달릴 수밖에 없었다. 오죽하면 면화를 수확하자마자 그대로 면포와 물물교환하는 방식이 퍼져나갔겠는가. 대다수 농민들은 제대로 돈도 만지지 못한 채 지주나 상인 그리고 고리대금업자에게 이리 뜯기고 저리 채였다.

면포를 다루는 수공업이라고 사정은 다르지 않았다. 농가는 자본이 부족해 면포를 만드는 여러 공정의 시설을 다 갖출 수는 없었다. 자연히 가공 과정의 주도권은 돈 많은 상인들에게 넘어갔다. 상업자본은 매 단계마다 끼어들어 차익을 떼어갔다. 비단을 만드는 견직물 역시 거대한 자본력과 시장 장악력을 갖춘 상업자본에게 이익의 일부를 빼앗기는 악순환에서 헤어나지 못했다.

이런 구조적인 문제에 대해 명나라 조정은 제대로 대응하지 못했다. 명말 만력제는 재위 48년 가운데 30년 동안 신료들조차 접견하지 않았다. 환관들에게 정사를 맡긴 채 궁중에서 호사방종한 생활을 보냈다. 환관들은 개국 초기부터 동창(東廠) 등 비밀정보기관을 장악한 채 정사를 사실상 좌지우지했다. 황제들이 얼마나 무능했는지『명사』는 아예 이렇게 적었다.

"명나라, 황제 16명이 있었으나 언급할 가치가 있는 황제는 다섯뿐이다."

명나라 중기 이후 상업 및 산업의 발달 속에서 부를 일궈 거대한 토지까지 소유한 부재지주라든가, 관직에 진출했다가 귀향한 향신 계층들은 백성들을 더욱 쥐어짰다. 그들은 농민에게선 높은 소작료를 받아 챙기고, 수공업 과정에도 개입해 수공업자들의 이익을 떼어갔다. 환관이 득세하고 당쟁이 끊이지 않는 조정으로부터는 기층 백성을 위한 어떤 개혁조처도 나오지 않았다. 명나라는 그렇게 양극화로 곪아갔다. 명말 이자성이 1639년 단지 50기로 하남에 들어와 30개월 만에 수십만의 세력으로 성장한 것은 다 이런 배경 때문이다. 결국 명나라는 외형 성장에도 불구하고 실질적으로 기층 민중의 삶을 돌보지 않는 바람에 민심을 잃고 신흥 세력 만주족에게 다시 나라를 내주고 말았다.

　백성이 무너지는데 살아남는 왕조는 없다. 명나라는 오늘날 현대 국가에도 깊은 교훈을 주고 있다.

명의 경제

정화의 원정,
화교의 세계 진출 열다

대륙국가 중국에게도 '바다의 역사'는 있다. 당나라와 송나라가 연 바다의 역사는 15세기 초 같은 한족 왕조인 명나라 건국 직후 절정에 이르렀다. 그리고 중국인들은 본격적으로 세계로 나아가 화교가 되기 시작했다.

바다 건너 세상 끝까지

중국 속담에 이런 말이 있다. '산고황제원(山高皇帝遠)'. '산은 높고 황제는 멀리 있다'는 이 말은 황제의 권력이 아무리 강력하더라도 중앙정부로부터 멀리 떨어진 변방까지는 제대로 미치기 어렵다는 뜻이다.

명나라의 바다에 대한 정책이 바로 이랬다. 겉으로는 국가 주도로 조공무역을 하는 조공선 이외에 민간선박은 바다 밖 외국과 무역을 할 수 없다고 '해금정책'을 내세웠다. 하지만 실제로는 민간의 무역을 묵인할 수밖에 없었다. 해금정책은 태조 홍무제 주원장 때부터 시작됐다. 주원장은 의심도 많았다. 무엇보다 새로운 왕조의 지배를 놓고 경합했던 장사성, 방국진 등 해양에 기반한 세력의 잔당이 아직 섬 지역에 숨은 채 반명 활동을 벌일 가능성이 있다고 의

정화의 남해 원정

	출발	도착	원정로
1차 원정	1405년 7월	1407년 9월	참파(지금의 베트남 중부), 자바섬 및 팔렘방 등 수마트라섬(인도네시아), 믈라카(말레이시아), 실론(스리랑카), 캘커타
2차 원정	1407년 겨울	1409년 늦여름	자바, 시암(타이), 캘커타, 코친(인도), 실론
3차 원정	1409년 가을	1411년 초여름	자카르타, 자바, 믈라카, 수마트라, 실론, 쿠이론(인도), 코친, 캘커타
4차 원정	1413년 겨울	1415년 여름	호르무즈섬
5차 원정	1417년 겨울	1419년 여름	호르무즈섬, 아프리카 대륙 동쪽(모가디슈, 말린디) 및 아라비아 반도(아덴, 메카)
6차 원정	1421년 봄	1422년 여름	호르무즈섬 혹은 수마트라, 시암, 페르시아만
7차 원정	1430년 12월	1433년 7월	호르무즈섬, 아프리카 동부, 페르시아만, 메카(사우디아라비아)

심했다. 원나라 말기 연안 지역에 출몰하던 왜구 세력도 아직 근절되지 않은 상태였다. 이런 반명 세력이 서로 연합할 기미를 싹부터 자르려 했다. 홍무 23년 주원장은 절강, 복건, 양광의 주민들을 대상으로 국내의 금은, 동전, 견직물, 무기류 등의 밀수를 엄격하게 단속했다.

그러나 명의 제3대 황제인 성조 영락제는 중국 역사상 가장 해양 진출에 적극적인 황제였다. 영락제는 환관 출신 제독 정화를 시켜 1405년부터 남해 대원정에 나서도록 했다. 원정대의 규모는 어마어마했다. 첫 번째 원정대는 대선 63척 등 총 선박 100여 척 규모에 참가인원도 2만 7,800명에 달했다. 대선이라면 보통 길이가 150미터, 폭이 60미터로 오늘날로 치면 적재중량 2,500톤급에 해당한다. 콜럼버스의 제1차 항해 때 가장 큰 함선인 산타마리아호가 250톤 정도에 지나지 않았다. 그 10배다. 이런 대형 원정대가 총 7차례 파견돼 동남아시아, 인도, 페르시아만, 아프리카까지 진출했다가 돌

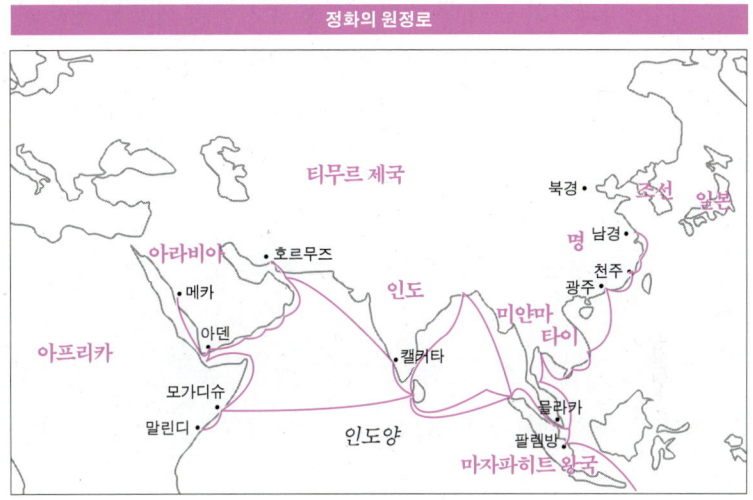

아왔다. 공식적으로 원정대의 목적은 이렇게 돼 있었다.

"바다 건너 세상의 끝까지 가서 모든 번국들이 조공을 바치도록 하라."

이와 함께 당시 중앙아시아 지역에서 몽골 제국을 계승한다며 급속히 성장하던 티무르 제국을 견제하기 위해 남방 여러 나라와 명나라 중심의 해양연합을 시도했다는 분석도 있다.

복건식 vs 광동식

명나라의 해금정책과 정화의 남해 대원정은 '화교'로 상징되는 중국인들의 해외 진출에 중요한 전기가 됐다. 우선 정화 함대에 참가한 사람들부터 여행기를 통해 동남아시아와 인도, 페르시아 지역에 관해 풍부한 정보를 쏟아냈다. 바다를 통해 외국으로 나가는 길, 외국의 실정, 외국과의 교역 등 해외의 정보와 지식에 새로운 장이 열렸다. 정화 함대의 주요 지휘관이었던 마환의 『영애승람』, 비신의 『성차승람』, 공진의 『서양번국기』 등이 이 역할을 훌륭하게 수행했다. 마환의 『영애승람』에는 이런 놀랄 만한 대목까지 나온다.

> "자바 통상의 요지는 4군데인데 모두 성벽이 없다. …중국 역대의 동전이 나라 안에서 통용되고 있다. 토부한에는 1,000여 호가 살고 있는데 광동과 장주(아모이 지방)에서 이주해온 화교도 많다…. 동쪽으로 반나절을 가면 그릇시에 이른다, 원래 모래지대였는데 중국인이 들어와 살면서 마을을 새로 일으켜 지금까지 촌장을 광동인이 맡고 있다. 주민은 1,000여 호…. 여기서 남쪽으로 배로 10킬로미터 간 뒤… 다시 육로로 하루 반 정도 가면 마자파히트 왕성이 나온다. 여기 주민은 세 집단으로 나뉜다. 첫째가 이슬람교도, 바로 두 번째가 당인(唐人: 중국인)으로 광동, 장주, 천주부터 들어온 화교다. 자바인이 사려는 당화(唐貨: 중국물품)는 채색도자기, 사향, 금박을 입힌 실, 진주 따위다. 중국의 동전으로 거래한다."

명나라 조정의 해금정책에도 불구하고 중국 민중들의 해외 진출은 이미 상당히 진행되고 있었다. 명나라 6대 영종 정통제 무렵에 이르면 조공무역은 거의 이뤄지지 않는 반면 중국 연해 주민들은 활발하게 진출한다. 이들은 국가 대신 나서서 해외물자를 조달했다. 이 무렵 명나라의 수출품 도자기에 파란색을 내주는 코발트는 외국에서 들여와야 했다. 향료와 후추, 보석 등도 남양으로부터 들여오지 않으면 안 됐다. 명나라 후기에 이르면 은을 수입해서 조달해야 하는 일이 지상과제가 됐다. 명은 내륙 은광산이 고갈상태에 들어가자 16세기 아시아 제1의 은 생산국인 일본으로 눈을 돌렸다. 일본에는 '30~50톤의 은을 수출하고 대신 명나라의 생사, 비단, 도자기를 수입했다'는 기록도 남아 있다. 일본 칼도 명나라에 가면 일본보다 5배 더 값을 쳐줬다.

명나라 환관 출신 정화는 영락제의 지시로 1405년부터 1433년까지 28년간 일곱 차례에 걸쳐 수백 척의 선단을 이끌고 말라카 해협과 인도양을 거쳐 페르시아와 아프리카까지 바닷길을 개척했다. 그의 항해는 동남아에 중국인이 진출하는 계기를 만들었다. 중국 정부는 2005년부터 정화가 첫 출항을 한 7월 11일을 '항해의 날'로 제정, 기념우표와 주화를 발행하고 있다.

이 무렵 중국인의 해외 진출을 주도한 지역은 단연 복건과 광동이다. 두 지역은 바다에 붙어 있다. 주민들은 오래 전부터 바다와 관련된 일이라면 다른 지역사람보다 훨씬 뛰어났다. 복건 지방은 경지가 좁다. 9세기 당나라 황소의 난 때 화북에서 강남으로 내려온 사람들이 복건까지 몰려드는 바람에 불과 2~3세기 만에 인구 과잉을 빚은 대표적인 지역이다. 이 때문에 복건 사람들은 먹고 살기 위해 중계무역과 가공업을 발달시킬 수밖에 없었다. 복건과 광동에서 나는 면화를 강남의 중심부인 양쯔강 델타 지역으로 보내 가공한 뒤 그 가공 면제품을 다시 광동이나 동남아시아 지역에 팔았다. 양쯔강 델타에 넘쳐나는 잉여미라든가 역시 인구가 희소한 광동 지역에 풍부한 조장미(생장기간이 짧은 벼)도 사들여왔다. 쌀뿐 아니라 면화, 면제품, 소금, 칠기(옻칠을 한 가구 및 생활기기), 도자기 등도 취급했다. 집안에 형제가 여럿이면 장남은 농사를 지으며 가문을 지키고, 재주 있는 지차자식은 재주를 살리거나 과거공부에 전념해 집안을 일으켰다. 이마저도 여의치 않으면 과감하게 타지로 진출해 돈을 벌었다. 그렇게 타지에서 성공한 사람이 나중에 고향에 돌아오는 삶, 그게 '복건식'이었다. 광동 사람들도 교량과 항만을 정비하고 조선업과 해운업을 발전시키는 데 적극적이었다. 작은 해안 평야라도 경작할 수 있다고 판단되면 돈과 사람을 아끼지 않고 투입해 계단식 논, 간척 논 따위를 만들고 저수지를 만들었다. 그게 '광동식'이었다.

화교의 해외 진출

결과적으로 해금을 공언한 중앙정부와 여기에 굴복치 않으려는 백성들 사이의 줄다리기는 백성들의 승리로 귀결됐다. 원래 천주에 있던 시박사(세관이 설치된 외국무역 공인항)는 1474년 폐지된 뒤 북쪽의 복주로 옮겨갔지만, 천주의 안해항 그리고 남쪽 아모이의 월항 그리고 서쪽 조주는 오히려 밀수항으로 번창했다. 과거에 급제해 지방의 실력자로 군림하고 있던 향신 계층(관료, 거인, 감생, 생원 등)도 직접 나서 특권과 실력을 동원해 밀무역을 조직하고 나섰기 때문이다. 레너드 블루세는 북경 조정의 해금에도 불구하고 명조와 청조 초기까지 "매년 100여 척의 대형 선박이 동남아시아와 무역을 했다"고 분석했다. 살기 위해, 돈을 벌기 위해 바다 밖으로 나가는 사람의 무리를 막을 길은 없었다. 그들이 오늘날 화교의 선봉역할을 한 것이다. 결국 명나라는 1567년 해금정책을 폐기했다.

그러나 때가 너무 늦었다. 이미 서양은 지구를 동서 양방향에서 돌아 밀려오고 있었다. 1511년 믈라카가 포르투갈 세력에 의해 개항된 데 이어 1571년 필리핀의 마닐라가 에스파냐 세력에 의해 개

항되고 있었다.

  중국은 정화 함대가 유럽보다 수십 년 먼저 인도양 전역(영국의 개빈 멘지스는 정화 함대가 당시 희망봉을 돌아 유럽까지 간 뒤 대서양을 횡단해 아메리카까지 발견하고 세계를 일주했다고 주장했다)을 누볐지만, 북경 보수층의 대륙중심주의에 막혀 주저앉고 말았다. 그로부터 1세기, 동양보다 뒤졌던 서양은 항해술과 조선술 그리고 무기를 획기적으로 발전시켜 먼저 동양의 심장부까지 육박해 왔다.

청의 성립

현대 중국의 국경선을 확정한 오랑캐 나라

청나라는 선조인 금나라의 패망을 딛고 400여 년만에 중원 제패의 꿈을 이뤘다. 20세기 초까지 중국을 지배한 만주족의 이 왕조는 현대 중국에 매우 중요한 두 가지를 유산으로 남겨줬다. 바로 중국의 성장 엔진이라 할 수 있는 '인구'와 '국경'이다.

청의 인구 엔진

1644년 처음 산해관을 넘어 명나라 수도 북경에 들어올 때 만주족의 군대는 8기군으로 편성돼 있었다. 300명의 병력을 기본단위로 편성하고 그 기본단위 5개를 모은 것을 다시 5개 모은 것이 1기였다. 그러므로 1기의 숫자는 '300명×5×5'이므로 7,500명이었다. 그런 기가 8개 있어서 8기군이라고 했지만, 모두 합쳐보았자 '7,500명×8'이므로 겨우 6만 명에 지나지 않는다. 이와 함께 청나라라는 이름으로 중원 지배를 계속하면서도 만주족 자체의 총인구는 대체로 200만 명 정도였다고 추정된다.

이 6만 명과 200만 명이 중국 전역을 지배한 청 왕조 270여 년 동안 중국은 오늘날까지 엄청난 영향을 미치는 중대한 변화를 겪는다. 이른바 청나라가 현대 중국에 물려주는 유산인 셈이다. 청나라

중국의 인구 변화		
연도	인구	주요 사건
1741년	1억 4,341만 명	
1771년	2억 1,460만 명	
1791년	3억 435만 명	
1801년	2억 9,750만 명	백련교도의 난 (1796년~1804년)
1841년	4억 1,346만 명	아편전쟁 (1840년~1842년)
1861년	2억 6,689만 명	태평천국의 난 (1851년~1664년)
1871년	2억 7,235만 명	

의 유산 가운데 21세기까지 중국은 물론 세계에 가장 큰 영향을 미치는 유산 랭킹 1위는 바로 인구라고 할 수 있다.

역사상 중국의 인구가 처음으로 1억 명을 돌파한 시기는 12세기 중반 남송 소희황제 때이다. 요나라의 거란족, 금나라의 여진족, 원나라의 몽골족 등 중국의 화북 지방에 잇따라 밀어닥친 이민족을 피해 양쯔강을 넘어온 한족이 강남 개발로 농업생산을 비약적으로 늘리고 대도시를 발달시키던 시기다. 그런 중국이 청나라 때에 이르면 엄청나게 놀라운 인구 증가를 기록한다. 위의 표에서 나온 수치를 자세히 보자. 먼저 인구가 2억으로 넘어간 것으로 기록된 1771년은 청나라 건륭제, 3억 명을 넘은 것으로 나타나는 1791년도 역시 청나라 건륭제, 그리고 무려 4억 명을 돌파한 것으로 기록된 1841년도 청나라 도광제 때이다. 인구 변동의 변곡점이라 할 수 있는 억 단위 시대를 넘어서는 3개의 주요 시기가 모두 청나라 때인 것이다. 비록 4억 명 돌파 이후 태평천국의 난 때문에 인구가 한 때 격감하기도 했지만, 청나라는 오늘날 현대 중국이 세계를 향해 큰 소리 치는 가장 큰 무기인 인구라는 성장 엔진을 확실하게 가동시킨 왕조다. 인구학자들의 견해에 따르면 인구가 3억 명선을 넘어서

청나라 4대 황제 강희제. 중국 영토를 크게 넓힌 황제로 당시 청의 국토는 1,300만 제곱킬로미터였다.

면 약간의 부침이 있긴 하더라도 그 성장추세가 꺾이지 않는다.

청나라의 인구 엔진이 본격적으로 가동된 것은 1661년부터 1779년까지 강희-옹정-건륭제 삼황제의 통치시기인 이른바 '강건성세' 때다. 청의 전성기로 평가되는 이 시기에 실제로 인구 증가를 촉발하는 직간접적인 변화가 많이 일어났다. 우선 이 시기 청나라 황제들은 내정부터 안정시켜 국력을 강화시켰다. 강희제는 황허의 치수에 온 심혈을 기울였다. 치수를 전문으로 하는 하도 총독을 따로 신설하고, 7년 만에 개수작업이 끝난 황허 북안을 비밀리에 순행하기도 했다. 강희제는 또 1712년 이후 늘어난 장정에게는 '성세자생인정' 즉, '태평성세에 자애 속에서 태어난 장정'이라는 이름을 붙여 인두세적인 세금이 부과되는 것에서 벗어나도록 해줬다. 이런 조치는 인구 증가에 매우 긍정적으로 작용했다. 강희제는 이런 말까지 남겼다.

"짐은 하늘의 종복이다."

옹정제는 1728년 양염은제를 실시해 부정부패를 막으려는 등 민심을 잡는 데 총력을 기울였다. 관료의 봉급이 낮아 뇌물의 유혹에 빠질 수 있는 점을 감안해 관료에게 일종의 '청렴 장려 보너스'를 지급한 것이다. 그는 또 강희제 못지않은 근검절약을 실천했다. 그의 근검절약에 대해선 이렇게 전해지고 있다.

"신하와 함께 식사를 할 때도 그릇에 붙은 밥알 하나를 아꼈으며, 빵 조각도 버리지 않았고, 그다지 소중하지 않은 문서는 못 쓰게 된

종이를 다시 사용했다."

건륭제는 강희-옹정 두 황제의 선정에 따라 국내 안정이 상당히 이룩된 데다가 본격적으로 차를 유럽에 수출하는 시대를 맞고 있었다. 엄청난 부가 국내로 흘러들어왔다. 영국으로는 홍차와 우롱차가, 러시아로는 차 제품을 벽돌 모양으로 만들어 포장한 전차가 수출됐다. 장기간의 태평성세와 물질적 번영 속에서 인구는 확실하게 늘어갔다.

현대 중국의 영토를 확정한 만주족

인구 증가뿐 아니라 오늘날 중국의 영토도 사실상 청나라 때 대부분 그 뼈대가 정해졌다. 특히 이 시기에 티베트가 중국 영토에 사실상 편입되고, 가장 긴 국경을 마주하고 있는 러시아와의 국경도 국제조약을 통해 대부분 확정됐다. 우선 중국의 역사학자들은 티베트의 달라이 라마 5세가 강희제의 아버지인 순치제 때 입조하기 시작한 것을 계기로 사실상 티베트가 중국의 영향권에 안정적으로 들어왔다고 주장한다. 이때부터 중국인들은 티베트를 '서장(西藏)'으로 부르기 시작했다. 1720년 강희제 때 처음으로 티베트에 대한 군사작전이 실행됐다. 티베트 자체를 적국으로 삼아서가 아니라 라사를 점령한 외몽골 준가르의 군대를 격퇴한다는 명분에서다. 그 뒤 강희제에 이어 등극한 옹정제도 서장 지역에 주장대신이라는 고위관료를 파견해 사실상 보호권을 확립하는 조처를 취했다.

또한 대만을 비롯해 청해성 지역, 내외몽골 지역, 귀주, 운남, 사천 남부 등도 강건성세 때 확실하게 청나라의 강역으로 들어왔다.

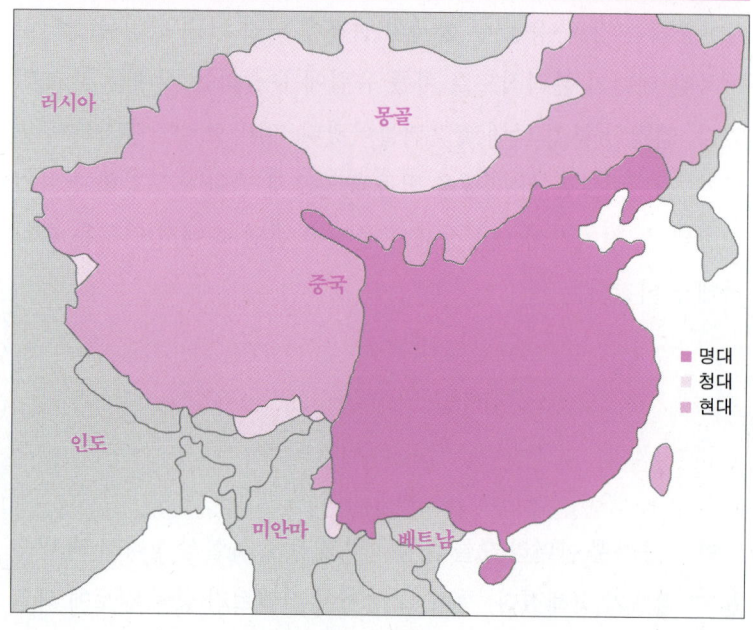

강희제 때인 1683년, 대만에서 반청운동을 벌여오던 정성공 일가가 청 조정에 항복했다. 라사를 점령했던 준가르 지도자 갈단의 군대를 격퇴한 뒤 외몽골까지 공략한 것도 강희제 때다. 그 결과 1697년 원의 여름 수도 상도에까지 들어간 강희제는 몽골족의 3칸 이하 부족 지도자들을 접견하고 충성서약까지 받았다. 이로써 외몽고에서 청해까지 청나라에 복속돼 들어갔다. 옹정제도 강희제에 이어 청해 지역에 군대를 파병해 이 지역을 완전히 속령으로 삼았다. 이어서 건륭제는 1759년 신장 지구를 복속시켜 신장위구르 지역이 현대 중국의 강역 안에 들어오게 했다. 나아가 귀주와 운남의 묘족을 복속시키고 사천에도 진군해 중국의 남부 국경을 사실상 결정지었다.

청나라가 러시아와 벌인 국경 갈등은 이보다는 훨씬 복잡하고 어려운 과정을 겪어야 했다. 러시아는 강대국인 데다가 아편전쟁 이후부터는 청나라가 밀리는 양상으로 진행됐기 때문이다. 러시아는 17세기 전반 태평양 연안까지 도달한 뒤 방향을 돌려 남하하면서 청나라와 충돌을 일으켰다. 결국 청과 러시아는 1689년 네르친스크 조약을 체결하고 외흥안령과 흑룡강의 외지류인 고리비차강을 양국 국경으로 삼았다. 그러나 이 조약은 몇 가지 불안요소를 안고 있어서 1727년 캬흐타 조약이 새로 체결된다. 고르비차강으로부터 알타이산맥을 거쳐 몽골 방면까지 이어지는 나머지 국경까지 정한 것이다. 이 두 조약에도 불구하고 국경지대에서는 긴장이 계속됐다. 아편전쟁 등을 통해 청나라가 서구 열강에 밀리는 것으로 드러나면서 러시아가 표변했다. 러시아의 니콜라이 1세는 1847년 무라비요프를 초대 동시베리아 총독에 임명하고 보다 공세적인 동방 진출정책을 펼 것을 주문했다. 러시아는 우선 태평천국의 난과 애로우호 사건으로 고전하고 있던 청나라를 압박해 1858년 아이훈 조약을 체결했다. 네르친스크 조약을 수정하는 성격의 새 조약은 외흥안령 대신 흑룡강을 새로운 국경으로 정했다. 외흥안령을 넘어 흑룡강까지의 영유권을 모조리 러시아가 가져간 것이다. 러시아는 또 1860년, 애로우호 사건에서 맞싸운 청나라와 영국·프랑스 사이를 중개해 강화 조약(북경 조약)을 성립시킨 뒤 대가로 다시 청나라로부터 우수리강 동쪽의 연해주를 넘겨받았다. 러시아는 이 조약으로 넘겨받은 지역에 블라디보스톡 등 부동항을 건설했다.

러시아의 공세는 중앙아시아쪽에서도 계속됐다. 신장위구르 지역에서 이슬람교도들이 청나라에 대해 반란을 일으키자 1871년 러시아는 기다렸다는 듯이 군대를 진주시켰다. 자국민 보호를 이유로 내세워 알타이산맥 동쪽 이리 지방을 점령한 것이다. 러시아는 청나라의 흠차대신 좌종당이 이슬람교도들의 반란을 진압한 뒤에도 철수하지 않고 버텼다. 이 때문에 청나라군과 러시아군은 전투 직전까지 갔다. 결국 양쪽이 절충해 1881년 이리 조약을 체결하면서 간신히 충돌은 피할 수 있었다. 러시아는 신장에서의 무역권을 인정받는 조건으로 이리 지방을 청조에 반환했다.

청나라의 주도 세력 만주족은 현재 공식적으로는 약 300명 정도에 지나지 않는 것으로 집계된다. 물론 만주족만을 위한 자치지역 같은 것도 없다. 만주족은 스스로 '인구'도 '국경'도 없이 소멸해간 대신 현대 중국에는 엄청난 '유산'을 남겨주었다.

히스토리 브리핑

중국의 소수민족 문제

1999년 중화인민공화국 창건 50주년 기념으로 발행한 소수민족 기념우표. 중국에는 현재 한족과 55개 소수민족이 살고있다.

현재 중국에는 한족 이외에 공식적으로 모두 56개의 소수민족이 존재하는 것으로 집계되고 있다. 조선족을 비롯해 몽골족, 만주족, 백족, 장족 등의 여러 소수민족은 기본적으로 중국의 강역이 확대되면서 그 안에 편입된 민족 가운데 자신들의 정체성을 유지하고 있는 민족집단을 가리킨다.

그런데 공식적으로 자신을 특정 소수민족이라고 밝힌 사람은 상당히 축소돼 있다. 당장 중국의 현대 국경을 획정한 청나라의 주도세력 만주족의 경우 얼마 전까지만 해도 약 300명만이 자신을 '만주족'이라고 등록하고 있었다(최근 들어 소수이기는 하지만 일각에서 만주족의 정체성을 되찾고 공식화하자는 움직임이 생겨나고 있다). 한 네티즌은 중국 사회 밑바닥에 흐르는 민족문제의 특수성을 이렇게 표현하기도 했다.

"대학 동창 하나가 있는데 주변 사람들은 그를 백족 총각이라고 생각한다. 그러나 신분증에는 한족이라고 적혀 있다. 또 다른 회사 동료는 성이 왕 씨다. 그 사람은 몽골족인데 호적지와 출생지가 다 (한족 문명의 중심지인) 허난성 난양으로 돼 있다. 산시성과 내몽골 자치주를 여행할 때 운전을 맡은 기사는 '산시성'의 '한족'이었다. 그러나 그는 할아버지가 몽골족이라고 털어놓았다. …여기 무너져 내린 만리장성의 모습을 보면 이곳에서 엄청난 역사극들이 이어졌다는 것을 알 수 있다. 그런데… 여기를 주름잡던 그 많은 소수민족은 도대체 다 어디로 갔단 말인가?"

그동안 중국은 인구 증가를 막기 위해 1가정 1자녀 운동을 강압적으로 시행해 왔다. 그러면서도 소수민족에게는 1가정 1자녀 원칙을 강요하지 않았고 혜택을 줄이거나 불이익을 주지 않았다. 그런 우대정책에도 불구하고 수많은 소수민족이 자신의 출신 소수민족을 밝히지 않고 한족으로 '위장'하는 이유는 무엇일까?

기본적으로 이 문제는 역사와 밀접한 관계를 갖는다고 할 수 있다. 만주족의 경우 20세기 초반 신해혁명으로 만주족 왕조가 끝난 뒤 다시 일본 제국주의에 의해 괴뢰정권인 '만주국'까지 세워져 일제 대륙 침략의 후방기지 역할을 해야만 했다. 이 때문에 만주족이라는 신분은 난세를 살아가는 데 엄청난 위험 요소가 될 수 있었다. 특히 20세기 들어 중국이 서구의 식민주의와 일본의 제국주의 침략을 당한 데다가 이어서 국민당과 공산당의 내전과 그 이후의 통일 및 공산화 과정을 겪으면서 수많은 무고한 사람들이 희생돼 갔기에 보신의 필요성은 더욱 강해질 수밖에 없었다.

티베트족을 의미하는 장족도 1950년대 마오쩌둥 공산군의 침공을 당한 데다가 현재까지 달라이 라마의 망명정권이 히말라야 너머 이웃 인도에서 활동하고 있기에 티베트 아닌 중국 내부에서 살아가려면 매우 예민해질 수 있는 상황이라고 할 수 있다. 몽골족 역시 현재 내몽골 지역이 중국에 편입되고, 외몽골 지역이 몽골로 독립했기에 중국 사회 안의 몽골족은 신분의 문제에 대해 대단히 예민한 상황이다. 신장위구르 자치주의 위구르족의 경우 장족이나 몽골족과 달리 이슬람의 급진주의의 영향을 받아 폭력적인 시위나 공격을 동원하면서까지 독립 이슈를 공개화하고 있기에 이런 경향이 더욱 강하다고 할 수 있다.

2장
일본 무가 사회의 발전

일본의 통일: 전국 통일 뒤 대외 침략으로 치닫다
도쿠가와 시대의 일본: 서양과 교류하며 내실을 축적해나간 도쿠가와 막부

일본의 통일

전국 통일 뒤 대외 침략으로 치닫다

"일본인은 군국주의가 과연 세계 다른 나라들에서도 실패한 것인지 알기 위해 다른 나라의 동정을 주시할 것이다. 만일 실패하지 않았다고 판단하면, 일본은 스스로의 호전적 정열을 다시 불태워 자신들이 얼마나 전쟁을 잘 하는지 세상에 보여줄 것이다."
루스 베네딕트, 『국화와 칼』

히데요시의 조선 침략

1597년 6월, 일본 규슈의 승려 게이넨은 우스키성의 영주 오오타 히슈우의 군의관으로 조선에 와 8개월 동안 목격한 것을 『조선일일기(朝鮮日日記)』라는 일기 형식의 기록으로 남겼다.

"들도 산도 섬도 죄다 불태우고 사람을 쳐 죽인다. 그리고 산 사람은 금속줄과 대나무통으로 목을 묶어서 끌고 간다. 어버이 되는 사람은 자식 걱정에 탄식하고 자식은 부모를 찾아 헤매는 비참한 모습을 난생 처음 보게 됐다. 적국인 전라도라고 하지만, 검붉게 치솟아 오르는 연기는 마치 이런 상황에 분노하고 있는 것처럼 보이는구나. … 감옥에 넣어 물고문을 하고, 목에 쇠사슬을 채우고, 달군 쇠로 몸을 지지는 일이 이 덧없는 세상에서 일어나고 있다. …일본에서 포르투갈 상인들이 왔는데 인상(人商: 인신매매상)도 있다. 그들은 본진의 뒤에 따라다니며 남녀노소를 가리지 않고 사들여 줄로 목을 묶어 모아서 앞으로 몰고 간다. 잘 걸어가지 못하면 뒤에서 지팡이로 몰아붙여 두들겨 패댄다. 아방나찰이라는 지옥귀신이 죄인을 벌주는 것이 이와 같으리라고 생각될 정도다."

그가 본 조선인의 참상은 충격적이었다. 일본 전국 시대의 여러 전투도 보았을 이 승려조차 '난생 처음 보게 된다'고 털어놓을 정도였다. 일본이 15세기 후반부터 시작된 130여 년의 전국 시대를 끝내고 통일을 이룬 뒤 맨 처음 외국에 대해 벌인 행위는 조선 침략이었다. 전쟁으로 단련된 정예군 15만 8,800명이 200년 이상 평화에 젖은 조선에 상륙해 무수한 인명을 살상하고 파괴, 약탈, 방화 등 온갖 범죄행위를 저질렀다. 일본의 조선 침략에는 규슈, 주고쿠, 시코쿠 등의 다이묘가 주로 동원됐다. 다이묘의 수만 해도 100이 넘었다. 당시 동원기준은 봉록으로 '100석당 5명'이었다(1석은 성인 남자 한 명이 1년 동안 먹는 쌀의 양). 조선 출병 제2진의 대장을 맡았던 가토 기요마사는 20만 석이었기에 1만 명의 군역이 부과됐다. 조선 침략 전쟁에서 일본군도 적지 않은 피해를 입었다는 기록도 있다. 전쟁을 목격한 포르투갈 선교사 루이스 프로이스 신부의 기록에 따르면 제1차 조선 출병 총병력 15만 8,800명 가운데 약 3분의 1 이상인 5~6만 명 정도의 희생자가 나왔으며, 총병력 14만 명이 출병한 제2차 때는 희생자수가 더 많다고 했다.

침략 당한 조선의 피해는 훨씬 컸다. 7년 동안 계속된 전쟁에서 일본군은 조선인 18만 5,738명, 명나라인 2만 9,014명 등 모두 21만 4,752명의 수급을 베었다고 집계했다. 그러나 일본군이 전공을 계산하기 위해 기록한 것만을 토대로 했기 때문에 실제로 조선-명나라가 입은 피해는 더 크다. 여기 포함되지 않은 민간인의 피해가 어느 정도인지는 사실상 계산하기조차 어렵다. 나아가 히데요시가 제2차 침략 전쟁 당시 극악한 명령을 내리는 바람에 조선의 피해는 엄청나게 늘어났다.

"해마다 출병해서 그 나라 사람(조선인)들을 모조리 죽이고 그 나라를 빈 터로 만들 것이다."

"전공의 증명은 수급의 수로 하지 않고 베어서 가져온 코의 수로 계산한다."

조선에게 이 전쟁은 처참하기 짝이 없는 전쟁이었다. 세계에서 가장 전투력이 뛰어난 국가가 가장 준비되지 않은 국가를 무자비하게 공격한 전쟁이었기 때문이다. 당시 일본은 전국 시대를 거치며 세계 어떤 군대보다 전투력이 높은 상태였다. 특히 1543년 조총이라 불리는 서양식 화승총과 화약의 제조비법을 포르투갈 상인으로부터 전수받고 스스로 개량한 이후 대량으로 생산해 실전에 배치한 상태였다. 조선 침략 무렵 일본은 세계에서 가장 많은 규모라 할 수 있는 총 2만 정 정도의 조총을 보유한 것으로 추정되기도 한다. 조총의 위력은 1575년 오다 노부나가군의 조총부대 3,500명이 다케다 신겐군의 기마군단 2만 명을 단 한 차례의 전투에서 격파한 데서도 충분히 증명됐었다.

약탈로 꽃피운 일본 문화

일본은 5만~10만 명에 이르는 조선인을 무더기로 끌고 갔다. 그

교토의 귀 무덤과 도요토미 히데요시. 임진왜란 당시 도요토미 히데요시가 수급 대신 귀와 코의 수효로 전공을 계산한다고 하달하자 조선인의 귀와 코를 무자비하게 베어내는 만행이 무차별적으로 자행됐다. 이렇게 귀와 코를 잘린 조선인이 무려 10만 명에 이르렀고 희생자들의 귀와 코는 소금으로 절여져 일본에 전해졌다. 일부는 교토 호코지(方廣寺, 방광사)에 '미미즈카(耳塚, 이총:귀 무덤)'라는 이름으로 매장됐다.

래서 이 전쟁을 기본적으로 '노예 전쟁'이라고 부르는 사람도 있다. 1593년 히데요시는 조선에서 전쟁을 벌이고 있던 규슈의 다이묘 나베시마 나오시게, 시마즈 요시히로에게 "포로 가운데 직인들을 붙잡아 보내라"고 명령했다. 이때 조선에서 붙잡아온 직인 가운데 가장 많은 사람들이 도공이고 그 밖에 자수를 잘 아는 봉녀관, 약초기술자, 금제련공, 주자학자 등도 무더기로 잡혀왔다. 서적, 동활자, 대장경, 도자기 등의 문화재도 숱하게 약탈됐다. 도공들이 얼마나 많이 잡혀갔는지 조선에서는 그 뒤 30여 년 동안 찻잔도 제대로 생산하지 못했다고 한다. 끌려간 도공들은 사쓰마, 아리타 등지에서 세계적인 도자기를 생산해 유럽에 대거 수출하는 등 일본 도자기 산업의 발전에 결정적으로 기여했다.

특히 히데요시가 수급 대신 귀와 코의 수효로 전공을 계산한다고 하달한 이후 조선인의 귀와 코를 무자비하게 베어내는 만행이 무차별적으로 자행됐다. 이렇게 귀와 코를 잘린 사람이 무려 10만 명에 이른다. 이 처참한 귀와 코는 소금으로 절여져 일본에 전해졌고, 일부는 나중에 교토 방광사에 '귀 무덤'이라는 이름으로 매장됐다. 일본에 끌려간 사람 가운데 일부는 노예로 또다시 포르투갈 등 유럽으로 팔려갔다. 전쟁 뒤 조선은 일본군의 살육과 전염병, 질병 등으로 인구는 격감하고, 경지 면적도 170만 결에서 54만 결로 3분의 1 이하로 크게 줄었다. 한양의 인구는 임진왜란 170년 전인 1428년(세종 10년) 11만 명 수준이었으나 전쟁 뒤 3만 8,000명으로 격감했다.

이렇게 처참한 피해를 조선에 안긴 일본의 조선 침략 전쟁에 대해선 대략적으로 두 가지 시각이 맞서고 있다. 먼저 일본 학계에서는 대부분 이 전쟁이 히데요시 개인의 결정에 따라 이뤄진 것이라는 이른바 '개인책임론'이 사실상 주류를 이뤄왔다고 할 수 있다.

(1) 히데요시가 품고 있던 "일본은 신국"이라는 사고방식
(2) 스스로를 '태양의 아들'이라고 하는 이른바 일본형 화이의식(華夷意識)에 기초한 대륙 정복 야욕

이런 요인이 침략의 동기로 작동했다는 분석 등이 여기에 속한다. 침략 전쟁이 '잘못된 판단'에 따라 이뤄졌다고 비판적으로 기술하면서도 철저히 개인책임론의 그늘로 숨어버린다. 이런 논리의 연장선에서 1592년 시작된 제1차 조선 침략 전쟁을 '분로쿠노 에키(文祿의 役)', 1596년 다시 벌어진 제2차 조선 침략 전쟁을 '게이초노 에키(慶長의 役)'라고 이름 붙이곤 한다. 이 전쟁을 과거 조선 왕조 이래 '임진왜란'이라고 부르는 것이 지나친 조선-한국 중심이라면, 일본의 연호를 앞에 붙인 뒤 '에키'라는 작은 규모의 전쟁으로 규정하는 것은 매우 일본적인 무책임주의-무반성주의의 발로라고 할 수 있다.

이와 달리 통일일본의 군국주의가 이미 과잉 상태를 넘어 임계점에 도달한 무장력을 해소하려면 필연적으로 조선 침략-대륙 침략

임진왜란 전개 과정

임진왜란 발발(1592년) → 부산포 함락 → 동래성 함락 → 상주 전투 → 탄금대 전투 → 선조, 개성 피신 → 한성 함락 → 선조, 평양 피신 → 곽재우의 의병 → 명의 원병(평양 수복) → 명과 일본 협상 → 협상 파기 → 정유재란 발발 → 명량대첩 → 도요토미 히데요시 사망 → 노량대첩(1598년, 임진왜란 종결)

을 일으킬 수밖에 없었다는 견해도 있다. 일본 군국주의의 필연적 분출이라는 분석이다. 통일 일본은 당시 약 2만 정 규모로 세계에서 가장 많은 조총을 보유한 국가였다. 이런 무장력과 엄청난 무사집단을 도대체 어떻게 할 것인가? 여기서 침략이 비롯됐다는 시각인 것이다.

통일일본의 군국주의

역사적으로 히데요시는 언제 조선을 침략할 계획을 세우고, 왜 준비했던 것일까? 『사무라이 침략: 일본-조선 전쟁 1592~1598』의 저자 스티븐 턴불 박사는 흥미로운 사실을 전하고 있다. 그는 히데요시의 조선 및 중국 침략구상이 1577년까지 거슬러 올라갈 수 있다고 분석한다. 당시 오다 노부나가의 부하장수였던 히데요시가 "앞으로 공격 대상을 외국으로까지 연장해줄 것"을 노부나가에게 요청했다는 일화에 대해 언급한 뒤, 실제로 노부나가가 1582년 혼노사의 변으로 암살당하기 직전 히데요시보다 먼저 '중국 복속의 목표'를 이야기했다는 좀 더 믿을 만한 정보가 있다고 전한다. 일본의 지배 엘리트들이 이미 통일 뒤 대외팽창의 불가피성에 공감하고 있었다는 분석인 셈이다. 또한 1585년 히데요시가 일본 제수이트

(예수회)교단의 부단장인 가스파르 코엘류 신부의 알현을 받고 자신의 해외팽창 계획을 밝히면서 포르투갈 선박 2척을 구해달라고 요구했다고 전한다. 이 대화내용을 코엘류 신부가 기록했다는 것이다. 당시 코엘류 신부는 "정중하게 이 요구를 거절했다"고 한다.

턴불 박사는 또 1588년 히데요시가 민간의 무기를 거둬들이는 도수령을 내릴 당시 몰래 또 하나의 비밀 포고령을 내려 침략을 위한 사전준비에 만전을 기했다고 지적한다. 비밀 포고령은 특히 생선을 잡는 일 이외의 어업에 종사하는 사람들을 겨냥한 것이었다. 게다가 현지에서 단속하는 다이묘의 대리인에게 무기를 압수하라고 지시하는 데 그치지 않고 아예 따로 특별각서까지 받았다고 한다. 각서의 내용은 "어민이 앞으로 해적질에 개입하는 것을 절대로 막겠다"는 것이었다. 히데요시는 이들이 공연히 왜구 활동에 나서 조선이 일본에 대한 경계를 강화하는 사태를 회피하려 했다는 것이다. 턴불은 책 마지막 부분에 이렇게 썼다.

> "조선 침략 전쟁을 일으킨 지 70주년 되는 1662년, 여전히 나가사키 항에는 조선의 다완 등 찻그릇을 가득 실은 배가 입항하고 있었다. 그리고 임진왜란 때 조선에서 잡혀온 조선인들은 교토 방광사에 있는 조선인의 귀 무덤 앞에 모여 눈물짓고 있었다."

도쿠가와 시대의 일본

서양과 교류하며 내실을 축적해나간 도쿠가와 막부

'두견새를 울게 한 사람은?' 오다 노부나가 아닌 도요토미 히데요시였다. 그러나 기다리고 기다려서 그 두견새를 자기 것으로 만들고 후손에까지 대대로 물려준 사람은 도쿠가와 이에야스였다.

새로운 권력자

도요토미 히데요시가 죽은 뒤 그의 가문은 오래지 않아 몰락했다. 무모한 조선 침략 전쟁에 힘을 낭비하고 다이묘 통제 시스템을 충분히 굳히지 않았기 때문이다. 알렉산드로스처럼 시스템 없는 '천재 의존형 모델'의 한계에 빠진 셈이다. 그의 뒤를 이어 도쿠가와 이에야스가 1600년 세키가하라에서 히데요시 아들의 양육을 맡은 이시다 미쓰나리, 고니시 유키나가 등 다이묘 세력을 격파하고 사실상 천하의 지배자가 된다. 1603년 드디어 도쿠가와 막부가 열린다.

이에야스는 일본 역사상 그 어떤 권력자보다도 넉넉한 자금과 병력을 보유한 채 집권했다. 그는 히데요시가 살아 있을 때부터도 부자였다. 히데요시가 총석고 200만 석의 영지를 보유한 데 비해 이에

야스는 240만 석에 달했다. 거기다가 세키가하라 전투와 오사카성 전투에서 패퇴시킨 히데요시 아들쪽 다이묘 91명으로부터 몰수한 총 642만 석의 영지 가운데 일부까지 직할령으로 삼아 총 300만 석에 이르는 영지를 보유하게 됐다. 이는 당시 일본 총석고의 약 6분의 1에 상당하는 엄청난 규모다. 그는 또 오사카를 제외한 모든 히데요시 때의

도쿠가와 이에야스. 도요토미 히데요시의 밑에 있었으나 히데요시의 사망 후 도요토미 일족을 멸하고 전국을 제패하여 1603년 도쿠가와 막부를 세웠다.

직할도시를 막부의 직할로 편입시켰다. 주요 광산도 막부의 직할로 삼았다. 후대 도쿠가와 쇼군들은 보다 치밀한 방식으로 부를 증식시켰다. 많은 다이묘들을 '반란의 도가 있다'든지 '난행'이라든지 하는 구실로 짓밟아 영지를 빼앗았다. 그 영지 일부를 새로 덴료(天領)라고 이름붙인 막부의 직할령으로 만들었다. 이렇게 빼앗은 영지가 제2대 쇼군 히데타다 때만 해도 1천만 석을 넘는다. 17세기 말이면 덴료는 총 700만 석 규모에 이르러 당시 총석고 2,800만 석의 4분의 1을 차지하게 된다.

   이 광대하고 풍요로운 덴료를 기초로 막부는 대병력을 보유할 수 있었다. 17세기 말 막부의 직속무사 가운데 쇼군을 직접 볼 수 있는 권리인 알현권을 가진 하타모토는 5,000명, 알현권이 없는 고케닌은 1만 7,000명이었다. 이와 별도로 막부에서 일하는 관리인 막신에게 속한 군역 인원이 약 6만 명에 달했다. 사실상 막부의 총병력은 8만 명 수준에 이르렀다. 그래서 이런 말이 거침없이 나왔다.

   "다이묘 30가문이나 40가문이 연합해서 반란을 일으켜도 쉽사리 제압할 수 있다!"

칼 아래의 평화

실제로 도쿠가와 막부는 1603년부터 1868년 막을 내릴 때까지 약 260여 년 동안 '칼 아래의 평화'를 가져다주었다. 도쿠가와 막부 시대 가장 볼 만한 발전은 초기의 대외교류와 무역에서 집중적으로 이뤄졌다. 막부 초기 불과 30년도 안 되는 시기에 해외로 나간 도항자가 총 7만 명에 이른다. 아예 해외에 눌러 앉아 사는 이주자도 1만 명까지 늘었다. 이 무렵 해외로 나간 사람들은 주인선이라는 무역선에 승선한 선원이나 무역상들이다. 주인선은 막부가 붉은 인주로 관인을 찍으면서 이름 붙여진 '주인장'이라는 도항허가증을 가지고 남방 무역에 나섰던 무역선을 말한다.

주인선 제도는 1592년 히데요시가 처음 시작했고 이에야스가 계승해서 더욱 활성화시켰다. 1601년 이에야스는 루손(필리핀)과 안남(베트남)에 외교문서 형식의 서신을 보내 이렇게 요청했다.

"주인장을 가진 배가 무역을 할 때는 안전을 보장해 달라."

이듬해 실제로 그렇게 하겠다고 승낙하는 답신이 왔다. 그 뒤 주인선의 도항지는 루손, 안남 외에도 타이완, 시암(태국), 캄보디아를 비롯해 동남아 일대로 확장된다. 주인선의 규모는 보통 200~300톤 정도이고, 큰 것은 800톤 정도까지 나갔다. 승무원 수도 그에 따라 50명부터 최대 400명까지 늘어났다. 1604년부터 나중에 쇄국으로 돌아서 해외 도항을 막은 1635년까지 30년 동안 도항선 수는 355척을 넘는다. 도항자 7만 명은 이 기록을 집계한 것으로 신빙성이 높다. 최대 수출품은 은이었다. 이밖에 동, 철, 유황, 장뇌 따위의 천연산물, 남비와 주전자 등의 철기, 우산이나 부채 등의 종이제품, 그리고 도검 및 보리, 밀가루 등이었다. 수입품은 중국산 생사와 견직물이 가장 많았고, 그 다음이 금, 납, 약재, 향료 등이었다. 시계, 유리기구, 모직물 등의 서양 공업제품도 사치품으로 조금 들어왔다. 상아, 향료, 물소뿔, 계피 등 남방의 물산도 수입됐다.

해외로 나간 1만여 명은 대만, 루손, 안남, 캄보디아, 시암, 말레이시아, 자바 등지에 정착했다. 이들은 일정한 구역에 '일본인 지역'을 형성하고, 어느 정도 자치를 허용받기도 했다. 특히 루손의 마닐라 교외의 데이라오와 산 미겔, 안남의 파이포, 시암의 아유타야 등은 대표적인 일본인 정착지였다. 한때 산 미겔에는

센다이 번과 에스파냐의 태평양 무역을 도모하는 외교사절로 파견된 하세쿠라 쓰네나가는 1613년 10월, 산 후안 바우티스타호라는 서양 범선을 건조해 180명의 부하를 이끌고 멕시코, 에스파냐를 거쳐 1615년 로마에 도착해 교황을 알현한 후 1620년 센다이에 돌아왔다.

3,000명이, 아유타야에는 1,500명 정도의 일본인이 살았다고 한다. 나중에 현대 일본이 이 지역에 대규모 공단을 조성하고 대대적으로 투자한 것은 이때의 역사와 관련을 맺는다고 할 수 있다(2011년 10월 태국 물난리 때 침수된 아유타야 공단의 최대 해외투자자는 바로 일본이다).

이 시기 일본의 조선술과 항해술도 비약적으로 발전한다. 가장 주목할 만한 사례는 하세쿠라 쓰네나가 등의 태평양 횡단이다. 쓰네나가는 당시 쇼군 이에야스의 뜻을 받은 주군으로부터 에스파냐령 멕시코와 무역을 열기 위해 에스파냐 국왕과 로마 교황을 만나라는 지시를 받고 파견됐다. 1613년 10월 28일 그는 막부 해군의 조선공들이 건조한 서양형 범선(길이 약 30미터, 폭 약 10미터)에 승무원들을 태우고 일본을 출발해 태평양 횡단에 나섰다. 그들은 다음 해 1월 25일, 멕시코 서해안 아카풀코에 상륙했다. 쓰네나가가 상륙한

뒤 승무원은 다시 태평양을 횡단하여 귀국했으며, 배는 나중에 필리핀의 정청에 기증됐다. 쓰네나가는 혼자 유럽의 교황청까지 갔다가 일본으로 돌아왔다.

막부 초기의 이런 '바다 시대'는 그러나 규슈에서 기독교인에 대한 가혹한 탄압과 착취에 항의해 1637년 '시마바라의 난'이 일어난 것을 계기로 쇄국으로 이어진다. 이 반란에서 막부측은 크게 고전했다. 기독교인을 비롯해 불교도, 낭인, 무사, 여성, 아이들까지 합세한 민중 3만 7,000여 명은 규슈 바닷가의 버려진 성에 커다란 나무 십자가를 세우고 막부군 12만 4,000명에 맞서 싸웠다. 그들은 막부군의 공격도 여러 차례 격퇴하면서 5개월 동안 버티다 결국 한 사람도 빠짐없이 모두 살육당했다. 이 반란으로 막부는 기독교의 확산에 공포를 느껴 쇄국이라는 극한정책으로 돌아섰다. 그 직후인 1639년 포루투갈인의 내항이 금지됐고, 막부의 요청을 받아들여 시마바라 봉기군이 농성하던 버려진 성에 함포사격을 하며 지원한 네덜란드인만이 서양인으로선 유일하게 무역을 계속하게 됐다.

평화 속 독자적 발전 모델 추진

일본의 역사학계에선 막부 쇄국정책의 공과를 둘러싸고 치열한 논쟁이 계속돼 왔다. 쇄국 불가피론은 1)일본의 기독교인이 외세에 이용될 수 있다고 본 막부의 입장이 나름대로 타당성이 있고 2)쇄국과 상관없이 국내 상업 발달은 크게 촉진됐으며 3)이 시기 쇄국에 따라 일본의 독특한 문화가 완숙해 갔다고 긍정적으로 평가한다. 이에 대해 비판론은 1)시마바라의 봉기는 현지 영주의 가혹한 탄압과 수탈에 대한 전 민중 계급의 저항이며, 외세와 결합하거나 연대하려는 움직임이 전혀 나타나지 않았고 2)만일 쇄국이 없었더라면 일본 수공업품 등 물산의 세계 수출 확대로 상공업이 더욱 발달했을 것이며 3)쇄국 당시 형성된 문화는 지극히 폐쇄적인 문화로, 오히려 외국 문화와 일본 문화가 활발히 교류해야 적극적인 의미에서 민족에 독특한, 동시에 세계성을 가진 민족문화가 발달할 수 있었을 것이라고 반박한다.

17세기 일본인들이 남긴 네덜란드 동인도회사의 선박 그림.

　어쨌든 이 시기 농업을 비롯해 상공업은 나름대로 상당히 발달해 갔다. 특히 일본이 서양의 조총을 본뜬 뒤 개량해 자체 대량생산에 이른 데 이어, 대양을 오가는 서양식 범선도 그대로 복제해 태평양 횡단을 성공시킨 것은 일본적 공업의 저력을 잘 보여준다. '기술복제의 원조국가 일본'의 이미지는 사실상 이렇게 해서 형성된 것이다. 또한 막부 시대 때 정착한 가업 계승 문화에 따라 수공업과 상업 분야의 장인정신 및 품질개선주의가 정착된 것도 빼어놓을 수 없다. 일본이 장기간의 쇄국에도 불구하고 서구 강대국과의 통상교섭 이후 빠른 기간 안에 서양 과학기술을 습득해 근대화에 성공한 것은 막부가 장기간의 평화 속에서 독자적 발전 모델을 추진했던 사실과 무관하지 않다.

　막부 비판론의 입장에 서 있는 이노우에 기요시 같은 학자는 이런 견해까지 피력한다.

"전국 시대 말부터 쇄국 이전 시대의 일본 문화에는 이전에도 이후에도 없는 밝음과 활달함, 웅대함이라고 할 정신이 나타나 있었다. 당시 만 리 밖의 해외에까지 자유롭게 왕래한 시대, 인간이 신분제에 의해 얽매여 있지 않은 사회로 상징되는 밝음이나 웅대함, 자유롭게 쭉쭉 뻗는 기상이 바로 이 쇄국에 의해 상실됐다."

이노우에의 이 견해는 일본의 입장에서 보면 나름 타당할 수도 있다. 하지만 한 세대 전에 일본의 침략을 경험한 우리로서는 동의하기 어렵다. 과연 그렇게 자유롭게 쭉쭉 뻗는 기상이 세상에, 주변 나라에 어떤 모습으로 어떻게 밀려올 것인가? 이 무렵 서구의 첨병이라 할 수 있는 포르투갈과 에스파냐는 점령지의 수탈과 노예 무역에 집중하고 있었고, 얼마 뒤 산업혁명을 성공시킨 서구 국가는 저마다 식민지 쟁탈전에 뛰어들었다.

일본의 침략을 이미 경험한 한민족은 그런 정체를 알 수 없는 '기상'보다는 도쿠가와 막부가 제시한 평화를 더 신뢰할 수밖에 없다.

3장
동서아시아의 변화

중앙아시아의 시련: 몽골 제국 이후의 중앙아시아
인도 사회의 변화: 인도의 뿌리 깊은 분열주의, 결국 영국 식민지화로
서아시아 세계의 변화: 오스만 투르크, 동유럽 지배는 다문화 수용에서 가능했다

중앙아시아의 시련

몽골 제국 이후의 중앙아시아

13~14세기 무렵 몽골 고원으로부터 멀리 러시아 초원까지는 유목 문명을 공유하는 여러 민족이 산재해 있었다. 이들은 쉽사리 뭉치고, 쉽사리 흩어졌다. 생존을 위해 이동하면서 다른 세력과 싸우거나 동맹을 맺거나 둘 중 하나를 선택해야 했다. 칭기스 칸은 이들에게 단 하나, 뭉치면 얼마나 강해지는지 확실한 신상필벌의 원칙과 함께 보여줬다. 유목민족들은 뭉쳤고, 농업 정주자들을 중심으로 기술돼 오던 역사를 새로 쓰게 했다.

칭기스 칸의 몽골 제국

중앙아시아의 수많은 유목민족 가운데 몽골이 가장 강력해질 수 있었던 데는 세 가지 요인이 작용했다. 첫 번째는 몽골 초원이야말로 중앙아시아 유목 지역 가운데 가장 유목에 적합한 1급 목초지의 환경을 갖추고 있었다는 점이다. 두 번째는 몽골이 이미 분가의 전통에 따라 서쪽으로 진출해 있던 투르크족 등 잠재적 우군 세력을 가지고 있었다는 사실이다. 세 번째는 당시 세계에서 가장 인구 밀도가 넓고 물산이 풍부한 중국을 바로 남쪽에 이웃하고 있었기에 세계 제국을 구축하고 유지하는 데 절대적으로 유리했다는 것이다.

몽골 제국은 칭기스 칸 때 축적한 힘을 곧바로 남쪽(중국 대륙)과 서쪽(서역 및 러시아)으로 분출시켜 나갔다. 칭기스 칸의 아들-손자들은 그 과정에서 몽골의 전통적인 방식을 그대로 활용했다. 몽골족은

칭기스 칸은 몽골의 유목 부족을 통일하고, 중국과 중앙아시아, 동유럽 일대를 정복하여 인류 역사상 가장 넓은 영토를 지닌 몽골 제국의 기초를 쌓았다.

원래 '장자 상속 원칙'이 아니라 사실상 '막내 상속 원칙'을 유지해 왔다. 남자는 성년이 되면 모두 분가, 곧 다른 목초지로 진출해 영역을 구축해야 한다. 그 대신 막내가 끝까지 부모의 양육을 받고 부모를 부양하다가 자연스럽게 아버지의 재산을 상속받았다. 멀리 러시아까지 진출해 킵차크 칸국을 세운 것이 칭기스 칸의 장남 주치의 아들 바투이고, 몽골 제국의 정통을 이어받았다고 할 수 있는 원나라를 장악한 것이 칭기스 칸의 막내 툴루이의 아들 쿠빌라이다. 결국 대제국은 러시아 평원으로부터 중앙아시아 카스피해 주변을 장악한 킵차크 칸국, 오늘날의 이라크와 이란에서 아프가니스탄, 파키스탄을 아우르는 일 칸국, 중앙아시아의 가장 중심부라 할 수 있는 우즈베키스탄, 키르기즈스탄, 타지키스탄, 남시베리아를 포괄하는 차가타이 칸국, 그리고 몽골 초원과 중국 대륙을 장악한 원 제국으로 나눠졌다.

　대제국을 세우는 데 첫 번째 동맹 세력이 된 것은 투르크족이었다. 중국 역사에서 돌궐이라고 표기된 바로 그 세력이다. 몽골 고원을 몽골족과 공유하다가 먼저 서쪽으로 떠나간, 몽골족의 사촌격이라 할 수 있다. 이 투르크족은 바투 원정대가 중앙아시아 초원과 러시아를 공략할 때 주력군으로 활약했다. 바투가 킵차크 칸국을 건설할 때까지 최대의 공을 세운 것은 바로 투르크족이었다. 두 번째 동맹 세력이 된 것은 유목 문명을 공유하는 중앙아시아의 이슬람 세력이었다. 이미 유라시아의 초원지대까지 진출한 이슬람교를 받아들인 유목민들이 몽골족에 합류하자 몽골 제국의 힘은 비약적으로 증강됐다.

몽골은 당시 종교의 관점에서 보면 이교도 신분으로 중앙아시아의 이슬람 사회를 통치하는 이질적인 세력이었다. 몽골 세력은 처음에는 이슬람교에 대해 관용하는 방식으로 대처하다가 얼마 지나지 않아 스스로 이슬람을 수용하고 무슬림이 돼갔다. 그래야 통치가 가능했기 때문이다. 몽골 제국의 좌장격인 원나라의 황실에서는 티베트 불교가 성행해간 반면 차가타이 칸국과 일 칸국 일대에서는 이슬람이 압도적이었다. 몽골 제국의 와해 이후 그 제국을 계승했다고 자칭했던 티무르 조와 그 뒤를 잇는 여러 왕조도 역시 유목 전통은 보존하면서도 모두 무슬림 군주가 돼 통치했다. 티무르는 정권을 탈취하기 전 이슬람 지도자로부터 이슬람의 성지인 메카와 메디나를 위해 종교헌금을 내라고 요청받자 기꺼이 거액을 내놓았다.

13세기 몽골의 기마군단은 속도와 기동성을 바탕으로 서아시아와 유럽 지역까지 진출할 정도로 큰 위력을 발휘했다. 칭기스 칸의 몽골 제국 당시 몽골 본토의 인구는 1백 만명에 불과했으나 점령지의 인구는 약 1억 명이었다.

중앙아시아를 분점한 3대 세력

16세기 이후 역사는 다시 바뀌기 시작했다. 중앙아시아 유목기마군단의 군사적 우위를 위협하는 대포와 화승총 등 새로운 무기가 등장했던 것이다. 기마군단을 고집하는 세력은 새로운 화기로 무장한 보병군단을 본격적으로 전장에 투입하는 대제국에 속속 밀려났다. 17세기 후반 강희제 때에 이르면 대포 등 화기를 체계적으로 활용한 청나라 군대 앞에 몽골족의 후예 준가르 군대는 연전연패했다. 결국 중앙아시아는 3대 세력이 분점하는 양상으로 바뀌었다.

(1) 동방정교회를 내세운 러시아 세력권
(2) 동아시아의 중화 세력권
(3) 살아남은 유목민들의 이슬람 세력권

18~19세기에 걸쳐 맨 먼저 중앙아시아에 치고 들어온 것은 러시아 세력권이다. 러시아는 중앙아시아 일대에서는 가장 먼저 근대화를 이룬 데다가 국제정치의 맥도 가장 잘 읽고 있었다. 특히 러시아는 이 지역의 대표적 유목민족인 카자흐(코사크) 내부의 분열상 그리고 외부의 역학관계 등을 잘 활용해 성공을 거두었다. 카자흐는 중앙아시아 남부로부터 밀려온 이슬람교에 별로 호감을 갖지 않았다. 이슬람의 열풍이 이웃 투르크멘, 우즈베크, 타지크 일대에 몰아칠 때에도 동조하지 않았다. 카자흐에는 러시아와 서구 문명을 받아들여 카자흐의 발전을 이룩해야 한다는 세력과, 러시아 역시 '외래 지배자'이므로 당연히 물리치고 카자흐의 통일국가를 세워야 한다는 세력이 맞서고 있었다. 19세기 초 카자흐가 동쪽의 몽골계 준가르의 공격을 받는 것을 기화로 러시아는 카자흐 세력을 분리 격파하고 완전히 병합했다. 19세기 후반 러시아는 중앙아시아 남부 공략을 재개해 우즈베크계의 3왕조인 부하라 아미르국, 히바 칸국, 코칸드 칸국을 점령해 보호국으로 삼거나 멸망시켰다. 러시아의 중앙

아시아 공략은 1881년 유목 투르크멘을 괴크테페 전투에서 패배시키고 이른바 서투르키스탄 지역을 완전히 점령하면서 완료됐다.

중국의 청나라는 전성기 시절 몽골과 티베트를 점유한 뒤 18세기 중엽에 오늘날의 신장위구르 지역까지 완전히 복속시키는 데 성공했다. 몽골계인 준가르에서 내분이 일어난 것을 틈타 준가르를 완전히 멸망시키고 1758년에는 타림 분지 전역을 점령했다. 이렇게 확보한 동투르키스탄 전역을 1759년 '신장'이라는 이름으로 청조의 새로운 영토로 편입시켰다.

변방으로 내몰린 몽골의 후예들

중앙아시아는 두 강대 세력의 지배를 받게 되면서 차츰 고난 속에 민족의식을 키워나갔다. 제정 러시아 점령지역에서는 기본적으로 러시아 정교도가 아닌 사람을 '이방인(이노로츠이)'으로 간주해 모든 권리를 제한했다. 러시아 농민들의 이주가 늘어나면서 원주민들은 조상 대대로 살아오던 땅에서 밀려나거나, 유목 루트마저 끊기는 일이 잇따랐다. 나중에는 러시아에 면화를 공급하려고 전통적인 경작지를 면화 재배지로 바꾸는 바람에 식량부족 사태까지 벌어졌다. 그 결과 곳곳에서 저항운동이 일어났다. 카자흐 지역에서는 1837년 케네사르의 반란이 일어나 2대 40년 동안 계속됐다. 투르크멘 지역에서는 1892년 콜레라 폭동, 1898년 안디잔 봉기 등이 잇따라 일어났다.

청나라 지배지역인 몽골에서도 한족이 진출하면서 전통적인 유목 사회가 크게 왜곡되기 시작했다. 상업이라는 것이 거의 존재하지 않던 몽골의 유목 사회는 한족 상인들에게 좋은 돈벌이 상대였다. 한족은 차와 소비재 상품을 대량 보급하고 상업망을 본격적으로 구축하면서 부를 축적해 갔다. 긴 겨울과 부족한 채소류 때문에 어려움을 겪는 몽골인에게 차가 필수 식품으로 자리잡으면서 몽골의 부는 점점 더 많이 유출됐다. 이런 과정에서 한족 상인은 몽골 경제를 장악하고 고리대금업까지 벌였다. 수탈은 날로 심해져갔다. 게다가 몽골의 지배 계급인 왕족과 귀족들이 내몽골 지역을 중심으로 한족에게 전통 목초지를 농지로 내어줘 경작케 하는 이른바 '몽지 개방'에 나서자 상황은 더욱 악화됐다. 토지는 토지대로 황폐화하고 목초지는 격감했다. 몽골의 유목민은 생업 터전을 잃고 한족의 농지에서 농업노동을 하거나 고리대의 빚에 시달렸다. 이 시기에 형성된 몽골족과 한족 사이의 심각한 대립과 갈등 때문에 러시아혁명 뒤 외몽골은 중국 대신 러시아쪽으로 기울어가게 된다.

청나라 정부는 1906년 서구의 도전에 맞선다는 명분으로 국가의 명운을 걸고 정치 행정개혁에 나서면서 몽골도 같이 개혁할 것을 추진했다. 청의 개혁안에 대해 내몽골에서는 지배 계급이 찬성한 반면, 외몽골에서는 정반대로 대응했다. 외몽골 사람들은 "이러면 결국 중국 본토의 성으로 전락해 그 존재 자체가 없어지게 될 것"이라고 강하게 반발했다. 결국 1911년 중국에서 신해혁명이 일어난 것을 계기로 외몽골은 청나라 관리들을 추방하고 독립을 선언했다. 1921년에는 소련으로부터 독립국가로 인정받고 친소비에트로 기울었다. 이 무렵 외몽골은 노동자 계급도 존재하지 않았을 뿐만 아니라 공산주의 사상도 거의 보급되지 않았다. 그런데도 수도 이름조차 '붉은 영웅(울란바토르)'이라고 지었다.

청나라 말기 한족 상인들이 지나치게 몽골 경제를 수탈한 결과 몽골은 점점 더 중국으로부터 멀어져 간 것이다. 욕심이 지나치면 이웃까지 돌아선다.

히스토리 채널

티베트 불교의 팽창과 전륜성왕

왕은 이름난 점성가를 불러 태자의 장래를 알아보고 싶었다. 태자의 얼굴을 보고 난 사람마다 놀라면서 이렇게 말했다.

"태자는 뛰어난 위인의 상을 갖추고 있습니다. 왕위에 오르면 무력을 쓰지 않고 온 세상을 다스리는 전륜성왕이 될 것이고, 출가하여 수행하면 반드시 부처님이 되어 모든 중생을 구제해 줄 것입니다."

점성가들의 이 예언대로 싯다르타는 나중에 깨달아 부처가 됐다. 그렇다면 옛날부터 인도에 내려오는 이상적 제왕인 전륜성왕은 사라져 버린 것일까?

이상적 제왕, 전륜성왕

불경에서 부처가 왕에 비유되고 있는 데서도 알 수 있듯이 불교와 왕권은 매우 관련이 깊다. 불교가 전파된 지역에서는 예외 없이 불교 사상의 영향을 강하게 받은 왕권이 탄생하곤 했다. 특히 티베트 불교는 중국 역사서에서 토번이라고 부른 고대 티베트 왕조를 시작으로 몽골인이 세운 원나라 왕조, 만주인이 세운 청나라 왕조에 깊이 파고 들어가 후세에까지 엄청난 영향을 미쳤다. 전륜성왕은 바로 티베트 불교에 의해서 이 세 왕조에서 집중적으로 나왔다. 전륜성왕은 인도에서 태어나 티베트, 몽골을 거쳐 만주까지 간 것이다.

전륜성왕이라는 수수께끼와도 같은 종교-권력의 변증법은 윤회와 환생(전생)에 의해서만 성립할 수 있었다. 불교는 조물주에 대해선 아무런 언급이 없이 '생명이 있는 것'은 행위의 결과에 따라 죽음과 다시 태어남을 반복하는 것으로 본다. 지옥, 축생, 아귀, 천(天), 인(人), 아수라라는 6가지(六道) 생존의 영역을 오가야 한다. 이런 구조에서 대승불교가 보살이라는 새로운 인간상을 만들어냈다. 보살은 이미 수행을 완수하여 완전히 부처가 될 자격을 갖췄지만, 자비심 때문에 육도윤회에 남아 일체의 생명이 있는 것을 부처의 경지로 인도할 때까지 스스로 열반에 들지 않겠다고 서원한 존재다. 이 보살 사상이 인도에서 전래해온 전륜성왕의 설화와 결합했다. 보살왕인 전륜성왕은 "군대(차륜·전차 바퀴)로 사방을 정복하고, 불교(법륜)를 융성시키고, 태양(일륜)이 만물을 기르듯 국토를 풍요롭게 양육하는 이상적인 왕"으로 이론화됐다.

티베트 불교의 첫째 전륜성왕은 티베트에서 나왔다. 7세기 티베트에 불교를 도입한 송첸 감보 왕이다. 후대에 전륜성왕으로 추증된 형식이다. 송첸 감보의 전기에 따르면 그는 "관음보살의 화신으로 암흑의 땅 티베트를 교화하기 위해 티베트의 왕자로 태어나 왕이 된 뒤 네팔의 왕녀와 당나라의 문성공주를 왕비로 맞아 인도와 중국의 불교 문화를 티베트에 도입했다"고 기록돼 있다. 이런 내용은 『반야경』의 보살 사상과 매우 흡사하다.

티베트 불교가 티베트를 벗어나 국제적 차원으로 세력을 확대한 데에는 역사상 최강의 권력자 가운데 한 사람인 몽골의 현세

권력 쿠빌라이 칸을 신도로 끌어들인 것이 결정적인 계기였다. 원래 쿠빌라이에 앞서 대칸을 지낸 친형 뭉케 칸은 기독교의 한 이단정파로 간주되는 네스토리우스교 신자였다. 그런데 쿠빌라이 칸은 즉위와 함께 티베트의 고승 팍파를 국사이자 제국의 종교업무를 담당하는 선정원의 책임자로 임명했다. 중국 대륙을 통일하고 베트남과 일본에도 여러 차례 원정군을 보낸 정복자 쿠빌라이 칸을 이 티베트 승려가 어떻게 설득했을까? 수도 대도(북경)의 설계와 건설에서 드러났다. 쿠빌라이로부터 대도의 설계를 위임받은 국사 팍파는 원 제국의 수도에 보살왕 사상을 반영시켰다. 우선 대도의 정문에 해당하는 숭천문에 금륜을 내걸어 쿠빌라이가 전륜성왕인 '금륜왕'이라는 것을 만천하에 선언했다. 쿠빌라이의 옥좌 위에는 대형 흰 양산을 걸었는데, 이것은 불교의 한 정파인 밀교의 힘으로 쿠빌라이의 옥좌를 보호한다는 의미였다. 흰 양산을 수레에 싣고 대도성 안을 순회하면서 도시의 사악한 기운을 제거하는 흰 양산(백산개) 불사는 대도 최대의 제전으로 커갔다. 팍파는 관정이라는 불교 의식을 거행한 데 대한 보답으로 쿠빌라이로부터 간단히 티베트에 대한 지배권을 위임받았다. 부처의 힘을 제자에게 수여한다는 이 의식은 제자의 정수리에 물을 붓는 형식으로 행해져 관정(灌頂)이라고 불렸다. 팍파는 '세 차례 물을 뿌리는 것'으로 티베트를 얻었다.

　나중에 칭기스 칸의 아들 차가타이의 후손들이 실크로드의 문수사에 건립한 비문은 아예 "칭기스에서 쿠빌라이에 이르는 황제"의 지위를 모두 금륜보위, 즉 최고 전륜성왕으로 기록하고 있다. 칭기스 칸 가문의 역대 황제 모두가 전륜성왕이라는 논리까지 나아간 것이다.

전생활불제도, 달라이 라마

원나라 황제들까지 포섭하는 데 성공한 티베트 불교는 거칠 것이 없었다. 그 부작용은 교파간 내분과 승려 계급의 타락으로 이어졌다. 당시 티베트 불교교단의 상당수는 주지직을 아들에게 물려주는 세습제로 운영됐다. 음주도 허용하고 있었다. 몽골 제국의 종교 중심지로 황제의 '헌정'과 수많은 왕공들의 시주로 제국의 재화가 몰리면서 타락은 도를 더해갔다. 개혁운동이 일어날 수밖에 없었다. 14세기 후반 승려 총카파는 불교 사상에 포함된 다른 종파의 가르침도 포괄할 수 있는 새로운 불교 사상을 만들었다. 특히 그는 교단의 타락을 막기 위해 독신생활을 재도입하고 엄격한 수행과 기도를 강조했다. 이전까지는 인도 불교의 한 흐름인 밀교의 영향으로 배우자를 취하는 것을 자연스럽게 여겨왔다.

독신주의는 그러나 교단의 승계에는 심각한 약점을 안고 있었다. 고민 끝에 총카파의 제자들이 해결방안으로 도입한 것이 티베트 불교를 세계적으로 유명하게 한 '전생(환생)활불제도'다. 티베트 종교의 최고지도자 달라이 라마가 그 계승자에게 '환생'되어 '살아 있는 부처'로 나타난다는 새로운 교리를 확립한 것이다. 개혁파 총카파는 독신이었기에 조카 겐둔둡이 종파의 지도권을 계승했다. 후대에 그가 바로 제1대 달라이 라마로 추존된다. 환생제

4대 달라이라마 용텐 갸쵸(오른쪽)는 티베트인이 아닌 몽골인이었다. 알탄 칸의 직계 후손인 용텐 갸쵸로 인해 티베트와 몽골은 급속도로 일체화됐다. 몽골 사회에서 티베트 불교 교단 세력이 날로 확대되면서 티베트의 철학, 의학, 천문학, 역사 등 티베트 문화가 몽골에 물밀 듯이 밀고 들어갔다.

도를 도입했어도 겐둔둡 이후 후계자를 물색해내는 일은 매우 어려웠다. 엄격하게 심사하지 않으면 안 되었다. 예를 들어 계승자 라마는 이전의 라마가 죽은 지 49일 만에 태어난다든가 하는 여러 가지 비범한 출생과정이나 증표를 보여야 했다. 그 어려움 속에서 달라이 라마 계보는 이어져 후대 티베트 불교계에서 가장 큰 영향력을 발휘하게 된다.

달라이 라마가 '환생에 의한 살아 있는 부처'로 자리매김했으므로 당연히 전륜성왕도 환생해야 했다. 그 환생을 증명하는 이는 자연히 활불인 달라이 라마급이 되지 않으면 안 됐다. 16세기 후반 몽골 제국 이후 몽골족을 통치하던 알탄 칸이 그 첫 번째다. 1572년 티베트 승려를 만나 감화를 받은 알탄 칸은 이전에 쿠빌라이 칸이 팍파를 초청한 전례를 따라 티베트로부터 제3대 달라이 라마 소남 갸쵸를 초청했다. 소남은 알탄 칸에게 '범천으로 힘의 바퀴를 굴리는 왕'이라면서 전륜성왕의 칭호를 수여했다. 그 보답으로 알탄 칸은 소남에게 '지금강자 달라이 라마'라는 칭호를 헌상했다. 티베트어 갸쵸(바다)를 몽골어로 번역한 '달라이'와 스승을 뜻하는 티베트어 '라마'를 합친 티베트-몽골 합작칭호 '달라이 라마'는 그렇게 세상에 등장했다. 소남 이전 앞의 두 전생자에게도 각각 달라이 라마 칭호를 추존했다. 소남은 3대가 됐다. 이때부터 티베트 불교의 '환생'이 칭기스 칸 가문의 '핏줄'을 압도하기 시작했다. 몽골 제국의 분열 이후에도 중앙아시아에서는 칭기스 칸의 혈통을 이어받거나 이어받았다고 치부해야 힘을 쓸 수 있었다. 알탄 칸 시대에도 칭기스 칸의 직계임을 칭하는 이른바 차하르 왕가가 유지되고 있었다. 그러나 알탄 칸은 3대 달라이 라마를 만났을 때 "전세의 기억을 되살려 스스로 쿠빌라이의 전생이란 것을 자각했다"고 주장했다. 달라이 라마가 이 주장을 보증하면서 승부가 나버렸다.

나아가 전생 사상은 통치자 가문의 품격뿐만 아니라 민족의 차이까지 없애버렸다. 제4대 달라이 라마인 용텐 가쵸는 몽골 제국 알탄 칸의 증손이었다. 티베트인이 아닌 몽골인으로 환생한 것이다. 이런 식으로 티베트의 고승이 몽골 왕가에서 전생하는 형식이 도처에서 반복되면서 티베트와 몽골은 급속도로 일체화됐다. 몽골 사회에서 티베트 불교 교단 세력이 날로 확대되면서 티베트의 철학, 의학, 천문학, 역사 등 티베트 문화가 몽골에 물밀듯이 밀고 들어갔다.

몽골, 청의 황제들을 매혹시킨 티베트 불교

티베트 불교가 나중에 다시 만난 현세 권력은 청나라 황제들이었다. 만주족은 원래 티베트 불교 이전에 중국을 거쳐 동쪽으로 전진해온 불교를 받아들여 열렬한 불교도들이 많았다. 특히 만주라는 이름 자체가 불교에서 동방을 담당하고 있다고 일컬어지는 문수보살의 '문수'에서 유래했다는 설도 있다. 특히 원나라 황제의 옥새인 대원전국새를 청조가 획득한 이후 청은 대원제국의 정통 후계자임을 자처했다. 당연히 원나라 황실이 광적으로 숭상한 티베트 불교도 거부감 없이 받아들였다. 게다가 전륜성왕이라는 휘황찬란한 수사학은 청의 정복황제들을 매혹시키기에 충분했다.

강희제가 청조의 첫 번째 전륜성왕이 됐다. 그는 처음에 티베트 불교 세력에 대해 호의적이었다. 그런데 티베트 교단이 청나라 초기 한족 출신으로 청조에 투항했다가 나중에 다시 '삼번의 난'을 일으킨 오삼계와 통교한 사실이 밝혀지면서 관계가 급속히 냉각됐다. 이것이 계기가 돼 청조는 본격적으로 티베트 문제에 대해 군사적으로 간여하게 됐다. 강희제는 제6대 달라이 라마, 제7대 달라이 라마의 선정에 간여하다가 티베트-몽골 내부의 종교-정치적 분쟁을 계기로 1720년 티베트에 군대를 파견해 연합군의 주력으로서 라사를 점령하고 제7대 달라이 라마를 추인했다. 이것이 중국 역사에서 말하는 '티베트 평정'이다. 강희제의 군대는 티베트인들을 자극하지 않기 위해 출병 명분을 이렇게 내걸었다.

"문수보살 황제의 군대가 준가르 군대에 짓밟힌 티베트인들을 구하고 정통 달라이 라마를 즉위시키기 위한 것이다."

강희제의 손자 건륭제는 보다 열렬한 티베트 불교도였다. 그는 자신을 문수보살의 화신이자 전륜성왕으로 알려진 몽골 쿠빌라이 칸과 티베트 최대의 정복자 티송 데첸 왕의 환생이라고 인식했다. 북경 고궁의 우화각과 여름궁궐 이화원의 향양종인지각도 모두 티송 데첸의 사찰을 모델로 삼았다. 쿠빌라이의 고사를 본받아 정수리에 물을 받는 불교 의식인 관정도 시행했다. 정복전쟁에서 이기거나, 이민족의 복속으로 영토가 늘어날 때마다 그는 청 황제의 여름 피서산장이 있던 열하 일대에 계속 티베트 불교 사원을 건립했다. 열하의 티베트 불교 사찰은 모두 8개로 늘어났다. 1780년 티베트 종교 지도자 판첸 라마가 북경을 방문해 건륭제를 만났다. 중국은 이것을 '책봉'이라고 이름 붙였다.

  티베트 불교는 환생을 바탕으로 전륜성왕이라는 상징을 통해 현세 권력을 포섭함으로써 역사 속에서 살아남았다. 그러나 그 상징조작의 마지막이자 최대 수혜자는 역설적이게도 현대 중국이었다.

인도 사회의 변화

인도의 뿌리 깊은 분열주의, 결국 영국 식민지화로

인도의 마지막 통일왕조 무굴 제국이 쇠퇴해 갈 때 대다수 힌두교도들은 이렇게 생각했다. "무굴은 이슬람 왕조니까 그런 일은 무슬림의 일이지, 우리 힌두교도의 소관이 아니지 않은가?"

영국 제국주의의 야욕

18세기 중엽 서구 세력이 이미 인도 아대륙을 겨냥해 식민주의 야욕을 노골화해가고 있을 때 인도는 여전히 분열과 혼란의 소용돌이에 휩싸여 있었다. 중앙정부의 역할을 해야 할 무굴 제국은 이미 통일적 지배력을 상실한 상태였다. 인도는 전역은 10여 개의 독립국가 또는 정치적 통치체로 나눠진 채 내부적으로는 권력다툼을, 외부적으로는 이웃나라와의 끝없는 소모전으로 국력을 탕진해가고 있었다.

이런 인도를 놓고 유럽 제국주의 국가 사이에 벌어진 격렬한 경쟁의 승리자는 차츰 한 나라로 압축돼 갔다. 포르투갈과 에스파냐에 이어 인도에 들어온 후발주자 영국이 라이벌 프랑스 세력마저 잇따라 패배시키고 점차 인도를 식민지로 만들어가고 있었다. 영국의

18세기 중엽의 인도	
델리 부근	사실상의 중앙정부인 무굴 제국 유지. 그러나 북서쪽으로는 페르시아와 아프간의 침략을, 남쪽으로는 마라타 연합의 침입을 받아 실질적으로 국가의 독립성 유지도 매우 불투명한 상태
중앙부	마라타 연합
북부	벵골, 오우드, 로힐칸드 등이 각각 거의 독립국가처럼 존재
남쪽	마라타 연합 남쪽에 하이데라바드, 카르나티크, 마이소르 등이 각각 독립국가 형성

식민주의 침략에 대해 인도인이 가만히 앉아서 당한 것은 아니다. 수많은 전쟁과 항쟁, 봉기, 시위, 국민운동 등 숱한 희생과 노력이 역사를 아로새기고 있다. 그런데 왜 인도인의 투쟁은 성공하지 못하고 식민지로 전락한 것일까? 인도인의 대표적인 투쟁 가운데 두 가지를 집중적으로 분석해보면 인도 내부의 문제점이 보다 실감나게 드러난다.

첫 번째는 마이소르 전쟁을 들 수 있다. 인도 남부의 작은 독립국가 마이소르의 영웅적인 대영 투쟁을 역사에서는 '마이소르 전쟁'이라 부르는데, 곧 같은 처지에 빠질 인도 내의 주변 국가들은 이 나라의 투쟁을 지원하지 않았다. 마이소르는 모두 4차례에 걸쳐 제국주의 대영 제국과 맞서 싸웠다. 제1차 전쟁 1767년~1769년, 제2차 전쟁 1780년~1784년, 제3차 전쟁 1790년~1792년, 제4차 전쟁 1799년 등 모두 4차례에, 전쟁기간만 8~9년에 이르는 항거였다.

마이소르의 투쟁을 이끈 사람은 하이데르 알리(재위기간 1761년 ~1782년)와 그의 아들 티푸 술탄(재위기간 1782년~1799년)이다. 알리는 종래의 힌두 왕가를 폐하고 스스로 그 뒤를 이으면서 이슬람으로 개종했다. 영국의 역사가는 그를 이렇게 평했다.

"정치가와 장수로서는 보기 드문 능력을 갖춰 적으로서 무서운

인도양, 동아시아에 대한 모직물 시장 및 향료 획득을 독점하기 위해 세워진 영국 동인도회사. 19세기 세계 경제를 지배한 영국의 경제력은 동인도회사에서 나왔다.

존재였다."

알리는 명석하고 용감했으며 국제적 시야도 갖춘 지도자였다. 그는 인도의 장래에 영국이 얼마나 큰 위협인지 정확히 파악하고 영국을 향한 적개심에 불타 싸우기로 결심한다. 그는 결전을 준비하기 위해 먼저 인도 안팎의 여러 나라와 연락하며 우방을 얻으려 했다. 동시에 군대도 근대화하고 내정도 개혁했을 뿐만 아니라 해군을 건설하는 데도 힘을 쏟았다. 그는 당시 인도 안에 군림하는 구시대의 탐욕에 물든 무능한 왕이나 토후(제후)와는 전혀 다른 부류의 인물이었다. 특히 아들 티푸는 프랑스혁명이나 영국-프랑스의 전쟁 발발 소식 등을 재빨리 탐지하고 프랑스와 동맹을 꾀했다. 스스로 자코뱅당의 일원이 되기도 했다. 동맹국을 얻기 위해 아라비아, 카불, 이스탄불, 베르사유, 모리셔스 등지까지도 사신을 파견했다.

그러나 알리 부자가 동맹을 호소한 인도의 왕과 제후들은 호응하지 않았다. 마이소르의 북쪽 이웃나라 하이데라바드는 오히려 영국 편에 붙어버렸다. 마이소르의 힘이 커지는 것을 경계하고, 이 김에 영국에 붙어 주변국가를 견제하는 게 낫다고 본 것이다. 마라타도 영국과 한 차례 전쟁을 벌이고 있던 시기(1775년~1782년)에만 일시적으로 마이소르와 손을 맞잡았다가 곧 관계를 끊어버렸다. 이런 상황인지라 제3차, 제4차 마이소르 전쟁 때는 오히려 영국과 마라타 연합, 하이데라바드가 3자 동맹을 맺고 마이소르를 한꺼번에 공격

세포이는 영국이 인도를 지배하기 위해 고용한 인도인 병사들이다. 1857년 5월 영국 동인도회사의 세포이 용병들을 중심으로 영국군 장교들에게 대항하여 봉기한다. 인도 최초의 민족적 항쟁으로 제1차 인도 독립전쟁 등으로도 불린다.

하는 형세가 돼 버렸다. 마이소르는 오래 버텨낼 수 없었다. 티푸는 마지막까지 싸우다 수도 세링가파탐의 전투에서 장렬하게 전사했다. 수도와 전 국토는 처참하게 약탈되고 파괴됐다.

피로 짓밟히고 내부 분열로 와해된 마이소르와 세포이의 전쟁

마이소르 전쟁 이후에도 인도의 저항은 여러 곳에서 이어졌다. 그러나 압도적인 국력과 군사력을 갖춘 영국이 인도의 분열 상태를 악용해 강온양면의 분쇄작전을 구사하면서 로힐라 전쟁, 마라타 전쟁, 구르카 전쟁 등은 모두 실패로 돌아갔다. 인도 주둔 영국군 총사령관 찰스 네이피어는 이렇게 호언장담했다.

"만약 나를 12년 동안 인도 황제로 만들어준다면, 토후 따위는 없어지고, 니잠(하이데라바드의 번왕)에 대한 말도 입에 올리지 않게 될 것이며⋯네팔 또한 우리 땅이 될 것이다."

두 번째는 이른바 '세포이 독립전쟁'을 들 수 있다. 이 전쟁 역시

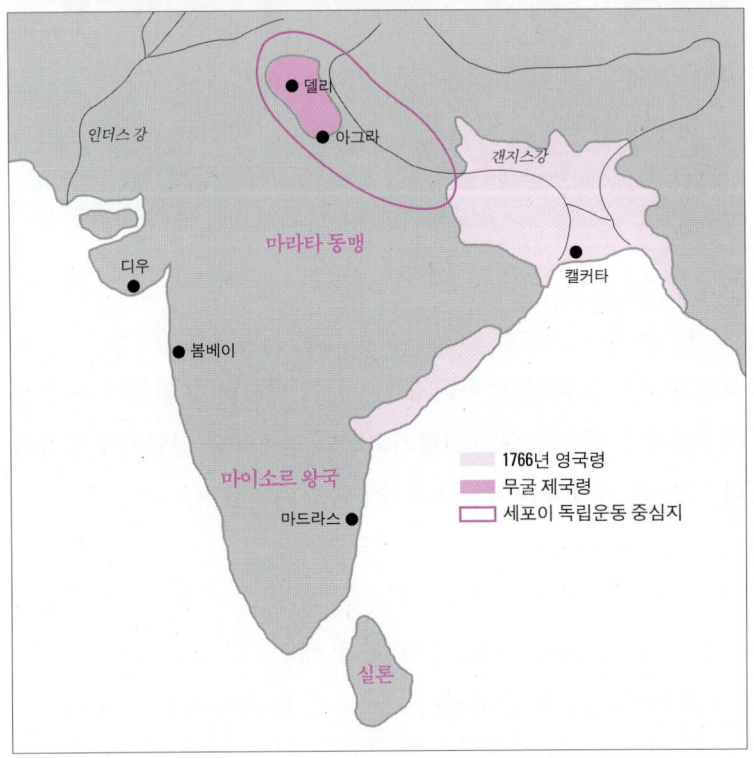

초기에는 성공적으로 투쟁을 이어갔지만, 내부 요인이 복합적으로 얽혀 결국 패배했다.

세포이 독립전쟁은 마이소르 함락 59년 뒤 일어났다. 세포이는 영국이 인도를 지배하기 위해 고용한 인도인 병사들이었다. 인도 주둔 영국 육군은 3개 관구로 편성돼 있었다. 그 가운데 벵골에서 펀자브에 이르는 광대한 인도 중심부를 담당하고 있던 것이 벵골군이었다. 벵골군은 인도 주둔 영국군 23만 8,000명 가운데 15만 1,600명으로 병력 규모가 가장 컸다. 그 절반이 바로 세포이였다. 벵골군의 세포이는 카스트의 상층이 많았다. 자신의 특권적 카스트

영국의 인도 지배 변천사	
1600년	동인도회사 설립. 인도와의 무역 독점 추구
1757년	플라시 전투에서 프랑스와 벵골 토후의 연합군 격파. 영국의 인도 독점적 지배권 획득
1767년~1799년	마이소르 전쟁에서 영국 승리
1845년~1849년	시크 전쟁. 식민지 지배 완료
1857년	세포이 독립전쟁
1858년	무굴 제국 멸망
1877년	동인도회사 폐지, 직할 식민지로 영국령 인도 제국 수립
1885년	인도 국민의회 창립
1906년	전인도 이슬람 연맹의 반영운동 가담
1911년	벵골 분할령 폐지

를 지키려는 의식이 매우 강했다. 그래서 인도 주둔군 안에서도 규율 문제, 문화 문제로 자주 갈등을 일으켰다. 게다가 영국인과 비교해 심한 차별대우를 받고 있어 불만이 많았다.

이런 상황에서 1857년 세포이를 결정적으로 자극하는 사건이 벌어졌다. 새로 보급된 1857년형 인필드 소총의 탄약주머니에 바르는 기름이 문제가 됐다. 당시 종이로 된 탄약주머니가 젖지 않고, 또한 탄약주머니에서 총알을 꺼내 장전하거나 발사할 때 총알과 총열 사이의 마찰을 줄이기 위해 미리 탄약주머니에 쇠기름이나 돼지기름을 발라 코팅을 했다. 영국군은 새로 사격훈련을 시키며 이 탄약주머니를 입으로 뜯어서 사용하도록 가르쳤다. 특히 총알의 경우 "만일 기름기가 사라져 버렸거나 탄약주머니에서 바닥에 떨어져 나온 경우에는 반드시 입에 넣어 침을 발라 임시변통으로 윤활기능을 유지시켜라"고 사격교본에도 규정해 놓았다. 이 사실을 알게 된 세포이들이 강력하게 반발하고 나섰다. 소는 힌두교도에게 성스런 동물의 으뜸이고 돼지는 이슬람교도에게 불결한 동물의 으뜸이었다. 그런 소나 돼지의 기름을 바른 탄약주머니를 입에 대고 물어뜯고, 그 기름 묻은 총알을 입에 넣으라고? 영국군 장교들은 여전히 기존의 방식을 강요했다. 마침내 세포이들의 분노가 폭발했다. 군지휘부가 탄약주머니 기름을 악용해 "세포이를 모독하고 모두 기독교도로 만들려 획책하고 있다"는 소문이 퍼져나갔다.

맨 먼저 메이러트의 세포이가 봉기를 일으켰다. 그들은 영국인들을 살해하고 그 지역을 장악한 뒤 근세 인도의 수도 델리로 진격했다. 델리성 안에 있던 세포이와 시민들은 성문을 열고 이들을 맞이했다. 순식간에 델리를 점령한 봉기군은 늙은 무굴 황제를 내세우고 그의 이름으로 봉기할 것을 각지에 호소했다. 순식간에 갠지즈 강 상중류 유역에서 중부 인도에 이르는 지역이 영국 지배에서 해방됐다. 봉기는 세포이 차원을 훨씬 넘어 폭넓은 사회층까지 확산됐다. 영국의 인도 지배는 붕괴에 이른 것처럼 보였다.

그러나 봉기군은 많은 약점을 안고 있었다. 먼저 통일된 구심점과 지도부가 없었다. 봉기군의 지배영역은 광대했지만, 사실상 무정부 상태나 다름 없었다. 여러 농민과 시민들이 동참했지만 이들을 하나의 힘으로 결집시킬 공통의 의식과 공통의 목표가 불분명했다. 또한 정보망도 제대로 갖추지 못해 추후의 사태에 제대로 대응할 수 없었다. 봉기군은 영국군이 어떤 전략을 세우고 있는지 알지 못하는 데다가 봉기 세력끼리도 서로 연락하는 수단이 없었다. 게다가 곧 지도부가 분열하면서 구체제를 대변하는 구 세력이 주도권을 잡고 말았다. 인도 내부의 약점, 분열의 운명이 되살아난 것이다. 지도부를 장악한 구지배층은 자신들의 세력 확대와 지세 징수에 혈안이 돼 갔다.

결국 봉기는 초기의 대성공에도 불구하고 영국군의 체계적이고 조직적인 반격을 받고 각개격파식으로 무너졌다. 영국군은 이 과정에서 비인도적이고 잔인한 학살과 탄압행위를 자행했다. 봉기는 그렇게 피로 물든 채 짓밟혔다.

마이소르 전쟁과 세포이 독립전쟁에서 나타난 공통적인 실패요인은 이렇게 정리된다.

(1) 인도가 아직 하나의 민족국가, 하나의 운명체라는 의식이 형성되지 못한 점
(2) 영국의 식민지배를 대체할 새로운 정치·경제·사회체제에 대한 준비가 돼 있지 못한 점
(3) 이렇기 때문에 일시적 승리 뒤 늘 인도는 내부 분열의 악순환으로 돌아가 버렸다는 점

이런 실패에서 교훈을 배우고, 전 인도 민중을 하나의 목표로 뭉쳐 떨쳐나가게 하기 위해선 거의 1세기라는 기나긴 시간이 필요했다. 역사라는 수레바퀴는 그냥 돌아가지 않는다.

서아시아 세계의 변화

오스만 투르크, 동유럽 지배는 다문화 수용에서 가능했다

알렉산드로스가 페르시아를 공격해 멸망시킨 지 거의 1,800년, 이번에는 거꾸로 동방 세력이 무섭게 힘을 키워 동유럽의 심장부 비잔틴 제국의 콘스탄티노플을 공격해왔다. 이제 역사의 추는 반대로 기울고 말 것인가?

1,000년 왕국 위에 세워진 초승달 깃발

1453년 5월 28일 저녁 비잔틴 제국의 콘스탄티누스 황제를 비롯해 비잔틴의 마지막 저항자들은 모두 하기아 소피아 대성당에 모여 마지막 기도를 드렸다. 메흐메트 2세가 이끄는 육군 수만 명과 군함 35척으로 이뤄진 오스만 투르크군은 7주일 동안 콘스탄티노플을 무자비하게 공격해오고 있었다. 특히 오스만군은 길이 8미터에 이르고 한 번에 1,200파운드(약 0.5톤)의 포환을 발사할 수 있어 그 어떤 석조 성벽도 깨뜨린다는 무시무시한 대포부대까지 끌고 왔다. 역사상 가장 깨뜨리기 어렵다는 콘스탄티노플 성벽이 마침내 무너지기 시작했다. 29일 새벽 2시께부터 다시 오스만군의 총공세가 시작됐다. 파손된 성벽 틈으로 진입하려는 오스만군의 두 차례 공격은 비잔틴 수비병들이 결사적으로 막아냈다. 그러나 세 번째 오스만의 최정예

예니체리 부대가 돌격해오는 것까지 막을 수는 없었다. 콘스탄티누스 황제는 적군을 향해 돌진하다가 그대로 휩쓸려 짓밟혔다. 비잔틴을 상징하는 쌍두독수리 깃발이 끄집어 내려지고, 오스만을 상징하는 초승달 깃발이 올라갔다. 비잔틴 1,000년 왕국은 그렇게 무너졌다. 이날 오후 예니체리 친위대의 호위를 받으며 입성한 메흐메트 2세는 페르시아의 유명한 시 하나를 읊조렸다.

"거미는 카이사르의 궁전에 거미줄을 치고
올빼미는 아프라시아브(사마르칸트)의 탑에서 파수꾼을 부르네"

그로부터 39년 뒤인 1492년 이번에는 이베리아 반도 남단의 그라나다에서 끝까지 버티던 이슬람 국가 나스르 왕조가 가톨릭 세력에게 항복했다. 가장 아름다운 아랍 건축물 가운데 하나로 꼽히며 오랜 세월 유럽인으로부터도 칭송받아온 알함브라성에 가톨릭을 상징하는 은으로 만든 십자가가 세워졌다. 카스티야와 아라곤을 합병시켜 힘을 크게 키운 가톨릭 세력이 포병술까지 발전시켜 아랍을 굴복시킨 것이다. 알함브라성의 열쇠를 카스티야의 페르난도 2세에게 바친 뒤 나스르의 마지막 왕 무함마드 11세는 떠나갔다. 711년부터 아랍의 선조들이 그라나다에 진출해 거의 800년 동안 높은 농경기술과 정성으로 가꿔온 평야와 골짜기는 점점 멀어져 갔다. 그는 나직하게 중얼거렸다.

"알라후 아크바르(신은 위대하도다)!"

그러나 두 눈으로부터는 뜨거운 눈물이 하염없이 흘러내렸다.

비잔틴 제국의 멸망과 나스르 수복은 유럽 기독교 세력과 중동 이슬람 세력 사이의 기나긴 공격과 반격-재반격의 역사 속에서 15세기에 벌어진 두 가지 주요 사건이라 할 수 있다. 기원전 6세기 페르시아 전쟁으로 이름 붙여진 그리스 대 페르시아의 대결을 시작으로 양 세력은 한 쪽이 강해지면 다른 한 쪽을 패배시켰다가 역학관계가 바뀌면 강해진 상대방에게 거꾸로 패배했다. 승자와 패자는 시대를 지나며 계속 뒤바뀌었다. 따라서 서로 다른 종교와 인종, 문화를 가진 정복자와 피정복자의 관계를 어떻게 설정하는가 하는 문제는 알렉산드로스 이후 이 지역에 대제국이 등장할 때마다 최대의 당면 과제가 될 수밖에 없었다.

비잔틴 제국을 대체한 오스만 제국

오스만 투르크 역시 앞서 존재했던 기독교 문명권의 비잔틴 제국을 대체해 새롭게 지중해–흑해 지역의 지배자로 떠올랐기에 이 문제에서 자유로울 수 없었다. 오스만 제국은 어느덧 고대 로마 전성기 영토의 4분의 3을 점령한 상태였다. 특히 동유럽의 그리스, 세르비아, 보스니아, 불가리아, 헝가리 등 기독교 문명권까지 포괄하게 돼 상황은 심각해졌다. 과연 종교적으로도 인종적으로도 문화적으로도 이질적이기 짝이 없는 제국 안의 이런 다양성을 어떻게 통합하고 관리할 것인가?

오스만 투르크는 일찍이 아케메네스 페르시아를 시작으로 역대 이슬람 왕조에서도 어느 정도 인정받아온 종교적 관용정책이라는 카드를 과감하게 선택했다. 일단 제국 안의 신민을 종교적 바탕에 따라 '밀레트'라 부르는 종교공동체 4개로 분류했다. 무슬림, 그리스정교도, 아르메니아 기독교도, 유대교도의 4개 종교공동체로 나

오스만 제국 흥망사

1299년	오스만 1세, 셀주크 왕조의 주권을 넘겨받아 오스만 제국 설립(오스만 제국 태동)
1326년	부르사로 수도 이전
1353년	술탄 오르한, 유럽 정복 시작
1395년	술탄 바예지트, 콘스탄티노플 공략
1396년	십자군 격파
1413년~1421년	메흐메트 1세, 오스만 제국의 주권 회복
1453년	메흐메트 2세, 콘스탄티노플 점령. 비잔틴 제국을 멸망시키고 수도를 콘스탄티노플로 이전
1512년~1520년	술탄 셀림 1세, 페르시아, 이집트 및 아랍 지역 점령. 이슬람교 종주권 장악
1516년	술탄 셀림이 이슬람 세계의 칼리프직 승계
1517년	술탄칼리프제 확립
1538년	술레이만 1세의 오스만 해군, 지중해 장악. 중앙유럽과 북아프리카에까지 영토 확장
1571년	레판토 해전에서 기독교 세계의 연합 함대에게 패해 지중해의 패권 상실
1697년	오스트리아 전투에서 패배
1788년	오스트리아-러시아 전쟁에서 오스만 패배
1792년	오스만과 러시아 평화 협정 체결
1793년	니자미 제디드(신식 군대) 창설
1839년	압뒬메지트 1세, 개혁정치 실행 등 위로부터의 근대화 운동 전개
1876년	아시아 최초의 성문헌법인 제국헌법(통칭 미드하트 헌법) 공포
1889년	청년 투르크당 '연합 진보회' 결성
1908년	청년 투르크당의 개혁 혁명 성공. 무력 혁명으로 입헌군주제 부활
1912년~1913년	1·2차 발칸 전쟁 패배. 제국 내 영토 대부분 상실
1919년~1922년	무스타파 케말(아타튀르크)의 터키 독립전쟁
1920년	대국민회의 출범
1922년	메흐메트 6세 폐위로 술탄제 폐지. 600여 년 역사의 오스만 제국 해체

누고 각각 자율권을 대폭 인정했다. 콘스탄티노플을 정복한 뒤 실시한 이 제도는 한 걸음 더 나아가 각 밀레트에게 종교뿐만 아니라 문화 및 교육 활동 등에 대해서도 광범한 자치를 허용했다. 만일 무슬림이 관련되지만 않으면 각 종교공동체는 제국의 사법체계와 별

오스만 투르크 제국의 최전성기를 이끌었던 술탄 술레이만 1세.

도로 스스로 사법권까지 행사할 수 있었다. 물론 고유의 언어도 사용할 수 있었다. 그 대신 무슬림이 아닌 신민(딤미라고 부름)들은 인두세(지즈야)를 내야 했다. 비무슬림 밀레트의 우두머리는 각각 자기관할 아래 있는 교도들로부터 인두세를 징수해 술탄에게 보냈다. 밀레트 제도에서 짐작할 수 있듯이 오스만은 기독교도 및 유대교도를 상대적으로 우대하는 정책을 폈다. 무슬림과 마찬가지로 궁극적으로는 같은 신을 섬기는 '경전의 민족'으로 간주했다. 기독교 국가들이 엄격한 이단심판 등을 통해 다른 종교에 대해 매우 억압적인 정책을 편 것과 비교하면 놀랄 만하다.

포용주의 속 다문화의 힘

종교 관용정책의 효과는 긍정적으로 나타났다. 우선 에스파냐의 레콩키스타 운동에 따라 코르도바를 비롯해 이베리아 반도에서 빠져나온 유대교도가 이스탄불을 비롯해 데살로니카 등의 도시로 대거 이주해왔다. 가톨릭 대신 이슬람권을 선택한 것이다. 십자군 원정 때 기독교 문명권이 벌인 약탈과 학살을 유대교 사회는 여전히 잊지 않았던 것이다. 이들은 오스만 제국의 경제 분야에 활력을 불어넣었다.

오스만은 지역통치에도 포용정책의 기조를 적용했다. 발칸 반도 여러 민족의 촌락공동체에도 일정한 자치를 허용했다. 이민족에다가 종교도 다르다는 약점에도 오스만의 통치는 비교적 잘 유지될 수 있었다. 제국의 최전성기인 16세기 초반 술레이만 1세의 통치기간 중에는 다섯 번째 종교공동체도 생겼다. 구성원은 모두 외국인이었고, 주로 기독교도였다.

오스만 제국이 비무슬림에 대해 적극적인 관용정책을 편 것은 바로 국익 때문이었다. 특히 기독교 지역인 동유럽을 지배하게 되면서 오스만은 엄청나게 많은 노동자와 납세자들을 끌어안게 됐다. 개종자는 소수였고 대부분은 여전히 개종하지 않았다. 개종하지 않은 생산적 노동자와 납세자들은 수도 많았고, 경제적으로도 매우 소중한 존재였다. 이슬람 역사가들은 이런 정주 기독교 예속민의 규모가 "당시 인도의 이슬람 제국 건설자들이 획득한 정주 힌두교도 예속민의 수에 필적하는 수준에 이르렀다"고 평가했다. 오스만이 장악한 기독교도 예속민의 경제력의 크기는 이제껏 다른 투르크 부족지도자가 건설한 나라들과는 비교조차 할 수 없을 정도였다.

오스만 투르크 통치자들이 종교적 명분 대신에 실리를 훨씬 중요하게 생각했다는 것은 기독교도 자녀를 교육시켜 제국의 고급관료와 국방 엘리트로 육성한 데브쉬르메 제도와 예니체리 제도에서도 잘 나타난다. 또한 16세기 중엽 북아프리카 연안을 황폐케 한 해적 바바로스가 귀순해오자 그를 해군제독으로 임명해 그 이듬해 튀니스를 점령하게 한 것도 오스만 제국이다. 오스만은 이민족의 종교와 문화를 포용하는 페르시아의 위대한 전통을 더욱 발전시켜 제국의 번영과 안정을 600여 년 이상 유지할 수 있었다. 이 점에서 동방 오리엔트의 마지막 승자는 알렉산드로스가 아닌 페르시아일지도 모른다.

오스만 투르크는 페르시아의 포용주의 전통에 서 있었다. 그 위에 피어난 다문화의 힘은 그렇게 컸다.

5부
유럽 근대 사회의 성장과 확대

중앙집권국가는 관료제와 상비군을 운영하며 정교한 체계를 갖추어 가기 시작했다. 폐쇄적인 장원제를 밀어내고 개방적인 시장경제가 움트면서 신흥상업 계급이 생겼는데 이들은 개인의 이익과 상거래의 자유를 주장하며 사회 중심 세력으로 변모했다. 이탈리아의 피렌체와 베네치아 같은 부유한 도시국가를 중심으로 펼쳐진 문예부흥운동을 떠받친 것도 이들이었다. 신흥상업 계급은 전통적 경제구조를 자본주의 시스템으로 바꾸어 놓았을 뿐 아니라 사람들의 심성구조까지 변화시켰다. 이들이 주창한 시민의 자유는 결국 절대왕권을 무너뜨리고 시민혁명을 성공시킨 원동력이 되었다.

콜럼버스의 신대륙 '발견'은 유럽에게는 커다란 기회였지만 그 지역 원주민들에게는 엄청난 재앙이었다. 정복자들의 무자비한 학살과 구대륙에서 전파된 전염병으로 인해 아메리카의 인구는 절반 이상 줄었다. 에스파냐와 포르투갈 정복자들은 자원만 수탈한 것이 아니라 원주민의 언어와 문화도 약탈했다. 이를 오늘날 세계의 언어분포와 연관지어 보면 신대륙 발견 이후 제국주의 시대에 이르는 서구의 침략 역사를 조망할 수 있을 것이다.

구텐베르크가 고안한 인쇄술은 종교개혁의 진정한 후원자였다. 루터는 성직자들의 전유물이었던 라틴 성서를 속어로 번역해 민중과 공유했다. 이것이 가톨릭(구교)을 몰락시키는 단초가 되었고 그 배경에는 인쇄술의 위력이 있었다. 코페르니쿠스에서 시작해

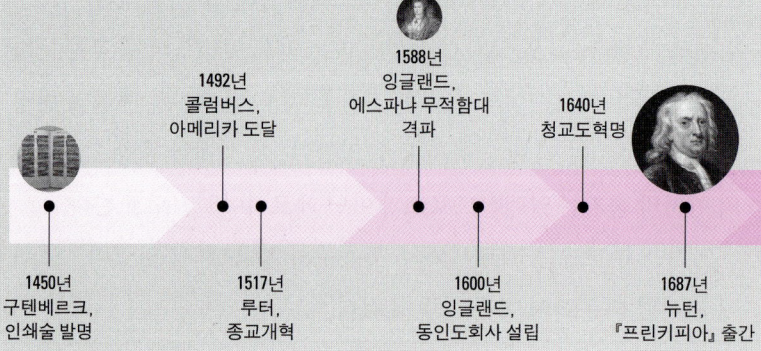

- 1450년 구텐베르크, 인쇄술 발명
- 1492년 콜럼버스, 아메리카 도달
- 1517년 루터, 종교개혁
- 1588년 잉글랜드, 에스파냐 무적함대 격파
- 1600년 잉글랜드, 동인도회사 설립
- 1640년 청교도혁명
- 1687년 뉴턴, 『프린키피아』 출간

뉴턴에 이르기까지 진행된 과학혁명은 구시대 세계관을 뒤엎었다. 이제 근대인들은 더 이상 계시에만 의존하지 않고 세계가 어떻게 작동하는지 합리적으로 알고자 했다. 기계노동에 의한 대량 생산과 철도망 확충에 따른 물류 체계의 혁신은 생산력 증대와 시장 확장을 촉진했다. 순수과학(뉴턴)이 응용기술(와트)과 결합하면서 종교를 비롯한 다른 전 영역을 따돌리고 역사의 전면에 나섰다는 점도 주목해야 한다. 오늘날에도 여전히 과학기술은 한 국가의 운명을 좌우하는 가장 중요한 열쇠이기 때문이다.

한편 러시아에서는 표트르 대제라는 뛰어난 지도자 아래 뒤늦게나마 서구를 모방한 근대화에 박차를 가하는 한편 근대화로 이룩한 국력을 우랄산맥 너머 시베리아에 연해주 쪽으로 급속히 팽창시켜 나갔다. 곧 러시아 세력은 중앙아시아와 베링해까지 확산되면서 세계 최대의 제국을 만들었다.

자본주의 발전은 소수인 자본가 계급(부르주아지)과 다수인 노동자 계급(프롤레타리아트)의 격차를 차츰 벌려놓았다. 절대왕정을 무너뜨린 이른바 '시민혁명'은 부르주아지를 위한 혁명이었다. 부는 소수에게 집중됐으며 가난한 노동자들의 삶은 더욱 비참해졌다. 사적 소유를 없애고 평등한 세상을 만들어야 한다는 마르크스와 엥겔스의 주장은, 자본주의 성장과 더불어 전 세계로 퍼져나간 맬서스의 적자생존, 자유경쟁 이론을 압도하지 못했다.

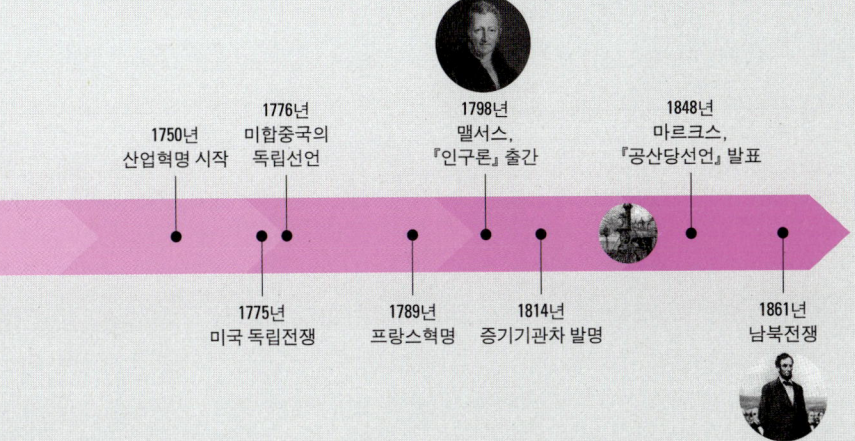

1750년 산업혁명 시작
1776년 미합중국의 독립선언
1798년 맬서스, 『인구론』 출간
1848년 마르크스, 『공산당선언』 발표

1775년 미국 독립전쟁
1789년 프랑스혁명
1814년 증기기관차 발명
1861년 남북전쟁

1장
근대 의식의 각성

르네상스: 베네치아와 피렌체의 경제가 르네상스를 열다
종교개혁: 종교개혁의 최대 공헌자는 구텐베르크 인쇄술

르네상스

베네치아와 피렌체의 경제가 르네상스를 열다

역사가 야코브 부르크하르트는 이렇게 적었다. "인류사에 커다란 의미를 주는 두 도시가 있다. 300년 동안 격동에 휘말렸던 피렌체, 그리고 외면적으로 볼 때는 정치적으로 정체한 듯 보이는 도시 베네치아가 그곳이다. 우리는 두 도시가 보여준 것보다 더 선명한 대립을 생각할 수 없다." 무척 다른 개성을 지닌 두 도시는 르네상스라는 드라마에서 공동으로 주연을 맡았다.

꽃의 도시, 피렌체

기원전 59년 율리우스 카이사르는 이주민을 위해 '꽃의 도시'라는 뜻을 지닌 도시 플로렌티아(Florentia)를 세웠다. 완벽한 계획도시로 건설된 플로렌티아는 도로나 상하수도, 공중목욕탕, 포룸, 반원형 극장, 원형 경기장을 두루 갖춘 작은 로마였다. 피렌체로 이름을 바꾼 이 도시는 '코뮌'의 원조인 주민자치공동체 '코무네(Comune)'를 탄생시킨 곳답게 건립 초창기부터 자율성이 넘쳤다. 흔히 메디치 가문이 피렌체의 부흥을 이끌었다고 말하지만 이미 메디치가 등장하기 이전에 피렌체의 경제력은 충분히 막강했다. 바르디 가문과 페루치 가문을 중심으로 막강한 금융자본이 피렌체에 모여들었다. 피렌체의 영토는 아주 작았지만 경제력은 당대의 잉글랜드, 프랑스, 터키를 압도했다. 17세기에 전 세계의 상권을 주물렀던 소국 네

피렌체 공화국의 정치경제적 번영에 기여한 코시모 메디치. 그는 금융업을 통해 축적한 재산을 피렌체의 문화와 예술 진흥에 아낌없이 쏟아 부었다. 적극적인 예술 후원자로 활동하면서 레오나르도 다 빈치 등 예술천재들을 배출시켰다.

덜란드의 롤 모델인 셈이다.

피렌체는 극심한 내분을 겪으며 성장했다. 1434년 메디치 가문의 코시모가 권력을 잡으면서 피렌체는 비로소 정치적으로 안정됐다. 독재나 다름없는 '참주정'이 실시되는데, 독재자 코시모가 예술과 학문을 사랑한 합리적 지도자였던 것은 다행스러운 일이었다. 코시모는 능력에 따라 인재를 채용했고 누진세를 채택해 자신을 포함한 부유층에게 더 많은 세금을 걷었다.

피렌체는 통계의 도시였다. 도시에서 벌어지는 모든 상거래와 행정기록이 통계로 남아 있다. 피렌체인들의 이런 치밀함이 경제적 합리성의 바탕임은 당연하다. 1492년 로렌초 메디치가 사망하고 2년 뒤 메디치 은행이 파산할 때까지 메디치 가문은 방대한 자금력을 바탕으로 예술가와 학자에게 많은 애정을 쏟았다.

물의 도시, 베네치아

413년 파도바 이민자들이 세운 도시국가 베네치아는 권력 투쟁이 극심했던 피렌체에 비해 정치적으로 평온했다. 베네치아에는 언론, 출판, 사상의 자유를 중시하는 유구한 전통이 숨쉬고 있었다. 금서목록에 오른 루터나 마키아벨리의 책을 베네치아에서 어렵지 않게 구할 수 있었던 것도, 동로마가 멸망하고 그리스 학자들이 베네치아로 대거 망명한 까닭도 그러한 전통 때문이다. 그러나 베네치아가 개인의 자유를 보장한 가장 중요한 이유는 상업의 촉진과 공화국의 번영에 도움이 되었기 때문이다. 베네치아에는 이런 말이 유행했다.

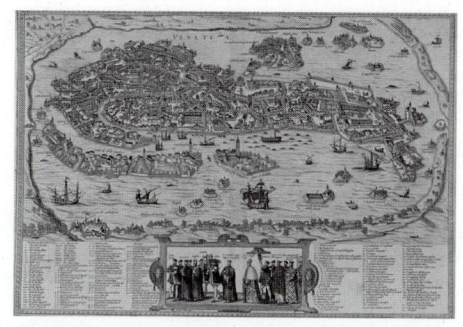

볼로그니노 잘티에리(Bolognino Zaltieri)의 1565년작 〈베네치아의 풍경〉. 15세기 경제적으로 번영한 베네치아는 언론, 출판, 사상의 자유를 중시했다. 특히 베네치아의 실용정신은 문예부흥운동의 견인차가 되었다.

"베네치아인이 먼저, 기독교도는 그 다음."
교황이 이렇게 말한 적도 있다.
"나는 어디에서나 교황이지만 베네치아에서는 아닌 것 같다."

베네치아 사람들은 늘 실용을 추구했다. 1171년에 콘스탄티노플에서 베네치아 상인을 배척하는 폭동이 일어난 것을 보면, 셰익스피어가 『베니스의 상인』에서 파렴치한 인물로 묘사한 샤일록 같은 상인이 베네치아에 실제 존재했을 것 같다. 노골적인 이해타산 역시 베네치아의 정신이기 때문이다. 한 상인은 유언장에 이런 메시지를 남겼다.

"국가에 탄원합니다. 내 자식들이 안정된 수익을 내는 정규 직업에 종사하지 않으면 금화 1,000굴덴을 벌금으로 물리십시오."

베네치아의 인쇄·출판업자들 역시 실용성을 강조했다. 이들은 오랜 세월 동안 쓰이던 유려하고 고상한 고딕체를 버리고 읽기 좋은 이탤릭 서체를 고안해 보급했다. 더 많은 독자들에게 더 많은 책을 판매하기 위한 실용전략이 결과적으로 지식 보급과 문맹률 감

소, 문예부흥운동을 이끌었다.

  교황 인노켄티우스 3세는 4차 십자군 원정을 계획하면서 육로 대신 해상로를 선택했고, 병사들의 운송을 베네치아에 모두 맡겼다. 베네치아가 당시 해상권을 장악하고 있었기 때문이다. 콘스탄티노플을 통상거점으로 삼고자 하는 베네치아의 사업 욕심과 동로마 정교회를 서로마 중심 가톨릭으로 통합하고 싶었던 교황의 야망이 맞아떨어져 일어난 사태가 1203년 콘스탄티노플 점령이다. 이 사태로 기독교 세계가 완전히 분열되는 결과를 낳았으나 베네치아는 원하던 것을 얻었다.

  베네치아의 실용성은 십자군 원정에도 사용된 배 모양에서도 잘 드러난다. 경쟁 항구도시인 제노바가 돛에만 의존하는 범선을 운용한 데 비해 베네치아는 바람이 불지 않을 때도 배를 움직일 수 있게끔 노를 많이 장착한 갤리선을 주로 만들었다. 장사가 잘 안 될 때에는 판로를 찾아 어디든 나서던 그들의 습관이 반영된 결과다. 모든 갤리선은 국가가 일괄관리했다. 그래서 자본이 별로 없는 사람들도 누구나 이 상선을 대여해 사업을 할 수 있었다. 국가는 '콜레간차(오늘날 주식과 비슷함)' 제도를 운영해 시민 누구나 원하는 금액을 상선에 투자할 수 있도록 했다. 원하는 만큼 투자하고 그것에 비례하여 이익이나 손해를 입는 건 무척 합리적이며 자율적인 방식이다. 1267년 국가 원수 라니에리 제노가 사망하고 남긴 재산명세서를 보면 부동산, 국채, 일반채권, 귀금속, 현금의 금액보다 콜레간차에 투자한 금액이 압도적으로 많다.

베네치아인은 다른 무엇보다 상업적 이익을 중시하여 '전쟁 사업'에도 참여했으나 모든 삶을 시장의 논리에만 맡기지는 않았다. 개처럼 번 돈을 정승처럼 썼다. 베네치아는 유족연금을 탄생시킨 도시다. 가장이 사망하면 국가는 유족들에게 생활비를 지원했다. 국가는 식량창고를 매달 철저히 점검하여 최저 확보량 이상을 늘 유지했다. 그 덕분에 이 나라에는 한 번도 기근이 발생하지 않았다. 베네치아의 복지정책은 적대국 사람들도 존경할 정도였다.

"적군 부상자들도 국가에서 지원하는 의료기관에서 치료해주니 경탄할 만하도다."

새로운 시대정신, 후마니타스

두 도시에 감도는 정치사회적 자유와 경제적 여유를 바탕으로 르네상스는 밀려왔다. 자의식에 눈을 뜬 르네상스인들은 모든 현상을 인간의 눈으로 새롭게 바라보았다. 인간의 정신능력과 교양을 중시하는 '후마니타스(humanitas: 인문주의)'가 새로운 시대정신으로 자리 잡았다. 르네상스 문화의 3대 거장이라 불리는 레오나르도 다 빈치, 라파엘로, 미켈란젤로가 등장하게 된 것도 이러한 풍토 때문이었다. 피렌체는 최초의 근대적 정치사상가인 니콜로 마키아벨리뿐 아니라, 단테와 페트라르카, 보카치오 같은 훌륭한 문학가들도 탄생시켰다. 르네상스의 지식인들은 인문주의라는 토양에 뿌리를 내리고 종교개혁 세력을 지지했는데, 『우신예찬』을 쓴 에라스뮈스와 『유토피아』를 지은 토마스 모어가 대표적인 인물이다. 인쇄술의 보급 덕에 성직자들이 독점하던 지식을 일반 대중이 나눠가지면서 사회적 성격은 점점 변모하여 이전 시대와 완전히 구별되었다.

역사가 하위징아는 중세에 이미 르네상스가 시작됐다고 말했다. 부르크하르트는 르네상스를 중세와 단절한 '근대의 봄'이라 불렀다. 마지막이면서 시작인 그 지점에 르네상스라는 찬란한 꽃이 피었다. 인간이 지닌 지적 능력과 가능성을 실험하는 데는 돈이 든다. 부를 쌓은 사람들이 그 실험을 후원하면 경제적 근심을 덜게 된 학자, 기술자, 예술가는 마음껏 새로운 영역을 개척한다. 그 신세계는 많은 부를 창출하며, 자비로운 후원자를 건강한 투자자로 변화시킨다. 재생과 부활을 의미하는 르네상스는 단순한 과거 회귀가 아니라 바로 이러한 선순환에서 나온 달콤한 열매. '꽃의 도시'와 '물의 도시'가 강력한 경제력으로 그 결실을 이루어냈다.

종교개혁

종교개혁의 최대 공헌자는 구텐베르크 인쇄술

포르투갈과 에스파냐가 신항로를 개척하고 있을 때 독일의 수도사 루터는 인간 구원을 향한 새로운 항로를 모색하고 있었다. 루터에게 독일 민중과 귀족 세력이 힘을 보태자 난공불락이었던 로마 가톨릭도 대전기를 맞이하게 되었다. 이해관계가 판이했던 종교개혁 세력을 한데 묶어준 힘은 어디에서 나온 것일까?

구텐베르크, 답을 발견하다

유럽 각 도시에 인쇄술이 전파된 시기를 살펴 보자. 쾰른 1465년, 베네치아 1468년, 파리 1470년, 발렌시아 1473년, 런던 1476년, 스톡홀름 1483년. 그러면 1480년대에 이르러 이미 전 유럽에 구텐베르크 인쇄술이 완전히 보급되었다는 말이다. 1516년 에라스뮈스는 10년 연구 끝에 그리스어와 라틴어를 대역한 「신약성서」를 출판했다. 이를 계기로 유럽의 가장 훌륭하고 유명한 인문주의자라는 영예를 얻었다. 에라스뮈스는 그리스어 성서의 완역이라는 어려운 지적 과업을 훌륭하게 해냈을 뿐만 아니라 당시로서는 매우 드물게 광범한 독자들까지 확보했다. 그러나 인쇄술을 통해 다량의 책을 찍어내지 못했더라면 그렇게 일반 대중에게까지 널리 사랑받는 영예는 쉽사리 얻지 못했을 것이다.

인쇄술은 어느 날 하늘에서 번개처럼 뚝 떨어진 발명품이 아니다. 그 시대가 인쇄술을 요구했고 기술자들이 그 요구에 충실히 응답했기 때문에 가능했다. 단적으로 종이가 보급되었기에 인쇄기술이 출현했다. 1300년대까지 책 만드는 재료는 주로 양피지였는데 이제 시장에 새롭게 등장한 저장도구인 종이가 양피지를 급속히 대체했다. 싸기 때문이다. 양이나 송아지를 도축하면 양피지는 마리당 기껏해야 넉 장이 나온다. 그렇게 치면 『성서』 한 권을 펴내려면 양을 300마리나 잡아야 한다. 종이는 양피지의 6분의 1에 해당하는 가격으로 시장에 등장해 단숨에 시장을 독점해버렸다.

게다가 손으로 종이에 책 내용을 베껴야 하는 풍토는 출판시장의 확장을 막는 걸림돌이었다. 사람들은 기계의 힘으로 쉽게 복제본을 만들 수 있는 방법을 줄기차게 탐색했다. 구텐베르크가 드디어 답을 발견했다. 이 시기에 문맹률이 낮아져서 책에 대한 수요가 늘어났다는 분석도 있다. 그 말도 틀리진 않지만 반대 측면이 더 중요하다. 책값이 싸지니까 책 수요가 늘어난 것이다. 재미있고 풍부한 정보를 책에서 얻으려다 보니까 자발적으로 글을 깨우치는 인구가 늘어나 문맹률이 낮아진 것이다. 무수히 많은 지역 방언도 차츰 표준어로 통일되기 시작했다. 의견이나 사상을 교류하고 모으는 일이 더 쉬워졌다. 모든 조건이 갖춰졌다.

종교개혁의 근위병, 인쇄술

교황청이 면죄부를 팔기 시작하는 바람에 온 나라가 뒤숭숭하던 1517년 3월 어느 날, 루터에게 아주 중요한 순간이 왔다. 교황청의 잘못을 조목조목 비판하는 「95개조 반박문」을 비텐베르크 성당 대문에 게시하고 교황청과 한판 붙을 참이었기 때문이다. 그런데 루터는 인쇄술이라는 강력한 무기를 활용하지 않고 무척 조용한 투쟁방법을 택한다.

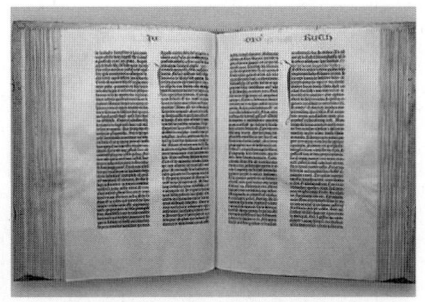
1455년 구텐베르크가 인쇄한 라틴어 『성서』. 한쪽에 42행씩 인쇄돼 '42행 성서'라고 불리기도 한다.

루터는 「95개조 반박문」을 왜 독일어로 작성하여 복사해 사람들에게 널리 뿌리지 않고 라틴어로 손수 써서 붙였단 말인가? 루터가 판단하기로 이때 필요한 것은 민중 선동보다는 학문적 논쟁과 토론이었다. 성당 대문은 대학교의 게시판 같은 역할을 했으므로 루터는 교황청의 신학자나 관료를 상대로 사상논쟁을 벌이고자 했던 것이다. 그런데 일이 엉뚱한 방향으로 흘러갔다. 루터의 지지자들과 대학 친구들이 루터의 반박문을 독일어로 번역한 다음 인쇄기로 대량으로 복사해 배포하기 시작한 것이다. 일이 커졌다. 루터는 일약 유명인사가 되었고 종교개혁의 선봉에 자연스레 서게 되었다. 역사의 인물은 그렇게 만들어진다.

인쇄술의 위력을 깨달은 루터는 팸플릿을 만들어 민중을 선동하는 데 적극 활용했다. 그는 버릇처럼 되뇌였다.

"언어의 힘밖에 믿을 게 없다."

1520년에 찍은 팸플릿인 「독일 기독교 귀족에게 고함」에서 루터는 대중성을 염두에 두고 과격한 구어체 독일어로 역설했다.

"적그리스도가 통치한들 지금보다 나쁘겠습니까?"

읽기 쉬운 강렬한 구어체 덕에 초판 4,000부가 며칠 만에 매진됐

중세 로마 교회에서 발급하던 면죄부. 죄를 지었어도 처벌을 면할 수 있다는 면벌부는 면죄부란 이름으로 바뀌어 판매되었다. 처벌만 면하는 게 아니라 죄 자체를 없애주는 것이었기에 면죄부를 사려는 사람들로 교회마다 장사진을 이루었다.

다. 루터는 25년 동안 2주일에 한번 꼴로 팸플릿을 찍었다. 인쇄술이라는 근위병이 늘 루터를 호위했던 것이다.

젊은 시절 루터는 인문주의의 상징인 에라스뮈스를 자신의 롤 모델로 설정했다. 경건한 휴머니스트였던 루터는 신부들과 추기경들의 부도덕한 생활을 목격했다. 그러면서 이때 받은 충격을 딛고 종교개혁을 향한 의지를 불태웠다. 교황청은 바티칸을 라파엘로, 미켈란젤로 같은 거장들의 값비싼 미술작품으로 장식했다. 시간이 지날수록 권한 남용, 성직 매매, 공금 유용, 돈을 향한 탐욕 등 교회 부패는 심해졌다. 성직자는 결혼을 해서는 안 된다고 규정했던 관례도 이미 깨졌다.

교황 레오 10세는 교권의 타락을 상징하는 인물이다. 레오 10세는 성 베드로 성당 건축에 상당한 욕심을 부리고 있었다. 당시 교황청은 재정이 매우 열악한 상태였는데도 대공사를 감행했다. 마침내 교황청은 재정 상태를 호전시키기 위해 면벌부 판매에 손을 댔다. 교회가 발급하는 면벌부를 사면 죄를 지었어도 처벌을 면할 수 있었다. 면벌부는 어느새 면죄부란 이름으로 바뀌어 판매되었다. 처벌만 면하는 게 아니라 죄 자체를 없애주는 티켓이니 당연히 인기가 더 좋았다. 면벌부는 원래 11세기 말 십자군을 모집하면서 병사들을 독려하려고 고안된 것이었다. 십자군 지도자들은 이렇게 병사들을 독려했다.

"전장에서 비범한 업적이나 선행을 쌓은 병사는 모든 죄와 벌을 면하고 천국으로 갈 수 있다."

혹자는 루터 시대의 교황 레오 10세를 이렇게 평했다.

"교회당 문지기로도 부적합한 인물이었다."

교회마다 철제 모금함은 짤랑거리는 소리와 함께 금세 가득 찼다. 천국행 열차표를 끊기 위해 장사진을 이룬 사람들은 촛불을 들고 모금함 앞으로 나아가 죄를 고백하고는 돈을 넣고 면죄부를 받았다. 당시 이런 노래가 유행했다.

루터의 「95개조 반박문」 중 주요 논제
5조 교황은 교회법에 명시된 것 이외에는 형벌을 부과하지 못한다.
6조 교황은 하느님의 말씀을 대신 전할 뿐이지 인간의 죄를 사하지는 못한다.
21조 교황이 죄를 면하게 할 수 있고, 따라서 모든 형벌에서 벗어나 구원받을 수 있다며 선전하는 설교자들은 모두 엉터리다.
30조 스스로 참회하는 일에도 확신을 가질 수 없는데 하물며 남의 죄를 어찌 논할 수 있겠는가.
32조 면죄부를 얻어 구원받으려는 자는 그리 하라고 가르치는 사람들과 함께 영원히 저주받을 것이다.
35조 면죄부를 얻어 연옥에서 벗어날 수 있다고 말하는 자는 기독교 교리를 가르치는 사람이 아니다.
36조 진심으로 사죄하고 회개하면 면죄부 없이 누구라도 모든 형벌에서 벗어날 수 있다.
40조 주어진 형벌을 달게 받는 일이 참다운 회개다.
95조 기독교인은 위안이 아니라 오히려 수많은 고난을 통해 하늘나라로 들어가야 할 것임을 믿으라.

"잔돈을 돈궤 속에 짤랑 넣자마자
영혼은 연옥으로부터 빠져나오네."

루터는 이렇게 외쳤다.

"진심으로 회개한 모든 신자들은 면죄 증서 없이도 벌과 죄를 완전히 사할 수 있느니라." (「95개조 반박문」 제36조)

	루터의 종교개혁 과정
1517년	루터, 「95개조 반박문」 발표
1521년	보름스 회의에서 루터 파문 → 루터, 피신 후 「신약성서」 독일어 번역 시작
1524년	농민전쟁 발발 → 루터의 종교개혁 지지
1531년	루터를 지지하는 제후들 '슈말칼덴 동맹' 결성
1534년	루터, 독일어 『성서』 완역
1545년	루터파 토벌을 위해 황제 카를 5세 슈말칼덴 전쟁 일으킴
1555년	아우크스부르크 화의에서 루터파 공인

민중을 깨우친 독일어 『성서』 번역

루터가 펼친 일들 중에서 덜 알려진 중요한 업적이 하나 있는데, 바로 독일어 번역판 『성서』를 보급한 일이다. 당신이 교회에 간다며 지갑을 챙기면 루터는 이렇게 말할 것이다.

"하느님을 만나기 위해 반드시 교회에 나갈 필요는 없어요. 대신 하느님을 여러분 방으로 초대하면 되지요."

『성서』를 열심히 읽고 기도하면 하느님을 만날 수 있다. 이게 루터의 생각이다. 루터는 개인이 신앙의 주인이 되어 스스로 영혼을 구원할 수 있는 길을 열어주고자 했다. 자신이 주도하여 신과 직접 대면하려면 무식한 백성들도 쉽게 읽을 수 있는 그 나라말 『성서』가 필요하다. 루터는 이 점을 깨달았고 몸소 실천했다. 루터는 1543년 라틴어 『성서』를 독일어로 옮겨 출간했다. 루터의 번역작업은 현대 표준 독일어가 정착되는 데 기폭제가 됐다는 점에서도 각별한 의미를 지닌다.

구텐베르크의 활판인쇄술은 독일 각지에 이미 잘 정착되어 『성서』 보급에도 결정적으로 기여한다. 독일 민족주의와 민중의 지지,

여기에 교회가 차지한 광대한 토지를 빼앗고 싶었던 귀족들의 경제적 이해관계까지 절묘하게 맞물려 루터의 종교개혁 프로젝트가 진행되었다. 루터는 애초 순진무구하고 용감하게 교회개혁을 주창했고, 이해관계가 다른 집단의 열망을 영악하게 하나로 모았다. 그러나 무엇보다 결정적인 건 각광받는 새로운 미디어 기술의 위력을 현명하게 활용했다는 점이다.

2장
절대주의의 성립과 발전

신항로 개척: 향료 찾아 출항했다가 세계 언어지도를 완성하다
절대왕정: 무적함대 격파하고 세계 바다의 지배권을 쥔 잉글랜드

신항로 개척

향료 찾아 출항했다가 세계 언어지도를 완성하다

고기의 부패를 막고 악취를 없애는 데 사용되던 후추, 정향, 육두구, 계피 같은 향료는 유럽인의 식생활에서 기호품이라기보다는 필수품에 가까웠다. 향료를 구하기 위한 상인들의 경쟁은 천연자원의 보고인 신대륙을 유럽인에게 선물했다. 유럽인은 자원만 수탈한 게 아니라 토착 언어와 문화까지 정복했다.

십자가 세우기

대항해 시대에 포르투갈이나 에스파냐의 원정대가 신대륙의 새로운 지역에 도착해 가장 먼저 한 일은 십자가 세우기였다. 그 다음 국기를 꽂았다. 십자가를 먼저 세운 데에는 기독교 전파라는 명분으로 위장한 실용적이고 영악한 의도가 숨어 있었다. 당시 교황은 국가를 초월한 절대권위를 지닌 존재로, 국가간 분쟁이 일어났을 때 이를 조율하는 유일한 심판관으로 오늘날 국제기구의 역할을 담당했다. 예컨대 포르투갈과 에스파냐가 비슷한 시기에 식민지를 개척했다면 양국은 분쟁 상태로 접어들 것이다. 이때 교황청이 등장해 양국의 공과를 따져서 식민지 통치권을 재설정하는데 그 중요한 기준이 바로 기독교 전파의 성과였다. 식민지의 이교도를 얼마나 신속히 몰아냈느냐 하는 것이 결정적인 판단근거가 된다. 각국의

중세말의 유럽, 향신료에 대한 수요가 폭발적으로 증가했다. 당시 후추, 정향, 육두구(사진), 계피 같은 향료는 유럽인의 식생활에서 필수품에 가까웠다. 특히 육두구는 후추보다 더 귀한 향료였다.

목적이 향료 획득과 경제적 수익이라 할지라도 곳곳에 십자가를 세우고 교회를 짓는 일을 소홀히 할 순 없었다. 교황의 신뢰를 얻어야 향료 수급도 장기간 보장할 수 있기 때문이다. 신대륙 개척자들이 그 지역의 고유한 명칭 대신 산타크루즈(성 십자가), 베라크루즈(진정한 십자가), 산토도밍고(성 도밍고) 등 기독교 색채가 짙게 풍기는 새 이름으로 바꾼 까닭도 여기에 있다.

1453년 오스만 투르크가 콘스탄티노플을 점령한 것은 대항해 시대가 열린 중요한 계기였다. 유럽이 비유럽과 교통할 수 있는 통로가 막혔기 때문이다. 서유럽은 눈을 반대 방향인 대서양으로 돌렸다. 대항해 시대를 처음으로 연 포르투갈은 교황의 전적인 지지를 얻고 있었다. 1455년에 교황은 서아프리카 이교도를 정벌한 공로를 치하하며 포르투갈이 해안 지역을 독점할 수 있는 권리를 부여했다. 1481년 교황 식스투스 4세는 포르투갈의 해외 식민지 독점권을 더욱 확대시켜 주었다. 후발주자인 에스파냐는 전세를 뒤집으려 노심초사했다. 경쟁관계에 있던 두 나라는 앞서 1479년 먼저 발견한 항로에 상호 접근하지 않는다는 협약(알카소바스 조약)을 체결했는데, 포르투갈이 먼저 차지한 항로를 멀리 돌아가야 했던 에스파냐에게 엄청난 행운이 찾아왔다. 1492년 콜럼버스가 신대륙을 발견한 것이다.

이사벨 여왕이 후원한 콜럼버스의 함대가 신대륙을 발견한 직후 패권의 향방이 에스파냐 쪽으로 향하기 시작했다. 포르투갈은 땅을 치고 후회했을 것이다. 이사벨 여왕에 앞서 1484년 주앙 2세에게 콜럼버스의 투자 제안서가 먼저 제시됐는데 채택하지 않았기 때문이다. 이사벨 여왕과 계약을 체결한 콜럼버스는 원정대를 꾸려 1492년 11월 아메리카에 도착했고 이 대륙에 최초로 십자가를 세웠다. 콜럼버스는 모두 네 번에 걸친 원정으로 바하마 제도, 쿠바, 아이티, 도미니카, 트리니다드 토바고를 발견했다.

콜럼버스 원정대. 왼쪽에 십자가를 세우는 모습이 보인다.

에스파냐 국왕의 후원을 받은 콜럼버스 원정대도 광대한 브라질 지역을 발견하지는 못했다. 이곳을 처음 발견한 유럽인은 포르투갈 국왕의 후원을 받은 알바르스 카브랄이다. 카브랄이 이끄는 원정대는 1500년에 적도 근처의 무풍지대에 갇혀 있다가 해류에 밀려 우연히 이 광활한 미개척지를 발견했다. 카브랄은 이 지역을 산타크루즈라 명명했다. 아메리카 대륙 개척에서 포르투갈은 에스파냐에게 주도권을 뺏기긴 했으나 자국 영토 면적의 100배에 달하는 광대한 땅 브라질을 획득했다. 남미에서 브라질이 유일하게 포르투갈어를 사용하게 된 것도 이 때문인데, 이는 극심한 영토 분쟁에 따른 상호 피해를 막기 위해 에스파냐와 포르투갈이 교황의 중재 아래 1494년 에스파냐의 작은 도시 토르데시야스에서 만나 영토 분할에 대해 맺은 협정의 후속조치의 결과다. 토르데시야스 조약의 골자는 향후 남아메리카를 남북으로 나누어 서쪽은 에스파냐가, 동쪽은 포르투갈이 통치한다는 것이었다. 이 조약이 처음 적용된 중재 지역은 영토 대부분이 남아메리카 동쪽에 걸쳐 있는 브라질이었고 조약에 따라 이곳은 포르투갈의 식민지가 되었다.

학살의 시대, 새롭게 그려지는 언어지도

1521년 에스파냐 출신의 모험가 에르난 코르테스는 아스테카 왕국의 수도 테노치티틀란을 공격해 원주민의 터전을 쑥대밭으로 만들었다. 잿더미로 변한 도시 곳곳에 쌓인 동족의 시체 더미를 보고 비탄에 빠진 아스테카 시인은 침통한 심정을 이렇게 표현했다.

> "지붕이 무너져 내린 가옥과 핏빛으로 물든 담벼락
> 거리와 광장에는 벌레가 우글거리고 벽마다 선혈이 낭자하구나.
> 염색을 한 듯 우물은 붉게 물들어,
> 한 모금 마셨더니 짜디짠 맛이 나네."

미국의 역사 저술가 케네스 데이비스는 이렇게 적었다.

> "콜럼버스의 카리브해 도착은 놀라운 업적이었으나 역사상 가장 무자비한 사건들의 출발점이다. 콜럼버스를 비롯한 스페인의 모험가들과 유럽 식민주의자들이 주도한 학살의 시대가 개막된 것이다. 이후 아메리카 대륙 원주민들은 전쟁, 강제 노역, 가혹한 형벌, 유럽에서 온 질병들로 인해 황폐해졌다."

1532년 5월 불과 200명 남짓 되는 에스파냐 정복자들이 잉카를 침략했다. 신형 무기인 철제 대포에 혼비백산한 잉카 병사들은 저항 한번 못해 보고 굴복했다. 정복자들은 원주민들을 닥치는 대로 죽였다. 인류 역사에서 이처럼 손쉽게 한 문명이 철저히 절멸한 사례는 잉카와 아스테카 외에는 찾기 어렵다. 잉카와 아스테카의 고유 언어들 역시 그 나라들과 함께 사라졌고, 에스파냐 문명과 언어가 그 자리를 대체했다.

1521년 에스파냐의 에르난 코르테스는 300명의 부하를 데리고 아스테카 왕국의 수도 테노치티틀란을 점령한다. 정복자들은 원주민들을 닥치는대로 학살했고 아스테카의 수도는 완전히 파괴되어 잿더미로 변했다.

중남미 아메리카가 에스파냐어와 포르투갈어를 쓰는 데 비해 북아메리카는 현재 영어(미국)와 프랑스어(캐나다 일부)가 쓰인다. 북아메리카의 언어지도 역시 강대국들의 식민지 쟁탈전이 그려낸 결과물이다. 콜럼버스에 관한 이야기를 들은 이탈리아 제노바 출신 존 캐벗은 잉글랜드 왕실의 후원으로 원정을 떠나 1497년 캐나다 동부의 뉴펀들랜드에 상륙해 잉글랜드 깃발을 꽂았다. 그러나 영국은 선점 효과를 독점으로 연결하지 못하고 이후 프랑스와 캐나다를 나눠가졌다. 1530년대 프랑스 탐험대가 세인트 로렌강 일대를 원정하고 1612년 사뮈엘 드 샹플랭이 퀘벡 땅을 발견함으로써 프랑스 식민지(누벨 프랑스)가 탄생했다. 캐나다는 100년에 걸친 끈질긴 협상 끝에 1876년 영연방에서 탈퇴했다.

미국 지역에 처음 식민지를 건설한 나라는 네덜란드인데 최후 승리자는 영국이다. 뉴욕의 옛 이름은 '뉴암스테르담'이었다. 1583년 버지니아에 농업 식민지를 건설(실패)한 이래 영국은 북아메리카 동해안을 따라 식민도시를 차례차례 건설했다. 1776년 독립한 미국은 황무지에서 신세계를 건설한 개척정신의 상징 국가이지만 영국

대항해 시대 연표

포르투갈	1418년	엔리케 왕자, 항해 명령
	1431년	아조레스 제도 발견
	1444년	베르데 곶 발견
	1487년~1488년	바르톨로뮤 디아스, 희망봉 발견
	1498년	바스코 다 가마, 인도 항로 개척
	1510~11년	고아 점령, 믈라카 점령
	1557년	마카오 점령
에스파냐	1492년	콜럼버스, 신대륙 발견
	1499년	아메리고 베스푸치, 아메리카 대륙 탐험
	1513년	바스코 발보아, 파나마 종주 태평양 발견
	1519년~1522년	마젤란, 세계 일주
	1521년	에르난 코르테스, 아스테카 왕국 정복
	1533년	프란시스코 피사로, 잉카 제국 정복
	1545년	페루 포토시 은광 발견
	1565년	필리핀 진출
네덜란드	1609년	일본 진출
	1619년	바타비아(인도네시아) 식민지 건설
	1625년	뉴암스테르담(미국) 식민지 건설
	1652년	케이프타운(남아프리카공화국) 식민지 건설
잉글랜드	1577년	프랜시스 드레이크, 태평양 진출
	1600년	동인도회사 설립
	1607년	버지니아 식민지 재건
	1610년	헨리 허드슨, 북아메리카 동부 해안 탐사
	1620년	청교도 이주, 보스턴 시 건설
프랑스	1534년~1541년	자크 카르티에, 캐나다 탐험
	1608년	퀘벡 시 건설
	1664년	동인도회사 재건
	1682년	미시시피 강 유역 진출

의 언어, 문화, 사상을 뺀다면 그들의 역사는 무척 빈약해진다. 1776년 미국이 독립하자 영국은 그동안 미국으로 보내던 죄수를 다른 곳으로 보내야 했다.

오스트레일리아의 이민 역사도 이 무렵 시작되었으며, 이민자들(죄수와 관리자들)은 영국의 언어와 문화도 함께 가져갔다. 세계 변방에 자리잡은 작은 섬나라 영국은 본토의 111배에 달하는 식민지를 건설함으로써 '해가 지지 않는 제국'을 완성했으며, 오늘날 영어가 세계 공용어로 군림하는 계기가 됐다.

> 히스토리 브리핑

메르카토르 도법

 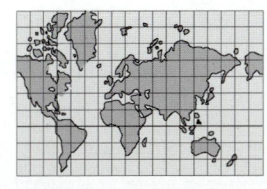

종이지도 제작의 딜레마는 지구가 둥글다는 사실이다. 3차원 입체를 2차원 평면으로 완벽하게 옮기는 건 불가능하다. 1569년 독창적인 세계지도를 발표한 헤르하르뒤스 메르카토르 역시 이 딜레마에 빠져 있었는데 과감한 취사선택으로 이 난점을 극복했다. 그는 지도를 제작하는 진실된 목적을 다시금 상기하며 덜 중요한 사실을 과감히 포기했다. 그가 추구한 원칙은 '평면지도에 항로를 직선으로 표시하자'는 것이었으며, 그가 포기한 사실은 북극과 남극으로 갈수록 면적이 끝도 없이 늘어난다는 점이었다. 북극과 남극은 아예 표현할 수 없다. 1589년에 수학자 에드워드 라이트는 메르카토르 도법에 관해 알기 쉽게 설명했다.

"높이와 지름이 같은 투명한 실린더(원기둥)가 있다. 여기에 원기둥과 지름이 동일하고 경선과 위선이 그려진 풍선을 넣는다. 이 풍선에 공기를 계속 주입한다고 상상해 보라. 그러면 적도 부분만 원래 상태로 있고 아래위 양쪽으로 풍선이 늘어날수록 변형이 일어날 것이며 양쪽 끝부분은 거의 보이지 않을 것이다."

메르카토르가 평면지도에 표시한 직선 항로는 지구의 실제 지형을 감안하면 최단거리가 아니다. 그러나 당시 항해에 가장 필요한 것은 올바른 방향이었기에 조금 돌아간다 해도 그건 크게 문제될 것이 없었다. 장거리 여행인 경우 몇 번에 나눠 작도를 하면 여행거리를 조금 더 단축할 수 있다. 메르카토르가 발표한 지도에 적힌 글귀가 제작 의도를 잘 설명해준다.

"항해용으로 적절하게 조정된 지구의 새롭고 좀 더 완전한 표현"

메르카토르 도법에 이의를 제기한 사람들이 있다. 1970년대 초에 독일 역사학자 아르노 페터스는 메르카토르 세계 지도가 지나치게 유럽 중심적이라 열대 지방에 몰려있는 제3세계 국가들의 면적이 북미나 유럽 국가들에 비해 상대적으로 작게 표현되기 때문에 공정하지 않다는 주장을 펼쳤다. 그러나 그가 대안으로 제시한 지도 역시 왜곡을 피할 수 없었으며 이 논쟁은 학계에서 철저히 논박되었다.

메르카토르가 위험하다기보다 메르카토르를 악용한 사람들이 실제로는 더 위험했다. 메르카토르 도법은 공산주의의 위험성을 경고하는 서구 사회의 선전도구로 활용되었다. 냉전 시대 극우단체인 존 버치 협회(John Birch Society)는 소련과 중공을 진한 붉은색으로 물들인 메르카토르 지도를 배포했다. 극쪽으로 갈수록 넓게 과장되어 표현되는 메르카토르 지도 특성상 상단을 대부분 점령한 붉은 소련은 미국 사람들에게 거대한 위협처럼 보였을 것이다.

각종 통계자료를 제시하면서 세계 지도에 점으로 표시할 때가 있는데 이럴 때 메르카토르 도법을 쓰면 안 된다. 예를 들어 인구 50만 이상 도시를 점으로 찍어 보여주는 메르카토르 지도가 있다면 실제 같은 면적과 같은 규모 도시를 보유한 국가라 해도 적도에 가까운 나라는 빽빽하게 표시되겠지만 극에 가까운 나라에는 점이 듬성듬성 찍힐 것이기 때문이다. 따라서 이럴 때는 정적도법(면적을 실제와 비슷하게 표현함)을 써야 한다. 사무실이나 교실의 벽걸이 지도를 비롯해 우리는 일상생활에서 여전히 메르카토르 도법으로 제작된 지도를 가장 많이 본다. 메르카토르의 본래 의도를 알면 그가 감수한 왜곡은 우리에게 전혀 위험하지 않다.

절대왕정

무적함대 격파하고
세계 바다의 지배권을 쥔 잉글랜드

엘리자베스 여왕이 이끈 잉글랜드가 에스파냐 무적함대를 물리친 원동력은 무엇일까? 그것은 바로 국민들에게 무리하게 세금을 징수하지 않고서도 재정을 마련하는 합리적인 방법을 찾았기 때문이다. 이 힘은 이후 잉글랜드의 번영과 대영제국 통합의 밑바탕이 되었다.

여왕의 고민

'세금을 걷지 않고서 전쟁이나 대규모 국가사업을 진행할 수는 없을까?' 엘리자베스 여왕은 늘 이 문제를 고민했다. 그리고 이전 시대 어느 왕도 시도하지 않은 방법을 채택했다. 방대한 왕실 소유의 토지를 국민에게 판매한 것이다. 스코틀랜드의 개신교를 지원할 때도, 무적함대와 싸울 때도, 아일랜드 반란을 진압할 때도 평소보다 세금을 많이 걷지 않고 왕실의 부동산을 공개 처분함으로써 모든 프로젝트를 훌륭히 완수했다. 이는 국가를 사유재산처럼 사용하고 무리하게 세금을 걷었던 이전 군주들이 취한 방식과 정반대였기에 국민들의 폭넓은 지지와 존경을 이끌어냈다. 엘리자베스에 이르러 정점에 이른 절대왕정의 존립 기반 역시 여기에 있다.

튜더 왕조(1485년~1603년) 초기 헨리 7세는 백년전쟁과 장미전쟁으

엘리자베스 1세의 정치행보	
1558년	엘리자베스 1세 즉위
1559년	통일령 선포 → 영국 종교를 국교회로 통합
1588년	에스파냐 무적 함대 격파 → 대서양 해상권 장악
1600년	동인도회사 설립 → 식민지 개척으로 중상주의 정책 강화
1601년	구빈법 제정 → 도시 빈민 구제

로 인해 피폐해진 나라를 재건하기 위해 약화된 귀족 세력을 강력히 통제하고 절대왕정을 추진했다. 헨리 8세가 취한 포용정책으로 귀족 계급의 세력이 되살아나는 듯했으나 엘리자베스 1세가 이를 다시 통제했다. 예를 들어 헨리 8세 시대에 작위를 받은 귀족이 38명에 이른 반면 엘리자베스 시대에는 14명에 불과했다.

엘리자베스는 정치 수완이 뛰어난 인물이었다. 영국 역사상 첫 여성 군주인 메리가 가톨릭 세계로 되돌아가자고 역설하며 에스파냐와 동맹하려 애쓰다가 민중의 반감을 산 것과 달리 엘리자베스는 민중의 반가톨릭, 반에스파냐 정서를 잘 읽으면서 국가 역량을 하나로 모으는 데 집중했다. 25세에 왕에 오른 엘리자베스가 메리에게 물려받은 나라는 전쟁 중에다 종교가 극심하게 분열되고 교역은 침체돼 있으며 국고는 텅 빈, 파탄나기 직전인 위태한 잉글랜드였다. 엘리자베스는 절망하는 대신 뛰어난 정치역량을 발휘하며 하나씩 문제를 개선해 나갔다.

잉글랜드는 개신교로 복귀했고 여왕은 사재를 처분해 국가재정에 보탰다. 국익에 도움이 되는 것이면 노략질도 묵인했다. 에스파냐 상선을 약탈하던 해적 드레이크는 '위대한 모험가'로 칭송받았다. 화폐를 개혁하여 경제를 살리고자 했고, 인클로저(사유지 확대)를 규제하며 농업을 다시 장려했다. 구빈법을 제정하여 근대적 사회복지제도를 구축했다. 이러한 적극적 국책사업에 힘을 불어넣은 결정적 전환점이 1588년 해전이다. 가톨릭 세계, 즉 구시대 질서의 수호자인 세계 최강국 에스파냐와 개신교를 적극 옹호한 새 시대의 개척자인 신흥국 잉글랜드가 정면충돌했다.

탐험가이자 해적이었던 프랜시스 드레이크. 엘리자베스 1세는 에스파냐를 상대로 싸운 그의 공로를 인정해 해군 제독으로 임명했다.

대영제국의 발판을 마련한 처녀 군주

잉글랜드는 꾸준히 에스파냐를 성가시게 했다. 식민 활동을 전개하면서 내내 에스파냐의 비위를 건드렸다. 자국의 상선을 노략질하는 잉글랜드 해적 때문에 골머리를 썩고 있던 에스파냐의 심기는 제국에 반기를 든 네덜란드를 잉글랜드가 지원하면서 분노로 바뀌었다. 1585년 잉글랜드가 네덜란드를 위해 지원군을 파견하자 전운이 감돌았다. 1587년 메리 스튜어트의 처형 소식을 들은 에스파냐의 펠리페 2세는 드디어 전쟁을 결심했다. 펠리페 2세는 가톨릭 세계를 회복하기 위해 엘리자베스를 폐위하고 메리를 왕으로 앉히려고 생각했던 차였다. 그렇지만 즉각 전쟁이 벌어지진 않았다. 함선이 집결하던 에스파냐 남서부의 카디스 항구를 잉글랜드의 해적 드레이크가 습격해 대형 선박 30척이 파괴되었기 때문이다. 시간을 번 잉글랜드는 결전을 대비했고, 에스파냐의 군주는 이를 갈며 잉글랜드 공격을 준비했다.

1588년 5월, 드디어 병사 1만 4,000명을 태운 함선 130척이 엘리자베스를 무너뜨리기 위해 출정했다. 에스파냐는 잉글랜드에 대패했다. 1570년대 이후 근대적 시스템으로 재정비하고 장거리 신형 대포로 무장한 엘리자베스의 해군력은 낡은 시스템과 무기를 사용하는 에스파냐 함대에 대해 이미 승리할 필연적 준비를 마쳤다. 게다가 장거리 원정 항해 내내 에스파냐 함대를 괴롭힌 폭풍우는 잉글랜드에게 행운까지 가져다 주었다. 에스파냐 해군이 전투에서 겪은 피해보다 폭풍우로 인한 피해가 훨씬 컸을 정도다. 잉글랜드 국민들은 이 폭풍우를 '개신교의 신풍(Protestant God's wind)'이라 부르며 승리를 자축했다. 1588년의 극적인 승리는 엘리자베스에게 큰 선물을 안겨 주었다. 무엇보다 민중의 애국심이 매우 높아졌고 공동체 의식이 확대됐다. 국익을 위해 솔선수범하는 군주, 일사불란한 행정 시스템, 단결하는 국민이 다 함께 대국으로 가는 폭발력을 뿜어냈다.

엘리자베스 시대의 극작가 셰익스피어는 파멸하는 인간상을 집요하게 표현했다. 『줄리어스 시저(율리우스 카이사르)』에서 브루투스는 지나친 결벽증 때문에 파멸하고, 『햄릿』은 우유부단한 성격 때문에 무너진다. 『오셀로』는 협잡꾼 이야고의 간사함에 쉽게 속아 넘어가 파멸했고, 『리어왕』은 허영심 때문에 파멸했으며, 『맥베스』는 권좌를 부당하게 차지하려는 야심 때문에 끝내 비극을 자초했다.

인간 엘리자베스는 이 모든 파멸의 요소를 두루 지닌 인물이었다. 그러나 이 단점투성이 여인은 속으로는 영리하게 겉으로는 관대하게 이런 단점들을 제어했고 자신이 지닌 강점으로 잉글랜드를 강대국으로 만들어 놓았다. 엘리자베스는 1588년 승리를 축하하는 자리에서 병사들에게 이렇게 말했다.

"그대들은 나보다 더 위대한 군주를 가질 수 있을지 몰라도, 나보다 그대들을 더 사랑하는 군주는 가질 수 없을 것이오."

이 처녀 군주는 일생 동안 누구의 부인도 아니었으나 평생 모든 국민의 연인이었다. 입버릇처럼 '난 국가와 결혼했다'고 말하던 잉글랜드의 연인 엘리자베스는 1603년 세상을 떠났다.

영국 절대왕정의 전성기를 이끈 엘리자베스 1세의 마지막 초상화 〈무지개 초상화〉.

탐험대장 월터 롤리는 북아메리카 노스캐롤라이나 지방을 정복한 뒤 그곳을 처녀 여왕을 위한 땅 '버지니아'라고 이름 붙였다. 버지니아 식민지 건설을 필두로, 1600년 동인도회사가 창설되자 식민사업에 탄력이 붙었다. 동인도회사는 이후 에스파냐, 네덜란드, 프랑스 등과 치열하게 경쟁하면서 성장하기도 하고 위기를 겪기도 했는데, 호국경 크롬웰 시대에 전성기를 구가했다.

초상화 속의 엘리자베스는 나이를 먹을수록 젊어진다. 젊은 미모를 보여주는 〈무지개 초상화〉는 엘리자베스가 일흔에 가까웠을 때 그려진 것이다. 영국 역사가 진행될수록 엘리자베스라는 역사의 인물은 나날이 젊어져 영국인이 가장 사랑하는 군주이자 연인으로 남았다.

> 히스토리 채널

17세기를 지배한 뉴턴

 17세기의 과학혁명을 이끈 뉴턴은 자연철학을 자연과학으로 전환한 인물이다. 그러나 그를 과학자로만 안다면 그를 절반만 아는 것이다. 뉴턴은 경제 관료이자 정부의 싱크탱크인 왕립학회의 회장이었고, 계시적 전통 교회에 도전한 혁신적 기독교 사상의 이론적 기초자였다. 뉴턴이 정치, 경제, 사회, 철학, 종교, 문화 전반에 끼친 영향은 영국에 그치지 않고 전 유럽과 아메리카 대륙에까지 미쳤다.

뉴턴이 완성한 과학혁명

 1665년 런던에 페스트가 창궐해 시민이 5만 명 넘게 죽고 1666년에는 대화재가 발생해 일대 사회혼란을 불러일으켰다. 페스트로 휴교령이 내려지자 뉴턴은 고향으로 돌아가 조용히 책을 읽으며 사색에 몰두하는데 이 짧은 시기에 자신의 주요 사상체계를 거의 다 정립했다. 유명한 사과 에피소드의 배경도 이때인데 이 이야기는 후세 사람들이 각색한 것이다. 후대의 뉴턴 연구자들은 이 시기를 '기적의 해(annus mirabilis)'라고 부른다. '기적의 해'란 원래 페스트와 대화재, 네덜란드와 치른 전쟁 등을 모두 극복하고 우뚝 일어선 영국의 저력을 시인 존 드라이든이 칭송하며 붙인 말이다. 1687년 뉴턴이 『자연철학의 수학적 원리(Principia·프린키피아)』를 출간함으로써 1543년 코페르니쿠스가 『천체의 회전에 관하여』를 통해 지동설을 제기한 이래 계속돼온 장대한 과학혁명이 드디어 완성되었다.

코페르니쿠스가 제기한 지동설을 이론적으로 뒷받침한 독일의 천문학자 요하네스 케플러는 그 뒤 뉴턴이 만유인력법칙을 정립하는 데 중요한 원천을 제공했다. 갈릴레이는 이론적 정립에 몰두한 케플러와 달리 천동설에 집착하는 교회를 조롱하고 풍자하며 사람들에게 널리 지동설을 알리는 데 기여했다. 철학자이자 수학자인 데카르트는 인간을 포함해 신이 창조한 만물은 기계처럼 정해진 법칙에 따라 움직인다는 새로운 우주관을 세웠다. 데카르트는 기하학으로 자신의 명제를 증명하고자 했던 갈릴레이의 말을 빌어 '자연은 수학이라는 언어로 쓰인 책'이라고 말하곤 했다. 네덜란드의 스피노자와 독일의 라이프니츠가 데카르트의 사상을 계승했다. 데카르트의 이론에 영감을 받은 뉴턴은 자신만의 독창적인 우주관을 세웠다. 그 출발은 『프린키피아』 출간이었다.

1687년 뉴턴이 출간한 『자연철학의 수학적 원리』. '프린키피아'로 불리는 이 책에서 뉴턴은 만유인력, 관성, 작용과 반작용 등 자연의 제반 운동법칙을 증명했다.

『프린키피아』는 학자들이 읽기에도 무척 난해한 책이지만 아주 기초적 교양을 갖춘 일반 시민들조차도 이 책이 어떤 내용인지 대강 알고 있었다. 그것은 읽기 쉬운 대중서를 펴내던 휘스턴,

그라베잔데, 퍼거슨 같은 뉴턴 추종자들 덕분이다. 라틴어로 작성된 『프린키피아』 초판이 300여 부 판매에 그친 반면 영어로 작성되고 수학 기호도 극도로 자제한 휘스턴의 『더 쉽게 설명한 뉴턴 경의 수리철학』은 4,000부 넘게 팔렸다. 뉴턴은 학계의 스타를 넘어서 대중의 스타가 되었다. 뉴턴이 『프린키피아』에 적었듯 '달이 커다란 지구의 중력에 이끌리듯' 학자들과 일반 시민들은 강력한 권력을 행사하는 뉴턴의 주변을 위성처럼 맴돌았다.

17세기 사회 전반을 움직인 뉴턴

뉴턴은 자연과학뿐 아니라 인문학에도 깊은 영향을 끼쳤다. 이미 정해진 완벽한 법칙에 따라 움직인다고 정리한 그의 절대적 우주관은 『순수이성비판』을 비롯해 새로운 철학체계를 정립하고자 한 독일의 철학자 칸트의 세계관에 깊이 각인되었다. 뉴턴의 새로운 발견은 시민들의 토론, 대화 방식까지 바꾸었다. 뉴턴 이전 시대에 지적 호기심이 많은 어느 시민이 '빛은 무엇인가?'라고 토론 주제를 던졌다면, 뉴턴 이후 시대 사람들은 '빛은 어떻게 전달될까?'라고 물었다. 이전 시대 어느 시민이 '돈은 무엇인가?'라고 물었다면 이제는 '어떻게 하면 돈을 벌 수 있나?'라고 묻는 게 더 자연스러워졌다. 사람들에게 원인과 결과에 대한 관념을 집어넣어 줬기 때문이다.

뉴턴은 학문뿐 아니라 종교, 신앙생활의 혁신도 이끌었다. 뉴턴은 독실한 신앙인이었으나 정통 가톨릭 옹호자는 아니었다. 뉴턴은 하느님을 믿었지만 예수가 곧 하느님이라는 가톨릭의 삼위일체설은 부정했다. 삼위일체설은 성부(하느님), 성자(예수), 성령(하느님의 영)이 모두 하나라는 공인된 기독교 교리로 예수의 신성과 그가 내린 계시를 중시한다. 뉴턴의 생각은 달랐다. 예수에게 하느님의 뜻이 집중돼 있는 건 불합리한 것이며, 대신 자연과 인간의 삶속에 하느님의 뜻이 깃들어 있기 때문에 인간의 정신적 능력으로 그것을 밝혀낼 수 있다고 믿었다. 뉴턴은 예수를 비롯한 기독교 선지자들이 행한 기적(초자연적 현상), 선민의식, 우상숭배, 계시 등을 부정하고, 대신 기독교가 과학적 합리성과 자연법칙과 조화를 이루면서 혁신해야 한다고 주장했다.

예수의 신적인 지위에 관해 의심을 품고 처음으로 정통 교단과 맞선 인물은 알렉산드리아 교구의 사제 아리우스였다. 그가 이 문제를 제기한 이래 이런 종류의 논쟁은 언제나 가톨릭의 정통성에 대한 도전으로 간주돼 왔다. 삼위일체를 교리로 확정한 니케아 공의회(325년)가 끝나고 아리우스는 종교재판에 회부되어 이단으로 지목된 뒤 유배됐다. 정통 기독교에 맞서 자연현상과 자연법칙의 틀 안에서만 하느님의 뜻을 인정하고 찾으려는 사상을 이신론(理神論·Deism)이라 부르는데 뉴턴 역시 이신론자였다. 뉴턴의 사상을 따른 존 로크(영국), 볼테르(프랑스), 칸트(독일), 벤자민 프랭클린(미국) 같은 근대를 건설한 주요 인물들 역시 이신론자였다. 뉴턴의 사상은 그렇게 과학적 토대 위에 종교적 호소력까지 갖추고 유럽과 아메리카에 퍼져나갔던 것이다.

뉴턴이 있으라 하시니

영국의 저력은 과학과 실용기술에서 나왔다. 당시 영국 과학의 영향력을 가늠하려면 정부 요직을 차지한 과학자의 비중을 살펴보면 된다. 저명한 과학자는 거의 다 정부 관료직을 전임하거나 겸임했다. 왕립학회 회장이었던 로버트 후크, 런던 대화재 뒤 도시재건 총기획을 맡은 크리스토퍼 렌 등은 그 시대 가장 유명한 과학자들이다. 뉴턴이 케임브리지를 떠나 공무원으로 변신한 것도 그렇게 보면 자연스러운 일이다. 뉴턴은 50세 되던 해에 재무장관을 맡고 있는 친구 찰스 몬테규의 추천으로, 강의를 중단하고 조폐국 감사 자리를 맡았고, 몇 년 뒤인 1696년 조폐국 국장에 올랐다. 영국 조폐국을 쇄신한 건 아니지만 영국 조폐국 역사에서 뉴턴이 재임하던 시기의 업무 효율이 가장 높았다. 과학자답게 뉴턴은 지식을 체계화하고 분석하여 현실에 적용하는 학구적 풍토를 조폐국 시스템에 정착시켰다. 뉴턴이 조폐국 직원들에게 내린 지침에서 그 철저함을 엿볼 수 있다.

"한 사람이 계산한 결과를 그대로 믿지 말라. 자기 눈 이외의 어떤 눈도 믿지 말라."

영국의 경제를 좀먹는 위험한 범죄 가운데 하나가 화폐 위조였다. 앤 여왕은 이를 국가의 근간을 흔드는 일이라 여겨 중죄로 처벌했고, 근본적인 해결책을 마련하는 중책을 뉴턴에게 맡겼다. 런던왕립학회 회장이던 로버트 후크가 1703년 죽자 뉴턴은 후임으로 회장에 취임하여 죽을 때까지 재임했다. 뉴턴은 한 발을 왕립학회에, 다른 한 발은 조폐국에 담근 채 1인 2역의 공직일을 열심히 해냈다. 1705년 여왕이 뉴턴에게 기사 작위를 부여한 까닭은 뉴턴의 과학적 업적뿐 아니라 공직자로서 헌신하는 것에 대한 감사 표시였다.

뉴턴은 왜 이렇게 열렬히 공직을 수행했을까? 뉴턴은 이론(왕립학회)과 실천(조폐), 두 마리 토끼를 다 잡고자 했다. 자신의 사상이 사회 전반을 움직여 천구의 회전처럼 영국이 완벽하게 굴러가기를 바랐다. 뉴턴은 정치인이었다. 1688년 명예혁명 이후 온건파에 속한 그는 신의 섭리, 재산의 신성함, 사회적 위계의 불가피함, 계몽적 합리성을 옹호했으며 그 정신은 1776년 미국 독립전쟁과 1789년 프랑스혁명에 영향을 주었다. 뉴턴 시대에 과학은 이처럼 사회 이데올로기 자체였다.

뉴턴은 평생 한 번도 외국에 가본 적이 없다. 잉글랜드 내에서도 고향 링컨셔와 케임브리지, 런던만 오가며 살았을 뿐이다. 그렇지만 그의 사상은 전 세계 어디도 안 미친 곳이 없을 정도로 광대하다. 그는 훌륭한 인격자는 아니었지만 위대한 과학자였고, 유능한 관료였으며, 열정적인 사회사상가였다. 그가 평생토록 연구한 주제는 광학, 즉 빛이다. 그리고 스스로 빛이 되어 어둠 속에 있던 우주의 신비를 풀었다. 1642년 성탄절에 태어나 85년을 살다 간 뉴턴을 기리며 시인 알렉산더 포프는 이렇게 송가를 읊었다.

"자연법칙들은 어둠 속에 있음에, 신께서 말씀하시길, 뉴턴이 있으라 하시니 모든 것이 밝아졌다네."

3장
산업혁명과 시민혁명

산업혁명: 역사상 최초로 최대 권력을 창출하게 된 과학
영국혁명: 내부역량을 보존한 잉글랜드, 내부역량을 소진한 프랑스
미국혁명: 제국의 세금 폭탄에 대한 저항에서 탄생한 민주정
프랑스혁명: 처음으로 민중의 리더가 된 사상가들

산업혁명

역사상 최초로 최대 권력을 창출하게 된 과학

증기기관을 발명한 사람은 제임스 와트가 아니라 토마스 뉴커먼이다. 뉴커먼이 증기기관을 발명하기에 앞서 아랍에서는 이와 유사한 기술이 이미 개발되어 양고기를 빨리 굽는 용도로 활용되고 있었다. 그러나 역사는 최초가 아니라 최대 성과를 거둔 인물에게 더 많은 지면을 할애하는 법이다.

응용과학, 응용기술의 시대

뉴커먼에 앞서 대기압의 힘에 대해 눈을 뜬 사람은 영국 귀족 에드워드 서머셋과 독일의 기술자 오토 폰 게리케다. 서머셋은 어느 날 저녁식사를 요리하다가 냄비 뚜껑이 쉴 새 없이 들썩이는 것을 보고 그 힘을 다른 곳에 이용하려고 궁리했으나 이 생각을 구체적으로 발전시키진 못했다. 게리케는 기술자답게 과학지식을 응용해 직접 실험했다. 그는 금속으로 만든 반구를 밀착하여 공기를 빼내면 말 16마리가 당겨도 떼어놓을 수 없다는 사실을 증명했다. 이 실험은 로버트 보일과 로버트 후크 등 후대 과학자들에게 연구동기를 부여했다. 그리고 뉴커먼에 이르러서는 증기기관이라는 실용기술로 결실을 이루는 듯 보였다.

뉴커먼이 설계한 증기기관 역시 주전자 뚜껑이 움직이는 것에서 영감을 얻은 서머셋과 같은 동기에서 출발한 것이다. 그의 발명품은 1712년부터 광산에 투입되었으나 열손실이 너무 커서 널리 보급되기에는 역부족이었다. 1764년 글래스고 대학에서 기구 제작에 종사하던 청년 제임스 와트 또한 물이 끓고 있는 주전자를 주목한 점에서는 선배들과 같았다. 그러나 과학지식을 최대한 활용해 실용기술과 절묘하게 결합함으로써 와트는 그 어떤 기술자보다 빛나는 업적을 이루었다. 18세기 산업을 이끌던 직물기계와 제철법은 주로 장인들의 노고가 빚은 기술이었다. 이에 반해 증기기관은 과학지식에 크게 의존하여 발달된 것이었다. 제임스 와트 이후에야 비로소 실질적인 응용과학, 응용기술의 시대가 활짝 열린 것이다.

와트는 매튜 볼턴이라는 수완 좋은 사업가를 만나 볼턴-와트(Boulton & Watt)사를 설립하고 기술 상용화에 성공했다. 와트의 친구이자 동업자이자 조언자인 볼턴에 관한 유명한 일화가 있다. 국왕 조지 3세가 볼턴-와트사 공장을 방문했는데 왕이 볼턴에게 '자네들은 무슨 일을 하느냐'고 물었다. 그는 이렇게 대답했다고 한다.

"어떤 것을 만들고 있사온데, 국왕께서도 무척 갈망하고 계신 것이옵니다. 바로 파워(power)입니다. 전하."

이 프로젝트는 대번에 국왕의 환심을 샀다. 볼턴이 사업면에서 영리했다면 와트 역시 자신이 잘 하는 영역에서 매우 영리했다. 그는 기술이 보급되려면 그 기술을 이용할 일반 시민들의 환심을 사는 게 중요하다고 생각했다. 와트는 힘의 크기를 일반인에게 알기 쉽게 보여주는 것이 아주 중요한 일이라는 점을 간파했다. 그는 말을 이용해 일정 시간에 일정한 무게를 들어올리는 힘을 수치로 정의했는데 이것이 지금까지도 엔진의 힘을 측정하는 기준으로 통용되는 마력(馬力)이다. 제임스 와트의 엔진을 구매하는 사람은 말이

발명품과 산업혁명	
1733년	방추기를 혁신한 '플라잉셔틀' 발명 (존 케이)
1764년	'제니 방적기' 발명 (제임스 하그리브스)
1765년	증기기관 개량 (제임스 와트)
1769년	수력 방적기 발명 (리처드 아크라이트)
1779년	뮬 방적기 발명 (새뮤얼 크럼프턴)
1785년	역직기 발명 (에드먼드 카트라이트)
1793년	조면기 (목화씨를 빼내는 기계) 발명 (엘리 휘트니)
1807년	증기선 발명 (로버트 풀턴)
1814년	증기기관차 발명 및 시운전 성공 (조지 스티븐슨)
1830년	영국 맨체스터-리버풀 간 철도 개설
1837년	전신기 발명 (모스)
1840년	대서양 정기 항로 개설
1876년	전화 발명 (알렉산더 그레이엄 벨)

하던 힘든 일을 기계가 얼마나 대신할 수 있는지 금세 파악할 수 있었다. 와트는 증기기관을 연구하던 선배들이 하지 못한 것을 해내고 있었다.

볼튼-와트사의 기술자 윌리엄 머독은 증기기관 기술을 활용해 기관차를 만들었다. 첫 운행 실험은 작은 소동으로 끝났다. 한 역사서는 그날을 이렇게 기록한다.

"기관차는 달리기 시작했고 머독은 전속력으로 뒤를 쫓았다. 교회에서 걸어나온 목사는 무서운 속력으로 불꽃을 내뿜으면서 자신에게 달려오는 검은 물체를 악마라 여기고 비명을 질렀다."

이 실험 이후에도 결함투성이인 수많은 기관차가 등장했다. 이 모든 어슬픈 실험에 종지부를 찍은 것은 1814년에 출시한 조지 스티븐슨의 기관차였다.

증기기관이 지원한 산업혁명

영국의 산업혁명은 증기기관을 활용한 방적기의 혁명이었고, 증기기관을 탑재한 열차의 혁명이었다.

영국의 산업혁명은 증기기관을 활용한 방적기의 혁명이었고, 증기기관을 탑재한 열차의 혁명이었다. 제임스 와트의 증기기관 기술과 결합해 개선된 방적기가 1767년 리처드 아크라이트에 의해 선보이는데 최초로 동력을 이용해 만든 작업기계라는 점에서 혁신적이었다. 아크라이트 방적기는 노동자들의 일손을 크게 덜어준 대신 노동자들의 임금 역시 크게 덜어준 결과를 초래하여 자본가에겐 탄성을, 노동자에겐 원성을 샀다.

증기기관은 철도 교통망을 낳았다. 교통수단의 발달은 자본주의의 버팀목인데 철도망 확충이야말로 산업혁명을 진정 혁명답게 만들었다. 1830년 리버풀-맨체스터 간 철도 개통은 자본주의 확장의 선언과도 같은 사건이다. 그 후 1844년부터 1847년 사이에 광범한 철도 붐이 일어난다. 자본주의의 동맥으로 자리잡은 철도는 새롭게 출현한 산업질서의 중심이 되었다.

제임스 와트는 산업 시대의 본격적 개막을 알렸다. 사람들이 활판인쇄술을 떠올릴 때 고려의 금속활자 기술보다 구텐베르크의 인쇄술을 더 많이 기억하는 것은 상용화 여부 때문이다. 지식은 고려가 앞섰으나 구텐베르크는 기술면, 대중화면에서 훨씬 뛰어났다.

제임스 와트도 그러했다. 그는 최초가 아니었으나 최대치를 이끌어냄으로써 진정한 선구자가 되었다. 물론 제임스 와트 혼자 모든 걸 이룬 건 아니다. 과학이 기술에 봉사하고 사업과 연계하여 부를

조지프 라이트의 1768년작 〈공기 펌프 속의 새 실험〉. 라이트는 산업혁명에 관한 내용을 낭만적으로 그려낸 작품들로 유명하다.

창출하여 부강한 나라를 만들 수 있다는 생각을 공유한 지식인 집단이 있었기에 가능했다.

조지프 라이트가 그린 〈공기 펌프 속의 새 실험〉의 오른쪽 상단에는 달이 환하게 빛나고 있는데 이는 당시 가장 유명한 계몽주의 학자 단체인 '루나 학회(Lunar Society)'를 상징한다. 비공식 단체였던 이 모임은 1770년 전후에 생겨 1800년경까지 지속되었다. 이 모임에는 과학자뿐 아니라 의사, 성직자, 사업가 등 각양각색인 직업을 가진 사람들이 참여했는데, 가장 열성을 보인 회원이 와트의 파트너 볼턴이었다. 모임의 좌장격인 화학자 프리스틀리는 라부아지에의 발견에 결정적 영향을 끼친 인물이다. 루나 학회는 순수과학이 응용과학으로, 그리고 실용 대중기술과 사업화로 연결되는 전과정을 압축해 보여준다.

글래스고 대학을 자주 드나들던 기구 제작자 와트는 과학을 감싸고 있던 신성한 후광을 벗겨 버렸다. 실용기술과 결합한 과학은 부와 권력을 창출하는 영구기관이 되었다. 21세기 이른바 선진국들은 과학기술 개발에 나라의 운명을 걸고 있다. 과학기술에서 압도적 성과를 이룬 1800년대 영국은 이 나라들의 롤 모델이다. 300여

년 전 제임스 와트는 산업혁명에 '힘'을 불어넣었고 영국에는 '권력'을 부여했다. 와트 이후 지상 최대 권력으로 부상한 과학기술은 왕좌를 한번도 내놓지 않고 지금까지 장기집권중이다.

영국혁명

내부역량을 보존한 잉글랜드, 내부역량을 소진한 프랑스

17세기 잉글랜드는 전성기를 구가했지만 경쟁자 프랑스는 만년 2인자에 머물렀다. 한쪽은 힘을 모았고 한쪽은 힘을 쓰느라 정신 없었기 때문이다. 1588년 잉글랜드는 에스파냐 무적함대를 무찌르면서 세계를 놀라게 했는데, 100년이 지난 1688년 잉글랜드는 피 한 방울 없는 혁명을 완수하며 또 한 번 세계를 놀라게 했다.

빛도 온기도 잃어버린 태양

엘리자베스의 잉글랜드가 착실히 국력을 키워나갈 때, 프랑스는 1562년부터 1598년까지 8번이나 되는 종교 전쟁을 치르느라 국력을 소진하고 있었다. 국가재정은 물론 국민의 정서도 피폐해졌다. 1590년경 한 팜플렛의 문구가 이런 상황을 대변해 준다.

"오, 파리여! 이제 더 이상 파리가 아닌 것 같다. 야수들의 어두운 동굴이요, 새로운 정치도당의 아성일 뿐이요, 날강도, 살인자, 암살자들만 우글거리는 은둔처이도다."

전쟁보다 민중을 더 힘들게 한 건 이른바 '작은 빙하기'인 악천후와 페스트였다. 악천후로 인한 흉작과 1580년대 이후 닥친 페스트

전형적인 절대군주의 모델이었던 프랑스의 루이 14세는 "짐이 곧 국가다"라고 말할 정도로 왕권유지와 절대군주의 영광을 중시했다.

의 참상은 1594년과 1595년 농민 폭동으로 분출됐다.

1600년대부터 야금야금 오르던 프랑스의 조세는 1648년에 이르러 50년 전에 비해 3배나 인상되었다. 왕실은 재정 확보를 위해 매관매직을 방관하거나 조장했다. 1648년부터 1652년 사이에는 귀족들이 주도하고 민중이 동참한 프롱드 난(fronde는 투석기란 뜻으로 관료에 대한 저항을 의미)이 일어났다. 17세기 중반 프랑스는 루이 14세(재위기간 1643년~1715년)를 군주로 맞이했다. 국왕은 '한 국가에 한 종교'라는 모토를 내세워 신교도(위그노)를 대대적으로 탄압했다. 낭트 관용령으로 종교 자유를 얻었던 신교도들에겐 시련이 다시 시작되었다. 이것이 향후 루이 14세를 몰락시키는 단초가 되었다. 국왕의 신교 탄압정책은 전문직에 종사하거나 숙련 노동자였던 25만 신교도들이 라이벌 국가인 잉글랜드, 네덜란드, 독일로 떠나는 원인이 되었다. 기술자와 지식인이 대거 조국을 버렸으니 국가경쟁력이 하락하는 건 당연했다. 1623년 세계 최초로 특허법을 제정하여 기술과 학문을 장려한 잉글랜드와 무척 대조적이지 않은가. 루이 14세 시대의 재상이었던 콜레르는 식민지 활동을 강화하여 재정 상태를 호전시켰으나 내부의 상처를 모두 치유하기에는 역부족이었다.

루이 14세가 죽었다는 소식이 전해졌을 때 프랑스 국민들은 조금도 슬퍼하지 않았다. 역사는 당시 분위기를 이렇게 기록했다.

"국왕이 별세하자 파멸과 황폐로 절망에 허덕이던 지방은 기쁨으로 몸을 떨었다. 파산과 압제로 정신을 빼앗겼던 민중은 꿈 같은 해방을 맞아 소란까지 피워가면서 하느님에게 감사를 바쳤다."

사상가 페늘롱은 루이 14세가 죽기 직전 프랑스를 이렇게 표현했다.

"프랑스는 황량하게 버려진 거대한 병원 같다."

태양왕은 후대에 아무런 빛과 온기도 주지 못하고 엄청난 재정 부담과 정치적, 종교적 갈등만 떠넘겨 주었다. 내부의 힘을 소진해 버린 프랑스는 내부의 힘을 축적한 잉글랜드에게 세계 패권 경쟁에서 밀려났다. 정치혁명은 요원했다.

'거룩한 승리'의 길로 달려간 잉글랜드

이와 달리 잉글랜드는 차근차근 정치혁명의 2막을 준비하고 있었다. 1628년 잉글랜드 의회는 의회 권한 확대와 국왕의 절대성을 제한하는 〈권리청원(權利請願: Petition of Rights)〉을 찰스 1세에게 제출함으로써 의회 민주주의로 향하는 기틀을 마련했다. 그 내용의 골자는 다음과 같다.

(1) 의회의 승인 없이 강제로 과세할 수 없다.
(2) 자유인을 마음대로 구속하지 못한다.

(3) 동의 없이 병사를 민가에 숙박시킬 수 없다.
(4) 민간인에게 군법을 적용하지 못한다.

상공업 주도 세력인 청교도들은 왕당파를 제거하고 혁명을 완수했다. 그리고 유럽 전체가 경악하게 될 사건이 벌어졌다. 1649년 찰스 1세가 처형된 것이다. 공화정 체제를 지휘한 건 올리버 크롬웰이다. 크롬웰은 자신을 모세 같은 존재라 여긴 청교도로 스스로 금욕적인 생활을 하면서 솔선수범하며 성실히 일했다. 국민들이 자신의 도덕 신념에 동참해주리라 굳게 믿었지만 뜻대로 되지는 않았다. 번영을 누리던 엘리자베스 시대를 가리켜 셰익스피어는 '즐거운 잉글랜드(merry England)'라 불렀다. 활기와 자유가 넘치던 잉글랜드는 크롬웰 이후 이른바 '호국경' 시대에 접어들며 침울한 도덕국가로 바뀌었다. 크롬웰은 유곽, 도박장, 경마, 투계, 주점의 주말 영업을 금지했으며 연극 관람까지 통제했다. 그가 장려한 것은 『성서』 읽기뿐이었다. 해외정책에서도 완고함을 고수했다. 항해법을 제정해 잉글랜드 선박의 독점권을 주장하고 적극적인 식민정책을 펼쳤다. 국민은 불만스러워했지만 해외에서 유입되는 부는 계속 증가했다.

크롬웰의 도덕국가에 신물을 느낀 탓이었던지 잉글랜드 국민은 네덜란드 브레다에 피신해 있던 찰스 왕자가 1660년 '자신이 복귀하는 대신 누구의 잘못도 묻지 않고 모든 사항을 의회 결정에 따른다'는 데 합의(브레다 선언)했다는 소식을 듣고 열렬히 환영했다. 왕자는 찰스 2세가 되었으며 역사는 다시 왕정 시절로 돌아갔다. 종교 탄압을 비롯해 여러 면에서 후퇴와 갈등을 겪긴 했으나, 잉글랜드 국민에게는 〈대헌장〉〈권리청원〉으로 이어지는 '국민 승리'의 경험이 축적돼 있었다. 1666년 런던 대화재와 페스트 창궐, 네덜란드와 치른 전쟁으로 엄청난 국가 재난을 맞이했으나 잉글랜드는 이 위기를 의연하게 극복했다. 1688년 잉글랜드는 반란이나 혁명 없이 전제군주정을 입헌군주정으로 평화롭게 전환했다. 이는 유럽에서 어느 나라도 이룩하지 못한 '거룩한' 승리였다. 명예혁명이라 불린 이 극적인 전환은 이듬해 취해진 〈권리장전(權利章典: Bill of Rights)〉으로 절정에 달했다. 국왕의 절대왕권은 역사 속으로 사라졌다. 〈권리청원〉의 전통을 이은 시민권 선언인 〈권리장전〉의 주요 내용은 다음과 같다.

1688년의 명예혁명으로 영국을 공동통치하게 된 메리 2세와 윌리엄 3세는 즉위식에서 의회가 제출한 〈권리장전〉에 승인했다. 〈권리장전〉으로 인해 영국에서는 국왕의 절대왕권이 사라지게 되었다.

(1) 의회의 동의를 거치지 않고 법률의 적용, 면제, 집행, 정지를 금지한다.
(2) 의회의 동의 없는 과세, 평시의 상비군 운용을 금지한다.
(3) 선거의 자유, 의회의 발언의 자유, 국민 청원권을 보장한다.
(4) 로마 가톨릭교도를 왕위 계승자에서 배제한다.

1689년에는 관용법이 제정되어 종교의 자유가 보장되었다. 새로운 의회 중심 국가 운영의 사상적, 법률적 기초를 마련하는 일은 존 로크가 맡았다. 그가 『통치론』을 지은 목적이 그것이다. 로크는 '왕권 신수설'을 '재산권 신수설'로 바꾸어 자본주의 발전을 촉진했다. 잉글랜드는 1707년 스코틀랜드를 통합하여 '대영제국'을 출범시켰다.

역사가들은 1668년부터 1815년까지 시기를 프랑스와 잉글랜드 간의 '제2 백년전쟁기'라고 부른다. 대서양에서, 태평양에서, 아프리카에서, 아시아에서, 아메리카에서 이 두 열강은 끊임없이 충돌했다. 그러나 승리는 대개 잉글랜드 편이었으며 프랑스에게는 잔다르크 같은 인물이 더 이상 나타나지 않았다. 프랑스는 미국 독립전쟁에 가담하여 미국의 승리를 도움으로써 잉글랜드에 복수했다.

미국혁명

제국의 세금 폭탄에 대한 저항에서 탄생한 민주정

힘없던 식민정부(미국)가 대제국인 본국정부(영국)에 맞서 싸워 이기고 민주정을 수립한 미국혁명은 세계 최강 대영제국에 닥친 가장 큰 불행이었다. 그 불행은 식민지에 대한 본국의 무리한 세금 징수에서 비롯되었다.

자유가 아니면 죽음을!

미국혁명 과정을 요약하면 다음과 같다.

식민지 건설 → 본국의 세금 증액 요구 → 반대 시위 → 강제 진압 → 보복 제재 조치 → 전쟁

찰스 1세를 처형하고 공화정을 세운 호국경 올리버 크롬웰이 본국에만 유리한 '항해법'을 제정하면서 네덜란드를 비롯한 경쟁국들과 영국 식민지들을 압박할 때만 해도 아메리카의 뉴잉글랜드에 정착한 식민지 주민들은 앞으로 닥칠 경제적 시련을 상상조차 하지 못했다. 영국의 세금 폭탄 때문에 독립전쟁까지 벌어지리라고는 역시 아무도 예상치 못했다. 한 세기가 지나 북아메리카 동부 대서양 연안의 뉴잉글랜드 식민지 주민 대표들은 '영국의 폭정과 압박의

패트릭 헨리(위)는 1775년 3월 버지니아 의회가 해산되자 리치먼드에서 개최된 비합법 민중대회에서 "자유가 아니면 죽음을 달라"라는 연설을 하고 영국 본국과의 개전을 주장했다. 토마스 페인(아래)은 소책자『상식론』에서 독립의 정당성을 주장하며 독립정신을 고취했다. 페인은 '미합중국(United States of America)'이란 표현을 쓰자고 처음 제안한 사람이다.

타도'를 외치고 나섰다.

1765년 5월 9개 식민지 대표 28명이 선언한 '버지니아 결의'는 독립선언의 예행연습이었는데 영국에 대한 투쟁이 무리한 세금 부과에서 비롯했음을 보여준다.

"어떠한 세금도 국민의 동의 없이 부과할 수 없다는 것은 본질적인 것이다. 영국의회가 제정한 법률은 식민지인의 권리와 자유를 억압하려는 의도를 명백히 드러냈다."

버지니아 결의가 나오기 전인 3월 패트릭 헨리가 의회에서 한 연설은 더욱 호전적이며 강력했다.

"현 정책이 수정되지 않으면 조지 3세도 교수형에 처해질 것이다!"

패트릭 헨리는 영국에 맞서려면 미국민이 강력하게 단결해야 한다며 '자유가 아니면 죽음을 달라(Give me liberty, or give me death)!'고 외친 인물이다. 미국 독립전쟁에 참전한 프랑스 혁명가 라파예트는 헨리의 말에 감명 받아 귀국한 뒤 프랑스 전역에 이 슬로건을 퍼뜨렸고 이제는 세계 어디서든 혁명을 대변하는 문구가 됐다. 1776년 7월 4일 발표된 독립선언 내용을 보자.

"국왕은 우리 인민을 괴롭히고 인민의 재산을 축내려고 수많은 관직을 새로 만들고 수많은 관리를 식민지에 보냈다. 국왕은 평화 시에도 우리 입법기관의 동의 없이 상비군을 주둔시켰다. 우리와 전 세계의 무역을 차단하고, 동의 없이 세금을 부과하고, 입법기관의 기능을 정지시키고, 우리를 대신해 법률을 제정할 수 있는 법률을 허가했다. 여러 차례 계속된 진정에 대해 돌아온 것은 박해뿐이다. 모든 행동에서 폭군이라 정의할 수밖에 없는 국왕은 자유로운 인민의 통치자로는 적합치 않다. 이에 아메리카 주 대표들은 엄숙히 선언한다. 이 모든 식민지 연합은 자유롭고 독립된 국가다. 이 국가는 영국의 왕권에 대한 모든 충성 의무를 벗으며, 자유국가로서 전쟁, 평화 유지, 통상관계 수립 등 독립국가가 당연히 누릴 완전한 권리를 갖는다."

독립선언이 발표되기 반년 전 뭐 하나 내세울 것 없는 가난한 집안 출신이었던 한 남자가 펴낸 48쪽짜리 팸플릿이 150만 부나 팔려 나갔다. 『상식론』이라는 제목이 붙은 이 소책자에는 이런 내용이 실려 있다.

"무장 침략자를 이끌고 와서 원주민 뜻과 반대로 스스로 왕에 오른 윌리엄(1066년 잉글랜드를 정복한 노르만 공작)은 하찮고 천한 혈통이다. 세계를 피와 잿더미로 만드는 재주뿐인 군주 정치와 화해하기를 단념해 버리고 자유로운 독립국 아메리카를 세워 폭정과 압박에서 벗어나자!"

어린 시절 겪은 굶주림과 고통 때문에 '고통(Pain)'이라는 말을 일

영국의 식민지 정책	
1732년	모자법: 식민지의 모자 수출을 제한한다.
1733년	당밀법: 서인도 제도 이외 지역에 설탕과 당밀을 수출할 때 중과세한다.
1750년	제철법: 식민지의 제철 투자를 제한한다.
1764년	설탕법: 프랑스, 에스파냐령 지역과 설탕 거래를 금지한다.
1764년	화폐법: 식민지의 지폐 발행을 금지한다.
1765년	인지세법: 신문, 달력, 유언장, 면허증 등 모든 문서에 세금을 부과한다.
1767년	타운센드법: 군대주둔 비용을 식민지가 부담한다. 본국은 차, 기름, 종이, 유리 수입에서 보호 관세를 부과한다.

부러 넣어 이름을 고쳤다는 토마스 페인(Thomas Paine)은 이 팜플렛 하나로 미국 독립전쟁의 정신적 지주가 되었다. 당시 인구가 300만이었으니 모든 청년, 어른이 이 글을 읽었다 해도 과언이 아니다. 페인은 그동안 당연스럽게 쓰이던 '식민지 연합(United Colonies)'이라는 표현 대신 '미합중국(United States of America)'이란 표현을 쓰자고 처음 제안한 사람이다. 그는 또 '싸움이 격렬할수록 승리는 빛난다'며 독립전쟁에 참여한 청년들의 피를 뜨겁게 끓어오르게 했다. 나아가 그는 팜플렛으로 번 인세를 조지 워싱턴이 지휘하는 독립군인 대륙군에 모두 기부했다.

영국이 식민정부에 내린 제재 법률들을 보면 전쟁까지 촉발한 미국의 분노가 어떻게 일어났는지 가늠할 수 있다. 이 가운데 인지세법이 결정타였다. 모든 신문이나 책, 공문서, 학위증명서는 물론 심지어 카드에도 인지세를 부과했다. 8월에 일어난 폭동은 6개월간 지속됐다. 11월에는 뉴욕에서 농민 반란이 일어나 이듬해 9월까지 해결되지 않았다. 보스턴에서는 '자유의 아들(Sons of Liberty)'이라는 과격 애국단체가 결성되어 인지를 취급하는 영국 관리에게 테러를 가하고 인지를 불살랐다. 이들은 〈대헌장〉 이래 영국이 고수한 원칙을 도리어 그들 눈앞에 펼쳐 보였다.

"대표 없이 과세 없다(No taxation without representation)."

영국은 모순에 빠져, 벗어날 명분을 찾지 못했다. 인구 1만 6,000명인 보스턴에는 당시 영국 상비군이 1만 6,000명 주둔하고 있었다. 본국에서 지급하는 적은 급료에 제대로 생활을 유지하기 어려웠던 병사들은 부업 전선에 뛰어들었고 그에 따라 식민지 노동자들의 일감은 줄어들었다. 이 갈등 국면에서 1770년 3월 영국군의 발포로 노동자 5명이 사망하는 사건이 일어났다. 시민 1만 명이 참여한 장례식은 거대한 반영국 시위로 변했다. 독립전쟁의 도화선으로 알려진 '보스턴 차 사건'(1773년)은 이런 흐름에서 보면 여러 폭동 중 하나일 뿐이다. 1774년 9월 필라델피아에 모인 13개 식민정부 대표들은 영국과 통상을 끊자고 결의했다. 그건 전쟁 선언이었다. 1775년 4월 시작된 독립전쟁은 7년간 계속됐다. 전쟁은 1783년 9월 파리 조약에서 미국 독립이 공식적으로 선언되면서 종료되었다.

아메리카합중국의 탄생

모든 생활터전을 버리고 아무런 기약도 없이 새로운 곳으로 떠나는 사람은 심정은 어떠할까? 거대한 두려움과 작은 기대감이 공존할 것이다. 종교 박해를 피해 영국을 떠나 아메리카를 향한 청교도의 심정이 이러했다. 그러나 1620년 메이플라워호를 타고 영국을 떠난 청교도들은 가진 게 아무것도 없다는 절망감을 어느 것이든 가질 수 있다는 희망으로 점차 바꾸기 시작했다. 그들은 아메리카에 도착하기 전 이미 배 안에서 건국 이념을 민주적으로 합의했다.

성인 남자 41명이 합의하고 서명한 서약서에는 '시민 정치공동체'를 만들겠다는 의지가 담겨 있다.

> "본 증서를 통해 우리는 좀더 바람직한 질서 수립과 보존을 위해 신과 서로의 면전에서 엄숙히 계약을 체결하고 시민적 정치단체로 결속한다. 이에 바탕하여 식민지의 일반적 복지를 위해 가장 적합하고 적절하다고 생각되는 정의롭고 공평한 법률을 결정하고, 관직을 수시로 제정하고 구성하며 조직하기로 한다."

이것이 모든 미국 역사서의 첫 장을 장식하는 메이플라워호 선언이다. 이 선언에 깃든 정신은 150년이 지난 1788년 11개 주가 비준한 아메리카합중국 헌법에 그대로 반영되었다. 이 헌법은 근대적 성문헌법으로는 세계에서 가장 앞선 것으로 연방제, 삼권분립, 대통령제를 규정했다. 고대 그리스 아테네에서 잠시 꽃피었던 민주정이 대서양 건너 신대륙에서 완전히 근대화한 새로운 모습으로 활짝 피어났다.

프랑스혁명

처음으로 민중의 리더가 된 사상가들

프랑스혁명의 의의는 단순히 국왕을 폐위하고 처형한 데 있는 게 아니라 새로운 사상으로 무장한 계몽된 민중이 구시대 질서를 깨뜨려버리고 자유, 평등, 박애의 세상을 열었다는 데 있다. 각 분야의 전문가와 사상가들이 함께 참여해 만든 『백과전서』는 프랑스혁명의 '성서'였다.

프랑스혁명의 바이블

『백과전서』는 겉으로는 '입술 연지 제작법' 같은 실용 정보가 담긴 생활백과처럼 보였다. 그러나 조금만 유심히 살펴보면 계몽사상가들이 국왕을 포함해 봉건 시대의 잔재인 귀족 세력에게 보낸 무척 집요한 장문의 경고 편지라는 점이 드러난다. 볼테르, 루소, 몽테스키외 등 사상가도 모두 『백과전서』에 글을 썼다. 계몽주의자들은 크게 세 가지를 전하고자 했다.

(1) 이성에 기반을 둔 법을 제정하시오.
(2) 신분 불평등을 제거하시오.
(3) 보편 교육을 확대하시오.

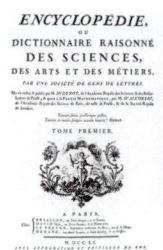

프랑스혁명의 사상적 배경이 된 『백과전서』(왼쪽)와 프랑스혁명의 이데올로기를 구체화한 『제3신분이란 무엇인가』의 저자 아베 시에스.

성실한 독자라면 『백과전서』가 국왕에게 보내는 이러한 메시지를 금세 읽을 수 있었다. 감수를 맡았던 사상가 디드로는 부에 대해서 이렇게 썼다.

> "만일 소수를 위한 특권이 허용되지 않고, 재정제도가 부를 집중시키지만 않는다면 엄청난 떼부자나 갑작스런 졸부는 덜 생겨날 것이다. …부자가 되는 수단이 보다 더 많은 시민들에게 분산된다면 부는 점차 사람들 사이에 평등하게 분배될 것이다."

27권에 달하는 방대한 양에 가격도 만만치 않은 이 전집이 출간될 당시 사전 예약자만 4,300명에 달했다. 귀족의 서재에, 지방 상인의 가게에, 평민의 가정에 『백과전서』가 들어차기 시작했다. 불평등한 제도에 불만을 느낀 하급 성직자들도 앞다투어 『백과전서』를 구매했다. 당시 프랑스는 인구 2,600만 명 가운데 10퍼센트에 지나지 않는 성직자와 귀족들이 전 국토의 30퍼센트 이상을 소유하면서 세금도 내지 않는 채 온갖 특혜를 누리고 있었다.

혁명의 요람, 살롱

살롱은 부유한 집안의 여자들이 담소를 나누던 저택의 응접실을 가리키는 말이다. 당시 살롱은 루이 15세 시대부터 여론 형성의 장으로 자리잡았다.

살롱에는 볼테르, 루소, 디드로, 흄 등 당대의 문학가와 사상가들이 모여 토론했다.

단순한 수다나 잡담을 넘어서 신간 정보를 교환하고 시사문제를 토론하는 공간이 되었기 때문이다. 18세기의 사상가들은 거의 다 이 살롱 출신이다. 각 살롱의 대표 선수들은 토론과 연설에서 좌중을 압도하며 큰 인기를 얻었다. 이들은 살롱의 스타이자 프랑스의 스타였고, 나아가 전 유럽의 스타였다. 프로이센(독일)의 국왕 프리드리히 2세는 볼테르의 사상을 듣고자 그에게 장기간 체류해줄 것을 요청했고, 러시아 황제 예카테리나는 동명이인인 학술원장 예카테리나를 통해 디드로에게 팬레터를 보냈으며, 미합중국 건국의 아버지 토마스 제퍼슨은 프랑스 사상가들의 책과 팜플렛을 열심히 모으고 구독했다. 이런 문화를 촉진하는 데 가장 크게 기여한 인물은 볼테르다.

볼테르는 3년간 영국에 체류하면서 놀라운 경험을 했다. 먼저 자신이 꿈꾸던 정치체제를 영국이 완전하게 실현했다는 점에 놀랐다. 1688년 명예혁명 이후 자유와 평등을 이룬 영국을 그는 이렇게 칭송했다.

"인간이 노예적 공포에서 벗어나 해방되어 자유롭고 고상한 사상을 가질 수 있는 국가가 여기 이렇게 있다."

볼테르는 국가적인 행사로 치러진 뉴턴의 장례식을 보면서 또 한

번 놀랐다. 과학자 뉴턴을 모르는 영국 사람이 없고, 누구나 그를 존경했기 때문이다. 열정적으로 정치 영역에 뛰어든 사상가이기도 한 뉴턴은, 행동하지 않고 은둔하는 것이 미덕이라 여기는 프랑스 지식인이 배워야 할 모범이었다. 루이 14세 치하에서 갓 벗어난 어두운 프랑스에 볼테르는 빛나는 영국의 지식과 성과를 전파하기로 결심했다. 영국에 체류하면서 볼테르는『영국 통신』이란 저술을 남겼다. 여기에는 프랑스 정치현실을 비판하는 내용도 담겼다. 볼테르는 어려운 개념을 쉽고 재미있게 전달하는 데 탁월했다. 이는 루소를 비롯해 여러 프랑스 사상가들에게 영향을 끼쳤고 '쉽고 재미있게' 쓰는 건 프랑스 작가들의 전형적 스타일이 되었다. 예를 들어 곡물 거래, 세계의 다층성, 궁극적 실재와 원인에 관한 볼테르의 저술을 읽은 프랑스 작가들은 그 뒤 대화나 우화기법을 적용해 일반 독자에게 쉽고 재미있게 전달했다.

시대의 반항아이자 아웃사이더였던 루소는 당대에 지식인 집단 내에서 외면당했으나 프랑스 국민에게 가장 널리, 그리고 가장 오랫동안 영향을 끼친 사상가다. 그가 말한 '일반의지'는 혁명기부터 오늘날까지 민주주의의 기초개념으로 받아들여지며, 나폴레옹 시대에는 강력한 군주의 통치력으로 재해석되기도 했다. 나폴레옹은 루소가 말한 일반의지를 실현할 적임자가 자신이라 굳게 믿었다. 로베스피에르는 루소 이론의 '전체주의'적 성격을 혁명기 공포정치에 응용한 인물이다. 혁명기에 유일하게 출현했던 사회주의 세력의 지도자 그라쿠스 바뵈프는 루소의『인간불평등 기원론』을 늘 인용하며 평등한 보통선거 실시와 공평한 재산분배를 주장했다. 혁명가 당통 역시 사상면에서 루소의 자식이다.

사상가들의 최고 걸작, 프랑스혁명

새로운 사상은 서적, 팸플릿, 모임 등을 통해 시민들에게 신속히 전달되었다. 1789년 대혁명이 일어나기 얼마 전 아베 시예스 신부가 펴낸 소책자는 3만 부가 팔렸다. 이 팸플릿에 실린 내용은 새로운 신분제를 향한 열망이었다.

"제3신분은 무엇을 할 수 있나? 무엇이든 될 수 있고 무엇이든 할 수 있다. 이제까지 제3신분은 무엇이었나? 아무것도 아니었다. 앞으로는 무엇이 되고 싶은가?"

과격한 정치사상가인 미라보 백작은 귀족 사회에서 퇴출됐는데 제3신분으로 출마해 삼부회 의원으로 선출된 다음 뛰어난 연설능력을 지닌 혁명가로 명성을 날렸다. 언론인 리바롤르는 이렇게 말했다.

"국민을 분노하게 만든 건 왕의 전제정치가 아니라 귀족들의 계급적 편견이다."

그것이 바로 프랑스혁명의 출발점이다. 이미 혁명을 예감한 듯, 귀족 영주 중 하나는 이런 자조 섞인 말을 남겼다.

"볼테르는 우리의 이성을 매혹했고 루소는 우리의 감정을 깨우쳐 주었다. 우리 같은 귀족에겐 슬픈 일이긴 하나 가증스럽고 진부한 체제를 그들이 공격해 줄 때 은밀한 쾌감이 밀려왔다."

미라보가 혁명에 관해 남긴 유명한 말이 있다.

"혁명을 추진함에 곤란한 점은 혁명을 일으키는 게 아니라 혁명을 수습하는 일이다."

그의 통찰처럼 혁명을 수습하는 건 무척 힘든 일이었다. 프랑스혁명은 제정이 붕괴하고 제3공화정이 들어선 1870년에야 모든 임무를 완수한다. 시민들이 일으킨 위대한 혁명의 순간에 그리고 헌신적 혁명가들이 혁명을 수습하는 내내 18세기의 프랑스 사상가들이 함께 했다. 매사추세츠공과대학(MIT) 교수 노엄 촘스키 교수는 이렇게 말한다.

"지식인이란 특정 분야에 전문지식을 갖춘 사람이 아니라 자신의 지식 특권을 활용해 정치문제에 깊이 관여하고 세계를 개선하고자 노력하는 사람이다."

민중의 리더가 된 18세기의 프랑스 사상가들이 그러했다. 프랑스 혁명은 프랑스 지식인들이 만든 작품 중 최고 걸작이다.

4장
시민 사회의 발전과 19세기의 문화

자유주의와 민족주의: 흑인을 2등 국민으로, 인디언을 멸종으로 내몬 남북전쟁
러시아의 발전: 세계 최대의 영토 대국이 된 비결
19세기의 문화1: 자유경쟁의 세계관을 심은 맬서스
19세기의 문화2: 마르크스주의, 만국의 노동자들이 단결하면 새 세상이 온다

자유주의와 민족주의

흑인을 2등 국민으로, 인디언을 멸종으로 내몬 남북전쟁

미국의 남북전쟁은 노예해방 전쟁이라기보다 미국의 지배층인 백인들의 권익 증대 투쟁이었다. 남북전쟁은 흑인을 노예에서 해방시켰으나 그들에게 빈곤과 차별이라는 새로운 족쇄를 채워버렸다. 아메리카 원주민은 100년에 걸친 백인들의 탄압을 이겨내지 못하고 사실상 멸종의 길로 떠밀려 갔다.

남북전쟁의 두 얼굴

건국의 아버지들이라 불리는 워싱턴, 제퍼슨은 아메리카 원주민을 몰아낸 주동자이자 노예제를 적극 옹호한 인물이다. 링컨도 예외가 아니다. 우리는 보통 링컨에 관해 생각할 때, '인민의, 인민에 의한, 인민을 위한'이라는 말을 함께 떠올린다. 그러나 링컨이 미국 역사에서 중요한 자리를 차지하는 이유는 따로 있다. 링컨이 전쟁을 통해 미국이라는 제국의 통합을 관철한 대통령이라는 점이다. 그 커다란 목표 안에서 흑인 해방은 그저 그 목표를 이루는 과정에서 나온 부산물이었을 뿐이다. 그가 말한 '인민'은 영국과 전쟁을 치러 독립을 쟁취한 백인 이주민들을 가리키는 것이지 아메리카 원주민(인디언)이나 아프리카에서 건너온 흑인(노예)이 아니었다.

링컨은 원래 노예제 폐지론자가 아니었다. 그의 연설 한 대목을 보자.

"이 투쟁에서 내 최고 목표는 연방(미국)을 구하는 것이지, 노예제도를 존속하거나 파괴하려는 것이 아닙니다. 만약 노예를 해방시키지 않고 연방을 구할 수 있다면 그렇게 하겠습니다. 그리고 모든 노예를 해방시켜서 연방을 구할 수 있다면 그렇게 하겠습니다. 일부를 해방시키고 일부 노예들을 남겨둠으로써 연방을 구할 수 있다면 그렇게 하겠습니다."

건국의 아버지들이라 불리는 워싱턴, 제퍼슨은 아메리카 원주민을 몰아낸 주동자이자 노예제 옹호자였다. 링컨도 예외가 아니었으며 그 역시 원래 노예제 폐지론자는 아니었다. 사진은 위로부터 러시모어 산의 미국 대통령 얼굴 조각과 게티스버그에서 연설하는 링컨, 19세기 중반 남부의 면화농장에서 일하는 흑인 노예들.

링컨이 당시 처한 상황은 어떠했을까? 미국 내에서 노예제를 둘러싼 논쟁이 뜨거워질 무렵 링컨은 그 논란의 한복판에 있었다. 1860년 11월에 공화당 후보로 출마해 당선된 링컨은 이듬해 대통령에 취임하자마자 사우스캐롤라이나를 비롯해 노예제를 찬성하는 남부 7개주가 연방에서 탈퇴하는 위기 국면을 맞이한다. 이른바 '남부연합'이 결성돼 국가가 반으로 갈리는 사태가 벌어진 것이다. 당시 북부에서는 공업이 발전해 노예제에 대한 필요가 줄어들고 있었다. 그에 반해 면화를 중심으로 농업이 발전하고 있던 남부는 토지에 매인 노예와 그들의 노동에 갈수록 많이 의존하는 상황이었다. 남부 백인들에게 흑인 노예는 모든 것을 걸고 지켜야 할 부의 원천이자 생명줄이었다.

남북의 대립은 마침내 전쟁으로 발전했다. 1861년 4월에 남부연합군이 사우스캐롤라이나 찰스턴항의 요새에 주둔한 북군을 선제공격한 것이다. 남북전쟁이 일어났다. 남북전쟁은 북군 사망자 36만 명, 부상자 200만 명, 그리고 남군 사망자 25만 명, 부상자 70만 명이라는 엄청난 인명의 희생을 가져왔다. 국토도 황폐해졌다. 이런 엄청난 피해까지 감내하면서 링컨은 무력을 통한 제국의 통합이라는 첫 신화를 완성했다. 링컨은 전쟁을 승리로 이끈 지 6일 만인 1865년 4월 14일에 남부를 지지하는 한 배우의 총격을 받고 암살됐다.

역사상 가장 무자비한 사건들

미국 땅에 흑인 노예를 들여놓은 건 네덜란드다. 1619년 잉글랜드령 버지니아의 제임스타운에 닻을 내린 네덜란드 선박에는 식민지 농장주들에게 판매할 새로운 상품이자 향후 200년간 이 지역의 면화와 담배 농사를 맡게 될 검은 노예들이 실려 있었다. '대서양 삼각무역'으로 18세기까지 1,200만 명에 이르는 흑인 노예가 거래되었다. 프로이센(독일)의 시인 하이네는 「노예선」이라는 시를 썼다.

고무도 좋고 후추도 좋다.
사금도 있고 상아도 있다.
하지만 검은 상품이 더 좋아.

남북전쟁 전후의 흑인 노예 수

연도	흑인 노예	자유 흑인	흑인 중 노예비율	전체 미국인구	전체 미국인구 대비 흑인 노예 비율	전체 미국인구 대비 흑인 비율
1790년	697,681명	59,527명	92.14%	3,939,214명	17.76%	19%
1800년	893,602명	108,435명	89.18%	5,308,483명	16.83%	19%
1810년	1,191,362명	186,446명	86.47%	7,239,881명	16.46%	19%
1820년	1,538,022명	233,634명	86.81%	9,638,453명	15.96%	18%
1830년	2,009,043명	319,599명	86.28%	12,860,702명	15.62%	18%
1840년	2,487,355명	386,293명	86.56%	17,063,353명	14.58%	17%
1850년	3,204,313명	434,495명	88.06%	23,191,876명	13.82%	16%
1860년	3,953,760명	488,070명	89.01%	31,443,321명	12.57%	14%
1870년	0명	4,880,009명	0%	38,558,371명	0%	13%

(출처: Distribution of Slaves in Us History)

세네갈 강가에서 검둥이 600명을 값싸게 사들였다네.
내가 준 것은 포도주와 강철제품뿐
그것으로 8배 이익이 남는다네.
검둥이가 절반쯤 살아 남는다면.

　미국의 작가 알렉스 헤일리는 『뿌리』를 써서 대대로 입과 입으로 전해오던 자신의 6대조 할아버지 쿤타킨테의 처절한 경험담을 전달했다. 서아프리카 감비아 해안에서 태어난 쿤타킨테는 열일곱 살 때 나무를 구하러 숲에 갔다가 노예사냥꾼에게 잡혔다. 이때부터 가혹한 운명이 그의 앞에 펼쳐졌다. 붙잡힌 쿤타킨테는 1767년 '로드 리고니어 호'에 실려 메릴랜드 주 애나폴리스 항구로 '배달(delivered)' 되었다. 140명 노예 중 42명이 죽고 98명만 살아남았다. "그는 최고급 젊은 검둥개로서 존 윌러라는 사람에게 팔렸다." 그 뒤 쿤타킨테는 줄기차게 탈출을 감행했다. "네 번째 탈출에서 붙잡혔을 때 그는 노예사냥꾼을 향해 돌멩이를 던져 상해를 입혔는데 이해 격분한 노예사냥꾼은 발을 자를까, 성기를 자를까 하며 쿤타를 위협하였다. 쿤타는 자신의 성기를 가렸고 노예사냥꾼은 쿤타의 발을 겨냥했다. 시뻘건 피가 잘린 발의 토막에서 뿜어져 나오자, 그는 떨어져 나간 발의 앞쪽 반 토막을 찾으려는 듯 두 손으로 정신없이 더듬거렸으며, 그의 주위는 온통 암흑이었다."

1619년 잉글랜드령 버지니아의 제임스타운에 닻을 내린 네덜란드 선박에는 식민지 농장주들에게 판매할 새로운 상품이자 향후 200년간 이 지역의 면화와 담배 농사를 맡게 될 검은 노예들이 실려 있었다. 미국 흑인 노예사의 시작이다.

국가 통합의 희생양, 흑인 노예

미국의 노예무역은 19세기 초에 이르면 폐지된다. 드물긴 하지만 해방된 흑인 중에는 지주가 된 사람들도 있다. 그러나 대다수 흑인들은 여전히 빈곤과 차별이라는 노예 상태에 머물렀다. 유럽과 미국의 백인들이 만든 인종주의는 흑인을 백인에 비해 열등한 능력을 지닌 존재라는 편견을 당연한 상식인 것처럼 만들었다. 영국에서도 1807년 의회가 노예무역 폐지 법안을 승인했을 때도 백인들은 흑인을 자신과 동등한 지위와 권리를 지닌 인간이라 여기지 않았다. 노예무역을 폐지한 결정적 이유는 흑인 노동력을 대체할 증기기관이 보급되기 시작했기 때문이며, 증기선 발명으로 값싼 노동자들을 세계 각지로 운송할 수 있는 길이 열렸기 때문이다. 미국의 풀턴이 최초로 증기선을 만들어 허드슨강을 항해한 때가 1807년이다.

나태하고 약한 개체와 사회는 도태될 수밖에 없다는 사회진화론이 19세기 후반 대서양을 건너 미국까지도 휩쓸었다. 이는 프론티어 정신, 아메리칸 드림이라 불리는 개척정신을 낳았으나 경쟁에서 밀린 인종은 자신의 처지를 받아들여야 한다는 통념을 만드는 데도 기여했다. 국가 통합을 위해서라면 자기 나라의 한쪽을 무자비하게 공격할 수 있고 원주민쯤은 절멸시킬 수도 있는 나라, 그것이 미국의 적나라한 모습이다. 제퍼슨, 워싱턴, 링컨으로 이어지는 강력한 국가 통합정책의 이면에 멸종이나 다름없을 정도로 소수만 남은 인디언들의 처참한 역사와 흑인들의 고통스런 역사가 가려져 있다. 아프리카에서 강제로 잡혀온 흑인들은 노예에서 '2등 국민'으로 지위가 급상승했으나 200년이 지나도록 그 위로 올라간 적은 없다. 미국의 44대 대통령 버락 오바마는 아프리카 노예의 후손이 아닌, 흑인 유학생과 백인 여성 사이의 '혼혈'인이다.

러시아의 발전
세계 최대의 영토 대국이 된 비결

"러시아 국기는 일단 걸어놓은 곳에서는 내릴 수 없다."
제정 러시아 황제 니콜라이 1세

몽골의 지배를 벗어난 러시아

현재 러시아는 면적 1,707만 평방킬로미터로 세계에서 가장 큰 나라다. 9만 9,000평방킬로미터인 남한의 거의 180배에 이르는 엄청난 크기다. 소련의 해체 뒤 카자흐스탄 등 15개 연방공화국이 다 독립해 떨어져 나간 뒤에도 이처럼 크다. 역사상 대영제국이 한때 이보다 넓은 판도를 가진 적은 있어도 그것은 이 대륙 저 대륙 지구 곳곳에 흩어져 있는 식민지 영역을 모두 합쳤을 경우다. 러시아는 하나로 이뤄진 영토만으로 최대 판도였으니 대영제국과는 비교할 수 없다. 게다가 대영제국이 무너진 뒤 현재 영국은 러시아 영토의 50분의 1도 안 되는 영토로 찌그러져 있다. 러시아, 과연 그들은 어떻게 유라시아 대륙의 북방을 관통하는 대제국으로 성장할 수 있었던 것일까?

러시아의 시베리아 원정은 1577년 코사크 무장집단의 우두머리 예르마크로부터 시작되었다. 바실리 수리코프의 1895년작 〈예르마크의 시베리아 정복〉.

러시아의 영토 팽창은 몽골족과 떼려야 뗄 수 없는 연관을 가지고 있다. 모스크바 공국 자체가 몽골족 킵차크 칸국의 지배를 교묘히 이용해 통일이라는 패권을 장악할 수 있었다.

당시 몽골족은 전쟁에서는 무적의 군대였다. 하지만 경제와 상업, 교역의 실무에 대해선 매우 서툴렀다. 따라서 대제국이 된 이후 이런 분야는 예외없이 다른 민족이 맡곤 했다. 가장 대표적인 것이 몽골 제국 안에서 '색목인'이라고 불렸던 페르시아인이나 위구르인 상인 계층이었다. 몽골 제국 안에서 징세청부업을 맡은 색목인 가운데 하나인 아브드 알 라흐만은 "이전보다 세금 수입을 2배로 올려드리겠다"고 장담해 오고타이 칸으로부터 승낙을 받아냈다.

이 세금 징수 청부업무는 중간에서 엄청난 이익을 챙길 수 있었다. 그 업무를 이반 1세가 확보함으로써 모스크바 공국은 강력한 경제력을 축적하고 러시아 통일의 초석을 쌓았다. 실제로 모스크바 공국은 15세기 말 이반 3세의 지휘 아래 몽골 세력을 몰아내고 그 여세를 몰아 주변의 다른 공국을 합병하거나 정복할 수 있었다.

16세기 중반 러시아 제국은 이반 3세의 손자 이반 4세가 절대군주로 등장해 본격적으로 영토 확장에 나섰다. 이반 4세는 새로운 정복지 등을 분배받아 자신에 대해 충성심이 높은 새 귀족들과 전사들을 동원해 볼가강 중류의 요충지 카잔을 점령했다. 카잔의 점령은 유라시아 대륙에 걸쳐 건설됐던 옛 몽골 제국의 영역을 거꾸로 러시아가 점령하고 지배하겠다는 선언과도 같았다. 이 승리를 기념해 이반 4세는 모스크바의 붉은 광장에 화려한 상크트 바실리 대성당을 건립했다.

그 4년 뒤인 1556년에는 몽골 세력의 후예들이 볼가강 하류에 세웠던 아스트라한 칸국도 항복했다. 볼가강을 통해 카스피해로 전진하는 통상로와 함께 우랄산맥 너머 동방의 광활한 시베리아와 카스피해 동남부의 드넓은 중앙아시아 초원이 러시아인들에게 열렸다. 1577년 코사크(카자흐) 무장집단의 우두머리 예르마크가 차르로부터 우랄의 광대한 영역에서 세금징수권, 군대보유권, 축성권을 확보한 스트로가노프 가문에 고용돼 시베리아 원정에 나섰다. 원정대는 금과 모피를 찾아 점점 동쪽으로 전진해갔다. 그들은 퉁구스족 등 원주민들을 총으로 위협해 검은 담비 등 모피를 얻을 수 있는 야생동물을 잡아오도록 했다. 특히 '달리는 다이아몬드'라고 불린 검은 담비 모피는 파리에서 엄청난 고가에 팔렸다. 모피는 1660년에 이르면 러시아 국고 수입의 3분의 1을 차지할 정도로 중요하게 됐다. 1604년 톰스크, 1628년 크라스노야르스크, 1647년 오호타강의 오호츠크해 하구에 목조로 된 군사요새 겸 성채가 잇따라 건설됐다. 나중에 태평양 연안에 도달한 러시아인들은 이번에는 현지의 원주민들에게 해달을 잡아오라고 협박했다.

17세기 초 이후 이반 4세의 혈통이 끊어지는 바람에 러시아에서는 한동안 정치적 혼란이 계속됐다. 이 시기 동안 농민과 도시빈민 사이에서 영주나 수공업자 등의 지배를 기피해 남부 국경으로 옮겨가 유목민인 코사크족 집단에 들어가는 사람들이 많아졌다. 이를 계기로 러시아에서는 코사크족을 황제의 용병으로 삼아 농민 반란을 진압하거나 대외 정복전쟁에 동원하는 전통이 강화됐다. 이 시기 볼가강 유역에서 일어난 스텐카 라친의 농민 반란을 진압하는 데도 이 코사크 기병대가 동원됐다.

가장 제국주의적인 팽창

17세기 말 러시아는 표트르 1세 때 서구화로 국력을 크게 강화해 대대적인 영토 확장에도 성공할 수 있었다. 표트르 1세는 숙원이었던 서쪽 발트 지방을 획득하고 대양 접근로를 활짝 열었다. 이와 함께 시베리아 경영 등 동방 진출에도 심혈을 기울였다. 그 결과 1689년에는 청과 네르친스크 조약을 체결하여 흑룡강의 북쪽 외흥안령과 알군강을 잇는 선으로 국경을 확장했다. 18세기 후반 등극한 여제 예카테리나 2세도 영토 팽창에 적극 나섰다. 먼저 남방에서 2차례에 걸쳐 오스만 제국과 싸워 크림 반도 등 흑해 연안을 빼앗았다. 그 결과 드네프르강을 통해 우크라이나 내륙과 지중해가 연결되는 등 사실상 흑해를 러시아의 내해처럼 활용할 수 있게 됐다.

제정 러시아는 유라시아의 동쪽 끝인 베링해협을 넘어서 알래스카까지 진출했다. 여기서 모피를 얻기 위해 사냥을 하는 러시아인에게 식량을 공급하는 것이 당시 러시아 정부의 주요 업무 가운데 하나였다. 러시아는 결국 알래스카의 유지에 부담을 느껴 1867년 720만 달러(현재 화폐가치로 약 1억 1,300만 달러 정도로 추산)를 받고 미국에 매각했다. 당시 미국의 여론도 알래스카의 매입에 부정적이었다. 언론은 매입 작업을 주도한 시워드 국무장관을 조롱하기 위해 알래스카를 '시워드의 냉장고' '북극곰의 동물원'이라고 비난했다.

땅이 늘어나자 인구도 급속도로 늘어났다. 18세기 초 표트르 대제 말기 제정 러시아의 인구는 약 1,100만 명 수준이었다. 18세기 말에는 약 3,600만으로 3배 수준으로 늘어나더니 19세기 말에는 1억 명을 돌파했다. 채 200년도 안 되는 사이에 인구가 10배 가까이 늘어난 것이다. 이제 러시아는 수십 개 민족을 포괄하는 다민족 국

러시아의 발전을 이끈 군주들

	재위기간	주요 치적
이반 4세	1533년~1584년	절대 왕정의 시작 전제 군주권 확립, '차르' 시베리아 진출 → 러시아 제국 기반 마련
표트르 대제	1682년~1725년	서구화 정책-내정 개혁, 군비 강화, 유럽 문화 수입 시베리아 지배 강화, 청과 네르친스크 조약 체결 (1689년) 북방 전쟁-스웨덴 격파, 발트해 진출 → 상트 페테르부르크 건설, 도읍으로 삼음 흑해 연안으로의 남하 정책 추진
예카테리나 2세	1762년~1796년	계몽 전제 군주 - 법전의 편찬, 학교와 병원의 설립 등 노력 전제 정치와 농노제 강화 팽창정책-크림 반도와 흑해 연안 일대 획득, 폴란드 분할에 참여 → 영토 확장

가로 변모했다.

전체적으로 러시아의 급격한 영토 팽창이 가능했던 요인은 다음과 같이 정리할 수 있다.

(1) 표트르 1세 등 유능한 군주들이 서구화로 국력을 키운 뒤 서구 세력과 직접 충돌하지 않는 지역을 중점적으로 공략했다.
(2) 몽골 제국의 후퇴에 따른 공백기를 놓치지 않고 다른 서구 나라보다 먼저 시베리아를 공략했다.
(3) 러시아의 남하정책을 저지하려는 영국 등 서구 열강의 간섭을 경험한 결과 전쟁과 외교를 효율적으로 활용하는 글로벌 역량이 크게 강화됐다.
(4) 시베리아 철도건설에서 보듯 국가 목표를 위해선 강압적인

국력의 집중이 가능했다.
(5) 덴마크 출신의 비투스 베링에게 전권을 주어 베링해협과 알래스카를 발견한 데서 볼 수 있듯이 유능한 인재를 발탁하고 강력하게 지원했다.

그러나 러시아의 대제국화가 폭력적이고 무자비한 제국주의 방식으로 진행됐다는 점을 부정하기 어렵다. 무엇보다 러시아가 영토 확장에서 가장 많이 활용한 방식은 하나같이 침략 전쟁이었다. 발트해 연안의 점령과 페테르부르크의 건설을 가능케 했던 북방 전쟁(대 스웨덴 전쟁)을 비롯해 크림 반도 확보(대 오스만 투르크 전쟁), 카프카즈 복속, 카잔 칸국 등 중앙아시아 점령 등 영토 확장에서 중요한 전환점을 이루는 사건들이 모두 전쟁으로 점철돼 있다. 제정 러시아 이후 1970년대 말 소련 군대가 아프가니스탄에 침공한 것은 바로 이런 침략 전쟁의 역사와 맥을 같이 하고 있다.

게다가 러시아는 상대방 국가가 어려움을 겪고 있을 때 외교적 압박 등을 통해 이권과 영토권을 극대화하는 데 뛰어났다. 이런 외교적 책략으로 가장 큰 피해를 입은 나라는 놀랍게도 청나라다. 러시아는 청이 태평천국운동 및 애로우호 사건으로 크게 고전하고 있는 것에 편승해 1858년 네르친스크 조약을 수정해 알군강과 흑룡강을 새로운 국경선으로 정하는 아이훈 조약을 체결하도록 압력을 넣어 성공했다. 그 결과 알군강 이북의 땅을 모두 획득하고 우수리강 이동의 연해주까지 양국의 공동관리로 하게 된다. 나아가 1860년에는 청나라가 애로우 전쟁의 교전국이었던 영국 및 프랑스와 강화조약(베이징 조약)을 맺도록 주선한 뒤 그 대가로 러·청 베이징 조약을 체결해 우수리강 동쪽의 연해주를 완전히 획득했다. 러시아는 이 땅에 블라디보스톡항을 건설해 극동 태평양 방면으로의 진출거점으로 삼았다.

또한 시베리아의 거대한 철도망과 군사 요새, 도시의 건설에 필요한 노동력을 충당하기 위해 국내 정치범을 양산한 뒤 유형을 보내는 만행이 장기간 지속됐다. 외국인 포로들도 이 야만적인 강제노동에 희생됐다. 대규모 유형과 강제노동은 제정 러시아는 물론 스탈린 시대 소련에서도 공공연하게 벌어졌다.

『러시아 제국의 역사』를 쓴 러시아의 역사가이자 시인인 니콜라이 카람진은 보수주의자인데도 이렇게 말했다.

"페테르스부르크는 눈물과 시체 위에 건설됐다."

얼마나 많은 사람들의 처절한 피와 눈물과 시체 위에 러시아는 세계 최대 제국의 깃발을 꽂았던 것인가?

> 히스토리 브리핑

타타르의 멍에를 벗어던진 돈스코이

9세기 발트해와 흑해 그리고 카스피해에 이르는 광대한 지역에는 슬라브인들의 소국이 여러 곳에 흩어져 있었다. 이 가운데 자신을 '루시'(이 민족명에서 러시아라는 영어식 국명이 유래한 것이다)라고 부르는 동슬라브인이 노브고로드 공국(현재의 모스크바와 페테르스부르크 사이 지역)을 건국한 것이 러시아의 첫 국가다. 그 뒤 현재의 우크라이나 수도인 키예프를 중심으로 키예프 공국이 세워졌다. 10세기 말엽 키예프의 통치자 블라디미르공이 자기 일족에게 영지를 분배해 봉건제를 실시하고, 토착 세력을 억압하면서 왕권을 크게 강화했다. 블라디미르는 동로마 제국(비잔틴 제국) 바실레이오스 황제의 누이동생과 결혼해 동로마의 동방정교도 받아들였다. 988년 키예프 사람들은 그의 명령에 따라 모두 드네프르강으로 들어가 세례를 받았다.

13세기 이후 루시 세력은 몽골의 침입을 받아 최대의 고난을 겪었다. 칭기스칸의 손자 바투가 이끄는 몽골군에 저항하던 모스크바를 비롯해 키예프, 라잔, 블라디미르 등 루시의 영역 대부분이 함락돼 몽골의 지배 아래 들어갔다. 유럽인들은 무자비하고 강력한 이 몽골족을 '지옥에서 솟아올라온 인간들'이라는 뜻을 지닌 'ex tartaro'라고 했고, 루시들은 이것을 받아 '타타르'라고 불렀다. "약탈, 살육, 방화"에 이어 "도시들의 대규모적인 파괴, 땅의 황폐화, 칸들에게 바치는 엄청난 공물 등"으로 표현되는 약 260년 동안의 이 몽골족 킵차크 칸국의 지배를 러시아 역사에서는 '타타르의 멍에'라고 부른다.

킵차크 칸국의 지배기간 동안 모스크바의 공국이 점차 성장해갔다. 공국은 '돈주머니 이반'이라는 별명을 지닌 이반 1세 때 막대한 금은보화를 킵차크 칸국의 칸과 그 가족들에게 바치고 신임을 얻어내는 데 성공했다. 이반 1세는 '블라디미르 대공'이라는 작위와 함께 킵차크 칸국 안에서 몽골족을 대리해 세금을 징수할 수 있는 엄청난 특혜를 얻어냈다. 공국은 다른 루시 지역에서 요령껏 세금을 거둬 일정액만 칸에게 바치면 됐기에 중간에서 엄청난 차액을 챙길 수 있었다. 모스크바 공국은 경제력을 바탕으로 정교회 대사제의 공관을 키예프에서 모스크바로 옮겨왔다. 마침내 루시들은 1380년 9월 모스크바 대공 드미트리를 중심으로 10만 연합군을 결성해 킵차크 칸국의 13~15만 대군과 돈강에서 격돌했다. 양측에서 엄청난 사상자가 나오는 혈전 끝에 루시 연합군이 승리했다. 드미트리는 이 승리로 '돈강의 제왕'이라는 의미를 지닌 칭호 '돈스코이'가 됐다. 루시들은 이 돈강의 전투를 계기로 점차 몽골족의 지배로부터 벗어나기 시작했다. 그 뒤 1502년 모스크바 공국의 이반 3세가 킵차크 칸국을 완전히 멸망시켰다. 이반 3세는 동로마 황제의 후계자로 자칭하면서 스스로를 '차르(로마 황제를 상징하는 카에사르의 러시아식 표현)'라고 불렀다. 동로마 제국의 국가 상징이었던 쌍두 독수리도 이때부터 러시아 제국의 문장이 됐다.

19세기의 문화 1

자유경쟁의 세계관을 심은 맬서스

다윈에 앞서 무자비한 자유경쟁 원리가 동물 세계뿐 아니라 인간 사회에도 그대로 관통한다고 처음으로 직시한 인물은 토마스 맬서스다. 『인구론』에 나타난 그의 사상은 다윈을 비롯해 당시 세계의 사상과 모든 학문에 엄청난 영향을 미쳤다.

맬서스의 적자생존

유전자 조작기술이 고도로 발전한 시기를 다룬 영화 〈가타카〉에는 임신을 원하는 부모가 의사와 상담하는 장면이 나온다.

"모든 질병 유전자를 제거했습니다. 갈색 눈을 지닌 건강한 사내아이가 태어날 겁니다."

"살아가면서 감기 정도는 걸리도록 놔두는 게 좋지 않을까요?"

"아닙니다. 완전한 삶을 살도록 해 주어야지요."

선택 출산을 권하는 의사의 말에는 1800년대 후반 프랜시스 골턴이 창시한 우생학(優生學·eugenics)의 관점이 배어 있다. 종족 개량을 위해 우수한 소질을 지닌 인간들이 유전자를 퍼뜨려 인구를 유지해야 한다는 주장이다. 우생학이야말로 '우등 민족'이니 '열등 민족'이니 하는 말을 세상에 유행시킨 주역이다. 특히 19세기부터 20세기 중엽까지 독일은 이런 사조의 중심지가 됐다. 초기에 철혈 재상 비스마르크의 지지자이자 열렬한 민족주의자로 출발했던 독일의 생물학자 에른스트 헤켈은 나중에 우생학의 대표주자가 됐다. 그는 독일 민족의 생존과 번영에 모든 것을 바친다는 신념으로 자신의 생각을 밀고 나갔고, 결국 그의 생각은 나중에 나치가 잔혹한 반유대주의정책을 펼치는 데 이론적 근거가 됐다. 실제로 나치 정부는 1933년 7월 철저한 검사를 통해 정신박약이나 유전적 장애, 간질, 신체 기형을 찾아내 강제 불임시키는 이른바 '유전병 후손의 근절을 위한 법률'을 제정하기까지 했다.

인류의 평등정신이라든가 인간의 존엄성을 거부하는 이런 반인간적인 가치관이 우생학이나 나치 정부에게만 있는 것은 아니다. 생각의 지평을 한번 넓혀보자. 무한경쟁 속에서 승자가 모든 이익을 독식하고 패자는 생존위협에 내몰리는 현대사회의 모습을 떠올려 보자. 어떤가? 이런 사회에 대해 그다지 거부감을 느끼지 않는다면 이미 당신조차도 뼛속 깊이 잔혹한 경쟁 원리에 세뇌됐다고 하지 않을 수 없다. 도대체 어느 틈에 이 무자비한 자유경쟁의 원리는 아무렇지도 않게 '당연한' 원리로 우리 머리 속에 각인된 것일까?

그 뿌리는 매우 깊다. 19세기에 활동한 찰스 다윈과 사촌지간인 골턴은 『종의 기원』에 나온 자연선택과 적자생존 개념을 차용하여 생물학이 인류 개량에 기여해야 한다고 주장했다. 그러나 사실 다윈과 동의어처럼 여겨지는 '적자생존'은 원래 다윈의 것이 아니라 1800년대 당시 급진적 사상으로 유럽 지성계에 엄청난 영향력을 행사하던 성직자 출신 학자 토마스 맬서스가 『인구론(An Essay on the principle of population)』에서 주창한 개념이다. 『인구론』은 이렇게 설파하고 있다.

> "동식물은 생존수보다 훨씬 많은 자손을 낳는데, 생존경쟁을 통해 적자만 살아남고 부적자는 절멸한다. 하등동물일수록 많은 개체를 출산하는데 끝까지 살아남는 개체 비율은 무척 낮다. 열등한 존재이기 때문이다. 식량 생산량이 인구 증가를 따라잡지 못하는 인간 사회 역시 자연과 비슷한데, 경쟁에서 진 인간이 사회에서 도태되는 건 어쩔 수 없다. 따라서 사회가 그들을 위해 자비를 베푸는 건 자연의 순리를 거스르는 일이다. 하등동물이나 다름없는 하층민 역시 많은 자손을 낳는데 이것이 생존경쟁을 부추기는 원인이다."

이 무시무시한 주장은 젊은 다윈에게 자연도태, 적자생존이라는 테마를 각인시켰다. 다윈은 『인구론』을 읽으면서 '인구의 증가는 식량의 공급을 능가하며, 이용할 수 있는 자원을 서로 차지하기 위한 경쟁에서 결국 약자라든가 미래를 대비하지 않은 자들은 무릎을 꿇고 만다'는 맬서스의 냉혹한 진단에 무겁게 동의할 수밖에 없었다. 그가 비글호를 타고 먼 탐사를 시작하게 한 계기도 거기에 있었다. 19세기를 뒤흔든 다윈의 진화론은 사실상 맬서스에서 비롯된 것이다. 다윈뿐이 아니다. 그의 자연선택이론에 대응해 영국의 철학자 허버트 스펜서는 사회를 살아 있는 유기체로 보면서 '사회선택' 이론을 발전시켰다. 스펜서는 강자의 시장 독식이나 불평등한 사회 계급을 어쩔 수 없는 사회선택의 결과로 파악했다. 이런 논리의 연장선에서 그는 무제한의 기업경쟁을 옹호하고, 자유경쟁과 적자생존의 원칙을 깨는 국가의 구빈사업을 반대했다. 그 역시 '맬서스의 자식'이었던 것이다.

자본가 계급이 열광한 『인구론』

물론 맬서스만이 세상의 지적 챔피언은 아니다. 놀라운 것은 그가 『인구론』으로 세상을 냉혹한 악마주의의 관점으로 재단하기 거의 200년 전에 영국의 엘리자베스 여왕이 구빈법을 제정했으며, 그 이론은 맬서스와 거의 반대편에 서 있었다는 점이다. 1601년 엘리자베스 여왕은 구빈법을 통해 빈민을 구제하는 일이 '국가의 의무'라고 규정했다. 여러 가지 한계를 안고 있기는 했지만 법률까지 제정해 사회부조를 공식적으로 도입한 것이다. 엘리자베스 시대 초기 자본주의 단계에서 자본의 본원적 축적 과정을 거치며 크게 늘어난 무산빈민(부랑자)에 대한 대책으로 시작된 구빈법은 최소한의 성과는 거두었다. 아직 자본주의의 새 질서에 순응하지 못해

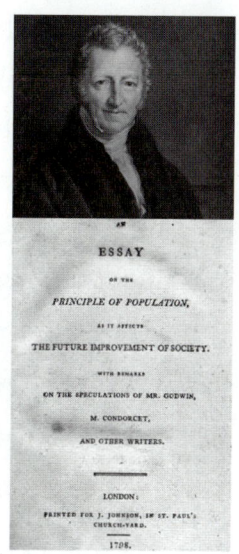

『인구론』에서 "식량은 산술급수적으로 증가하는데 인구는 기하급수적으로 증가한다"고 밝힌 맬서스는 적자생존의 원리를 직시했다. 19세기 시장의 자유경쟁 논리와 자유무역을 주장한 영국의 자본가 계급에게 맬서스의 이론은 신이 내린 선물이나 다름없었다. 사진은 『인구론』 초판본 속표지.

임금노동자가 되지 못한 빈민들이 부랑민으로 전락하는 것을 막아내는 데 어느 정도 기여한 것이다. 나중에 영국이 산업자본주의 단계에 들어서면서 본격적인 실업대책으로 발전한 구빈법은 18세기에 이르면 영국 정부에 심각한 재정 압박을 불러오게 된다. 그 결과 1830년대에 이르러 국가 예산의 20퍼센트를 차지할 정도로 부담을 주었다.

이런 상황에서 산업혁명에 따라 크게 성장한 자본가 계급은 구빈법이 자신들이 내는 세금만 축내는 사악하고 쓸모없는 정책이라 주

장하며 법 개정을 강력히 촉구했다. 맬서스의 이론이 급속도로 영국 사회에 뿌리를 내릴 수 있었던 것은 1800년대 영국을 사실상 움직였던 이 자본가 계급 덕분이다. 시장의 자유경쟁 논리와 자유무역을 주장한 그들에게 맬서스는 그야말로 '신이 내린 선물'이나 다름없었다. 자본가 계급은 맬서스의 『인구론』을 들먹이며 나라가 나서서 빈민구제사업을 벌이는 것에 대해 극도로 불만을 표시했다. 맬서스야말로 경쟁에서 도태된 잉여인구인 약자를 자연이 처벌해야 한다고 굳게 믿었다. 그에 따르면 빈곤이 초래한 과잉인구는 사회가 굶겨 죽임으로써 없애야 했다!

결국 엘리자베스의 구빈법과 맬서스의 『인구론』 사이의 격돌은 1834년 영국 정부가 빈민구제사업에서 발을 빼고, 각 교구가 알아서 빈민을 지원하는 내용을 골자로 한 '신구빈법'이 통과되면서 결판났다. 자유당 다수파가 주도하고 보수당이 동조한 구빈법 개혁에 따라 하층 빈민 계급은 비로소 국가의 공적 보호에서 완전히 배제되어 민간사업자의 손에 내맡겨지게 된다. 신구빈법이 실시된 이후 빈민은 사회에 해를 끼치는 범죄집단처럼 간주됐다. 노동력을 제공하지 못하는 노약자는 인간쓰레기나 다름없는 처지가 됐다. 사회적 강자이자 적자인 자유주의자들은 경제활동에서 정부의 간섭을 몰아내려 했다. 시장 논리에 따라 질서가 재편되기를 원했다. 불행한 일이지만, 세상은 그들의 바람대로 됐다.

누군가는 반드시 도태된다

맬서스는 근대인, 나아가 현대인의 가치관에 심각한 각인을 남겼다. 그 위력은 '식량은 산술급수적으로 증가하는데 인구는 기하급수적으로 증가한다'는 간단한 문구 정도에 머무는 게 아니다. 그는 1798년 적자생존 원리를 체계적으로 정리하면서 인류가 지녔던 기본 상식을 180도 바꿔 버렸다. 자연은 더 이상 자비로운 신의 원리가 깃든 세계가 아니라 그저 냉혹한 생존경쟁이 펼쳐지는 장일 뿐이다. 인간 사회 역시 마찬가지다. 인류와 동식물이 조화롭게 공존한다는 고대의 세계관은 결정적으로 파탄났다. 맬서스의 생각대로라면 고등생물인 인류가 하등생물인 동식물을 지배하고 이용하는 것 역시 당연한 근대적 사고다. 약자를 보호하는 것이 강자의 당연한 도리라는 생각에서, 그런 자선이 비효율적인 일일 수 있다는 의심을 품게 한 것도 그였다. 노력하면 다같이 잘 살 수 있다는 아이 같은 순진함을, 누군가는 살아남지만 누군가는 반드시 도태된다는 어른 같은 단호함으로 뒤바꾼 것도 맬서스다.

"인간 사회를 지탱하는 원리는 협력이 아니라 투쟁과 경쟁이다. 그것을 인정해야 인류 문명이 발전한다. 우리가 냉혹한 현실에서 살아남는 유일한 길은 적자, 즉 강한 자가 되는 것이다."

이 말에 동의한다면 우리 역시 자유경쟁 원리의 창시자 '맬서스의 후손'이다.

19세기의 문화 2

마르크스주의, 만국의 노동자들이 단결하면 새 세상이 온다

> 소수 자본가에게 노동력을 팔며 생계를 꾸리는 다수의 노동자들은 세계 어느 곳에서나 여전히 빈곤하다. 자본주의를 철저히 분석한 어떤 철학자는 '노동자들에게는 조국이 없다'고 선언하며 '만국의 노동자들이 단결하여' 이 세계를 뒤바꾸어야 한다고 역설했다. 그는 바로 카를 마르크스다.

위험인물

독일 청년 카를 마르크스는 베를린 훔볼트 대학 시절 헤겔 철학에 심취했다. 정신이 스스로 모순을 부정하고 극복하며 더 높은 단계로 성숙하는 필연적 전개과정을 다루는 장대한 헤겔 철학은 이른바 '변증법적 유물론'이라 불리는 마르크스 사상의 근간이다. 대학에 남아 철학을 연구하고자 한 마르크스의 원래 계획은 아버지의 급작스런 죽음과, 헤겔 사상의 열렬한 옹호자인 바우어가 강단에서 강제 퇴임조치를 당하는 사건을 계기로 어긋나게 된다. 마르크스는 《라인신문》 편집장을 맡아 사회 문제에 깊이 관여하게 되면서 실천적 지식인으로서 삶을 시작했다. 반체제 언론매체에 대한 독일 정부의 탄압이 거세지자 그는 프랑스 파리로 활동 무대를 옮겼다. 19세기 중반의 파리는 전 유럽에서 몰려온 망명 지식인들의 도피처였다.

파리에 살면서 노동자들의 생활을 본 마르크스는, 다른 어떤 조건보다 인간이 먹고 사는 방식을 포괄하는 생산양식이야말로 인간의 생활과 운명을 결정짓는 요소일 것이라는 결론에 도달한다. 그는 노동자들의 '소외' 문제에 관해 유독 깊이 파고들었다. 마르크스가 정의

마르크스(왼쪽)와 엥겔스는 자본주의 체제 아래서 자본가의 탐욕으로 고통받는 노동자들의 삶을 직시하며 노동자들이 해방되는 새로운 세상을 꿈꿨다.

한 소외란 인간이 자신의 이상이나 목적에 맞지 않는 행위를 하며 살아가야 할 때 생기는 비인간적인 현상으로 자본주의적 생산양식은 사람들을 끊임없이 소외시킨다. 투철한 공산주의자이기에 앞서 철저한 휴머니스트인 마르크스는 소외가 없는 다른 방식의 생산양식을 구상하고 구체적인 실현방법에 관해 연구했다. 파리 생활도 오래 가지 못했다. 독일에서 피신해 온 이 급진주의자는 위험인물로 분류돼 프랑스 정부에 의해 추방되었다. 영국으로 망명한 마르크스는 1883년 죽을 때까지 거기서 살았다.

마르크스가 망명했을 때 영국은 차티스트 운동(Chartism: '인민헌장을 주장하는 사람(차티스트)'에서 유래함)이 좌절로 막을 내린 시점이었다. 1832년 선거법 개정 과정에서 노동자의 선거권이 배제되면서 각종 불이익과 저임금에 신음하던 노동자들의 분노가 드디어 절정에 달했다. 1838년 〈인민헌장(People's Charter)〉이 발표되었고 이는 1842년 차티스트 총파업과 1844년 보헤미아 염색공 폭동으로 이어졌다. 19세기 영국 노동자들의 비참한 상황과 저항의 몸부림은 마르크스의 친구이자 공동 연구자이며, 평생의 후원자인 프리드리히 엥겔스의 저서 『영국 노동자 계급의 상태』에 자세히 기술돼 있다.

동반자 마르크스와 엥겔스

마르크스 곁에 엥겔스처럼 충실한 파트너가 없었다면 그의 사상은 대부분 미완 상태에 그쳤을 것이다. 부유한 집안에서 태어난 엥겔스는 고결하고 강직하고 성실한 인물이었다. 급진적 사회주의자가 된 엥겔스는 1844년 가을 파리에서 마르크스와 처음 만났으며 그후 평생 같은 이상을 공유하는 동지가 되었다. 엥겔스는 마르크스의 난해한 설명을 일반 노동자들도 쉽게 이해할 수 있도록 단순화하여 표현하는 데 탁월했다. 그는 『공산당 선언』(1848년)의 공동 저자이자 마르크스가 『자본』 1권만 남기고 세상을 떠난 뒤 후속편을 완성시킨 숨은 공로자다.

군복무를 마치고 영국 맨체스터에서 1840년대를 보낸 엥겔스는 당시 산업혁명 중심지인 맨체스터 노동자들의 생활을 보고 그 비참한 현실에 큰 충격을 받았다. 그리고 말년에 집필한 『영국 노동자계급의 상태』에 그 실상을 고스란히 실었다. 1840년 기준으로 맨체스터에는 잘 곳이 전혀 없어 매일 노숙하는 노동자들이 5,000명이나 됐다. 당시 빈민 노동자들은 쥐가 우글거리는 음습한 지하실에서 15명 정도가 모여 살거나 때로 말이나 당나귀와 같이 지내기도 했다. 맨체스터에만 이런 지하실이 2만 개나 있었다고 한다.

방적 공장에 일하는 노동자들 곁에는 늘 부상이나 죽음이 도사리고 있었다. 안전성이 확보되지 않은 대형기계가 공장에 들어오면서 많은 노동자들이 희생되었다. 방적기계 벨트에 일꾼들이 빨려 들어가는 사고가 허다하게 일어났는데, 그 가장 큰 원인은 노동자들이 기계를 멈추지 않고 그대로 작동한 상태로 청소하기 때문이었다. 그렇지 않으면 휴식시간이 줄어들기 때문에 노동자들은 금쪽같은 휴식시간을 청소에 바치느니 차라리 일주일에 두 번씩 목숨을 거는 위험한 선택을 하는 것이었다. 공장주를 향한 혐오가 기계를 향해 분출된 첫 사건은 1811년으로 거슬러 올라간다. 직물 공장에 종사하던 노동자들이 작업기계를 파괴하는 사건이 일어났는데, 네드 러드가 주도한 이 저항의 몸부림은 나중에 러다이트 운동(Luddite Movement)이라고 불리게 됐다. 러다이트 운동은 노동자들이 단순히 공장주의 기계를 파손한 폭동이 아니라 자본가 계급과 노동자 계급의 극단적 대립을 보여준 상징적 사건이었다. 차티스트 운동은 그러한 계급 투쟁의 연장이었으며 결과는 늘 노동자들의 패배였다.

19세기 산업혁명에 성공한 영국은 자유로운 경제활동과 자본주의가 발달했지만 아동 노동과 노동자 착취, 심한 빈부격차 등이 새로운 사회 문제가 되었다.

　엥겔스와 마르크스는 동반자로서 이런 암울한 상황 속에서 노동자들이 해방되는 새로운 세상을 꿈꾸었다. 『공산당 선언』을 통해 그들은 '지금까지 존재한 모든 사회의 역사는 계급 투쟁의 역사'라고 정의하고, 노동자들을 옭아매는 사회질서를 전복해야 한다며 '프롤레타리아가 잃을 것은 사슬밖에 없으며 얻을 것은 온 세상이니 전세계 노동자여, 단결하라'고 외쳤다. 마르크스와 엥겔스는 이른바 '공상적 사회주의'를 비판하며 견고한 과학적 사회주의 사상 체계를 세우려 애썼다. 마르크스는 세계를 해석하는 것이 아니라 세계를 변혁하는 것이 진정한 철학의 역할이라고 역설했다.

1848년의 '선언'

신흥 상업 계급(부르주아지)은 원래는 혁명 세력이었다. 이들은 봉건 사회를 밀어내고 근대 사회를 열었는데, 봉건 사회를 파탄 낸 실제 주역은 생산양식의 급격한 변화였다. 생산력이 폭발적으로 늘어나자 자급자족의 폐쇄경제체제인 장원과 이를 기반으로 서 있던 봉건제가 무너져 내렸다. 부르주아지의 등장은 그 자체로 혁명이었으며 이들로 인해 모든 사회 시스템이 바뀌었다.

부르주아지를 일컫는 다른 이름인 유산(有産) 계급은 재산을 많이 보유한 이들이 아니라 생산수단을 소유한 계급을 가리킨다. 유산 계급인 자본가는 무산 계급을 이용해 이윤을 창출해야 한다. 하지만 노동자가 죽거나 병들면 이윤의 근원인 노동력이 줄어들기 때문에 노동자가 가족을 겨우 부양하며 생존할 만큼만 임금을 주며 노동력을 재생산할 수 있도록 조치한다. 노동자는 생산수단을 갖지 못한 무산 계급으로서 자신의 몸뚱이를 팔아 유산 계급인 자본가에게 노동력을 제공한다. 노동자가 받는 임금과 생산하는 상품의 가치 사이에는 차이가 발생하기 마련인데 이것이 잉여가치이며 이는 곧 자본가의 이윤이 된다. 자본가는 잉여가치를 늘리는 일에 몰두하는데 이 행위가 바로 착취다.

마르크스에 따르면 자본주의는 노동 착취 위에 서 있는 체제다.

고대의 노예제부터 중세의 농노제를 거친 지배 계급의 노동 착취는 근대에 이르러 새로운 모습을 띠게 되었는데, 표면상 법률상 자유를 누리게 된 노동자들은 더 교묘하게 은폐된 자본주의 시스템의 덫에서 도무지 헤어나올 수 없는 지경에 처하게 된다. 마르크스는 이렇게 생각했다. '자본주의는 사용하기 위해서가 아니라 이윤을 남기려고 상품을 생산하고 그것도 대량으로 생산하기 때문에 속성상 내적 모순에 빠질 수밖에 없다. 빈익빈 부익부는 커질 수밖에 없으며 소수에게 부는 더욱 집중된다. 생산은 점차 협업이 필요한 사회적 활동이 되는 반면 소유는 점차 사적인 활동이 된다. 이 불균형 속에서 대중 빈곤이 심화되어 계급 갈등이 더욱 날카로워진다. 자본주의 시스템이 고장 나 공황이 발생하는데 이는 주기적으로 반복되어 결국 사회주의 혁명이 임박한다. 자본주의는 필연적으로 붕괴한다. 노동자들이 그 상황을 제대로 준비하지 않으면 사회는 대혼란에 빠지지만, 제대로 준비만 한다면 사회주의 시대가 온다.'

1848년의 '선언' 이후 각국의 노동자들이 실제 단결하기 시작했다. 그 결실은 1864년 9월 28일 국제노동자협회(제1인터내셔널)의 창설이었으며 마르크스 역시 열렬한 회원이 되었다. 1880년대 초기 러시아에서는 마르크스 사상을 표방한 사회주의 정당이 출현했다. 농민들의 해방과 제국주의의 극복에 전념한 혁명가 레닌은 자신의 구상에 마르크스 사상을 적극 활용했다. 레닌이 이끈 혁명 세력은 1917년 승리를 거두고 '선언'의 구절대로 토지를 농민들에게 재분배했다.

1998년 인도의 한 농민협회는 '몬산토 화장 작전(Operation Cremate Monsanto)'이라 불리는 게릴라전을 전개했다. 몬산토는 세계 최대 종자회사로 인도의 토착 면화농들에게 자사의 종자를 대량 보급하고 토종 종자를 말려버림으로써 결국 그들을 자립이 불가능한 빈농으로 전락시킨 주범이다. 빚더미에 앉은 인도 면화재배농 20만 명이 자살했다면 과연 믿을 수 있겠는가? 농민들은 몬산토의 시험 재배장을 급습해 불태우고 사무실에 난입해 서류를 모조리 찢어버렸다. 농민들의 게릴라전은 계속됐다. 이를 자행한 단체는 자신들을 '구닥다리 러다이트'라고 소개했다. 19세기 초 영국 노동자들의 심정과 20세기 말 인도 노동자들의 심정은 매우 비슷할 것이다. 자본가의 탐욕에 자신이 가진 가장 적은 것조차 빼앗길 수밖에 없는 비참한 상황이 무척 흡사하기 때문이다.

풍요 속의 빈곤

'풍요 속의 빈곤'은 오늘날 가장 심각한 세계 문제다. 아프리카 대륙에는 굶주린 어린이들이 수없이 죽어가는데 카길 같은 다국적 농산물 유통기업은 수익률을 유지하기 위해 태평양에 멀쩡한 농산물을 그대로 버리는 불행한 역설이 벌어지는 시공간이 자본주의 세계다.

사회의 부와 재화가 소수에게 편중되는 것을 막고, 인간 소외 없는 평등 사회를 구축하려는 사회주의의 이상은 파시즘과 국가 사회주의를 옹호하는 독재 세력에 의해 번번이 좌절됐다. 그러나 소련이 붕괴하고 도미노처럼 동구가 몰락했다고 하여 그 이상마저 사라진 것은 아니다.

"어느 곳, 어느 국민이든 반란을 일으켜 정부를 타도하고 국민들에게 더 적합한 새 정부를 세울 권리가 있다. 이는 가장 귀하고 신성한 권리다."

이는 『공산당 선언』에 나온 구절이 아니라, 이 팜플렛이 출간되기 한 달 전쯤에 당시 미국 하원의원이었던 링컨이 의회에서 행한 연설의 일부다. 21세기를 맞은 세계 곳곳에서 반세계화, 반신자유주의, 반금융자본주의 시위가 벌어진다. 그들이 제기하는 문제는 19세기 노동자들의 생각과 같다.

'같이 좀 살자.'

6부
아시아의 근대적 발전

중국은 아편 밀수로 식민주의적 침탈을 지속하는 대영제국에 대해 아편전쟁으로 맞서면서 근대를 열었다. 그러나 중국인의 의지와 상관없이 중국의 실력은 서구 제국주의의 상대가 되지 못했다. 전쟁에 무참히 패배하고 강제 개항과 불평등 조약이 잇따랐다. 중국인들은 이 절망적인 상황을 타개하기 위해 근대화를 위한 몸부림을 시작했다. 그 결과 신해혁명을 일으켜 청 왕조를 몰아내는 데는 성공했으나 곧 군벌들의 방해에 휘말려 혁명은 미완의 혁명으로 변질됐다.

서구 식민주의와 일본 제국주의가 이중으로 공세를 취하는 가운데 자본주의적 근대화를 추구하는 국민당과, 공산주의 혁명을 추구하는 공산당은 권력을 놓고 경쟁에 돌입했다. 국민당은 초기 기습적인 백색 테러로 공산당 세력을 크게 위축시키는 데는 성공했지만, 곧 스스로의 반동적 성격 때문에 급격히 변혁의 동력을 잃고 만다. 공산당은 국민당의 토벌작전에 밀려 서북방에서 근거지를 찾는 대장정에 나서고, 그 결과 농민들을 주요 혁명 세력으로 삼아 자체적으로 군대를 모병하고 자급자족도 이루는 해방구를 갖춘 뒤 지구전을 펼치자고 설파한 마오쩌둥이 주도권을 장악했다. 결국 제2차 세계대전 종전 뒤 재개된 내전에서 공산당이 최종 승리해 중국 대륙은 중화인민공화국의 지배 아래 들어갔다.

일본은 1854년 미국 페리 함대의 무력 시위에 굴복해 강제 개항에 나선 뒤 메이지 유신을 거쳐 급격한 서구식 근대화에 돌입했다. 이와쿠라 사절단을 파견해 서구의 근대화를 답사하고 연구한 일본은 프로이센 모델을 중심으로 급격한 부국강병정책을 추진했

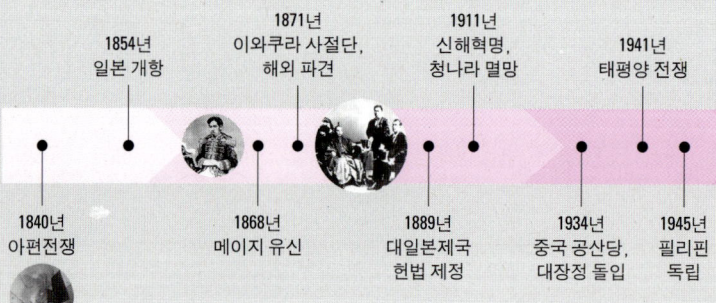

1840년
아편전쟁

1854년
일본 개항

1868년
메이지 유신

1871년
이와쿠라 사절단,
해외 파견

1889년
대일본제국
헌법 제정

1911년
신해혁명,
청나라 멸망

1934년
중국 공산당,
대장정 돌입

1941년
태평양 전쟁

1945년
필리핀
독립

다. 그 결과 21년 뒤 스스로 근대 해군을 갖춰 이웃 조선에 대해 강제 개항토록 하는 데 성공했다. 일본은 메이지 유신을 통해 '위로부터의 개혁'을 급진적으로 추구하면서 곧 천황 중심의 강력한 군국주의적 국가로 변모해갔다. 이 과정에서 1차적으로 조선과 대만에 대한 무력 침략과 식민화가 진행됐다. 일본의 군국주의는 여기서 멈추지 않고 만주국 수립과 대륙 침략으로 이어져 아시아 태평양을 제2차 세계대전의 전화 속으로 몰아넣었다.

서구 식민주의 국가들이 아시아·아프리카 지역에 대한 식민지배를 강화하면서 각지에서는 이에 저항하는 반식민주의-반제국주의 투쟁이 활발하게 벌어졌다. 베트남의 경우 특히 공산주의자이자 민족주의자인 호치민의 지도 아래 프랑스와 미국에 맞서 강력한 저항이 벌어져 곧 인도차이나 전역이 전쟁의 불길 속에 휘말렸다. 결국 베트남은 수백만에 이르는 인민들이 희생되는 격전 끝에 프랑스와 미국의 간섭을 물리치고 남북 베트남의 통일과 사회주의 국가 건설을 성공시켰다. 인도네시아, 버마에서도 반제 투쟁이 지속됐다.

서아시아에서는 오스만 투르크 제국에 대한 유럽 강대국의 침략이 본격화되면서 영국과 프랑스 등 서구 열강이 새로운 지배자로 등장했다. 이 과정에서 중동 아랍 국가들의 자주권과 국익은 심각하게 훼손됐다. 나중에 이들은 석유수출국기구(OPEC)를 결성해 막강파워를 행사하면서 그 수모를 부분적이나마 되갚을 수 있었다.

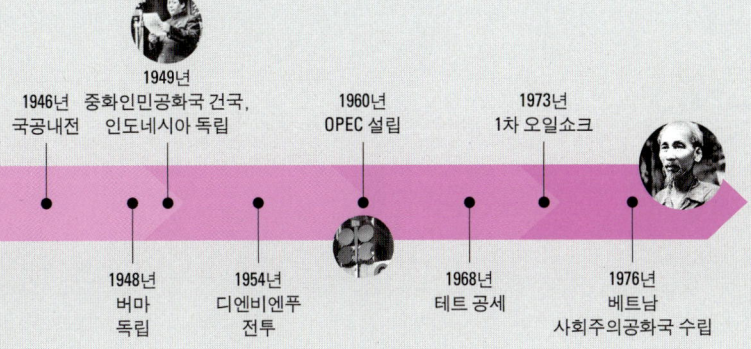

1장
동아시아의 근대화 운동

아편전쟁: 중국, 반제 투쟁으로 현대 열다
중국혁명1: 곱하기 10억의 논리로 집권한 공산당
일본의 근대화: 위로부터의 급진적 개혁, 메이지 유신
일본의 제국주의: 천황 중심의 군국주의-제국주의

아편전쟁

중국, 반제 투쟁으로
현대 열다

동양의 심장부를 겨냥하고 들어온 영국 제국주의는 초기 심각한 무역 적자가 발생하자 인도 마약을 밀수해 중국에 풀기 시작했다. 이런 제국주의 침탈에 청나라가 저항하자 그들은 포함을 동원해 전쟁을 일으켰다. 아편전쟁, 동아시아는 제국주의와의 전쟁으로 '핏빛 현대'를 열었다.

서세동점

15세기 말 동양과의 경쟁에서 역전하기 시작한 서양 세력은 16세기부터 거세게 아시아로 밀어닥쳤다. 포르투갈이 희망봉을 돌아 인도, 믈라카까지 진출하더니 에스파냐도 반대편으로 돌아 아메리카 남단을 거쳐 필리핀까지 밀고 들어왔다. '서세동점(西勢東漸)', 서양의 세력이 동양을 뒤덮기 시작했다.

서양 제국주의의 최강자 영국도 인도를 식민지화한 뒤 아시아의 거인 중국을 향해 몰려왔다. 영국은 청나라가 지배하던 중국에 면직물과 모직물을 팔고 싶었다. 그러나 상황은 거꾸로 돌아갔다. 청나라는 영국의 면직물이나 모직물에 별 관심이 없었다. 오히려 영국이 청나라산 차와 비단에 목을 매는 신세가 됐다. 특히 차는 18세기에서 19세기 초에 걸쳐서 영국에서 산업혁명기의 노동 계급까지

18세기 영국 정부가 차에 대한 수입관세를 인하하자 일반 국민 사이에도 널리 차가 보급되어 차의 수입이 급증하게 된다. 영국은 청나라와의 교역에서 막대한 적자를 기록하게 됐다.

즐기는 국민적인 기호식품으로 자리잡았다(티 타임이라는 말이 이때 생겨났다). 이 때문에 17세기 이래 청나라와 영국의 무역은 늘 청나라가 막대한 흑자를 거뒀다. 영국은 멕시코산 은을 에스파냐로부터 사들여 차와 비단의 대금으로 지불해야 했다. 게다가 청나라는 광주 한 군데에서만 국가 주도로 교역하는 정책을 고수했다. 필요하면 아무 때나 무역을 중단하곤 했다. 영국이 상황을 개선하려고 협상이라도 제안하면 청나라는 이런 식으로 대꾸해 버렸다.

"천조(청나라)는 물산이 풍부하고 없는 것이 없으므로 외국 오랑캐 나라의 화물을 빌어서 유통시킬 필요가 없다. …다만 천조가 생산한 홍차, 도자기, 생사 등은 너희 영국의 필수품이므로 불쌍히 여겨 은혜를 베풀어…일용에 도움을 받게 한 것이다."

영국은 18세기 말엽부터 정상적인 국가 관계에서는 상상할 수도 없는 극악한 방법을 동원했다. 인도에서 나오는 아편을 중국으로 밀수하기 시작한 것이다. 아편은 양귀비의 열매로부터 채취하는 중독성이 매우 강한 마약이다. 영국 정부의 추악한 마약 밀무역은 수십 년 동안 조직적으로 자행됐다.

강건성세 시기인 청나라 옹정제 재위 7년 때인 1729년 두 나라 사이에 공식적으로 교역한 아편의 양은 60킬로그램들이 200상자 정도였다. 1세기 뒤인 1824년에는 유입량이 약 7,200상자로 그 36배가 됐다. 이미 도를 넘어선 밀수였다. 1832년에는 1만 6,200상자 규

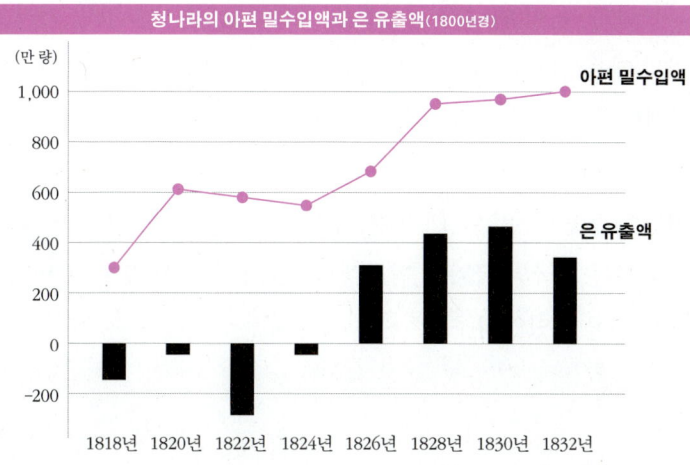

모로 급증하고, 1838년에는 4만 상자 규모를 넘어섰다. 아편 밀수가 급증하면서 1830년대부터는 거꾸로 청나라가 수입초과로 바뀌었다. 이제는 청나라에서 영국으로 은이 거꾸로 빠져나갔다. 1830년대 말에 이르면 국외로 유출되는 은이 청나라 국가 수입의 80퍼센트에 이를 정도였다. 청나라 안에 유통되는 은 자체가 심각할 정도로 줄어들었다. 청나라가 지정은제도라는 은본위제였기에 상황은 더욱 악화됐다. 지정은제에서는 우선 세금납부액부터 은으로 표시된다. 설사 동전으로 내더라도 그 은의 가치에 상응하는 양만큼 내야 한다. 은의 가치는 점점 더 폭등하고 동전의 가치는 점점 더 폭락해 버렸다. 건륭제 시대에 은 1량(37그램)이 동전 700~800문과 교환됐는데 1830년대에는 1,200문, 1830년대 말에는 최대 2,000문으로 천정부지로 뛰었다. 농민을 비롯해 일반 백성은 동전으로 은의 가치에 상당하는 세금을 내려니 죽을 지경이 돼 버렸다. 가만히 앉아서 세금이 2배 뛴 꼴이었다. 농민을 비롯해 백성들은 나날이 가난해졌다. 지정은제가 교란되자 소금을 전매하며 거부를 이룬 염상들까지도 파산했다. 은이 아니라 동전으로 거래하고, 동전을 잔뜩 가지고 있었기 때문이다. 조정은 조정대로 세수에 심각한 차질이 빚어졌다.

게다가 아편도 급속하게 전국 각계각층으로 퍼져갔기에 그 폐해는 심각하기 짝이 없었다. 관리나 군인으로부터 아래로는 상인과 가난한 농민에 이르기까지 온 나라가 아편중독자로 득시글거렸다. 청나라는 영국의 국가적 범죄행위와도 같은 아편 밀수로 빈사상태에 빠져들고 있었다.

가장 추악한 제국주의 전쟁

이런 상황에서 터진 것이 바로 아편전쟁이다. 청나라 조정은 도광 18년인 1838년 각 지방의 행정책임자와 군사책임자들에게 아편을 엄금하는 정책에 대한 구체적인 방안을 제시하라고 지시했다. 지금의 호남성과 호북성에 해당하는 지역을 책임지는 호광 총독 임칙서의 방안이 채택됐다. 조정은 그를 황제로부터 전권을 위임받아 특명을 실행하는 흠차대신으로 임명해 광동에 파견했다. 임칙서는 1839년 정월 도착하자마자 아편을 엄금한다고 공표하고 청나라 아편 밀수 거상 등을 전격적으로 처형시켰다. 영국 상인들에게도 "사흘 안으로 모든 아편을 인도하고, 아편 밀수를 하지 않는다"는 서약서를 제출하라고 명령했다. 아모이에서 광동에 이르는 영국 상인들이 놀라서 굴복하려 하자 영국의 무역감독관 찰스 엘리어트가 이것을 막고 버티려 했다. 임칙서는 곧바로 병력을 동원해 영국의 상관을 바다와 육상에서 포위해 봉쇄했다. 견디지 못한 영국 쪽은 결국 2만 여 상자의 아편을 인도했다. 임칙서는 몰수한 아편을 석회와 바닻줄을 이용해 소각처분했다.

그러자 영국은 극동 함대를 동원해 무력 도발에 나섰다. 청나라가 선전포고로 맞서면서 1840년 본격적으로 아편전쟁이 벌어졌다. 영국군은 먼저 광주항 입구를 봉쇄했다. 그러나 임칙서를 의식해서였는지 상

영국 제국주의는 아편 밀무역이라는 추악한 방법을 동원해 청나라를 굴복시켰다. 아편전쟁의 패배로 청나라는 서구 열강의 제국주의 침략에 무차별적으로 짓밟히게 된다.

륙하지는 않았다. 그러다가 북상해 6월에 강소 지역의 주산열도를 공략하고 더 북상해 천진을 본격적으로 위협하기 시작했다. 천진은 수도 북경으로 들어가는 수운의 숨통이었다. 이 무력 시위에 놀란 청조는 임칙서를 흠차대신에서 물러나게 한 뒤 영국과 협상에 들어갔다. 협상-협상안 타결-번복-협상 결렬 등 우여곡절을 겪다가 다시 전투가 재개됐다.

그러나 청나라는 압도적 무력을 갖춘 영국의 상대가 되지 못했다. 당시 양쪽 해군은 화력에서 엄청난 힘의 차이가 있었다. 영국 해군은 철장갑을 갖춘 최신예 포함과 무장선, 수송선을 갖춘 근대화 함대였다. 청나라군은 정크선이라는 구식 목선에 240년 전 주조한 구식 대포를 장착한 수준이었다. 청의 정크선은 영국 해군의 포격에 모조리 격침돼 버렸다. 영국 해군에는 어떤 피해도 입히지 못했다. 너무나 현격한 무력의 차이였다. 결국 영국 해군이 남경으로 접근하자 청나라 조정은 남경을 점령당해서는 안 되겠다고 판단해 영국의 요구를 거의 전부 다 들어주면서 전쟁을 매듭지었다. 사실상 항복이나 다름없는 전쟁이었다.

아편전쟁 결과 청나라와 영국 사이에 체결된 남경 조약은 세계사

에 '제국주의 시대의 대표적인 불평등 조약'의 효시로 기록된다. 애초 영국으로부터 제시된 청나라의 배상금 3천만 달러를 9백만 달러로 삭감하는 것 이외는 영국의 일방적인 요구를 다 수용하는 내용으로 됐기 때문이다. 이 조약으로 홍콩이 영국에게 99년 기한부로 할양되고 청나라의 무역기구인 공행이 폐지됐다. 아울러 광주, 복주, 하문, 영파, 상해의 5개 항구도 개항됐다.

이 전쟁의 패배로 청나라는 덩치만 컸지 힘은 없는 늙은 용으로 간주돼 서구 열강의 제국주의 침략에 무차별적으로 짓밟히게 된다. 그와 함께 중국인에겐 어떤 식으로든 서구 문물을 새롭게 해석하고 받아들여 새롭게 재기하지 않으면 안 된다는 것을 각성시켰다.

아편전쟁은 다음과 같은 성격을 지닌 전쟁으로 평가할 수 있다.

(1) 식민 제국주의 전쟁 가운데 가장 추악한 전쟁 가운데 하나
(2) 제국주의 침탈에 대해 아시아 최대국가가 실행한 반제 투쟁이자 방위 전쟁
(3) 그러나 가해자인 식민 제국주의의 압도적 무력에 의해 피해자 반제국가가 패배
(4) 그 결과 역사상 대표적인 불평등 조약을 외형적인 결과물로 남김
(5) 그러나 아편전쟁은 이후 중국의 반제국주의-민족주의-사회주의로의 전환점이 됨

아편전쟁에 대해선 영국 안에서도 형식상 '자유무역의 실현'을 목표로 내걸었지만 내용상 매우 잘못된 전쟁이라는 여론이 적지 않았다. 1840년 영국 의회에 상정된 '아편전쟁 군비 지출안'은 찬성 271

표, 반대 262표 즉, 9표 차이로 가까스로 가결됐다. 나중에 자유당 당수를 거쳐 수상까지 된 윌리엄 글래드스톤은 이렇게 법안 반대 연설을 했다.

"이다지도 부정한 전쟁, 이다지도 영원히 불명예가 될 전쟁을 나는 아직껏 알지 못하고, 또 읽은 적도 없다."

영국 민주주의는 추악한 제국주의 전쟁에 대해 영국 내부에 반대 의견이 얼마나 있는지 확인시키는 데는 성공했다. 하지만 잘못된 전쟁 자체를 막는 데는 실패했다. 가해자인 제국주의의 민주주의가 한계를 드러내자 피해자인 피압박민족의 인민대중은 다른 방법을 찾아야 했다.

대국굴기(大國堀起), 큰 나라가 실패를 맛본 뒤 그것을 딛고 재기하는 장대한 드라마는 중국에서 그렇게 시작됐다. 그리고 그 길은 1세기가 걸릴 정도로, 숱한 인민이 엄청난 희생을 치러야 할 정도로 매우 멀고도 험했다.

중국혁명 1
곱하기 10억의 논리로
집권한 공산당

> "상하이에 있는 공장 노동자들을 학살하라는 장제스의 명령이 떨어진 지 사흘 뒤인 1927년 4월 15일부터 18일까지 광동에서는 많은 공산주의 조직 및 대중조직이 반동분자들에 의해 깨어졌으며, 총파업을 막기 위해 많은 사람들이 체포됐다. 노동조합의 모든 간부가 검거되고 중산대학교에서도 300여 명이 잡혀갔다. …수많은 사람들이 비밀리에 살해됐다. 4월 15일부터 12월의 광동코뮌 때까지 중산대학에서만 학생 200여 명이 처형됐다는 기록을 우리는 입수했다."
>
> 김산, 『아리랑』

한 세기에 네 가지 체제를 실험한 중국

중국은 1900년대 이후 지금까지 1세기 남짓한 기간 동안 모두 네 가지 체제를 숨가쁘게 실험해 오고 있다. 왕정-공화정-사회주의-'중국 특색의 사회주의'가 그것이다.

20세기가 갓 밝았을 무렵 중국은 '종이호랑이'로 전락하기는 했지만 여전히 인민 위에 군림하는 청 왕조의 전제정치 아래 신음하고 있었다. 1911년 쑨원의 주도로 신해혁명을 성공시켜 중국은 왕정을 무너뜨리고 불완전하나마 민주주의와 공화정을 실험할 수 있는 기회를 잡았다. 그러나 막대한 이권을 노린 서구 제국주의 세력과, 중국을 통째로 삼키려는 일본 제국주의의 숨 돌릴 틈도 없이 몰아치는 침략 속에서 그 실험의 기회를 제대로 살리지 못했다. 그리고 곧 국가 및 민족의 생존과 미래를 위해 양자택일을 해야 하는 상황으로 밀려들어갔다. 어느 길로 갈 것인가? 20세기 중국 인민들은 세 번째 체제를 선택해야 하는 결단 앞에 섰다. 중국 지배 계급의 전통을 계승한 채 자본주의체제로 나아가려는 장제스의 국민당인가? 피지배 계급의 혁명권력으로 공산주의체제를 밀어붙이려는 공산당인가?

 선제공격에 나선 것은 국민당이었다. 쑨원의 처제와 결혼한 뒤 황포군관학교 교장을 거쳐 군벌 타도를 위한 국민당 북벌군의 사령관이 된 최고권력자 장제스는 1927년 4월 12일 상하이를 비롯해 중국 전역에서 국민당 군대와 상하이의 지하세계를 장악하고 있던 청방이라는 조직까지 동원해 대대적인 좌익 척결에 나섰다. 노동운동이 활발했던 상하이를 비롯해 중국 전역에서 노동운동가, 노조원, 국민당에 개인 자격으로 가입해 있던 공산당원, 비밀공산당원, 대학생, 지식인 등을 무더기로 체포하고 고문하고 살해했다. 당시 장제스는 공산당의 세력이 점차 커가는 데 대해 불안해 했다. 게다가 중국 경제계를 지배하고 있던 '절강재벌(현재의 저장성과 장쑤성을 근거지로 성장했던 자본가들. 장제스의 처가가 이 절강재벌의 대표가문이다)'은 물론 중국에 이권을 가지고 있던 제국주의 열강으로부터도 '공산당을 처리하라'는 압력을 받고 있었다. 1924년 쑨원의 주도로 성사된 제1차 국공합작은 이렇게 깨어졌다.

 공산당은 국민당의 백색 테러로 당원수가 6만 명에서 그 6분의 1선으로 줄어들었다. 공산당 지도부는 검거 선풍이 몰아치는 도시 지역을 떠나 농촌과 변경으로 후퇴해 갔다. 그들은 한때 코민테른(레닌이 세운 제3차 공산주의 국제기구)을 통해 중국혁명에 개입하는 소련 공산당의 지시에 따라 여전히 전통적인 도시봉기 시도를 계속하기도 했다. 그러나 북벌마저 성공시킨 장제스 국민당을 도시 지역에

1945년 무렵의 장제스와 마오쩌둥(앞줄 오른쪽).

서 대항한다는 것은 바위에 계란 치기나 다름없었다. 중국의 현실에 맞는 새로운 혁명이론과 혁명방법이 필요했다. 이 과정에서 농민들을 주력군으로 삼아 장기적인 게릴라전을 벌여 '농촌으로부터 도시를 포위하는 전술'을 써야 승리한다는 방법론을 제시한 마오쩌둥이 치열한 당내 투쟁 끝에 공산당의 주도권을 잡아나갔다.

권력은 총구에서 나온다

마오쩌둥은 애초 개혁주의자로 출발했다가 국민당의 백색 테러와 거듭된 혁명 과정의 시행착오로 좌절을 경험한 뒤 폭력혁명만이 유일하게 가능한 길이라는 결론을 내렸다.
"권력은 총구에서 나온다."
무엇보다 마오는 실천을 통해 이런 자신의 혁명이론을 증명하는 데 압도적으로 뛰어났다. 그는 혁명이 계급 투쟁을 기초로 자본주의적 제국주의에 대항하는 세계적인 운동이라는 레닌의 개념은 받아들였다. 그러나 전통적인 마르크스주의자나 레닌주의 볼셰비키와 달리 중국적 현실을 이론의 토대로 삼았다. 그는 특히 중국의 농업과 농민의 실태 그리고 그 가능성에 대해 대단히 예리한 통찰력을 가지고 있었다. 결국 그는 일시적인 봉기를 통해 도시를 장악하는 것으로는 압도적인 힘을 가진 국민당을 궁극적으로 이길 수 없다고 보고, 인력의 충원과 식량의 공급이 동시에 가능한 농촌 지역을 근거지로 스스로 군대를 발전시켜야 살아남아 승리할 수 있다고 주장했다.

마오의 혁명전략은 1931년 자신이 주석으로 있던 '강서소비에트공화국'에 적용된 이후 1934년의 '대장정(大長征)'을 거쳐 공산당의 기본노선으로 자리잡았다. 국부군이라 불리는 국민당 군대의 대대적인 공산군 토벌작전을 피해 중국 남부에서 서북부 산시성으로 근거지를 옮기는 대장정은 10만 명으로 시작해 1년 뒤 4,000~8,000명만 옌안에 도착하는 것으로 매듭지어졌다.

국민당이 국공합작을 일방적으로 깨고 공산당 토벌에 나서자 마오의 공산당은 1934년 서북부로 이동하는 대장정에 돌입해 살아남았다.

'홍군'으로도 불리는 공산군은 하루 약 24~25킬로미터씩 총 9,000여 킬로미터를 돌파하는 강행군 속에서도 대지주의 토지를 몰수해 농민들에게 재분배하고, 빈농을 지원하는 등 공산혁명을 확산시켰다. 마오는 특히 농민들의 인심을 얻기 위해 애썼다. 마오쩌둥의 지시 중에는 이런 것까지 있다.

"빈농의 물품을 절대 몰수하지 마라."
"빌려 쓴 물건은 모두 돌려주고 망가진 것은 전부 변상하라."
"백성에 대해 예의를 바르게 하고 될수록 그들을 도와주라."
"위생에 주의하고 변소는 인가에서 충분히 거리를 두어 세워라."

역경 속에서도 농민들의 광범한 지지가 잇따르면서 마오쩌둥의 지도권은 강화되고 홍군은 더욱 강해졌다.

인민해방군 공산당

이에 반해 국민당은 이 무렵 권력의 절정기에서 기울어가기 시작했다. 국민당은 북벌 과정에서 국공합작에 따라 국민당을 적극 지원하는 사회 밑바닥 대중조직의 지원으로 상당한 에너지를 충당할 수 있었다. 노동자, 청년, 상인, 여성 등은 국민혁명을 지지하는 대중집회라든가 지방 군벌에 대한 정보의 제공 등으로 국부군을 지원했다. 그러나 국민당의 백색 테러 이후 밑으로부터의 지지는 급격히 사라져갔다. 1929년 말 국민당의 당원은 전국적으로 55만 명에 지나지 않았다. 그 가운데 28만 명은 군인이었다. 권력을 독점하게 된 국민당 간부들은 저마다 사익을 챙기기에 바빴다. 그들은 "관리가 되어 부자가 되자"는 중국 지배 계급의 전통적인 슬로건에 충실해졌다. 당은 유괴와 납치 같은 암흑가 범죄단의 수단까지 써서 국부군을 위한 거액의 기부금을 상인으로부터 뜯어냈다. 장제스마저 이렇게 탄식할 지경이었다.

"당원들은 더 이상 원칙이나 대중을 위해서 일하지 않는다. 혁명가들은 타락했으며, 혁명적 정신과 용기를 잃어버렸다."

"중국혁명은 실패했다."

일본 제국주의의 중국 침략이 국민당과 공산당의 내전에 변수로 등장했다. 1935년 일본군이 중국의 화베이 지방을 침공한 것에 항의하는 학생 등의 항일운동이 전국적으로 확대되는 가운데 공산군

1949년 10월 1일, 국공내전에서 승리해 베이징에 입성한 마오쩌둥의 홍군. 마오쩌둥은 이날 톈안먼 성루에서 중화인민공화국 중앙인민정부의 창립을 선포했다.

토벌을 독려하기 위해 시안에 온 장제스를 지역 국부군이 구금하는 이른바 시안 사건이 벌어졌다. 시안에 파견돼 산시성 일대의 공산군과 대치하던 동북 군벌 출신의 지휘관 장쉐량이 장제스를 인질로 잡고 "내전중지" "일치항일"을 호소하고 나선 것이다. 장쉐량은 만주지역을 지배하다가 일본군의 공작으로 열차에서 폭사한 동북 군벌 장쭤린의 아들이었다. 결국 장제스는 굴복했다. 1938년 일본군이 노구교 사건을 일으킨 뒤 베이징, 톈진, 상하이를 공격하자 제2차 국공합작이 성립됐다. 국민당과 공산당 양측은 힘을 모아 일본에 맞서며 중일 전쟁에 들어갔다.

일본이 패전해 제2차 세계대전이 종결됐을 때 국민당과 공산당의 외형적인 무장력은 여전히 국민당이 압도하고 있었다. 국부군은 병력이 370만~430만인 데 반해 공산군은 120만에 지나지 않았다. 게다가 공산주의 진영과의 체제 경쟁을 염두에 둔 미국의 대대적인 지원으로 국부군의 화력은 공산군을 압도했다. 그러나 마오쩌둥은 자신에 차 있었다.

"장제스가 미국 지원을 받고 있지만 인민 대중은 장제스에 반대한다. 장제스의 군대는 사기가 낮지만 우리는 그렇지 않다. 국민당

중국 공산화 과정	
1911년 10월	신해혁명, 청조 멸망, 중화민국 탄생
1919년 5월	5.4운동(산동성에 대한 독일의 조차지 이양을 요구한 일본에 항의하는 북경대학 학생들의 시위로 시작) → 현대적 의미의 반제국주의, 반봉건주의, 신민주주의 혁명의 기원
1921년 7월	공산당 창당
1927년 4월	중국공산당 제6차 전국대표대회 개최
1927년 7월	국민당과 공산당 결별
1927년 8월	난창에서 중국공산당 무장 봉기
1931년 11월	중화소비에트공화국 수립, 마오쩌둥, 주석 선임
1930년~1934년	국민당의 공산당 토벌 시작
1933년 10월	국민당 50만 병력과 비행기 200대를 동원, 공산군에 대한 포위망 구축
1934년 10월	공산군 서금 탈출, 서북방으로 이동하면서 대장정 시작
1946년 1월	국공내전
1949년 4월	공산당의 창강도하작전 후 국민당군 궤멸
1949년 10월 1일	중화인민공화국 건국

지역의 경제는 곤란한 지경인 데 반해 우리의 경제는 건전하므로 궁극적으로 우리가 승리한다."

내전 초기 한때 국부군은 공산당이 지배하던 거의 200개 현과 도시 그리고 17만 4,000평방킬로미터의 영토를 접수하기도 했다. 하지만 국민당 지배 지역에서 인플레이션이 발생하고, 나아가 미국 원조에 대한 대가로 중국 시장을 미국 자본에 개방하는 것에 대해 민족자본가도 불만을 터뜨렸다. 이 기회를 타 공산당은 농민들에게 공산혁명으로 확실하게 해방과 이익을 얻는다는 점을 집중적으로 부각시켰다. 공산당은 점령지인 '해방구'에서 지주의 토지 소유를 없애고 농민에게 토지를 나눠주면서 대대적으로 선전했다. 난생 처음 토지를 손에 쥔 농민들은 이제 국공내전을 "지주에 대한 싸움" "농민들의 계급 이익을 위한 싸움"으로 인식하기 시작했다. 그들은 줄지어 공산군에 합류했다. 이 기세를 타고 군대의 이름까지 '인민

해방군'이라 바꾼 공산당은 대대적인 반격에 나서 결국 1949년 국민당을 대만으로 완전히 몰아냈다.

중화인민공화국의 창업자 마오쩌둥은 인민들의 뜻을 제대로 읽고 하나로 모으는 이른바 '곱하기 10억의 논리'로 권력을 장악했다. 이제 창업에 이어 수성에 나서야 할 마오 앞에는 이룩한 것을 인민들에게 나눠주는 '나누기 10억의 논리'가 그를 시험하기 위해 기다리고 있었다. 그것은 결코 만만한 싸움이 아니었다.

일본의 근대화

위로부터의 급진적 개혁, 메이지 유신

> "어느 곳을 살펴도 땅에서 생산하는 것은 하나도 없다. 다만 석탄과 철이 있을 뿐 제작품은 모두 다른 나라로부터 (원료를) 수입해 그것을 (가공해) 다른 나라에 수출하는 것뿐이다. 제작품은 언제나 이들 것보다 훨씬 융성하였고 가는 곳마다 검은 연기가 하늘에 가득했다. 왜 영국이 부강한지 그 이유를 확실히 알 수 있었다."
>
> 오쿠보 도시미치, '이와쿠라 사절단' 전권부사

봉건국가 일본의 개항

일본에 미국 동인도 함대 사령관 페리 제독의 흑선 4척이 나타난 것은 1853년이다. 일본은 증기군함으로 이뤄진 최신 함대의 우람한 모습과 일제히 포문을 연 대포의 위용에 질렸다. 도쿠가와 막부는 결국 이듬해 1854년 미국과 화친 조약이라는 이름으로 불평등 조약을 맺고 대외 개방을 받아들인다. 그로부터 21년 뒤인 1875년 제국주의 역학관계의 피해자였던 일본은 이번에는 거꾸로 가해자로 조선의 강화도에 해군함대를 파견해 조선의 강제 개항을 압박한다. 얼마 전까지 조선과 비슷하게 쇄국정책을 펴던 봉건국가 일본은 도대체 어떻게 그렇게 빨리 근대화를 이룰 수 있었던 것일까?

19세기 동아시아에 밀어닥친 서구 세력은 200여 년 전 나타났던 포르투갈, 네덜란드 등 과거 서구 세력과 질적으로 달랐다. 그들은 찾아간 지역에 자기 나라 자본주의 공업제품을 팔아치우고 그 대신 원료나 식량을 매입해 그곳의 사회경제구조를 자기네 자본주의의 종속물로 바꿔나갔다. 본격적인 제국주의 세력이었다. 이제 자본주의 국가와의 교섭에 말려든 민족이나 나라는 둘 중에 하나였다. 스스로 급속히 자본주의화하든가 그렇지 않으면 식민지나 반식민지로 전락할 운명이었다. 일본도 이 도전 앞에서 격렬한 내부 갈등을 빚었다. 일본의 낡은 봉건제도를 어떻게 극복할 것인가? 극복한다면 그 주체는 누가 될 것인가? 개국인가? 아니면 쇄국인가?

1854년 페리 함대는 다시 일본에 와서 미일 화친 조약을 맺었다. 조약에 따라 △미국 선박의 기항지로 2개 항구 개항 △미국 영사의 주재권 등이 이뤄졌다. 일방적 최혜국 대우 조항도 포함됐다. 화친조약 뒤 영국, 러시아, 네덜란드도 기다렸다는 듯이 조약을 강요하고 나섰다.

개국 결과 막부의 독재체제가 파탄나기 시작한다. 막부는 이전까지는 천황에게 주요 국사조차 보고하지 않았다. 그러나 페리 함대 이후 완전히 자신을 잃곤 다이묘들에게 대책을 자문하는가 하면 천황에게도 보고했다. 나아가 널리 일반 인민에게도 의견을 진술케 했다. 일본 역사에서 처음 벌어진 일이다. 새로운 시대를 모색하는 다양한 정치권력이 등장하기 시작했다. 천황의 권위도 서서히 부활했다. 그 상황에서도 막부는 외세에 눌려 미국, 러시아, 네덜란드, 영국, 프랑스와 차례로 통상 조약을 체결했다. 1859년 가나가와(나중에 요코하마로 바뀜), 나가사키, 하코다테 3개 항구가 무역항으로 개방됐다. 나아가 니가타, 고베 2개 항구 외에도 오사카의 개방시기도 결정됐다.

무역의 개시로 생사, 차, 머릿기름, 해산물 등의 수출이 격증하고 각지에서 공장제 수공업과 상업농업도 활발해졌다. 부작용도 심각하게 나타났다. 수출품은 물론 쌀을 비롯한 각종 물자가 해외로 빠져나가면서 물가가 폭등했다. 이에 따라 일반 민중 특히 빈농, 도시 민중과 하급 무사의 생활난은 심각해졌다. 막부와 여러 번에서 무력증강을 위해 병기, 군함 등을 다량으로 수입하면서 중앙과 지방의 재정난도 심각해졌다. 그 재정난을 메우기 위해 인민들을 더욱 쥐어짜댔다.

막부의 몰락, 천황제의 복원

결국 막부를 대신해 천황 중심의 중앙권력을 회복하고 외국 세력을 배척하자는 존왕양이(尊王攘夷) 세력이 점차 득세했다. 무사 계급, 지주, 부농, 도매상, 수공업 자본가, 지식인 등으로 이뤄진 이 세력은 천황의 조정을 움직여 막부가 외국 세력을 배척하도록 하는가 하면 독자적으로 세력을 규합해 막부를 공격하기 시작했다. 그러나 잇따라 실패하면서 많은 탄압을 받았다. 존왕양이파는 점차 압도적인 외국 세력의 국력을 실감하면서 개국을 불가피한 현실로 받아들였다. 그 대신 봉건질서를 고수하고 열강에 굴복하기만 하는 막부를 무너뜨리는 쪽으로 목표를 잡고 세력을 규합하기 시작했다. 그 중심은 사쓰마, 조슈, 도사 지방이었다. 이 무렵 1866년 5월 쌀 등 물가의 폭등과 거액의 군자금을 도시민들에게 부과한 데 대한 반발로 효고와 오사카에서 폭동이 일어났다. 폭동에서 체포된 도시민은 "이 소동의 원흉이 쇼군"이라고 비난했다. 반막부 분위기는 그 정도로 확산돼 있었다.

막부를 무너뜨리는 것을 목표로 전국적으로 새롭게 뭉친 도막파(倒幕派)는 1868년 마침내 막부를 무너뜨리는 왕정복고 쿠데타에 성공한다. 이로써 260년 계속된 도쿠가와 막부는 타도되고 메이지 천황의 친정 체제 아래 메이지 유신이 시작됐다. 중앙집권국가 수립에 성공한 유신정권은 매우 중대한 결정을 내린다. 1871년 11월 우대신 이와쿠라 도모미를 전권대사로 이토 히로부미, 기도 다카요시, 오쿠보 도시미치 등 50여 명의 대사절단을 편성해 미국과 유럽에 파견하기로 했다. 유학생 49명도 동행시켰다. 이와쿠라 해외파견 사절단의 목적은 두 가지였다.

1871년 메이지 유신 후 메이지 정권은 우대신 이와쿠라 도모미를 전권대사로 이토 히로부미, 기도 다카요시, 오쿠보 도시미치 등 50여 명의 대사절단을 편성해 미국과 유럽에 파견했다. 사진은 이와쿠라 사절단 지도부.

(1) 구미 국가와의 조약 개정의 예비교섭을 하는 것.
(2) 서양 선진 문명을 현지에서 시찰하고 새로운 일본 건설에 참고하는 것.

조약 개정 교섭은 처음부터 완전 실패했다. 미국은 애초부터 교섭 자체를 받아주지 않았다. 사절단의 목적은 바뀌었다. 오직 친선과 시찰이 중심이 됐다. 사절단은 미국에서 유럽으로 건너가 영국, 프랑스, 벨기에, 네덜란드, 독일, 러시아, 덴마크, 스웨덴, 이탈리아, 오스트리아, 스위스의 순으로 유럽 국가를 빠짐없이 시찰했다. 엄청난 대여행이었다. 1873년 귀국할 때까지 2년 동안 사절단이 쓴

총비용은 약 100만 엔이었다. 현재 화폐로 따지면 100억 엔에 육박할 것으로 추정된다. 한 나라 정부 최고 수뇌부의 절반이 선진 문명세계를 직접 접촉해 배우려고 이렇게 엄청난 투자를 한 것이다. 고금의 역사에 유례를 찾기 어려운 국가사업이었다.

사절단은 이 대여행에서 앞으로 일본이 나아갈 국가의 표본으로 1871년 보불 전쟁에서 프랑스에 승리한 프로이센(독일)을 주목했다. 그들은 비스마르크 정권에 매료됐다. 프로이센이야말로 '부국강병'의 표본이라고 믿었다. 또한 무엇보다 대공업을 급속하게 일으켜야 한다고 느꼈다. 메이지 정권의 목표는 정해졌다. 영국, 미국, 프랑스와 같은 부르주아 민주주의가 아니라, '황제권력이 강대하고' 문무관료가 지배하는 프로이센과 러시아였다. "프로이센과 러시아에서는 반드시 일본이 표준으로 삼아야 할 것이 많다"고 오쿠보 도시미치는 썼다. 그 가운데서도 일본과 직접 이해대립이 없고 급속하게 국력이 커가는 프로이센이었다.

국가가 앞장선 근대화

이후 메이지 정권은 국가가 앞장서서 근대화를 추진했다. 프로이센을 모델로 새로운 헌법이 채택되고 교육제도를 대폭 확장해 의무교육제도 실시했다. 군대를 현대화하기 위해 징병상비군이 도입되고 유럽식으로 군대도 개혁했다. 최신식 함대를 편성하기 위해 영국 해군의 전문가를, 육군의 근대화를 지원하기 위해 프로이센 총참모부 인사들을 초빙했다. 젊은 장교들도 서양의 육군사관학교와 해군사관학교에 대대적으로 유학시켰다. 이와 함께 근대적 은행제도가 설립되고 새로운 토지 조세제도도 등장했다. 관료 독재를 뒷받침하기 위해 강력한 경찰국가 시스템도 도입했다.

이 모든 개혁은 자본주의를 급속히 발전시키는 조건이 됐다. 이를 바탕으로 정권은 근대 산업을 육성하는 일련의 정책을 폈다. 국립은행의 개설, 도쿄-요코하마 간 철도 개설, 생사의 증산과 개량을 위한 관영 모범공장의 설립 등의 조치가

천황의 위엄을 부여하기 위해 나폴레옹을 모방한 메이지 천황.

취해졌다. 특히 정권은 요코스카 제철소 등 구막부와 여러 번이 소유하던 병참 공장이나 조선 공장을 접수해 우수한 것은 확장하고 없는 것은 새로 세우는 방식으로 부국강병에 박차를 가했다.

이처럼 일본은 관료 독재 아래 행정, 군사, 교육, 문화, 산업 등 모든 방면에 걸쳐 서양 근대 문명의 물질적 성과를 급속히 성취해나갔다. 그 결과 일본은 1910년대에 이르면 몇몇 경제 및 산업지표상 이탈리아나 러시아와 견줄 정도가 됐다. 강대국의 말단 자리에 이름을 올려놓은 것이다. 1인당 산업화 수준에서 일본은 1900년 영국을 100으로 놓고 보았을 때 그 해 12 정도에 지나지 않았으나, 1913년에는 20 수준으로 발전했다. 러시아와는 같고, 이탈리아의 26에는 약간 뒤떨어지는 정도였다. 철강 생산량에서는 1913년 25만 톤으로 이탈리아의 93만 톤에 크게 뒤졌으나 7년 뒤인 1920년에 이르면 84만 톤으로 73만 톤에 그친 이탈리아를 앞서기 시작했다(이 철강

일본 근대화 과정 및 메이지 유신	
1853년	미국 동인도 함대 사령관 페리 제독의 흑선 등장(우라가 항), 개국 및 통상 요구
1854년	미-일 화친 조약(시모다-하코다테 개항, 영사관 설치)
1858년	미-일 수호 통상 조약(일본 최초의 불평등 조약). 영국·러시아·네덜란드·프랑스와도 통상 조약 체결
1867년	도쿠가와 막부의 정권 반납(대정봉환)
1868년	메이지 천황의 왕정 복고 선언. 메이지 정부 수립. 5개조 서약문(근대화 선언)
1869년	도쿄 천도. 판적봉환, 관제 개혁, 신분제 개혁
1871년	폐번치현의 칙서, 신화폐 제도. 유럽과 미국으로 이와쿠라 사절단 파견
1872년	서구식으로 학제 개편
1873년	징병제, 조세 개정 실시
1876년	폐도령으로 무사 계급 해체
1885년	내각제 채택
1889년	대일본제국 헌법 제정

생산량에는 일본의 식민지로 전락한 조선에서의 생산량도 포함돼 있을 것이다).

특히 일본의 강대국 진입속도는 산업화 부문보다 군사력 부문에서 훨씬 빠르게 이뤄졌다. 해군력을 그대로 보여주는 '강대국의 군함톤수'에서 일본은 1890년 4만 1,000톤 규모로 내륙국가인 오스트리아-헝가리 제국의 6만 6,000톤보다도 적었으나, 1900년에는 오스트리아-헝가리를 눌렀다. 이어 1910년에는 49만 6,000톤에 달해 오스트리아는 물론 이탈리아, 러시아까지 눌러버렸다.

일본은 메이지 유신이라는 '위로부터의 개혁'으로 근대화에 나섰으나 곧 군국주의화-제국주의화를 향해 달려 나가고 있다는 것이 명백해졌다. 아시아가 위험해지고 있었다.

> 히스토리 브리핑

이와쿠라 사절단 vs 표트르 대제 사절단

1871년 일본을 출발해 미국을 거쳐 유럽으로 간 '이와쿠라 사절단'과, 1697년 러시아를 출발해 서유럽을 순방한 '표트르 대제 사절단'은 모두 근대화, 서구화를 목표로 했다는 점에서 공통점을 가지고 있다.

표트르 대제 사절단이 이와쿠라 사절단보다 170여 년 정도 앞선다. 또한 규모도 250여 명으로 100여 명 안팎(99명설과 108명설 두 가지가 있음)인 일본을 압도한다. 무엇보다 이 사절단에는 25살의 젊은 표트르 대제 자신이 직접 포병 하사관으로까지 위장해 참여하는 등 서구식 근대화를 위한 최고권력자의 강렬한 목표의식이 잘 드러나 있다. 어쨌든 이렇게 먼저 사절단을 보내는 등 근대화에 나선 결과 초반에는 러시아가 일본보다 일찍 서구식 근대화를 이루고 일본을 식민주의의 대상으로 삼는 국면이 연출됐다. 먼저 서구식 근대 해군을 갖춘 러시아는 한때 쓰시마를 점령해 일본에게 개항을 요구하기도 했고, 결국 사할린을 먼저 점령해 일본을 북방으로부터 압박하게 됐다.

일본은 근대화의 후발주자였기에 훨씬 더 치밀하고 조직적인 접근방식을 택했다. 그 결과 집중도에서 러시아를 압도했다. 인원은 표트르 사절단보다 적었지만, 100명대이기에 충분히 체험하고 정보를 모을 수 있었다. 기간은 22개월로 14개월인 표트르 사절단보다 길어서 진귀한 것들을 충분히 보고 배울 수 있었다. 무엇보다 결과물을 기록으로 남기고 공유하는 데서 일본은 훨씬 뛰어났다. 이와쿠라 사절단은 귀국한 뒤 몇 년 동안의 정리작업을 거쳐 1878년 사절단에 참가한 사람들의 일기와 서신을 바탕으로 모두 100권, 총 2,110페이지에 이르는 『미구회람실기(米歐回覽實記)』를 출판했다. 이 책은 특히 일본의 엘리트뿐만 아니라 일반 사람들에게도 서양을 배우자는 광범한 흐름을 만들어내는 데 크게 기여했다. 이에 따라 일본의 지도층은 서둘러 과거의 일본과 결별하고 서양처럼 발전해야 한다고 인식하게 됐다. 이와쿠라 사절단은 또한 표트르 사절단과 달리 사절단에 참여한 인물들이 그 뒤 일본 근대화의 중추 세력으로서 국정의 핵심을 책임졌다는 특징을 지닌다. 이토 히로부미를 비롯해 그후 일본의 총리나 각료를 맡은 사람들이 즐비하다. 이렇게 사절단의 최대 성과물이라 할 수 있는 바로 그 사절단원 자신들이 지속적으로 국정을 주도함으로써 최대의 효율을 낼 수 있었다.

당시 이와쿠라 사절단은 표트르 사절단의 고향인 러시아도 방문했다. 러시아는 일본이 보기에도 짧은 기간에 큰 성과를 내 한번 깊이 연구해볼 만한 모델이었다. 특히 강력한 황제를 중심으로 서구식 근대화를 이뤄냈다는 점에서 이와쿠라 사절단원들은 러시아를 프로이센과 함께 일본이 닮을 만한 '황제형 근대화'의 모델로 생각했다. 두 나라를 놓고 사절단원들은 마지막까지 고심했던 것으로 보인다. 결국 사절단은 프로이센쪽으로 기울어갔다. 왜냐하면 일본이 러시아와는 국경을 마주하고 있다는 점에서 부담이 됐고, 또한 당시 일본이 우호 세력으로 간주하던 영국이 러시아와는 대립관계에 있었기 때문이다.

일본의 제국주의

천황 중심의
군국주의-제국주의

"새 군함이 필요하다면 우리는 어떤 대가를 치르고라도 그것을 건조해야 한다. 우리의 군대 조직에 미흡한 점이 있다면 이제부터 그것을 바로잡아 나가야 한다. 필요하다면 우리의 군사체제까지도 다 바꿔야 한다. …지금 일본은 국력의 기반을 다져야 한다. 어느 날 틀림없이 찾아올 동양에서의 기회를 엿보면서 기다려야 한다. 그리고 그 날이 왔을 때 일본은 스스로의 운명을 결정하게 될 것이다."

하야시 곤스케 남작, 1894년

메이지 정부의 대외 진출 야심

일본이 '위로부터의 근대화'를 추진하며 최종적으로 어느 방향으로 갈 것인지는 1868년 메이지 유신 때부터 이미 예고되고 있었다. 막부 말기 존왕양이파 이론가 요시다 쇼인은 일찍이 옥중 서한에서 이렇게 주장했다.

"국력을 배양해 손쉬운 조선, 만주, 지나(중국)를 취하여…교역에서 러시아, 미국에게 잃은 것을 토지로서 조선, 만주로부터 보상받아야 한다."

메이지 정부에는 요시다의 전략을 추종하는 제자들이 득실거렸다. 이와쿠라 사절단의 전권부사로 서구를 시찰하고 돌아온 뒤 조

1889년의 대일본제국 헌법 발포식. 메이지 정부는 천황제를 국가의 근본이념으로 세운 뒤 부국강병을 통한 대외진출 야심을 드러냈다. 대일본제국 헌법은 천황이 유일한 통치권자로서 모든 권한을 독점한다는 천황 주권을 내세웠다.

선 침략을 주도한 이토 히로부미를 비롯해 역시 사절단의 전권부사로 다녀온 뒤 조선을 공격, 점령하자는 이른바 정한론 이론을 가다듬은 기도 다카요시, 메이지 헌법 발포 뒤 총리대신에 오른 야마가타 아리토모 등이 모두 그의 제자였다.

메이지 유신의 실력자들은 천황제를 국가의 근본이념으로 제국을 세운 뒤 서구 열강을 모방해 부국강병을 이뤄 대외로 진출하자는 야심에 불타 있었다. 천황제는 1889년 발포한 대일본제국 헌법에 그 실체가 명확하게 드러나 있다. 제국 헌법 자체가 국가의 구성원이 합의하고 약속한 국약헌법이 아니었다. 거꾸로 천황이 신민에게 하사하는 '흠정헌법'으로 만민 위에 군림하는 헌법이었다. 제국 헌법 제1조는 아예 이렇게 규정하고 있었다.

"대일본제국은 만세일계의 천황이 통치한다."

천황이 유일한 통치권자로서 모든 권한을 독점한다는 '천황 주권'만이 확고하게 존재했다. 형식적으로는 헌법에 행정부로서 내각이, 입법부로서 제국의회가, 사법부로서 재판소가 규정되기는 했다. 하지만 모두 천황의 통치를 돕는 분업기관에 불과했다. 또 천황의 통치권을 보필하는 참모본부 등 군령기관을 천황의 직속기관으로 둬 정부로부터 독립시켰다. 이런 통치권력과 함께 경제 측면에서도 천황은 막강한 부를 독점했다. 이와쿠라 사절단을 이끌었던

일본 제국주의의 전개

1868년	메이지 정부 수립
1873년	징병제 시행
1874년	류큐 합병, 타이완 출병
1876년	강화도 조약 체결 (조선 침략의 발판)
1882년	군인칙유로 군비 증강
1894년	청일 전쟁. 타이완 합병
1904년	러일 전쟁
1910년	조선의 국권 강탈
1931년	만주사변
1933년	국제연맹 탈퇴
1937년	독·이·일 3국 방공 협정 체결, 중일 전쟁
1941년	진주만 기습 (태평양 전쟁)
1942년	싱가포르, 필리핀, 버마 등 점령
1945년	히로시마·나가사키에 원자폭탄 투하, 소련의 대일(對日)참전, 일본 제국 패망

이와쿠라 도모미는 천황 재산의 의미를 이렇게 규정했다.

"정부가 관리를 양성하고 군비를 강화할 수 있는 재원에 곤란을 당하지 않으려면 일본 안의 부의 절반을 천황의 것으로 해야만 한다."

이에 따라 1890년 기준으로 국유 임야 1,200만 정보 가운데 황실 소유의 임야로 365만 정보를 할당했다. 민간 소유의 임야는 모두 700만 정보에 지나지 않았다. 게다가 천황은 1882년 설립된 일본은행 등 주요 은행과 일본우정회사 그리고 주요 회사 및 은행의 정부 소유 주식 가운데 860만 엔에 상당하는 지분을 소유했다. 천황은 메이지 일본의 최대 지주이자 최대 자본가로 군림했다.

메이지 천황 아래 일본의 군국주의화-제국주의화는 두 가지 분야에서 극적으로 표출됐다. 하나는 대외 팽창을 핵심 국가과제로 정립해가는 것과, 다른 하나는 '군부의 정부에 대한 우위원칙'을 바탕으로 군사국가화를 서두르는 것이었다.

　메이지 정부는 구조적으로도 대외 팽창과 무력 증강에 나설 수밖에 없었다. 일본은 페리 함대의 내항 이래 서구 제국주의와의 대결을 포기하고 모방으로 급선회했다. 그렇게 서구 열강과 맞서지 않는다면 나아갈 방향은 뻔했다. 동시에 일본은 유신 정권을 내부의 무장 세력으로부터 수호하는 것도 시급한 상태였다. 19세기 중반 이후 각 지역이 경쟁적으로 장래를 대비하는 무장력 강화에 돌입한 결과 내부의 압력이 심각하게 높아져 있었다. 천황과 일부 특권계급이 토지와 기업 등 국가의 부를 압도적으로 소유해 부의 편재가 도를 넘고 있는 것도 심각한 불안요인이었다. 생산인구의 70퍼센트라는 절대 다수가 협소한 민유 농지에 내몰려 고통 받고 있었다. 이 비정상적인 상황을 돌파하기 위해 일본 지도자들은 사악한 해결책, 대외 팽창을 주창했다. 그 결과 일본 스스로 아직 근대화가 이뤄지지 못한 상태인데도 대만과 조선에 대한 침략에 나서기 시작했다.

군부 중심주의의 가속화

　일본의 군국화를 강력하게 지지하는 기반인 '군부의 정부에 대한 우위원칙'은 초기부터 아예 제도로서 정착했다. 1878년 참모본부를 천황의 직속 아래 만들면서 군부는 무소불위의 독단 권력으로 나아갔다. 정부는 군에 개입하는 것이 전혀 허용되지 않았다. 오히려 참모본부의 간섭을 받는 구조였다. 참모본부의 군령사항 가운데 일부는 이렇게 규정돼 있었다.

"육군경(육군장관)에게 내려 시행하게 한다."

산업 전략에서도 군부 중심주의는 그대로 관철됐다. 메이지 정부가 초기에 건설한 철도, 전신, 전화 등도 사실상 산업목적보다 민간에 대한 군대와 경찰의 통제권을 강화한다는 목적을 최우선적으로 고려했다. 맨 처음 집중적으로 육성한 분야도 군수산업이었다. 군함, 대포, 소총, 화약 및 군복용 직물 등 군수품은 이미 메이지 유신 직후인 1870년대 초부터 외국전문가들을 초빙해 관영 기계제 대공장에서 생산에 돌입했다. 그에 반해 일반 산업에 기계제 공장이 처음 등장한 것은 그로부터 20년 뒤다. 미쓰미비, 미쓰이, 스미토모 등 대표적인 기업집단도 이때 군수산업 분야의 이권을 독점시키고 지원하는 특혜 아래 성장했다.

천황제 군국주의를 내세운 메이지 일본은 아직 약점이 많은 상태인데도 청일 전쟁과 러일 전쟁 등 대외 전쟁에서는 잇따라 승리를 거뒀다. 특히 1905년 러일 전쟁에서 승리하면서 일본은 10여 년 전 하야시 남작의 결의를 온전히 실현하는 듯했다.

일본은 제1차 세계대전에 참전해 전승국의 일원이 된 데다 세계대전 덕으로 산업화를 더욱 가속화시킬 수 있었다. 연합국이 일본에 대해 군수품 주문을 크게 늘리고, 일본 해운업에 대한 수요도 급속하게 늘어난 결과다. 제1차 세계대전 기간 동안 일본의 수출입은 3배로 늘었다. 강철, 시멘트 생산은 2배로 늘고, 화학과 전기산업도 크게 확장됐다. 특히 일본은 과거 러일 전쟁 등을 위해 미국과 영국으로부터 끌어들인 외채와 이전의 해외채무를 모두 변제하고 오히려 채권국으로 전환했다. 선박 건조량은 1914년 8만 5,000톤에서 전후 1919년에는 65만 톤으로 늘어났다. 국제연맹의 《월드 이코노

일본은 이미 메이지 유신 직후인 1870년대 초부터 외국전문가들을 초빙해 관영 기계제 대공장에서 군수품 생산에 돌입했다.

믹 서베이》에 따르면 일본은 세계대전의 호황에 힘입어 제조업 부문의 생산지수는 제1차 세계대전의 주요 참전국인 미국을 능가하는 정도였다. 1919년~1938년 기간 동안에도 일본의 산업은 계속 성장세를 유지해나갔다. 일본은 1913년의 제조업 생산 지수를 100으로 했을 때 1938년 지수 552를 기록해 같은 기간 857을 기록한 소련에 이어 세계 2위를 기록했다. 1938년 무렵에 이르면 일본은 사실상 이탈리아보다 경제적으로 강력해진 상태였고, 제조업과 산업생산의 모든 지표에서 프랑스를 앞지르고 있었다. 이 사이 일본 군부 일각에서는 군부 중심으로 국가를 개조하자는 세력이 발언권을 높이는 등 군국주의화가 노골화됐다.

태평양 전쟁 패배로 군국주의 종식

1937년 군국주의 일본은 결국 세계대전 쪽으로 치달아갔다. 대전 초기 일본은 쇠퇴해가는 영국, 네덜란드, 프랑스 등 유럽 세력을 간단히 누르고 승승장구를 거듭했다. 그러나 전선의 급격한 확장에 따라 전쟁 비용이 중국 지역에서만 하루 500만 달러가 들었다. 미국이 석유 및 철광석의 대일 수출을 금수하기 시작하면서 상황은 더욱 악화되기 시작했다. 1941년 당시 51개 현역사단에 133개 항공대 그리고 풍부한 예비사단으로 현역병력 100만 명에 훈련된 예비군 200만 명을 갖춘 일본은 진주만 공격으로 미국에 결정타를 가한 뒤 남방에서 석유 및 지하자원을 확보해 전쟁을 승리로 이끌려 했다.

그러나 새로운 세계 초강대국으로 부상하는 미국과 소련을 상대로 한 전쟁은 차원부터 달랐다. 소련은 스탈린 치하의 강권통치 아래 급속한 산업화를 이룩해 1939년 몽골의 노몬한에서 당시까지 무적으로 군림하고 있던 일본군을 패퇴시켰다. 소련의 포와 항공기는 일본군보다 우수했으며, 특히 덩치가 큰 T형 탱크의 화력은 일본군 지휘부를 충격에 빠뜨렸다. 더더구나 미국은 비록 진주만을 급습당해 태평양 전쟁 초기에 크게 고전하기는 했어도 모든 면에서 일본을 압도하는 강대국이었다. 당시 미국은 일본에 비해 인구는 2배에 가깝고, 국민소득은 17배, 강철 생산은 5배, 석탄 생산은 5배, 자동차는 8배를 넘어섰다. 일본의 야마모토 제독 같은 냉철한 전략가는 미국과 같은 강대국에 대한 공격은 "어리석은 짓"이라고 간주했다. 결국 군국주의 일본은 전쟁 후반기 들어 태평양 지역을 비롯해 전 전선에서 밀리다가 1945년 히로시마와 나가사키 두 도시에 원폭을 맞고 무조건 항복했다.

좌절한 일본의 군국주의는 심각한 역사적 교훈을 남겼다. 특히 제2차 세계대전 종전과 함께 세계 최강대국으로 부상한 미국이 소련과 공산화된 중국 및 북한을 견제하기 위해 일본을 부흥시키는

1941년 12월 7일, 제국주의 일본은 하와이 진주만을 기습 공격해 태평양 전쟁을 일으킨다. 그러나 1945년 히로시마와 나가사키 두 도시에 원폭을 맞고 무조건 항복했다.

전략을 채택함으로써 일본의 군국주의 청산과 평화체제 수립이라는 과제는 미완성으로 남겨졌다. 일본의 식민주의정책과 아시아 침략 그리고 제2차 세계대전에 대해 가장 무거운 책임을 져야 하는 천황 및 천황제는 변형된 채 살아남았다.

결국 일본의 명확한 사죄와 전후 보상, 군국주의 및 제국주의의 영구청산 조처 등 진정한 전후청산이 이뤄지지 않은 채 21세기로 넘어갔다.

2장
인도와 동서아시아의 근대적 성장

인도의 근대화: 간디, 비폭력으로 제국주의를 타격하다
동아시아의 식민화와 민중 투쟁1: 베트남 혁명, 3대 제국주의와의 투쟁
동아시아의 식민화와 민중 투쟁2: 인도네시아, 필리핀 그리고 버마의 저항
오스만 제국의 해체: 오스만 제국에서 석유수출국기구(OPEC, 오펙)로, 현대 중동의 석유사

인도의 근대화

간디,
비폭력으로 제국주의를 타격하다

"인도를 지배하는 한, 우리는 언제나 세계 최대의 강국일 수 있다. 인도를 잃는다면, 영국은 즉시 삼류 소국으로 전락할 것이다. 그리고 일단 인도를 잃으면 나머지 식민지는 아무런 가치도 없어진다."
조지 커즌, 영국 로이드 조지 내각의 외무장관

식민지 인도의 희생

대영제국의 절정기였던 빅토리아 왕조 때 인도는 영국의 전략산업인 면제품의 최대 수출시장이었다. 1870년대에는 국제적으로 보호주의가 대두하던 때라서 모든 나라가 영국산 면제품의 수입을 크게 줄이고 있었다. 영국 면제품의 미국 수출은 1870년 265만 파운드에서 1880년 175만 파운드까지 줄었다. 독일도 1872년 600만 파운드에서 1880년 150만 파운드로, 네덜란드도 같은 기간 475만 파운드에서 250만 파운드로 각각 줄어들었다. 그러나 인도는 정반대다. 1872년 1,300만 파운드였다가 1880년 2,000만 파운드로 오히려 급증하고 있다. 이미 1872년 인도는 미국, 독일, 네덜란드를 합친 것과 거의 비슷한 양의 면제품을 수입했고, 1880년에는 이 세 나라를 합친 양의 3배 이상 되는 금액을 수입하고 있었다. 사실상 인도가 영국을 "먹여 살리고" 있었던 셈이다.

그뿐만이 아니다. 제1차 세계대전 때 영국이 (식민지 국가의 병력까지 포함해) 출정시킨 총 390만 명의 병력 가운데 150만 명이 인도에서 동원된 병력이다. 인도 동원병 가운데 3분의 2가 넘는 110만 명이 해외전선으로 투입됐다. 게다가 인도 동원병에게 들어간 전쟁 비용은 모두 인도의 자체 비용, 그러니까 인도 식민정부가 인도인에게 거둬들인 세금 수입으로 충당했다. 식민지 인도의 이런 희생이 없었더라면 영국이 가뜩이나 고전했던 이 세계대전에서 승리하기는 매우 어려웠을 것이다.

바로 이렇기 때문에 영국은 인도에서 빨아들이는 부와 번영을 끝까지 인도인에게 돌려주지 않으려 했다. "셰익스피어는 인도와도 바꾸지 않겠다"는 영국 역사가이자 수필가 토마스 칼라일의 말은 사실상 헛소리에 지나지 않았다. 18세기 이후 세포이의 독립전쟁 등 인도에서 계속돼온 반영국-반식민주의 투쟁에 대해 영국이 무력 진압과 잔혹한 학살 등 강경책을 고집한 것은 바로 이런 엄청난 이익이 걸려 있었기 때문이다. 제국은 폭력으로 건설됐고 폭력으로 유지되고 있었다.

제국주의 영국이 18~20세기에 다른 나라, 특히 식민지 지배를 당하는 나라에 비해 상대적으로 얼마나 강력한 폭력·무력을 가지고 있었는지는 어렵지 않게 알 수 있다. 1757년 벵골 지방을 지배하려는 영국과 벵골 태수의 군대가 맞붙은 플라시 전쟁 때 영국군은 단지 3,000명인데도 5만 명의 벵골군을 물리쳤다. 그 영국군 가운데 백인은 단지 1,000명 수준에 지나지 않았다. 나머지 3분의 2는 인도의 용병들이었다. 게다가 벵골군에는 영국을 견제하려는 프랑스군까지 일부 가담해서 싸웠는데도 그런 결과가 됐다. 이 플라시 전쟁으로부터 150년 이상 영국의 인도 지배가 공고화되고, 나아가 세계 제국 영국의 군사력도 비약적으로 팽창한 20세기 초 과연 인도는, 인도인은 어떻게 여기에 맞설 수 있을 것인가? 어떻게 독립을 쟁취할 수 있을 것인가?

1919년 4월, 영국군은 완전자치(스와라지)를 요구하며 평화적으로 집회를 하는 비무장 민간인에게 장갑차의 기관총을 20여 분 동안 난사하는 사건을 저질렀다. '암리사르의 학살'로 불리는 이 사건으로 인도인 379명이 사망하고 1,500명이 부상했다.

간디의 새로운 길

1918년 제1차 세계대전이 영국을 비롯한 연합국의 승리로 끝나면서 이 문제는 인도인에게 가장 절박한 과제로 대두됐다. 특히 인도의 새로운 민족운동 세력으로 등장한 국민회의 지도부는 전쟁 뒤 자치(스와라지)를 보장받을 것이라고 믿고 제1차 세계대전에 그토록 엄청난 병력과 전쟁자금을 동원하며 협력했기에 기대가 클 수밖에 없었다. 그러나 영국은 교묘하게도 무력과 술수로 대응하고 나섰다. 1919년 4월 펀자브에서 영국군이 평화적으로 집회를 하는 비무장 민간인에게 의도적으로 장갑차의 기관총을 20여 분 동안 난사하는 사건을 저질렀다. '암리사르의 학살'로 불리는 이 사건으로 인도인 379명이 사망하고 1,500명이 부상했다. 같은 해 영국은 또 '인도통치법'을 만들어 사실상 인도의 자치권을 부정하고 나왔다. 교묘하게 납세조건이라는 것을 내세워 인도 여성은 아예 참정권조차 무시하고, 남성도 10퍼센트만 선거권을 허용하겠다는 것이다. 게다가 영국 정부는 앞으로 인도에 대해 더 많은 권한을 행사할 수 있게 해놓았다.

인도인들은 격분했다. 그들은 이제까지의 입장을 바꿔 단숨에 영국으로부터의 '완전독립'을 목표로 근대적인 독립운동으로 돌입해 들어갔다. 더 이상 영국의 선의를 기대할 수도, 기다릴 수도 없다는 분위기였다. 인도는 이제 지도자와 전 민중이 하나로 뭉쳐 완전독립의 목표를 향해 최상의 전략과 최고의 전술을 구사해야 했다. 과거의 마이소르 전쟁이나 세포이 독립전쟁, 펀자브 전쟁처럼 전 민중을 동원한 무력에 호소할 것인가? 아니면 또 다른 어떤 새로운 길이라도 있는가?

이 절체절명의 국면에서 모한다스 카람찬드 간디는 '비폭력-불복종'이라는 이제까지 그 어느 곳 그 어느 역사에서도 존재하지 않던 새로운 반제국주의 투쟁의 길을 제시하고 나섰다. 그는 영국의 배신행위에 대해 물리적으로 반격하거나, 인도의 완전독립이라는 지상과제를 달성하는 데 도움이 되는 정치행위를 곧바로 조직하는 방법에 매몰되지 않았다. 보다 크고 보다 근원적인 길, 바로 영국 제국주의를 '물질'과 '영혼' 양면에서 압박하고 타격하는 방법을 찾아냈다. 1920년 그의 주도로 국민회의가 인도 전 민중에게 호소한 새로운 민족운동의 방식은 한편으로는 영국 자본주의에게 실질적인 타격을 주면서 다른 한편으로는 대영제국의 권위나 법, 규율을 무너뜨리고 영국 안팎의 양심과 여론에 호소하는 것이었다. 전국적인 영국 상품의 배격, 작위 포기, 파업, 납세 거부 등 이런 불복종운동은 모두 비폭력-평화주의의 원칙 아래 실행해야 한다고 간디는 호소했다.

영혼의 전쟁, 위대한 혁명

그동안 제국주의 영국이 세계 곳곳을 피와 부정의로 물들여온 힘과 파괴의 논리를 바닥에서부터 뒤집는 비폭력-불복종의 논리가 세상에 새로이 등장한 것이다. 먼저 인도부터 변하기 시작했다. 그의 지도에 따라 수천 년 동안 글도 모른 채 살아온 인도의 대중은 서로 팔을 걸고 대열을 지었다. 그리고 함께 전진해 나아가 영국 진압 부대의 몽둥이로 얻어맞고 쓰러지는 유례없는 비폭력 시위를 벌이기 시작했다.

영국의 인도 통치가 굳어지고 인도인의 민족의식이 고조되면서 간디는 점차 민족주의 운동의 지도적 역할을 담당하게 된다. 간디는 '비폭력-불복종'이라는 이제까지 그 어느 곳 그 어느 역사에서도 존재하지 않던 새로운 반제국주의 투쟁의 길을 걸어갔다.

인도의 대중은 그가 물레를 돌리면 같이 물레를 돌리는 것으로 영국 물품을 배척하는 운동에 나섰고, 그가 바닷물을 말려 소금을 만들면 그대로 따라 소금을 만들었다. 간디의 말 한 마디 한 마디와 행동 하나 하나는 영국 식민당국을 경악과 충격에 빠뜨렸다. 간디의 전략 밑바닥에는 '영혼의 전쟁'을 통해 영국의 경제와 물질을 타격한다는 깊은 지혜가 담겨 있었다. 영국 제국주의자들에게 이것은 300년 제국주의 역사에서 한 번도 상대해보지 않은 이상한 '적'이었다. 불결하기 짝이 없고 다민족·다종교로 갈가리 찢겨져 제대로 된 하나의 목소리조차 내지 못할 것만 같던 인도인은 한 사람의 지도 아래 뭉쳐 그렇게 인간의 존엄을 증명했다. 그리고 역사를 바꿔나갔다.

당황한 영국 정부는 가능한 모든 수단을 동원해 간디의 혁명을 저지하려 했다. 분리통치를 실시하겠다면서 이슬람연맹을 회유하려 하는가 하면, 집회와 시위를 강력하게 진압해 비폭력 대신 유혈사태로 말려들도록 유인하기도 했다. 1929년 세계 경제공황 때는 아예 인도의 산업을 의도적으로 위축시켜 불복종운동 자체를 좌절시키려 했다. 상상할 수 있는 모든 방법을 동원했다. 그러나 일부 차질이나 우여곡절을 겪기도 했지만, 간디는 비폭력-불복종 혁명을 큰 틀에서 흔들림 없이 밀고 나아갔다. 국민회의 의장인 자와하랄 네루는 국민회의의 유일한 목적이 독립이라고 선언하고, 간디에게 국민회의의 전권을 위임했다. 그러자 간디는 다시 불복종운동을 전개했다. 영국은 점점 더 견디기 힘들어졌다. 이제 인도가 독립하는 것은 사실상 시간문제일 뿐이었다.

간디의 대영 독립 투쟁은 세 가지 혁명을 동시에 수행한 성격을 띤다.

(1) 식민주의에 대한 혁명
(2) 인종주의에 대한 혁명
(3) 폭력에 대한 혁명

인도 역사상 한 지도자의 정치적 이니셔티브, 그것도 전혀 폭력을 동원하지 않는 평화적인 방식의 '혁명'에 대해 이처럼 광범위한 민중으로부터 지지를 받은 적은 없다. 불행하게도 간디 등 지도부가 투옥돼 있는 동안 인도의 힌두교 사회와 이슬람교 사회는 결정적인 분리독립 쪽으로 치달아갔다. 결국 1947년 8월 15일 인도는 평화적으로 독립했지만, 하나의 인도가 아니라 이슬람의 파키스탄과 힌두의 인도로 분리됐다. 다시 불교의 실론(스리랑카)도 나눠졌다. 그래도 간디는 희망을 잃지 않고 인도의 통합을 호소하며 마지막까지 노력하다가 1948년 힌두교 광신도의 총격을 받고 79세의 나이로 사망했다.

간디의 혁명은 좁은 관점에서 보면 인도의 통합과 화해를 이룩하는 데까지는 이르지 못했다. 이 때문에 '미완의 혁명'이나 '실패한 혁명'으로 치부될 수도 있다. 하지만 앞으로 인류 앞에 닥칠 수도 있는 그 어떤 반인간적이고 반생명적인 체제에 대해 우리와 우리 후손들이 비폭력-불복종으로도 얼마나 당당하고 성공적으로 맞설 수 있을지 증명해 보였다는 점에서 여전히 '위대한 혁명'이다.

동아시아의 식민화와 민중 투쟁 1

베트남 혁명, 3대 제국주의와의 투쟁

한나라 사신이 대답했다.
"한나라 황제는 삼황오제의 업을 이어 한을 지배하는데, 인구는 억을 헤아리고 영토는 만리에 걸쳐 있는데…왕의 무리는 10만에 불과하고 산과 바다 사이에 섞여 있어 한의 1개 군에 불과합니다."
그러자 남월왕 찌에우 다가 웃으며 말했다.
"내가 중국에서 일어나지 않았기 때문에 이곳의 왕이 된 것이지 그곳에 살았다면 어찌 그만 못 했겠소."

독립, 통일, 혁명을 위한 베트남의 전쟁들

베트남은 민족적 자존심이 대단히 강한 나라다. 기원전 2세기 말 중국 남부의 남해군과 베트남 북부를 통일한 찌에우 다가 중국 사신 앞에서 이처럼 중국과 동등하다는 의식을 강조한 것만 보아도 짐작할 수 있다. 그러나 이 자존심을 현실세계에서는 1,200여 년 이상 중국 세력에 일방적으로 밀려 제대로 지켜내지 못했다. 한 무제가 정복군을 보내 남월을 멸망시킨 뒤 7개 군을 설치한 것을 시작으로 10세기 중엽까지 중국의 지배나 침략에 맞선 싸움에서 거의 이겨보지 못했다.

그러나 베트남의 민족주의는 13세기 말 몽골의 50만 침략군을 사력을 다해 격퇴시킴으로써 세계사에 당당하게 그 이름을 올렸다. 1284년 중국까지 통일한 몽골의 쿠빌라이는 아들 토콘에게 50만 대군으로 베트남을 공략하게 했다. 당시 베트남 병사들은 몽골인을 죽이자는 뜻으로 팔에 '살달(殺韃)'이라고 문신을 새기고 싸웠다. 이에 격노한 몽골군은 수많은 포로들을 살육하고, 수도 탕롱(하노이)까지 점령했다. 베트남인은 그래도 굴하지 않고 게릴라전으로 몽골군을 곳곳에서 격파, 5개월 만에 수도를 탈환해냈다. 퇴각했던 몽골군이 2년 뒤인 1287년 말 다시 토곤의 지휘로 수륙 30만 대군을 이끌고 침략해온 것도, 베트남은 격퇴시켰다. 먼저 수도를 내주는 대신 원의 군량을 싣고 오는 수송선단을 해전으로 격파하는 '숨통 조이기' 전술을 성공시켰다. 베트남군은 나아가 몽골군의 퇴로인 강의 수로에 말뚝을 박은 뒤 만조 때 적을 유인하고 간조 때 일제반격을 가해 치명타를 가했다. 육로로 퇴각하는 몽골군도 복병으로 공격해 끝까지 괴롭혔다.

　중국이라는 대륙 세력의 침략에 맞서 이처럼 승리한 경험이 있는 베트남의 역사를 20세기 제국주의 강대국 프랑스와 미국은 제대로 읽지 않았던 듯하다. 베트남이 프랑스의 식민지로 전락하는 과정은 중국 세력에 일방적으로 밀리던 1,000여 년 이전의 형세와 비슷하고, 이 식민주의-제국주의에 맞선 베트남 전쟁은 약 700년 전 몽골군에 대한 투쟁을 그대로 연상시킨다.

　베트남 전쟁은 외부적으로는 강대국의 제국주의적 침략에 무장투쟁으로 맞선 국제전으로, 내부적으로는 남북으로 갈라진 베트남 국가의 통일 과정으로, 또한 이념적으로는 전 베트남의 사회주의 혁명 과정으로 파악할 수 있다. 베트남 민족은 1945년부터 1975년까지 한 세대 동안 최대 300만 명이 사망한 것으로 추정되는 엄청난 희생을 치르며 이 세 가지 동시 혁명을 수행해 성공시켰다. 이 과정이 철저히 전쟁으로 점철됐기에 베트남 전쟁이 바로 베트남 혁명 그 자체였다고 할 수 있다.

세 가지 동시 혁명

제1차 베트남 전쟁은 프랑스가 제2차 세계대전 뒤에도 과거 식민지였던 베트남, 캄보디아, 라오스 등 인도차이나 지역을 다시 식민지로 소유하려고 하면서 벌어졌다. 제2차 세계대전 때 일본이 프랑스 세력을 몰아내고 베트남을 점령하자 베트남 공산당은 일본과 프랑스의 지배에 저항하기 위해 광범위한 계층을 망라하는 대중조직 베트남독립동맹회(베트민)를 결성했다. 독립동맹의 구호는 단순하고도 명확했다.

"조국의 인민을 해방시키고, 조국을 구하기 위해 재산과 연령, 성별, 종교, 정치적 의견 등에 관계없이 일체의 애국자를 결집한다."

일본 패전 후 민족주의자이자 공산주의자였던 호찌민은 베트남 민주공화국의 수립을 선언했다. 당시 호찌민은 미국의 지원을 받기 위해 미국 트루먼 대통령에게 국가 승인을 요청했다. 미국은 이를 외면했다. 과거 베트남의 식민종주국 프랑스가 베트남과 캄보디아, 라오스 세 나라의 독립을 인정하지 않고 다시 군대를 진주시키면서 전쟁이 벌어졌다. 그 무렵 중국의 공산화에 위기감을 느낀 미국은 군사고문단까지 파견해 프랑스를 지원했다. 호찌민을 중심으로 북베트남을 장악한 베트남민주공화국은 이런 움직임에 강력하게 반발했다. 베트남민주공화국과 프랑스는 최후 승리를 위한 결전에 돌입했다. 프랑스군은 인도차이나 세 나라 저항군의 교차점이자 전략적 요충인 중북부 접경 디엔비엔푸에 정예 공수부대 1만 여 명을 낙하시켜 강력한 방어진지를 구축했다. 그들은 경전차, 대공포, 곡사포, 중박격포 등 베트남민주공화국의 베트민군을 압도하는 무기들도 속속 비축했다. 병력도 1만 6,000명으로 늘어났다. 프랑스 공군은 제공권을 장악한 채 언제든 네이팜탄으로 적을 강타할 만반의 태세를 갖추었다. 프랑스 주둔군 총사령관 앙리 나바르는 적을 유인하기 위해 이렇게 호언장담했다.

프랑스의 베트남 식민지배를 종식하는 데 분수령이 된 1954년의 디엔비엔푸 전투. 프랑스군은 정예 공수부대 1만여 명을 투입하는 등 제공권을 장악했지만 베트민군의 치밀하고 철저한 전략으로 인해 대패하고 만다. 프랑스는 이 패배로 제네바 평화협정을 맺고 베트남에서 철수한다.

"승리는 여자와 같아서 덮치는 방법을 아는 자에게만 몸을 맡긴다."

베트민군은 보 응우옌 잡의 지휘 아래 이런 프랑스의 전략을 간파하고 치밀하고 처절한 전투준비에 들어갔다. 당시 프랑스군은 베트민군은 대포도 별로 없을 것이고, 설사 있더라도 중북부의 산악지대인 디엔비엔푸까지 프랑스 공군의 정찰비행과 공습을 뚫고 수송하기는 불가능하다고 생각했다. 그러나 베트민군은 중공군이 한국전쟁에서 미군에게 노획해 넘겨준 105밀리미터포 100문 등 대포 200문을 열대림으로 우거진 해발 1,000미터의 산악을 넘어 전투예정지까지 옮겼다. 총 26만 명의 인원이 동원돼 밀고 끌며 하루 800미터씩 3개월 동안 총 700킬로미터를 돌파했다. 프랑스 공군기가 나타나면 멈춘 채 위장했다가 사라지면 다시 끌었다.

전투는 우기에 벌어졌다. 낮은 구름과 폭우로 보급은 제대로 이뤄지지 않은 채 주변에 있는 강의 범람으로 프랑스군 진지 일부까지 물바다가 됐다. 게다가 베트민군은 평야에서 노출된 상태로 총공세를 벌여오지 않고 먼저 대포로 프랑스군 진지를 강타했다. 대규모 포격을 전혀 예상하지 못한 프랑스군은 혼비백산했다. 베트민군은 땅굴로 프랑스군 진지 안쪽까지 침투해 들어왔다. 프랑스군과 미군의 공군기들은 지상을 지원하기 위해 낮은 구름을 뚫고 내려오다가 베트민의 대공포화에 걸려 총 50대가 격추됐다. 전투는 프랑스군의 참패였다. 총 5,000명이 전사하고 1만 800여 명이 포로로 붙잡혔다. 프랑스는 이 패배로 제네바 평화협정을 맺고 베트남에서 철수했다.

잘못된 전쟁

프랑스군이 패배했는데도 이번에는 세계 최강 미군이 대신 나섰다. 미국은 베트남 군사개입의 명분으로 도미노 이론을 내세웠다. "베트남이 공산화되면 주변 인도차이나가 공산화되고 전 동남아시아, 나아가 아시아가 공산화될 수 있다."

미국은 제네바 협정을 내세워 북위 17도선을 경계로 남쪽에 세운 베트남공화국을 경제적으로 군사적으로 강력하게 지원했다. 베트남은 결국 미국이 지원하는 남쪽 고딘 디엠의 베트남공화국과, 이제까지 일본과 프랑스를 상대로 반제국주의 투쟁을 벌여온 북쪽 호찌민의 베트남민주공화국으로 갈라졌다. 분단과 체제 대결 그리고 군사 대결이 본격화됐다.

디엠 정권이 독재로 흐르면서 남베트남에서는 농민, 불교계, 도시지식층의 반발이 거세졌다. 그 결과 북베트남의 지원 아래 1960년 디엠 정권의 타도를 내걸고 광범한 국민 계층을 결집한 남베트남해방민족전선(일명 베트콩)이 결성됐다. 해방전선은 민족민주연합정부의 수립, 평화중립 정책 실행, 베트남의 평화적 통일 실현 등을 강령으로 내걸고 남베트남 정부에 대한 게릴라 활동, 사보타지 등을 강화했다.

평생을 베트남 독립에 몸바친 사회주의자 호찌민.

미국은 베트콩의 등장을 계기로 우익 군사쿠데타를 지원해 보다 노골적인 반공정권을 수립했다. 1964년 미국과 남베트남군이 통킹만 사건을 조작해냈다. 미국 구축함이 북베트남 인근 해역에서 어뢰공격을 받은 것처럼 만들어 의회로부터 베트남 문제 해결을 위해 사실상의 선전포고 권한까지 포함한 특별권한을 승인받아냈다. 존슨 미국 대통령은 북베트남을 폭격하기 시작했다. 남베트남의 해방전선을 지원하기 위해 북베트남으로부터 병력과 물자가 수송되는 보급로를 차단하기 위해서다. 1965년부터 미국이 전략공군을 동원해 북폭을 벌이는 동안 미군 파견병력은 1969년 말 54만 명에 이르렀다. 한국 등도 남베트남 지원을 위해 병력을 파견했다.

북베트남과 해방전선은 소련과 중국의 원조를 받아 격렬하고도 강인하게 저항했다. 전쟁이 진흙탕 싸움으로 장기화하는 가운데 미군은 실책을 거듭했다. 이른바 '해방구'로 불리는 북베트남 및 해방전선 동조지역의 주민들을 대량학살하는가 하면 대형폭격기와 첨단 헬리콥터 등을 동원해 초토작전을 벌였다. 베트남 인민들의

베트남 전쟁의 전개과정

1945년 8월	베트남 8월 혁명 발발
1945년 9월	베트남 민주공화국 수립
1953년 11월	프랑스, 디엔비엔푸에 주둔지 설치
1954년 5월	제네바 휴전협정으로 제1차 인도차이나 전쟁 종식
1960년 12월	남베트남 해방민족전선 결성
1964년 8월	통킹 만 사건 발발 → 미국의 군사개입 강화 (제2차 인도차이나 전쟁)
1965년 2월	미국, 북폭 개시
1968년 1월	테트 공세
1969년 6월	남베트남 공화국 임시혁명정부 수립
1973년 1월	휴전협정인 파리 평화협정 조인 → 미군 철수
1973년 4월	북베트남군(월맹군) 공격 재개
1975년 3월	북베트남군의 총공세
1975년 4월	북베트남, 사이공 함락. 남베트남 정부 붕괴

반미의식은 더욱 높아졌다. 텔레비전 등을 통해 전쟁의 참상과 미군의 작전행태가 전파되면서 미국은 물론 전 세계적으로도 반전 시위가 거세게 일어났다. 이런 상황에서 1968년 1월 북베트남군과 해방전선은 미군 기지와 주요 도시를 목표로 총공세(테트 공세)에 나섰다. 설날을 맞아 벌어져 구정 공세로 불리는 이 총공세를 계기로 미군은 점차 열세로 몰렸다. 게릴라와 동조 세력을 총동원해 다각도로 자신들의 허점을 강타하는 새로운 유형의 '이상한' 전투에 미군은 당황하면서 혼란에 빠졌다. 미국에서는 징병대상자인 젊은이들을 중심으로 베트남 전쟁을 잘못된 전쟁으로 규정하고 전쟁 반대와 미군 철수를 요구하는 시위가 대대적으로 확산돼 갔다. 결국 존슨 행정부는 북폭을 중지하고 파리에서 북베트남과 평화회담에 들어갔다. 존슨에 이어 미국 대통령에 오른 닉슨은 미군을 완전 철수시키면서도 남베트남이 북베트남에 맞설 수 있도록 한다는 목표

아래 한때 오히려 베트남 전쟁을 더욱 악화시키는 정책을 실시하기도 했다.

그러나 잘못된 전쟁을 언제까지나 밀고갈 수는 없었다. 결국 미국은 1973년 1월 미군 철수를 핵심내용으로 하는 파리 평화협정에 조인했다. 사실상 미국의 패배였다. 미군 철수 뒤 1975년 3월 북베트남 정규군은 남하 공격을 개시했고 한 달 만인 4월에 사이공이 함락됐다. 베트남 전쟁이 끝나고 통일베트남에는 하노이를 수도로 하는 베트남사회주의공화국이 수립됐다.

베트남 전쟁 기간 동안 미국은 인도차이나 반도에 제2차 세계대전 때 사용한 양의 3배에 이르는 폭탄을 투하했다. 북베트남에 떨어진 폭탄은 100만 톤에 이른다. 미군은 전쟁 피해자를 남베트남군 22만 명, 북베트남군 66만

1954년부터 프랑스, 미국 등과 맞선 베트남 전쟁은 1975년 4월 30일, 호치민이 이끄는 북베트남군이 사이공을 함락하면서 종료된다. 베트남 전쟁 후 통일베트남에는 하노이를 수도로 하는 베트남사회주의공화국이 수립됐다.

6,000명, 남쪽 민간인 24만 7,000명, 북쪽 민간인 6만 5,000명 등 총 120만 명 정도로 집계한 반면, 통일 베트남 정부는 1995년 남베트남군 22만 명, 혁명군의 열사 110만 명, 남쪽과 북쪽 민간인 약 200만 명 등 총 300만 명 정도 사망했다고 공식 발표했다. 베트남은 이런 피와 눈물과 땀을 모아 베트남 민족주의를 증명하는 한편 사회주의 통일국가의 길로 나아갔다.

"쌀은 찧길 때에는 고통을 느끼겠지만,
다 찧은 뒤에는 솜처럼 하얗게 된다.
인생살이도 마찬가지
고난이 너를 단련시키리라."

(호찌민, 『옥중일기』)

동아시아의 식민화와 민중 투쟁2

인도네시아, 필리핀 그리고 버마의 저항

"아시아의 어떤 민족도 완강하고 결연한 저항을 하지 않고 유럽인에게 굴복한 일은 지금까지 하나도 없었다. 그들의 투쟁은 마지막 승리의 희망이 전혀 없다는 것을 알고 난 뒤에도 끈질기고 강하게 계속된다 …싸움의 형태만 달라질 뿐이다."
루더포드 알콕크, 주일 영국 공사

동남아시아의 식민지화

1492년 에스파냐의 대리인으로 인도를 찾아서 유럽의 서쪽으로 대서양을 돌아간 콜럼버스는 카리브해의 섬들을 '서인도'라 불렀다. 그로부터 한 세대 뒤 아프리카를 돌아 동쪽으로 간 유럽인들은 인도를 비롯해 아시아 곳곳에 나라마다 동인도회사를 세우고 식민지 경영에 들어갔다. 처음엔 향신료에 집중적으로 눈독을 들이던 그들은 19세기 산업혁명의 진전에 따라 이 지역을 원료공급지 겸 제품시장으로 이중착취하기 시작했다. 그들은 더 많은 이익을 얻기 위해 곳곳에서 농민들에게 수출용 작물을 집중적으로 재배하라고 강제했다. 나중에는 유럽 본국의 자본까지 밀려와 덩치를 키운 플랜테이션 농업을 확대해 나갔다. 네덜란드인들이 식민지 공략 대상으로 삼은 인도네시아에서는 커피, 사탕수수, 담배, 염료용 식물 등의 플랜테이션이 자바, 수마트라를 거쳐 보르네오 지역까지 확대돼 갔다. 건너편 말레이 반도에도 18세기 말부터 영국의 동인도회사가 네덜란드 세력을 몰아내고 페낭(1786년), 싱가포르(1819년), 믈라카(1824년)에 대한 지배권을 확립하고 고무 플랜테이션을 늘려 갔다. 필리핀에선 마젤란의 세계일주를 통해 이 지역에 가장 먼저 도착한 에스파냐인들이 마닐라를 개항하는 한편 곳곳에 사탕수수, 마닐라삼, 담배 플랜테이션을 세웠다.

 곳곳에서 원주민들의 주식인 쌀을 재배할 수 있는 경작지가 플랜테이션 때문에 급속도로 줄어들었다. 이전에 없던 식량부족 사태까지 일어났다. 게다가 수출작물은 국제시장 상황에 따라 가격의 등락이 극심했기에 원주민들의 고통은 나날이 심해졌다. 크고 작은 저항이 지속적으로 터져 나왔다.

필리핀의 독립전쟁

 특히 필리핀에서는 종교적인 이유까지 겹쳐 일찍부터 저항이 시작됐다. 다른 지역과 달리 원주민들을 가톨릭으로 강제 개종하려는 식민당국의 강압적인 시도가 지속됐기 때문이다. 사실 필리핀의 저항은 이곳에 유럽인으로선 맨 처음 온 마젤란이 원주민의 공격을 받고 숨질 때로 거슬러 올라간다. 에스파냐 식민당국에 대한 저항은 도시의 지식인 계급에서 시작해 농민층으로 점차 확산됐다. 초기의 민족주의자 호세 리잘은 언론활동을 통해 에스파냐의 식민 지배를 비난했다. 그는 "집회 및 발표의 자유" "필리핀인과 에스파냐인의 법 앞의 평등" 등을 주장하는 글을 쓰다가 에스파냐 식민당국에 체포돼 반란, 모반, 폭동교사 등 혐의로 처형당했다. 리잘은 처형당하기 직전 예수의 마지막 말을 그대로 되풀이했다.

"모든 것을 이루었도다."

그는 필리핀의 독립과 자유를 획득하는 방법으로 비폭력 평화 투쟁을 주장했다. 리잘이 처형되던 1896년 비밀결사 카티푸난에 의해 식민지배 타도 투쟁(필리핀 혁명)이 시작됐다. 맨 처음 안드레스 보니파시오가 이끌던 투쟁의 지휘권은 나중에 마을 이장 출신의 젊은 민족주의자 아기날도에게 넘어갔다. 전임자인 보니파시오 등은 게릴라 투쟁을 선호했으나 25세의 아기날도는 에스파냐 주둔군을 상대로 정교하게 준비된 공격을 벌여 여러 차례 승리를 거뒀다. 그러나 무장 세력 사이의 내분과 에스파냐의 군사공세 강화에 따라 투쟁은 성공하지 못하고 아기날도 등은 홍콩으로 망명했다.

필리핀의 독립 영웅 호세 리잘. 에스파냐 식민시절 그는 비폭력 평화투쟁을 통해 필리핀의 독립과 자유를 주장하다가 처형됐다.

1898년 미국-에스파냐 전쟁이 시작되자 아기날도는 에스파냐의 교전상대인 미군의 선박 지원을 받고 귀국해 에스파냐 식민당국에 대한 게릴라 투쟁을 재개했다. 무장 투쟁을 벌이던 아기날도는 이듬해 필리핀공화국의 수립을 선언했다. 아기날도가 취한 조처 가운데는 초등교육의 전면 무상실시, 대학 개설 등이 포함돼 있다. 필리핀공화국 수립 선언은 아시아 국가에서 처음으로 입헌공화국을 선언한 것으로 기록된다. 그러나 1898년 말 필리핀의 영유권이 미국으로 넘어가자 아기날도는 반발했다. 결국 필리핀공화국과 미국 사이에 '필리핀-미국 전쟁(1899년~1902년)'이 벌어졌다. 전투는 곧 압도적인 화력의 우위를 갖춘 미군에 유리하게 전개돼 아기날도의 정부와 지지 세력은 도시에서 퇴각해야 했다. 신정부는 루손섬 북부를 전전하면서 게릴라 투쟁을 이어나갔다. 당시 필리핀 저항군은 아기날도를 추격하는 미군을 막기 위해 60명이 끝까지 저항하다가 53명이 몰살당하기도 했다. 결국 아기날도군이 항복함으로써 필리핀은 미국의 식민지로 전락했다. 그 뒤 미국은 자본을 투입해 필리핀을 경제적으로 종속시키는 것과 함께 정치제도, 교육제도의 개혁에도 관여해 필리핀의 미국화를 강화시켰다.

필리핀의 저항에 참여했던 사람들은 모두 후세에 존경받는 인물로 기록됐다. 인도의 독립운동가 네루는 딸에게 보내는 옥중 서한에 "호세 리잘이 아시아 자유 투쟁에 중대한 업적을 남겼다"고 적었다. 필리핀 의회는 1956년 입법을 통해 리잘의 글과 생애, 업적을 필리핀 모든 고등학교와 대학교 과정에 필수적으로 넣도록 했다. 아기날도는 필리핀의 5페소짜리 화폐인물로 되살아났고, 보나파시오는 필리핀군에 그의 이름을 딴 기지명을 남겼다.

인도네시아의 독립전쟁

네덜란드령 동인도(인도네시아)에서도 20세기 들어 이슬람 세력을 비롯해 다양한 세력이 독립 투쟁에 나섰다. 1911년 결성된 '사레카트 이슬람'(이슬람동맹)은 제1차 세계대전 시기부터 민족의 단결을 주장하면서 반식민지 투쟁에 나섰다. 나중에 동맹 내부의 좌파 그룹을 중심으로 1920년 인도네시아 공산당이 조직됐다. 공산당은 각지에서 반식민지 봉기를 지도하는 등 활발한 활동을 전개했다. 1927년 네덜란드 유학 경험을 가진 엘리트들이 수카르노를 당수로 △자조 △비협력 △무산자의 이익을 위한 투쟁 등을 강령으로 내걸고 인도네시아 국민당을 결성했다. 국민당은 독립(메르데카)을 목표로 내걸었지만 수카르노 등 지도자들의 잇단 체포와 구금 등 탄압을 받아 1931년 해산했다.

인도네시아의 독립 영웅이자 초대 대통령이며 비동맹 운동을 탄생시킨 수카르노(위).
1912년 결성된 사레카트 이슬람(이슬람 동맹). 인도네시아 근대화 및 민족운동의 중추적 역할을 담당했다.

태평양 전쟁 발발과 함께 사태는 변하기 시작했다. 1942년 인도네시아를 점령한 일본은 군수물자 조달을 위해 인도네시아의 독립을 약속하는 등 회유책을 썼다. 그런 가운데서도 항일운동은 간헐적으로 계속됐다. 가장 수탈이 심했던 서부 칼리만탄에서는 1943년 9월부터 1944년 초에 걸쳐서만 12명의 이슬람 술탄 등 최소 1,000명 이상이 투옥되기도 했다. 일본은 전쟁 지원을 위해 로무샤(노무자)라고 이름 붙인 보조병사들을 강제로 차출해 20만~50만 명을 태국, 미얀마 등지로 끌고 갔다. 이 가운데 전후에 돌아온 사람은 7만 명에 지나지 않는다. 일본은 군량미 공급을 위해서도 식량을 낮은 가격에 강제 매입해 전쟁터로 실어 나갔다. 일본군이 항복하자 일본 군정의 종교부에 고문으로 참여하는 방식으로 정치활동을 재개하고 있던 수카르노는 동지 핫타와 함께 1945년 8월 17일 독립을 선언했다. 이 선언은 일본인과의 충돌을 우려해 자극적인 표현을 뺀 채 아주 짧게 작성됐다.

동남아시아의 민족운동		
국가	침략국	독립운동
필리핀	에스파냐 → 미국	• 1892년 에스파냐의 지배에 대항, 호세 리잘의 필리핀 연맹 조직-독립운동 전개 • 1898년 에밀리오 아기날도, 미국-에스파냐 전쟁 중 미국에 협조하면서 독립 선언 → 미국의 약속 불이행 → 미국의 식민지화 정책에 대항하는 게릴라전 전개 • 1935년 미국의 지배에서 벗어나 자치 쟁취, 10년 뒤 독립 약속 받음 • 1945년 독립
인도네시아	네덜란드	• 19세기 말, 네덜란드의 수마트라 진출 반대운동 • 1912년 사레카트 이슬람(이슬람 동맹) 결성-근대화 및 민족운동의 중심기구 역할. • 1927년 수카르노의 국민당, 독립운동 전개 • 1949년 독립
버마(미얀마)	영국	• 20세기 초, 청년 불교 협회 중심으로 신지식인의 반영·반인도 운동 전개 • 1948년 독립

"우리 인도네시아 국민은 이 선언서에 의해서 인도네시아의 독립을 선언한다. 권리이양 등 제반 문제는 양심적으로 가능한 한 신속하게 처리될 것이다."

수카르노는 초대 대통령이 됐다. 하지만 실질적인 독립까지의 과정은 길었다. 먼저 네덜란드가 인도네시아에 대한 야심을 포기하지 않은 채 다시 군대를 진주시켰다. 그 병력은 나중에 10만 명으로 늘어났다. 네덜란드가 네덜란드-인도네시아 연방정부를 밀어붙이려 하자 인도네시아군과 민중들은 네덜란드에 격렬하게 저항했다. 인도네시아 무장 세력은 곳곳에서 게릴라 전술로 네덜란드를 괴롭혔다. 인도네시아는 민족과 이념이 다른 여러 정치 세력이 난립해 있었지만, 단합된 모습으로 네덜란드에 대한 투쟁을 계속했다. 결국 네덜란드는 인도네시아의 격렬한 저항과 유엔과 미국의 압력에 굴복해 철수했고 인도네시아는 1949년 독립했다.

버마의 독립 영웅 아웅산. 버마의 독립에 결정적 공헌을 했으나, 반대파에 의해 독립 6개월 전에 암살되었다.

버마의 독립전쟁

　인도 무굴 제국의 통치 아래 들어갔던 버마에서도 제1차 세계대전 때부터 영국의 식민지배에 저항하는 총파업과 폭동이 일어났다. 이런 배경에서 1938년 민족주의적 정치결사 '타킨당'도 조직돼 나중에 민족운동의 중심으로 성장했다. 영국은 한편으로는 이런 움직임을 강력하게 탄압하면서도, 다른 한편으로는 의회제를 도입해 부분적인 자치를 인정하는 등 타협책도 병행했다. 제2차 세계대전 때 일본이 영국군을 몰아내고 버마를 점령한 뒤 친일 괴뢰정권을 세우자 이전에 학생운동 지도자 출신으로 영국에 대항 반식민 무장 투쟁을 벌이던 민족주의자 아웅산 등이 무장 항일 투쟁에 나섰다. 아웅산은 1945년 3월 버마 민족군의 이름으로 버마 공산당과 연합해 무장폭동을 일으켜 일본군에게 큰 타격을 입혔다(당시 버마공산당 당수의 부인이 바로 아웅산의 여동생이다). 일본이 패전하자 아웅산은 '반파시스트 인민자유연맹(AFPFL)'을 결성해 정치활동에 나섰다. 아웅산이 이끄는 인민자유연맹은 새 정부를 구성하기 위해 실시한 총선거에서 압승을 거뒀으나, 아웅산은 집권 직전 버마 재건계획을 세우던 중 정치적 반대파에게 암살됐다. 현재 버마에서 반군부 민주화 투쟁을 벌이고 있는 아웅산 수치는 그의 막내딸이다.

유럽의 오랜 식민주의와 일본 제국주의의 침략에 맞선 동남아 여러 나라 인민들의 투쟁 경험은 나중에 이들 나라가 오랜 군사독재를 극복하고 민주화로 나아가는 투쟁에서 소중한 자양분이 됐다.

오스만 제국의 해체

오스만 제국에서 석유수출국기구(OPEC, 오펙)로, 현대 중동의 석유사

> "영국은 (중동의) 이 '모래지옥'에 발을 들이밀지 않으면 안 될 사정이 있었다. 바로 석유였다. 이미 제1차 세계대전 이전인 1911년 해군장관이 된 윈스턴 처칠은 제국 해군의 연료를 석탄에서 석유로 바꾸는 작업에 본격적으로 착수했다. 게다가 제1차 세계대전을 통해 동력화가 촉진됨으로써 석유야말로 세계 지배를 결정하는 핵심요소라는 것이 명확해졌다."
>
> 나가니시 테루마사,『대영제국 쇠망사』

늙은 사냥감

아시아와 아프리카 그리고 유럽에 걸쳐 대제국을 건설한 오스만 투르크는 유럽 문명의 대공세 속에서도 유일하게 중동 오리엔트의 영토와 자존심을 지켜온 마지막 보루였다. 제국은 말기의 개혁 노력이 별다른 성과를 맺지 못한 가운데 제1차 세계대전에서 독일-오스트리아의 추축국에 가담함으로써 돌아올 수 없는 다리를 건넜다. 독일-오스트리아 추축동맹에 맞선 전통 제국주의 세력 영국과 프랑스는 적국으로 전환한 이 '늙은 사냥감'을 거꾸러뜨리기 위해, 그리고 막 뜨기 시작한 석유자원을 확보하기 위해 교묘한 '분할통치' 전술을 동원했다. 아프리카와 일부 아시아에서 식민지를 경영하면서 써먹었던 이 수법은 그러나 중동 지역에서는 보다 악의적으로 펼쳐지고, 현대 세계에까지 깊은 해악을 끼치는 결과로 이어졌다.

사냥감을 해체하기 위해선 먼저 거꾸러뜨려야 한다. 영국과 프랑스의 제국주의 개척을 위해 명문 고등학교와 대학을 나와 외교관과 총독부 관리로 양성된 고급 엘리트들이 중동 지역으로 파견돼 오스만 투르크를 향해 칼을 들이밀 아랍의 전통적인 술탄과 샤리프(고귀한 사람이라는 뜻. 무함마드의 후손)들을 만나 공작을 벌였다. 나중에야 어떻게 되든지 '통일 아랍국가의 독립'이라는 매혹적인 약속도 아끼지 않았다. 영국의 이집트 주재 고등판무관 맥마흔은 1915년 7월부터 1916년 3월에 걸쳐 메카의 샤리프 후세인과 서한을 주고받으면서 "오스만 제국 아래 아랍 지역에서 아랍 여러 나라의 독립을 승인할 것이며, 그 싸움을 지원할 것"이라고 합의했다. '맥마흔 서한'이었다. 샤리프는 합의를 지켰다. 1916년 6월 메카의 오스만 수비대를 공격하면서 아랍 반란을 일으켰다. 샤리프 후세인의 아들 파이잘이 이끄는 아랍군은 시리아로 진격해 1917년 10월 거주민들의 열렬한 환호를 받으며 아시리아의 고대 도시 다마스쿠스에 입성했다(이 과정에서 '아라비아의 로렌스'라는 희극적이면서도 동시에 비극적인 영웅이 등장한다).

제국주의의 도마 위에 놓인 아랍

그러나 이미 제국주의의 음모는 시작되고 있었다. 제1차 세계대전에서 한편이었던 영국과 프랑스 그리고 러시아 세 나라는 1916년 5월 비밀회담을 갖고 종전 뒤에는 영국과 프랑스가 각각 이라크와 시리아를 세력권에 넣고 팔레스타인을 국제 관리로 한다는 내용의 사이크스-피코 협정을 맺었다. 이 비밀협약은 1917년 11월 러시아 혁명정부가 '제국주의국가의 밀약'이라는 비난과 함께 폭로함으로써 세상에 알려졌다.

그뿐만이 아니었다. 영국은 1917년 11월에 밸푸어 외상의 이름으로 세계적인 유대인 거부 로스차일드 남작에게 '팔레스타인에 유대인의 국가를 수립하는 것'을 찬성한다는 내용의 서한을 보내고 있었다. 제1차 세계대전에 들어가는 막대한 전쟁 비용을 위해선 세계적인 금융재벌 로스차일드 가문을 비롯해 유대인 금융가들의 자금 지원이 절실했기 때문이다. '아랍 세계'라는 거대한 문명공동체의 존재에 대해 제국주의 영국은 서로 모순되고 충돌하는 약속을 3개나 남발했던 것이다. 한 입으로 두 말을 하는 '일구이언'이 아니라 '일구삼언'이었다.

아랍 민족운동을 지원했던 영국의 토머스 로렌스. '아라비아의 로렌스'로서 그 이름을 떨쳤다. 1919년 파리 강화회의에 참석하였고, 1921년 식민장관 처칠의 아랍문제 고문으로서 아랍의 독립에 힘을 기울였다. 사진은 왼쪽부터 처칠, 로렌스, 트랜스요르단의 압둘 왕.

제1차 세계대전이 끝나고 아라비아의 로렌스가 아랍풍의 옷을 입고 아랍 영웅 파이잘과 함께 파리에 도착해 강화회의장을 분주히 오가고 있을 무렵, 인도에서 출정한 영국-인도군 10만은 페르시아만 입구의 쿠웨이트에 상륙했다. 그들은 이슬람 문명의 중심지 바그다드를 점령하고 북상을 계속해 키르쿠크와 모술의 풍부한 유전지대도 확보했다. '아랍의 독립'은 배신당하고 아랍은 사냥감으로 제국주의의 도마 위에 얹혀져 갈가리 찢겼다. 영국과 프랑스 두 제국주의가 마구 그어대는 칼질 아래 한때 지리적으로나 문화적으로나 민족적으로나 하나였던 공동체는 새로운 국경과 새로운 국가로 해체

됐다. 사우디아라비아, 이라크, 시리아, 레바논, 팔레스타인, 트랜스 요르단은 그렇게 생겨났다. 팔레스타인에 다시 이스라엘이 들어섰음은 말할 필요도 없다. 한편 로렌스는 맥마흔 서한과 사이크스-피코 협정을 이미 모두 알고 있었다는 점에서는 희극적이었고, 아랍의 입장에 서서 그 음모를 역전시켜 보려 분투하다 끝내 조국 영국으로부터도 배신당했다는 점에서는 비극적이었다.

아랍민족주의와 OPEC

1973년 10월 아랍-이스라엘 사이에 제4차 중동 전쟁이 벌어졌다. '10월 전쟁'이다. 당시 이집트와 시리아는 이스라엘에게 선제공격을 가해 개전 초기 전황을 유리하게 이끌었다. 그러나 이스라엘이 대대적으로 반격해 수에즈 운하를 건너 이집트 영내 깊숙이 진격함으로써 전쟁은 이스라엘의 역전승으로 끝났다. 수에즈 운하 건너편 지역 1,600평방킬로미터를 점령하며 확고한 교두보를 구축했으니 '대승'이라고 해도 지나치지 않다. 그런데 중간에 전쟁의 불길이 엉뚱한 데로 튀어 옮겨 붙었다. 불길은 중동 전쟁보다도 더 커졌다. 당장 두 나라의 승패가 사실상 뒤바뀌었다. 이집트는 다시 기세가 살아나고, 이스라엘은 그 후폭풍으로 심각한 외교적 고립이라는 타격을 받았다. 나라들마다 이스라엘을 향해 이집트의 점령지에서 철수하라고 난리쳤다.

바로 석유수출국기구(OPEC)가 전쟁기간 동안 유가 인상과 석유 금수카드를 휘두르며 이집트를 지원하고 나선 것이다. 나중에 이스라엘 수상까지 된 아리엘 샤론이 이끄는 기갑사단이 당시 수에즈를 건너 교두보를 확대하던 날이었다.

"석유장관 회의에서는…우리가 요구하지도 않았던 원유가격의 대폭 인상을 호소했다. 회의에서 결정된 것은 가격의 인상과 생산의 소폭 감축이다. 이런 것은 미국의 석유자본들이 자주 사용하는 프로그램이다."

OPEC은 1960년에 설립되었는데 12개 회원국 중 9개국이 이슬람 국가였다.

OPEC은 1973년 이스라엘을

1973년 아랍국들과 이스라엘간 전쟁에서 서방이 이스라엘의 편을 들자, OPEC은 전쟁기간 동안 유가 인상과 석유 금수카드를 내밀었다. 1차 석유파동으로 OPEC을 중심으로 한 자원민족주의의 산물이다.

지원하는 국가에 대한 석유 수출을 금지했으며 오일쇼크가 세계를 강타했다. OPEC은 배럴당 3달러 전후 수준이던 아라비안 라이트 경질유의 공시가격을 무려 5.110달러로 인상했다. 거기서 그치지 않았다. 3개월 뒤인 1974년 1월에는 가격이 11.651달러까지 폭등했다. 오늘날 감각으로 치면, 휘발유 리터당 3,000원 하던 것이 갑자기 5,000원으로 인상되더니 석 달 뒤에는 1만 2,000원까지 치솟은 격이다. OPEC은 나아가 미국 등 친이스라엘 국가에 대해 원유의 5퍼센트 수출 삭감까지 결의하고 나섰다. 또한 이스라엘이 점령지로부터 철수하지 않으면 한 달에 5퍼센트씩 추가 삭감하겠다고 위협했다. 이 모든 조처의 배후에는 아랍민족주의가 깔려 있었다. 이미 이집트는 전쟁이 나자마자 사우디아라비아에 밀사를 보내 석유 전략의 발동을 요청했었다. 이집트의 밀사는 사우디아라비아를 거쳐 쿠웨이트, 아부다비, 바레인, 오만을 잇달아 방문했다.

아랍 국가들은 석유 공급을 받을 수 있는 '우호국'을 새로 정의했다. 국제정치에 본격적으로 간여하기 시작한 것이다. 우호국은 3가지 범주였다. 첫 번째는 에스파냐와 같이 원래부터 이스라엘과 외교관계를 맺지 않은 나라, 두 번째는 이스라엘과 국교를 단절한 나라, 세 번째는 이스라엘이 점령지부터 철수할 것을 요구하는 나라였다. 우호국이란 말을 만들어내며 OPEC은 아예 원유 생산부터 25퍼센트 삭감하면서 결코 엄포가 아니라고 위협했다. 그날 엑슨 같은 거대 석유회사들은 원유 수입 국가들에게 삭감된 수출량을 일제히 통보했다. 사우디의 야마니 석유장관은 협박을 계속했다.

"중립을 지키면 공급은 하겠지만 이전과 같은 양은 기대하지 말라. 우호적이라면 이전과 같이 공급한다."

세상을 뒤흔든 이 석유 금수와 기록적인 유가 폭등에 따라 OPEC의 수입은 1973년 225억 달러에서 이듬해 1974년에는 그 4배가 넘는 905억 달러가 됐다. 중동 땅에 오일달러가 넘치기 시작했다.

이스라엘은 전쟁에 이기고도 고립화됐다. 아랍의 눈치를 보는 나라들이 본격적으로 이스라엘과 확실한 거리를 두기 시작했다. 나중에 이스라엘은 미국의 개입으로 1973년의 10월 전쟁에서 빼앗은 수에즈 운하 서안의 점령지는 물론 이전 중동 전쟁에서 점령했던 시나이 반도 등도 되돌려주며 이집트와 평화협정을 맺어야 했다. 《예루살렘 포스트》같은 이스라엘 신문은 이런 평화 이니셔티브를 주도하는 유대인 출신인 미국 백악관 안보담당 보좌관 키신저를 겨냥해 1면 머리기사에 다음과 같은 제목을 달았다.

"키신저, 너의 정체는 뭐냐?"

하지만 결과를 바꿀 수는 없었다.
오스만 제국 멸망 뒤 서구 세력의 제국주의적인 간섭에 50여 년 동안 농락당했던 중동은 석유의 힘으로 서구에게 복수할 수 있었다. 그러나 가장 큰 피해자는 일본, 한국 같이 중동의 석유에 절대적으로 의존하는 동아시아의 비산유국이었다.

7부
제국주의와 세계대전

산업화에 성공한 서구 열강들은 아프리카와 아메리카, 아시아에 진출해 자원을 약탈하고 여러 나라를 식민지로 삼았다. 아프리카 파쇼다에서 영국과 프랑스 군대가 충돌한 것을 비롯해 식민지를 독점하려는 각국의 경쟁은 더욱 치열해졌다. 1884년 베를린에 모인 미국과 유럽 열강의 대표들은 식민지를 효율적으로 수탈하기 위해 불필요한 상호경쟁을 줄이자고 협의했다. 서구의 침략 속도를 그나마 늦춰준 건 외부인들에게 치명적인 열대 풍토병 말라리아였는데 특효약인 키니네가 1850년에 발견되면서 그 연약한 방어막마저 허물어졌다. 원시적 무기를 들고 저항하는 아프리카·아메리카 원주민들이 신무기인 기관총으로 무장한 서구 병사들에 맞서는 건 불가능했다. 오늘날 지도를 보면 알 수 있듯 제국주의의 희생양이 된 아프리카는 면도칼에 베이듯 찢겼다.

아메리카나 아프리카 못지않게 강대국의 이권이 강렬하게 충돌했던 발칸 반도의 상황은 시한폭탄처럼 위태했다. 세르비아의 민족주의자가 오스트리아 황태자를 향해 총을 쏘며 세계대전의 막이 올랐다. 중립을 유지하던 미국마저 전쟁에 뛰어듦으로써 세계는 아비규환으로 변했다. 춥고 질척한 참호 속에서 적과 대치하는 암울한 상황은 인간으로 하여금 깊은 자기혐오와 불신, 그리고 좌절감을 안겨주었다. 20세기 중반에 널리 퍼진 실존주의 철학의 밑바탕이 바로 그것이다.

제1차 세계대전에 참여해 여러 전투에서 패배를 거듭한 러시아는 내부적으로 더 중대

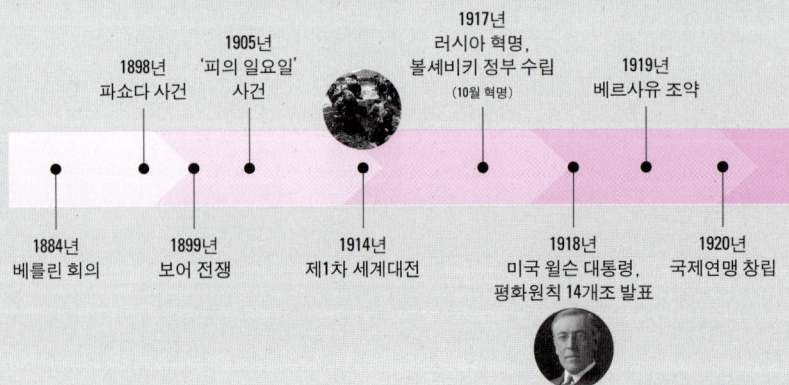

1898년 파쇼다 사건

1905년 '피의 일요일' 사건

1917년 러시아 혁명, 볼셰비키 정부 수립 (10월 혁명)

1919년 베르사유 조약

1884년 베를린 회의

1899년 보어 전쟁

1914년 제1차 세계대전

1918년 미국 윌슨 대통령, 평화원칙 14개조 발표

1920년 국제연맹 창립

한 문제를 맞닥뜨렸다. 레닌이 주도한 사회주의 혁명이 성공한 것이다. 마르크스와 엥겔스가 꿈꾸었던 세상이 실현되는 듯 보였으나 독재자 스탈린이 정권을 잡으면서 러시아 혁명은 급격히 변질되기 시작했다.

제1차 세계대전이 끝날 무렵 이상주의자 윌슨은 인류의 항구적 평화를 염원하며 민족자결원칙을 천명했다. 이에 고무된 반제국주의운동이 세계 각지에서 일어났다.

1920년대 엄청난 물질적 풍요를 구가하던 미국은 자본주의가 안고 있는 가장 큰 위험을 간과했다. 바로 빚이다. 주식투기로 생긴 거품은 일순간에 꺼져버렸고 미국은 공황 상태에 빠져버렸다. 이미 세계 각국에 걸쳐 있던 자본의 연쇄고리 중 하나가 깨지자 경제 불황의 여파는 전 세계로 확산됐다. 불안한 경제 상황 속에서 이탈리아, 독일, 러시아에 강력한 지도자를 앞세운 전체주의 체제가 등장했다. 무솔리니, 히틀러가 합법적인 선거, 즉 인민의 동의에 의해 정권을 획득했다는 점을 명심하자. 파시즘이 위험한 것은 이렇게 대중의 열광적인 지지 위에 서 있기 때문이다. 또한 대공황을 타개한 것이 뉴딜 정책이 아니라 전쟁, 즉 제2차 세계대전이었다는 점도 주목해야 한다. 모든 걸 파괴하고 모든 걸 투입해야 하는 전쟁이야말로 생산력을 단기간에 극도로 끌어올릴 수 있는 극약 처방이기 때문이다.

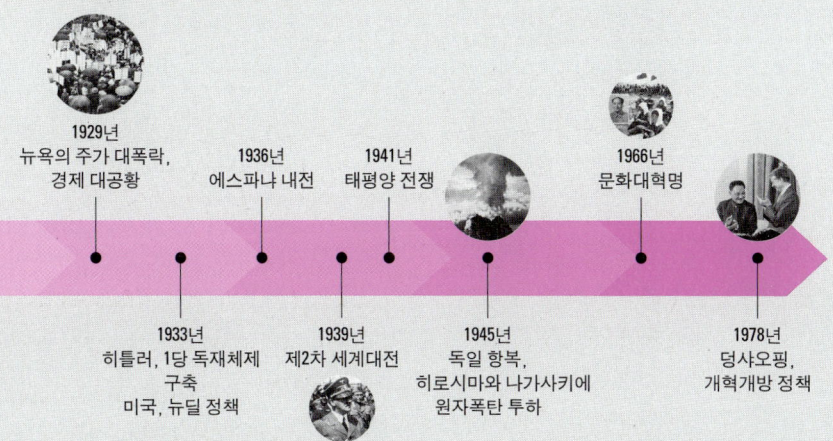

1929년
뉴욕의 주가 대폭락, 경제 대공황

1936년
에스파냐 내전

1941년
태평양 전쟁

1966년
문화대혁명

1933년
히틀러, 1당 독재체제 구축
미국, 뉴딜 정책

1939년
제2차 세계대전

1945년
독일 항복,
히로시마와 나가사키에 원자폭탄 투하

1978년
덩샤오핑,
개혁개방 정책

1장
제국주의와 제1차 세계대전

제국주의의 식민지 쟁탈전: 갈가리 찢긴 아프리카를 보라
제1차 세계대전: 제국주의의 충돌이 결국 세계대전으로
러시아혁명: 뿌리 깊은 모순에서 탄생한 인류 최초의 사회주의 정권

제국주의의 식민지 쟁탈전

갈가리 찢긴
아프리카를 보라

오늘날에도 여전히 극심한 가난과 내란에 시달리는 아프리카는 제국주의가 초래한 참상을 가장 처절하게 겪은 대륙이다. 남북에 걸쳐 알짜 땅을 확보한 영국과 동서로 식민지를 개척하던 프랑스가 이권을 놓고 충돌한 '파쇼다 사건'은 나약했던 아프리카의 절망과 강대했던 제국들의 탐욕을 고스란히 보여준다.

아프리카 쟁탈전

1441년 포르투갈의 선장 안탐 곤살베스는 자신의 후원자인 엔리케 왕자를 "즐겁게 해주려고" 아프리카에서 흑인 남녀 한 명씩을 납치해 바친다. 왕자는 특이한 생김새를 지닌 온순한 흑인들을 보고 무척 즐거워했다. 이 사건은 노예무역의 시발점이다. 1550년 무렵 포르투갈 인구의 10퍼센트가 아프리카인이었는데 이중에는 자유민도 물론 포함돼 있지만 대부분 노예였다. 17세기말 서아프리카 해안을 포르투갈이 점령하면서 본격적인 아프리카 식민지배 시대의 막이 올랐다. 뒤이어 프랑스, 네덜란드, 영국이 식민지 건설에 뛰어든다. 1652년 네덜란드는 희망봉을 정복하고, 포르투갈은 추가로 모잠비크를, 프랑스는 마다가스카르를 점령했다. 아프리카 동부는 오스만 제국의 지배 아래 놓였다. 18세기 산업혁명 시대에

콩고식민지에 대한 벨기에 레오폴트 2세의 가혹한 착취를 상징하는 그림(1906년). 콩고는 레오폴트 2세의 개인식민지로서 그 착취는 악명이 높았다(위). 아프리카는 1880년대에 시작된 아프리카 쟁탈전으로 20년 사이에 53개의 유럽식민지로 완전히 분할되었다.

유럽 열강은 아프리카를 원료 생산, 노동력 수급, 상품 판매시장으로 활용하기 시작했다.

유럽인에게 아프리카 대륙은 신천지인 동시에 죽음의 땅이기도 했다. 지독한 풍토병인 말라리아 때문이다. 말라리아는 식민정책의 속도를 늦춘 유일한 방어막이었다. 그러나 이마저 곧 허물어졌다. 1850년에 말라리아에 특효를 지닌 키니네가 발견되면서 아프리카를 자유롭게 오갈 수 있게 된 것이다. 유럽의 식민정책은 날개를 달았다. 초당 11발을 발사하는 기관총을 장착한 영국군은 활과 창을 든 아프리카 원주민들을 손쉽게 제압했다. 수단을 점령한 한 영국 장교는 이렇게 기록했다.

"단 한 번 전투로 1만 800명을 사살했다. 아군 피해는 49명뿐이다."

오늘날 아프리카에서 벌어지는 내전 대부분은 유럽 열강이 남기고 간 유산이다. 통일을 이루려는 종족은 되도록 갈라놓고 적대관계에 있는 종족을 맞붙여놓는 유럽 열강의 지배정책은 극심한 종족 분열과 갈등을 초래했다. 아프리카 대륙에서 콩고와 콩고민주공화국은 중심부에 놓여 있다. 지리적 조건으로 볼 때 열강의 세력이 자주 충돌할 수밖에 없었다. 이곳을 둘러싸고 각자 영유권을 주장하던 유럽 각국이 불필요한 싸움으로 큰 손해를 보지 않기 위해 협상을 시도했는데 이 회의가 1884년 베를린 회의다.

독일 재상 비스마르크가 주재한 베를린 회의에는 영국, 프랑스, 독일, 벨기에, 포르투갈, 이탈리아, 오스트리아-헝가리 제국, 덴마크, 네덜란드, 러시아, 에스파냐, 스웨덴, 노르웨이, 오스만 제국, 미국 등 15개국 대표가 참가해 아프리카 식민지 분할을 위한 기본 원칙을 논의했다. 이듬해에 '베를린 협정'이 체결된다. '원주민들의 관습과 물질적 안녕을 증진하는 방법을 고려하기 위해' 채택했다는 이 협정서는 '협정국들이 현지에서 취득한 권리를 보호하기 위해 그 나라의 관공서를 확보할 의무가 있음'도 명시했다. 베를린 협정에 따르면 식민지 영유권을 인정받기 위해서는 군대와 이주민이 해당 지역에 거주해야 한다. 이 조건을 충족하려고 온갖 꼼수와 편법이 난무하는 쟁탈전이 일어났다. 대륙 서쪽에서 동쪽으로 영토를 확장하던 프랑스와 남북을 종으로 가르며 식민지를 넓혀가던 영국이 교차점에서 충돌했다. 이곳이 나일강 상류에 위치한 수단의 파쇼다. 두 나라의 점령군이 대치하는 상황은 프랑스 군대의 철수로 일단락되는데, 그 대신 프랑스는 1899년 사하라 일대의 소유권을 인정받게 된다.

한편 베를린 회의를 주재하는 등 아프리카에 대한 야욕을 키워가던 독일은 아프리카 서안의 토고와 카메룬, 남서아프리카를 점령한 뒤 아프리카 동안의 탕가니카(오늘날의 탄자니아)를 식민지로 삼았다. 이탈리아는 이탈리아대로 영국과 프랑스가 서로 경쟁하면서 견제하는 동안 공백기를 틈타 아프리카 북안의 트리폴리와 키레나이카(두 지역이 합쳐져 리비아가 됨)를 점령하고, 이어 에티오피아 북부의 에리트리아와 아프리카 동단부의 소말리랜드도 점령하기에 이른다.

어느 제국주의자의 본심

1899년부터 1902년 사이에 일어난 남아프리카의 보어 전쟁은 금과 다이아몬드를 확보하려고 17세기부터 정착해 살던 보어인(네덜란드 출신 이민자)의 터전을 빼앗으려던 영국의 야욕 때문에 빚어졌다. 보어 전쟁을 일으킨 당사자는 영국의 제국주의자이며 남아프리카 다이아몬드 채굴사업으로 백만장자가 된 세실 로즈다. 세실 로즈는 철도, 통신, 신문 등에도 사업을 확장해 남아프리카 경제 전체를 지배할 정도로 막강한 영향력을 행사했으며 1890년에는 케이프 식민지의 수상이 되었다. 회고록에 남긴 그의 세계관에 제국주의의 본질이 담겨 있다.

"빵을 달라는 영국 노동자의 절규를 들을 때면, 나는 제국주의의 중요성을 더욱 확신한다. 대영제국의 4천만 인구를 피비린내 나는 내란으로부터 지키기 위해서, 새로운 영토를 개척하고, 새로운 판로를 만들어내야 한다. 내란을 원치 않으면 제국주의자가 돼야 한다. 결코 닿을 수 없는 것처럼 보이는 유성조차 대영제국에 병합하고 싶다."

제국주의는 민족주의나 인종주의와 결합했다. 세실 로즈 같은 영국 제국주의자들에게는 영국인들이 신의 은총을 입은 최고 민족이다. 그러니 최고 민족이 열등한 아프리카의 나라를 두루 지배하는 건 신의 뜻이다.

"이 세상에 신이 있다면, 그 신은 아프리카 지도를 되도록 영국의 색으로 칠할 것과 또한 영어를 말하는 인종의 통일을 촉진하여 그 영향을 될 수 있는 한 세계로 확대하는 것, 이 두 가지 사명을 우리에게 주셨을 것이다."

며칠이면 끝낼 수 있으리라는 세실 로즈의 자신감과 달리 전쟁은 3년이나 지속되었고 국제 여론은 영국에 등을 돌리기 시작했다. 불굴의 투지를 보인 보어인은 압도적인 군사적 우위를 지닌 영국군에 맞서 게릴라전을 벌이며 3년을 버티고 싸웠다. 영국 제국주의에 맞선 보어인들의 투쟁은 마치 골리앗에 맞선 다윗처럼 돋보였지만, 사실 그들의 근거지인 트랜스발공화국이나 오렌지자유국은 모두 그들이 영국의 지배를 거부한 채 북쪽 내륙으로 달아나 무력

1899년~1902년 동안 일어난 보어 전쟁은 금과 다이아몬드를 확보하려던 영국의 야욕으로 일어났다. 보어 전쟁을 일으킨 당사자는 남아프리카 다이아몬드 채굴사업으로 백만장자가 된 영국의 세실 로즈(아래)다.

으로 현지의 아프리카 원주민을 내쫓고 건설한 것이었다. 그 트랜스발에서 19세기 후반 풍부한 다이아몬드와 금이 발견되자 영국인들이 전쟁을 일으킨 것이었다. 가장 큰 피해자인 아프리카인의 분노를 반영하듯 1895년 부르키나파소의 왕 워보고는 유럽인들을 향해 이렇게 말했다.

"당신들은 내 나라를 더 잘 조직하도록 도움을 주러 왔다고 말하는데, 이 나라는 지금 이대로 훌륭한 질서를 갖추고 있소. 우리는 스스로 무역을 하고 싶으니 당신들은 이곳을 떠나 다시는 돌아오지 마시오!"

식민지 아프리카의 상처

1912년 아프리카의 96퍼센트가 열강들의 손아귀에 들어가 버렸다. 당시 독립을 유지한 나라는 끈질기게 독립을 유지했던 에티오피아공화국과, 1839년 포르투갈 상선 아미스타드호에서 일어난 폭동을 시발점으로 하여 1847년에 노예들이 스스로 건설한 신생국인 라이베리아뿐이다. 식민지 대륙으로 전락한 뒤 아프리카의 현실은 더욱 비참해졌다. 20세기 이후 잇따라 세계대전이 터지고 아프리카인들은 억울하게 강제로 전쟁에 휘말려 들어가야 했다. 거의 200만이 넘는 아프리카인이 자신의 의지와 상관없이 제1차 세계대전의 전장 속으로 투입돼 죽어갔다. 제2차 세계대전 때는 북부 아프리카 전선에서 서로 적이 된 유럽 '주인'들의 명령에 따라 수십만 아프리카인들이 서로 총질을 했다. 1919년 제1차 세계대전 패전국 독일은 토고, 카메룬을 비롯한 아프리카의 모든 식민지를 국제연맹에 반납했다. 국제연맹은 승전국인 영국, 벨기에, 프랑스에게 전리품 나눠주듯 '위임통치'라는 명분과 함께 식민지들을 재분배했다.

1912년 아프리카의 지도자들은 아프리카 민족회의(ANC)를 결성한다. 이는 훗날 넬슨 만델라의 정치적 기반이 된다. 1945년 10월 영국 맨체스터에 젊은 아프리카 지도자들이 모여 '제5차 범아프리카 회의'를 개최하는데, 이 대표자들 대부분이 나중에 독립하는 아프리카 국가들의 초대 대통령이 된다. 이들은 이렇게 결의했다.

"우리는 더 많은 희생과 노력을 할 각오가 돼 있다. 그러나 굶주리면서 세계의 짐꾼 노릇을 할 각오는 돼 있지 않다. 시대에 뒤떨어진 제국주의를 돕진 않겠다. 모든 수단을 동원해 자유와 민주주의를 위해 싸우리라."

	19세기 후반 이후 유럽 열강의 아프리카 분할
영국	수에즈 운하 매수, 이집트의 보호국화(1882년) 종단정책(3C 정책) : 케이프타운(남아프리카), 카이로(이집트), 캘커타(인도) 연결 보어 전쟁 → 남아프리카 연방 조직(1910년) 파쇼다 사건(1898년) → 영국 승리
프랑스	횡단정책- 알제리~튀니지~사하라~마다가스카르
독일	서남 아프리카, 카메룬, 토고, 동부 아프리카 획득
이탈리아	에리트레아, 리비아(트리폴리) 점령
벨기에	콩고 점령
포르투갈	앙골라, 모잠비크 점령
독립국	에티오피아, 라이베리아

1943년 리비아는 자국에서 이탈리아를 몰아냈고, 1946년에는 이집트가 영국의 지배에서 벗어났다. 1956년에는 모로코, 튀니지, 수단이 독립했으며 1962년에는 9년에 걸친 독립전쟁 끝에 알제리가 프랑스를 이겼다. 1984년 노벨평화상을 수상한 데스먼드 투투 주교는 이렇게 말했다.

"우리는 사람들을 배불리 먹이고도 남을 만큼 충분한 먹을거리를 생산할 수 있다. 그러나 바싹 야윈 어린이들이, 세계 구호단체들이 찔끔찔끔 보내는 원조 식량을 받으러 끝도 없이 긴 줄을 서고 있다. 세계는 언제쯤 배우게 될까, 이제 그만하면 됐다고. 세계인은 언제쯤 깨닫게 될까, 다른 인간을 자신보다 못한 존재로 취급하는 것이 신을 모독하는 일이며 결국 자기에게 화가 돌아오리라는 사실을."

아프리카는 갈가리 찢어진 육체를 치유하기도 전에 수많은 내전으로 합병증을 앓고 있다. 반세기 만에 회복하기엔 제국주의가 할퀸 상처가 너무나 깊고 넓다.

히스토리 브리핑

외국 자본에 장악된 '바나나 공화국'

1935년 미국 잡지 《에스콰이어》에 '바나나 공화국(Banana Republic)'이라는 용어가 실렸다. '바나나 공화국'이란 자국민의 이익보다는 자국에서 영업 활동을 하는 외국 기업의 이익을 위해 존재하는 정권을 경멸적으로 가리킬 때 쓰는 표현이다. 라틴아메리카의 과테말라, 온두라스, 니카라과, 엘살바도르, 코스타리카, 자메이카, 파나마, 콜롬비아, 벨리즈, 그라나다 등은 바나나나 커피 같은 1차 상품이 국가 경제에서 가장 큰 부분을 차지하는데, 주로 미국의 다국적 기업이 이 나라의 농업을 좌지우지한다. 미국 행정부와 미국 기업의 로비에 넘어간 각국의 지배 세력은 사적인 이익을 위해 국가 기반시설 통제권을 미국 기업에게 넘기고, 노동자들의 시위나 파업을 잔인하게 진압했다.

중남미 국가들에게 이런 비극을 안겨준 장본인은 유나이티드 프루트(United Fruit, UFC)를 비롯한 미국의 바나나 기업들이었다. 1960년 쿠바 통치자 피델 카스트로를 끌어내리기 위해 미국이 피그만을 침공했을 때 함대를 제공한 기업이 유나이티드 프루트였다. 1946년 기준으로 이 회사가 중남미에 소유한 농지는 40만 헥타르(축구장 40만 개 넓이)에 달했다. 유나이티드 프루트는 1898년 쿠바에 진출한 이래 부패한 군벌 세력들과 결탁해 꾸준히 사업 영역을 확장했다. 1912년 온두라스 정부가 미국인 소유 철도를 국유화하려 하자 미국은 온두라스에 병력을 투입해 이를 저지했다. 이때 자금을 댄 유나이티드 프루트는 그 대가로 철도 건설권과 바나나 경작권을 얻어냈다. 유나이티드 프루트는 1954년 과테말라의 전화 부설권, 철도 건설권, 항구 건설권, 그리고 엄청난 농지를 획득했다. 그해 6월 미국과 바나나 회사들의 압력에 굴복해 하코보 아르벤스 대통령이 사임하자 바나나 기업들의 횡포는 더욱 심해졌다.

1928년 12월 6일 노동조건을 개선해달라며 한 달 동안 파업을 벌인 콜롬비아의 바나나 노동자들을 향해 정부군이 무차별 총격을 가해 노동자 2,000명이 죽었다. 콜롬비아의 작가 가르시아 마르케스는 소설 『백년 동안의 고독』에서 '바나나 학살'이라 불리는 이 사건을 상세히 묘사했다. 1932년 유나이티드 프루트는 파업에 참여한 온두라스의 노동자들을 모두 해고하고 주도자를 암살했다. 칠레의 민중시인 파블로 네루다는 유나이티드 프루트의 악행을 고발하는 시 「United Fruit Co.」를 썼다. 온두라스의 사회주의자 라몬 아마야 아마도르는 어

과테말라의 유나이티드 프루트(UFC) 바나나 농장.

린 시절 스탠더드 프루트(Standard Fruit: Dole의 전신)의 바나나 농장 근처에서 자랐다. 어른이 된 아마도르는 바나나 농장에서 일하다가 사회주의 활동가로 변모했고 1950년에는 바나나 농장의 노동 착취를 고발한 소설 『녹색 감옥』을 저술했다.

에스파냐와 포르투갈의 식민지라는 고난의 역사에 이어 다시 독립 이후에도 독재와 미국의 제국주의적 착취를 겪어야 했던 라틴아메리카에서는 보다 현실참여적이고 민중지향적인 빼어난 문학가, 예술가들이 많이 나왔다(소설가 가르시아 마르케스와 시인 파블로 네루다는 모두 노벨문학상을 받았다).

'바나나 공화국'은 단순히 중남미(특히 중미) 국가들을 지칭하는 표현이 아니라, 자국민의 복지보다는 소수 지배층과 자본가의 이윤 취득을 위해 다국적 기업이나 외국의 입김에 동조하는 모든 정부를 가리키는 말로 바뀌어갔다.

제1차 세계대전

제국주의의 충돌이 결국 세계대전으로

20세기 초반에는 세계 인구의 절반인 7억 명이 식민지배를 받았다. 이 시대를 '제국주의 시대'라고 규정하는 것은 당연하다. 제국주의 열강의 이권은 수시로 충돌했으며 언제든 전쟁으로 치달을 수 있는 상황이 조성되었다. 이때 세르비아의 한 민족주의자가 오스트리아 황태자를 겨냥해 권총을 발사한다.

세계대전으로 가는 길

당시 '해가 지지 않았던' 영국은 3억 5,000명에 달하는 식민지 백성을 지배하는 최강 제국이었고, 프랑스가 호시탐탐 그 자리를 노리고 있었다. 이뿐만 아니라 1898년 전쟁에서 에스파냐를 이긴 미국이 쿠바, 푸에르토리코, 괌, 필리핀, 하와이, 사모아, 파나마 운하 통제권 등을 잇달아 움켜쥐며 신흥제국으로 떠오르고 있었다. 독일 재상 비스마르크가 주재하고 15개국 대표가 참가한 베를린 회의에 따라 아프리카는 유럽 열강의 마수 아래 찢겨나갔다. 아프리카는 마치 주인 없는 땅처럼 식민지 쟁탈전의 최대 희생양이 돼버렸다. 이 지역에서 가장 적극적인 식민지 경영에 나선 영국과 프랑스가 충돌 일보 전까지 가기도 하고, 영국이 군소식민 세력인 네덜란드계 이민후손과 중급 규모의 전쟁을 벌이긴 했지만, 아프리카에서 유럽의 제국주의 열강은 간신히 대규모 전쟁만은 피해나가고 있었다. 하지만 통제되지 않은 식민제국주의 열강의 전면전은 단지 시간문제였을 뿐이다.

아프리카 못지않게 강대국의 이권이 날카롭게 대립한 또 다른 지역은 바로 발칸반도였다. 발칸 지역에는 지중해 교두보를 확보하려는 이탈리아, 범슬라브주의를 업고 이 지역에 부동항을 확보하려는 러시아, 유럽 대륙의 주도권을 놓지 않으려는 전통강국 오스트리아-헝가리 제국, 동유럽과 그리스에 대한 지배권을 고수하려

사라예보 사건은 제1차 세계대전의 도화선이 되었다. 사진은 암살된 오스트리아-헝가리 제국의 황태자 부부(위).

는 늙은 거인 오스만 투르크, 거기에 산업혁명의 성공에 힘입어 뒤늦게 제국주의 쟁탈전에 뛰어든 범게르만주의의 맹주 독일의 팽창욕이 복잡하게 얽히고설켜 팽팽한 긴장 속에서 폭발점을 향해 치닫고 있었다.

1914년 6월 28일 한 극렬 세르비아 지지자가 오스트리아의 프란츠 페르디난트 공을 암살한 것(사라예보 사건)은 이미 터질 준비가 된 폭탄의 뇌관에 불만 당긴 사건일 뿐이다. 1914년 7월 23일 오스트리아가 암살자의 조국인 세르비아에 대해 최후통첩을 하며 10개 요구사항을 제시했을 때 세르비아는 암살자와의 관련을 전면 부인하면서도 10개 요구조항의 대부분을 수용한다고 발표했다. 그런데 평화가 오지 않고 전쟁이 터졌다. 범게르만주의의 맹주 독일이 오스트리아를 부추긴 것이다. 오스트리아가 세르비아에 선전포고를 하자 러시아는 곧바로 범슬라브주의를 내세워 세르비아 지원을 위

한 참전을 선언한다. 앞으로 펼쳐질 거대한 전쟁은 오스트리아와 세르비아 두 나라만의 문제가 아니었다. 영국, 프랑스, 러시아, 독일 등 열강들의 이권이 충돌하지 않았다면 당사국 간의 평화협정으로 위기는 해소됐을 것이다.

최초의 전 지구적 전쟁

그동안 크림 전쟁을 제외하고 전 세계에 걸쳐 여러 나라가 개입한 대규모 전쟁은 없었는데 '사라예보 사건'으로 인해 동서양 주요 나라들이 대부분 전쟁에 참여하는 형국으로 바뀌었다. 인류 역사상 최초의 세계대전이었다. 일본은 제1차 세계대전을 세계대전으로 만드는 데 일조했다. 일본은 중국을 압도하기 위해 영국에게 애걸하다시피 하면서 참전 허가를 얻어내고 한걸음 더 나아가 만일 전쟁에서 이길 경우 중국 산둥성과 태평양 지역의 독일 식민지를 일본이 획득한다는 연합국 대표들의 동의까지 얻어냈다. 그러나 제1차 세계대전을 진정한 전 지구적 전쟁으로 만든 것은 미국의 참전이었다.

미국은 애초 중립을 유지했다. 자신들도 제국에서 독립한 식민국가로서 노골적인 식민정책에 대해 거부감을 표명했다. 그러나 표면상 그러할 뿐이었다. 1823년 '아메리카는 아메리카인들에게'를 천명한 먼로주의는 외형적으로는 반제국주의 선언처럼 보이지만 실제로는 미국의 아메리카 식민화정책을 합리화하는 구실이었다. 남아메리카건 북아메리카건 아메리카는 자기네 미국의 세력권이니까 손대지 말라는 것이 본심이었다. 1915년 독일이 미국을 자극

제1차 세계대전 전개과정

1914년 6월 28일		오스트리아-헝가리 제국의 황태자 프란츠 페르디난트 부부, 사라예보에서 암살
	7월 28일	오스트리아, 세르비아에 선전 포고
	7월 29일	오스트리아, 세르비아의 수도 베오그라드에 포격 개시
	7월 30일	오스트리아-헝가리 제국, 전군에 동원령 선포. 이에 대응해 러시아도 총동원령 발동
	8월 1일	독일, 러시아에 선전 포고
	8월 2일	독일, 슐리펜 계획에 따라 룩셈부르크 점령
	8월 3일	독일, 프랑스에 선전 포고
	8월 4일	독일, 중립국인 벨기에에 선전 포고 후 점령(루뱅 시 학살 사건) 영국, 독일에 선전 포고
1915년 3월 18일		영국과 프랑스, 다르다넬스 해협 포격
	4월 22일	독일군, 이페르(벨기에) 전투에서 근대 이후 최초로 독가스 사용
	4월 24일	오스만 제국, 미국인에 대한 강제 추방과 사형 집행
	5월 23일	이탈리아, 오스트리아-헝가리에 선전 포고
	8월 28일	이탈리아, 오스만 제국에 선전 포고
	10월 19일	러시아 제국, 불가리아에 선전 포고
	10월 14일	불가리아, 세르비아에 선전 포고
	10월 19일	이탈리아, 불가리아에 선전 포고. 일본, 런던 선언 가입
1916년 1월 5일		영국, 의무 징병법 제정
	8월 28일	이탈리아, 독일에 선전 포고
1917년 2월 3일		미국, 독일과의 국교 단절
	4월 6일	미국, 독일에 선전 포고
	11월 7일	러시아 혁명 발발
	11월 26일	소비에트 정권, 모든 러시아군에게 정전 명령
	12월 6일	미국, 오스트리아-헝가리에 선전 포고
1918년 2월 18일		독일, 러시아에 공격 재개
	2월 23일	소비에트 정부, 독일의 새로운 강화 조건 수락 결정
	3월 3일	소비에트 정부, 독일 측과 브레스트리토프스크에서 강화 조약 체결
	10월 30일	오스만 제국, 연합국에 항복
	11월 3일	오스트리아-헝가리, 연합국에 항복
	11월 11일	독일 항복. 휴전 협정과 동시에 전쟁 종료

했다. 독일은 '무제한 잠수함(U-보트) 작전'을 벌여 영국을 오가는 모든 선박을 공격했는데 미국 여객선을 격침한 것이다. 독일 외상 짐메르만은 멕시코 주재 독일 대사를 통해 멕시코 정부에 전보 한 통을 보낸다. 미국에게 뺏긴 뉴멕시코, 텍사스, 애리조나를 되찾아주겠으니 자신들 편이 되어주고 일본을 견제하도록 압력을 넣어달라는 것이었다. 이 전문이 미국에게 발각되었다. 미국 행정부는 언론에 이를 공개했고 여론은 참전 찬성쪽으로 급속히 기울었다. 후발 제국인 미국이 전쟁에 뛰어듦으로써 제1차 세계대전은 모든 제국이 뛰어든 전 지구적인

참호, 독가스, 기관총은 제1차 세계대전을 상징한다. 처음으로 탱크가 등장해 전장을 휘젓는가 하면, 독가스가 전장을 휩쓸며 수많은 젊은 병사들이 쓰러져 갔다.

전쟁이 된다. 유럽에서 참전하지 않은 나라는 스칸디나비아 국가들과, 스위스, 네덜란드, 에스파냐뿐이었다.

사라예보 사건이 일어나기 한 달 전인 1914년 5월, 미국 수뇌부는 이미 전쟁이 일어날 것임을 예감했다. 윌슨 대통령의 측근인 하우스 대령이 본국에 보고한 내용을 보자.

"비정상적인 상황입니다. 광적인 군사주의가 팽배해 있습니다. 이곳에는 너무나 많은 증오와 질투가 존재합니다. 영국은 독일이 완전

히 붕괴되는 걸 바라지 않습니다. 그렇게 되면 숙적 러시아와 홀로 맞서야 하기 때문입니다. 그러나 독일이 해군을 지금처럼 계속 늘린다면 다른 대안은 없는 듯합니다. 평화를 위해 가장 좋은 길은 영국과 독일이 해군 군비 확장에 관해 합의하는 일인데, 그렇다고 양국이 너무 가까워지면 우리에게는 불리하겠지요."

지옥의 참호전

독일의 참모총장을 지낸 알프레드 폰 슐리펜 백작이 기획한 군사작전인 '슐리펜 계획'에 따르면 독일은 먼저 프랑스 쪽인 서부전선에서 신속작전을 벌여 프랑스군의 주력을 깬 다음 다시 동으로 전력을 돌려 러시아를 꺾는 것으로 돼 있었다. 이 작전이 성공하면 6주 안으로 전쟁을 끝낼 수 있다고 보았다. 그런데 독일은 서부전선에서 참호전이라는 복병을 만나 예상치 않은 교착 상태에 빠지고 말았다. 수백 만 병사가 6주 42일이 아닌 4년 1,460일 동안 이 끔찍한 참호 안에 갇혀 싸우다 죽어나갔다. 처음으로 탱크가 등장해 전장을 휘젓는가 하면, 독가스가 전장을 휩쓸며 수많은 젊은 병사들이 쓰러져 갔다. 방독면이 아직 우수하지도 못하고 방독법은 방독법대로 조작하기 어려워 적군은 물론 아군도 쓰러지기 일쑤였다. 프랑스의 주베르 중위는 사망 직전 일기에 이렇게 적었다.

"인간은 미쳤다. 이 끔찍한 공포와 즐비한 시체를 보라. 지옥도 이렇게 끔찍할 순 없으리라."

그가 본 것은 아마 실제 지옥일 것이다. 참호를 파고 서로 대치하던 서부전선에는 또 하나의 끔찍한 적이 있었다. 바로 비였다. 1914년 10월부터 1915년 3월까지 비가 내리지 않은 날은 고작 18일이고 영하를 오가는 추운 날씨가 계속됐다. 한 프랑스 병사는 이렇게 말했다.

"진흙(melasse)과 똥(mouscaille)은 같은 말이다."

실제 그랬다. '참호는 물과 똥과 오줌이 뒤섞여 있었으므로 진흙이 잔뜩 낀 소총을 사용하려면 오줌을 갈겨야 했기' 때문이다. 한편으로는 전차, 비행기, 잠수함, 독가스 등 최신무기가 유럽 대륙과 대서양을 누비는 가운데 수많은 젊은이들이 진흙과 빗물, 똥과 오줌으로 범벅이 된 포연 가득한 대지 위로 쓰러졌다. 제1차 세계대전에서는 1,000여 만 명이 죽거나 다친 것으로 집계됐다.

그러나 절망만 있었던 것은 아니다. 전쟁을 치르며 잘못된 전쟁을 결정한 책임을 묻고 새로운 사회를 요구하는 사회혁명의 물결 속에서 절대권력을 자랑하던 군주제 등 봉건적 사회구조가 전면적으로 후퇴하기 시작했다. 독일에서는 빌헬름 2세가 망명하면서 제정이 끝났고, 러시아에서도 소비에트 혁명이 일어나 차르 체제가 무너졌다. 오스만 투르크 역시 새로운 공화정으로 변모해 간다. 또한 모든 나라의 모든 국민이 동원되는 국민총동원령 체제로 전쟁을 치른 결과 노동자와 여성은 각각 영향력이 확대되면서 정치적 권리도 증진됐다.

참호전이 지리하게 이어지던 1914년 어느 날, 그날은 크리스마스 이브였다. 독일군 진영에서 누군가 찬송가 〈고요한 밤, 거룩한 밤〉을 불렀다. 노래는 어둡고 긴 참호를 넘어 고요한 전선에 울려 퍼졌다. 독일 병사들의 합창이 끝나고 잠시 정적이 흐른 뒤 100미터 떨어진 연합군(영국군) 참호에서 누군가 "앙코르"를 외쳤다. 독일 병사들은 "메리 크리스마스, 잉글리쉬맨"이라고 화답했다. 독일 쪽에서 제안을 한다.

"우리는 쏘지 않을 테니, 너희도 쏘지 마라."

그들은 참호 높은 곳에 불을 밝힌 양초를 일렬로 꽂았다. 그리고 영국군 쪽으로 걸어왔다. 예수가 태어난 밤 그들은 적군과 아군이 아닌 타지에서 외롭게 함께 고생하는 친구들이 되었다. 독일군 요제프 벤첼은 1914년 12월 28일 부모에게 보낸 편지에 이날의 감동을 전했다.

"믿기 어려운 사실을 전합니다. 영국 병사들이 우리에게 신호했고 우리는 응답했습니다. 적군과 아군이 함께 크리스마스 트리를 사이에 두고 노래를 불렀습니다. 살인과 죽음이 모든 걸 앗아간다 해도 인간은 계속 살아가야 한다는 사실을 깨달았습니다."

큰 전쟁 속에서 작은 평화가 싹텄다. 제1차 세계대전을 종식하며 윌슨이 천명한 원칙도 그러했는데 불행히도 작은 평화 속에 큰 전쟁이 싹텄다는 점이 달랐다.

러시아혁명

뿌리 깊은 모순에서 탄생한 인류 최초의 사회주의 정권

1917년 10월에 일어난 러시아혁명은 인류 최초의 사회주의 정권을 탄생시켰다. 러시아혁명의 기운이 움튼 원천을 파헤치다 보면 뿌리 깊은 계급 갈등과 사회제도의 모순이 드러난다. 이 계급 갈등과 사회제도의 모순이 러시아 사회를 어디로 몰고 갈 것인지 가늠하는 첫 번째 전환점은 1861년 농노해방령이다.

노동자들의 분노

다른 유럽과 달리 19세기 후반까지도 러시아는 구식 통치체제와 신분제를 고집했다. 당시 러시아는 농노제와 차르의 독재, 귀족과 교회에 집중된 이익 구조 등 봉건 시대 말기의 전형적인 착취체제에 찌들어 있었다. 산업혁명이 일어나 다른 나라들이 공업화에 박차를 가할 때도 여전히 러시아의 산업은 농업 중심에서 벗어나지 못하고 있었고 교역도 지지부진했다. 주기적인 경제 불황에 빠지면서 황제와 귀족들은 돌파구를 마련하기 위해 고심했다. 1861년의 농노해방령은 국가의 생산력을 높이기 위한 어쩔 수 없는 선택이었다. 농노를 해방시키면 공장주와 대토지 소유주들은 노동력을 싼값에 구매해 공업 생산력에 활기를 불어넣을 수 있고 농업 생산력도 높일 수 있으리라 기대했다.

그들의 바람이 부분적으로 실현되었다. 우선 자유 신분이 된 농민들은 알거지나 다름없었기 때문에 토지를 사는 건 꿈도 꾸지 못했다. 대신 비싼 임대료를 내고 토지를 경작해야 했으며, 생계를 유지하려면 전보다 두세 배로 많이 일해야 했다. 전에는 어느 들에서나 자유롭게 소에게 풀을 뜯겼지만 이제는 땅 소유주에게 따로 세금을 내야 했다. 어느 것 하나 자신들에게 유리한 조건은 없었다.

농업 생산력은 높아졌으나 농민들의 삶은 오히려 점점 비참해졌다. 살아남기 위해 농민들은 농번기에는 농촌에 머물고 농한기에는 도시로 나가 단순 노동을 하며 돈을 벌었다. 농사를 포기하고 아예 도시에 눌러앉는 사람들이 늘어났다. 모스크바에 몰려든 노동자들은 집을 구하지 못해 다른 가족들과 함께 한 방에서 생활했고, 대부분은 지하실에서 숙식을 해결했다. 농노해방령은 노예제가 없어진 자리에 들어선 더 악랄한 노예제에 불과했다. 노동자들의 분노는 깊어졌다. 분노는 파업이라는 형태로 표출됐다. 1877년 파업에 참여했다가 체포된 직조공 표트르 알렉세예프는 법정에서 이렇게 절규했다.

"언젠가 노동자의 시커먼 손이 차르를 내리쳐 가루로 만들어버릴 날이 올 것이다."

그의 예언은 불과 4년 만에 실현되는 듯했다. 1881년 차르 암살 작전이 성공한 것이다. 대중의 지도자였던 티호미로프는 새로운 차르 알렉산드르 3세에게 완곡한 어조로 민중의 요구를 전달했다.

"혁명은 상황이 만듭니다. 인민들 전반에 걸친 불만, 새 사회제도를 향한 러시아인들의 열망이 반영된 것입니다."

그러나 이 혁명적 상황은 안타깝게도 혁명이 되지 못했다. 1881년부터 1894년까지 새 차르는 비밀경찰을 조직하고 언론 검열을 위한 법률을 시행하는 등 전제정치를 더욱 강화했다. 다른 한편으로 공업화는 상당히 진전돼 이른바 사회주의 혁명을 위한 여건은 서서히 마련돼가기 시작했다.

1890년대 러시아는 재무장관 비테의 정책에 따라 중공업을 중심으로 정부의 강력한 보호감독 아래 급속한 공업화를 추진했다. 공업제품을 위한 광범한 국내시장을 갖추지 못한 러시아에서는 프랑스 등 외국자본을 도입해 시베리아 철도 건설과 같은 국가사업을 벌여 국내 개발을 진전시킬 수밖에 없었다. 남러시아에서는 철강업도 발달했다. 해방농노들은 땅도 없는데다가 세금 부담이 컸기에 점차 가출노동자가 돼 도시로 흘러들어갔다. 그들은 차츰 발달해가는 공업화를 지탱하는 저임노동자로 편입돼갔다.

1869년 『공산당 선언』이 번역되고 1872년에 『자본』 1권이 번역되면서 마르크스의 공산주의 사상이 러시아 지식인과 노동자들에게 퍼진다. 1876년에는 3개 핵심 강령을 내건 혁명 정당이 러시아 역사 최초로 등장한다.

"첫째, 모든 토지를 농민에게 평등하게 분배한다. 둘째, 제국을 지방의 뜻대로 분할한다. 셋째, 모든 사회 기능을 농민공동체에 이양한다."

1890년에서 1903년 사이에 노동자 정당들이 속속 출현하는데, 그 속에 중간 계급 출신 레닌이 있었다. 레닌은 노동자들의 처형 장면을 보며 자랐고, 차르 암살 모의에 가담한 혐의로 붙잡힌 친형이 교수형을 당하는 장면도 목격했다. 레닌이 혁명가의 꿈을 키운 건 아마도 이 시기였을 것이다. 1903년에는 가장 큰 노동자 정당인 사민당 지도부가 분열해, 적극적 투쟁을 주장하는 볼셰비키(Bolsheviks: 다수라는 뜻이지만 실제 인원은 소수였다)와 융통성 있는 당 운영을 주장하는 멘셰비키(Mensheviks: 소수라는 뜻)로 나뉘었는데 볼셰비키가 노동자 혁명의 주도권을 잡았다.

피로 물든 일요일

1904년 2월 일본의 선제공격에 니콜라이 2세는 당황했다. 그러나 일본의 공격쯤은 대수롭지 않은 것이라 여겼으며 오히려 전쟁에서 승리한 뒤 막대한 전후 이익을 얻을 것이라 내심 기대했다. 결과는 정반대였다. 일본에게 무기력하게 패배하는 모습에 민중은 황제의 무능함을 깊이 깨달았다. 생존을 위협하는 나라 안팎의 상황은 어쩔 수 없는 폭발점을 향해 치닫고 있었다. 1905년 1월 22일, 가퐁 신부의 인도로 노동자와 가족 20만 명이 개혁을 향한 염원-즉 노동시간의 단축과 전쟁의 중지를 차르에게 청원하는 것-을 전하고자 상트 페테르부르크의 차르 궁전으로 행진했다. 이때 차르의 근위대는 발포와 함께 군중을 무차별 학살했다. 이날이 바로 '피의 일요일'이다. 이 학살에 항의해 전국 각지에서 총파업과 투쟁이 벌어졌다. 노동자의 파업과 함께 피압박민족과 농민들도 여기 가담했다. 러시아 전역은 혁명의 불길에 휩싸였다. 레닌은 1905년 혁명이 1917년 10월 혁명을 위한 예행 연습이었다고 말

1905년 1월 22일, 가퐁 신부의 인도로 노동자와 가족 20만 명이 상트 페테르부르크의 궁전으로 행진했다. 이때 차르의 근위대는 군중을 무차별 학살했다. '피의 일요일' 사건은 러시아 혁명의 발단이 된다.(위)

굶주림과 추위, 전쟁이 주는 모진 고통을 견디다 못한 러시아 노동자들은 1917년 2월 대규모 시위를 벌였다. 2월 혁명의 성난 외침에 로마노프 왕조가 무너졌다.

했다. 그 사이 러일 전쟁이 계속되면서 1905년 만주 봉천에서 러시아군이 일본군에게 패배하고, 5월 유럽에서 대서양, 인도양, 태평양을 거쳐 일본 근해까지 접근해온 발트 함대도 일본 해군에 패배했다. 이런 패배는 혁명에 더욱 불을 질렀다. 흑해 함대의 포템킨호에서 수병들도 반란을 일으켰다. 거의 모든 계층이 차르 체제에 대한 투쟁에 나섰다. 그 결과 사망 1만 5,000명, 부상 1만 8,000명, 수감자 7만 9,000명이라는 희생을 치렀으나, 노동자와 농민은 황제에 대항해 투쟁하는 법을 목숨과 바꾸면서 뚜렷이 배웠고 희생자들의 한을 뼈에 각인했다. 스스로 일어나 절대권력에 맞서 싸웠다는 자긍심은 훗날의 더 큰 성취를 위한 혁명정신의 대들보가 되었다. 노동자와 농민은 122개 마을이 단결한 총파업으로 맞섰다. 니콜라이 2세는 민중의 요구를 받아들여 개인 자유 보장과 자유 선거권을 인정했다. 그러나 2년이 지나도록 약속을 지키지 않았고, 결국 차르를 옹호하는 귀족 중심으로 선거인단을 꾸린 간접선거제를 선포해버렸다. 역사는 다시 후퇴했지만 러시아에는 더 강력한 혁명의 기운이 감돌고 있었다.

혁명의 기운, 혁명의 불길

차르 정부가 제1차 세계대전에 뛰어든 데는 노동자들의 불만을 다른 곳으로 돌리려는 속셈이 있었다. 볼셰비키를 제외한 여러 사회주의 정당들도 조국을 수호한다는 명분을 내세워 전쟁을 지지했다. 제1차 세계대전 참전의 소용돌이 속에서 1916년까지 러시아인 250만이 넘게 죽었다. 1917년이 밝아올 무렵 전쟁으로 왕실은 이미

러시아혁명 전개과정	
1898년	러시아 사회민주노동당 창당
1901년	사회혁명당 창당
1903년	사회민주노동당 제2차 당대회에서 기존 멘세비키와 레닌의 볼셰비키로 분열
1904년	러일 전쟁 발발
1905년	'피의 일요일' 사건, 니콜라이 2세의 10월 선언
1914년	제1차 세계대전 발발
1917년	페트로그라드 민중봉기(2월 혁명), 로마노프 왕조 몰락, 레닌 귀국후 4월 테제 발표, 볼셰비키 혁명(10월)
1918년	헌법 제정회의 해산

모든 국력을 소진한 상태였다. 1917년 1월 물가가 두 배 가까이 치솟더니 식량 공급에 위기가 닥친다. 1917년 2월 투쟁에서 노동자들의 구호는 '빵을 달라'에서 '전제 타도, 전쟁 반대'로 바뀌었다는 점을 주목해야 한다. 빈곤과 기아를 초래한 더 근본적인 원인을 깨달은 것이다. '평화, 토지, 빵'은 창당 시절부터 지켜온 볼셰비키의 슬로건이다. 이 슬로건 아래 노동자와 자본가들이 힘을 합쳐 1917년 3월 15일 차르를 영원히 몰아냈다. 그러나 이들은 차르 체제 전복에만 의견일치를 이루었을 뿐 다른 모든 부분에서 어쩔 수 없는 모순을 금세 드러냈다. 노동자는 평화를 원했지만 자본가는 더 큰 이익을 가져올 전쟁, 즉 제1차 세계대전 참전을 지지했다. 노동자는 토지를 원했지만 자본가는 사업 파트너인 대지주들의 소유권을 건드리고 싶지 않았다. 노동자는 빵을 원했지만 그들의 빈곤이 생산력 증대의 원천임을 아는 자본가는 빵을 내놓지 않았다.

승리를 경험해 본 노동자들은 다시 닥친 위기 상황을 또 한 번 승리로 이끌었다. 7개월이라는 짧은 기간에 민중은 무서울 정도로 단결했고 러시아의 운명은 볼셰비키와 지도자 레닌에게 맡겨졌다. 10

러시아 사회주의 혁명, 또는 볼셰비키 혁명이라 불리는 10월 혁명. 볼셰비키의 지도자 레닌은 4월 테제를 발표, '임시정부 타도' '모든 권력은 소비에트로'라는 기치를 내걸고 러시아 노동자와 농민들을 선동했다. 10월 혁명 후 소비에트 정권이 들어섰다.

월 혁명 이후 소비에트 정권이 가장 먼저 취한 조치는 '모든 토지를 농민에게 평등하게 분배한다'는 1876년의 첫 혁명정당이 내건 첫 강령을 실천하는 일이었다. 그리 오래가지 못했지만 혁명이 성공한 1917년 직후 펼쳐진 상황은 사회주의가 꿈꾸던 이상을 어느 정도 보여준다. 노동자가 고용주에게 노동기본권을 가르쳤고, 학생은 교수에게 새 시대에 걸맞은 역사 강의를 요구했으며, 극장의 공동 주인이 된 배우들은 상영 대본과 연출 방향을 스스로 선택했다. 러시아의 정치가 케렌스키는 이렇게 말했다.

"민중이 주도하는 사태의 거대한 물줄기를 함께 따라가다가 막히는 곳을 터주는 일, 그게 혁명가의 역할이다."

혁명은 어느 날 천재적인 혁명가에 의해 갑자기 우연처럼 터지는 것 같지만, 그 원인을 추적해 가다 보면 민중을 짓누르는 모순 구조라는 거대한 뿌리를 발견하게 된다. 모순을 깨뜨리기 위해 민중이 함께 일어났을 때 늘 필연적으로 혁명이 일어났다. 1861년부터 1917년에 걸친 러시아의 대변혁 과정은 민중사의 축소판이요 민중혁명의 결정판이다.

2장
두 차례 세계대전 사이의 세계

제1차 세계대전 이후의 세계: 윌슨의 전후 처리 원칙이 초래한 작은 평화, 큰 전쟁
중국혁명2: 중국의 실험과 중국 특색의 사회주의
아시아의 반제국주의 운동: 동아시아에 뿌려진 국경 분쟁의 씨앗

제1차 세계대전 이후의 세계

윌슨의 전후 처리 원칙이 초래한 작은 평화, 큰 전쟁

미국의 28대 대통령 우드로 윌슨은 민족자결주의를 주창한 이상주의자다. 윌슨은 세계 전쟁을 종식하려면 각 민족의 특성에 맞게 국가를 재편하고 독립하는 게 바람직하다고 생각했다. 강대국의 이해가 얽힌 냉혹한 현실 속에서 윌슨은 좌절했으나 그의 사상까지 실패한 것은 아니었다.

윌슨주의, 유럽 전체를 화약고로

윌슨이 주창한 민족자결주의에 영감을 불어넣은 것은 1917년 페트로그라드(상트 페테르부르크)에서 열린 사회주의자들의 국제회의였다. 이 자리에서 대표자들은 '모든 인민의 자결에 입각한 무협상, 무배상' 원칙을 결의했다. 국제사회에서 영향력이 가장 큰 영국과 프랑스가 불참했기 때문에 사실상 이 회의는 잘 알려지지도 않았고 파급력도 발휘하지 못했다. 이때 천명한 민족자결주의가 세상에 널리 알려진 계기는 1918년 1월 연두교서로 발표한 우드로 윌슨 대통령의 14개항이다.

(1) 공개 외교
(2) 해양 자유

(3) 경제 장벽 철폐

(4) 군비 축소

(5) 토착민을 고려해 식민지 영토를 공평하게 조정

(6) 러시아 재건 원조

(7) 벨기에 독립 회복

(8) 알자스-로렌 반환

(9) 이탈리아 국경 재설정

(10) 오스트리아의 모든 민족은 스스로 독립 결정

(11) 발칸 반도는 민족에 따라 부흥시킴

(12) 터키에게 자치권 부여, 터키 해협 국제화

(13) 폴란드 독립

(14) 국제연맹 창설

영국의 수상 데이비드 로이드 조지와 프랑스의 수상 조르쥬 클레망소는 '세계의 민주주의를 지키기 위해' 세계대전에 참전한 대서양 건너편의 이상주의자 윌슨에게 냉소를 보냈다. 윌슨이 주창한 14개 조항 중 원안 그대로 유지된 것은 4개뿐이다. 나머지 조항은 승전국의 이해관계에 따라 수정되거나 왜곡되었다. 민족의 특성을 중시하여 국경을 재설정하자는 윌슨의 생각은 구상에 그쳤고 실제로는 오히려 민족 갈등을 유발하는 방향으로 영토가 설정되었다. 예를 들어 불가리아는 패전국으로서 제1차 발칸 전쟁에서 얻은 영토를 루마니아, 유고슬라비아, 그리스에 양도해야 했는데 공교롭게도 불가리아인들이 대부분 살고 있는 지역이 거기에 포함됐다. 갈등이 생기리란 것은 불을 보듯 뻔했다. 헝가리의 전후 처리원칙에서도 민족자결은 완전히 무시되었다. 인구 절반 이상이 헝가리인인 트랜실바니아 지역이 루마니아 영토로 바뀌었다. 슬로바키아 지역으로 할당된 지역에는 150만 명에 달하는 비슬로바키아인이 살고 있었다. 건드리면 언제든 터질 수 있는 시한폭탄이 곳곳에 매설된 것이다. 윌슨의 이상주의가 여러 나라를 독립시킨 건 사실이지만, 열강의 이해관계에 따라

제1차 세계대전에서 승리한 연합국과 패전국 독일 사이에 베르사유 조약이 체결된다. 베르사유 조약은 독일에 전쟁배상금을 부과하고, 국제연맹 규약을 승인했으며, 기타 국제적인 문제들을 다루었다. 1919년 6월, 파리 베르사유궁 거울의 방에 모인 연합국 대표자들.

수정된 윌슨주의는 결국 유럽 전체를 발칸(화약고)처럼 만들었다.

전쟁의 씨앗이 된 독일의 전후배상

1919년 6월 28일 파리, 독일에게는 무척 가혹하고 억울했을 조치가 베르사유궁 거울의 방에 모인 연합국 대표자들에 의해 결정되는데 이것이 '베르사유 조약'이다. 이 조약에 따라 독일은 프랑스에게 알자스-로렌 지방을 반환하고, 덴마크에게 슐레스비히 지역을 반납하며, 폴란드에게 포센과 서프로이센 지역을 양도하고, 프랑스에게 자르 탄광을 15년간 채굴할 수 있는 권리를 주어야만 했다. 조약에 따라 독일은 전쟁 이전에 비해서 국토의 13.5퍼센트, 인구의 10퍼센트를 잃게 됐다. 나아가 광물자원이 풍부한 지역을 할양하게 돼 석탄과 주석 생산의 4분의 3을 잃게 됐다. 또한 독일은 징병제를 폐지해야 했고, 육군은 10만 명 이하, 해군은 1만 6,500명만 보유할 수 있게 됐다. 중포를 비롯해 항공기, 탱크, 잠수함은 아예 보

미국의 28대 대통령 우드로 윌슨은 1918년 발표한 '14개 평화조항' 중에서 민족자결주의를 전후 세계질서에 필요한 주요 목표로 삼았다. 제1차 세계대전이 끝나고 1920년 1월 10일 윌슨 대통령의 제안으로 스위스 제네바에 국제연맹이 만들어진다.

유하지 못하게 됐다. 자연히 공군은 유지조차 할 수 없게 되었다. 또한 국경 계곡에 병사를 주둔시키지 못하고 요새도 짓지 못하게 됐다. 그리고 무려 330억 달러를 연합국에 배상해야 했다. 프랑스 등 승전국은 이런 배상조항이 장차 독일이 다시 전쟁을 일으키는 것을 제어할 것이라는 명분을 내세웠다. 하지만 이 가혹한 책임 추궁은 추후 독일이 제2차 세계대전을 일으키는 원인으로 작용했다.

윌슨의 성취는 유럽이 아니라 오히려 아시아에서 이루어졌다. 조선, 버마, 필리핀, 인도네시아, 인도의 독립운동은 윌슨주의에 고무되었다. 판 보이 쩌우에 의해 더디게 진행되던 베트남의 개혁운동은 파리에서 활동했던 호찌민의 주도 아래 새로운 활력을 얻어 강력하게 추진되었다. 오스만 투르크에 이어 이 지역에 민족주의 혁명정부를 세우고 열강의 이권에 맞서, 버티고 이겨낸 무스타파 케말의 투쟁은 그 가운데 가장 두드러진 사건이라고 할 수 있다. 터키는 원래 이스탄불과 아르메니아 지역을 러시아에 양도하고 본토를 영국과 프랑스, 이탈리아에 분할 양도해야 할 입장이었다. 무기력한 술탄 정부가 이에 동의했으나 강력한 무스타파 케말의 혁명정부가 강력하게 투쟁한 덕분에 오늘날의 터키 영토를 거의 유지할 수 있었다. 조선에서는 윌슨주의에 고무돼 일본 제국주의로부터의 해방을 요구하는 전 민중적인 평화시위(3.1운동)가 광범하게 벌어졌다.

국제연맹, 그 절반의 성공

1932년 제네바에서 열린 국제연맹 총회. 61개국 대표들이 참여해 군비축소 문제를 놓고 열띤 토론을 벌였다.

국제연맹은 전쟁을 방지하고 각국의 이해관계를 조정할 목적으로 탄생한 것이지만 이 본래 목적에 대해서는 완전히 무능했다. 프랑스의 요구 때문에 독일과 소비에트 러시아는 아예 연맹 가입이 제한되었다. 윌슨 이후 하딩 정권(공화당)이 들어서면서 미국은 보수-고립주의로 돌아갔으며 자국이 제창한 국제연맹에도 가입하지 않았다. 1920년 폴란드가 리투아니아를 점령했을 때 폴란드의 우방인 프랑스의 압력 때문에 국제연맹은 아무런 조치를 취하지 못했다. 1923년 이탈리아와 그리스가 전쟁 직전까지 갔을 때도 이것을 중재한 것은 국제연맹이 아니라 영국과 프랑스였다. 1931년 일본이 만주를 점령했을 때, 1936년 이탈리아가 에티오피아를 점령했을 때, 1938년 나치스 독일의 침략으로 야기된 체코슬로바키아 사태가 발생했을 때에도 국제연맹은 무기력했다.

그러나 국제연맹은 다른 면에서 그 역할을 발휘했다. 국제 아편 거래를 대폭 줄였으며, 전염병의 확산을 막았다. 국제노동기구(ILO)를 창설해 노동, 기업 실태를 조사했다. 이는 전쟁만큼이나 인류의 심각한 과제였던 노동 현장의 문제를 현저히 개선하는 성과를 이루었다. 노동시간 단축, 아동 노동 금지, 야간 노동 규제, 실업 감소, 공중위생 개선 같은 조치는 국제연맹이 이룬 엄청난 성과이며 '진짜 평화'를 위한 거대한 진보였다. 이러한 국제연맹의 활동은 나중에 국제연합, 즉 유엔의 중요한 초석이 된다.

1932년 제네바에서 국제연맹 주도로 군축회의가 열렸다. 윌슨이 제창했던 국제연맹이 드디어 제대로 된 영향력을 발휘하게 된 시점이다. 명목상 회의가 아니라 61개국 대표들이 참여하고 육·해·공 모든 군사력을 통합하여 논의한 실질적 행사였다. 군축을 둘러싸고 각국은 자국의 권익을 대변하기 위해 설전을 벌였고 300여 개 안이 난립했다. 논의가 한창 뜨겁게 진행될 무렵 히틀러가 독일 정권을 장악했다는 뉴스가 회의장에 전해진다. 각국의 군사 대표들은 서둘러 회의장을 빠져나갔다. 히틀러의 야심에 뒤통수를 맞지 않으려면 서둘러 자국으로 돌아가 군비를 확충해야 하기 때문이다. 그것이 윌슨의 한계였고, 짧았던 세계 평화의 종말이었다.

중국혁명 2

중국의 실험과 중국 특색의 사회주의

"우리는 광안의 거지/ 쟝칭과 4인방을 증오한다/ 덩샤오핑, 우리의 청원을 들어 주오/ 우리를 기근에서 구해 주오."

마오의 콤플렉스

1949년 마오쩌둥 등 공산당 지도부가 공산혁명을 성공시켜 대륙을 장악한 직후 신중국의 상황은 매우 열악했다. 거의 1세기에 이르는 외세의 침략과 국공내전 속에서 인구의 거의 10퍼센트가 희생되는 참화를 겪었다. 게다가 1950년 이웃 한반도에서 벌어진 한국 전쟁에 참전하면서 세계 최강 미국과도 3년 동안 맞서 싸워야 했다. 전쟁에 들어간 엄청난 경제적 부담을 해소하는 데도 3년이 걸렸다.

국가의 발전전략에서도 중국은 고민이 깊었다. 외형적으로는 소련이라는 선배 공산주의 국가가 있었다. 하지만 중국의 현실이 소련과 매우 다르다는 게 문제였다. 소련은 스탈린의 중앙계획경제 아래서 상당히 강력한 산업화-중공업화를 이뤄가고 있었다. 또 소련은 코민테른(Communist International)을 조직해 국제 공산주의운동의 패권을 쥐고 다른 나라의 공산주의자들을 통제하려 했다. 이와 달리 중국은 아직 자본주의의 맹아 단계를 조금 지난 정도에 지나지 않았다. 마오쩌둥은 농민을 가장 주요한 혁명 세력으로 설정하고 이른바 중국식 혁명전략과 이론을 발전시켜왔다. 공산주의 종주국 소련 지도부는 마오의 중국공산당을 별로 탐탁하게 생각하지 않았다. 모스크바는 틈나는 대로 마오를 견제하려 했고, 실제로 중국의 소련파 유학생들을 포섭해 마오의 지도력을 흔들려 공작을 벌였다.

이런 상황에서 마오쩌둥의 신중국이 야심차게 추진했던 1950년대 인민공사와 대약진운동의 실험마저 실패로 끝나가고 있었다.

"15년 안에 영국을 따라잡는다."

모든 경제계획이 이 슬로건 하나에 맞춰 교조적으로 급조됐었다. 내전 시기 인민 대중의 동원으로 역전승을 거둔 마오쩌둥의 인민 지상주의가 문제였다. 준비 없는 모험주의적 국가계획 아래 인민공사의 생산성은 형편없었고, 1949년~1951년 사이 기근까지 겹쳐 곳곳에서 굶어죽는 사람들이 속출했다. 1990년대 후반 중국의 관변 학자들조차 당시 2천만 명이 굶어죽었다고 인정했다. 경제는 마오에게는 콤플렉스이자 '쥐약'과도 같았다. 마오는 "아, 나는 왜 천원(공산당의 재정전문가)처럼 재정을 잘 알지 못하지!" 하며 탄식하곤 했다.

대약진운동을 어떻게 평가하는가 하는 문제는 그대로 공산 중국의 향후 전략을 결정하는 문제로 이어질 수밖에 없었다. 1959년 중국공산당 최고지도부가 총출동한 루산 회의는 중대한 분수령이었다. 마오의 대장정 동지이자 군부의 실력자 펑더화의가 나섰다.

"만일 소규모 제철소를 짓기 위해 허비한 50억 위안을 소비재 생산에 투입했다면 지금 이 회의를 열고 있는 루산보다 더 높은 엄청난 대량의 소비재를 만들어냈을 것이오."

경제의 관점에선 저우언라이, 주더, 류샤오치 등 회의에 참석한 지도자 대부분이 공감하는 견해였다. 하지만 마오는 경제적 공격을 비상한 정치적 감각으로 맞받아쳐 역전시켰다. 오히려 펑을 자아비판으로 몰아넣었다.

마오쩌둥은 1966년 문화대혁명을 전면에 내세워 정권 재탈취를 시도했다. 문화대혁명 기간 동안 마오쩌둥에 반대하는 세력들은 모두 실각하거나 처형되었고 중국은 마오쩌둥의 명령대로 움직였다.

"여러분이 만일 나를 따르지 않으려 하면 나는 새로운 홍군을 찾아내 제2의 해방군을 조직할 것이오."

협박은 성공했다. 이 사건 이후 대장정 때부터 이어져온 당 지도부 내부의 오랜 '민주주의적 전통'은 결정적으로 후퇴했다. 인민공사는 아수라장이고, 대약진운동은 재앙에 가깝다는 것을 누구나 알고 있는데도 아무도 입을 열지 않게 됐다. 이제 마오 주석이 원하는 것은 그대로 명령이 돼 버렸다.

문화대혁명의 대격랑

1960년대 초반 중국 경제의 부진 속에서 현실주의자이자 경제주의자에 가까운 저우언라이와 덩샤오핑은 몇 년 동안 개혁정책을 시행할 수 있는 권한을 위임받을 수 있었다. 마오의 비현실적인 정책이 얼마나 엄청난 적자를 가져오고 있는지 비밀 회계감사를 통해 알아내 마오로부터 양보를 얻어냈던 것이다. 당시 덩은 이렇게 말했다.

"가난은 공산주의가 아니다."

덩은 경제 회생에 적극적으로 나섰다. 대약진정책으로부터 전환하기 시작했다. 우선 마오가 거창한 계획을 세워놓곤 쓰지 않은 불용예산을 찾아내 식량부터 수입해 인민들에게 공급했다. 물자를 유통시키고, 멈춰 있던 공장들을 돌리기 시작했다. 이 짧은 실험은 그러나 1966년 마오쩌둥의 승인 아래 중국이 문화대혁명(문혁)의 대격랑으로 밀려들어가면서 끝났다.

10대 소년·소녀들로 이뤄진 홍위병들이 붉은 깃발과 몽둥이를 휘두르며 전국을 누볐다. 그들은 지주, 부농, 반동분자, 악질분자, 우파분자를 찾아 구타하고 고문하고 죽였다. 경찰의 총수격인 공안부장은 이렇게 말하며 홍위병을 지원했다.

"군중이 악덕분자들을 깊이 증오할 경우 우리가 그것을 저지할 수는 없다. …경찰은 홍위병의 편에 서서 그들과 접촉을 유지하고 연계를 확고히 해야 한다."

1966년부터 10년 동안 계속된 문화대혁명 기간 동안 약 400만 명이 희생되었다는 추산이 있다. 내몽골에서는 단 한 번의 '처단행사'로 1만 6,000여 명이 죽었다는 공식집계까지 있다.

마오와 다른 견해를 가진 지도자들도 공격받았다. 류사오치 전 국가주석, 덩샤오핑 전 국가부주석은 '공적 1, 2호'로 찍혀 엄청난 탄압을 받았다. 연로한 류샤오치는 온 가족이 몰살당하는 상황 속에서 지병이 급격히 악화돼 사망했다. 덩샤오핑은 "모든 주요 정치범들을 수도로부터 추방하라"는 1966년 린뱌오의 명령에 따라 멀리 장시성으로 추방돼 누추한 트랙터 수리공장의 노동자로 전락했다. 1966년부터 76년까지 10년 동안 일본의 국내총생산(GDP)이 345퍼센트, 프랑스가 212퍼센트, 독일이 131퍼센트, 소련이 99퍼센트 늘었지만, 가장 가난하고 낙후돼 있던 중국은 단지 77퍼센트에 그쳤다. 진실로 중국은 변화가 필요했다.

1979년 미국을 방문한 덩샤오핑이 백악관에서 지미 카터 대통령과 만나고 있다. 1978년 정권을 장악한 덩은 '흑묘백묘론'을 주창하며 개혁개방을 선언했다. 이후 중국은 비약적인 경제발전을 거듭하였다.

덩샤오핑의 개혁개방

이 변화를 떠맡아 실천할 사람으로 중국 지도부는 결국 덩샤오핑을 선택했다. 50년 동안 마오쩌둥을 보좌한 저우언라이는 폐암으로 죽어가면서도 마오를 설득해 덩을 복권시켰다. 마오 역시 덩의 이념성향을 의심하면서도 중국의 경제를 되살릴 수 있는 인재라고 인정했다. 나중에 혼미해진 판단력에 문혁파의 사주까지 겹쳐 다시 한 번 덩을 좌천시키기는 했지만, 복권된 지 1년도 안 돼 막강한 국방위원회 부주석에까지 올랐다. 무엇보다 인민해방군의 원로장성들이 덩을 절대적으로 지원했다. 덩 역시 장정에 참가해 20만 보병을 이끌고 싸운 지휘관 출신이기에 그들로부터 사석에서는 '원수'라고 불렸다. 1976년 마오쩌둥이 사망한 직후 예젠잉 원수 등 군 원로들은 사실상 쿠데타를 일으켜 문혁 4인방을 전격 체포하고 덩샤오핑을 다시 복권시켰다.

덩은 1960년대부터 이렇게 말했다.

"고양이가 검든 희든 문제가 되지 않는다. 쥐를 잘 잡는 고양이가 좋은 고양이인 것이다."

나중에 이 흑묘백묘론(黑猫白猫論)은 그의 트레이드 마크가 됐다. 사실상 중국의 최고 실권자가 된 덩샤오핑은 곧 자신의 고양이를 세상에 내놓기 시작했다.

그는 농업, 공업, 과학기술, 국방의 4대 현대화를 국가 목표로 세운 뒤 생산에서 가장 중요한 농업 분야부터 개혁했다. 농가 생산청부제를 도입해 농민들이 토지를 분할해서 어떤 작물이든 원하는 대로 재배할 수 있게 했다. 영농의 자율성을 확보한 농민들은 비싸게 팔리는 특수작물까지 재배해 원하는 곳에 팔았다. 청부제는 농촌을 바꿨다. 오랫동안 기근까지 겹쳐 절망적인 상황에 놓여 있던 쓰촨과 안휘 등에서도 생산이 증가했다. 상공업도 변화시켰다. 기업의 자주권을 확대해 누구든지 소규모 공업에 종사할 수 있게 했다. 제재소나 가게 목재상, 도자기업, 도살장, 트럭 사업, 버스 사업이 기하급수로 생겨났다. 사람들은 스스로 경영하고 스스로 혁신해 나갔다. 돈과 물질적인 동기유발은 엄청난 효율을 발휘하기 시작했다. 덩의 말마따나 "부자가 되는 것은 영광스런 일"이었다. 한번 통제경제의 댐을 무너뜨린 개혁개방경제는 엄청난 기세로 대륙을 휩쓸어나갔다.

1980년대 전반 농촌 지역의 생산은 2배 이상 늘어났다. 다른 개발도상국과 달리 인구 증가나 도시경제의 성장을 훨씬 앞질렀다. 그래도 중국 인구는 세계 인구의 22퍼센트를 차지하는데 경지면적은 세계 경지면적의 7퍼센트에 지나지 않았다. 소득 증대를 소비재공업과 경공업의 발전으로 연결시켜야 했다. 1990년대에 이르면 개인기업이나 8인 이상 고용 사영기업은 연평균 20~30퍼센트의 고도성장을 기록한다. 경제발전을 가속화하기 위해 외국의 풍부한 자본과 발달한 기술도 끌어들였다. 해안 지역 곳곳에 경제특구가 설치됐다. 1984년 처음으로 외자도입계약액이 20억 달러를 넘은 뒤 1993년 처음으로 한 해 1,000억 달러를 넘어섰다. 중국은 다른 아시아 국가처럼 강력한 수출국가의 대열에 합류했고, 곧 두 자리 수 경제성장률이 당연한 일처럼 돼갔다.

놀라운 경제성장은 13억 중국인을 고무시켰고, 사회주의 중국을 급속도로 시장경제와 국제 자본주의체제에 편입시켰다. 사회주의의 장점과 자본주의의 장점을 결합시킨다는 이른바 '중국 특색의 사회주의'로 중국을 이른 시간 안에 강대국으로 만들자는 중국 제2세대 지도부 덩샤오핑의 구상과 전략은 장쩌민의 제3세대 지도부, 후진타오의 제4세대 지도부에까지 그대로 이어졌다.

마침내 2005년 미국의 경제학자 프레드 버그스텐은 "세계 경제가 중국과 미국 두 나라에 의해 주도되는 'G2' 시대에 들어섰다"고 선언했다.

아시아의 반제국주의 운동

동아시아에 뿌려진 국경 분쟁의 씨앗

18세기 초 민족국가의 등장 이후 처음으로 바다에 대한 소유권 문제가 대두되자 네덜란드의 법학자 마인케르 후크는 해안선에서 3해리(1해리는 1,852미터) 떨어진 지점을 해안경계선으로 하자고 제안했다. 당시 대포의 사정거리가 바로 3해리였기 때문이다. 영해 개념을 처음 적용할 때부터 바다에서는 바로 대포가 힘이고 정의였다.

사할린과 쿠릴 열도·오키나와 분쟁

동아시아는 국경 분쟁의 관점에서 보면 곳곳에 위험이 깔려 있는 무시무시한 지역이라고 해도 지나치지 않다. 육지에 존재하는 잠재적 분쟁 지역을 '지뢰'라 하고, 바다에 있는 잠재적 분쟁 지역을 '기뢰'라 한다면 맨 북쪽의 러시아로부터 맨 남쪽의 인도네시아에 이르기까지 지뢰나 기뢰가 깔려 있지 않은 나라가 단 하나도 없다.

특히 최근 들어 보다 심각한 분쟁 지역으로 떠오르고 있는 곳은 거의 모조리 바다쪽이다. 바다의 경우 영해라는 것 자체가 18세기 이후에나 생긴 개념인 데다가, 영해 이외에 자원문제 때문에 최근 굉장히 중요해지고 있는 배타적 경제수역(EEZ)이라는 변수까지 얽혀 당사국들 사이에 충돌 가능성이 크게 높아가고 있다.

동아시아 해역에서 가장 북쪽에 있는 분쟁 지역은 사할린과 쿠릴 열도(일본명 북방 4개 섬)다. 러시아는 일본 도쿠가와 막부 시절인 17세기 중반 이미 태평양 연안까지 진출했다. 아직 일본인들은 홋카이도조차 제대로 들어가지 않고 있을 때다. 사할린은 점차 러시아인, 홋카이도 원주민인 아이누인, 그리고 일부 일본인이 섞여 사는 지역이 돼갔다. 1860년대에 이르면 사할린에 사는 러시아인이 일본 인수를 훨씬 앞서게 된다. 결국 1875년 러시아와 일본은 '사할린-쿠릴 교환 조약'을 체결하고 사할린을 러시아가, 쿠릴 열도를 일본이 차지하는 것으로 했다.

그러나 1905년 일본이 러일 전쟁에서 승리하면서 사할린의 귀속권은 일본에게 넘어갔다. 일본이 전쟁에 대한 배상으로 빼앗은 것이다. 두 나라가 자유의사에 따라 맺은 조약을 전쟁으로 뒤엎은 이 사태는 나중에 거꾸로 일본에게 돌아왔다. 제2차 세계대전에서 일본이 패하자 이번에는 소련이 사할린은 물론 쿠릴 열도 4개 섬까지 모두를 점유해 버린 것이다. 쿠릴 열도 모두를 빼앗긴 것은 일본 제국주의가 뿌린 '죗값'이라고도 할 만하다.

일본은 그러나 쿠릴 열도 문제를 제외하곤 제2차 세계대전 뒤 냉전시기에 미국의 강력한 지원으로 해양 부문에서 가장 큰 특혜를 누렸다. 특히 일본의 해양 팽창과 관련해 역사적 차원에서 가장 논란이 되는 곳이 바로 오키나와(중국명: 류큐) 지역이다. 엄밀히 말해 류큐는 역사적으로 청나라에 조공을 바치면서 독립왕조 또는 (중국-일본에 대한) 이중복속 왕조의 형태를 유지해 왔다. 게다가 제2차 세계대전 당시 일본의 방어거점으로서 원주민들은 엄청난 전쟁피해를 당한 데다가(사실상 일본 본토에서는 지상전이 벌어지지 않고 전쟁이 끝났다) 일본 제국군의 집단자살 강요로 20만 명이 죽임을 당했다. 민족적으로도 오키나와 사람들은 일본인과는 다르다. 따라서 일본 패전 뒤 독립할 수 있는 특수성을 가진 곳이었다. 이 지역을 1972년 미국과 일본이 서로 합의해 일본령으로 '반환'하고 대신 오키나와 본섬의 20퍼센트에 이르는 지역을 미군기지로 '인정'했다. 이렇게 일본이 확보한 육지는 일본 전 국토의 0.6퍼센트에 지나지 않지만, 그 관할수역은 무려 140만 평방킬로미터에 달한다. 일본 전체 관할수역의 약 3분의 1에 이르는 해역을 '공산주의에 대한 방어'를 이유로 미국이 일본에 넘겨준 것이다.

이에 대해 최근 들어 부쩍 국력이 커지고 있는 중국이 본격적으로 문제를 제기하면서 차츰 분쟁 지역화하고 있다. 중국은 류큐가 미국과 일본의 합의로 반환될 수 있는 대상이 아니므로 독립해야 한다고 주장한다. 이전까지는 과거 류큐가 청나라에 계속 조공을 바치는 등 속국이었다는 역사적 사실을 내세워 중국령이라고 주장해왔다. 이처럼 종래의 입장을 바꾸고 새로이 류큐의 독립을 주장하는 쪽으로 돌아서고 있다.

독도·센카쿠 분쟁

일본이 냉전시기 동안 미국의 지원으로 해양 팽창의 야심을 키우게 된 지역 가운데 또 하나가 바로 독도다. 미국은 1951년 일본과 샌프란시스코 강화조약을 체결하면서 한국의 독도에 대해서도 '일본이 포기해야 할 영토'에서 의도적으로 배제하는 방식으로 일본의 손을 들어줬다. 당시 한반도에서 벌어지고 있는 한국 전쟁의 추이가 어떻게 될지 모른다는 생각에서다. 미국의 이런 반공주의적 결정이 독도의 영유권에 대해 일본이 계속 시비를 거는 빌미가 된 것

아시아의 주요 바다 분쟁 현황

	발생시점	분쟁 대상국	실효지배
독도 분쟁	1905년	한국, 일본	한국
쿠릴 열도 분쟁	1951년	일본, 러시아	러시아
센카쿠 분쟁	1971년	중국, 일본	일본
서사군도 분쟁	1973년	중국, 베트남, 대만	중국
남사군도 분쟁	1974년	중국, 베트남, 필리핀, 브루나이	중국

이다.

일본이 오키나와의 연장선에 있는 섬으로 간주해 자국영해라고 주장하는 또 하나의 분쟁 지역이 동중국해의 센카쿠(중국명: 다오위다오) 제도다. 오키나와 본섬으로부터 약 400킬로미터, 중국 대륙으로부터 약 350킬로미터, 대만으로부터는 약 190킬로미터 떨어져 있는 이 제도는 무인도 8개에 총면적은 6.3제곱킬로미터다. 현재 일본은 이곳을 점유한 채 자기네 영토라고 주장하고 있다. 하지만 중국, 대만이 영유권을 주장하면서 긴장이 높아가고 있다. 센카쿠의 영유권에 대한 일본의 주장은 이렇다.

'19세기 말까지 아무도 살지 않는 지역이었던 센카쿠를 일본이 먼저 발견하고 1895년 오키나와현에 정식 편입한 것이다. 제2차 세계대전 뒤 강화조약에 따라 미군 관할 아래 넘어가 있던 것을 1972년 오키나와 반환으로 되찾은 일본의 영토다.'

여기에 맞선 중국의 주장은 이렇다.

'다오위다오는 명나라 시대에 중국이 처음 발견한 중국 고유영토였

일본은 타이완 동쪽 해면 위로 16cm 솟아 오른 작은 암초인 오키노토리시마 주변에 인공 시멘트 구조물을 만들고 자기네 영토의 최남단이라고 주장하고 있다.

다. 청일 전쟁 뒤 대만의 부속도서의 하나로 일본에 강제 할양되었으며 제2차 세계대전 뒤 중국의 고유영토를 일본이 불법적으로 미국에 이양했다. 따라서 미국이 센카쿠를 포함해 오키나와를 일본에 넘긴 것은 중국 영토에 대한 미국과 일본 사이의 불법적인 밀실 거래다.'

이 해역은 특히 1969년 유엔이 석유부존 가능성을 발표하고 최근 들어 다량의 원유와 가스가 매장된 것으로 확인되면서 더욱 심각한 분쟁 지역으로 변모하고 있다. 중국과 대만은 센카쿠 제도에 대해 자기네 영토라면서 조금도 양보하지 않고 있다. 특히 중국은 2010년 두 차례에 걸쳐 일본의 점유 상태에 대해 정면으로 도전하고 나섰다. 그해 4월 10여 척의 군함과 수십 대의 함정 탑재 헬리콥터, 여러 척의 잠수함으로 편성한 중국 해군함대는 일본 영해라고 주장하는 센카쿠 해역과 오키나와 해역을 돌파한 뒤 역시 일본이 암초를 섬으로 둔갑시켜 배타적 경제수역이라고 주장하는 오키노토리시마 해역까지 진출했다. 다섯 달 뒤에는 중국의 민간어선단 200여 척을 동원해 다시 센카쿠 해역에 들어가 일본의 영해권을 휘저었다. 일본은 적대행위를 한 중국 어선 한 척을 나포했지만, 결국 중국의 희토류 대일수출 금지 조처와 원자바오 중국 총리의 "국가 주권과 국가의 통일, 영토 보전이라고 하는 핵심적 이익에 대해선 중국은 결코 타협하지 않는다"는 강경한 태도에 굴복해 모두 석방해야 했다.

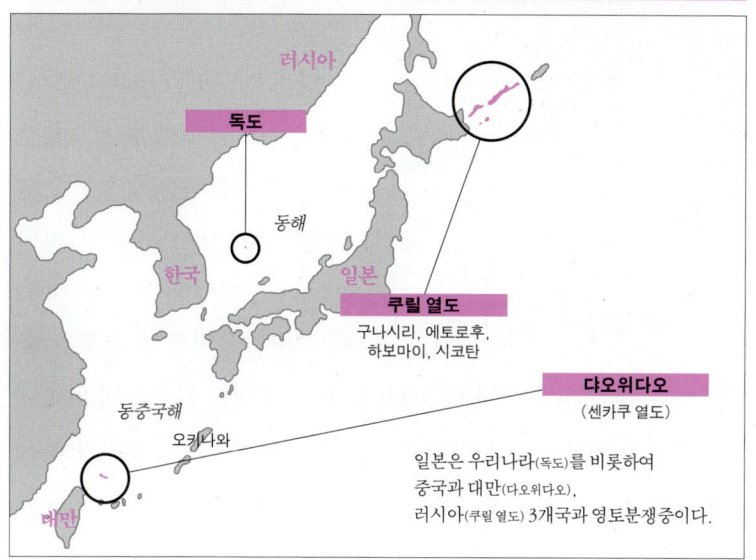

배타적 경제수역을 둘러싼 21세기 제국주의

바다는 작은 섬 하나라도 영토로 확인되면 거기를 중심으로 반경 200해리 지역까지 배타적 경제수역을 선언할 수 있다. 이 때문에 나라마다 작은 무인도 하나라도 자기 섬으로 만들기 위해 치열한 경쟁이 벌어진다. 암초 하나라도 그냥 두지 않는다.

일본이 태평양의 바다를 어떻게 먹어치워 갔는지 가장 극적으로 보여주는 사례의 하나가 오키노토리시마라는 작은 암초다. 타이완 동쪽 약 1,600킬로미터 떨어진 공해상에 있는 이 암초는 가로 2미터, 세로 5미터, 높이 70센티미터 정도로 만조 때 해면에 노출되는 면적은 10평방미터가 채 되지 않았다. 일본 정부는 1987년부터 2년 동안 바위 주변에 철제 블록으로 지름 50미터, 높이 3미터의 원형벽

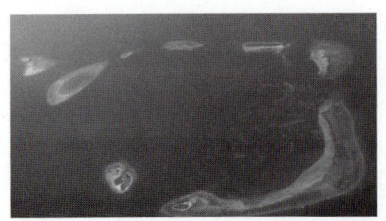

파라셀군도라고도 불리는 남중국해의 서사군도. 특히 남사군도와 서사군도 주변에 방대한 원유와 천연가스가 매장되어 있는 것으로 알려지면서 국제적 영토 분쟁의 중심이 됐다. 중국을 비롯해 베트남, 타이완, 필리핀, 말레이시아, 브루나이, 인도네시아 등 인근의 모든 국가가 권리를 주장하고 있다.

을 쌓아 올리고 그 내부에 콘크리트를 부어 파도에 깎이는 것을 막아 인공섬으로 만들었다. 그리고 이 인공섬을 기점으로 200해리 배타적 경제수역을 설정했다. 이 오키노토리시마의 배타적 경제수역 면적은 약 42만 평방킬로미터로 일본 국토 면적(38만 평방킬로미터)보다 더 넓다. 한 마디로 바다 한가운데 암초에 인공섬을 만들고 그 사방 370킬로미터 안을 전부 '내 바다'라고 선언한 것이다. 이어서 1996년 태평양 한가운데 있는 섬 미나미토리시마도 접수해 역시 배타적 경제수역을 선포했다. 배타적 경제수역은 그 경계 안에서의 어획권은 물론 해수 내의 자원 채취권, 해저 및 해저지층의 광물 탐사 및 개발권을 가지기에 '사실상의 경제영토'에 해당해 날로 중요해지고 있다.

암초에 인공구조물을 설치해 섬으로 만드는 것은 국제법 위반이고 인정받을 수 없다. 결국 중국의 문제 제기로 2004년 이 오키노토리시마는 유엔에서 '섬'이 아닌 '바위'로 판명이 났다. 그런데도 일본은 여전히 오키노토리시마 해역이 배타적 경제수역이라고 지금껏 주장한다. 모든 교과서에도 그런 식으로 가르친다. 일본이 영해와 배타적 경제수역이라고 주장하는 해역을 합친 관할수역은 총 447만 평방킬로미터에 이른다. 일본 열도 면적의 거의 12배다. 이에 반해 중국의 관할수역은 육지 면적의 15~20퍼센트에 지나지 않는다.

중국은 일본에 대해선 강력히 반발하면서도 서태평양 해역에선 노골적인 제국주의적 팽창으로 일관해오고 있다. 그 대표적인 것이 남중국해 서사군도와 남사군도에 대한 무력점령이다. 이 과정에서 일본은 저리 가라 할 정도로 국제법에 어긋나는 온갖 비상식적인 방법을 총동원했다.

1974년 1월 중국은 먼저 서사군도를 무력으로 점령했다. 문화혁명 과정에서 실각하고 노동자로 하방됐다가 복권된 덩샤오핑이 이를 주도했다. 그 뒤 1987년 말 그는 중국 해군을 동원해 중국 본토로부터 거의 1,400킬로미터나 떨어진 영서초(Fiery Cross Reef)를 비롯해 태평도(Itu Aba), 적과초(Johnson Reef), 증모암사(James Shoal) 등 남사군도의 9개 섬과 바위섬(현초: 드러난 암초)을 기습공격해 점령했다. 그 모든 곳에 인공시설을 설치해 해군기지를 만들고 군용공항까지 건설했다. 이 가운데 영서초는 3.6평방미터로 한 평이 조금 넘을 정도인데 인공섬으로 탈바꿈시켜 헬리콥터 착륙장, 300미터 길이의 접안시설을 만들고, 병력 400명까지 주둔시켰다. 그 결과 중국은 현재 U자형으로 생긴 남중국해 170만 평방킬로미터의 90퍼센트를 자기네 관할이라고 주장하기에 이른다. 미국이 2008년 추정한 바로는 남중국해의 석유 매장량이 280억~2,130억 배럴, 가스 매장량도 3조 8,000억 입방미터에 이른다. 이 해역에 대해선 중국뿐만 아니라 베트남, 대만, 필리핀, 말레이시아, 브루나이, 인도네시아 등이 모두 영해 또는 배타적 경제수역의 권리를 주장하고 있다.

바다뿐만 아니라 육지의 잠재적 국경 분쟁도 동아시아 일대를 무겁게 누르고 있다. 청나라 말기 서구 식민주의 세력의 침략 상황에서 러시아의 외교공세에 밀려 네르친스크 조약을 개악하면서 태평양으로 열려 있는 연해주 지역 등 방대한 영토를 잃은 중국은 언젠가 이 문제를 러시아에 제기할 가능성이 높다. 중국은 1960년대 중소 이념분쟁 시기 우수리강 안에 있는 작은 섬 하나의 영유권 문제를 놓고 소련과 무력충돌에 들어간 바 있다.

  중국은 또한 히말라야의 국경 경계선 문제를 놓고도 인도와 국경분쟁을 벌인 바 있고, 서사군도, 남사군도의 점령 과정에서 베트남과 무력충돌을 벌였다. 이밖에 캄보디아와 타이도 영토 분쟁으로 소규모 무력충돌이 벌어진 바 있다.

  『강대국의 흥망』을 쓴 폴 케네디는 이렇게 썼다.

> "동아시아의 중국과 러시아, 일본, 한국이 제2차 세계대전을 일으켰던 영토문제 영해문제를 완화시키는 양식을 가지고 있다면, 그들 모두가 '공영권'으로서 함께 살아갈 수 있을 것이다."

그러나 현실은 늘 반대로 간다.

3장
전체주의와 제2차 세계대전

세계 경제 공황: 대공황을 타개한 건 뉴딜 정책이 아니라 제2차 세계대전
전체주의: 대공황을 틈타 '죽음의 권력'을 쟁취한 파시스트
제2차 세계대전: 에스파냐 내전에서 시작해 냉전으로 마감한 전쟁

세계 경제 공황

대공황을 타개한 건
뉴딜 정책이 아니라 제2차 세계대전

자본주의 시스템이 멈추는 상황을 우리는 공황이라 부른다. 1929년 미국에서 발생한 공황은 장기간에 걸쳐 진행되었고 미국뿐 아니라 전 세계 경제에 심각한 영향을 끼쳤다는 점에서 대공황이라고 불린다. 루즈벨트 대통령이 실시한 뉴딜 정책은 대공황을 타개하기엔 역부족이었다. 공황 상태를 완전히 벗어나게끔 한 주역은 대규모 전쟁, 즉 제2차 세계대전이었다.

뉴욕 주가 폭락, 혼돈의 30년대를 열다

뉴욕 증권거래소의 주가가 폭락하기 며칠 전인 1929년 10월 21일은 에디슨이 전등을 발명한 지 50년이 되는 날이었다. 50주년 경축 행사는 미국의 경제적 풍요와 자긍심을 보여주는 상징적 사건이었다. 이른바 '광란의 20년대'라 불리는 호시절을 누리던 미국인들은 부를 확장하는 가장 손쉬운 방법인 주식에 몰두하고 있었다. 예금 자산을 줄이고 주식에 투자하는 것은 물론이요, 금융권에서 돈을 빌려 주식을 사는 것도 아주 흔한 광경이었다. 주가의 상승세가 정점에 달한 1928년 당시 주식에 투자한 미국인은 300만 명이나 됐다. 1929년 10월 24일, 뉴욕 증권시장의 주가가 폭락하면서 미국 시민들이 보유한 주식 중 상당량이 휴지조각이 돼 버렸다. 감당할 수 없는 빚더미에 앉게 된 많은 사람들이 스스로 목숨을 끊었다.

9,000개에 달하는 은행들이 줄줄이 파산하자 은행에 예치한 시민들의 돈이 하루아침에 증발하면서 소비가 극도로 위축되고 대량 실업이 발생했다.

광란의 20년대는 저물고 혼돈의 30년대가 찾아왔다. 아메리칸 드림의 좌절을 맛본 1930년대 미국인들의 허탈함과 분노는 존 스타인벡의 소설『분노의 포도』에 잘 드러난다. 은행에 농토를 빼앗기고 유랑민 신세가 된 주인공 가족은 도시 외곽의 판자촌으로 흘러드는데 이 동네 사람들은 자신들이 사는 지역을 미국 경제를 공황으로 몰아넣은 당시 대통령의 이름을 따 '후버빌'이라 불렀다.

뉴욕 증권가의 금융 위기는 미국을 넘어 전 세계로 확산되어 몇 년 사이에 세계 무역량은 60퍼센트가 감소하고 실업자 수는 5천 만에 육박했다. 왜 미국의 경제 위기가 세계로 확산될 수밖에 없었을까? 제1차 세계대전을 치르며 연합국에 속한 유럽 국가들은 미국 대형 은행에서 전쟁 자금을 대규모로 빌려 썼다. 1924년 프랑스와 영국이 주도한 전후 처리 협상에서 패전국 독일에게 1,320억 마르크에 달하는 막대한 배상금이 부과됐다. 경제가 파탄난 상황에서 이 배상금을 지불할 능력이 없던 독일에 미국 은행의 자금이 공급됐다. 빚을 내 빚을 갚으라는 유럽 승전국들의 요구 때문이었다. 채무 상환 기한은 1988년으로 정해졌다. 그런데 얼마 지나지 않아 미국에 금융 위기가 닥쳤다. 자산 대부분을 주식에 투자했던 부실 은행들이 차례로 파산하자 위기를 느낀 대형 은행들이 대출금을 긴급히 회수하기 시작했다. 독일에게 배상금을 받아 차근차근 빚을 갚으려 한 연합국들의 계획에도 차질이 생겼다. 유럽의 산업을 이끌던 영국, 프랑스의 경제가 위축되자 이 나라들에 농업, 광업 원자재를 공급하던 아프리카, 남아메리카, 아시아의 1차 산업국들의 수출도 급감했다. 미국발 금융 위기가 전 세계로 확산된 것이다.

전쟁으로 해소된 경제 재난

후버 정부가 남긴 짐을 떠안고 1933년 대통령에 취임한 루즈벨트는 시장에 정부가 적극 개입하는 뉴딜 정책을 실시하여 공황 상태에 빠진 미국 경제를 일으키고자 했다. 연방주택공사를 설립해 대규모 주택건설사업을 실시했고 테네시계곡개발공사(TVA)를 설립해 댐

1929년 10월, 뉴욕 증권시장의 주가가 대폭락했다. 미국은 9,000여 개에 달하는 은행들이 줄줄이 파산했고 은행에 예치한 시민들의 돈이 하루아침에 증발하면서 소비가 극도로 위축되고 대량 실업이 발생했다. 미국에서 시작된 경제 위기는 1930년대 전 세계 경제에 심각한 영향을 끼쳤다.

건설 현장에 많은 일자리를 만들어냈다. 사회보장법을 실시하고 노동단체협약권을 제정했으며 예금자보호법을 만들었다. 1935년부터는 이른바 '2차 뉴딜 정책'을 실시하여 공공사업추진청(WPA) 주도로 공공시설물 11만 개, 공항 600개, 도로 50만 마일(약 80만 킬로미터), 교량 10만 개를 정비하거나 새로 지어 210만 명을 고용했다. 그러나 점차 회복할 기미를 보이던 경제 상황은 1937년이 되자 다시 악화되었다. 뉴딜 정책도 극복하지 못한 불황 국면을 호황으로 뒤바꾼 것은 제2차 세계대전이다. 전쟁에 참여하는 것에 대해 부정적이던 미국민의 여론은 일본군의 진주만 공습을 계기로 완전히 뒤바

뛰었다. 군수산업의 호황은 침체된 경제에 활력을 불어넣었고, 실업자들이 군대에 흡수되면서 미국은 어둡고 긴 불황의 터널에서 빠져나왔다.

카를 마르크스는 자본주의에서 공황이 발생하는 것은 필연이라고 주장했다. 마르크스에 따르면 대량 생산과 대량 소비로 지탱되는 자본주의 생산양식은 반드시 불균형으로 이어지고 과잉 생산에 따른 공황은 어쩔 수 없는 귀결이라고 보았다. 필연적으로 발생하는 공황을 극복하기 위해 자본주의가 쉽게 빠져드는 유혹은 대량 파괴, 대량 동원, 대량 건설을 보장하는 전쟁이다. 전쟁이 터지면 우선 군수업체의 주가가 폭등하며 증시에 활기를 불어넣는다. 전쟁이 종료되면 각종 재건업체들이 투입되면서 경기를 호황으로 지속시킨다. 물론 승전국에만 해당하는 이야기다. 대공황은 단순한 경제 불황에 그치지 않고 정치제도의 위기를 초래한다. 대공황이 초래한 사회 불안은 민주주의의 근간을 뒤흔들었으며 히틀러를 비롯한 파시스트 세력이 부상할 수 있는 기회를 만들어주었다. 이들은 경제 재난에 빠진 국민의 불안감을 이용해 강력한 독재정권을 수립했다.

빚더미 위해 선 금융자본주의

자본주의체제는 빚(debt)을 신용(credit)이라는 말로 바꾸어 표현한다. 빚더미 위에 세워진 금융자본주의의 허술함은 1930년대 대공황뿐 아니라 전 세계를 공황의 공포로 몰아넣은 2008년 서브프라임 모기지론 사태에서도 다시 확인되었다. 서브프라임 모기지론이란 신용등급이 낮은 저소득층을 상대로 높은 금리에 주택 마련 자금을 빌려주는 비우량 담보대출을 가리킨다. 2000년 5월 이른바 닷컴버블이 꺼져버리고 경기가 장기간 침체되자 미국 정부는 부동산 시장 활성화를 통해 불황을 극복하고자 했다. 2001년 당시 전체 부동산 대출의 9퍼센트를 차지하던 서브프라임 모기지론의 규모는 2006년도에 이르자 25퍼센트를 차지할 만큼 커졌다. 미국뿐 아니라 유럽, 일본, 한국의 자본이 이 시장에 대거 투입되었다. 2006년이 되자 미국의 중앙은행인 연방준비제도이사회(FRB)는 지나친 물가 상승을 우려해 금리를 인상하는데 투자가 위축되면서 부동산 열기가 가라앉았고 주택가격이 하락하자 대출이자를 연체하는 사람들이 증가했다. 주택담보 대출채권이 부실화되면서 여기에서 파생된 각종 금융상품이 부실화되었고 이 상품에 대규모로 자금을 투자한 투자은행과 보험사가 갑자기 파산 위기에 몰렸다. 이것이 세계적인 신용경색을 가져왔고 실물경제에 악영향을 주어 세계 경제시장에 타격을 주었다. 미국 경제의 위기가 세계 경제의 위기로 이어진 것은 국경 없는 금융자본이 전 세계에 사슬처럼 연결돼 있기 때문이다. 가령 영국 금융계에 위기가 닥치면 한국의 외환시장에 직접적인 타격을 준다. 영국 금융자본이 사실상 동아시아의 금융을 통제하고 있기 때문이다. 1997년 국제통화기금(IMF)에 구제금융을 신청한 이래 금융시장을 완전히 개방한 한국은 국제 금융 위기에 매우 취약하다.

 2007년 4월 미국 2위의 서브프라임 모기지 대출회사인 뉴센트리 파이낸셜의 파산 신청을 시작으로 은행과 보험사 등의 파산이 이어졌고 2008년 9월에는 150년 전통을 자랑하던 미국 내 4위 투자은행 리먼 브라더스가 파산하며 금융시장은 공황에 빠졌다. 리먼 브라더

2008년 9월 미국내 4위 투자은행 리먼 브라더스가 파산하면서 금융시장은 공황 상태에 빠졌다. 주식 시장의 거품, 금융 투기, 개인 저축률 하락에서 빚어진 2008년의 공황은 1929년 10월의 상황과 흡사했다.

스가 파산을 신청하고 이틀 뒤에는 세계적인 보험사 AIG가 공적 자금을 요청하는 사태가 빚어졌다. 연방준비제도이사회가 지분 80퍼센트를 인수하면서 AIG는 사실상 국유화됐다. 주식(주택)시장의 거품, 금융 투기, 개인 저축률 하락에서 빚어진 2008년 공황은 1929년 10월의 상황과 흡사했다. 대공황이 터지기 직전 증권 시장에 상장되었던 회사들의 재정 상태를 보면 자금의 70퍼센트 이상이 산업 설비가 아닌 주식에 투자되고 있었기 때문이다.

금융자본주의의 발명품인 파생상품은 때로 괴물처럼 시장을 교란하곤 한다. 가까이는 엔론 사태에서 그 실상을 적나라하게 확인할 수 있다. 2001년 들어선 부시 행정부의 주요 각료들이 직간접으로 관여하고 있던 에너지기업 엔론은 우량 신용등급을 받아 대규모 자금을 유치하기 위해 실적을 부풀리고 회계장부를 조작했으며 주식 사기에 뛰어들었다. 대통령 부시를 비롯해, 부통령 딕 체니, 재무장관 폴 오닐, 국무장관 콘돌리자 라이스 등 부시 정권의 주요 실세들이 모두 이 엔론의 경영에 참여했다. 이러한 배경은 엔론 같은 부실기업이 승승장구할 수 있었던 원동력이었겠지만, 결국 자신들을 파멸로 이끈 원인이 되었다. 엔론이 에너지사업으로 벌어들이는 수익은 4분의 1 정도에 불과했고 나머지는 모두 투기성 금융상품에 의한 것이었다. 엔론의 파산은 부시 행정부의 도덕성에 치명상을 입혔고 파생상품의 투기 위험성에 대한 국제적 경각심을 일깨우는 계기가 되었다.

  빚더미 위에 서 있는 자본주의 세계의 미래는 어떠할까? 괴물이 더 거대한 괴물에게 먹히는 자본시장에서 투자와 투기 사이에 경계는 사실상 없다. 자본주의를 이끌어 온 것은 인간의 탐욕이다. 대량 소비가 일어나지 않으면 자본주의는 한 바퀴도 굴러갈 수 없으며 그것이 자본주의의 태생적 한계다. 공황은 예고 없이 닥치는 신종 전염병처럼 인류를 계속 위협할 것이다.

전체주의

대공황을 틈타 '죽음의 권력'을 쟁취한 파시스트

윌슨의 민족자결주의가 취지와 달리 열강들의 이해관계에 따라 왜곡되면서 민족간 갈등은 더욱 심해졌다. 세계를 휩쓴 대공황은 계급 갈등을 부추겼고 파시즘이 출현하는 토대를 제공했다. 무솔리니, 히틀러 그리고 스탈린이 혼란한 전후 세계에 한꺼번에 등장했는데 이들이 내세운 정치이념과 통치방식은 여러 면에서 유사했다.

파시즘과 나치즘의 최면

대중의 불안과 공포를 이용하며, 카리스마 넘치는 독재자의 지도 아래 민족의 강력한 단결을 촉구하는 파시즘은 민주주의, 자유주의, 사회주의를 모두 거부하는 전체주의 정치이념이다. 파시즘이라는 말은 1919년 3월 23일 무솔리니가 사회주의와의 투쟁을 선포하면서 처음으로 사용했다. 고대 로마 집정관은 행진할 때 장작 다발에 둘러싸인 도끼(fasces)를 대열 앞에 내세웠는데 이는 공화정의 권위와 인민의 결속에 대한 상징물이었다. 나뭇가지 하나의 힘은 약하지만 다발의 힘은 강하기 때문이다. 여기서 유래한 말인 파쇼(fascio)는 집단이나 무리를 가리키며 복수형 파시(fasci)는 참전을 촉구하는 선동부대를 일컬을 때 종종 사용되었다.

이탈리아는 제1차 세계대전의 승전국이었음에도 별 이익을 누리지 못했다. 오히려 부유한 북부 공업 지역과 가난한 남부 농업 지역의 격차와 대립만 심해졌을 뿐이다. 젊은 세대는 지배 계급과 기성 세대의 무능함에 치를 떨었다. 전리품을 갈취당한 것 같은 기분에 사로잡힌 이탈리아 국민들은 전장에서 돌아온 군인들 때문에 노동시장의 일자리가 줄어들자 더욱 난감한 상황에 빠졌다. 민생경제가 파탄나는 것을 바라보는 이탈리아 국민의 불안감이 증폭될 무렵 무솔리니가 등장했다.

파시스트의 지도자 무솔리니는 원래 사회주의자였으나 제1차 세계대전을 겪으면서 과격한 민족주의자로 전향했다. 무솔리니는 1919년 파쇼당을 창설하여 세력을 키워나갔고 1921년에는 파시스트 정당을 설립했다. 무솔리니 일당은 1922년 10월 27일 쿠데타를 일으켜 로마에 입성했고 국왕 비토리오 에마누엘레 3세는 그를 수상으로 지명했다. 무솔리니는 저항할 힘이 없는 지배 계급을 밀어내고 '평화적'이며 '합법적'으로 정권을 빼앗은 것이다. 무솔리니는 집권 후 이렇게 말했다.

"국가를 초월하는 것은 아무 것도 없고, 국가 밖에 존재하는 것은 아무 것도 없으며, 국가에 대항하는 것은 아무 것도 없다."

국가지상주의자 무솔리니는 국제적 협력이란 진보의 타락일 뿐이라 경멸하며 우수한 민족공동체가 등장해 세계를 주도해야 한다고 역설했다. 투쟁이 모든 것의 기원이기에 무력으로 팽창하지 않는 나라는 곧 쇠망할 것이라 주장하며 군비 확장과 전쟁을 합리화했다.

패전국 독일에서는 이탈리아보다 더 극적인 변화가 일어났다. 19세기 말 과학, 철학, 예술 부문에서 세계 최고 수준에 올라 있던 독일은 패전과 동시에 극심한 수치감에 사로잡혔다. 국민의 자존심은

히틀러가 주입한 나치즘이란 최면에 걸린 독일은 전쟁을 향해 내달렸다. 제2차 세계대전은 인류 역사상 가장 많은 인명 피해와 재산 피해를 남긴 가장 파괴적인 전쟁이었다.

바닥으로 떨어졌다. 세계 대공황과 더불어 독일을 강타한 인플레이션은 600만 실업사태를 초래했다. 화폐가치가 폭락하자 그동안 힘겹게 돈을 모았던 사람들은 일순간 알거지가 돼버렸다. 양극화 현상은 이탈리아보다 컸다. 독일 국민에게는 응어리진 분노를 표출할 대상, 즉 희생양이 필요했다. 이때 유대인 타도, 공산주의 혐오, 적대국 격파, 강력한 국력 신장을 주창하는 인물이 나타났다. 히틀러의 연설은 단번에 사람들을 사로잡았다. 그의 연설은 사람들이 분노와 원한 그리고 증오를 마음껏 뿜을 수 있게끔 정교하게 기획되었다.

독일의 사회학자 막스 베버는 『프로테스탄티즘의 윤리와 자본주의 정신』에서 합리적 관료제의 틀을 깨고 영웅적 지도자에 의존하는 '카리스마적 지배'가 등장할 수 있다고 지적했다. 히틀러만큼 이에 부합하는 인물도 없을 것이다. 히틀러는 군수산업을 확장하면서 일자리를 대거 창출해 실업을 해소했고, 아리아 인종만이 인류 진보에 기여할 것이라는 신념 아래 나라 전체에 가득 찬 불만과 분노를 유대인에 대한 혐오로 절묘하게 바꾸어 놓음으로써 민심을 휘어잡았다. 히틀러의 탁월한 선전능력은 자신이 발굴한 괴벨스라는 인물에 의해 더욱 빛을 발했다. 나치의 선전장관으로 이름을 날린 괴벨스는 히틀러와 만난 1925년 7월의 어느 날을 이렇게 기억했다.

파시즘과 나치즘의 대변자 무솔리니(오른쪽)와 히틀러.

"히틀러가 내 손을 잡았다. 마치 오랜 친구처럼. 그 커다랗고 푸른 눈은 마치 별과 같았다."

1920년 말 히틀러는 《뵐키셔 베오바흐터(민족의 파수꾼)》라는 망해가는 신문사 하나를 사들였다. 상설 선전도구로 활용하기 위함이었다. 히틀러는 웅장한 오페라와 행진곡을 많이 작곡한 바그너를 숭배했다. 그리고 그 화려한 연출기법을 자신의 정치 활동에 적용하기를 원했다. 괴벨스가 그 모든 것을 실현해 주었다. 1933년 3월 21일 포츠담에서 힌덴부르크 대통령이 히틀러를 총리로 지명할 때도 어김없이 장엄한 바그너 행진곡이 울려 퍼지고 있었다. 괴벨스의 철저한 기획에서 나온 연출이었다. 히틀러 일당은 3월 21일을 '민족 고양의 날'로 정했는데, 이날은 독일에서 추위가 물러나고 봄이 시작되는 날로 여겨진다. 비스마르크가 제국의회를 개최한 날도 3월 21일이다. 히틀러는 옛 프로이센의 중심도시인 포츠담을 행사 장소로 정함으로써 자신이 독일의 정통성을 잇는 인물이라는 점을 부각했다.

나치즘의 최면에 걸린 독일 국민은 유대인들을 상대로 대학살이라는 인류 역사상 가장 끔찍한 만행을 저질렀다. 제2차 세계대전이 끝나고 이 만행에 가담한 자들을 처벌하기 위한 나치 전범 재판이 열렸다. 유대인 출신 미국인 정치철학자 한나 아렌트는 《뉴요커》 특파원 자격으로 재판 현장을 취재하기 위해 이스라엘에 갔다. 재판 과정에서 아렌트는 나치 장교 아돌프 아이히만의 진술 모습을 보며 충격을 받는다.

> "나는 아이히만의 천박함에 충격을 받았다. 그의 과거 행적들은 소름끼쳤다. 그러나 현재 재판을 받는 한 인간으로서 그의 모습은 아주 일상적이며 평범하며 너그러운 가장처럼 보였다. 결코 악마적이거나 기이하지 않았다. 그에게서 나치 이데올로기를 발견할 수도 없었고 악의적 동기를 찾을 수도 없었다."

아돌프 아이히만은 여느 봉급생활자처럼 성실하게 전체주의체제 속에서 근무했을 뿐이다. 유대인을 독가스실에 몰아넣어 처형할 때도 그에게는 시간에 맞춰 깔끔하게 업무를 처리하는 게 중요했지 폭력에 대한 갈등이나 죄책감 따위는 아예 없었다. 그는 사형 선고를 받고 처형되었다. 한나 아렌트는 1963년 「예루살렘의 아이히만」이라는 보고서를 발표하여 전체주의가 지닌 위험성을 고발했다.

파시즘의 확장

파시즘에 대한 명확한 정의는 아직 없다. 그래서 어떤 학자는 '무엇이 파시즘인지 규정하기보다 무엇이 파시즘이 아닌지 규정하는 게 낫다'고 말하기도 했다. 우리가 파시즘의 특성을 '국민의 불안과 분노 조장' '선전 활동에 의한 대중 선동' '신격화한 1인 독재' '강력한 국수주의, 민족주의' '계급 투쟁 혐오' '공동체의식 고취' 등으로 규정한다면 스탈린이 통치한 소련은 거의 모든 조건을 충족한다.

1924년 소비에트사회주의공화국연방(소련)으로 다시 태어난 러시아의 정국은 레닌의 갑작스러운 죽음으로 요동치기 시작한다. 레닌의 측근인 트로츠키와 스탈린 사이의 권력 투쟁이 시작됐다. 전 세계의 자본주의 세력에 맞서 싸우고자 한 트로츠키와 자국의 이익 외에는 관심이 없던 스탈린 사이의 투쟁에서 스탈린의 국가주의가 승리를 거둔다. 집권 후 스탈린은 수백만 명에 이르는 반대파들을 잔인하게 숙청하여 혁명 가능성을 미연에 방지했다. 트로츠키는 공산당에서 추방되었으며 1940년 스탈린이 보낸 첩자에 의해 살해당했다. 스탈린은 공산주의 세력이 국제적으로 연대하는 데는 별 관심이 없었다. 스탈린은 군비를 두 배로 확충하고, 마르크스주의자들이 극도로 경계한 '애국심'을 국민의 최고 덕목으로 내세웠다. 소련 정부는 적대관계에 있는 독일이나 일본에 협력할 수 있다는 명분을 내세워 소수민족을 집단 강제이주시켰다. 강제이주 과정에서 수많은 소수민족 사람들이 목숨을 잃었다. 《프라우다》의 초대 편집장을 지낸 스탈린은 미디어를 다루는 능력이 뛰어났는데, 그는 이 재능을 언론을 조작하는 데 사용했다. 권력 유지를 위해 필요하다면 기꺼이 사실을 왜곡하고 수치를 부풀리거나 은폐했으며 조작된 사진을 신문에 실었다. 스탈린 스스로 주도한 자신의 신격화 작업도 꾸준히 진행되었다. 스탈린의 독재는 전제 군주인 차르의 재등장이나 다름없었다. 1990년대 러시아의 경제가 불황에서 헤어 나오지 못하자 스탈린 시대를 그리워하는 사람들이 늘어났다. 고르바초프와 옐친 같은 지도자들은 이것이 위험한 생각임을 알고 제재하려고 노력했으나 국민들 사이에 퍼진 정서를 억지로 잠재울 수는 없는 노릇이었다.

독일의 역사학자 헬무트 포이케르트는 소비 문화에 탐닉하고, 정치에 무관심한 독일 국민이 나치즘의 확장을 방조했다고 지적했다. 9.11사태 이후 미국에는 애국주의와 군사력 지상주의가 걷잡을 수 없는 들불처럼 일어났다. 대중독재라 불리는 마녀사냥식의 여론몰이 정치는 세계 어디서든 찾아볼 수 있다. 파시즘은 과거 어느 시기에 잠시 등장했다 사라진 정치 방식이 아니다. 대중이 인류의 보편가치에 관해 고민하는 것을 멈추고 강력한 독재자의 등장을 방관하거나 동조할 때 파시즘이라는 망령은 다시 살아날 것이다.

제2차 세계대전

에스파냐 내전에서 시작해
냉전으로 마감한 전쟁

제2차 세계대전은 에스파냐 내전에서 시작해 냉전으로 마감되었다. 에스파냐 내전은 한 나라의 분쟁에 그치지 않고 파시즘과 반파시즘이 충돌하는 세계 사상전의 성격을 띠었으며, 앞으로 닥칠 거대한 세계 전쟁의 서막이었다. 동시에 히틀러에게는 새 무기와 새 전술을 시험하는 완벽한 리허설의 무대이기도 했다.

에스파냐 내전과 히틀러

에스파냐 내전은 중앙집권적 통일국가를 향한 야망과 지역적으로 독립하려는 열망이 충돌한 사건이자, 권위주의와 자유가 충돌한 사건이다. 또한 자본가와 노동자의 계급 의식이 충돌한 사건이다. 제1차 세계대전 중에 중립을 지킨 에스파냐는 내전 시기에 이러한 상충하는 두 신념과 가치관의 극명한 대립에 따라 정확히 양분되었다. 1936년 민주적으로 치러진 자유 총선(이후 40년 동안 자유 총선이 없었다)은 두 세력의 승패를 가늠하는 중요한 일전이었다. 15만 표 차로 노동자들을 대변하는 인민전선(공화파)이 승리하자 국내의 대규모 자본이 해외로 빠져나가기 시작했다. 1930년대 세계 대공황 시기에도 큰 타격을 입지 않았던 에스파냐 경제는 총선을 기준으로 급속한 불황 상태로 접어들었다. 노동자들의 세상이 올 줄 알았는데

	에스파냐 내전 전개과정
1936년	2월 좌파연합인 인민전선, 총선에서 승리, 인민전선 정부 수립
	7월 모로코에서의 주둔군 봉기를 계기로 에스파냐 각지에서 반란 발생
	9월 국민파의 프랑코, 반란군 총사령관 임명
	11월 반란군, 마드리드 함락 실패
1937년	1월 반란군, 마드리드 함락 시도
	2월 국제연맹, 불간섭 조약 발효
	3월 독일, 반란군 지원 위해 에스파냐에 군대 파병
	4월 독일 전폭기, 게르니카 폭격. 반란군, 게르니카 함락
	11월 반란군, 발렌시아 진격. 공화파 정부, 바르셀로나 피신
1938년	4월 반란군, 지중해 연안까지 진격
	5월 공화파 정부, 반란군에 강화조약 요청했으나 프랑코 무조건 항복 요구
	7월~11월 공화파 정부, 영국 등에 지원 호소
	12월 반란군, 카탈루냐 지방 공격
1939년	2월 영국과 프랑스, 프랑코 체제 인정
	3월 반란군, 마드리드 점령

오히려 실업은 더 증가했고, 이에 따라 파업이나 노동쟁의도 더 많아졌다.

내전의 승기는 프랑코가 이끄는 국민파(보수 세력)가 잡았다. 베르사유 조약을 깨고 1936년 노골적으로 군사력을 확충하던 히틀러와, 에티오피아를 침공하며 북아프리카에 제국을 건설하려는 욕심을 드러낸 무솔리니 모두 프랑코를 지원하기로 결정한다. 포르투갈은 독일과 이탈리아에게 에스파냐로 통하는 보급로를 열어 주었다. 히틀러는 에스파냐에 파시스트 정권이 수립돼 배후에서 프랑스를 압박하는 역할을 해줄 것으로 기대했다. 히틀러는 즉각 에스파냐 내전에 전차로 무장한 기갑사단을 투입했다. 실전에 배치된 전차에서 기능적 한계가 드러났다. 이것을 통해 히틀러는 대규모 전쟁에서 승리하려면 지상군과 공군의 통신망 기술이 절대적으로 필요하다는 점을 깨달았다. 제2차 세계대전을 다룬 영화에 폭격기, 전차, 돌격대가 일사분란하게 적진을 타격하는 장면이 자주 나오는데 이것이 바로 에스파냐 내전이라는 리허설의 문제점을 보완해 히틀러가 본 공연에서 선보인 전법이다.

인민전선과 노동자들은 서방 정부들이 파시스트 프랑코를

에스파냐 내전이 한창이던 1937년 4월 26일, 독일군은 에스파냐의 작은 마을 게르니카를 폭격한다(위). 1,500여 명이 희생된 이 끔찍한 비극을 피카소는 〈게르니카〉라는 작품으로 고발했다.

제거하기 위해 단숨에 달려와 줄 것이라 생각했다. 반파시즘 세력인 영국과 프랑스가 자신들을 적극 도우리라는 인민전선의 순진한 기대는 곧 무너졌다. 영국은 불간섭 원칙을 내세웠고, 프랑스 역시 공개적인 지원에 난색을 표했다. 미국 정부 역시 대외적으로 불간섭 원칙을 고수했는데, 미국의 자본가들은 달랐다. 텍사스정유회사(텍스코) 회장은 열렬한 파시스트로, 대형 유조선 다섯 척을 국민파에 제공했다. 이것은 인민전선의 숨통을 거의 끊을 만큼 결정적 사건이었다. 포드와 제너럴모터스는 군용 트럭을, 듀퐁은 폭탄 4만 발을 국민파에 제공했다. 공화파 인민전선은 자유민주주의 국가와 기업들에게 철저히 외면당했다.

각국의 공산당 조직이 끌어 모은 세계 각지의 민간인 의용군들이 인민전선의 후원자였다. 이들 의용군들 중에는 작가들도 포함돼 있었다. 반파시즘 예술가들이 에스파냐 내전에 관여하며 인민전선을

에스파냐 내전 당시 프랑코 반란군이 사용한 독일 1호 전차. 프랑코는 내전에서 승리한 이후 절대권력을 행사하게 된다.

도왔다. 이 가운데는 조지 오웰, 어니스트 헤밍웨이, 스티븐 스펜서, 앙드레 말로, 존 콘포드처럼 무기를 들고 직접 전장에 뛰어든 작가들도 있다. 바르셀로나 출신 화가 호안 미로는 인민전선의 선전 포스터 제작을 담당했다. 피카소는 독일군이 에스파냐의 바스크 지역 마을 게르니카를 폭격하자 그림으로 이 만행을 전 세계에 알렸다. 1940년 피카소는 독일군이 점령하고 있던 파리에 머물고 있었는데, 재산 조사를 하러 온 나치 장교가 탁자에 놓인 〈게르니카〉 작품 사진을 보며 피카소에게 물었다.

"당신이 한 거요?"

그러자 피카소가 대답했다.

"아니, 당신들이 했지."

생텍쥐베리, 프랑수아 모리아크, 자크 마리탱, 루이 아라공, 폴 엘뤼아르, C. 데이 루이스, 허버트 리드, 존 도스 파소스, 시어도어 드라이저, 일리야 에렌부르크, 미하일 콜초프, 파블로 네루다, W.H. 오든, 새뮤얼 베게트, 윌리엄 포크너, 존 스타인벡 등 많은 예술가들이 직간접으로 에스파냐 내전에 관여했다. 전쟁과 무관할 것 같은 예술가들이 적극적으로 정치적 의견을 피력했다는 것은 그만큼 파시즘에 대한 위기의식을 전 세계가 공감했다는 뜻이다. 미야자키 하야오 감독의 애니메이션 〈붉은 돼지〉에는 스스로 주문을 걸어 돼지가 된 비행사가 나온다. 왜 돼지가 되었느냐고 사람들이 묻자 그는 이렇게 답했다.

"파시스트가 되느니 돼지가 되는 게 낫지."

날개를 달고 하늘을 자유롭게 날며 인민의 자유를 억압하는 파시스트 일당을 소탕하는 건 인민전선 공산주의자들의 '로망'이었을 것이다. 그러나 그들은 끝내 날개를 달지 못했다. 파시스트 일당이 그 어원(파쇼)처럼 강력한 지도자를 중심으로 단단히 결집한 반면, 노동 해방과 진보를 기치로 내건 국제적인 연대는 너무 느슨했다.

1936년 시작된 에스파냐 내전은 좌파 인민전선을 소비에트 연방이, 우파 프랑코파를 나치와 이탈리아가 지원하게 되는데, 1939년 프랑코파의 승리로 종전될 때까지 에스파냐 전 지역을 황폐하게 만들었다. 사진은 프랑코와 히틀러.

자본주의 패권을 둘러싼 제국주의의 충돌

제2차 세계대전은 영국을 비롯한 선발 제국주의 세력과 독일을 비롯한 후발 제국주의 세력이 자본주의의 패권을 놓고 벌인 전쟁이다. 제1차 세계대전 패배 후 막대한 전쟁 배상금을 물어야 했던 독일과, 승전국이면서도 별 이익을 얻지 못해 심기가 불편했던 이탈리아는 누가 불씨만 당겨주면 언제든 터질 준비가 된 폭탄의 뇌관 같았다. 제1차 세계대전을 종결짓는 평화협정인 베르사유 조약의 효력은 이미 유명무실해져 갔다. 베르사유 조약에 대해 프랑스의 페르디낭 포슈 사령관은 이렇게 말했다.

"평화를 얻은 게 아니라 20년 정도 휴전만 얻은 것이다."

그 말이 딱 맞았다. 이탈리아는 1936년과 1939년에 각각 에티오피아와 알바니아를 침공했다. 독일은 1939년 폴란드를 침공했고 이어 1940년에는 덴마크, 노르웨이 그리고 끝내 프랑스를 점령했다. 독일의 우방국과 독일이 점령한 나라를 빼면 영국만 홀로 남은 상황이었다. 처칠만이 독일의 유일한 걸림돌이었다.

제2차 세계대전이 제1차 세계대전과 다른 몇 가지 특징이 있다. 먼저 군인들만의 전투에서 정치가, 과학자, 예술가, 농부 등 모든 이들의 운명이 걸린 총력전으로 바뀌었다는 점이다. 새로운 무기와 새로운 전투 방법도 등장했다. 참호와 가시철망이 사라지고, '전격전'이라 불리는 새로운 전법이 등장했다. 제2차 세계대전의 전초전인 에스파냐 내전에서 독일군이 에스파냐의 바스크 지역을 폭격한 것처럼, 민간 지역-군사 지역의 구분이 완전히 사라졌다. 무방비 상태인 민간 지역은 폭격에서 제외한다는 전쟁의 예외조항이 제2차 세계대전에는 무의미했다. 제2차 세계대전에서 4천만 명이 희생됐는데 이중 민간인이 1,800만 명이다. 독일은 제1차 세계대전 시기인 1915년 세계 최초로 적군에게 독가스 공격을 감행하는데 전쟁 기간을 단축하는 것이 그 명분이었다. 전쟁을 일으키는 당사자는 하나같이 이렇게 말한다.

"지속적인 평화를 쟁취하는 방법은 전쟁뿐이다."

히틀러는 평화를 '총력전을 위한 준비기간'이라 규정했다. 제2차 세계대전에서 전쟁국은 모든 것을 쏟아 붓고 신속히 결딴내기 위해 대량 살상 무기를 적극 도입하고 전장에 투입했다. 핵무기가 사용된 까닭도 그러하다. 제2차 세계대전에서 파국을 경험한 세계 각국은 '전쟁을 끝내기 위한 전쟁'을 벌이고 전쟁을 억제하려고 핵무기를 증강하는 불행한 역설에 갇혀 버렸다.

핵폭탄이 선사한 파국과 평화

미국이 주도한 핵무기 개발 계획인 '맨해튼 프로젝트'의 성과로, 1945년 7월 16일 아침 뉴멕시코에서 최초로 핵폭탄 실험이 이뤄진다. 계획은 일사천리로 진행되었고 1945년 8월 6일 히로시마에서 이 계획의 성공이 확인되었다. 이틀 뒤에는 나가사키에 핵폭탄이 한 번 더 떨어졌다. 일본은 무기력하게 항복했고 전쟁도 끝났다.

제2차 세계대전에서 파국을 경험한 세계 각국은 '전쟁을 끝내기 위한 전쟁'을 벌이고 전쟁을 억제하려고 핵무기를 증강하는 불행한 역설에 갇혀 버렸다.

1945년에 원자탄이 투하되지 않았으면 세계 역사는 어떻게 전개되었을까? 1946년에 투하되었을 것이다. 핵폭탄의 파괴력을 경험한 인류는 두려움에 치를 떨며 인류의 종말까지 심각하게 고민한 뒤에야 비로소 전쟁에 대한 의지를 누그러뜨릴 수 있었다. 처칠은 회고록에 이렇게 적었다.

> "자비롭게도 우리는 극동의 학살을 중단시키고 유럽의 미래를 낙관할 수 있는 수단을 느닷없이 얻은 듯했다. 협상 테이블에서 만장일치 합의가 이루어졌다."

그가 낙관한 건 전쟁 승리이지 인류 미래의 승리는 아니었다. 궁지에 몰린 국가가 전세를 역전시키기 위한 마지막 수단으로 핵무기를 사용하는 상황을 떠올리는 건 어렵지 않다. 이 유혹은 인류 문명의 종말까지 따라다닐 것이다.

종전 후에도 핵무기 실험은 계속되었다. 1946년 남태평양 비키니 섬에서 수중 핵폭발 실험이 감행되었고 1952년에는 최초로 수소폭탄 실험이 이루어졌다. 미국의 케네디 대통령은 수중 핵실험에 대한 국제합의를 깨고 1962년 대기 중 핵폭탄 실험을 재개한다고 선언했다. 제2차 세계대전 당시 연합군을 이끌던 몽고메리 장군은 이렇게 말했다.

"핵 시대의 인류는 전쟁을 없애느냐 전쟁으로 없어지느냐 택일해야 한다."

인류에게 전쟁 위험이 존재하는 한 그건 핵전쟁 위험일 것이며 핵무기를 능가하는 무기가 핵무기를 대체할 것이다.

히로시마에 원자탄이 떨어지고 며칠 뒤 아들을 낳은 한 뉴욕 여성은 일기에 이렇게 적었다.

> "내 모든 걸 뒤흔들어버릴 정도로 끔찍한 이 세상에 아이를 낳은 것이 괴롭다. 아이들은 모든 걸 한 번에 날려버릴 폭탄 더미 위에서 살아가야 할 것이다."

히로시마 원폭에서 살아남은 한 여자는 이렇게 말했다.

> "내가 어릴 때 사람들은 나를 '원폭소녀'라 불렀고 최근에는 '히바쿠샤(被爆者: 원폭생존자)'라고 부른다. 나는 그냥 평범한 한 인간으로 불리고 싶다."

이 여인의 소박한 소망은 이루어지지 않았다. 핵폭발의 피해는 전쟁 당시에만 미치는 게 아니라 후대로 고스란히 유전되기 때문이다. 원자력발전소가 초래하는 피해 역시 그러하다. 체르노빌 원전 사태와 맞먹는 피해를 초래한 2011년 3월 일본 후쿠시마 원전 폭발 사고는 원자력 발전이 미래 에너지 공급의 대안이 되기에는 지나치게 위험하다는 국제적 인식을 불러일으켰다.

  역사 연구자 말콤 포츠에 따르면 인류 역사에서 전쟁이 없던 시기는 겨우 268년이라고 한다. 불행히도 우리가 사는 시대는 그 기간을 조금도 늘리지 못하고 있다. 리들리 스콧 감독이 1990년대 초에 만든 영화 〈블레이드 러너〉는 대규모 핵전쟁이 일어난 이후 방사능비가 추적추적 내리는 2019년 11월 미국의 로스앤젤레스를 배경으로 삼았다. 핵전쟁으로 완전한 파국이 이루어져서 인간들간의 싸움이 아무런 의미가 없어지는 시기가 온다면 과연 이것을 평화라 부를 수 있을까?

8부
전후 세계의 발전

두 번이나 끔찍한 대전을 치른 세계는 상처를 추스르고 미래에 닥칠 인류의 공멸을 막기 위해 국제연합을 발족했다. 그러나 국제연합의 의지는 강대국의 이해관계 앞에서 번번이 좌절됐다. 국제연합이 창설되자마자 다른 한편에서 핵무기가 발명됐다는 사실은 인류의 미래에 깊은 어둠의 그림자를 드리웠다. 전쟁이 일어나지는 않았지만 미국을 중심으로 한 서구 자유 진영과 소련을 중심으로 한 동구의 사회주의 진영은 팽팽하게 맞섰다. 이 두 진영 어디에도 속하지 않은 이른바 '제3세계' 국가들은 제2차 세계대전이 끝난 뒤 정치적 독립을 이루었으나 경제적으로는 여전히 서구에 예속되는 처지를 벗어나지 못했다.

관료주의와 비효율에 물들어간 현실 사회주의는 도미노처럼 허물어졌다. 사회주의는 정치적 측면과 경제적 측면 모두 서구 시스템에 완패했다. 그러나 사회주의가 절멸한 것은 아니었다. 북유럽 선진국들은 자본주의체제 위에 사회주의적 복지정책을 과감히 시행해 성공을 거두었으며, 국제 시장에서 고립된 쿠바는 수많은 난관을 홀로 헤쳐 나가며 길고 긴 사회주의 실험을 계속하고 있다.

이데올로기의 대립이 끝난 자리에 들어선 것은 새로운 가치관이 아니라 종교 갈등이었다. 미국이 이라크를 두 번이나 침공한 것은 석유 자원 확보 때문이지만, 그 기저에는 자신들이 서구 기독교 세계의 계승자이자 수호자라는 의식이 깔려 있다. 9·11 테러를 기점으로 세계인들을 긴장시켰던 이슬람 문화권과 기독교 문화권의 충돌은 해결해야

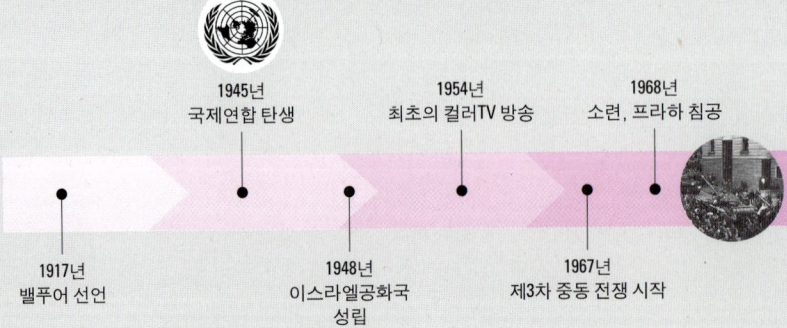

1917년
밸푸어 선언

1945년
국제연합 탄생

1948년
이스라엘공화국
성립

1954년
최초의 컬러TV 방송

1967년
제3차 중동 전쟁 시작

1968년
소련, 프라하 침공

할 심각한 과제를 인류에게 안겨주었다.

1970년대 이후 신자유주의라는 새로운 풍조가 나타났다. 자유로운 교역과 시장의 무한한 확장을 주장하는 신자유주의 이념은 1980년대 사회주의권이 무너지자 급속도로 세계 각국에 전파되었다. 신자유주의체제에 완전히 녹아든 오늘날 세계에서 특정 국가의 이익을 따지는 건 무의미해졌다. 두 나라가 자유무역협정을 맺으면 이익을 얻는 건 각 나라의 대자본가들뿐이며 손해를 보는 건 각 나라의 힘없고 가난한 자들이기 때문이다.

구텐베르크의 인쇄술이 종교개혁을 촉진하고 고대인을 근대인으로 변모시킨 것처럼 20세기 후반에 등장한 인터넷 기술은 개인을 미디어로 만들었다. 누구나 인터넷을 통해 자신의 이야기를 전 세계에 전할 수 있다. 그러나 텍스트를 읽는 능력을 떨어뜨리고 선정적인 정보에 중독되도록 만들며, 프라이버시를 지속적으로 위협하는 뉴미디어 환경은 인류의 지성에 심각한 장애요소가 되기도 한다. 그러나 환경과 에너지 문제와 비교하면 미디어의 어두운 측면은 아주 사소한 문제인지 모른다. 석유에 기반을 둔 현대 문명의 종말이 눈앞에 보이고, 에너지 위기에 대한 뚜렷한 대안을 찾지 못한 상태에서 지구온난화를 비롯한 환경 재앙에 대처하려면 우선 탐욕을 줄이는 것에서 시작할 수밖에 없다.

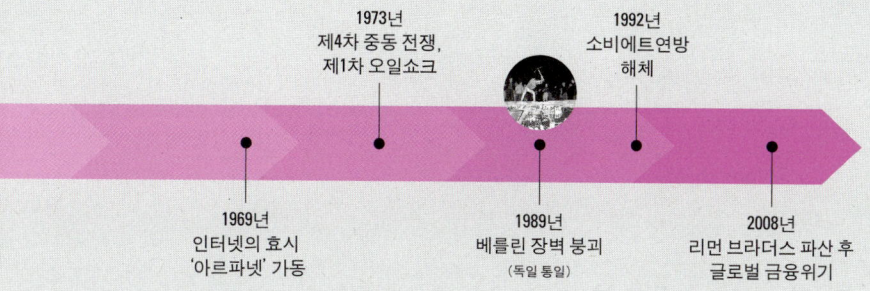

1973년
제4차 중동 전쟁,
제1차 오일쇼크

1992년
소비에트연방
해체

1969년
인터넷의 효시
'아르파넷' 가동

1989년
베를린 장벽 붕괴
(독일 통일)

2008년
리먼 브라더스 파산 후
글로벌 금융위기

1장
냉전체제의 전개와 변화

국제연합의 성립: 냉전과 열전 사이에서 간신히 움켜쥔 평화 이니셔티브
아프리카·라틴아메리카 세계의 변화: 제3세계 국가들은 왜 여전히 가난한가

국제연합의 성립

냉전과 열전 사이에서 간신히 움켜쥔 평화 이니셔티브

제2차 세계대전이 막바지로 치닫던 1945년 6월 26일 샌프란시스코에서 열린 회의는 이전에 개최된 평화회담과는 성격이 무척 달랐다. 이전의 평화회담들이 전쟁이 남긴 것들을 '뒤처리'하려고 열린 반면, 샌프란시스코 회의는 장래에 닥칠 불행을 미리 막자는 취지로 열렸다는 점에서 혁신적이었다.

또 한 번의 평화조약

인류는 참담한 전쟁을 겪으며 평화가 중요하다는 점을 매번 깨달으면서도 또 다시 전쟁을 일으키곤 했다. 오랜 세월에 걸쳐 끔찍한 전쟁을 치른 후에는 어김없이 평화회담이 열렸다. 1648년 베스트팔렌에서, 1712년 위트레흐트에서, 1815년 빈에서, 1919년 파리에서 각 나라의 대표자들이 모였다. 그러나 장래의 평화에 관해 진지한 협의를 이끌어낸 평화 협정은 없었다.

샌프란시스코에서 채택한 협정문은 이렇게 시작한다.

"우리 연합국 국민들은 일생 중에 두 번이나 말할 수 없는 슬픔을 가져온 전쟁의 불행에서 다음 세대를 구원하고 인권, 존엄 및 가치, 평등권에 대한 신념을 재확인하며, 더 많은 자유 속에서 사회 진보와

1945년 4월 25일~6월 26일 연합국 50개국 대표가 제2차 세계대전의 전후처리와 국제평화문제를 토의하기 위해 샌프란시스코에 모였다. 샌프란시스코 회의에서는 국제연합 헌장이 채택되었다.

생활수준 향상을 촉진할 것을 결의했다."

그해 2월 얄타에서 본격적으로 논의된 이래 아직 실체가 없던 국제연합(유엔)은 그렇게 세상에 첫 선을 보였다. 그리고 몇 달 뒤인 10월 24일 51개 가맹국 중에서 27개국이 창립 헌장에 서명하고 비준함으로써 완전히 모습을 드러냈다. 이날은 유엔의 공식 창립일이 되었다. 1946년 미국의 전임 대통령 허버트 후버는 신임 대통령 해리 트루먼에게 이렇게 충고했다.

"당신은 복수를 할 수도 있고 평화를 이룰 수도 있소. 그러나 둘 다 가질 순 없을 것이오."

트루먼은 유엔 창설 연설에서 이렇게 말했다.

"이 헌장으로 여러분들은 한 세대 전의 위대한 정치가 우드로 윌슨의 이상에 현실을 부여했습니다. 세계적인 법의 지배를 수립하는 이 최상의 기회를 움켜쥐는 데 실패하지 맙시다."

과연 유엔은 그 평화 주도권을 움켜쥐었을까?

1945년 10월 24일 전쟁 방지와 평화 유지를 위해 국제연합(UN)이 설립된다.

유엔·핵무기·냉전 시대의 개막

1946년부터 냉각되기 시작한 소련과 미국의 관계는 1948년 서방 연합국이 이용하던 서베를린 접근 도로를 소련이 일방적으로 폐쇄해 버림으로써 갑자기 얼어붙었다. 봉쇄가 나중에 풀리긴 했으나 이 사건은 독일이 동서로 분단되는 결정적 계기가 되었다. 서방 국가들은 1949년 북대서양조약기구(NATO)를 설립하고 공동으로 군사력을 사용하기로 결의한 반면 소련은 알바니아, 체코슬로바키아, 헝가리, 폴란드, 루마니아, 동부 독일에 자국 군대를 주둔시키면서 사회주의 제국의 위용을 과시하고 있었다. 파시즘과 반파시즘의 대결 구도가 미국과 소련의 대결 구도로 바뀐 것이다. 유엔의 제2대 사무총장 다그 함마르셸드는 유엔의 목적이 '우리들을 천국으로 인도하는 것이 아니라 우리를 지옥에서 구하는 것'이라 말했는데, 공교롭게도 유엔 시대의 개막은 우리를 지옥으로 모두 처넣어 버릴지도 모르는 핵무기 시대의 개막과 겹친다. 샌프란시스코 회의가 열리고 채 한 달도 지나지 않아 최초로 원자탄 실험이 성공했다. 1949년 7월 마침내 소련도 핵무기를 보유함으로써 싸늘한 양강 구도는 더욱 뚜렷해진다. 유엔은 핵무기를 통제할 힘이 없었다. 1956년 소련이 헝가리를 침입했을 때도, 1970년대 초 미국이 베트남 전

국제연합의 성립	
구상	1941년 〈대서양 헌장〉
과정	1942년 연합국 공동선언에서 대서양 헌장 원칙 확인 → 1943년 평화기구 설립 선언을 통해 원칙 설정 → 1944년 덤바턴 오크스 회의에서 헌장 초안 작성 → 1945년 샌프란시스코 회의에서 헌장 채택
창설	1945년 10월 24일 51개국의 헌장 비준
목적	국제 평화와 안전의 유지 및 국제 협력 촉진
특징	안전보장 이사회 상임이사국(미·영·프·소·중)의 거부권, 유엔군의 무력 제재
변질	상임이사국의 횡포, 신생국 회원 가입 등

쟁을 벌일 때도 유엔은 이 두 강대국 앞에서 무기력했다.

강대국의 독자 행동을 규제할 수 없게끔 유엔 스스로 발목을 잡은 건 〈유엔 헌장〉 제51조다.

> "각 회원국은 안전보장이사회(안보리)가 조치를 취하기 전까지 그동안 해오던 방식으로 자위권을 행사할 수 있다."

이 조항에 따르면 강대국이 자국의 이권을 위해 벌이는 각종 전쟁을 유엔이 통제하기 어렵다. 자위권의 범위가 모호하기 때문이다. 1950년 6월 25일 한국 전쟁이 발발했을 때 유엔 안보리는 제 역할을 하지 못했다. 안보리는 기습 공격을 받은 남한을 방어하기 위한 조치를 바로 결정하지 못하고 대신 회원국 스스로 남한을 돕도록 권고하는 데 그쳤다. 트루먼 대통령의 참전 결정이 유엔 결의보다 앞선다는 점을 보면 유엔이 얼마나 주변 눈치를 많이 보았는지 알 수 있다. 그러면 유엔은 이렇게 명목상 초국가 기구로 전락하는 것일까?

유엔의 한계와 가능성

11월 3일 채택된 '평화를 위한 단결 결의안'은 유엔이 유명무실한 기구가 아님을 보여주었다. 이 결의안은 원래 소련이 거부권을 행사하더라도 연합군을 분쟁 지역에 보낼 수 있도록 만든 추가 조항이다. 결의안에 따르면 '안보리 상임이사국 중 하나가 거부권을 행사하더라도 나머지 국가들이 24시간 내에 평화를 위한 무력 투입을 합의해 결정'할 수 있다. 이 조항은 훗날 유엔의 평화유지군 활동의 버팀목이 되었다. 하나 역설적인 사실은 애초 소련을 견제하려고 만든 이 조항이 나중에 영국과 프랑스의 독자 행동을 견제하는 데 사용되었다는 점이다. 역사는 예측하기 어렵다.

유엔 창설에 동기를 제공한 것은 1941년 8월에 영국과 미국이 공동으로 선언한 〈대서양 헌장〉이다. 반파시즘이라는 모토 아래 '모든 사람들은 자신이 사는 국가의 정부체제를 선택할 권리를 가진다'는 게 〈대서양 헌장〉의 골자다. 헌장은 영토 확장을 금지하고 민족자결 등 8개 조항을 포함시키고 있다. 이 8개 조항은 물론 윌슨의 14개 조항에 영향을 받은 것이다. 윌슨은 특히 국제연맹 창립에 열정을 불태웠다. 국제연맹 설립에 사상적 배경을 제공한 것은 독일의 철학자 임마누엘 칸트라고 할 수 있다. 칸트는 1784년에 쓴 소논문인 「세계시민적 견지에서 본 보편사의 이념」에서 유럽 국가들을 아우르는 범세계적 국제연합체의 등장을 전망했다.

"개인은 불규칙해 보여도 인류라는 차원에서 보면 규칙적으로 움직인다. 자연은 인류에게 최대로 자유를 누리는 공동체 사회를 성취하도록 요구한다. 완전한 시민 조직체를 확립하도록 하려고 야만적 자유를 벗어나 합법적인 국제연맹을 맺도록 한다. 국가들은 공존을 모색하며, 자연의 최고 의도인 보편적 세계시민의 상태가 실현될 것이다."

1795년 칸트는 유럽 국가들이 나서서 초국가적인 연합체를 만들자고 정식 제안하면서 구체적인 규약까지 제시했다.

- 미래 전쟁을 대비한 군수품 보유 금지
- 독립국 침략 금지
- 상비군을 점진적으로 폐지
- 전쟁 비용 목적으로 차관 도입 금지
- 타국의 내부 문제에 대한 무력간섭 금지
- 불가피한 분쟁이 일어나더라도 포로 등에게 잔혹 행위 금지
- 앞서 언급한 사항을 지키기 위해
  1) 자결권에 입각한 공화정 수립
  2) 국가들은 연합 결성체의 법률 준수
  3) 포괄적 세계 법원 조직

칸트의 이런 주장은 '영구평화론'이라 불리는데 윌슨의 14개 조항에서 제시한 기본원칙과 매우 유사하다.

여전히 미국을 비롯한 소수 강대국에 좌지우지되는 운영 방식, 비민주적인 안보리 상임이사국의 만장일치 의사결정 방식, 회원국의 자발적 분담금에 의존하는 재정 취약성 등 유엔은 여러 문제점과 한계를 안고 있다. 최근에는 프랑스보다 인도나 브라질이 상임이사국이 돼야 한다는 의견도 커지고 있다. 세계무역기구(WTO)가

유엔보다 강하다는 말은 이미 진부해졌다. 미국의 외교정책 전문가 월터 러셀 미드가 말하듯, "유엔만이 할 수 있는 일들이 많다. 한편 유엔이 할 수 없는 일들은 점점 많아진다."

　유엔이 모든 것을 다 해결할 수는 없다. 어느 방향이 천국으로 가는 길인지 일일이 각 나라에 알려줄 수도 없다. 그러나 분명한 게 있다. 냉전과 열전 사이에서 간신히 균형을 잡고 세계 문제에 관여하고 있는 유엔의 힘이 지금보다 줄어든다면 그보다 한 달 늦게 세상에 태어난 동생이 인류를 절멸의 공포로 인도하리라는 점이다.

아프리카·라틴아메리카 세계의 변화

제3세계 국가들은 왜 여전히 가난한가

미국을 중심으로 뭉친 서방 세계와 소련을 중심으로 형성된 동구 진영 어디에도 속하지 않는 아메리카, 아프리카, 아시아의 수많은 '제3세계' 국가들이 제2차 세계대전 후 독립했다. 그러나 경제적 자립 없는 정치적 독립은 아무 의미가 없다. 아프리카와 라틴아메리카 독립국들은 수탈의 폐허와 빚더미 속에서 불행한 미래가 다시 닥쳐올 것임을 직감했다.

끝없는 예속의 사슬

나폴레옹이 이베리아 반도를 침입하여 식민종주국 에스파냐의 세력을 약화시키자, 그들에게 식민지배를 받던 아메리카 나라들에서는 독립을 향한 의지가 불타올랐다. 1828년까지 쿠바와 푸에르토리코를 제외한 모든 라틴아메리카(에스파냐, 포르투갈, 프랑스 등 라틴 문화의 영향을 받은 중남미) 국가들이 독립했다. 포르투갈의 지배를 받던 브라질도 독립하여 1889년 공화 정부를 세웠다. 그러나 정치적으로만 독립했을 뿐 경제는 여전히 서구 열강에 예속된 상태로 머물렀다.

에스파냐의 세력이 물러나도록 배후에서 도운 건 영국이다. 영국은 중남미에 투자하는 것이 수지맞는 장사라는 점을 간파하고 에스파냐 자본이 빠져나가기 시작하자 공격적으로 대자본을 중남미에 쏟아 부었다. 경제 불황에 빠지지는 않았으나 중남미는 영국의 새로운 경제 식민지로 전락하고 있었다. 1919년까지 중남미 각국이 외국에 진 빚의 68퍼센트가 영국에 편중되었다. 영국에 대한 경제 예속은 21세기 초까지 지속됐다. 그렇다고 21세기 초 이후부터 중남미 국가들이 경제적으로 자립한 건 아니다. 영국 자본이 빠져나간 자리를 미국이라는 새로운 강대국이 점령했기 때문이다. 포르투갈, 에스파냐, 영국, 미국으로 이어지는 서구 열강의 패권 흐름에 라틴 아메리카는 온몸을 내맡겨야 했다.

독립한 이후 여러 나라에서는 정권교체 방식에 대한 혼선이 빚어졌다. 에콰도르와 페루는 19세기 말에만 헌법을 8번이나 고쳤고, 볼리비아 역시 7번이나 헌법을 수정했다. 중남미 대부분 나라에는 정치 발전을 저해한 구시대적인 통치권력이 존재하고 있었다. 카우디요(caudillo)라 불리는 지역 파벌들은 각기 자신들의 군대를 거느리고 정치와 경제를 좌지우지했다. 정권을 잡은 카우디요는 국민의 이익보다는 사익만 추구했다. 이권을 위해서라면 외국의 검은 돈과 유착하는 일도 서슴지 않았다. 식민 시대가 남긴 부패한 관료제는 중남미의 정치 발전을 가로막았다. 정치권력을 사적인 부의 축적 수단으로 삼는 관행은 에스파냐의 정복자들이 오랫동안 누린 특권인 '엔코미엔다(식민지 주민의 노동력을 마음대로 부릴 수 있는 권리)'가 남긴 악습이다. 1988년부터 1994년까지 멕시코 대통령으로 재임한 카를로스 살리나스의 형 라울은 고위 공무원으로 연봉이 19만 달러나 됐지만 재직 중 무려 2억 달러에 달하는 공금을 횡령해 스위스 은행으로 빼돌렸다.

멕시코와 베네수엘라는 산유국임에도 여전히 가난하다. 유전을 개발하면서 미국과 유럽 국가들에게 진 엄청난 빚이 여전히 발목

1898년 2월 15일 쿠바 아바나 항에 정박해 있던 미 군함 메인호가 갑자기 폭발했다. 미국은 이를 에스파냐의 소행이라 주장하며 전쟁을 벌였고 쿠바를 속국으로 만드는 데 성공했다.

을 잡고 있으며, 소수에 편중된 석유 개발 이익은 빈부차만 벌려놓았다.

라틴아메리카를 장악한 미국

20세기에 들어서 라틴아메리카는 미국의 경제권에 완전히 예속되었다. 제1차 세계대전을 치르며 국력을 소진한 영국 대신 19세기부터 세력을 확장하던 미국의 영향력이 라틴아메리카를 장악했다. 1898년 2월 15일에 일어난 '메인호 사건'은 정확한 원인이 규명되지 않은 채 미스터리로 남았다. 쿠바 아바나항에 정박해 있던 미 군함 메인호가 갑자기 폭발했다. 미국은 이를 에스파냐의 소행이라 주장하며 전쟁을 벌였고 쿠바를 속국으로 만드는 데 성공했다. 1903년에는 파나마가 콜롬비아로부터 독립하도록 지원했다. 파나마 운하를 장악하려는 의도였다. 도미니카 공화국과 니카라과에도 무력으로 개입했으며, 더 아래 남미 지역은 무력 대신 돈으로 통제했다.

라틴아메리카의 1차 산업, 즉 농업은 미국의 다국적 회사가 지배했다. 19세기 말부터 차근차근 대규모 경작지를 헐값에 사들인 미국의 다국적 농업 기업들은 라틴아메리카를 '합법적으로' 지배했다. 그들 기업은 값싼 현지 노동력을 마음껏 활용해 막대한 이윤을 남겼다. 카우디요 출신 지배자들만 만족시키면 기업 활동에 거칠 것이 아무 것도 없었다. 미국의 유나이티드 프루트사는 온두라스, 과테말라의 정치까지 지배했다. 콜롬비아를 비롯해 자국민을 위해 통치하지 않고 다국적 기업을 위해 존재하는 중미 정부들은 '바나나 공화국'이라는 명예롭지 못한 별명을 얻었다.

라틴아메리카 원주민들이 재배하는 작물의 종류는 시간이 갈수록 줄어들었다. 여러 식용작물을 함께 심지 않고 돈 되는 면화, 사탕수수, 커피 같은 작물(환금작물) 중 하나를 골라 집중적으로 재배했다. 환금작물을 비롯해 공업 원료가 되는 광물, 에너지원을 선진국에 납품하며 먹고 사는 취약하고 단순한 경제 구조는 라틴아메리카가 아직 극복하지 못한 과제다. 볼리비아의 도시 포토시(Potosi)는 에스파냐의 지배를 받던 시절 '꿈의 도시'라 불렸다. 무한정 쏟아져 나오던 은 때문이다. 그러나 이 도시는 남미에서 가장 가난한 곳으로 전락했다. 단일자원에 의존한 구조 탓이다. 갈수록 은의 채굴량이 줄어들었던 것이다. 옥수수를 세계에서 처음으로 재배했던 멕시코가 식용작물 대신 환금작물에 매달리다가 옥수수 수입국으로 전락한 것을 보라.

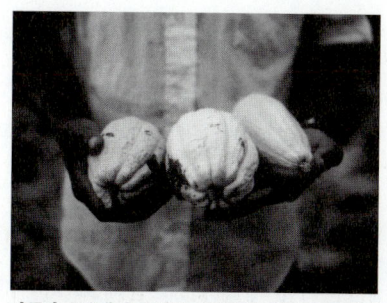

달콤한 초콜릿에 숨겨진 카카오의 비극. 코트디부아르는 전 세계 카카오 생산의 40퍼센트를 담당하는 나라다. 카카오 농장에는 어린이 1만 5천 명이 노예처럼 일하고 있다. 그러나 아무리 힘들게 일해도 이 어린이들은 초콜릿을 사먹을 돈이 생기지 않는다.

라틴아메리카가 겪은 사정은 아프리카 국가들도 마찬가지였다. 1912년 기준으로 아프리카 대륙의 96퍼센트가 서구 열강들의 손아귀에 들어갔다. 제국주의에 철저히 수탈당하고 희생되었던 아프리카 국가들은 겨우 독립을 이루자마자 대부분 내란으로 빠져들었다. 열강들이 멋대로 결정한 국경 분할은 알제리, 세네갈, 라이베리아, 앙골라, 부룬디, 르완다, 소말리아, 콩고 등에서 벌어진 내전의 실마리가 되었다. 국민통합을 이루지 못한 국가는 가난에서 헤어날 수 없다. 아프리카는 현재 유엔 회원국의 4분의 1을 차지하고 있다.

제국주의에 갈가리 찢겼던 그 많은 나라들은 반세기 넘도록 상처를 치유하지 못하고 있다. 내전으로 1천만 명이 목숨을 잃은 코트디부아르는 전 세계 카카오 생산의 40퍼센트를 담당하는 나라다. 카카오 농장에는 코트디부아르는 물론이고 말리나 토고처럼 더 가난한 나라에서 팔려 온 어린이 1만 5,000명이 노예처럼 일하고 있다. 그러나 아무리 힘들게 일해도 이 어린이들은 초콜릿을 사먹을 돈이 생기지 않는다. 부유한 나라들에게 달콤한 초콜릿 원자재를 공급하면서 좀처럼 극복할 수 없는 쓰디쓴 가난만을 맛보아야 하는 현실, 이것이 아프리카의 비극이다.

제2차 세계대전이 끝나가던 무렵 미국 브레튼우즈에서 45개국 대표들이 모여 경제협정을 맺었다. 국제통화기금(IMF)과 국제부흥개발은행(IBRD)을 설립하여 미국의 달러화를 국제 기축통화로 하며, 환율을 안정시키고 자유무역을 촉진하자는 것이 이 회의의 주요 내용이다. 브레튼우즈 체제는 '관세 및 무역에 관한 일반 협정(GATT)'을 이끌어냈고 이는 나중에 국제무역기구(WTO)가 되어 신자유주의 경제체제를 주도한다.

라틴아메리카와 아프리카 국가들은 더욱 살벌한 경쟁으로 내몰렸다. 세계는 자원을 선점하고 수탈하여 대규모 이익을 챙긴 몇몇 채권국과, 그들에게 빚을 진 수많은 약소 채무국으로 나뉘었다. 채무국은 대부분 남반구에 분포돼 있다.

2장
테크놀로지의 발달과 자본주의의 고도성장

미디어 혁명: 텔레비전과 인터넷이 바꾼 세계인의 심성 구조
사회주의의 몰락: 정치·경제 양면에서 자본주의에 완패한 현실 사회주의

미디어 혁명

텔레비전과 인터넷이 바꾼 세계인의 심성 구조

텔레비전은 대항해 시대의 세계 교역처럼 대륙간 국가간 거리를 좁히면서 공간의 한계를 무너뜨렸고 지구 반대편의 사건을 실시간으로 전하면서 시간 한계까지 극복했다. 20세기 말에 대중화된 인터넷은 시공간 한계의 극복은 물론이고, 새로운 시공간까지 창조했다.

미디어의 진화

1991년 뉴스 전문 채널 CNN은 걸프전을 전 세계 안방에 스포츠 중계하듯 내보냄으로써 텔레비전의 위력과 편리함을 입증했다. 우리가 진정한 지구촌에 살고 있음을 각인시켰다. 2002년 미국이 이라크를 침공했을 때 살람 팍스라는 이라크 청년은 블로그를 통해 전쟁의 실상을 일기 형식으로 전 세계에 알렸다. '1인 미디어' 시대의 서막을 알리는 상징적 사건이다. 인터넷의 대중화는 이렇게 매스미디어가 독점하던 보도 기능을 개인들이 나눠 갖도록 만들어 주었다.

미디어는 메시지를 담는 그릇이다. 파피루스와 죽간에서 양피지와 종이로, 두루마리에서 제본 형태로, 역사의 진행과 더불어 메시지를 담는 그릇도 변화와 발전을 거듭했다. 미디어가 발달하기 전

나치의 선전장관 괴벨스는 각 가정에 라디오를 보급했다. 미디어를 장악함으로써 독일을 지배한 것이다.

에는 개인이 스스로 미디어 역할을 담당했다. 부족국가 시절에는 선조들의 이야기를 모두 암송해 후손들에게 전달해주는 사람이 따로 있었다. 그래서 이들이 죽는 것은 수많은 메시지를 담은 수많은 책들이 사라지는 것이었으며 한 원로의 죽음은 도서관 하나가 불타는 것과 다름없었다. 100리 길을 쉬지 않고 달려 마라톤 전투의 승리를 전한 전령은 목숨을 바쳐 미디어의 역할을 수행했다.

미디어의 역사에서 가장 중요한 계기는 구텐베르크가 인쇄기를 개발한 일이다. 구텐베르크 이전 시대에는 필경사들이 일일이 손으로 중요한 문서를 복제했지만, 인쇄술이 발명된 이후에 사람들은 더 이상 필사처럼 느리고 비효율적인 복제 방법에 의존할 이유가 없어졌다. 누구나 일정 금액만 지불하면 수백, 수천 권에 달하는 복제 문서를 간편하게 만들고 배포할 수 있게 되었다. 구텐베르크 인쇄술의 발명 후 50년 동안 생산된 책의 양은 그 이전 1,000년 동안 필경사들이 만든 양과 비슷하다. 저작권(copyright)이라는 말은 이때 생긴 것으로 '복제하는 권리'라는 뜻에서 파생된 것이다.

전보 같은 전신의 등장으로 메시지가 메시지 전달자의 속도를 추월함으로써 세상에 놀라운 충격을 주었다. 전자 미디어 시대가 열린 것이다. 만일 외계인이 존재한다면 그들이 가장 먼저 보게 될 전파 신호에는 아마도 1936년 베를린 올림픽 영상이 담겨 있을 것이다. 지구인이 우주에 쏜 첫 텔레비전 전파이기 때문이다. 베를린 올림픽은 진정한 첫 미디어 올림픽이었다. 베를린 올림픽 중계는 히틀러를 찬양하기 위해 나치의 선전장관 괴벨스가 주도하여 계획한 거대한 프로젝트이기 때문이다. 올림픽에 앞서 괴벨스가 선전장관으로서 보인 탁월한 역량을 입증하는 건 전 가정에 라디오를 보급한 일이다. 미디어를 장악함으로써 독일을 지배한 것이다. 시민들은 라디오를 통해 히틀러의 일거수일투족을 전달받았다. 매일 습관처럼 라디오를 켜고 뉴스를 들으면서 독일인들은 미디어에 중독됐고 실제 삶이 아닌 미디어에서 알려주는 삶이 진짜라고 믿게 되었다.

인터넷 혁명과 정보 분산의 힘

20세기를 주름잡은 미디어가 텔레비전이라면 20세기의 끝에 등장해 모든 미디어 판도를 뒤바꾼 존재가 인터넷이다. 앨빈 토플러는 『제3의 물결』에서 인간의 삶을 바꾼 정보화 혁명을 강조했다. 정보화 혁명은 곧 인터넷 혁명을 가리킨다. 인터넷의 가장 큰 특징이자 장점은 분산화다. 정보가 분산돼 있으므로 얼핏 산만해 보이지만 모든 정보가 한꺼번에 사라질 위험성이 적기 때문에 상대적으로 안전하다. 『조선왕조실록』은 원본 외에 전사본 몇 부가 충주, 전주, 성주 등 여러 사고에 나눠 보관돼 있었다. 그렇기에 원본이 유실된다 해도 정보는 그대로 보존할 수 있다. 이것이 정보 분산화의 장점이다. 정보화 혁명을 가져온 인터넷의 출발도 분산화 원리다.

냉전 시대, 미국은 적국인 소련의 핵 공격을 대비해 새로운 네트워크 시스템을 개발했다. 한 슈퍼컴퓨터에 여러 개의 단말기가 붙은 중앙집중식 네트워크는 중앙컴퓨터가 망가지면 시스템 전체가

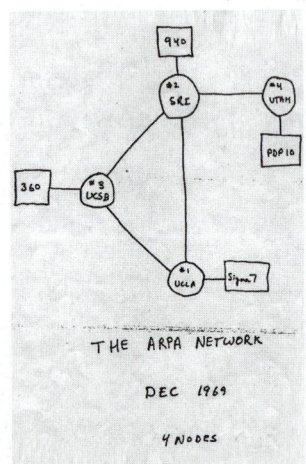

1969년도에 만들어진 컴퓨터 네트워크 아르파넷. 미국 국방성에서 군사목적으로 시작된 것으로 인터넷의 효시다. 사진은 아프라넷 스케치.

망가지는 치명적 단점을 지니고 있었다. 실록 하나가 불타 없어지더라도 다른 사고의 실록에 의해 정보가 보존되듯, 혹시 한 곳이 타격을 입더라도 전체 네트워크 시스템에는 그다지 큰 위협을 주지 않는 그런 네트워크 시스템을 구축하고자 애썼다. 그 결과물이 바로 국방성 통신시스템인 아르파넷(ARPANET)인데, 이것이 인터넷의 효시다.

그물코 하나가 끊어져도 고기를 잡는 데는 큰 지장이 없다. 다른 그물코들이 그 역할을 조금씩 나눠 부담하면 되기 때문이다. 이것이 분산화 원리다. 인터넷에서는 정보가 한 곳에 집중돼 있지 않으므로 일부 정보가 소실돼도 전체로 보면 정보의 양과 질은 별로 줄거나 낮아지지 않는다. 매스 미디어라고 불리는 대형 정보 공급자들이 독점했던 역할을 소규모 단체나 개인이 나눠 갖게 된 것은 인터넷의 분산화 경향을 잘 보여준다. 블로그를 흔히 개인 미디어라고 부르는 것도 이 때문이다. 매스 미디어의 시대는 여전히 지속되고 있지만 그에 못지않게 개인이 미디어의 주체로 다시 등장하게 된 것은 전적으로 인터넷의 힘 덕분이다. 작가 데이비드 와인버거는 "인터넷은 태생적으로 불완전하지만 그 불완전함 속에 완전함을 잉태했다"고 말했는데, 이는 네트워크를 통한 정보 공유의 무한한 가능성에 대한 매우 적절한 요약이라고 할 수 있다.

정보화 사회의 그늘

인터넷 정보 혁명은 밝은 면뿐 아니라 정보화 사회의 어두운 그늘도 드리웠다. 우선 감시 시스템이 일반화된 일을 들 수 있다. 공리주의 창시자 제레미 벤담은 자신이 고안한 중앙 일괄통제형 감시체제인 파놉티콘(Panopticon: 한눈에 본다는 뜻)을 감옥, 병원, 학교, 공장, 회사에 두루 적용하여

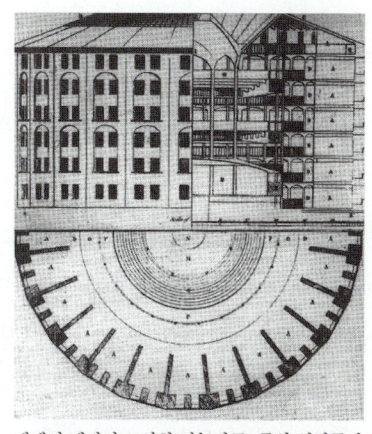

제레미 벤담이 고안한 파놉티콘. 중앙 일괄통제형 감시 시스템으로 벤담은 감옥, 병원, 학교, 공장, 회사에 파놉티콘을 적용하여 사회의 효율성을 높여야 한다고 주장했다.

사회 효율성을 높여야 한다고 주장했다. 이 원형 건축물은 중앙의 한 점에서 각 수용실을 보는 형태로 된 벌집과 같다. 중앙에 탑을 세워 감독관들은 수감자에게 잘 보이지 않으면서 수용실 전체를 구석구석 감시한다. 감독관이 자리에 없더라도, 이를 확인할 수 없는 수감자들은 감독관이 있다고 여겨 실제 자리에 있는 것 같은 효과를 낸다. 자신을 드러내지 않는 감독관은 유령처럼 군림하며, 필요할 때는 곧바로 자신의 존재를 드러낸다.

이 계획의 장점 중 하나는 수감자뿐 아니라 하위 감독관들을 수감자들만큼 감시할 수 있다는 것이다. 하위 감독관과 수감자간의 과오가 예방되며 처벌도 줄어든다. 탈출이나 폭동이 불가능하다는 걸 알면 수감자들은 자신의 처지에 순응하고 이 강요된 굴복은 점차 기계적인 복종으로 연결된다. 고속도로에서 무인속도측정기를 보고 자발적으로 자동차 속도를 줄이거나, 범법 행위를 촬영하여 자발적으로 신고하는 시민들이 늘어나는 것 등이 바로 파놉티콘이 노

린 효과다. 벤담이 제안한 파놉티콘은 정보화 혁명과 더불어 실현되고 있다. 폐쇄회로 텔레비전(CC TV)은 갈수록 증가하고 있으며, 전자태그(RFID: 위치 정보를 알려주는 전자 꼬리표)와 같은 추적기술 역시 꾸준히 보급되고 있다. 이런 미디어가 사람을 통제하고 감시하는 수단으로 활용될 여지는 충분하다. 경제협력개발기구(OECD)는 인터넷이 대중화되기 전인 1980년에 이미 정보 수집에 관한 가이드라인을 제정하여 회원국들에게 관련 법률 제정을 권고했다.

(1) 개인정보 수집은 원칙적으로 제한돼야 한다.
(2) 수집하는 개인정보는 정확해야 한다.
(3) 개인정보 활용에 관한 명확한 목적이 있어야 한다.
(4) 개인정보가 다른 목적으로 제공되어서는 안 된다.
(5) 개인정보는 적절한 안전장치로 보호돼야 한다.
(6) 개인정보 처리 과정은 일반에게 공개돼야 한다.
(7) 정보 주체에게는 자신의 정보 소재를 확인하고, 파기·정정할 권리가 있다.

개인정보는 개인의 것이다. 중세의 질곡에서 벗어나 근대의 시작을 알린 건 자유롭고 평등한 개인, 즉 '주체'의 등장이었다. 우리는 텔레비전과 인터넷이라는 강력한 미디어 앞에 주체를 회복할 수 있는가? 그것이 미디어 중독에 빠진 현대인이 풀어야 할 가장 중요한 과제다.

"책이 너무 많아 엄청난 혼란 가운데 있다!
사방이 출판의 바다로 가득 차 있고

바다의 대부분은 거품으로 덮여 있다."

이 구절은 17세기의 에스파냐 극작가 로페 데 베가가 쓴 것으로 구텐베르크 시대의 전성기를 엿볼 수 있게 한다. 그렇지만 그 후 미디어 혁명이 일어날 때마다 우리는 저 '책'이 들어갈 자리를 신문이나 라디오나 텔레비전이나 인터넷이라는 말로 대체하며 정보량 증가를 경탄하면서도 그에 따른 폐해를 우려했다. 미디어는 단순한 정보 유통수단이 아니라 미디어 사용자의 사고를 지배하고 형성한다. 텔레비전과 인터넷이 현대인에게 끼친 중대한 악영향은 텍스트 읽기 능력을 심각하게 떨어뜨렸다는 점이다. '훑어보는' 것에 길들여진 현대인은 깊이 있게 '읽는' 능력을 상당 부분 상실했다. 이것이 전자 미디어에 둘러싸인 현대인이 풀어야 할 그 다음 과제 가운데 하나다.

사회주의의 몰락

정치·경제 양면에서 자본주의에 완패한 현실 사회주의

중국 중앙방송(CCTV)에서 제작한 다큐멘터리 〈대국굴기〉에는 프랑스 역사학자가 루이 14세의 몰락에 관해 설명하는 대목이 나온다. "어떤 사람이 감기에 걸렸는데 죽었다면, 그 사람은 오래 전부터 중병을 앓아왔다고 봐야 합니다." 일순간 진행된 것처럼 보이는 사회주의체제의 붕괴도 그렇게 서서히 진행된 중병의 결과였다.

동유럽에 드리워진 철의 장막

소련을 중심으로 한 현실 사회주의는 서방 자본주의와의 경쟁에서 패배했다. 그 과정은 대략 두 가지 측면에서 분석할 수 있다. 하나는 정치 시스템의 관점에서 다른 하나는 경제 시스템의 관점에서다. 스탈린은 자본주의 세계의 확장 모델인 '제국' 시스템을 도입해 사회주의 제국을 건설하고자 했다. 이것이 자본주의와 경쟁에서 앞서지 못한 원인이었으며 스탈린의 정치적 착오였다. 국가를 초월해 노동 해방을 기치로 내거는 사회주의의 이념과 달리 스탈린은 폐쇄적 국가 중심체제를 고수했으며 차르처럼 독재권력을 키웠다. 레닌이 소련 내 소수민족의 자치를 존중한 반면 스탈린은 소수민족을 강력하게 통제했다. 단결 대신 반대파를 향한 무자비한 숙청을 선택했다. 스탈린의 악명을 더욱 드높인 것은 언론 통제와 미디어 조작이다. 특히 국가정책을 선전하거나 스탈린 자신을 신격화하기 위해 무수히 많은 사진을 조작했다.

스탈린은 독일을 몰아내고 동유럽 국가들을 소련의 위성국으로 만들었다. 이때부터 이미 동유럽은 병리 상태로 들어선 셈이다. 폴란드, 헝가리, 루마니아, 불가리아, 유고슬라비아, 알바니아에 공산당 일당 독재가 이루어졌다. 뒤이어 체코슬로바키아도 사회주의 혁명 대열에 합류했다. 영국의 처칠은 1946년 미국 풀턴에서 동유럽의 상황에 대해 우려를 표했다.

스탈린에게 길 안내하던 사람의 모습이 지워졌다(위). 길을 제시하는 것은 지도자의 몫이기 때문이다. 한때 스탈린의 공포정치를 도왔던 예조프(가운데 사진 오른쪽)는 1939년 숙청 대상이 되었고 1940년 이후 사진에서도 사라졌다.

"발트해에서 아드리아해에 이르기까지 대륙을 횡단하여 '철의 장막'이 드리워져 있다."

스탈린 사후 후르시초프가 동유럽 국가들에게 평화공존정책을 제시하며 잠시 감돌았던 화해 무드는 결국 위성국들의 반소운동과 소련군의 강제 진압으로 끝나 버렸다. 1956년 폴란드와 헝가리에서 일어난 폭동, 그리고 1968년 '프라하의 봄'은 소련이라는 지배계급의 폭정에서 벗어나려는 피지배 계급의 해방 투쟁, 즉 진정한 공산혁명의 성격을 띤다고 할 수 있다.

1968년 1월부터 체코슬로바키아에서는 사상과 표현의 자유를 주장하는 민주화운동이 일어나기 시작했다. 이는 후르시초프와 달리 강경정책을 추진하던 소련의 브레즈네프를 자극했다. 8월 20일 프

1968년 대포와 탱크를 앞세운 소련군과 목숨 걸고 시위하는 프라하 시민들로 가득 찬 바플라프 광장.

라하 공항에 소련 여객기 한 대가 착륙했다. 그런데 뒤이어 군용기가 공항에 내렸다. 소련군은 공항을 무력으로 장악했고 소련군은 체코슬로바키아를 점령했다. 프라하의 봄이라 불리던 자유 항쟁은 이렇게 반년 만에 소련 군대에게 짓밟혔다. 노동자들은 총파업으로 소련에 저항했고, 시민들은 도시의 모든 표지판과 간판을 떼버림으로써 프라하를 유령도시처럼 만들었다.

서베를린으로 망명하려는 동독인들이 늘어나자 총 연장 45킬로미터에 달하는 거대한 콘트크리트 장벽이 1961년에 세워졌다. 그러나 자유를 향한 인간의 욕망이 어찌 콘크리트 벽으로 차단될 수 있을까. 1989년 11월, 통일의 전주곡을 울리듯 이 장벽은 무너졌는데 장벽을 허무는 데 가장 크게 기여한 것은 바로 장벽을 마음대로 넘나들며 서방의 이야기를 동독인들에게 생생하게 전하던 방송 전파였다. 1983년 노벨평화상 수상자이자 폴란드의 초대 직선 대통령을 역임한 레호 바웬사는 "위성방송이 동유럽을 해방시켰다"고 말했다. 역사는 우연과 필연이 마구 뒤섞인 것처럼 보이지만 우리가 우연이라고 부르는 사건들은 대개 필연적 징후들 속에서 발생하곤 한다. 영국 역사학자 윌리엄 액튼은 말했다.

"권력은 부패하기 마련이며 절대권력은 절대적으로 부패한다."

간은 95퍼센트가 손상될 때까지 아무런 이상 징후를 보이지 않는다고 한다. 그러다가 이상 징후를 보이면 이미 손쓸 수 있는 단계를 지난 것이므로 환자는 대개 사망한다. 절대권력처럼 보이던 소련과 동유럽의 독재자들이 그러했다. 이들이 사회주의 국가들의 주춧돌을 깨뜨린 것이다.

자본주의에 완패한 사회주의

소련이 주축이 된 동구권 사회주의 국가들은 경제적인 측면에서도 서구 자본주의 국가들과 경쟁에서 완패했다. 자본주의와 다른 독자적인 경제 모델을 제시하는 데도, 사회 전체의 부를 합리적으로 재분배하는 데도 실패했다. 나아가 노동 현장의 인간 소외를 극복하는 데도 실패했다. 현실 사회주의 말기에 이르면 그들 스스로 자본주의의 병폐라고 공격하던 농촌의 몰락과 도시집중화 현상이 사회주의 국가 곳곳에서 벌어지기도 했다.

애초 마르크스를 비롯해 공산주의 이론가들이 주장한 '사적 소유 철폐'는 부르주아적인 탐욕을 금지한다는 것이지 모든 개인의 부를 국가가 몰수하여 획일적으로 분배한다는 뜻은 아니었다. 그러나 현실 사회주의자들은 공적 소유라는 명분 아래 생산수단을 국가라는 그릇에 모조리 쓸어 담았다. 그리고 그 생산수단에서 생산되는 재화와 가치에 대한 사용권마저 사실상 공산당의 고위 관료들이 독점하고 전횡했다. 생산수단과 노동력을 독점한 공산당-국가권력은 시간이 가면서 독재권력으로, 특권 계급으로 변질됐다. 당-국가권력은 사실상의 지배 계급으로 군림하면서 개인을 억누르고 개인의 기본권을 위협했다. 소련을 비롯해 주요 현실 사회주의 국가는 독제체제를 강제적으로 유지하기 위해 비밀경찰, 정치범 수용소 등 반인권적 방식을 적극 활용했다.

경제 시스템을 중앙에서 완전히 통제하는 사회주의 계획경제는

독재자 스탈린이 죽자 1956년 10월 23일 헝가리 수도 부다페스트에서 대규모 반소 시위가 일어났다(위).
1989년 11월 9일 냉전의 상징이었던 베를린 장벽이 무너졌다. 사회주의 국가들의 몰락은 1991년 12월 소비에트 연방이 해체됨과 더불어 마침표를 찍었다.

점차 비효율을 드러내기 시작했다. 사회주의 계획경제는 초기 산업화와 전쟁 수행이라는 비상 상황에서는 일정 정도 괄목할 만한 성과를 거두기도 했다. 그러나 이 시스템이 고착화된 1980년대 무렵에 이르면 상황은 심각한 지경으로 내몰렸다. 중앙정부의 할당량이라는 강제적인 목표치를 채우기 위해 무지막지한 비정상과 비효율이 판을 쳤다. 소련 말기에 유행하던 한 풍자는 이렇게 계획경제를 비꼬고 있었다.

"한 공장은 노끈을 만들고, 다른 한 공장은 부대자루를 만든다. 중앙으로부터 할당목표를 받은 두 공장은 서로 짠다. 노끈 공장은 노끈을 만들어 옆의 부대자루 공장으로 넘긴다. 부대자루 공장은 그 노끈으로 부대자루를 만든 뒤 그것을 노끈 공장으로 되넘긴다. 그러면 노끈 공장은 그 부대자루를 풀어서 다시 원래의 노끈으로 만든다. 결국 두 공장은 모두 할당목표를 채우는 데 성공한다. 겉으로는 모두 목표를 달성했지만, 실제로 사회 전체적으로는 부가가치가 전혀 생산되지 못했다."

장기간 미국과 장중거리 핵미사일 등 무기생산 경쟁에서 엄청난 경제적 출혈을 감내해오던 소련은 1980년대 후반 국제 석유가격이 급락하면서 경제적으로 치명타를 맞았다. 고유가 시기에는 비효율적인 소비에트 경제체제를 불어난 원유 수출대금으로 운용할 수 있

소련, 동유럽 사회주의체제 붕괴 과정

1985년	3월	고르바초프, 소련 공산당 서기장 취임 → 페레스트로이카(개혁) 실시
1989년	6월	중국 톈안먼 사건 → 동유럽 민중 각성 폴란드 민주적 선거 실현 → 폴란드 통일노동자당 해체 → 폴란드 일당제(폴란드 인민 공화국) 붕괴
	8월	헝가리 공산당 정권 해체
	10월	헝가리 인민 공화국 붕괴 → 다당제를 기반으로 한 헝가리 제3공화국 성립
	11월	베를린 장벽 붕괴
	12월	벨벳 혁명으로 체코슬로바키아 공산당 정부 붕괴 루마니아 혁명으로 독재자 차우셰스쿠 처형 → 루마니아 인민 공화국 붕괴 몰타 회담 → 냉전 종결 선언
1990년	3월	'발트 3국' 소비에트 연방 탈퇴 선언
	10월	동독과 서독 통일
	11월	바웬사, 폴란드 대통령에 취임. 자유주의 경제 정책 추진
1991년	4월	바르샤바 조약기구와 경제상호원조회의 폐지
	6월	슬로베니아와 크로아티아, 유고슬라비아 연방에서 독립 선언
	12월	소비에트 연방 붕괴

었지만, 그 수입이 반의반 토막 나면서 도저히 버틸 수가 없게 됐다. 이와 함께 개인의 직업, 거주 등의 기본권을 허용하지 않아 창의성과 자율성도 사라졌다. 애초 공산주의가 극복하고자 한 노동자의 '인간 소외'도 공염불이 되고 만 것이다. 결국 소비에트 경제는 파탄 나고, 소비에트 연방은 해체될 수밖에 없었다.

체제는 무너져도 이상은 살아남은 사회주의

사회주의 혁명에 이론상 토대를 제공한 철학자 카를 마르크스는 공산주의(사회주의의 경제적 측면) 완성을 위한 과정으로 이런 조건을 제시했다.

(1) 토지 소유를 몰수하고 지대를 국가에 귀속
(2) 고율의 누진세
(3) 상속권의 폐지
(4) 모든 망명자들과 반역자들의 재산 압류
(5) 국립 은행을 세워 신용 집중
(6) 운송 시스템을 국가가 관리
(7) 국영 농장과 생산도구들을 증대, 공동 계획에 따른 토지의 개간과 개량
(8) 모두에게 동등한 노동 강제, 산업 군대, 특히 농경을 위한 산업 군대 설립
(9) 농업 경영과 공업 경영의 결합, 도시와 농촌의 차이를 점차 제거
(10) 모든 아동의 무상 교육, 아동 노동 폐지, 교육과 물질적 생산의 결합

이 가운데 몇 가지는 21세기를 맞은 지구상의 선진 자본주의 국가들에서 부분적으로 채택하는 정책이다. 마이클 무어 감독이 미국의 의료보험제도를 비판하고자 만든 다큐멘터리 〈식코(Sicko)〉에는 엄청난 의료비 때문에 미국의 환자들이 사회주의 국가 쿠바로 찾아가는 장면이 나온다. 이들이 외국인임에도 쿠바 병원은 모든 의료서비스를 무상으로 제공했다. 핀란드, 스웨덴은 자본주의 국가이지만 이들이 채택한 복지정책 모델은 자본주의체제보다는 사회주의 체제에 훨씬 가깝다. 덴마크에서 가장 발달한 '협동조합'은 특정 소

유주가 없는 경제 공동체로서, 세계화-대자본화를 지향하는 자본주의식 사업 모델을 대체하는 훌륭한 대안으로 떠오르고 있다.

소련과 동유럽의 개방화정책을 추진했던 고르바초프에게 한 출판사에서 '페레스트로이카(개혁정책)'가 뭐냐고 묻자 그는 이렇게 답했다.

"사회주의 국가는 사회보장제도가 뛰어나다. 그러나 이 제도를 악용하는 인간도 있다. 권리만 주장하고 의무는 다 하지 않은 채 일하지 않고 술만 마신다. 자발적으로 일할 수 있도록 창의성과 아이디어를 받아들이고, 일하면 일한 만큼 보수를 많이 주는 방안이 페레스트로이카이다."

고르바초프는 사회주의의 훌륭한 이념에 자본주의의 효율성을 접목하고자 했다. 그러나 이미 늦었다.

인류 역사는 자유와 평등을 둘러싼 투쟁의 역사다. 이 둘을 어떻게 조화시킬 것인가 하는 문제는 자유민주주의 국가에서도, 사회주의 국가에서도 똑같이 했던 고민이다. 1989년 고르바초프가 소련 병력을 아프가니스탄에서 철수하고 나서, 동유럽 국가들이 개방정책을 취할 수 있게끔 허용하자 사회주의체제는 갑자기 무너져 내렸다. 사회주의 국가들은 거의 다 무너졌지만 그렇다고 사회주의의 이상까지 소멸한 건 아니다.

히스토리 브리핑

축구로 본 현대사

축구는 산업혁명기의 절정기인 19세기 말 영국에서 탄생했다. 산업혁명을 이끌었던 도시들은 초창기 축구팀의 연고지와 일치한다. 뉴캐슬은 석탄 광산으로 유명하고, 리버풀은 철도 요충지이며, 석탄 산지와 가까운 맨체스터는 철도, 항만의 요충지이자, 방직 산업의 전통적 중심지다. 맨체스터 유나이티드, 뉴캐슬 유나이티드처럼 '유나이티드'가 붙은 축구팀은 대개 노동조합에서 유래했다.

맨체스터와 리버풀의 경기가 벌어지는 날에는 두 도시가 들썩인다. 이 라이벌전이 왜 그렇게 유명할까? 1814년이 조지 스티븐슨이 증기기관차를 고안하고 나서 1830년에 영국에 최초로 철도망이 개통됐다. 이는 산업혁명의 상징이다. 철도망 개설을 통한 운송 혁신은 자본주의 발전을 촉진했는데 그 첫 철도망이 바로 맨체스터-리버풀 구간이다. 축구는 산업도시뿐 아니라 여러 지역으로 확산됐다. 토튼햄, 웨스트햄, 울버햄튼, 사우스햄튼처럼 '햄'(중세영어로 마을을 뜻함)이나 '햄튼'이 붙은 축구팀은 마을 단위의 조기축구회에서 유래했다.

정치 지배자는 축구에 대한 대중의 열광을 때로 권력 유지 수단으로 이용하기도 한다. 아르헨티나의 프로리그(프리메라 디비시온, 1929년)가 출범한 것도, 이탈리아 프로리그(세리에A, 1930년)가 출범한 것도 정치에 대한 대중의 관심을 돌리기 위한 지배 계급의 목적 때문이었다. 이탈리아의 무솔리니는 대중 선동의 대가답게 프로축구 리그를 민중의 스트레스 해소 창구로 잘 활용했다. 1938년 제2회 월드컵에 출전하는 대표팀에게 무솔리니는 이런 말을 했다고 한다.

"우승 못하면 처형이다."

이탈리아 대표선수들은 살아남았다. '아름다운 축구가 따로 있는 게 아니라 이기는 축구가 아름답다'는 철학을 고수하는 이탈리아 축구 스타일은 어쩌면 파시스트 독재자가 불어넣은 서글픈 조작물이 아닐까?

스페인 프로리그(프리메라 리가, 1928년)에서 최대 라이벌은 1899년 창단되어 시민구단으로 성장한 FC바르셀로나와 1902년 잉글랜드 유학생들이 창단하여 1960년대 이후 금융자본을 끌어들인 레알 마드리드다. '레알(Real, Royal)'은 왕실, 즉 국가에서 내리는 칭호로 독재자 프랑코는 레알 마드리드를 적극 지원했다. 프랑코 독재기간(1937년~1975년) 중에 카탈루냐어를 마음껏 쓸 수 있는 곳은 FC바르셀로나의 홈 경기장 '캄프 누'뿐이었다. 바르셀로나는 스페인 정부로부터 독립을 추진하는 카탈루냐 자치 정부의 수도다. '엘 클라시코'라고 불리는 이 라이벌 경기는 '노동자 대 자본가' '민족자치 대 국가통합'의 대리전 양상을 띤다.

1954년 스위스 월드컵에서 서독 대표팀이 3년간 40연승을 달리던 헝가리를 결승에서 물리치고 우승을 이뤄내자 독일 국민은 열광했다. '베른의 기적'이라 불리는 이 승리는 히틀러가 남긴 패전의 상처에 신음하던 독일 사람들에게 용기를 주었고, 암담한 상황을 타개하고 국가를 재건하는 데 원동력이 됐다고 한다. 2002년 한일 월드컵에 출전한 아르헨티나 대표팀은 경비 일체를 선수들이 직접 부담했다. 2001년 말 아르헨티나가 국가부도 위기에 처했기 때문이다. 주장 바티스투타 선수는 조별 리그에서 탈락이 결정되자 그라운드에서 펑펑 울었다. 실의에 빠진 국민에게 승리를 통해 용기를 주겠노라고 한 약속을 지키지 못했기 때문이다.

3장
세계의 오늘과 내일

기독교와 이슬람 세계의 대립: 이데올로기 대립을 대체한 종교 갈등과 문명 대립
신자유주의: 세계의 부 80퍼센트를 차지한 1퍼센트 인류
20세기의 Her + story: 여전히 멀기만 한 양성 평등
70억의 'I' Story: 세계에는 70억 개의 세상이 존재한다
우리가 나아갈 길: 세계사 속의 한국 모델
세계의 내일: 인류의 미래에 닥칠 7가지 도전

기독교와 이슬람 세계의 대립

이데올로기 대립을 대체한 종교 갈등과 문명 대립

20세기 후반의 역사를 규정하는 키워드 가운데 하나는 '이데올로기의 대립'이다. 사회주의권이 붕괴하고 자본주의 세계가 승리하면서 이데올로기의 대립은 역사의 전면에서 후퇴했다. 그 빈자리를 채운 것은 새로운 가치관의 충돌이 아니라 케케묵은 종교적 대립이었다.

유대인 국가

기독교 원리주의자인 새뮤얼 헌팅턴은 『문명의 충돌』에서 서구 기독교 세계에 대한 이슬람 문명의 위협을 현대의 위기로 진단했다. 두 문명이 가장 격렬하게 충돌한 상징적 사건은 9·11사태이며, 20세기 이래로 현재까지 두 세력의 끊임없는 긴장과 갈등이 일어나는 곳이 팔레스타인이다. 풀기 힘든 국제문제 가운데 하나인 이스라엘-팔레스타인 문제는 유대교와 이슬람교의 대립을 넘어 범 기독교 세력과 범 이슬람 세계의 충돌 양상으로 발전했다.

영국은 1830년대에 처음으로 유대인 국가의 창건을 지지했다. 프랑스를 견제하며 중동과 인도로 통하는 주요 교역로를 확보하려는 자국의 이해와 맞아떨어진 것이다. 1868년 영국 최초로 유대인 출신인 벤자민 디즈데일리가 수상이 되면서 이 계획은 조금 더 구체화되었다. 1876년 조지 엘리어트가 쓴 소설 『다니엘 데론다』는 팔레스타인으로 돌아가는 유대인 출신 영국 귀족의 이야기로 폭넓은 대중적 인기를 누렸다. 현재 이스라엘의 주요 도시에는 조지 엘리어트의 이름을 딴 거리가 있다.

로마 제국의 박해로 인해 팔레스타인 땅을 떠난 이래 세계 여러 지역으로 뿔뿔이 흩어져 살고 있는 유대인 이산민들(디아스포라)에게 민족국가 건설의 야망을 지핀 결정적 계기는 1896년 유대인 저널리스트 테오도어 헤르츨이 『유대인 국가』를 펴낸 일이었다. 오스트리아 언론사의 파리 통신원으로 일하던 헤르츨은 1894년 드레퓌스 사건을 취재하게 되면서 전 유럽에 뿌리깊이 박혀 있는 반유대주의 정서를 알고 경악한다. 유대교에 대해 관심도 없던 헤르츨은 이 사건 이후 급변했다. 『유대인 국가』에서 헤르츨은 국제적인 반유대주의에 대항하는 일은 무의미한 것이며, 핍박에서 벗어날 수 있는 유일한 길은 유대인들이 단결하여 2,000년 유랑 생활을 청산하고 정착국가를 재건하는 일이라고 역설했다. 출간의 반향에 힘입어 헤르츨은 이듬해 세계 시온주의자 기구를 창설했다.

헤르츨이 애초 꿈꾼 유대인 독립국가는 '중동의 스위스' 같은 나라로 평등하고, 다인종·다문화적이며, 종교의 다양성을 허용하는 중립국가였다. 국가건설 지역 또한 팔레스타인만을 고집하지 않고 아르헨티나 아프리카 등 여러 곳을 물색했다. 그러나 시온주의 기구에서 최종 결정된 사항은 팔레스타인 지역에 기반을 둔 배타적 유대국가 건설이었다. 제1차 세계대전이 진행되면서 방대한 오스만 제국은 몰락하고 있었으며 영국은 팔레스타인 진출을 향한 끝없는 집착을 보여주었다. 시온주의자들의 결정에는 이러한 배경이 있다. 서구 유럽의 금융권을 지배했던 유대인의 자금력은 이 막연한 꿈을 실현가능한 구체적 계획으로 바꾸어놓았다. 유대인 자본가들은 1914년까지 10만 에이커(약 400제곱킬로미터, 축구장 4만 개에 해당)에 달하는 팔레스타인 땅을 사들였다.

유대인 자본을 적극 끌어들이고자 한 영국 정부는 1917년 11월 2일 외부장관 아서 밸푸어의 명의로 유대 공동체의 저명인사인 로스차일드 경에게 보내는 편지 형식의 글을《런던타임스》에 게재함으로써 유대국가 건설을 국가 차원에서 공식 지지했다.

밸푸어 선언 후 미국의 유대인들이 기념 퍼레이드를 벌이고 있다. 1917년 영국 외무장관 밸푸어는 유대인들이 팔레스타인에 민족국가를 세우는 것을 지지했다. 밸푸어 선언 이후 전 세계에 흩어져 살던 유대인들이 팔레스타인 지역으로 이주하기 시작했다.

> "국왕의 정부는 유대인을 위한 국가를 팔레스타인에 건설하는 일에 호의적이고 그 목적을 성취하는 데 필요한 최선의 노력을 다할 것입니다." (밸푸어 선언문)

이스라엘을 대영제국의 총독 국가로 내세울 속셈이었던 것이다.

밸푸어 선언 이후 전 세계에 흩어져 살던 유대인들이 팔레스타인 지역으로 이주하기 시작했다. 나치의 박해가 절정에 달했을 때 이곳으로 이주한 유대인은 40만 명에 달했다. 그러나 영국은 이후 아랍 국가들을 회유하며 유대인들을 견제하는 이중정책을 펼쳤고 영국의 미온적 태도에 불만을 품은 시온주의자들은 1930년대 말부터 미국과 새로운 동맹관계를 수립하기 시작했다. 미국인들은 금융자본을 독식하는 유대인들에게 애초 별로 호의적인 태도를 취하지 않았다. 제2차 세계대전 전까지만 해도 반유대 정서가 일반적이었

유대인들이 대량 유입되면서 팔레스타인 사람들은 외곽인 사막 지역으로 밀려났다. 정착민과 이주민 사이의 갈등은 위기로 발전했다.

다. 그러나 홀로코스트 이후 유대인들에 대한 연민의 정서가 퍼지기 시작했다. 미국인들은 자신들의 조상이 겪은 수난과 유대인들의 고통을 같은 것으로 바라보기 시작했다. 이스라엘을 지원하는 것은 또한 미국의 경제적 이익에도 나쁠 것이 없었다. 여론은 이스라엘 지원 쪽으로 기울었다. 이스라엘은 20세기 중반까지는 중동 지역을 관할하려는 영국의 전초기지였으나 그 이후에는 미국의 첨병 역할을 맡게 된 것이다. 유대교 국가가 성공회와 기독교를 대표하는 두 국가를 대신해 이슬람의 중심부에 파고들어 그 토대를 세운 것이다.

중동 전쟁, 그리고 팔레스타인 갈등

역사학자 월터 라래커의 말처럼, 세계 지도에 더 이상 빈 공간이 없을 때 국제무대에 등장했다는 것이 시오니즘의 비극이었다. 또한 팔레스타인의 비극이기도 했다. 당시 팔레스타인 지역에 살고 있는 아랍인들에게 유대인들의 대량 유입은 달가운 일이 될 수 없었다. 팔레스타인 사람들은 계속 외곽인 사막 지역으로 밀려났다. 정착민과 이주민 사이의 갈등은 터지기 직전의 폭탄처럼 위태로워졌다.

이스라엘 독립과 팔레스타인 자치정부 설립 과정

1917년	밸푸어 선언 (팔레스타인에 유대민족국가 건설을 보장한다고 약속)
1922년	UN결의에 따라 영국이 팔레스타인 지역에 대한 위임 통치권 부여받음. 유대인 이민과 팔레스타인 지역 정착 허용
1947년	UN의 팔레스타인에 각각 아랍과 유대인의 개별 국가를 건설하고 예루살렘을 UN에서 분리 권고 → 유대인측의 수락/팔레스타인측 거부로 인한 분열의 시작
1948년	이스라엘 국가 건립 (5월 14일) 제1차 중동 전쟁 (이스라엘 독립전쟁). 이집트·요르단·시리아·레바논·이라크에 의한 이스라엘 공격 이스라엘은 팔레스타인 영토의 70% 확보 팔레스타인의 주변 국가로 난민 생활 시작 독립국 이스라엘, 요르단강 서안 지구 (요르단 점령), 가자 지구 (이집트 점령)의 3개 지역으로 분할
1956년	제2차 중동 전쟁. 이스라엘의 시나이 반도 확보 수에즈 위기, 삼국 침략
1964년	팔레스타인해방기구(PLO)와 팔레스타인해방군(PLA)의 결성. 무장 투쟁 선언
1967년	제3차 중동 전쟁 (6일 전쟁). 이집트의 시나이 반도와 가자 지구, 시리아의 골란고원, 요르단의 서안 지구 확보. 동예루살렘 합병
1973년	제4차 중동 전쟁 (라마단 전쟁, 욤 키푸르 전쟁) → 제1차 오일쇼크 → PLO 해방운동의 급진전과 요르단 서안 지구에 대한 PLO의 주권인정
1975년	UN결의: 팔레스타인의 자결권과 PLO의 준국가(準國家) 인정
1993년	오슬로 평화협정: 이스라엘과 PLO 잠정자치안 협정에 서명

1947년 11월 29일, 유엔 총회는 팔레스타인 지역의 갈등을 풀기 위해 영토의 56퍼센트를 유대인에게, 44퍼센트를 아랍인에게 각기 분할 양도하고, 예루살렘을 국제도시로 만들어 유엔의 관리 아래에 두기로 결정했다. 아랍인들은 유대인 독립국가 건설을 받아들이지 않았고 곧 이어 제1차 중동 전쟁이 일어났다. 이스라엘의 승리로 끝난 이 전쟁에서 이스라엘은 오히려 유엔의 결정보다 더 넓은 영토를 점유하게 되었다. 200만 명에 달하는 유대인들이 이스라엘로 왔

제2차 중동 전쟁 중 시나이 반도에 참호를 파고 대기중인 이스라엘 군인들과 '수에즈 운하를 지킨다'는 명분으로 수에즈 운하에 침공한 프랑스군 공수부대.

고, 이스라엘 정부는 80만 명에 달하는 팔레스타인 사람들을 추방했다.

'수에즈 위기'라고 불리는 제2차 중동 전쟁은 이집트가 수에즈 운하의 국유화를 선언하면서 촉발되었는데, 운하 통제권을 다시 빼앗으려는 영국, 프랑스, 이스라엘 연합군의 연합 작전은 소련을 의식한 미국의 철수로 인해 일단락되었다. 이집트 통치자 나세르는 중동의 영웅이 되었다. 1967년 6월 15일 이스라엘은 사전 경고도 없이 이집트, 요르단, 시리아 영토를 공격(제3차 중동 전쟁)했다. 각기 이해관계가 달랐던 아랍권은 구심점을 찾지 못하고 힘없이 6일 만에 패배했다. 6일 전쟁은 향후 중동에 영원한 재앙을 불러온다. 이스라엘에 대한 계속되는 테러와 이스라엘군의 무자비한 진압이 연례행사처럼 되풀이되었다. 팔레스타인해방기구(PLO)는 야세르 아라파트의 주도 아래 조직을 재정비하고 대 이스라엘 전쟁을 선언했다. 역사학자 다카하시 미치히로는 "서구 열강의 시오니즘 지원은 서구가 해결하지 못하는 유대인 문제를 아랍에 떠넘긴 것"이라 지적한다. 오일쇼크라 알려진 사태는 이스라엘을 필두로 자신들을 연패로 몰아넣은 서구 세력에 맞서는 중동 국가들의 반격이었다.

21세기 십자군 전쟁

이스라엘과 중동 국가들의 분쟁은 기독교 세계와 이슬람 세계의 대리전 양상을 띤다. 이스라엘의 뒤에는 서구 기독교 세계의 수호자임을 자처하는 미국의 군사적 지원이 있다. 미

2001년의 9·11사태 이후 이슬람교와 기독교는 점점 배타적으로 변하고 있으며 근본주의자들의 영향력은 점점 더 강해지고 있다.

국은 사우디아라비아, 쿠웨이트 같은 국가들을 포섭하여 중동 지역의 친미 세력을 확장했다. 1990년 사담 후세인이 통치하던 이라크가 옛 영토를 되찾겠다며 쿠웨이트를 침략하자 미국, 영국, 프랑스 등이 주도한 유엔 다국적군이 쿠웨이트를 지원하며 이듬해 전쟁(걸프전)이 일어났다. 2003년 미국은 에너지원(석유) 확보와 경제 활성화란 실질적 이익을 얻기 위해 또 다시 이라크를 침공했다. 중동 지역에 석유가 없었다면 기독교 세계의 수호자임을 자처하는 미국의 도발적인 군사 조치도 일어나지 않았을 것이다. 1991년 걸프전 때와 달리 2003년의 공격은 서구의 폭넓은 지지를 얻는 데 실패했다. 9.11사태로 인해 팽창한 미국인들의 분노를 해소하는 보복 공격의 성격이 짙었기 때문이다. 그해 가을 미 행정부가 이라크 전후 복구 예산으로 870억 달러를 의회에 신청하자 이라크 침공에 반대하던 야당 의원들도 대부분 찬성표를 던졌다. 전후 복구 사업의 수익성 때문이다.

유대교와 기독교, 그리고 이슬람교는 같은 뿌리, 같은 성지를 공유하면서도 믿음의 방식은 각기 다르다. 그것이 갈등의 원인이다. 기독교는 유대인의 선민사상을 거부하며, 이슬람교는 예수를 메시

아로 보지 않는다. 그들에게 예수는 여러 선지자 중 하나일 따름이지 신은 아니다. 유대교의 성전 『토라』, 기독교의 『성경』, 이슬람교의 『쿠란』에는 하나같이 관용과 배려를 강조하는 문구들이 있지만 현실은 그렇지 않다. 중동 전쟁을 치르며 발생한 난민은 모두 320만에 이르며 이들은 요르단강 서안과 가자 지구의 임시 캠프에서 근근이 생존하고 있다. 유대인들에게 밀려 자기가 살던 땅에서 내몰린 아랍인을 토대로 자라난 과격 이슬람교도의 폭탄 테러는 유대인이 다시 팔레스타인에 들어온 이래 오늘날까지 끊임없이 벌어지고 있다. 국경도, 장소도, 사람도 가리지 않는다. 이슬람교와 기독교는 점점 배타적으로 변하고 있으며 근본주의자들의 영향력은 점점 더 강해지고 있다. 팔레스타인해방기구 의장이었던 아라파트는 이렇게 말했다.

"우리 조상들은 100년 동안 십자군과 싸웠고 나중에는 영국, 프랑스 제국주의와 싸워야 했다."

유대교, 기독교, 이슬람교를 믿는 이들이 평화롭게 공존하는 시대가 과연 올 수 있을까? 과거가 미래를 비추는 거울이라면 그런 시대가 올 확률은 그저 희박하다고 말할 수밖에 없다.

신자유주의

세계의 부 80퍼센트를 차지한 1퍼센트 인류

신자유주의는 자본의 논리 아래 모든 정치·사회체제를 복속시켜 자본과 기업에게 최대의 '자유'를 허용하자는 이데올로기이다. 자본주의 진영 내부에서 벌어진 대립으로 두 차례나 끔찍한 세계대전을 치른 뒤 자본은 새로운 논리와 시스템을 개발해 세상을 압박하기 시작했다.

위풍당당 신자유주의

신자유주의라는 용어가 등장한 시기는 1970년대다. 이 이데올로기는 이전까지 자본의 앞길을 막았던 국경을, 관세장벽을, 외국기업에 대한 차별을 무서운 기세로 허물어 나갔다. 그나마 라이벌 행세를 하던 현실 사회주의 진영마저 붕괴하고, 컴퓨터·정보기술의 눈부신 발전에 따라 세상이 온통 디지털 화폐로 바뀌어가면서 신자유주의는 날개를 달았다. 우루과이라운드, 세계무역기구(WTO), 자유무역협정(FTA)의 이름으로 신자유주의의 첨병들이 무서운 위력을 발휘하면서 세상은 점점 더 '평평'해져 갔다.

신자유주의는 자유로운 투자 환경과 자유로운 고용 조건을 요구한다. 신자유주의는 재산권을 가장 신성한 권리로 추앙하기 때문에 공공재의 사유화, 공기업의 민영화, 사회복지정책의 축소 및 철폐를 요구한다. 시장원리에 따른 자유경쟁을 옹호하기 때문에 재산 규모에 따라 차등하여 세금을 매기는 누진세를 반대한다.

거대 자본과 이 거대 자본의 영향력 아래 놓인 정부와 국제기구들은 시장 확장과 자본가의 자유로운 기업활동을 촉진하기 위해 모든 나라에 대해 정치·사회체제를 바꾸라고 압박했다. 거대 자본은 자기에게 유리하도록 게임의 룰을 자유롭게 바꿔나갔다. 가난한 사람들과 중소기업은 바뀐 법과 제도에 따라 시장의 강자들과 '공정'하게 경쟁하라고 강요받았다. 결과적으로 신자유주의는 부자들에게는 더 많은 부를 창출하는 기회로, 가난한 자들에게는 생존마저 위협받는 거대한 재앙으로 나타나기 시작했다.

FTA 역시 신자유주의의 이데올로기에 충실하게 복종한다. 무엇보다 자유무역협정을 체결한 국가는 국내 실정법에 앞서 이 협약 내용을 무조건 준수해야 한다. 예를 들어 국가에서 흡연율을 줄이기 위해 금연 캠페인을 펼치고 싶어도 담배 회사가 이를 문제 삼으면 즉각 중단해야 한다. 호주가 이런 일을 겪었다. 더욱 끔찍한 것은 각종 공공사업마저 함부로 진행할 수 없다는 것이다. 그 공공사업이 앞으로 진출할 국내외 기업의 향후 '기대 이익'과 충돌한다면 배상 사유가 되기 때문이다. 국민의 생존권과 직결된 영역이라고 해서 이 시장논리로부터 예외를 인정받는 것은 전혀 없다.

신자유주의 사상에 이론적 기반을 마련하고 이를 널리 전파하는 데 크게 기여한 집단은 미국의 시카고학파다. 프리드리히 하이에크와 밀턴 프리드먼 같은 경제학자들이 틀을 다진 신자유주의 사상 체계는 1974년 하이에크가, 1976년에는 프리드먼이 노벨경제학상을 수상하면서 강력한 힘을 얻게 되었다. 이에 앞서 1947년 스위스의 작은 온천마을 몽페를랭에 모인 학자들은 마르크스주의와 케인

즈식 경제정책에 반대하며 한 목소리로 시장경제의 자유를 역설했다. 이 자리에 하이에크와 프리드먼도 있었다. 몽페플랭협회로 명명된 이 모임의 창립 선언문에는 이런 구절이 있다.

"사유재산 및 시장 제도들과 결부된 광범한 권력이 없다면, 자유가 효과적으로 보호되는 사회를 상상하기 어려울 것이다."

신자유주의는 1980년대부터 세계를 휩쓸기 시작했다. 미국의 경제학자 존 윌리엄슨은 1989년 발표한 논문에서 향후 전 세계가 따라야 할 경제정책의 방향에 관해 언급했다. 그는 '워싱턴 합의(Washington Consensus)'라는 용어를 만들어냈다. 미 행정부를 비롯해 세계은행이나 국제통화기금(IMF)처럼 세계 경제를 움직이는 기관이 워싱턴에 있기 때문이었다. '워싱턴 합의'는 신자유주의 선언문이자 요약문으로 주요 내용은 다음과 같다.

"정부 규제 축소, 부자 세금 인하, 자본시장 자유화, 시장 자율 금리, 무역장벽 철폐, 관세 인하, 해외투자 장벽 철폐, 국가 기간산업과 공기업 민영화, 재산권 보장 법제화"

신자유주의의 재앙과 희생양들

1979년 영국 수상이 된 마거릿 대처와 1980년 미국 대통령이 된 로널드 레이건은 이미 신자유주의정책의 선봉에 서 있었다. 산업시대 자본가는 공장에 비싼 기계를 들여놓았다. 비싼 기계를 활용해 이윤을 높이려면 기계를 많이 가동할 때는 노동자들을 많이 부리고 기계를 쉬게 할 때는 노동자 수를 줄여야 한다. 이것이 자본가가 말하는 이른바 '고용 유연성'이다. 대처와 레이건은 노조를 강력하게 억제하고 고용 유연성을 확대하여 기업의 이윤추구 활동을 적극 지원했다. 대처는 1980년부터 84년 사이에 노동법을 4차례나 바꾸면서 노동자들의 파업을 뿌리 뽑고자 했다. 당시 경제계와 정치계에 엄청난 영향력을 행사하던 광산 노조를 압박하기 위해 대처는 비밀리에 2년치 석탄과 석유를 비축한 뒤 파업을 벌인 노동자들을 모조리 구조조정하겠다고 선언했다. 광산 노조는 1년 동안 버티다가 결국 항복했다. 강철과 같은 강력한 추진력을 발휘한 대처에게 '철의 여인'이라는 별명이 붙었다. 신자유주의 국가의 임무는 새로운 시장을 창출하고, 법제를 정비한 뒤 시장에 되도록 개입하지 않는 것이다. 1989년부터 동유럽 사회주의 국가들이 붕괴하자 신자유주의 기치를 내건 국가들의 경제정책은 더욱 굳건해졌다. 봐라! 우리가 맞지 않은가!

신자유주의를 옹호하는 사람들은 철도, 도로, 항만, 상하수도, 토지, 전력, 가스 같은 공공재를 민영화해야 한다고 주장한다. 이들의 주장을 뒷받침하는 것이 '공유지의 비극'이라는 논리다. 주인 없는 공공재는 필연적으로 남용되거나 황폐화되기 쉽다는 논리다. 이를 막는 효율적인 방법은 개인에게 소유권을 이양하는 일, 즉 민영화라는 것이다. 과연 그럴까? 1997년 세계은행에 8억 달러를 빌린 필리핀은 그 대가로 공공 영역을 민간자본에 개방했다. 국민의 생명줄이나 다름없는 상하수도 역시 민간기업 소유가 됐는데 그 결과는 참혹했다. 물값은 400퍼센트 인상되었다. 직장을 잃은 노동자의 가정에는 즉시 단수, 단전 조치가 내려졌다. 도시 상하수도 민영화 사업은 10년 만에 필리핀 국민들의 기초생활을 완전히 유린했다. 2000년 4월 볼리비아의 코차밤바 지역에는 물 사유화를 반대하는 대대적인 파업 투쟁이 일어났다.

피노체트 독재 아래에 있던 칠레는 세계 신자유주의의 임상실험장이었다. 2010년 2월 칠레를 강타한 대지진은 신자유주의의 후유증을 드러낸 참사였다. 사상자의 대부분은 빈민촌에 거주하는 사람들이었고, 내진 설계가 잘 된 부촌의 피해는 별로 없었다. 이런 상황을 초래한 근본은 과도한 민영화와 노동 유연화로 말미암은 빈부격차 심화, 공공서비스 약화였다.

칠레는 신자유주의 학자들이 쇼윈도우로 내세우려고 실행한 민영화 실험에서 오히려 희생양이 되었다. 칠레는 세계 최초로 민주 선거를 통해 사회주의 정권을 출범시킨 나라였다. 사회주의 정당의 대표였던 살바도르 아옌데는 사회복지 실현을 기치로 내걸고 1970년 대통령에 취임했다. 그러나 3년 뒤 미 행정부와 다국적 기업의 지원을 등에 업은 아우구스토 피노체트가 쿠데타를 일으켰다. 아옌데는 피노체트에 저항하다 결국 숨졌다. 미국의 꼭두각시인 피노체트 정권이 들어서자 시카고 대학에서 하이에크와 프리드먼의 이론을 습득한 칠레의 경제학자들(the Chicago Boys)은 칠레를 신자유주의의 임상실험장으로 활용했다. 공공지출을 축소하고 공기업과 연금을 민영화했다. 결과는 어떠했을까?

먼저 전력 사업이 민영화되었다. 그러나 독과점에 따라 가격이 상승했고, 기업은 이해타산을 맞추기 위해 멋대로 단전조치를 내렸다. 국부는 고스란히 해외로 유출됐다. 해외자본이 참여한 가스 사업 역시 철저히 시장논리에 지배되어 수익성에 따라 공급이 좌우되는 불안한 상황만 초래했다. 국민연금은 완전히 민영화한 뒤 사회보장이라는 본래 목적을 완전히 잃어버린 채 가난한 이들에게는 해당 사항이 없는 투자성 개인연금으로 바뀌어 버렸다. 2010년 2월 칠레를 강타한 대지진의 여파로 수많은 인명이 희생됐다. 그런데 사상자 대부분은 빈민촌에 거주하는 사람들이었고, 내진 설계가 잘 된 부촌의 피해는 별로 없었다. 그해 8월 산호세 광산에 매몰되었던 광부 33명이 69일 만에 기적처럼 구조됐다. 전 세계가 이 감동적인 소식에 열광했지만, 정작 이런 사고를 초래한 근본 조건은 바로 민영화와 노동 유연화였다.

1982년 외채 위기를 겪은 멕시코는 국제통화기금의 지원을 받은 뒤 신자유주의식으로 국내경제를 재편했다. 1992년에는 북미자유무역협정(NAFTA)이 체결됐다. 일련의 신자유주의적 정책은 미국에 대한 경제 의존도를 높이고, 엄청난 빈부 격차와 고용 불안, 그리고 극심한 사회 갈등만 초래했다. 1990년대 아르헨티나 역시 시카고 학파에서 주장한 신자유주의적 경제정책을 고스란히 따랐다. 중남미 국가 가운데 무역자유화, 금융시장 개방, 해외자본 유치에 가장 적극적이었던 아르헨티나는 2002년 결국 채무불이행 상태라는 국가부도 위기에 내몰렸다. 신자유주의가 국가경제를 파탄냈음을 뼈저리게 경험한 아르헨티나는 민영화했던 항공 산업과 우정 사업, 상수도를 다시 국유화하고 국민연금의 국유화도 추진하고 있다.

2005년 국제통화기금은 이라크의 채무 일부를 탕감해주었다. 그 대가로 이라크는 35년간 공공부문이었던 석유 산업을 다국적 기업에 개방했다. 국제통화기금의 규정에 따르면 구제금융처럼 중요한 결정에는 회원국 지분의 85퍼센트 동의가 필요하다. 그런데 미국은 전체 지분의 15퍼센트 이상을 보유하고 있다. 미국이 찬성하지 않는 정책은 아예 실행될 수 없다. 국제통화기금에 돈을 빌린 국가들은 거의 다 신자유주의에 희생되었다. 채무불이행 압박을 받는 가난한

나라들은 미국을 비롯한 강대국의 이해관계에 따라 유엔 회의장에서 표를 던질 수밖에 없다. 한 나라의 주권이 소수의 이익을 위해 완전히 희생되는 사태, 이런 세상을 만든 것이 신자유주의이다.

나쁜 자유, 실패한 이데올로기

미국 뉴욕 월스트리트에서 시작된 "월가를 점령하라(Occupy Wall Street)" 시위는 금융자본과 신자유주의에 반대하며 상위 1%가 하위 99%를 희생양으로 삼아 더욱 커다란 부를 모으려고 한다는 사실을 규탄했다.

헝가리 출신 경제학자 칼 폴라니는 공공 이익을 위협하는 신기술이나, 공동체가 겪는 재난으로 취득한 이득, 그리고 자신을 위해 동료를 착취하는 행위 등을 '나쁜 자유'라 규정하며, 좋은 자유를 밀어내고 나쁜 자유가 그 자리를 차지하고 있음을 경고했다. 폴라니는 『거대한 전환』에 이렇게 적었다.

> "자기조정 시장이라는 아이디어는 전혀 도달할 수 없는 유토피아다."

자기조정 시장이란 아담 스미스 이래 자유주의 경제학자들이 줄곧 유지해온 태도, 즉 '시장에 맡기면 모든 것이 해결된다'는 것이었다. 1944년 이 책을 출간한 폴라니는 1964년 세상을 떠났다. 그는 신자유주의가 휩쓰는 세상은 보지 못했다. 정치철학자 데이비드 하비는 폴라니의 말을 인용하며 신자유주의를 제대로 알기 위해서는 '좋은 자유와 나쁜 자유를 구별해야 한다'고 지적했다. 하비에 따르면 신자유주의는 생산성 증대를 통해 자본을 축적하기보다는 '탈취'나 다름없는 불균등한 배분에 의해 자본을 축적한다. 2008년 세계를 공황으로 몰아넣은 '파생금융상품'이라는 괴물이 바로 하비가 지적한 신자유주의의 실상이다. 경제학자 조지프 스티글리츠는 이렇게 말했다.

"보이지 않는 손이 보이지 않는 것은 그것이 없기 때문이다."

2008년 10월 23일 주택정책 실패 책임을 추궁하는 청문회에서 연방준비제도이사회(FRB) 의장 앨런 그린스펀은 이런 질문을 받았다.

"당신의 이데올로기가 잘못됐다는 걸 알고 있습니까?"

그린스펀은 이렇게 대답했다.

"그렇습니다. 그 때문에 충격을 받았습니다. 40년 넘게 너무나 확실하게 작동한 이데올로기였으니까요."

그가 말한 실패한 이데올로기는 바로 신자유주의다.

한국은 1986년 우루과이라운드에 참여하면서 세계 시장에 문을 연 이래, 1997년 구제금융 사태를 겪으며 금융시장을 완전 개방했다. 이명박 현 정부는 자유무역협정을 꾸준히 추진하는 등 신자유주의를 정책 기조로 유지하고 있다.

20세기의 Her + Story

여전히 멀기만 한 양성 평등

우리가 읽는 역사는 대부분 남성 역사가에 의해 기록된 남자들의 이야기다. 그나마 각 분야에서 두각을 보인 여자들의 이야기마저도 그저 역사책에 부록처럼 수록되었을 뿐이다.

전쟁과 함께 시작된 여성운동

최초로 글만 써서 생계를 꾸린 15세기 프랑스의 여성 작가 크리스틴 드 피장, 남성 학자로만 구성된 왕립학술원 회의에 참석하고자 국왕에게 탄원서를 내고 실험에 참여했던 영국의 여성 과학자 마거릿 캐번디시도 '숨은' 역사를 다루는 책에 몇 줄만 등장할 뿐이다.

간혹 여성 스스로 역사에 주역으로서 전면에 등장하기도 했지만, 그들이 여성의 권익을 높이기 위해 기울인 노력은 매우 적다. 이집트의 클레오파트라나 중국 당나라의 측천무후, 영국의 엘리자베스 여왕처럼 최고 권력의 정점에 오른 여인들 역시 어디까지나 특이한 자질을 갖춘 개인이었지, 여성이라는 성적 집단의 파워나 지분을 대변한 것은 아니다. 20세기에 접어들어서야 인류 역사상 가장 오래 되었으면서도 가장 늦게 주목을 받은 인권운동이 탄생한다. 페미니즘(여성해방운동)이다.

얄궂게도 여성해방운동은 전쟁과 깊은 연관을 맺곤 했다. 우선 현대 여성운동부터가 전쟁과 함께 시작됐다고 해도 지나치지 않다. 제1차 세계대전이 벌어지자 세계는 전쟁에 휘말렸다. 남자들이 대거 전장에 투입되자 그 빈자리를 여자들이 채우기 시작했다(현재 영국의 여왕인 엘리자베스 2세도 제2차 세계대전 때 간호장교로 참전했다). 1918년 영국에서, 1920년 미국에서 여성

15세기 프랑스의 여성 작가 크리스틴 드 피장은 "여성의 고통에 대해여 논의해야 할 때가 왔다"고 주장한 최초의 페미니스트였다.

참정권이 보장된 것은 그 때문이다. 일종의 전쟁에 대한 기여의 대가로 비로소 여성의 권리는 오랜 침묵을 깨고 전면으로 세상에 나왔다. 5,000년 인류 문명사의 끝자락에 이르러서야 양성 평등이 겨우 제도적으로 확립되기 시작한 것이다. 15세기 크리스틴 드 피장은 이렇게 말한 바 있다.

"여성의 고통에 대하여 논의해야 할 때가 왔다."

중세 말기에 제기한 그녀의 논의가 세계인의 관심이 되기까지 500년이 넘는 시간이 걸린 셈이다.

19세기에 성 불평등이 사회문제로 제기된 이래 이런 현상을 타파하기 위한 여성 스스로의 노력이 다방면에서 벌어지기 시작했다. 1960년대 프랑스 작가 시몬느 드 보봐르는 『제2의 성』이라는 작품을 통해 여성해방 문제를 세계에 널리 알린 지식인이다. 1970년대

에는 베티 프리단이 유럽에 비해 여성운동이 낙후돼 있던 미국에서 여성해방운동의 불을 붙였다. 각종 공문서에서 개인을 가리키던 단어 '맨(man)'이 '퍼슨(person)'으로 바뀌기 시작한 것도 이때다. 여성해방운동의 역사에서 여성 참정권이 확립되기 시작하던 1920년대를 가리켜 '제1의 물결'이라 부른다. 그리고 보봐르 이후 베티 프리단을 거쳐 페미니즘이 범세계적인 운동으로 확산되던 시기를 '제2의 물결'이라 부른다.

여성 참정권을 최초로 인정한 뉴질랜드

여성 참정권이 최초로 부여된 곳은 뉴질랜드다. 1893년 뉴질랜드 의회는 세계 최초로 여성에게 총선거 투표권을 부여했고, 1906년에는 핀란드가 그 뒤를 이었다. 제1차 세계대전을 계기로 서구 유럽 국가들이 속속 여성의 참정권을 인정했다. 다른 지역에 비해 여성의 사회참여 비율이 낮은 이슬람 문화권의 중동 지역 국가들에서는 여성 참정권 보장도 늦어졌다. 이라크는 1958년이 돼서야 일부다처제를 법률로 제한하고 여성에게 참정권을 부여했다. 이듬해 튀니지가 일부일처제를 명문화하고 여성 투표권을 인정했다. 20세기가 저물도록 여성 해방의 파도를 완고하게 막아내던 쿠웨이트와 사우디아라비아는 21세기가 돼서야 국제적인 조류에 순응했다. 쿠웨이트는 2005년 여성 참정권을 보장하는 법안을 통과시켰다. 참정권은 물론 여성이 자동차나 보트, 비행기를 모는 것도 법률로 금지하던 국가인 사우디아라비아 역시 이슬람권에 불고 있는 개혁 분위기 속에 2011년 국왕이 여성의 참정권을 보장하겠다고 선언하기에 이

각국의 여성 참정권 운동사

프랑스	1789년	T.메리쿠르와 R.라콤브, 국민의회에 '정치상 남녀가 동권이어야 한다' 건의
	1790년	O.구즈,『여성공민권의 승인에 대하여』에서 여성의 정치적 권리 주장 →『여성권리선언』, 마리 앙투아네트 왕비에게 제출
	1793년	국민공회, 여성 집회 금지 → 여성 단체 해체. 프랑스 여성참정권 운동 좌절
	1946년	법률상 여성 참정권 보장
영국	1792년	메리 울스턴크래프트,『여성의 권리옹호』에서 여성운동의 사상적 근거 밝힘 → 여권주의 시작
	1865년	런던에서 여성참정권위원회 결성
	1867년	존 스튜어트 밀, 의회에 여성 참정권을 요구하는 법률수정안 제출 → 부결. 이를 계기로 각지에서 여성참정권위원회 결성
	1869년	존 스튜어트 밀,『여성의 예속』에서 여성 참정권 운동의 이론적 근거 제시
	1897년	여성참정권협회 국민동맹 설립. 하원에서 여성 참정권을 목적으로 하는 입헌운동 진행
	1903년	여성사회정치동맹 결성 → 과격한 운동 전개
	1918년	30세 이상의 여성에게 선거권·피선거권 인정
	1928년	모든 여성에게 남성과 동등한 참정권 부여
미국	1848년	뉴욕에서 여권 신장대회 개회
	1869년	전국여성참정권협회, 미국여성참정권협회 결성 → 의회에 여성 참정권법안 제출
	1869년	와이오밍 주를 시작으로 1890년 워싱턴 주·캘리포니아 주·애리조나 주·캔자스 주·오리건 주, 1893년 콜로라도 주, 1896년 아이다호 주, 유타 주 등 여성 참정권 인정
	1920년	21세 이상의 여성, 남성과 동등한 참정권 획득
아시아		제2차 세계대전 후 국가의 독립과 민주주의의 도입과정에서 투쟁 없이 참정권 획득

르렀다.

여성의 참정권이 보장된다는 것은 여성이 의회에 진출하여 직접 법률 제정에 참여할 수 있음을 의미한다. 1990년대를 기준으로 전 세계 입법기관에 진출한 여성의 비율은 10퍼센트에 달했으며 이 비중은 점차 늘어나고 있다. 그러나 투표권과 피선거권이 보장됐다고 하여 성 평등이 실현된 것은 아니다. 결혼, 이혼, 상속 등 재산과 관련된 영역에서는 여성에게 불리한 법 조항이 여전히 많이 남아 있다.

페미니스트는 신체의 차이보다는 젠더(Gender), 즉 사회적 성별을 문제 삼는다. 여자와 남자는 생물적 차이를 지닌 채 태어나는데, 사회가 만들어낸 성별인 '남성다움'과 '여성다움'이라는 개념이 차별을 만든다는 것이다. 계집아이에게는 인형을 주고 사내아이에게는 축구공을 주는 것이 마치 자연스러운 것처럼 교묘하게 사회적 조작을 한다는 말이다. 젠더 개념은 매우 강력해서 여성 스스로 자신을 옭아매는 족쇄가 되기도 했다. 여제 예카테리나가 러시아를 통치할 때 동명이인 예카테리나 다쉬코바는 황제의 최측근이었다. 1768년에는 황제의 허락을 얻어 유럽 여행길에 올라 프랑스 계몽사상가 디드로와 볼테르도 만났다. 당시 유럽 최고 명문대학이었던 스코틀랜드의 에딘버러 대학에 아들을 입학시켰고 4년간 그곳에 머물며 그 대학에 재직하던 애덤 스미스, 애덤 퍼거슨 같은 학계의 거장과 교류하기도 했다. 하지만 귀국한 뒤 황제 예카테리나가 다쉬코바에게 러시아 학술원 총재직을 제안하자 그녀는 이렇게 말하며 사양했다.

"신의 뜻에 따라 여자로 태어난 제게는 가당치 않은 자리입니다."

같은 여자인 황제에게 이런 말을 자연스럽게 할 정도이니 여성의 권리 신장을 기대하기가 얼마나 어려운 사회였는지 엿볼 수 있다. 오늘날까지도 차도르, 히잡 같이 신체를 가리는 엄격한 복장 규제가 여전히 남아 있는 이슬람권의 여성이 풀어야 할 과제는 보수적인 '여성' 그 자체. 무슬림 페미니스트 자흐라 라흐나바르드는 이렇게 주장했다.

"좋은 아내와 좋은 어머니가 되는 것이 여성이 자유와 해방에 이르는 길이다."

셰익스피어가 쓴 희곡 『줄리어스 시저』에는 안토니우스가 브루투스를 칭송하는 대목이 나온다.

"그의 삶은 온화했고, 여러 미덕을 고루 갖추었다. 그는 진정한 남자다."

계속되는 안티고네의 투쟁

이보다 2,000년 전 온화한 삶과, 여러 미덕을 두루 갖춘 한 여성의 이야기가 있었다. 당파나 기득권에 얽매이지 않고 자유와 고결한 신념에 따라 평화를 향해 나아가는 것, 이것은 여성해방운동이 지향하는 이상이다. 이러한 상징이 가장 잘 드러나는 캐릭터는 고대 그리스의 소포클레스 희곡에 등장하는 안티고네. 안티고네는 독선에 가득 찬 통치자 크레온에 맞서 당당하게 한 인간의 존엄에 관해 역설한다. 그녀는 크레온이 내전에서 죽은 오빠의 시신을 매장하지 못하게 하자 죽음까지 무릅쓴 채 시체를 매장한다. 권력자의 강제명령이 자연과 생명의 뜻, 신의 뜻, 자신의 도덕적 의무보다 우선할 수 없다는 이유에서다. 결국 그녀는 목숨까지 바쳐가며 자신의 신념을 관철한다. 이 때문에 안티고네는 문학과 신화의 세계를 넘어 여성운동의 시발을 상징하는 여성상으로서 평가받기 시작했다.

현대의 여성운동 역시 여성의 권익 향상에만 머무는 것이 아니라 폭력과 전쟁을 종식하려는 평화운동으로 확대되었다. 1988년 이스라엘이 팔레스타인 영토를 무력으로 빼앗자 이에 반대하는 이스라엘 여성의 시위가 일어났다. 이 운동은 나중에 핵무기 반대, 반전 시위로 확장되었다. 검은 옷을 입은 여자들이 침묵한 채 시위하는 이 운동은 '위민 인 블랙(Women in Black, WIB)'이라고 불리며 지금까지 이어지고 있다. 이 시위 과정에서 유일하게 말을 하는 사람은 팻(Pat)이라 불리는 진행요원인데, 그 가운데 하나가 운동의 성격을 이렇게 표현했다.

"우리는 침묵할 겁니다. 그러나 침묵 당하지는 않을 거예요."

프랑스 영화감독 뤽 베송은 영화 〈잔다르크 이야기〉를 '민족을 구원하는 소명을 지닌 영웅의 이야기가 아니라 여성을 유린하는 남성 전쟁광들에게 복수하는 이야기'로 연출했다. 세계를 전쟁의 공포로 몰아넣

1988년 이스라엘이 팔레스타인 영토를 무력으로 빼앗자 이에 반대하는 이스라엘 여성의 시위가 일어났다. 검은 옷을 입은 여자들이 침묵한 채 시위하는 이 운동은 '위민 인 블랙(Women in Black, WIB)'이라고 불린다(위). 프레더릭 레이턴의 그림 〈안티고네〉. 고대 그리스의 희곡에 등장하는 안티고네는 주체성을 가진 여성으로서 자신의 신념을 위해 목숨까지 바친다. 이 때문에 안티고네는 여성운동의 시발을 상징하는 여성상으로 평가받는다.

은 무능한 남성의 역사에 대한 비판이었다. 남성 감독에 의해 그리고 여성해방을 지지하는 많은 남자들에 의해 남성 중심의 역사는 비판받고 있지만, 여성의 목소리는 여전히 남성의 기득권에 밀려 비주류로 맴돌았다. 정부가 이 문제를 손대지 않자 여성계는 정부와 독립적으로 자신들의 권익을 찾아 나섰다. 제1차 세계대전 중에 네덜란드 헤이그에서는 여러 나라들에서 온 여성운동가들이 모여 '평화와 자유를 위한 여성국제연맹(WILPF)'을 만들었다. 이는 현재

범세계적인 비정부기구(NGO)로 성장했다. 사회운동가 마니엘라 제노베제는 말한다.

"나는 페미니스트도, 평화주의자도 아니에요. 그저 전쟁과 폭력을 반대할 뿐입니다."

1975년 유엔은 1975년부터 1985년까지 10년 동안을 '여성의 10년'으로 선포했다. 그리고 정치, 사법, 경제 등 남성이 독식하는 분야에 여성의 참여기회를 균등하게 부여할 것을 회원국에 권고했다. 그러나 강제조항도 아닌 유엔의 선언은 제국주의나 시오니즘 같은 민감한 국제문제들에 밀려 늘 배제되곤 했다. 2000년 10월 31일 드디어 실제 효력을 지닌 결의안이 발표되었다. '여성, 평화, 안보'에 관한 유엔 안보리 결의안 1325호가 채택된 것이다. 이 결의안은 무력 분쟁이 여성에게 미치는 결과와, 분쟁을 예방하고 해결하는 데 필요한 여성의 역할을 규정했다. 특히 유엔평화유지군의 조치에 여성이 적극 개입할 수 있다는 조항이 포함되었다는 점이 주목할 만했다. 여성은 분쟁지의 당사자로서, 분쟁으로부터 가장 큰 피해를 입는 피해자로서, 가장 연약한 어린이와 아기를 최전선에서 보호해야 하는 어머니로서 발언하고 행동할 권리와 의무가 있는 것이다.

오늘날 여성 정치인이 늘어났다고 하여 성 평등이 실현된 것은 아니다. 세계 여러 나라의 헌법은 하나같이 성 평등을 보장하고 있지만, 현실은 헌법 조항과는 무척 다르다. 대한민국도 이념과 현실이 매우 다른 나라 가운데 하나다. 진정한 성 평등이 실현되려면 여전히 많은 세월이 필요할 것이며, 그때가 되면 역사책은 20세기 말과 21세기 초를 '성 평등 혁명'의 맹아기로 규정할지 모른다.

> 70억의 'I' Story
>
> # 세계에는 70억 개의
> # 세상이 존재한다

자유롭고 평등한 '개인'

미국의 방위고등연구계획국(DARPA)은 2009년 '네트워크 챌린지' 대회 때 미국 전역에서 날린 빨간색 풍선(기상관측 기구) 10개를 가장 빨리 찾는 문제를 내걸었다. 참가자들은 트위터나 블로그, 이메일, 휴대전화 등 모든 통신수단을 활용할 수 있었다. 참가한 100개 팀 가운데 우승은 8시간 52분이 걸린 미국 매사추세츠공대(MIT) 연구팀에게 돌아갔다. MIT 팀이 쓴 방법은 이렇다. 그 팀은 대회 시작 전 기구를 찾아줄 충성도 높은 4,400명의 지원자를 모집했다. 이처럼 많은 지원자를 모을 수 있었던 비결은 기구에 대한 정보를 제공한 모두에게 인센티브를 주겠다는 약속이었다. 이 대회의 1위에게 주는 상금 4만 달러를 종자돈 삼아 기구의 위치 좌표를 알려주는 사람, 기구를 찾은 사람을 알려주는 사람, 나아가 그 기구를 찾은 사람을 아는 사람을 소개해주는 사람 등 도움을 주는 이들을 종류별로 나눠 2,000달러, 1,000달러, 500달러씩 준다고 약속했던 것이다. 인간의 이기심을 합리적으로 자극하는 적절한 인센티브가 바로 우승의 비결이었다.

현재 지구라는 한 공간에는 70억의 개인, 즉 70억 개의 세상이 존재한다. 2006년 시사주간지 《타임》이 선정한 올해의 인물은 '당신(You)'이었다. '당신'이란 바로 새로운 미디어를 활용하고 정치적 문제에 적극 참여하며 자기주장을 펼치는 개인을 가리킨다. 개인주의는 그 어떤 이데올로기나 생산양식에 앞서 인간을 지배한다. 개인의 가치와 이익을 가장 중시하는 이 풍토에서 출현한 공리주의 윤리는 현대인의 가치 규범으로서 실생활 깊숙이 파고들었다.

마르틴 루터가 개인의 중요성을 역설하며 종교개혁을 이끌고, 데카르트가 인식 주체로서 인간의 지위를 한껏 끌어올린 이후 인간은 고대인에서 근대인으로 변모했다. 17세기 영국 정치철학자 존 로크는 『통치론』에서 근대를 규정하는 가장 중요한 특징이 '자유롭고 평등한 개인(free and equal individual)'의 등장이라고 적었다. 17세기 이래 인류는 한편으로는 엄청난 기회이면서도 다른 한편으로는 큰 도전이라고도 할 수 있는 이 '자유와 평등'을 경험하고 극복하면서 여전히 근대인으로 살고 있다. 자유롭고 평등한 개인들은 끊임없이 교류하면서 시공간의 장애물을 없애나갔다.

진화하는 미디어와 새로운 인간형

산업혁명을 거치면서 철도망이 확충되었다. 철도망 확충은 한 국가의 발전 정도를 가늠하는 기준이 되었다. 인류는 철도로 대규모 인구의 이동을 가능케 하는 대륙횡단 시대를 연 데 이어 거대 기선으로 대규모 승객을 대양 건너 다른 대륙으로 이동시키는 대양횡단 시대를 열었다. 또한 전신(電信)이 등장하여 메시지가 메신저의 속도를 앞지르는 엄청난 전환을 이루었다. 공간의 장벽에 이어 시간 장벽마저 일거에 허물어졌다.

1960년대에 군사적 목적으로 처음 선을 보인 인터넷은 1980년대 이후 대중화되어 21세기 이후에는 '유비쿼터스(언제 어디서나' 란 뜻을 지닌 라틴어) 네트워킹'이라 불리는 정보 접근 환경으로 바뀌고 있다. 텔레비전이나 전화기 같은 고전적인 미디어는 인터넷 기술과 결합해 쌍방향 스마트 미디어로 거듭나고 있다. 별도의 물리적인 저장장치를 두지 않고 인터넷 상에서 자료를 처리하는 '클라우드(Cloud) 컴퓨팅' 기술은 여기저기 흩어진 유사 정보를 통합관리할 수 있도록 해주었다. 무선전자태그(RFID) 기술은 식품을 비롯한 각종 상품의 유통 경로를 파악하거나, 어린이 또는 치매노인 등의 위치를 알려주는 데 활용되고 있다. 극미세 영역을 다루는 나노 기술(1나노는 머리카락 굵기의 10만분의 1)의 발전 역시 미디어 기기의 진화에 기여하고 있다. 이 모든 미디어 환경이 21세기의 근대인을 새로운 인간형으로 변화시켜나가고 있다.

미디어가 다양해지면서 개인이 세계에 관여할 수 있는 여지는 더욱 커졌다. 뉴미디어 환경은 대의민주주의의 한계를 극복할 수 있는 새로운 가능성을 열어주었다. 이른바 전자 매체를 통해 정치적 의견을 제시하고 토론하는가 하면 나아가 인증 기술의 발전과 더불어 온라인 선거를 가능케 하는 전자 민주주의의 전 과정이 열리고 있다. 개인은 더 이상 매개자를 거치지 않고 정부기관이나 기업 그리고 국

2006년 시사주간지 《타임》이 선정한 올해의 인물은 '당신(You)'이었다. '당신'이란 바로 새로운 미디어를 활용하고 정치적 문제에 적극 참여하며 자기주장을 펼치는 개인을 가리킨다.

제기구에 직접 자신의 목소리를 전하고 전해 받는다. 쌍방향 커뮤니케이션, 쌍방향 인터액션인 셈이다. 거기서 그치지 않고 온라인 기부 등 다양한 방식으로 정부기관의 손길이 놓치고 있는 사회적 모순의 치유와 수정에도 상당한 위력을 발휘해 나가고 있다.

미디어의 발전이 모두 장밋빛만을 제시하거나 약속하는 것은 아니다. 핵기술의 양면성처럼 어두운 측면에서도 위력을 발휘하였다. 불특정 집단을 겨냥해 자신들의 존재감을 알리는 극단적인 방법, 즉 '테러'도 증가한다. 네트워크를 무력화하는 크래킹(해킹의 나쁜 측면, 시스템 파괴)이 점점 더 늘어나고 있고 피싱(정보 빼내기) 수법의 수준이 곧 첨단 통신기술의 척도로 치부될 수 있는 정도에 이르고 있다.

무기를 이용한 살상 테러에도 어김없이 미디어 네트워크가 이용된다. '알 카에다'는 방송국에 비디오 영상을 노출함으로써 테러가 임박했음을 알리고 있고, 나아가 테러를 감행한 이후에도 방송을 통해 입장을 표명하곤 했다. 현재 벌어지는 21세기형 테러는 △규모와 발상의 세계화 △디지털 하이테크 기술 △대상의 무차별화 △선전효과 극대화에 주력한다. 그 결과 다양한 첨단 미디어는 대다수 테러 집단이 결코 빼놓지 않는 주요 선전장으로 활용되고 있다.

공동체와 상생하는 합리적 개인주의의 실현

개인주의는 원래 '정의'나 '자유' 같은 더 높은 인간 가치를 실현하기 위한 도구로 간주돼 왔다. 19세기 영국의 사회철학자 존 스튜어트 밀은 『자유론』에 이렇게 적었다.

"자유의 세 가지 기본 영역은 1) 내면적 의식 영역 2) 기호의 영역 3) 결사의 자유 영역이다. 이 세 가지 자유가 존중되지 않으면 자유로운 사회가 아니다. 전체 인류 가운데 한 사람이 다른 생각을 지녔다고 그에게 침묵을 강요해선 안 된다. 진리를 더 명확히 드러낼 수 있는 기회를 잃게 되기 때문이다. 타인에게 피해를 주지 않는 한, 각자 개성을 꽃피울 수 있어야 한다. 적당히 나이가 들어 경험을 자기 방식대로 이용하고 해석하는 건 인간의 특권이자 인간다운 삶을 살기 위한 조건이다. 아무리 악명 높은 폭정이라도 개별성이 발휘될 여지가 있는 한 아직 최악은 아니다. 자유가 허용되는 곳에는 사람 수만큼이나 다양한 독립적 개선 요소가 뿌리내린다."

자유주의와 개인주의를 옹호한 존 스튜어트 밀은 제레미 벤담이 창시한 공리주의 사상을 널리 전파한 인물이기도 하다. 벤담은 선과 악에 대한 절대적인 기준이 있다는 기존 윤리설을 거부하고 공리(개인의 쾌락과 행복)가 선악 판단의 유일한 기준이라는 급진적 윤리설을 주창했다. 그런 점에서 개인의 쾌락을 합친 "최대 다수의 최대 행복"이 모든 사회 갈등과 분쟁의 조정 근거가 된다. 공리주의가 꿈틀거리던 시기는 서구 사회에서 신흥자본가 계급이 급성장하던 때와 일치한다. 민주주의의 원리와도 상통하는 공리주의의 실용성은 자칫 소수를 억압하는 면죄부로 악용될 수 있다. '다수의 횡포'를 바로 자유를 저해하는 가장 큰 적이라 규정했던 밀은 공익과 개인의 인권 사이의 틈을 메우기 위해 평생 고민했지만 명확한 해결책을 제시하지 못했다. 『정의란 무엇인가』라는 저작과 연속 강의로 세계적으로 선풍적인 인기를 모은 하버드 대학의 마이클 샌델 교수는, 보편적인 선의 규범이 사라진 자리에 들어선 공리주의가 현대인을 철저히 이기적으로 변모시켰음을 경고했다.

앞서 이야기한 2009년 '미국 DARPA 네트워킹 챌린지'에서 "상금 4만 달러를 모두 미국 적십자사에 기부한다"는 계획을 밝힌 미국 조지아공대 팀은 인간의 이기심에 보다 호소한 MIT팀에 이어 같은 시간대에 9개를 찾아내 2위를 기록했다는 사실은 많은 것을 웅변적으로 보여준다.

'개인(individual)'과 '원자(atom)'는 둘 다 '더 이상 쪼갤 수 없는 입자'라는 뜻을 지닌 말이다. 원자는 다른 원자와 결합해 새로운 물질인 분자를 만든다. 구성요소는 같더라도 결합하는 방식에 따라 서로 다른 물질이 되기도 한다. 70억 개의 다른 원자가 서로 결합하는 경우의 수만큼 인간 가능성이 존재할 것이다. 영국의 정치학자 버나드 크리크는 이렇게 말했다.

"민주주의라는 말에는 많은 의미가 담겨 있으나 아쉽게도 우리는 그 참된 뜻을 여전히 알지 못한다. 그러나 적어도 분명한 것은 우리가 민주주의 없이는 살아갈 수 없다는 점이다."

어떻게 사는 모습이 가장 인간다운, 가장 훌륭한 모범일지 아무도 알 수 없다. 그러나 적어도 분명한 사실은 150년 전에 존 스튜어트 밀이 이미 말했듯 '누구든 어느 정도 상식과 경험만 있다면 자기 방식대로 사는 것이 가장 바람직하다'는 점이다. 합리적 개인주의는 인류가 추구하는 보편 가치와 충돌하지 않는다. 인류의 보편 가치에 관해 사유하지 않고 오로지 공동체의 이익만 추구할 때 어떤 일이 벌어지는지 우리는 파시즘의 출현과 제2차 세계대전의 파국과 홀로코스트의 비극을 통해 생생히 목격한 바 있다.

우리가 나아갈 길

세계사 속의 한국 모델

"오랜 정신·문화 유산과 유서 깊은 역사적 배경을 가진 국가들은 흥망의 깊은 수렁에 빠지더라도 언젠가는 다시 부활할 수 있는 '힘'이 잠재해 있다. 교육받은 민족이기 때문이다. 한국은 식민지배를 받았지만, 현명한 경제전략을 통해 '상승 사이클'을 탔다."

폴 케네디, 『강대국의 흥망』의 저자

숫자로 본 한국의 기적

2009년 한국의 경제규모는 세계 15위를 기록했다. 세계은행이 한국의 명목 국내총생산(GDP)을 8,325억 달러로 계산하고 랭킹을 매긴 결과다. 한국보다 앞선 나라들을 보자. 미국, 일본, 중국, 독일, 프랑스, 영국, 이탈리아, 브라질, 스페인, 캐나다, 인도, 러시아, 호주, 멕시코다.

이 14개국을 두 가지 관점에서 분석하면 한국이라는 나라가 21세기 초반 세계에서, 세계사에서 어떤 의미를 지니는지 금방 이해할 수 있다. 우선 식민지 경험이라는 관점에서 보자. 이 가운데 과거에 엄밀한 의미에서 적대적인 이민족에 의해 식민지배를 당한 나라는? 인도와 한국 두 나라뿐이라고 할 수 있다. 나머지 나라들은 오히려 가해자 국가인 식민지 모국(미국, 일본, 독일, 프랑스, 영국, 이탈리아, 스

한국의 무역지표

연간 무역액 1조 달러 달성 시점

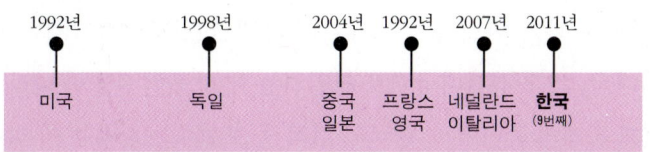

자료: WTO 무역통계

무역 규모 10년간 연평균 증가율

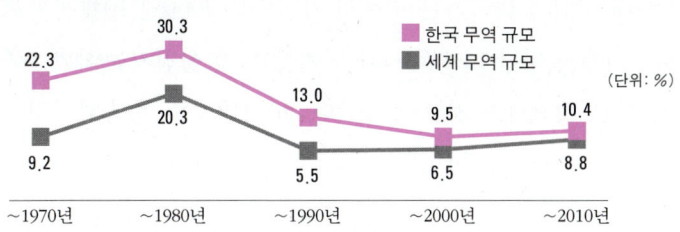

자료: 한국무역협회

페인 7개국)이라든가, 반식민지 국가(중국), 사실상의 식민주의로 내부 영토를 대대적으로 팽창시켜간 나라(러시아), 식민지이긴 했지만 같은 민족인 식민 모국의 정치적 지배에서 20세기 훨씬 이전에 독립한 나라(캐나다, 브라질, 호주, 멕시코 4개국) 등으로 분류된다.

또 하나의 관점은 공업화(산업화)-자본주의화의 정도다. 공업화 정도를 쉽게 이해할 수 있도록 '2010년 세계 무역규모 순위'를 앞에 든 'GNP 랭킹'과 비교하는 식으로 분석해 보자. 이 방식은 우리보다 순위가 앞선 나라 가운데 이른바 자원 등 1차 산업의 수출대국은 하나도 포함돼 있지 않기에 타당성을 가진다. 한국은 총 무역고 8,915억 달러로 세계 9위로 기록된다. 우리보다 앞서는 나라는 미국, 중국, 독일, 일본, 프랑스, 네덜란드, 영국, 이탈리아 8개국이다. 이 가운데 식민지배를 겪은 나라는? 하나도 없다. 이 두 가지 관점에 따라 이제 한국은 이렇게 규정될 수 있다.

"한국은 과거 이민족의 식민지배를 받았으면서도 21세기 10대 무역대국, 15대 경제대국으로 진입하는 데 성공한 유일한 나라다."

경제 통계의 측면에서 '한국의 기적'을 보여주는 사례는 이 밖에도 충분히 많다. 2010년 GDP는 약 1조 16억 달러로 세계 15위이며 1인당 GDP도 2만 달러를 다시 넘어 2만 591달러다. 《포천》지가 선정한 500대 기업에 들어가는 한국의 기업수도 2009년 10개에서 2010년에는 4개 늘어난 14개로 크게 증가했다. 삼성전자는 세계 500대 기업 랭킹 22위까지 치고 올라갔다. 2011년 7월 현재 한국경제 관련 뉴스만 보더라도 이전이라면 상상도 하지 못했을 일들이 꼬리를 물고 있다.

"현대기아차, 2010년 상반기 미국에서 56만 대 팔아 미국내 시장 점유율 9퍼센트 장악하다."
"한국, 세계 수출시장에서 점유율 1위 품목 총 74개 기록해 세계 13위 차지하다."
"씨티그룹, 한국이 2020년 1인당 GNP 4만 4,740달러 기록할 것으로 전망하다. 2040년에는 8만 6,109달러로 세계 4위권 들어설 것으로 내다보다."

이런 경제적 성과를 바탕으로 한국은 가요, 게임, 영화, 드라마, 애니매이션 등 엔터테인먼트 분야를 비롯해 스포츠 분야, 정통음악 분야 등 갖가지 분야에서 놀랄 만한 성과를 매일처럼 쏟아내고 있다. 평창 동계올림픽까지 유치해 세계 스포츠 행사의 주최에서 이른바 '그랜드 슬램'(하계 올림픽, 동계 올림픽, 월드컵, 세계육상경기선수권대회 등 전부 개최)도 달성하게 됐다.

도대체 21세기 초반 세계 미디어를 화려하게 장식하고 있는 한국의 발전 모델은 세계사(경제사 또는 경제개발론)의 관점에서는 어떻게 해석해야 하는 것일까? 과연 한국은 지금 밀고 가는 이 발전 모델로 마침내 자본주의 선진 산업국가의 반열에 들어갈 수 있는 것일까?

제4세대 자본주의

한국의 모델에 대해 오래 전부터 많은 연구 성과를 내온 김영호 교수(전 경북대 교수·전 유한대 총장)는 한국이 '제4세대 자본주의'의 범주에 들어간다는 이론으로 설명해 왔다. 김 교수의 분석방법에 따르면 제4세대 자본주의는 대략 다음과 같은 식으로 설명할 수 있다. 제1세대 자본주의는 18세기 말~19세기 초에 있었던 최초의 산업혁명을 이룬 영국의 자본주의를 가리킨다. 제2세대는 19세기 중기에 이뤄진 프랑스, 미국, 독일 등 후발 자본주의고, 제3세대는 19세기 말~20세기 초에 걸쳐 유럽의 마지막 후발 지역과 비유럽 첫 선발 지역에서 이뤄진 공업화를 말한다. 예컨대 이탈리아, 러시아, 일본 등이 이룩한 자본주의가 바로 제3세대다.

한편 1, 2, 3세대 자본주의를 이룩한 나라들의 식민지나 반식민지로 전락했던 지역이 나중에 제2차 세계대전 이후에 옛 식민지체제가 붕괴된 뒤 종속적 자본주의의 형태가 되거나 어느 정도 자본주의만을 목표로 뛰는 단계에까지 이른 것이 제4세대 자본주의다. 1960년대 이후 자본주의적 경제발전을 위해 달려온 한국, 대만 등이 여기에 속한다.

이런 제4세대 자본주의를 (1)추진 주체 (2)시민혁명과 공업화 사이의 관련성 (3) 자본주의화의 성격 등의 측면에서 분석해 보자.

추진 주체를 보면 제4세대 자본주의는 기본적으로 국가와 외국자본의 결합에 의한 자본주의화의 패턴으로 갈 수밖에 없었다. 식민지 경험 때문에 민족자본이 파괴됐거나 형성될 수 없었기 때문이다. 한국 역시 기본적으로 박정희 군사정권이 외자를 도입해 산업화를 추진했다는 점에서 정확하게 이 패턴을 따랐다.

시민혁명과 산업혁명(또는 공업화) 사이의 관련성을 따지면, 제4세대 자본주의는 "불철저한 시민혁명이 우여곡절을 겪으며 공업화보다 나중에 이뤄지는" 형식을 띠게 된다. 한국의 경우 산업화가 어느 정도 진행된 이후 민주화 요구가 분출돼 군사독재를 문민정부로 바꾸는 등 민주화로 이어졌다. 하지만 1980년대 이후 이룩된 민주화가 충분히 완성된 형태인지 여부는 논란의 여지가 많다. 오히려 진행형의 성격이 짙다.

자본주의화의 성격으로 본다면, 제4세대 자본주의는 식민지나 반식민지의 기간을 거친 뒤 제국주의 세계 체제의 재편기에 독립했기에 어쩔 수 없이 신제국주의 아래에서 종속적 자본주의의 한 유형으로 자리매김하게 되는 패턴이었다. 1980년대 한국 사회를 풍미한 사회구성체 논쟁과 경제발전 모델 논쟁 자체가 바로 이 한국 자본주의의 종속성을 역으로 증명해준다고도 할 수 있다.

김영호 교수는 이런 종속적 자본주의가 그 자체로 치명적인 한계를 가질 수밖에 없었기 때문에 지금까지 그 어떤 나라도 이 길로 가서 성공한 사례(이른바 선진 산업국가의 반열에 오르는 것)는 나오지 못했다고 밝혔다. 따라서 이 한계를 극복하는 것이 제4세대 자본주의 성공의 핵심요소라고 정리했다. 김영호 교수는 이 대목에서 외부의 도전에 대해 내부의 동맹으로 대응해 이를 극복할 것을 제안했다. 즉 제4세대 자본주의의 발전 과정에서 국가와 대기업 그리고 외국자본이라는 주요 주체들한테 내재할 수밖에 없는 '이중성'(김 교수는 이런 표현을 쓰지 않았지만, 이것을 '모순'이라고 표현하는 것도 가능할 듯하다)을 그동안 소외돼온 민중과의 결합, 또는 민중 참여에 의한 재편을 통해 극복해야 한다고 주장했다. 만일 이것을 극복할 수 있다면 "한국 자본주의는 일단 불회귀점(point of no return)을 통과할 수 있을 것"이라고 전망했다. 그렇게 하면 선진국에 진입한 뒤 다시는 주저앉거나 후퇴하지 않게 된다는 의미다. 그는 민중과의 내적 동맹 강화라는 내적 조건의 변화와 함께, 외적 조건의 변혁으로서 '신국제경제질서(NIEO)'도 제안했다. 그렇게 해야만 "제4세대 공업화가 세계 경제의 밥그릇을 키워주고, 나아가 세계 시스템 자체의 평등화를 기도할 수 있다"고 주장했다.

이 이론이 나온 때가 1988년이다. 그 뒤 한국 자본주의는 엄청난 변화를 겪었다. 10여 년 뒤 국제통화기금으로부터 구제금융을 받는 'IMF 사태'라는 최악의 경제난을 겪기도 했으며, 국내 및 세계 자본주의의 성격도 크게 바뀌었다. 한국 경제를 둘러싼 변화는 대략 이렇게 정리할 수 있다.

(1) 대기업의 성격 변화: 무엇보다 과거 국가 주도의 발전전략에 따라 인위적으로 키워졌지만, 본질적으로 국내자본의 성격이 강했던 대기업군이 줄줄이 무너지거나 내국인 지분율이 크게 떨어져 버렸다. 사실상 외국자본에 의해 한국 자본주의가 '점유 또는 포위된 상태'로 들어갔다고 할 수 있다.

(2) 국가의 성격 변화: 경제위기의 치명상을 입은 결과 외자에 대한 국가의 주도권은 사실상 크게 후퇴했다. 김 교수의 이론에서 거론됐던 "불철저한 시민혁명은 (공업화보다 나중에) 우여곡절을 겪으며" 이뤄졌지만, 이제는 막상 민중의 참여를 지원하고 주도해야 할 국가의 힘은 상대적으로 크게 약화된 양상이 됐다. 오히려 국가에 대한 세계 자본주의의 우위는 점점 더 심화돼 가고 있다. 특히 한·미 자유무역협정에서 나타나듯이 국가의 주권이 세계 자본주의 시스템의 논리에 제한받을 가능성도 매우 높아지고 있다.

(3) 외자의 성격 변화: 냉전의 종식과 세계 자본주의의 양적·질적 팽창에 따라 외자는 이제는 보다 노골적이고도 철저하게 경제-자본의 논리를 강요하고 있다. 다른 한편으로 정보화, 디지털화의 급속한 진전에 따라 자본의 이동속도와 규모는 비약적으로 빠르고 커졌다. 그만큼 자본의 영향력도 위험성도 커진 것이다.

(4) 새로운 변수로서 중국 경제의 부상: 한국, 대만의 뒤에서 후행하던 중국이 개혁개방과 시장경제 도입에 따라 엄청난 양적 팽창이 이뤄지면서 질적 발전도 병행되는 단계로 도약했다. 한국 자본주의는 이런 중국 이슈에 따라 기회와 위기를 동시에 안게 됐다.

제4세대 자본주의를 향한 한국의 도전은 여전히 진행형이다. 자본주의 논쟁으로만 국한해서 볼 때 한국 모델의 미래는 불회귀점을 통과할 수도, 아니면 반대로 불투명의 위험 속으로 전락할 수도 있다. 무엇보다 이미 해결해야 될 과제 등을 덮어버린 채 지금까지 그냥 양적 성장의 숫자에 취한 채 지나가고 있다는 점을 놓쳐서는 안 된다. 이미 1988년 나온 경고는 이렇다.

"민중을 포함시키는 내적 조건의 변화와, 신경제질서라는 외적 조건의 변혁만이 세계 경제의 위기를 구하는 길일 것이다. 그와 같이 되지 않으면, 피지배 3자(노동자, 농민, 도시빈민)의 세계적 규모의 새로운 반란동맹의 길만이 남게 될지도 모른다."

*저자 주_이 글은 자본주의화에 성공해 이른바 선진 산업경제에 이르는 문제를 세계사의 관점에서 짚어보는 성격을 띠고 있다.

세계의 내일

인류의 미래에 닥칠 7가지 도전

"로마인이 부닥친 위기는 '피크 우드(peak wood)' 즉, 목재 생산의 정점에 도달했다는 것이었습니다. 우리는 이번 세기 안에 정말 원하지 않던 피크 가운데 적어도 4개와 맞부딪칠 것입니다. 피크 오일, 피크 가스, 피크 석탄, 피크 우라늄…. 그러나 우리는 역사의 흐름을 바꿀 수 있습니다."

네덜란드 왕세자 빌렘 알렉산데르, 2009 두바이 월드미래에너지정상회의 개막사 중에서

인구 70억 명 시대의 개막

약 20만 년 전 인류는 인간이라는 영장류로 향하는 극적인 진화의 터널을 돌파하는 데 성공했다. 한때 지상 위의 생존개체수가 불과 2,000명 정도라는 절체절명의 위기지경에까지 몰렸던 인류는 그 뒤 숱한 도전과 어려움을 이겨내며 지금까지 살아남았다. 그리고 지구의 지배자가 됐다. 역사 이래 인류는 마치 지구라는 행성의 주인인 것처럼 행세하면서 그 활동영역의 전 지구 차원의 확대를, 자연에 대한 무한 지배와 착취를 마치 당연한 것처럼 간주해왔다. 그러면서 인간끼리 서로 치고받고 싸우고 죽이고 건설하고 사랑했다.

인류는 기하급수적으로 증가하는 지식과 날로 정교하게 발명해낸 도구를 결합시켜 새로운 단계까지 치밀고 올라갔다. 모든 땅과 바다, 하늘을 지배하고 모든 물과 흙과 금속과 동식물을 착취하고

변형시키고 소멸시켰다. 해볼 만한 거의 모든 것을 다 시험하고 손대 보았다. 심지어 자기네끼리도 해볼 만한 모든 짓거리들을 시험하고 해치워 보았다. 식민주의, 세계대전, 대학살, 핵폭탄…. 그리고 2011년 10월 어느 날 인구 70억 명 시대를 맞았다.

'70억 명'이라는 숫자가 주는 의미는 각별하다. 유엔은 60억 명째 아이가 태어날 때처럼 이 70억 명째 아이의 탄생을 축복하지 않았다. 사람들은 말하지 않더라도 그 조짐을 느끼고 있을지도 모른다. 뭔가 다른 것이다. 인류는 이제까지와는 뭔가 질적으로 전혀 다른, 어쩌면 인류의 운명에 치명적일지도 모르는 엄청난 도전과 위기와 맞닥뜨려 간다는 그런 느낌을 본능적으로 갖기 시작한 것이다. 차분히 돌아보면 그 실체가 하나하나 또렷해질 수 있다. 이미 많은 이론이 그 나름대로 타당한 근거를 갖춘 채 세계 곳곳에서 제시되고 논의되고 연구돼 왔다. 피크 오일(석유생산량이 정점에 달하는 시대), 인구폭발, 기후변화, 지구온난화, 핵무기와 핵발전, 자원고갈 등 이 모든 논의가 70억이라는 숫자와 본격적으로 화학적인 결합을 시작한 것이다.

그 끝은 무엇일까? 과연 그 끝이 오기 전에 인류의 문명을 후손에게 그래도 안정적으로 물려줄 수 있는 길을 찾을 수 있을까? 그 선택은 전적으로 '지금'의 '우리'에게 달려 있다.

첫 번째 도전: 피크 오일

국제에너지기구(IEA)는 피크 오일이 오는 2020년 닥칠 것이라고 공식적으로 인정했다. 낙관론자조차도 내키지는 않지만, 오는

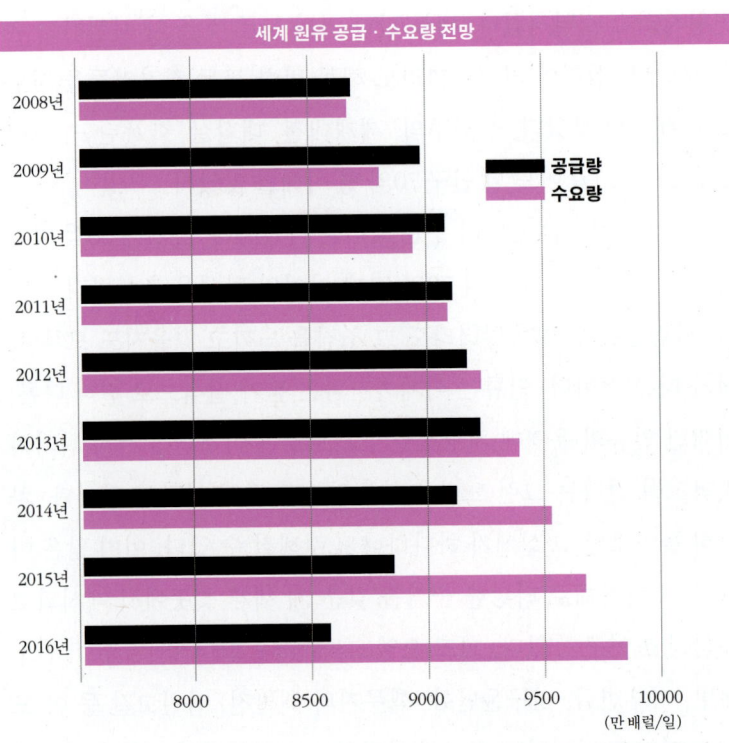

자료: 피크 오일 컨설팅

2030년쯤이면 전 세계 석유 생산이 정점에 다다를 것으로 보아왔다. 앞으로 10년도 안 돼 피크 오일이 오는 게 피할 수 없는 사실이라면 지금부터라도 세상은 바뀌어야 한다.

그런데 다른 나라도 아닌 쿠웨이트의 학자들이 이 피크 오일 시점을 대폭 앞당겨 전망했다.

"세계 원유 생산은 2014년에 최고점에 도달할 것이다."

이브라힘 나사위 등 쿠웨이트 대학 및 쿠웨이트 석유회사의 과학자들은 '용감하게도' 그런 연구결과를 《에너지와 연료》에 발표하고 나섰다. 그동안 걸프만에 위치한 거대 산유국이 종종 매장량을 과

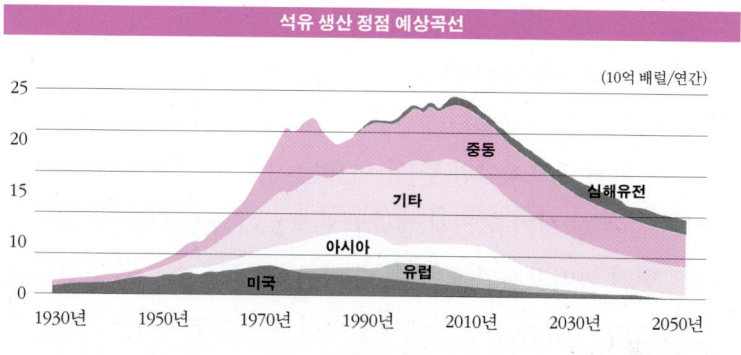

대하게 부풀리는 경향을 보여왔다는 점을 생각하면 '놀랄 만한 변화'다.

원유가 머지않아 그 생산의 정점을 찍고 내려갈 것이라는 피크 오일의 전망은 그리 간단한 문제가 아니다. 무엇보다 석유는 사실상 20세기의 모든 것과 직간접적으로 관련을 맺어왔다고 할 수 있기 때문이다. 바로 석유 때문에 인류는 역사 이래 처음으로 가장 풍성한 먹거리를 향유하면서 물질적으로 가장 풍요롭게 생활할 수 있었다. 석유가 비료와 농약으로 변신해 20세기 농업혁명을 추동하고, 플라스틱과 의약품 등 모든 필요한 것들로 바뀌어 21세기 물질문명을 혁명적으로 바꿔줬기 때문이다. 석유는 발전기를 돌려 전기를 만들었고, 내연장치를 돌려 크고 작은 차량과 비행기 선박들이 하늘, 땅, 바다를 달려 나가게 했다. 모터를 돌려 공장을 돌아가게 하고 강물을 끌어올려줬다. 또한 석유는 화학섬유의 주원료로 옷이 되고 산업 소재의 주원료로 건축자재가 되고 아스팔트 도로를 포장했다. 지구 역사에서 하나의 물질이 세상에서 이 많은 일을 한 적은 전혀 없었다. 우라늄은 기껏 전기를 만들 수 있을 뿐이고, 석탄은 아무리 잘 쳐줘봐야 석유가 하는 역할의 20퍼센트도 못한다. 게다가 오염과 부작용은 석유보다 5배, 10배 심하다. 20세기는 사실상 석유의 시대였고, 1900년 이후의 지구 문명은 사실상 석유의 마술 속에서 피어난 거나 다름없다.

그런데 이제 달라져야만 한다. 인류는 바로 이 석유가 매우 비싸기 짝이 없는 한 시기를 거쳐 웬만한 돈으로는 구할 수조차 없는 상황으로 밀려 들어갈지도 모른다. 한 마디로 '석유 없는 삶'을 살아야 하는 것이다. 당신은 그런 시대에 들어설 준비가 됐는가?

두 번째 도전 : 인구 증가

세계 인구는 오는 2050년쯤 더 이상 늘지 않고 거의 정체 상태에 이르러 약 91억 5천만 명쯤 될 것이라고 유엔은 추정한다. 어쨌든 지금부터 40년 정도는 인구 증가보다는 세계 경제성장이 더 높은 상태를 유지할 것이라고 전문가들은 예상한다.

앞으로 세계는 인구에 의해 결정적인 영향을 받게 될 것이다. 단기적으로는 얼마나 많은 인구가 지상에 살고 있느냐보다 세계 인구가 어떻게 구성되며, 어떻게 분포될 것이냐가 더 중요하다. 인구가 어느 지역에서 줄고 있고, 어느 지역에서 늘고 있는가? 어느 나라가 더 늙어가고 어느 나라가 상대적으로 더 젊어지는가? 인구의 영향으로 지역간 이동은 어떻게 변해갈 것인가?

단기적으로 앞으로 40년간 세계 인구는 다음과 같은 역사적 전환을 겪게 될 것이다.

(1) 세계 선진 산업국가의 상대적 인구 비중이 거의 25퍼센트 떨

어질 것이다.
(2) 선진 산업국가의 노동력은 실질적으로 노령화하고 줄어들 것이다.
(3) 대부분 인구 증가는 점차 오늘날 가장 가난하고 젊고 그리고 대부분 무슬림인 국가에 집중될 것이다.
(4) 역사상 처음으로 세계 인구의 대부분은 도시에 집중될 것이다.

동시에 2050년 무렵이면 미국인, 캐나다인, 중국인, 유럽인 가운데 거의 30퍼센트 정도는 60세 이상이 차지하게 될 것이다. 일본과 한국은 그 비율이 40퍼센트를 넘어설지도 모른다. 이렇게 노령화하는 선진 산업국가와 점점 더 젊어지는 비산업화 무슬림 국가와의 공존과 공영은 어떻게 가능할 것인가? 이것이 인류 앞에 놓인 단기적 과제가 될 것이다.

장기적으로 인구의 문제는 새로운 각도에서 보다 더 중요해질 것이다. 바로 피크 오일 때문이다. 당장 피크 오일이 2010년대로 당겨지는 상황이라면 인구 90억의 부양은 과연 가능하기나 한 것일까? 인구는 과연 어떤 적정선을 향해 준비되고 수렴돼야 하는 것일까? 그 해결책이 미리미리 모색돼야 하는 것이다. 피크 오일 이후 지구 인구 90억 부양은 불가능하다! 1968년 출간된 『인구 폭탄』의 저자 파울 에를리히는 말했다.

"앞으로 인구 증가가 식량이나 다른 중요한 자원의 생산을 능가하면서 대규모 기아가 덮칠 것이다."

세 번째 도전 : 기후변화(지구온난화)

　세계 곳곳에서 대형 기상이변이 빈번하게 발생하고 있다. 2001년 이후 500명 이상 사망하거나 5억 달러 이상 재산 피해가 난 대형 기상이변의 발생건수가 1980년대에 연평균 12.7건이었지만, 2000년대에는 24.5건으로 크게 늘어났다. '기후변화에 관한 정부간 협의체(IPCC)'는 기후변화가 인간 활동에 의해 발생했을 가능성을 90퍼센트 이상으로 보고 있다.

　IPCC의 보고서는 무서운 미래를 우리 눈앞에 펼쳐 보인다. 엄청나게 많은 사람들이 피해를 입을 뿐만 아니라 특히 개발도상국에 엄청난 대홍수가 밀어닥칠 것이기 때문이다. 아시아의 방글라데시와 아프리카의 나일강 유역 거대 삼각주(메가 델타)의 저지대는 지구온난화에 따라서 해면이 수십 센티미터 상승하는 것만으로도 바로 침수한다. 또한 열대성 저기압이 지구온난화의 영향을 받아 바로 폭풍우로 바뀌어 덮친다. 해발이 낮은 토지에 과밀인구가 몰려 사는 방글라데시는 훨씬 더 치명적이다. 매년 피해자가 수백만 명씩 더 늘어날 것이라고 예측했다. 도대체 그 가난한 사람들은 어디로 가서 살 수 있단 말인가?

　이렇게 되면 세계 전체 차원에서도 식량은 심각하게 부족해진다. 특히 적도 가까운 지역에선 강수량이 극단적으로 줄어들어 건조화가 진행된다. 북미부터 중남미도 안전하지 않다. 극심한 한발 때문에 식량 생산은 거의 반타작에 그칠 공산이 높다. 지중해 연안, 아프리카 남부, 동남아시아의 일부도 건조화의 마수에서 벗어나지 못한다. 식량 생산량이 줄어들면 먼저 개발도상국에 타격이 집중되다가 차차 선진국에도 영향을 미친다. 그렇게 되면 세계는 그대로 식량쟁탈전에 휘말릴 수도 있다. 2005년 미국을 덮친 허리케인 '카트리나'와 2008년 미얀마를 강타한 사이클론 '나르기스'에서 알 수 있듯이 지구온난화로 거대 열대저기압은 더욱 늘어난다. 그 결과 생태계도 크게 훼손될 가능성이 높다. 만일 기온이 1.5~2.5도 올라가도 동식물종의 약 20~30퍼센트는 절멸 리스크가 증대한다는 경고까지 나온 바 있다.

2008년 미얀마를 강타한 사이클론 '나르기스' 위성 사진.

앞으로 인류가 온실가스의 배출을 억제하지 않을 경우 전 세계 평균기온은 21세기 동안 1.1~6.4도 상승할 것으로 전망된다. 이 수치는 산업혁명 이후 2005년까지 지구 평균기온이 0.8도 오른 것에 비하면 최대 8배 급상승하는 것이다. 이에 따라 2006년 발간된 영국의 스턴 보고서는 기상이변에 따른 경제적 피해가 2100년까지 세계 GDP의 5~20퍼센트에 달할 수 있다고 경고했다.

"만일 지구 기온이 2도만 올라가도 2억 명이 죽을 수도 있다!"

네 번째 도전: 식량위기

1798년 『인구론』을 쓴 토마스 맬서스는 틀렸다. 그가 살던 시대, 식량 증대의 어려움은 기본적으로 농지의 부족 때문에 빚어졌다. 맬

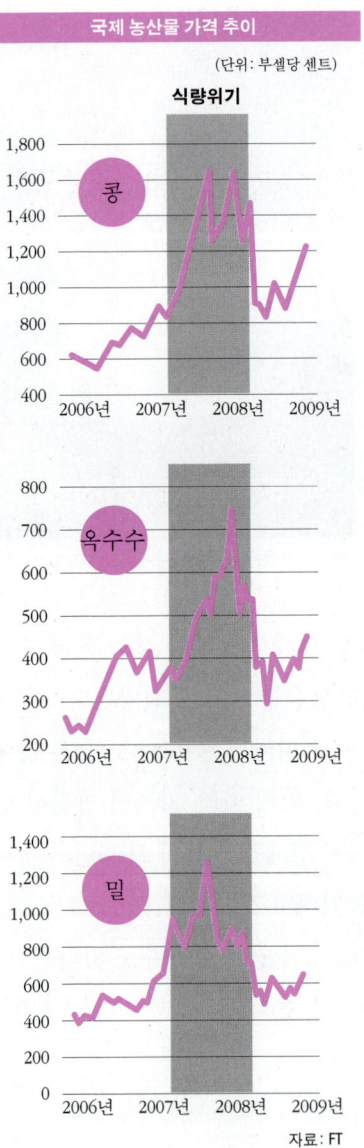

서스는 19세기 말의 새로운 기술을 예상하지 못했고, 20세기의 폭발적인 농업 생산은 더더구나 꿈도 꾸지 못했다. 전 세계적으로 농부들은 새로운 비료를 비롯해 석유화학에 기초한 살균제와 살충제 등의 농약, (특히 쌀과 옥수수의) 유전학을 이용한 개량종, 특히 중국과 남아시아에 있어서 하천의 유로 변경을 통한 대규모 관개방식 등을 적극 활용해오고 있다.

그 결과 곡물 수확량은 폭증했다. 미국에서는 이미 1950년대 대규모 식량 잉여로 오히려 값싼 식량 가격이 점차 문제가 되는 판이었다. 1960년대~1980년대 식량 생산량은 부자 나라뿐만 아니라 대다수 가난한 나라에서도 모두 증가했다. 인도, 멕시코를 비롯해 여러 지역에서 '녹색 혁명'이 벌어졌다.

그러나 현대에 들어서면서 점차 거의 모든 나라에서 상황이 나빠지고 있다. 미국에서는 앞서서 새 영농기술을 채택하는 농부들이 이웃 농민들을 밀어내고 그들의 농지를 계속 사들이고 있다. 농지의 과점화 현상인 셈이다. 유럽의 다른 선진 산업국가에서도 성공을 거두는 농부들과 토지 없는 임금노동자 사이의 격차는 더욱 벌어지고 있다.

한편 개발도상국과 저개발국에서는 2009년 6월 기준으로 약 10억 명이 기아의 영향을 받고 있는 것으로 식량농업기구(FAO)는 추산했다. 이 지역에서 식량 증산 속도가 점차 둔화되고, 특히 1980년대 이후 아프리카에서 농업연구 지출이 크게 축소되고 있기 때문이다. 게다가 식량의 수요와 가격이 상대적으로 올라가는데 반해 공급 자체는 오히려 더 줄어드는 실정이다.

제2차 세계대전 이후 전 세계 농지의 단위면적당 생산량이 늘어난 이유로는 다음과 같은 것들이 꼽힌다.

(1) 농업에 화학물질을 대대적으로 사용하고
(2) 비료가 대대적으로 보급되고 그 단기적인 효능도 뛰어났으며
(3) 농기구의 대형화로 생산성이 높아지고
(4) 물의 조달이 보다 광범하고 조직적으로 이뤄졌으며
(5) 주로 아시아에서 적절한 노동력이 조달됐다.

이런 요소들은 하나같이 비용이 많이 들고, 무엇보다 풍부한 석유의 존재가 크게 뒷받침돼야 가능한 것이다. 그 결과 어쩔 수 없이 부정적인 대가를 지불해야 했다. 과다한 관개, 과다한 비료, 그리고 과다한 화학물질의 사용에 따라 오염을 야기하고, 물의 공급을 감소시키며, 토양의 생산력도 급격히 떨어뜨리고 있다. 게다가 이런 부정적인 대가를 농촌의 마을 전체가 지불해야 하는 모순도 심화됐다.

무엇보다 이런 농업 방식이 피크 오일과의 관련성 속에서 앞으로 어떻게 될 것인지 심각하게 고민하고 해결책을 찾지 않으면 안 된다. 상황이 계속 나빠지면 맬서스가 다시 무덤에서 뛰쳐 나올지도 모른다.

"인구는 기하급수적으로 증가하는데, 식량의 공급은 산술적으로 증가한다면 세계 인구는 결국 식량 부족 사태에 직면할 것이다. …이 두 가지 힘의 불균형이 빚어내는 결과는 하나의 균형점을 찾아가지 않으면 안 된다. 다시 말해 생존의 어려움 때문에 인구는 지속적으로 강력하게 감축당하리라는 것을 함축한다. 지구상의 어느 지역이 될지 모르지만 엄청난 비율의 인류는 필연적으로 생존의 어려움을 절감해야만 하게 될 것이다."

다섯 번째 도전 : 피크 Everything

- **피크 석탄** 석탄은 원자력의 뒤를 잇는 발전용 핵심연료이면서 제철용 연료로도 매우 중요하다. 석유가 광범하게 이용되기 전 석탄은 마치 오늘날의 석유 같은 대접을 받았다. 특히 독일의 경우 제2차 세계대전 당시 석유를 확보하기 위해 소련의 바쿠 유전, 불가리아의 유전, 북아프리카 및 중동의 유전을 확보하기 위해 처절한 노력을 기울였다. 결국 이것이 실패하자 그들은 석탄으로부터 메틸 알코올(메탄올)을 추출해 연료로 사용해서 전쟁을 치렀다.

현재 세계에선 해마다 약 50억 톤의 석탄이 생산되고 있다. 이 가운데 매년 8억 톤 정도가 수출된다. 원료탄은 2007년 톤당 98달러였다가 2008년 3배 수준인 300달러까지 폭등한 바 있다. 석탄은 석유보다 광범하게 분포돼 있고, 보다 풍부하게 매장돼 있다. 그 결과 피크 석탄은 피크 오일보다는 훨씬 뒤로 잡히곤 했다.

먼저 피크 오일 이론의 선구자인 킹 허버트는 자신의 피크 오일 이론 정립 당시의 방식을 그대로 원용해 '피크 석탄' 시기를 2150년 무렵으로 상정했다. 피크 오일보다 100년 이상 길게 잡은 것이다.

이런 허버트의 낙관적 전망과 달리 에너지워치그룹은 2007년 4월 발간한 「석탄: 매장량과 미래 생산」 보고서에서 피크 석탄이 이르면 앞으로 15년도 안 되는 시기에 벌어질 수도 있다고 경고했다. 피크 오일을 소재로 쓴 역작 『잔치는 끝났다』로 유명한 리차드 하인버그는 에너지워치그룹의 보고서에 대해 언급하면서 석탄의 경우 고열량 석탄을 가장 집중적으로 채광하는 특수성 때문에 '양적으로 생산량이 가장 많은 특정연도'에 앞서 '석탄을 가장 열심히 캐내는 특정한 해'가 먼저 나타날 수도 있다고 지적했다.

유럽위원회의 공동연구센터를 위해 설립된 에너지연구소의 B. 카발로프와 S.D 페테베스는 「석탄의 미래」 보고서를 통해 에너지워치그룹과 비슷한 결론에 도달했다.

"미래에 석탄은 에너지원으로서 아무 데서도 쉽사리 의존할 수 있는 자원이 아닐 것이다. 그렇게 풍부하지 않을 수 있다."

15년부터 140년에 이르기까지 피크 석탄에 대한 전망은 엇갈리지만, 하나는 분명해지는 것 같다. 석탄이 그렇게 생각보다 도처에 널려 있지도 않을 뿐만 아니라, 좋은 석탄은 굉장히 일찍 고갈될 수도 있다는 것이다. 게다가 석탄 사용에 따른 이산화탄소(CO_2)의 발생문제를 완전히 해결하기까지는 아직 난관이 많다.

- **피크 가스** 천연가스는 취사용으로만 쓰는 게 아니다. 세계는 지금 에너지의 25퍼센트를 천연가스에 의존하고 있다. 나라에 따라선 원자력이나 석탄보다 핵심적인 발전용 연료로 사용하기도 한다. 게다가 화학비료를 비롯해 여러 석유화학제품의 주요한 원료이기도 하다. 지난 30년 동안 가스 소비량은 2배로 늘었다. 따라서 피크 가스는 피크 오일 다음으로 중대한 의미를 지닌다고 할 수 있다.

미국의 한 연구기관은 2007년 미국의 천연가스 매장량을 1,525조 평방피트로 추정하면서 미국 연간 소비량의 86년치에 해당한다고 밝혔다. 이 기관은 2년 뒤 이 매장량을 2,247조 평방피트(미국 연간 소비량의 거의 100년 치)로 늘려 잡는다고 밝혔다. 이렇게 늘려 잡은 이유는 가스 가격 급등에 따라 이전에 경제성이 없다고 포기했던 오일 쉐일이나 탄층(Coal seams)까지도 채굴해 활용하는 것까지 포함했기 때문이다. 일반적인 원유나 천연가스와 달리 오일 쉐일이나 탄층, 오일 샌드 등은 지층이나 모래 또는 암석 사이에 원유나 가스 성분이 불규칙적으로 분포돼 있다. 따라서 원유나 가스 성분을 함유한 지층이나 암석까지 같이 채굴했다가 후속공정을 통해 다시 분리해 내야 한다. 그 비용이 많이 들 뿐 아니라 엄청난 물을 사용해야 하고 환경오염 가능성마저 뒤따른다.

세계적 규모의 피크 가스와 관련해 지난 2002년 R.W 벤틀리는

2020년부터 종래 방식으로 생산되는 천연가스가 줄어들기 시작할 것이라고 예측했다. 매장량은 어느 정도 늘지만 쉽게 채굴할 수 있는 값싼 가스의 시대는 이미 가고 있는 것이다. 미국 에너지정보처는 세계 천연가스 생산이 2006년부터 2030년까지 연평균 1.6퍼센트씩 성장해 2006년의 150퍼센트 수준에 이를 것이라고 전망했다. 앞으로도 20년 동안 천연가스에 대한 수요는 늘어날 것으로 전망된다. 주로 개발도상국의 가스에 대한 수요 때문이다.

- **피크 구리** 구리를 대체하는 물질이 있긴 하지만, 결국 구리도 피크를 맞이할 것이 틀림없다. 왜냐하면 대략 14억 톤 정도 매장돼 있을 것으로 추정되는 유한한 자원이기 때문이다. 구리는 석유 이후 에너지의 주형태가 전기로 수렴될 가능성 때문에 크게 주목받고 있다. 구리와 관련한 기업들의 주가는 계속 뛰고 있는 것이다. 산업화에 따라 개발도상국을 중심으로 수요가 엄청나게 폭증하고 있고, 선진 산업국에서도 에너지의 효율 제고나 스마트 그리드의 필요성 때문에 구리에 대한 수요가 늘고 있다. 1995년 이래 미국 지질조사국은 해마다 추정 잔여매장량을 발표해 왔다. 6,000년 전부터 1900년까지 누적 구리 생산량은 약 1,700만 톤으로 추정된다. 구리 생산량은 머지않아 피크를 맞을 것으로 추정된다. 그래도 달러 베이스로 따지면 1900년보다 현재의 구리 가격이 더 싸다. 구리를 재생해서 활용하는 양은 아직 미미하지만 피크 코퍼 이후는 크게 달라질 것이다.

- **피크 우라늄** 원전론자들은 우라늄을 이용한 원자력 발전의 장

점은 누누이 강조하면서도 피크 우라늄에 대해서는 언급하길 꺼린다. 하지만 우라늄도 피크가 온다. 특히 발전용으로 쓰는 우라늄 235는 천연우라늄의 0.7퍼센트에 지나지 않는다. 따라서 우라늄 피크는 생각보다 일찍 올 것으로 추정되곤 한다.

로버트 반스는 지난 40년간의 우라늄 생산량을 조사한 뒤 이미 1980년 22개국에서 6만 9,683톤을 생산해 세계 피크 우라늄을 맞이했다고 분석했다. 2003년 우라늄 생산은 19개국에서 3만 5,600톤이었다.

영국의 환경장관을 지낸 뒤 하원의원으로 재임중인 마이클 미쳐는 피크 우라늄이 지난 1981년 벌어졌다고 보고했다. 그는 또 우라늄의 심각한 공급부족 사태가 2013년 이전에 가격 폭등과 함께 벌어질 것이라고 경고하기도 했다. 이와 달리 세다타 컨설팅의 분석가 얀 벨렘 스토름 반 레우벤은 원전의 연료에 쓰이는 고품위 우라늄 원광의 공급은 현재의 소비양태를 감안할 때 2034년까지 계속될 것이라고 밝혔다. 그 이후로는 원전회사가 제시하는 가격보다 채굴 비용이 더 비싸지는 사태에 이를 것이라고 내다봤다. 에너지워치그룹도 우라늄 가격의 가파른 상승세 등을 고려해 우라늄 생산이 2035년 피크 우라늄에 도달할 것이라고 계산해냈다. 그러나 그 때까지만 수요 공급이 맞을 뿐 그 이후로는 수요에 공급을 맞출 수 없을 것이라고 내다봤다.

- **피크 실버** 은은 전기전도율이 가장 높은 금속이다. 그러나 상대적으로 구리보다 비싸므로 현대 문명시기에 은 대신 구리가 전기도선의 역할을 수행했다. 은의 현 실태와 관련해 재미있는 에피소드가 하나 있어 소개한다.

"미국 국방부가 보유하고 있던 은 재고량 전량이 2004년 말까지 어딘가로 옮겨졌다. 나중에 확인된 최종 종착지는 미국 조폐창이었다. 그 모든 은으로 은화와 은괴를 만들려 한 것이다."

군이 보관하고 있던 은 재고까지 끌어당길 정도로 은 공급이 취약해지고 있다는 이야기다. 세계 은 생산은 2030년 피크를 기록할 것으로 추정된다. 피크 실버가 오면 결과적으로 기술 분야에 새로운 은을 투입하는 것은 점차 감소할 수밖에 없다. 은의 전기전도성을 응용한 각종 실험 및 새로운 소재의 개발 등에도 제약이 따르리라는 것이다.

여섯 번째 도전: 핵발전소-핵무기의 안전성 문제

"4인 가정이 평생토록 전기를 공급받는 데 맥주 캔 하나 정도의 우라늄이면 된다."

얼마나 매력적인가? 바로 이 사실 앞에 여러 나라가 다투어 원자력 발전에 뛰어들었다. '꿈의 에너지'를 내걸던 원자력 발전은 반세기가 지나기도 전에 인류 앞에 또 다른 '재앙의 현실'을 드러내기 시작했다. 미국의 스리마일, 러시아의 체르노빌, 일본의 후쿠시마, 그리고 한국의 원자력발전소에 이미 쌓여 버린 1,500만여 개의 폐연료봉…. 긴 역사의 눈으로 볼 때 핵-핵발전소와 핵무기-의 문제는 인류에게 만만치 않은 도전이다. 인류 앞에 닥칠 핵의 문제는 다음과 같은 3가지로 나눠 볼 수 있다.

(1) 현재 가동중인 핵발전소 자체와 더 이상 보관할 데를 찾지 못하고 있는 폐연료봉 등의 안전성 문제는 도대체 어떻게 할 것인가?
(2) 미래에도 엄청나게 핵발전소를 더 건설하는 것은 과연 불가피한가?
(3) 세계에 존재하는 방대한 양의 핵무기를 과연 인류는 안전하게 관리할 수 있는가?

원자력발전소는 가동하면 고준위·중준위·저준위 폐기물을 계속 만들어내면서 스스로도 폐기물이 돼 간다. 발전소 자체가 방사능으로 오염돼 가기 때문이다. 폐기물은 포함된 방사능량에 따라 고준위·중준위·저준위 폐기물로 나눈다. 이 가운데 가장 위험하고 그만큼 가장 안전하고도 완벽하게 관리해야 하는 것이 고준위 폐기물이다. 사용 후 핵연료가 그 대부분을 차지하고 핵연료의 반응이 지속적으로 일어난 노심을 포함한 원자로 자체도 여기 들어간다.

현재 가동 중인 핵발전소와 폐연료봉의 안전문제는 기본적으로 발전과정에서 생겨나는 인공방사성핵종의 위험성이 대단히 크기 때문에 제기된다. 방사능의 세기가 반으로 줄어드는 반감기만 보더라도 플루토늄 같은 인공핵종은 2만 4,000년에 이른다.

특히 일본 후쿠시마 원전 사고는 이전 원전 건설 당시에는 전혀 고려하지도 못한 요인에 의해 일어났다는 점에서 원전 자체의 안전성에 근본적인 의문을 던졌다. 후쿠시마 원전은 지진의 강도가 진도 9.3에 이를 수 있다는 것을 전혀 감안하지 못했고, 지진 뒤 30미터 높이의 쓰나미가 원전을 덮칠 수 있다는 것도 전혀 예상하지 못하고 설계됐던 것이다.

현재 가동중인 전 세계 443개 원자로 가운데 후쿠시마처럼 느슨하고 비현실적인 설계기준에 따라 지어지고 가동되는 원자로가 도대체 얼마나 되는지도 확인되지 않고 있다. 인류의 미래세대는 이런 발전소와 거기서 만들어진 수억 다발의

2011년 일본 후쿠시마 원자력발전소의 폭발 사고는 원전 자체의 안전성에 근본적인 의문을 던졌다.

폐연료봉 문제를 해결해야만 한다. 이에 대해 사용 후 핵연료를 재처리해 플루토늄을 추출하고, 그 플루토늄과 지금까지는 원자력 발전에 사용하지 않은 우라늄 238을 같이 집어넣어 핵발전을 하는 이른바 '고속증식로'를 대안으로 제시하는 사람들도 있다. 하지만 그 방식은 기본적으로 플루토늄의 핵반응으로 발전을 일으키는 방식으로 너무 위험한데다가 안전성도 입증되지 못해 미국이나 영국 같은 나라도 사실상 포기한 것이다.

이런 상황에서 현재 15개 나라에서 총 62기의 원자로가 건설되고 있고, 그 위에 또 28개국에서 총 158기의 원자로를 건설하기로 확정한 상태다. 거기다가 추가로 건설을 검토 중인 것도 38개국 324기에 이른다. 우리의 바로 이웃나라인 중국의 경우 현재 가동 중인 13기 이외에 건설 중인 것 27기, 건설이 확정된 것 50기, 추가 검토 중인 것 110기 등에 이른다. 이런 식으로 세계 각국이 검토 중인 것까지 모두 완공해 가동한다면 지구는 거의 1,000기에 육박하는 원자로에서 전기를 생산하는 세상으로 된다. 과연 이런 세상을 인류는 용납할 것인가? 그것을 결정해야 한다.

핵무기도 심각한 문제다. 현재 해체대기 중인 핵무기까지 포함하

면 미국이 약 9,960발, 러시아가 약 1만 6,000발 보유하고 있는 것으로 추정된다. 그 뒤로 프랑스가 약 300발, 영국이 약 225발, 중국이 약 240발 정도 보유하고 있다. 여기까지가 이른바 핵확산금지조약(NPT)에 가입하고 있는 조약상의 핵무기 보유국이다. 그 밖에 NPT에 가입하지 않은 이스라엘이 75~200발, 인도가 40~50발, 파키스탄이 24~48발, 북한 3~5발 정도 보유하고 있는 것으로 추정된다.

핵무기는 단기적으로는 소련의 해체에서 드러난 것과 같이 국가 관리 체계의 붕괴나 동요 가능성, 그리고 이스라엘 및 북한 등에서 드러났듯 국제 감시체계로부터의 이탈 가능성 때문에 위험이 높아지고 있다. 옛 소련을 중심으로 공산주의 진영이 무너지면서 소련권의 핵무기와 핵물질은 지난 1989년 이후 지금까지 심각한 위험에 노출된 바 있다. 일부 소형 핵무기와 핵물질이 테러 국가나 테러 집단 등에 빼돌려졌을 가능성도 심심치 않게 제기돼 왔다. 또한 국제 감시망으로부터 벗어나 핵무기를 제조·보유하려는 국가와 다른 국가 사이의 줄다리기와 신경전은 언제라도 NPT 체제를 무너뜨려 결과적으로 각 나라들의 무차별적인 핵무기 보유경쟁을 야기할 수 있다는 치명적인 약점을 드러내고 있다.

핵무기는 특히 안전하게 관리하고, 안전하게 폐기해야 하는 것이 중대한 장기과제의 하나다. 그러나 결코 쉽지 않다. 지금 존재하는 핵무기를 어떻게 줄일 것인가? 줄여야 하는 핵무기를 그러면 어떻게 할 것인가? 지금까지처럼 핵탄두를 깊은 해저에 무차별 폐기할 것인가? 아니면 해체시킨 뒤 플루토늄은 고속증식로에 집어넣어 핵연료로 쓸 것인가? 그 경우 일반 원자로보다 훨씬 위험한 고속증식로에 사고라도 나면 어떻게 할 것인가?

현재의 세계 체제나 세계 질서는 이 모든 문제에 대해 정확하게 안전한 대답을 해주지 못한다. 진실의 길은 멀고, 안전과 평화의 길은 더더욱 멀다.

일곱 번째 도전: 세균과 바이러스의 3면 공격

인류가 부닥칠 질병의 도전은 대략 3가지 형태로 밀려오고 있다고 할 수 있다. 첫 번째는 슈퍼박테리아의 도전이다. 사실 인류를 다량 사망의 위험에서 구원한 것은 다름 아닌 항생제였다. 박테리아의 공격을 받더라도 항생제로 치료하기만 하면 웬만해선 모두 박테리아를 이길 수 있었기 때문이다. 박테리아 전쟁에서 항생제의 도움으로 승리를 구가하던 인류를 겨냥해 다시 박테리아 진영으로부터 대반격의 포문을 열고 등장한 존재가 바로 슈퍼박테리아다. 먼저 1961년 영국에서 '메타실린 내성 황색포도상구균(MRSA)'이 등장한 데 이어, 1996년에는 일본에서 '반코마이신 내성 황색포도상구균(VRSA)'도 보고됐다. 인류의 구원군이라 할 수 있는 항생제에 당하면서 내성을 가진 균주들이 살아남거나 돌연변이를 일으켜 항생제 내성 균주들이 생겨난 것이다. 항생제에 내성을 가진 박테리아가 나타나자 인류는 다시 강화된 항생제를 투여한다. 그러자 그 강화된 항생제에 내성을 가진 박테리아가 새로 또 등장한다. 이처럼 양자 사이의 줄다리기가 거듭되면서 결국은 어떤 강력한 항생제에도 저항할 수 있는 슈퍼박테리아까지 생겨나게 된다.

인류는 전열을 다시 가다듬어 항생제를 제조할 때 널리 사용되는 토양균인 스트렙토마이세스 코엘리컬러의 유전자 지도를 2002년 완성하고, 슈퍼박테리아 병원균에 항생제 저항성을 부여하는 핵심

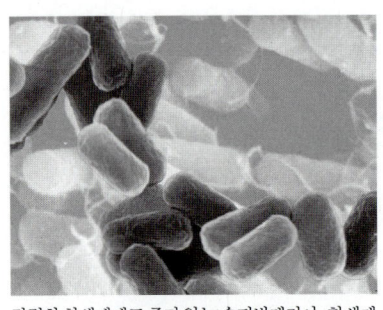

강력한 항생제에도 죽지 않는 슈퍼박테리아. 항생제의 오남용을 줄이지 않는 한 슈퍼박테리아의 위협은 사라지지 않을 것이라고 전문가들은 경고한다.

유전자를 같은 해 밝혀냈다. 슈퍼박테리아 퇴치를 위한 연구에서 속속 주목할 만한 성과를 내기 시작한 것이다. 하지만 이런 부분적인 성과에도 불구하고 전문가들은 근본적으로 항생제의 남용과 오용을 줄이지 않는 한 이 싸움의 해법은 쉽사리 찾지 못할 것이라고 경고한다. 문제가 되는 하나의 슈퍼박테리아를 퇴치한다고 해도 또 다른 슈퍼박테리아들이 금방 나타날 수 있기 때문이다.

두 번째 도전은 동물, 특히 가축의 집단 밀식 사육에서 빚어지는 가축전염병의 창궐이다. 2010년 11월부터 2011년 봄까지 한국을 강타했던 구제역 사태에서 그 위력을 어느 정도 실감할 수 있다. 당시 한국에서는 서울, 전라남도, 전라북도, 제주도를 제외한 전국에 구제역이 창궐해 모두 346만여 마리의 소와 돼지, 염소 등 가축을 살처분해야 했다. 구제역 방역작업에만 총 1조 2,000억 원의 자금을 투여해야 했다. 이와 별도로 가축을 살처분한 농민 등에게 지급해야 할 보상금도 천문학적 규모에 이른다. 특히 살처분을 위해 가축을 사육지 인근에 생매장하는 작업을 하는 과정에서 충분한 안전조치를 취하지 못해 침출수가 흘러나와 지하수 및 농경지 등의 오염 논란을 불러 일으켰다. 이런 구제역은 특히 소와 돼지 등의 사육방식이 과거 전통적인 방식과 달리 집단 밀식에 의한 공장형 속성 사육 위주로 바뀌면서 촉발됐다고 할 수 있다. 공장형 사육방식 때문에 저항력을 갖추지 못한 가축들이 질병에 매우 취약해지고 그 결과 피해 규모가 폭발적으로 커진 것으로 분석됐다. 이른바 '공장형 사육'의 심각한 폐해를 상징하는 사건인 셈이다.

이전에 영국과 미국을 중심으로 발생해 인간 피해 가능성 때문에 세계적인 논란을 불러 일으킨 광우병(유사 크로이츠펠트-야코프병·vCJD) 역시 넓은 의미에서 보면 비슷한 구조를 읽어낼 수 있다. 단기간에 속성으로 가축을 사육해 생산성을 높이려는 '공장형 가축사육'과 비슷한 맥락에서 벌어진 것이라고 볼 수 있기 때문이다. 이 광우병은 맨 처음 영국에서 소나 양을 도축하면서 버려지는 머리나 등뼈 등의 가축부산물을 갈아 만든 육골분을 소의 사료에 섞어 먹인 것이 원인이었다. 이 때문에 소가 미치면서 '광우병'이라는 무서운 오명을 얻게 된 것이다. 그 뒤 이 병은 영국으로부터 육골분을 수입해 간 아일랜드 등 유럽 국가에 퍼져갔고, 캐나다, 미국, 일본 등에서 발병해 지금까지 25개국에서 19만 여 마리가 발병했다. 특히 이 질병은 이런 질병에 걸린 소의 육류나 뼈 등을 섭취한 인간도 전염돼 지금까지 영국을 비롯한 11개국에서 207명이 발병했다.

세 번째 도전은 이런 동물 질병의 활성화에 따라 점차 늘어날 인수공통 전염병의 창궐 가능성이라고 할 수 있다. 특히 조류독감의 경우 1997년 처음 인간에게 전염된 이후 앞으로 인수공통 전염병이라는 특성에 따라 새로운 바이러스 변종을 생성할 수 있는 가능성 때문에 매우 위협적이라고 할 수 있다. 전문가들은 만일 조류독감 같은 비인체 독감 바이러스가 스스로 표면단백질 구조를 바꿔 인체 방어망인 면역체계를 뚫고 들어가 감염력을 획득하면 인간 사이에 쉽게 확산될 수 있다고 경고한다. 바꿔 말해 인간의 체내에서 두 개의 바이러스가 뒤섞여 '반은 사람의 특성을, 반은 조류의 특성을 갖춘' 반인반조(半人半鳥)의 독감바이러스로 재조합될 수 있다는 것이다. 이러면 인간 사이에 대역병을 일으킬 가능성은 크게 높아진다.

　인류를 위협하는 질병의 도전은 하나의 공통점을 가지고 있다. 지구에 사는 인류가 너무 많고, 하나같이 잘 먹고 편하게 사는 쪽으로만 몰려가면서 더욱 위험스러워진다는 것이다. 거기서 슈퍼박테리아가 생기고, 거기서 '공장형 밀식 사육'이 번성하고, 거기서 인수공통 전염병까지 '실체 있는 위협'으로 증식해 간다.

　이 밖에 다음과 같은 것들도 인류가 직면할 미래의 도전이라고 하기에 충분하다.

- 물 부족 및 사막화의 문제　지구에 존재하는 물 가운데 담수는 3,600만 입방킬로미터로 전체의 2.6퍼센트에 불과하고 그마저 식수로 직접 쓸 수 있는 물은 담수의 0.26퍼센트에 불과하다.
- 숲의 부족 문제　지금 숲은 전 세계 지표의 단 7퍼센트에도 이르지 못하고 있다. 유사 이래 이렇게 숲이 작아진 적은 없었다.
- 인류 간 격차의 문제　부자는 너무 부유한데 몇 명 되지도 않는다. 가난한 사람은 지금도 너무 많은데 하루가 다르게 더 많아지고 있다.
- 세계 정부의 문제　아무리 많은 나라가 머리를 맞대고 인류와 세계의 문제를 논의해보라. 해결방법이 나올 것인지…. 사람을 나라별로 나눠 보라. 인류 공통의 해답은 나오지 않는다. 결론나는 것은 하나. 바로 전쟁뿐일 것이다.

참고문헌

국내도서

A. J. 토인비(지음) 강기철(옮김), 『세계사, 인류와 어머니 되는 지구』, 일념, 1988.
A. 섯클리프(지음), 신효선(옮김), 『과학사의 뒷얘기4』, 전파과학사, 1978.
E. M. 번즈 등(지음), 박상익(옮김), 『서양 문명의 역사』(상/하), 소나무, 2007.
J. M. 로버츠(지음), 조윤정(옮김), 『히스토리카 세계사1』, 이끌리오, 2007.
N. K. 샌다스(지음), 이현주(옮김), 『길가메시 서사시』, 범우사, 2000.
가일스 밀턴(지음), 손원재(옮김), 『향료전쟁』, 생각의나무, 2002.
간디(지음), 함석헌(옮김), 『간디자서전』, 한길사, 2002.
고마츠 히사오 등(지음), 이평래(옮김), 『중앙유라시아의 역사』, 소나무, 2010.
그레고리 코크란 등(지음), 김영주(옮김), 『1만 년의 폭발』, 글항아리, 2010.
기쿠치 요시오(지음), 이경덕(옮김), 『결코 사라지지 않는 로마, 신성로마제국』, 다른세상, 2010.
김동춘, 『미국의 엔진, 전쟁과 시장』, 창비, 2005.
김명섭, 『대서양문명사』, 한길사, 2001.
김용구, 『세계외교사』, 서울대출판부, 2006.
나종일 등, 『영국의 역사 상』, 한울아카데미, 2005.
나카니시 테루마사(지음), 서재봉(옮김), 『대영제국 쇠망사』, 까치, 2000.
니콜라스 카(지음), 최지향(옮김), 『생각하지 않는 사람들』, 청림출판, 2011.
님 웨일즈(지음), 조우화(옮김), 『아리랑』, 동녘, 1984.
다이애나 프레스턴(지음), 류운(옮김), 『원자폭탄, 그 빗나간 열정의 역사』, 뿌리와이파리, 2006.
댄 쾨펠(지음), 김세진(옮김), 『바나나』, 이마고, 2010.
데이비드 하비(지음), 최병두(옮김), 『신자유주의』, 한울, 2009.
동양사학회(엮음), 『개관 동양사』, 지식산업사, 1990.
라파엘 젤리히만(지음), 박정희 등(옮김), 『집단애국의 탄생 히틀러』, 생각의나무, 2008.
랑얼핑(지음), 하진이(옮김), 『세계사의 운명을 바꾼 해도』, 명진출판, 2011.
루츠 판 다이크(지음), 안인희(옮김), 『처음 읽는 아프리카의 역사』, 웅진씽크빅, 2007.
르몽드디플로마티크(지음), 권지현(옮김), 『르몽드세계사』, 휴머니스트, 2008.
리처드 오버리(지음), 조행복(옮김), 『독재자들』, 교양인, 2008.

리청(지음), 강준영 등(옮김), 『차이니스 리더스』, 예담차이나, 2002.
마노 에이지 등(지음), 현승수(옮김), 『교양인을 위한 중앙아시아사』, 책과 함께, 2009.
마르얌 포야(지음), 정종수 등(옮김), 『이란의 여성, 노동자, 이슬람주의』, 책갈피, 2009.
마르크 블로크(지음), 한정숙(옮김), 『봉건사회1』, 한길사, 2010.
마리-모니크 로뱅(지음), 이선혜(옮김), 『몬산토-죽음을 생산하는 기업』, 이레, 2009.
마시모 리비-바치(지음), 송병건 등(옮김), 『세계인구의 역사』, 해남, 2009.
마크 몬모니어(지음), 손일(옮김), 『지도전쟁 : 메르카토르 도법의 사회사』, 책과함께, 2006.
메리 E. 위스너-행크스(지음), 노영순(옮김), 『젠더의 역사』, 역사비평사, 2006.
미타니 히로시 외(지음), 강진아(옮김), 『다시 보는 동아시아 근대사』, 까치, 2009.
미하엘 유르크스(지음), 김수은(옮김), 『크리스마스 휴전, 큰 전쟁을 멈춘 작은 평화』, 예지, 2005.
민석홍, 『세계문화사』, 서울대출판부, 2006.
박경희(엮음), 『연표와 사진으로 보는 일본사』, 일빛, 2003.
배은숙, 『강대국의 비밀』, 글항아리, 2008.
버나드 루이스(지음), 이희수(옮김), 『중동의 역사』, 까치, 2003.
사라 치룰(지음), 박미화(옮김), 『심해전쟁』, 엘도라도, 2011.
새로운사회를여는연구원(지음), 『신자유주의 이후의 한국경제』, 시대의창, 2009.
수요역사연구회(엮음), 『곁에 두는 세계사』, 석필, 2007.
스티브 올슨(지음), 이영돈(옮김), 『우리 조상은 아프리카인이다』, 몸과마음, 2004.
스티븐 A.스미스(지음), 류한수(옮김), 『러시아 혁명』, 박종철출판사, 2007.
스티븐 F. 메이슨 (지음), 박성래(옮김), 『과학의 역사 1』, 까치, 1999.
시바 료타로(지음), 양억관(옮김), 『몽골의 초원』, 고려원, 1993.
신서원편집부(편역), 『동양사의 기초지식』, 신서원, 1991.
심재윤, 『서양중세사의 이해』, 선인, 2005.
아르데 다니엘스 등(지음), 조경수(옮김), 『자본주의 250년의 역사』, 미래의창, 2007.
알프레드 바알(지음), 지현(옮김), 『축구의 역사』, 시공사, 2006.
앤터니 비버(지음), 김원중(옮김), 『스페인 내전』, 교양인, 2009.
야콥 브로노프스키 등(지음), 차하순(옮김), 『서양의 지적 전통』, 홍성사, 1982.
양승윤, 『인도네시아사』, 한국외국어대학교 출판부, 2010.
에이드리언 데스먼드 등(지음), 김명주(옮김), 『다윈 평전』, 뿌리와이파리, 2009.
에이미 그린필드(지음), 이강룡(옮김), 『퍼펙트 레드』, 바세, 2007.
오귀환, 『체게바라, 인간의 존엄을 묻다』, 한겨레신문사, 2005.
오에 가즈미치 등(지음), 채정자(옮김), 『다시 보는 세계역사 1, 2』, 친구미디어, 1993.
요시다 시게루 등(지음), 이언숙(옮김), 『사건과 에피소드로 보는 도쿠가와 3대』, 청어람미디어,

2003.

요한 호이징가(지음), 최홍숙(옮김), 『중세의 가을』, 문학과지성사, 2010.
유인선, 『새로 쓴 베트남의 역사』, 이산, 2007.
이노우에 키요시(지음), 서동만(옮김), 『일본의 역사』, 이론과실천, 1995.
이언 태터솔(지음), 전성수(옮김), 『인간되기』, 북하우스, 2007.
이영림 등, 『근대 유럽의 형성』, 까치, 2011.
장 마생(지음), 양희영(옮김), 『로베스피에르, 혁명의 탄생』, 교양인, 2007.
쟝 라꾸뛰르(지음), 아시아 아프리카 라틴아메리카 연구원(옮김), 『베트남의 별』, 소나무, 1988.
정병조, 『인도사』, 대한교과서주식회사, 1997.
정수일, 『실크로드학』, 창작과비평사, 2003.
제레미 벤담(지음), 신건수(옮김), 『파놉티콘』, 책세상, 2010.
제임스 E. 매클렐란 3세, 해럴드 도른(지음), 전대호(옮김), 『과학과 기술로 본 세계사 강의』, 모티브북, 2006.
제프리 애쉬(지음), 안규남(옮김), 『간디 평전』, 실천문학사, 2004.
조지 세이빈 등(지음), 성유보/차남희(옮김), 『정치사상사2』, 한길사, 1992.
존 보커(지음), 이종인(옮김), 『사진과 그림으로 보는 성서』, 시공사, 2003.
존 아일리프(지음), 이한규 등(옮김), 『아프리카의 역사』, 이산, 2003.
존 엘리스(지음), 정병선(옮김), 『참호에 갇힌 제1차 세계대전』, 마티, 2009.
존 킹 페어뱅크 등(지음), 김형종 등(옮김), 『신중국사』, 까치, 2010.
존 퍼킨스(지음), 김현정(옮김), 『경제저격수의 고백』, 황금가지, 2005.
존 퍼킨스(지음), 김현정(옮김), 『경제저격수의 고백2』, 민음인, 2010.
주디스 헤린(지음), 이순호(옮김), 『비잔티움』, 글항아리, 2010.
진순신(지음), 서석연(옮김), 『중국걸물전』, 서울출판미디어, 1996.
진순신(지음), 이혁재(옮김), 『중국 오천년1』, 다락원, 2002.
진순신(지음), 이혁재(옮김), 『중국 오천년2』, 다락원, 2002.
천징(지음), 김대환 등(옮김), 『진시황 평전』, 미다스북스, 2002.
칼 마르크스(지음), 강유원(옮김), 『공산당 선언』, 이론과실천, 2008.
칼 폴라니(지음), 홍기빈(옮김), 『거대한 전환』, 길, 2009.
케네스 O. 모건(지음), 영국사학회(옮김), 『옥스퍼드 영국사』, 한울, 2006.
케빈 패스모어(지음), 강유원(옮김), 『파시즘』, 뿌리와이파리, 2007.
콜린 존스(지음), 방문숙 등(옮김), 『케임브리지 프랑스사』, 시공사, 2008.
크래그 스탠포드(지음), 한국동물학회(옮김), 『직립보행』, 전파과학사, 2009.
클라우스 리젠후버(지음), 이용주(옮김), 『중세사상사』, 열린책들, 2007.

타님 안사리(지음), 류한원(옮김), 『이슬람의 눈으로 본 세계사』, 뿌리와이파리, 2011.
탕진 등(지음), 이지은 등(옮김), 『대국굴기』, 이다미디어, 2007.
폴 존슨(지음), 김주한(옮김), 『2천년 동안의 정신1』, 살림, 2005.
폴 케네디(지음), 이일주 등(옮김), 『강대국의 흥망』, 한국경제신문사, 1996.
폴 콜리어 등(지음), 강민수(옮김), 『제2차 세계대전』, 플래닛미디어, 2008.
프랜시스 로빈슨 등(지음), 손주영(옮김), 『사진과 그림으로 보는 케임브리지 이슬람사』, 시공사, 2003.
프리드리히 엥겔스(지음), 박준식 등(옮김), 『영국 노동자계급의 상태』, 두리, 1988.
피터 왓슨(지음), 남경태(옮김), 『생각의 역사1』, 들녘, 2009.
한국미국사학회(엮음), 『사료로 읽는 미국사』, 궁리, 2006.
해리슨 E. 솔즈베리(지음), 박월라 외(옮김), 『모택동과 등소평 시대의 중국-새로운 황제들』, 다섯수레, 2007.
홍대선, 손영래(지음), 『축구는 문화다』, 책마루, 2010.
후루타 모토오(지음), 박홍영(옮김), 『역사 속의 베트남 전쟁』, 일조각, 2007.

해외도서

Ebrey, Patricia Buckley, 『Cambridge Illustrated History of China』, Cambridge University Press, 2003.
Goldstone, Jack A., 'The New Population Bomb', 『Foreign Affairs』 Jan/Feb 2010.
Gordon, Andrew, 『A Modern History of Japan』, Oxford University Press, 2003.
Heinberg, Richard, 『Peak Everything』, New Society Publishers, 2007.
Heinberg, Richard, 『The Party's Over』, New Society Publishers, 2005.
Kunstler, James Howard, 『The Long Emergency』, Grove Press New York, 2006.
Paludan, Ann, 『Chronicle of The Chinese Emperors』, Thames & Hudson, 1999.
Turnbull, Stephen, 『Samurai Invasion : Japan's Korean War 1592~1598』, Cassell & CO., 2002.
金泳鎬, 『東アジア工業化と世界資本主義』, 東洋經濟新報社, 1988.
難波正義, 『石油の本』, 日刊工業新聞社, 2007.
大人の教科書編纂委員会, 『世界史の時間』, 青春出版社, 2010
東京書籍編輯部(編著), 『図說日本史』, 東京書籍, 2003.
渡部義之 外, 『秦 始皇帝』, 學研, 1995.
木下康彦 外(編集), 『詳說 世界史学習』, 山川出版社, 2007.
斯波義信, 『華僑』, 岩波新書, 1995.
山田吉彦, 『日本国境戦争』, ソフトバンククリエイティブ, 2011.

山田吉彦,『日本は世界4位の海洋大国』, 講談社, 2010.

世界の歷史 編集委員会,『山川 世界史』, 山川出版社, 2010.

塩野七生,『痛快！ローマ学』, 集英社インターナショナル, 2002.

劉 吉 外,『現代中国の実像』, ダイヤモンド社, 1999.

井波律子（編集）,『中国史重要人物101』, 新書館, 2005.

大塚 茂夫 外,『古代文明の旅エジプト』, 日經ナショナルジオ クライック, 2003.

村松 剛,『血と砂と祈り―中東の現代史』, 中央公論社, 1987.

ポール・ケネディ, 山口 瑞彦（翻訳）,『世界の 運命』, 中央公論新社, 2011.

太丸伸章 外,『三國志 上』, 學研, 1997.

太丸伸章 外,『三國志 下』, 學研, 1997.

土肥恒之,『図説 帝政ロシア』, 河出書房新社, 2009.

기타

강효백, ‘일중 해양대국화는 한국 해양을 자르는 가위’,《데일리안》2011년 1월 22일
    http://dailian.co.kr/news/news_view.htm?id=235655

강효백, ‘중국 일본은 이미 해군기지 세웠는데 독도는 왜?’,《데일리안》, 2011년 7월 23일
    http://dailian.co.kr/news/news_view.htm?id=254872

위키피디아
    http://www.wikipedia.org/

Encyclopedia Britannica
    http://www.britannica.com/

한 권으로 읽는 세계사

초판 1쇄 발행 | 2012년 2월 20일
초판 8쇄 발행 | 2018년 3월 14일

지 은 이 | 오귀환 · 이강룡
펴 낸 이 | 최용범
펴 낸 곳 | 페이퍼로드

주　　소 | 서울시 마포구 연남로3길 72(연남동) 2층
전　　화 | (02)326-0328
팩　　스 | (02)335-0334
이 메 일 | book@paperroad.net
홈페이지 | www.paperroad.net
커뮤니티 | blog.naver.com/paperoad
페이스북 | www.facebook.com/paperroadbook
출판등록 | 제10-2427호(2002년 8월 7일)

ISBN 978-89-92920-63-6　13900

· 책값은 뒤표지에 있습니다.
· 잘못 만들어진 책은 구입하신 곳에서 바꾸어 드립니다.
· 이 책은 저작권법에 따라 보호받는 저작물이므로 무단 전재와 무단 복제를 금합니다.

●
　이 책에 수록된 사진 및 미술작품 중 저작권자와 연락이 불가능했던 일부 이미지들에 대해서는 권리자의 허가를 받지 못한 상태로 출간되었습니다. 이에 페이퍼로드는 원저작권자와 최선을 다해 협의하겠습니다. 계속해서 저작권자의 허락을 구하고, 필요한 경우 통상의 기준에 따라 사용료를 지불할 계획입니다.